國際經濟學

白俊男著

學歷：國立臺灣大學經濟學碩士
國家經濟學博士
美國芝加哥大學研究
經歷：交通銀行副總經理
中國文化大學經濟學研究所教授
現職：太平洋證券公司總經理
東吳大學兼任教授

三民書局印行

© 國際經濟學

著作人 白俊男
發行人 劉振强
著作財產權人 三民書局股份有限公司
臺北市復興北路三八六號
發行所 三民書局股份有限公司
地 址／臺北市復興北路三八六號
郵 撥／〇〇〇九九九八－五號
印刷所 三民書局股份有限公司
門市部 復北店／臺北市復興北路三八六號
重南店／臺北市重慶南路一段六十一號
初版 中華民國六十八年五月
三版 中華民國七十五年九月
修訂初版 中華民國七十八年九月
修訂三版 中華民國八十四年三月
編號 S 55018
基本定價 捌 元
行政院新聞局登記證局版臺業字第〇二〇〇號
著作權執照臺內著字第一三八七六號

ISBN 957-14-0394-6（平裝）

自　序

今天的世界各國，在經濟方面的相互依賴程度，已非過去的任何時代所能比擬。因之，國際經濟關係成為最重要的國際關係之一。本書所探討的主要對象就是國際經濟關係。尤其是在一九七〇年代以後，國際經濟關係顯已進入多事之秋，國際經濟問題層出不窮，故其探討更有迫切的需要。

不過，國際經濟關係牽涉的範圍較廣，內容錯綜複雜，自宜針對讀者的需要，構思適當的原則與方法，據以選擇材料。無疑，在各種國際經濟關係中，國際貿易與國際金融是最現實、具體，也是影響最深遠的國際經濟關係。在過去的十年之間，國際貿易的增加率遠在世界生產的增加率之上，可為明證。本書的範圍乃以國際貿易與國際金融及其所涵蓋的問題為中心。國際貿易是指兩國之間商品、勞務及生產因素的交換，是實物面的活動，但是，這種交換必然伴隨着金融面的移轉。所以，本書乃以國際經濟學為名，俾在實際上把國際貿易與國際金融包括在內。

國際貿易是以個別國家為主體，為了分析其所引起的各種有關問題，我們須把分析個別消費者、生產者、廠商及產業所用的個體經濟及總體經濟方法，加以適當的修正、擴充及綜合。大體上，國際貿易部份屬於個體經濟的範圍，國際金融部份則可納入總體經濟的體系之內。要之，國際經濟學可以說是應用經濟學的一個分支，這個分支的發展也已有了兩百年的歷史。

本書的主要目的是在作為大學課程的教本，並且提供社會人士作為參考材料。本書的分析儘量使用衆所熟知的幾何圖形作為工具，並未使用艱深的數學方法。讀者只要讀過基本經濟理論，自可按照本書章節循序漸進。再者，為了配合大學課程與社會實際的需要，本書的取材乃是理論與政策並重，制度與歷史兼顧。

過去數年以來，國際貿易問題的演變及國際金融關係的發展可謂方興未艾，而其有關的理論亦已開闢許多新的領域。本書限於篇幅與範圍，若干材料未能納入，但在各章均以附註加以表明，並在書後列出重要文獻，以供讀者進一步研閱的參考。

知識的傳播並無國界，對於本書，著者不敢輕言有何創見，本書的編撰是以各章附註及書後所列文獻作為主要的憑藉，自感獲益匪淺，但却無以為報，謹向這些好學不倦的經濟學家獻上由衷的感謝。當然，本書之中，錯誤與遺漏在所難免，這由著者自行負責，並祈學界先進不吝教正。

本書編排工作早已完成，不幸今年一月一日　先嚴棄養，校刊工作遂告中輟。玆當付梓之際，每念親恩未報，悲痛難抑，敬以本書作為獻禮，藉表綿綿不盡之哀思

白俊男
台灣　台北

中華民國六十八年四月五日清明節

國際經濟學　目次

第一章　導　論

第一篇　國際貿易理論

第二章　比較利益原理

第三章　供給、需求與貿易均衡

第四章 因素稟賦與因素價格

第五章 貿易形態與經濟變動

第六章 國際貿易與經濟成長

第七章　因素移動與國際貿易

第二篇　國際貿易政策

第八章　保護的性質與效果

第九章　關稅與工業保護政策

第十章 美國的貿易政策與保護主義

第十一章 國際貿易與市場結構

第十二章 經濟結合的理論與實際

第十三章 貿易政策與經濟發展策略

第三篇　國際收支及其調整

第十四章　外滙滙率與外滙市場

第十五章　國際收支平衡表

第十六章　所得變動與國際收支的調整

第十七章　價格與所得變動的交互作用

第十八章　內部均衡與外部均衡的達成

第十九章　國際收支理論的貨幣分析法

第四篇　國際貨幣制度

第二十章　國際貨幣制度的演進

第二十一章　當代國際貨幣制度的改革方案

第二十二章　國際貨幣基金的特別提款權制度

第二十三章　美國國際收支的問題

第二十四章　國際貨幣制度的長期改革及其展望

第二十五章　歐洲共同市場的貨幣結合

參考書籍

第一章　導　　論

一、研究方法

國際之間的關係，除了國際經濟關係之外，尚有政治、外交、軍事、社會及文化等方面的關係，但以國際經濟關係影響人們的日常生活最大。在國際經濟關係之中，則以國際貿易關係及其所引起的國際金融關係最爲重要。國際經濟關係的研究屬於國際經濟學 (international economics) 的範圍，所以，國際貿易乃是國際經濟學的一部份。

國際經濟學在本質上是經濟學的一個分支，所以，經濟學上的基本理倫以及分析工具，在國際經濟學上同樣適用。國際經濟學中的國際貿易理論可以說是個體經濟理論 (microeconomic theory) 的一種延伸，至於國際金融理論則是屬於總體經濟理論 (macroeconomic theory) 的範圍。因此，研究國際經濟學的方法基本上與研究經濟學的方法並無不同。

經濟學所要解決的問題是如何把稀少的資源，有效地分配到各個不同經濟單位的各種問題。這些問題可大別爲實證經濟學 (positive economics) 的問題與名目經濟學 (normative economics) 的問題。

1. 實證經濟學

實證經濟學在研究「是什麼」(what is) 的問題，亦即研究經濟體系運作的方式，以及某些變數變動以後對於其他變數的影響。基本上，實證經濟理論的建立包括三個步驟：(1) 分析架構的形成；(2) 不同假定的建立；(3) 各別假定的實證。

分析架構　分析的架構基本上包括一系列的概念與定義，這使我們能够明確地把推論、演繹、預測及觀察加以陳述出來。我們所採取的分析架構是否有用，乃視能否有效達成這些目標而定。分析的架構雖以特定的範圍為主，但在理論的推演方面仍有發展的餘地。我們所採取的定義越能合乎分析的目的，分析的工作也越容易進行。

各種假定　我們所觀察到的世界，往往過於複雜，以致在因果關係方面很難直接獲得有意義的結論。許多現象雖然存在，但與我們所要研究的問題根本無關或者關係不大。此時，我們必須建立一些假定，以便把我們所觀察到的許多現象有秩序地整理出來，並且消除一些無關緊要的因素，而把焦點集中在因果的連結上面。

這一系列的概念與假定，常被稱為經濟模型 (economic model)。經濟模型的用處有二：分析與預測。

在分析的時候，我們可用經濟模型來檢查各種不同假定是否互相一致。我們可以詳細研究定義及假定變動以後的影響，我們可把一些關鍵性的變數孤立起來加以深入研究。這樣，我們便可增加對於經濟體系如何運作的了解。經歷這一過程以後，我們可對原來的模型加以修正，使其更為實際，更加有用。

經濟模型的第二個用處，是使我們能够預測若干經濟變數變動以後的可能結果。政府的決策單位利用模型去預測經濟政策變動的影響，企業的決策單位利用模型去預測外在因素變動的影響。一個具有高度預測能力的經濟模型，是研究政策問題時很有價值的工具。

實證研究　根據特定經濟模型預測出來的結果，必須再經實證檢定。有時，許多在邏輯上互相一致的模型，可能得到彼此衝突的結果。所以，須把不同模型得到的不同之經濟預測予以實證檢定，才能確認那一模型是最正確而最有用的。我們的最終目標，在對經濟體系的運作獲得最透澈的了解，實證檢定能使我們淸楚地劃分那些是有用的經濟模型，那些是毫不相干的經濟模型。

2. 名目經濟學

實證經濟學在研究「是什麼」的問題，而名目經濟學則在研究「應該如何」(what ought to be) 的問題。按照定義，名目經濟學有賴於價值判斷 (value judgments)。名目經濟學一方面應選擇一些準則以判斷福利的變動，一另面應對這些福利的變動本身加以評估。爲了判斷不同的經濟政策所產生的經濟結果，必須建立一個標準，有了這個標準以後，也就容易決定所應採取的最有利之行動。但是，我們所擬定的這個標準，往往並非人人所能接受。在此情況之下，對於某些經濟行動，以不同的價值體系去判斷可能會得到不同的結果。而且，其間的差異無法以實證檢定加以解決，因爲某種在邏輯上一致的價值體系與另外一種在邏輯上也是一致的價值體系之間，無法比較彼此的優劣。

二、研究國際貿易的理由

國際貿易理論可以說是一般經濟理論的延伸，主要目的在於分析國家與國家之間所面臨的貿易問題，當然，也可用來分析一國之內的區域與區域之間所面臨的貿易問題。不過，國際貿易理論之所以特別從一般貿易理論中劃分出來，乃是基於下列的幾個理由:

第一，國際之間的資源移動遠比一國之內更爲困難。例如，勞動是一種生產因素，人在一國之內雖可自由選擇住所，但在國際之間很難自由移動。同理，一國之內的金融交易並無嚴格限制，但在國際之間，資本移動常被政府當局禁止。再者，一國之內的各個經濟單位所面對的稅率相同，貨幣制度相同，也在相同的資本市場上籌措資金，而且使用相同的交通運輸系統。而在國際之間，各個經濟單位往往分屬不同的國家，其所面對的稅率、貨幣制度、資本市場以及交通運輸系統自亦大不相同。

第二，國際之間的社會政治環境遠比一國之內更爲懸殊。一國之內的家計與企業是在相同的法律架構之下活動，所牽涉的是相同的社會組織，且受相同的政府所統治。而且，一國之內的語言、風俗與商業習慣也是極爲相同，即使地理的阻隔比較遙遠，商業往來並無太大困難。而在國際之間，即使兩國的領土互相接壤，貿易往來仍然頗費周章。

第三，國際貿易理論本身已經發展成爲一個獨立的體系，其所採用的研究方法也與其他經濟理論有所不同。例如，國際貿易理論非常注重一般均衡分析，本身並不局限於傳統價格理論方面的部份均衡問題之範圍。國際貿易理論所使用的模型往往同時分析多類商品、多種生產因素以及多個國家的情況。由於分析的情況比較複雜，故已發展比較獨特的技巧以分析這種問題。在此情況之下，國際貿易理論的發展，比之一般經濟理論，有時超前，有時落後。例如，國際貿易理論曾有很長的一段時期，停留在勞動價值理論的階段，但却最先引入福利經濟理論的概念。

三、國際貿易理論的基本假定

國際貿易理論比之其他經濟理論，所牽涉到的變數較多。爲使理論簡明起見，在分析的時候須先設立若干簡化的假定。這些假定均可一一加以取消，但是理論模型就會趨於複雜。以下首先設立一些假定，隨着貿易模型的進展，其中的若干假定將予逐步取消，但有若干假定則予繼續維持。

第一個最簡化的假定是經濟體系內的實質變數之決定，均與貨幣制度無關。這是「貨幣中性」(neutrality of money) 的假定。也就是說，在基本上，經濟體系內實質變數與貨幣變數的決定是彼此獨立的。在經濟體系內的實質部門，我們所探討的是「相對價格」(relative prices) 的問題；例如，多少包的香烟可以換到一塊麵包，多少小時的工作可以換到一雙皮鞋。我們在此所關心的是不同商品或不同生產因素之間的「交換比率」(rates of exchange)。而且，我們假定是在以物易物的社會 (pure barter economy) 進行交換，所以，貨幣對於相對價格沒有影響。貨幣所能發揮的惟一功能就是設定「絕對價格」(absolute price) 的水準。

第二個重要的假定是一切價格具有充分的彈性，而且都是在完全競爭的情況下加以決定。也就是說，任何項目的商品價格之決定，完全基於供給與需求力量的自由作用，並無經濟、法律、政治或其他因素加以干擾。

在生產面，我們假定一個國家的生產因素總量是固定的。如此，因素價格的變動不會影響可以使用的因素之數量。亦即，工資率的上升不會引起勞動參與率的提高或工作時數的增加；地租率的上升也不會引起廢地的灌溉與開墾。而且，社會上的資本總量也是固定。在此假定之下，所有生產因素的供給曲線是垂直的，表示完全無彈性。

除了假設上述的國內因素供給固定之外，我們還要假定國際之間因素不能移動。

再進一步，我們還要假定一國之內同一產品的「技術」(technology) 相同。亦即，各國國內的生產函數相同。就生產廠商而言，生產技術的使用不受專利權 (patent) 的限制。

在需求面，我們假定進行分析之時，「嗜好」(taste) 爲既定的。亦即，表示消費者偏好型態的無異圖 (indifference map) 爲既定而不變的，因此，在國際貿易的商品出現以後，嗜好並不改變。我們同時假定「所得分配」(income distribution) 的型態爲既定而已知的。因爲不同經濟團體的所得分配變動以後，嗜好型態將受影響，以致引起國際貿易的許多問題。

通常，在討論國際貿易理論時總是假定運輸、情報及交通等的貿易障礙 (barriers to trade) 並不存在。這些障礙會使貿易雙方增加負擔，以致引起國際貿易數量的減少。而事實上，運輸、情報及交通等任何一種的成本可能很大，致使貿易完全無法進行。

最後，因爲前面已經假定價格具有充分的彈性，而且，貨幣也是中性的，所以我們亦可藉此假定一國之內的一切生產資源都已充分利用。所有的生產因素都可按照當前的價格與工資率進入生產過程。在不同的市場上，可以透過價格與工資的調整，而使供給量等於需求量，商品不會發生超額供給或超額需求的情況。

第 一 篇

國際貿易理論

第二章 比較利益原理

經濟理論的發展大抵上是依循着演進的路線，很少是以革命的方式出現。所以，欲對現代的經濟理論有所了解，必須追溯理論的源流及其發展過程，而對國際貿易理論的探討，尤須回顧理論演進的歷史軌跡❶。

---

❶ 有關國際貿易理論的演進之著作：
Jacob Viner, *Studies in the Theory of International Trade* (London: Allen and Unwin, 1937).
Gottfreid Haberler, *A Survey of International Trade Theory*, Special Papers in International Finance, no.1 (Princeton:Princeton University, July 1961).
W.M. Corden, *Recent Developments in the Theory of International Trade*, Special Papers in International Finance, no.7 (Princeton: Princeton University, March 1965).

一、重商主義

1. 貿易收支

在十八世紀結束以前，先進國家的政府當局對於國際貿易的看法仍然深受重商主義 (mercantilism) 的思想所支配。重商主義的思想雖然是以許多型態出現，但基本上乃是認爲國家的力量決定於國家的經濟財富。而在當時，所謂財富是指對於貴金屬的擁有，所以，一個國家如要擴張國家的力量，必須盡可能地增加對於黃金及白銀的擁有。出口超過進口的時候，一個國家便可獲得金銀，所以重商主義的政策便是努力追求貿易的盈餘，藉以獲得金銀，從而累積財富，增强國家力量。如此，重商主義乃把貿易的盈餘視爲貿易收支的順差 (favorable balance of trade)。而事實上，全世界的所有國家絕不可能同時達成貿易收支的順差；對於這點，重商主義甚少加以考慮。對於追求政治擴張的國家而言，貿易成爲一種手段，貿易的目標在於造就强大的力量，而非在於滿足經濟的動機。服膺重商主義的人深信，重商主義不僅可以累積金銀，而且可以確保國家的獨立。重商主義的思想雖然未被普遍接受，但在整個十八世紀，却是成爲許多經濟大國在貿易政策方面的基本方針。

重商主義時代的經濟大國，爲了追求貿易順差，不是禁止進口，就是對於進口商品課征關稅，並以補貼的方式鼓勵國內生產及出口；貴金屬的出口當然更在禁止之列。尤有進者，有時竟對殖民地的經濟政策加以管制❷。

---

❷ 有關重商主義的討論，參閱:
張漢裕，西洋經濟思想史概要（台北：民國55年10月）。
E. Lipson, *The Growth of English Society* (London: A.C. Black, Ltd, 1949).

2. 休　謨

對於重商主義的批評與指摘，到了十八世紀中葉趨於激烈。1752年，休謨 (David Hume) 在其所著「政治講義」(*Political Discourse*) 一書指出：貿易順差的刻意追求不僅愚笨，而且終必失敗。Hume 認爲：一國的出口如果大於進口，其結果會引起黃金的內流，並自動地促成國內貨幣供給的增加；根據貨幣數量學說 (Quantity Theory of Money)，貨幣供給增加以後，物價就會隨之上漲。而在另一方面，黃金外流的國家必然引起貨幣供給的減少，從而導致物價的下降。如此，貿易順差國家的國內物價上漲，而貿易逆差國家的國內物價下降，必會促成順差國家出口的減少及逆差國家進口的增加，從而自動地矯正原來的不平衡。據此，Hume 認爲，在金銀可以自由移動而國內的物價也有充分彈性的情況下，一國如想追求長期的貿易順差，終必歸於失敗，重商主義的政策本身就已含有毀滅的種子。

3. 亞當斯密

對於重商主義的激烈批評，雖由 Hume 開其先河，但至1776年，經濟學鼻祖亞當斯密 (Adam Smith) 出版「國富論」(*Wealth of Nations*) ❸ 形成重大的挑戰。Smith 將其著名的分工原理 (principle of division of labor) 應用到國家與國家之間的專業化 (specialization) 方面，批評各種阻礙專業化的各種措施之不當。Smith 認爲，從創造財富及增進國家繁榮的立場看來，自給自足的政策勢將引起繁榮及人民福利的降低。Smith 不僅證明一國之內專業化的利益，而且指出國際之間

❸ Adam Smith, *An Inquiry into the Nature and Causes of the Wealth of Natoins* (New York: Random House, 1937)

分工的利益。裁縫師並不自己製鞋，而是向鞋匠買鞋；鞋匠並不自己裁剪衣服，而是僱請裁縫師裁剪。至於農夫，既不自己製鞋，亦不自己裁剪衣服，都是僱請鞋匠及裁縫師代勞，鞋匠、裁縫師及農夫都會發覺，他們專心地從事本行的工作，品質與產量總是勝過別人，再以自己生產的產品之一部份，交換自己所需要而由別人生產的產品，結果遠比自己生產自己所需要的全部產品來得有利。國家的情形也是如此。如果一種產品由國外進口比在國內生產還要便宜，則以國內所生產的其他產品的一部份提出交換，結果必然有利。

根據上述的理由，Smith 堅決提倡自由貿易，主張消除一切貿易障礙。不過，Smith 認爲，有時基於國防的理由，仍應限制某些貿易。再者，如果一國的絕大多數工人都已從事於一種已被高度保護的產業，基於人道的理由，保護政策的解除以及自由貿易的恢復都應緩慢進行。

二、亞當斯密的絕對利益理論

如上所述，Smith 極力闡揚的是：任何一國均可透過貿易以獲得利益。裁縫師並不自己製鞋，而是以衣服換鞋。如此，鞋匠與裁縫師兩俱有利。Smith 認爲，根據同樣的理由，整個國家亦可與別的國家進行貿易而獲得利益。

如果生產 1 單位 A 產品的成本，在本國爲10單位的勞動，在外國爲20單位的勞動；而生產 1 單位 B 產品的成本，在本國爲20單位的勞動，在外國爲 10 單位的勞動。在此情況之下，兩國均可透過貿易以獲得利益。

表 2-1　絕對利益下的單位成本

國家＼產品	A 產品	B 產品
本　國	10單位勞動	20單位勞動
外　國	20單位勞動	10單位勞動

假定兩國均按 1 比 1 的比率交換兩種產品，所以 1 單位的A產品可以交換 1 單位的B產品。如此，本國只要犧牲10單位的勞動就可換得 1 單位的B產品；如果本國自行生產 1 單位的B產品，便須投入20單位的勞動。至於外國，只要犧牲10單位的勞動，便可換得 1 單位的A產品；如果外國自行生產 1 單位的A產品，便須投入20單位的勞動。就此結果看來，兩國均可透過貿易而享受到更多的產品。此即貿易的「絕對利益」(absolute advantage)。

以上的例子對於貿易的利益提出了簡單而有力的說明，Smith 據此强調自由貿易的重要。不過，Smith 所擧的例子限於本國生產A產品有利而外國生產B產品有利的情況。顯然並不深入。因爲，如果本國比起外國，生產A產品及B產品都是有利的話，兩國是否還要進行貿易？進行貿易以後是否都可得到貿易的利益？Smith 沒有提出解答。

三、李嘉圖的比較利益理論

國際貿易理論所要解答的一個基本問題就是：什麽因素決定貿易？對於這個問題，Smith 的解答不够完全，後來才由李嘉圖 (David Ricardo) 以「比較利益」(comparative advantage) 理論加以補充。

比較利益的原理，也可先從個人與個人之間的分工擧例加以說明。

玆以律師與園丁爲例說明分工的必要性，藉以印證比較利益原理。律師除了熟諳法律業務之外，可能同時精於園藝，如果專心從事園藝工作，其成就將在園丁之上。至於園丁，園藝工作固然不如律師，對於法律業務尤更一無所知。此時，並非法律業務與園藝工作俱由律師一手承擔，而讓園丁賦閒觀望。因爲，律師雖然樣樣能幹，但其時間與精力畢竟有限，所以只能從事其比較上最擅長的法律業務，而讓園丁從事其比較上最擅長的園藝工作。

Ricardo 於 1817 年出版「經濟學與租稅原理」(*The Principle of Political Economy and Taxation*)，可以說是有系統地把比較利益原理應用到國際貿易理論的第一人。事實上，在 Ricardo 之前，尙有其他學者討論比較利益原理。例如，1815年，托倫 (Robert Torrens) 出版「穀物對外貿易論文」(*Essay on the External Corn Trade*)，便是在 Ricardo 之前討論比較利益原理。不過，Ricardo 畢竟是將片斷的思想滙集成爲連貫學說的人，其著作對於後世的影響也最卓越、最深遠。

Smith 的理論指出，如果本國對於 A 產品的生產比之別國具有「絕對利益」，而外國對於 B 產品的生產比之本國具有「絕對利益」，貿易將對兩國有利。Ricardo 並不反對絕對利益，而是再進一步提出「相對利益」加以補充。如果其中的一國對於 A、B 兩種產品的生產都是具有「絕對利益」，貿易對於兩國是否仍然有利？Smith 的絕對利益理論沒有解答，Ricardo 的比較利益理論則可解答此一問題。

Ricardo 在此書中以極簡單而抽象的模型 (model)，解釋比較利益的情形。根據 Ricardo 的說明：假設在英國，100 人工作一年可以生產一單位的布，120 人工作一年可以生產一單位的酒；而在葡萄牙，80 人工作一年可以生產一單位的酒，90 人工作一年可以生產一單位的布。此時，不管生產多少，每單位產量所需的勞動投入如果不變，則因葡萄牙對於酒與布的生產，所需的勞動投入均較英國爲少，所以具有「絕對利益」。而且，如果生產資源可在國際之間自由移動，企業家對於工廠地點的選擇是在葡萄牙而非英國。但如資本與勞動不能自由移動，則不管成本多高，英國仍將進行生產。

如果沒有貿易往來，英國的酒將較葡萄牙的酒爲貴。在競爭性的市場上，價格比率（price ratio）是由成本比率（cost ratio）決定。在上例中，酒的成本爲120，布的成本爲100，故其比率應爲

$$C_W/C_C=P_W/P_C=120/100=6/5$$

其中，C_W 爲酒的成本，P_W 爲酒的價格；C_C 爲布的成本，P_C 爲布的價格。同理，葡萄牙的酒將較英國的酒便宜，其中，$P_W/P_C=8/9$。

表 2-2　比較利益下的單位成本

國家＼產品	酒	布
葡萄牙	80人	90人
英　國	120人	100人

現在假定兩國進行貿易，而且運輸成本（transportation costs）的因素不予考慮。英國就會發現，在葡萄牙買酒比較便宜，因在葡萄牙是以1單位的布交換 9/8 單位的酒。因此，英國可以 100 人去生產一單位的布，然後運往葡萄牙換取 9/8 單位的酒，這些酒在英國生產所需的勞動成本爲 135 人（9/8×120）。至於葡萄牙則會發現，在英國買布比較便宜，所以就在國內以80人生產 1 單位的酒，然後運往英國換取 6/5 單位的布，這些布在葡萄牙生產所需的勞動成本爲108人（6/5×90）。

這樣一來，在葡萄牙，酒的需要增加引起 P_W/P_C 上升，在英國，布的需要增加以後，P_C 因而上升，但是 P_W/P_C 則會下降。這種過程將

會繼續發展下去，直到兩國的相對價格相等爲止。由此可見，在 Ricardo 的模型中，兩國如不發生貿易，價格將會等於（勞動）成本；兩國如果發生貿易，價格將與（勞動）成本分離。

一國如果能以較少的資源支出從他國換取商品，就可視爲已經得到了「貿易利益」(gains from trade)。只要有貿易利益存在，就可促使國際之間的貿易不斷進行下去。因此，國際價格比率 P_W/P_C 如較葡萄牙的價格比率爲高，而較英國的價格比率爲低，則因兩國均可得到貿易利益，當可促使兩國的貿易不斷進行下去。

根據上述的理論，只要能够知道某國的某些產品價格確比其他國家的產品價格相對便宜，就可知道國際之間的商品貿易方向。至於各國之間商品相對價格的比較，只要透過勞動成本比率卽可顯示出來。例如，在 Ricardo 的例子中

$$\frac{C_W^P}{C_C^P}=\frac{80}{90}<\frac{C_W^E}{C_C^E}=\frac{120}{100}$$

其中，字母右上方的符號表示「國家」，右下方的符號表示「商品」。根據上式可以看出：英國對於布的生產，所需的成本相對較低。

Ricrado 並未討論酒與布交易的實際比率。但已證明，只要英國從葡萄牙換到的酒比自己以 120 人工作一年所生產的酒還多，而葡萄牙從英國換到的布比自己以90人工作一年所生產的布還多，兩國就可透過貿易獲致利益。不過，上述情況的發生有一基本前提，亦卽必須假定國際之間的生產因素不能移動，只有產品能以貿易的方式自由移動。否則，如果生產因素可以自由移動，貿易便無發生的可能。

比較利益理論經過整個十九世紀的演進，至少已經達到兩個目的。第一，比較利益理論可以用來解釋國際貿易的形態 (pattern)，亦卽，可以用來分析決定國際貿易的各種因素。在 Ricardo 所舉的例子中，影響

國際貿易型態的最重要因素就是勞動的時間成本之差異 (difference in labor time costs)。這是 Ricardo 的比較利益理論在「實證經濟學」方面所具的意義。第二，比較利益理論可以用來證明國際貿易的利益。既然牽涉到利益的判斷問題，故可視爲在「名目經濟學」方面所具的意義。

Ricardo 的比較利益理論甚爲明確有力，成爲國際經濟理論中古典理論的永久基礎，但因係建立在若干過於簡化的假定之上，所以後來引起不斷的補充與修正，歷時百年之久而不衰。

首先，Ricardo 是古典學派的經濟學者，古典學派的經濟理論是以勞動價值說 (the labor theory of value) 爲基礎，假定勞動是創造財富的惟一生產因素。以勞動價值說爲基礎所建立的投入與產出之關係，顯然過於簡化。其次，Ricardo 所討論的是整個國家的貿易利益，國家雖由許多個人構成，但對整個國家有利，不一定能表示對於每個個人都是有利。亦即，自由貿易雖對整個國家有利，但是不能保證對於所有人民都是有利。現代的福利經濟學者據此强烈批評古典學派的國際貿易理論。

四、比較利益理論的修正

比較利益理論中最先引起批評的是 Ricardo 所强調的勞動時間成本。1830 年，古典學派的西尼爾 (Naussan Senior) ❹ 認爲，以勞動時間解釋國際貿易並不完全恰當。因爲，生產力的不同主要是由貨幣成本 (money cost) 的不同反應出來，而與生產一種商品所需的勞動時間之長度關係較少。

---

❹ Naussan W. Senior, *Three Lectures on the Cost of Obtaining Money* (1830).

Senior 明確指出：貿易之發生乃因出口價格之不同使然。這些出口價格所反映的勞動成本，是以「貨幣」表示，非以「時間」表示。至於勞動成本之差異，則是受到生產力差異所影響。因之，Senior 所注意的是勞動的生產力，而非生產各種產品所需勞動的時間。

Senior 又進一步指出，憑着當時英國勞工的「才智與技術」(diligence and skill)，一人工作一年的成果，其他國家約需八人才能達到。因此，Senior 不僅批評比較利益理論以狹義的勞動時間理論爲基礎之不當，而且特別强調工資率的重要性，認爲是決完國際貿易形態的主要因素。當然，Ricardo 自己也發現了引起國際貿易的主要原因，乃是在於出口價格的差異；但他認爲，在一般情況下，這種差異則與勞動的時間成本有關。Ricardo 的看法：如果生產 X 與生產 Y 相比，勞動的時間成本高出 10%，則 X 與 Y 相比，出口價格也是高出 10%。至於 Senior 則是認爲，貨幣成本與生產力的差異比較重要，所以出口亦有不能正確反映勞動的時間成本之差異的情況。

對於 Ricardo 理論提出批評者尚有古典學派的彌爾 (John S. Mill) ❺，他所强調的是「特別因素」(special factors) 的重要。亦即認爲，一國之內的某些產業，因受特別因素的影響（例如美國產棉各州之使用農奴），工資水準會被壓低，而在其他產業則不如此，所以這些工資被「人爲地」壓低的產業之產品，當然可按較低的價格出售。這種較低的價格並不反映較低的實質勞動成本。在此情況之下，貿易形態並不反映實質勞動成本的比率。事實上，如果廢除農奴制度，建立完全自由的勞動市場，美國產棉各州的其他產品可能也有比較成本方面的利益。

---

❺ John S. Mill, *Principles of Political Economy with Some of their Applications to Social Philosophy* (1814).

在 Mill 的著作出版之後20年，開尼斯 (J. E. Cairnes) ❻ 亦對 Ricardo 的理論提出批評。Cairnes 指出：相對貨幣工資成本不能反映相對實質工資成本的情況乃是通則而非例外。這種情況之發生，乃因一國之內不同工資收入的集團之間缺乏流動所致。亦即，由於國內之缺乏流動，常使某一集團的工人長期享有比之其他集團的工人爲高的工資，而這並不能反映任何的實質利益。所以，Cairnes 所强調的是一國之內所存在的「非競爭性勞動集團」(non-competing labor groups) 之事實。

Ricardo 及其繼承者的確很少注意到勞動成本僅是參加生產的一種成本而已，他們總以「勞動成本」一詞去代表所有的「實質成本」。他們並不關心各國之間資本成本的差異，只把資本視爲勞動「儲存」(stored-up) 的一種方式，且被平均地使用於出口產品的部門，因其比例固定，故可加以忽略。如此一來，在古典學派的著作中很少涉及貿易理論中的資本問題。

到了新古典學派的馬夏爾 (Alfred Marshall) ❼，提出了「代表集束」(representative bundle) 的概念，以說明一國的生產因素，認爲除了勞動成本外，尙應考慮資本及其他的生產成本。而在較早時期，巴斯托 (C. Bastable) ❽ 也曾使用「生產力單位」(unit of productive power) 一詞表示固定數量的勞動配合平均數量的資本。

以上所述均是爲了補充 Ricardo 的勞動時間成本理論之不足，從而提出比較實際的方法以計算成本。但其共同的觀點認爲，相對實質成本的差異決定了相對利益。一般而言，古典學派的學者所要指出的是，國

---

❻ J. E. Cairnes, *Some Leading Principles of Political Economy Newly Expounded* (1874).

❼ Alfred Marshall, *Money, Credit and Commerce* (London: 1923)

❽ C. Bastable, *The Theory of International Trade.*

際貿易降低了獲得一定水準的所得所須付出的「實質成本」，但是並不注意這種實質成本究以勞動時間計算，或以更爲複雜的成本單位計算。一國對X的生產比對Y的生產更有比較利益，乃是因爲X的生產比起Y的生產具有較低的實質成本之故。

雖然上述各人對於理論均有莫大的貢獻，但 Senior, Mill 及 Cairnes 等人對於 Ricardo 的理論並未進行全面性的檢討與修正。此一工作係由陶希格 (F. W. Taussig) 完成。Taussig 於1927年所出版的「國際貿易」(International Trade) 一書係當時對於 Ricardo 的比較成本原理最有系統的著作。Taussig 對於勞動成本以外的其他因素在國際專業化中所具有的重要性非常注意。Taussig 特別强調資本的相對成本，亦即相對利率 (relative interest rate) 這一因素，並且也對 Mill 及 Cairness 所提出的「非競爭性團體」之意義進行詳細的分析。Taussig 認爲，資本是決定比較成本利益的重要因素，即使如果某國的利率結構高出他國很多，並不致於影響比較成本的形態。因爲，利率雖高，如果普遍由各個生產部門平均分擔，則其結果只是該國的絕對成本較高而已，比較成本並不受到影響。但在某種商品的生產比之他種商品使用較多的資本之情況下，某國的利率若較他國爲高，貿易的條件便會受到影響。因在利率較高的國家，使用資本較多的商品之利息負擔必然較重，故其價格較高。由此可見，利率的不同將使國際貿易的型態受到影響。

在十九世紀及二十世紀初期，對於古典學派的比較成本理論之批評，並非僅是 Taussig 而已。不少學者攻擊古典學派假定只有兩個國家及兩種商品之不當。並有若干學者指責古典學派忽略了運輸成本方面之因素。

在商品的數目方面，艾吉渥斯 (F. Y. Edgeworth) 於1925年指出[9]：

---

[9] F. Y. Edglworth, *Papers Relating to Political Economy*, 1925.

在許多商品的情況下，單只利用「實質成本」這個概念，無法說明在任何一個國家，何種商品將被進口，何種商品將被出口。為了決定進出口貿易的形態，必須進一步了解兩國的相對貨幣工資率 (relative money wage rates)。如果這一比率變動，例如，工資的上升在A國較B國為快，則原由A國出口的商品可能不再出口，甚至反而開始進口。

至於運輸成本的因素，當然也會影響到國際貿易的獲利能力。商品從A國運往B國的運輸成本，如果高於該產品在兩國國內的價格差距，則該產品的貿易也就不會在兩國之間發生。

五、貨幣工資與滙率

由於 Ricardo 的分析相當抽象，有時令人感到困惑。一般國際貿易的進行，是以貨幣成本及價格作為比較的基礎，而非根據所使用資源之數量的比率加以比較。而且，貨幣成本常受工資率與匯率的影響。所以，Ricardo 的模型如不考慮貨幣因素，顯然不够完整。以下將 Ricardo 的資料利用貨幣形式加以表達。

假設：葡萄牙的工資率為每年 2,000 葡幣，而英國的工資率為每年 1,000英鎊。因此，兩種商品的貨幣價格可以列示如下：

表 2-3

產品＼國家	葡萄牙價格(葡幣)	英國價格(英鎊)
酒	160,000	120,000
布	180,000	100,000

貿易商在決定是否出口酒或進口酒以前，必須先比較英國和葡萄牙

的價格。這種比較當然須以葡幣及英鎊的匯率為基礎。此一匯率假設為R，表示為了購買1英鎊所須付出的葡幣之數目。

現在兩國開始進行貿易，首先，R須固定在某一限度之內。此一匯率如果太低，則因英鎊比較便宜，所以葡萄牙的酒相較之下乃比英國的酒為貴。例如，若$R=1$葡幣/英鎊，則葡萄牙購買英國的酒僅須以120,000葡幣便可買到，而購買葡萄牙本地的酒則須160,000葡幣之多。所以在此匯率之下，葡萄牙將進口具有比較利益的商品，同時亦將進口具有比較不利的商品。葡萄牙為了進口這些商品，自然需要英鎊，但因葡萄牙並無商品輸往英國，所以沒有英鎊的供給。在此情況之下，英鎊價格將趨上漲，則以葡幣表示的英國酒之價格也就趨於上漲，最後，葡萄牙生產的酒乃可與英國生產的酒互相競爭。亦卽，最低的可能匯率為

$$P_W^P = P_W^E \cdot R$$

因此，

$$R \geq \frac{P_W^P}{P_W^E} = \frac{160,000}{120,000}\ \frac{\text{葡幣}}{\text{英鎊}} = \frac{1.3\text{葡幣}}{1\text{英鎊}}$$

在上限的時候，葡萄牙並不出口任何商品。在下列的條件下，這種情形便會發生

$$180,000\text{葡幣} \leq 100,000\text{英鎊}$$

在上述的情形下，葡萄牙布在英國的價格比當地的英國布之價格為低（當然，葡萄牙的酒更為便宜）。為了避免這種情況的發生，必須

$$P_C^P > P_C^E \cdot R$$

或者，

$$R < \frac{P_C^P}{P_C^E} = \frac{180,000}{100,000}\ \frac{\text{葡幣}}{\text{英鎊}} = \frac{1.8\ \text{葡幣}}{1\ \text{英鎊}}$$

在極限時，R與此一比率相等。

將兩極限合併，可以看出 1.33……$\leq R \leq$1.8，亦即以 1 英鎊兌換 1.33 至 1.8 葡幣，但這種情況僅限於假定的工資率下才能成立[10]。

玆進一步以具體的數字爲例說明：假設英鎊的供給與需要交互作用，使匯率定於 1.4 葡幣/英鎊的水準，則英國的布在葡萄牙的價格爲 1.4(100,000)=140,000 葡幣，故葡萄牙將進口布。再進一步，在英國的外國酒之價格爲 160,000/1.4=114,285$\frac{5}{7}$英鎊。由於外國酒比較便宜，所以英國將進口酒，此與比較成本比率所表示者相同。

透過上述的價格與匯率之分析，亦可從而算出貿易條件 (terms of trade)，此爲另一種方式的貿易利益之分析。所謂貿易條件就是商品的國際價格比率，而以共同的通貨單位表示。若以葡幣表示，則在其匯率爲 $R=1.4$ 葡幣/英鎊時，可以發現 $P_W=160,000$，而 $P_C=140,000$。若以 T 表示貿易條件，可得 $T=P_W/P_C=8/7$。將此數字與貿易前的價格比率比較，可以看出兩國貿易之後均能獲致利益。在葡萄牙，貿易前的價格比率爲8/9，此表示8/9單位的布交換 1 單位的酒；貿易以後，1 單位的酒可以交換 1$\frac{1}{7}$單位的布。因此，貿易以後，犧牲 1 單位的酒可以換回更多的布。在無貿易時，葡萄牙爲了得到更多的布，必須減少酒的生產，而把勞動移向布的生產。同理，在英國，貿易前的價格比率 P_W/P_C 爲6/5，此表示 1$\frac{1}{5}$單位的布交換 1 單位的酒；貿易以後，只須 1$\frac{1}{7}$單位的布便可交換 1 單位的酒。由此可見，即使其中的某一國對於兩種商品的生產均較有利，但是兩國之間仍可透過貿易而獲得利益。

---

[10] Paul A. Samuelson, "Theoretical Notes on Trade Problems," *Review of Economics and Statistics*, XLVI, No.2 (May 1964), 145–54.

六、比較利益的圖解

假設葡萄牙的勞動力爲 720 人，如果全部投入布的生產，則可生產 8 單位的布；如果全部投入酒的生產，則可生產 9 單位的酒。這些數字以圖 2-1(a) 的兩軸表示，並以實線加以聯結。這條實線爲一直線，此因 Ricardo 的標準假定爲固定成本 (constant cost)；亦即，不管將多少勞動從布的生產移向酒的生產，布的減少比率與酒的增加比率均爲8/9，而且，任何一種商品的增加並不引起成本的增加。値得注意的是這條實線的斜率之絕對値與價格比率 P_W/P_C 相同，均爲 8/9。這條實線稱爲「轉換曲線」(transformation curve)；或稱「生產可能線」(production-possibilities curve)、「機會成本線」(opportunity-cost curve)。因係基於充分就業 (full-employment) 的假定，所以葡萄牙可以沿着這條線而

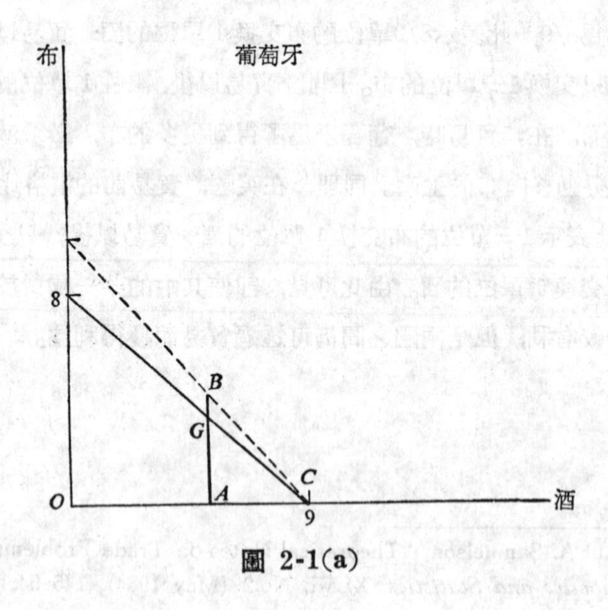

圖 2-1(a)

以線上任一點所代表的兩種商品之任意組合進行生產與消費。

圖2-1(b) 所示的英國之轉換曲線是由假定勞動力爲600人而導出；所以，英國的生產選擇範圍爲 6 單位的布與 5 單位的酒，此一轉換曲線之斜率的絕對值爲 6/5，此與價格比率 P_W/P_C 相等。

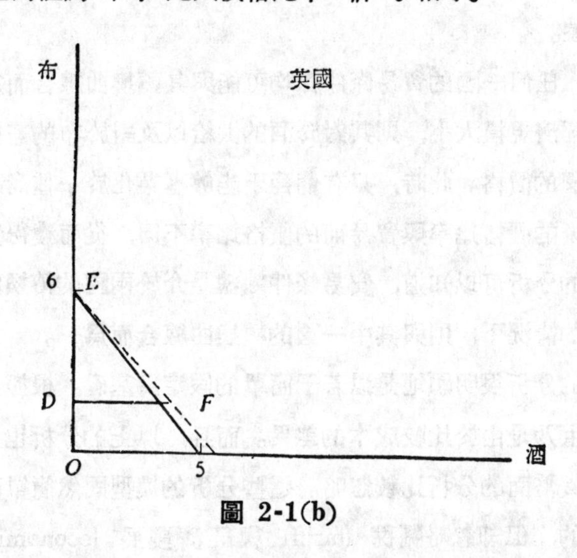

圖 2-1(b)

玆以上面的圖形說明國際貿易的進行。首先，劃出國際貿易條件線。在各圖中，虛線表示貿易條件，根據上述的例子爲 $P_W/P_C=8/7$。葡萄牙因對酒的生產具有比較利益，所以完全專業化於酒的生產，而沿着貿易條件線進行貿易以換取布。英國則專業化於布的生產，而沿着斜率恰爲－8/7 的貿易條件線進行貿易。因爲這是均衡的貿易條件，所以希望出口的酒應該等於希望進口的酒，布的情形也是如此；否則，供需之間的失調會引起價格的變動。在上圖中，出口與進口相等：葡萄牙出口AC的酒，英國則進口DF的酒；葡萄牙進口AB的布，英國則出口DE的布。

此處應該注意：貿易條件線乃是位於各國轉換曲線的右上方。就任何某一數量的出口商品之消費而言，各國均可比沒有貿易時消費更多的進口商品（當然，C 及 E 兩點例外）。葡萄牙在未貿易時消費的布爲 GA，在貿易後消費 AB，布的消費增加 GB。英國在未貿易時消費的酒爲 HD，在貿易後消費 DF，酒的消費增加 HF。由此可見，兩國均已獲得貿易利益。

當然，任何一國的貿易條件線均可能與其轉換曲線合而爲一。如果葡萄牙的經濟規模太小，則其對於酒的供給以及對於布的需要，幾乎不能影響英國的價格。此時，只有葡萄牙能够專業化於一種商品的生產，使其貿易後的價格比率與貿易前的價格比率不同，從而獲得貿易利益。根據以上的分析可以知道，貿易條件線總是介於兩國的轉換曲線之間，而在極端的情況下，則與其中一國的轉換曲線合而爲一。

以上的分析很明顯地是以若干簡單的假定爲基礎。根據上述，國際貿易的發生乃是由於比較成本的差異。而且，以上的分析也是以實質因素爲主，貨幣面的分析比較忽略。這些分析的模型固然簡單而清晰，且是最基本的，但却忽略關稅 (tariff) 與經濟發展 (economic development) 因素之考慮。關於這些因素之考慮，容於現代國際貿易理論中再作說明。不過，近年以來，對於 Ricardo 理論的實證研究頗有成果，故應在此加以介紹。

第三章　供給、需求與貿易均衡

Ricardo 所創立的比較利益理論，經過一、二百年來之修正與補充，形式漸趨複雜。Ricardo 的模型忽略了若干基本的要素，以致引起十九世紀的經濟學者之補充。諸如：彌爾 (John Stuart Mill) 從需要方面加以補充；開恩斯 (J. E. Cairns) 打破勞動力同質 (homogeneous) 的假定，導入「非競爭性團體」(noncompeting groups) 的概念。這些修正與補充均由魏納 (Jacob Viner) 在 1937 年所著的「國際貿易理論之研究」(*Studies in the Theory of International Trade*) 一書集大成。如今，這些均已成爲經濟思想史中的重要內容。而在今日，比較勞動成本的分析雖然重要，但是現代的國際貿易理論却以標準的經濟理論作爲說明的基礎。

一、轉換曲線

爲了簡化起見，仍然按照 Ricardo 的方法，把討論的對象限於兩個國家和兩種商品。而且，假定生產除了所需的勞動之外，尙需其他的因素。至於人們的嗜好及各種產業的生產函數均爲已知。關於生產的特殊假定就是：報酬不變；亦卽，投入 (input) 增加幾倍，產出 (output) 也就正好增加幾倍。商品及生產因素的市場則係競爭性的市場 (competitive markets)。國際貿易的基本理論就是建立在上述的各種基本假定之上。然後，隨着理論的擴大與深入，各種假定就須一一加以打破。

首先，應將前章所述的轉換曲線 (transformation curve) 加以修正。

玆再假定：生產因素只有兩種，且其供給爲完全缺乏彈性 (perfectly inelastic)。不管工資如何變動，勞動的供給總是固定。如此，可將X與Y之間的轉換曲線繪出，如圖 3-1 所示。

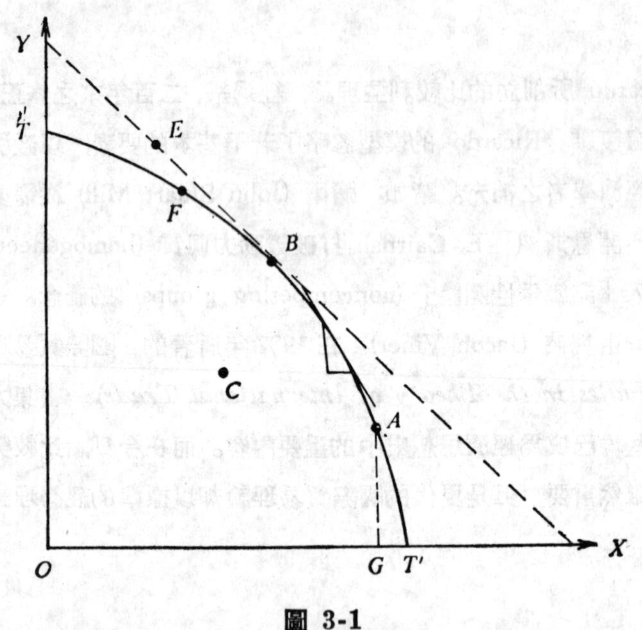

圖 3-1

圖中的T點表示一國將其全部生產資源投入Y商品之生產時所獲Y商品之最大產量。反之，若將全部生產資源移向X商品的生產，則其最大產量爲T'。當然，沿着轉換曲線移動，表示X商品及Y商品均可以任何方式組合而被生產出來。本章的轉換曲線爲曲線形。X商品的生產越多時，則其斜率越陡 (steeper)；此即表示，X的產量越多時，則爲多生產一單位X所需犧牲的Y也越多。如把多生產一單位的Y所需放棄的X視爲機會成本 (opportunity cost)，則上圖顯示成本遞增 (increasing) 的情形。當然，這種成本遞增的情形比 Ricardo 所假定的成本不變之情形更符合實際的生產。

機會成本之所以遞增，乃因各種產業對於生產因素之使用不同所致；亦即，由於因素投入之比例不同所致。

圖 3-1 是一個簡化的情況，只生產X及Y兩種商品。例如，X的產量為OG的距離所示，則Y的最大產量便為AG，此圖可以說明生產方面的幾項特徵：第一，有些生產點（例如D點）是這個社會的生產能力所不能達到的。如果經過某些時間以後，生產資源能够增加，生產技術能够改進，D點當有達到的可能。第二，圖中TT'曲線的斜率為負，表示為了生產更多的X（超過A點），必須犧牲若干Y的生產，才能放出生產資源，投入X的生產。第三，此一社會雖然可在C點生產，但亦顯示缺乏效率，因為若在C點以上生產，兩種商品均可增加。C點所表示的是生產資源尚未充分利用的情況。

上圖的TT'曲線由原點向外凸出，有如前述，乃是成本遞增的情況。這種形狀表示每增加某種商品的產量一個單位時，所須付出的機會成本也在增加。何以任何一種商品的產量增加之時，其機會成本隨之上升？其中的影響因素很多。例如，有些受過專業訓練以生產X商品的高級技術勞工，可能已經投入X的產業，而在F點生產，因此不能再減少Y的產量，以達到B點。再者，等則較高的沃土之供給，在達到B點以前可能已經逐漸用盡，為了生產Y，必須使用等級較低的瘠土，以達到F點。即使每種生產因素在各種商品的生產上均能發揮相同的技術，但事實上，兩個產業所要求的勞動與資本之比例可能不同，因而發生成本遞增的情況。❶其次，時間的長短對於轉換曲線的形狀也有影響。

如果一個國家不與他國通商往來，則其轉換曲線（生產可能線）所

---

❶ 在機會成本遞減（decreasing）的情況下，TT'曲線會向原點凹入。本書對此情況不予討論。本書假定國家的經濟規模都已大到能使生產進入遞增成本的階段。

代表的實爲「消費可能線」(consumption possibilities curve)；這個國家所能消費的則只限於本國所能生產的。

在競爭性的市場上，必在線上的點（而非線下的點）生產，且由市場價格決定點的位置。圖 3-1 中的價格線 EB 與 TT' 線在生產點 B 相切。

轉換曲線是一種極基本、極有用的分析工具。至少，利用此一工具可以非常簡單地分析國際貿易的均衡。

假定只有兩個國家，但有許多不同的生產可能性 (production possibilities)，有如圖 3-2 所示。如果兩國沒有貿易，每一國家的均衡價格比率將如直線 B 所示。此一價格線與轉換曲線相切，切點爲 P'，生產與消費就在 P' 點進行。因甲國的 P_X/P_Y 較乙國爲大，所以，貿易發生以後，甲國將向外國買 X。如此，甲國所生產的 X 較少，故把資源移向 Y 的產業。至於乙國，則將生產較多的 X 以擴大出口市場，並且減少 Y 的生產。甲國的轉換曲線向上移動，乙國的轉換曲線則向下方移動。最後，兩國的價格趨於相等之時，均衡也就達成。

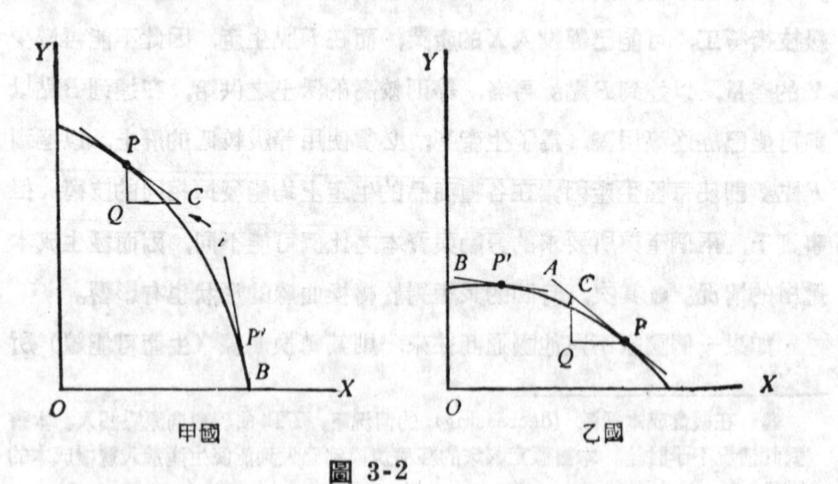

圖 3-2

在圖 3-2 中，直線A爲均衡的貿易條件 (terms-of-trade) 線。當然，須有許多條件證明此爲眞正的均衡。首先，在生產方面，每一國家的邊際成本必須等於價格；此以直線A在P點與轉換曲線相切表示。其次，消費亦應達成均衡狀態。假定在A所表示的價格中，每一國家的消費將爲C點。最後，國際收支 (balance of payments) 必須處於均衡狀態；亦即，在此模型中，某國希望的進口應該等於他國希望的出口。例如，甲國Y的出口PQ必須等於乙國Y的進口QC。同理，甲國X的進口QC亦須等於乙國X的出口QP。

在 Ricardo 模型中，尙有貿易利益問題，在此亦應加以處理。在上圖中，兩國的消費點C均在轉換曲線之外。發生貿易以後，國民所得 (national income) 將趨增加。但與 Ricardo 模型不同的是：專業化 (specialization) 並不完全，故在貿易以後，兩國對於兩種商品仍然繼續生產。此爲假定邊際成本遞增的結果。只要邊際成本低於價格，生產就會不斷進行下去。但在邊際成本高於價格以後，開始發生進口。

二、運輸成本

以上所介紹的理論，都已經過相當的簡化，至少，若干假定是與實際情況不相符合。例如，過去假定國際貿易是在沒有運輸成本，沒有關稅，沒有其他貿易障礙之下進行。這種自由貿易實際並不存在。

運輸問題不僅是國際貿易理論應該加以探討的重要內容，且係經濟學者進行實證研究最感困難的所在之一。例如，各國國際收支資料中，進口並不以 f.o.b (free on board；亦即出口國家的成本) 計價，而是採用 c.i.f. (cost, insurance, and freight，亦即進口國家進口這種商品的總成本) 作爲計算的標準。而且，國際收支平衡表中亦有許多遺漏及不一致之處❷。

在國際貿易理論中，分析運輸成本最簡單的方法就是使用部份均衡的供應模型 (partial-equilibrium supply-and-demand model)。圖3-3是一種「背對背圖形」(back-to-back diagram)，也是國際貿易理論的標準分析工具之一。各國同一產品的供需曲線乃以共同的價格軸表示。圖的右邊是甲國國內的供給與需要，國內的價格即供需曲線的交點。乙國的供需曲線畫在左邊，其數量由右向左逐漸增大。乙國的原點較甲國的

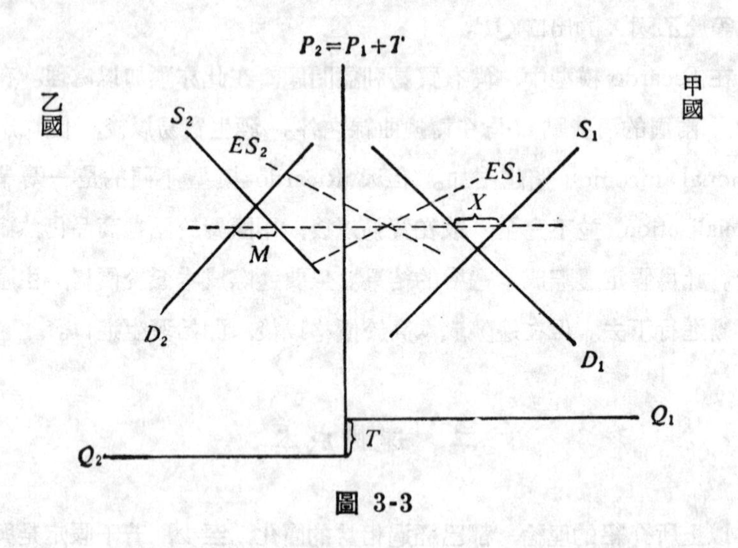

圖 3-3

原點爲低，其差距以T表示，此即商品由甲國移向乙國時每單位的運輸成本。這反映一件事實，即在貿易以後，乙國因受運輸成本之影響，其價格較甲國國內價格爲高。何故？此因如果價格的差距超過運費，運送

---

❷　爲了獲得 f. o. b. 的價值，巴拉薩 (Bela Balassa) 乃在其大多數的研究中假定運費及保險費合計估以 c. i. f. 計算之進口價值的 10%。參見 Bela Balassa, *Trade Prospects for Developing Countries* (Homewood, III.: Richard D. Irwin, Inc., 1964), p.100。實際上，上述的比率在錫只有 2 %，在香蕉及鐵礦却高達40%; *ibid.* p. 369.

更多必較有利，故乙國價格趨於下降而甲國價格趨於上升；如果價格的差距較小，此種運送就會停止。因在貿易以前，各國之間的價格差距大於T，所以甲國出口而乙國進口。出口數量等於進口數量之時當然達成均衡，此以括號之$X=M$表示。

然則，運輸成本的影響如何？若$T=0$，乙國的軸向上移動，ES_2與ES_1的交點距離右方越遠，貿易數量增加，甲國的價格較高，而乙國的價格較低（並且兩國的價格將會相等）。

如把圖3-3作一推廣及修正，則可看出運輸的其他特色。玆把圖3-3的超額供給曲線重畫於圖 3-4 中，但左邊的軸已與右邊的軸排成一行。此時，均衡的條件就是：超額供給曲線之間的垂直距離等於T，此可反

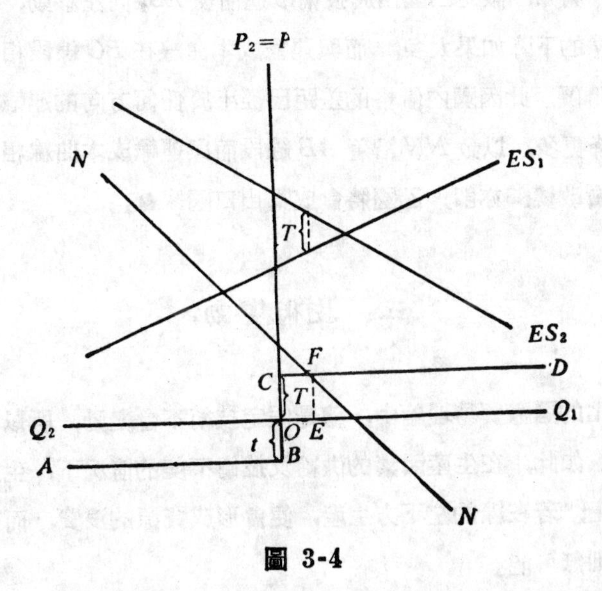

圖 3-4

映運費所引起的價格差距。均衡的情形則與上圖相同，OE 等於甲國的出口。

圖 3-4 的第一特色就是兩個方向的運輸成本以$ABCD$線表示。T

仍代表商品由甲國流向乙國的運費；至於另一方向的運費則以 t 表示。值得注意的是 $T=t$ 並不必然發生；因就實際情況而論，輪船及飛機由西向東橫越大西洋總比由東向西橫越還要便宜。此外，還有一種回頭船的運費更爲便宜。

圖 3-4 的第二特色就是 NN 曲線，這是以 ES_2 垂直減去 ES_1 所得的淨超額供給曲線。NN 與 CD 在 F 點相交是決定均衡的另一方法。其所以均衡，乃因超額供給曲線之間的垂直距離等於運輸成本；亦卽，兩國的價格在 F 點與在 T 點不同，同時，出口數量等於進口數量。由此可以看出，嗜好、所得、因素供給，或技術方面的變動對於貿易的影響；這些因素的任何變動都會引起有關國家超額供給曲線的移動，此亦引起 NN 的變動。例如，假定乙國由於技術改進而使 ES_2 向左移動，NN 必會下降。NN 的下降如果太多，而與運輸成本曲線在 BC 線段相交，貿易便會遭受阻礙，此因國內價格的差距已經小於任何方向的運輸成本。如果 NN 下降更多，以致 NN 沿着 AB 線段而與運輸成本曲線相交，貿易的方向就會改變；亦卽，乙國將會成爲出口國家[3]。

三、技術變動

在簡化的國際貿易理論中，總是假定技術不會變動，所以轉換曲線亦不變動。如此，在生產因素的供給及技術不變的情況下，生產點必在轉換曲線上；若在線的左下方生產，便會形成資源的浪費，而在線的右上方生產則無可能。

但在技術改進以後，轉換曲線將向右方移動。在生產兩種商品的情

[3] Paul A. Samuelson, "Spatial Price Equilibrium and Linear Programming," *American Economic Review*, XLII, No. 3 (June 1952) 283-303.

況下，技術的改進會使一種或兩種商品的生產均告增加，從而改變轉換曲線的位置與形狀。技術變動可以分爲三種類型，即：(1) 勞動節約的技術變動 (labor-saving technological change)；(2) 資本節約的技術變動 (capital-saving technological change)；(3) 中性的技術變動 (neutral technological change)。每種類型的技術變動對於轉換曲線均有不同的影響。玆以圖 3-5 加以說明。

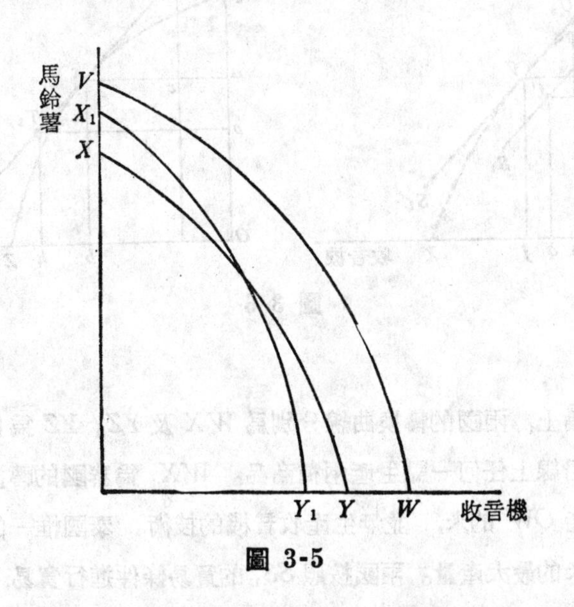

圖 3-5

假設 XY 爲某國之轉換曲線，該國生產兩種商品，一爲勞動密集的 (labor-intensive) 的馬鈴薯，一爲資本密集的 (capital-intensive) 的收音機。現在假設發生中性的技術變動，該國的轉換曲線便會平行向外移動至 VW。但是，技術變動的類型如爲勞動節約型的，XY 便會移向 X_1Y_1，而使勞動密集產品的可能產量增加，至於資本節約產品則由 XY 移至 XY_1。

技術變動引起生產因素之效率改進以後，會使一國的轉換曲線發生上述的變動。但是，這種變動對於比較成本模型會有什麼影響？玆擧實例說明。假設泰國生產米，而日本則生產收音機；這種情況以圖 3-6 表示。

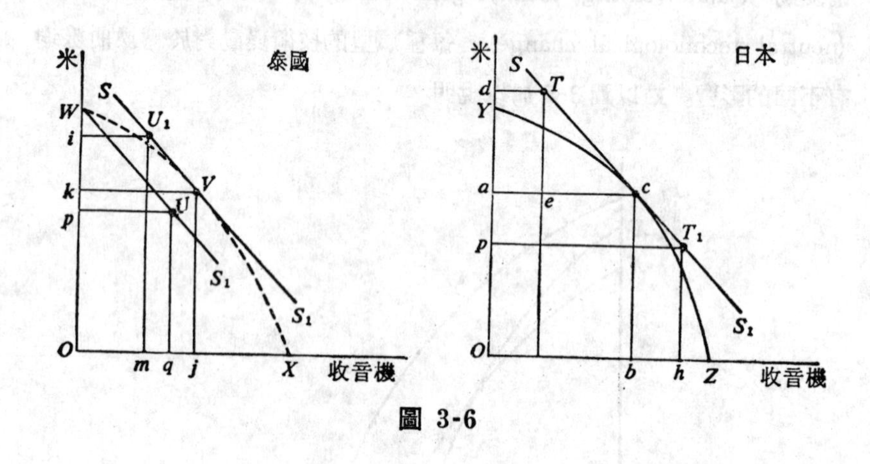

圖 3-6

在理論上，兩國的轉換曲線分別爲 WX 及 YZ。YZ 爲日本的轉換曲線，可沿線上任何一點生產兩種商品。WX 爲泰國的轉換曲線；泰國只能生產 OW 的米，並無生產收音機的技術。泰國惟一的生產點爲 W，也是米的最大產量。兩國按照 SS_1 的貿易條件進行貿易；日本進口 ad 的米而出口 ec 的收音機，泰國出口 WP 的米而進口 ec 的收音機（因爲 da 等於 Te，故在貿易條件爲 SS_1 時，da 的米可以買到 ec 的收音機）。在此情況之下，泰國必在 U 點消費。如此，兩國各依技術情況之不同而互相貿易，結果均蒙其利。

現在假定泰國的技術有了改進，能够自己進行收音機的生產。如此，泰國的轉換曲線便由 W 點擴大爲 WX。假定貿易條件仍然不變，泰國將在 V 點生產，從而生產 oj 的收音機及 OK 的米。新的消費點則爲

U_1，出口 mj 的收音機以進口 lk 的米。由此可見，技術進行不僅改變了泰國貿易的數量，也改變了其內容。泰國開始進口米而出口收音機。因爲U_1位於泰國的轉換曲線之外，所以泰國已經得到利益。

至於日本，如果貿易條件不變，仍然是在C點生產。日本的經濟結構不會改變。但是，貿易方面則會改變。日本的消費會由T移至T_1，日本過去進口米，現在出口米；過去出口收音機，現在進口收音機。在新的消費點T_1，出口ap的米以交換bh的收音機。由於技術的變動，使日本的比較利益由收音機變爲米。日本的消費仍在T_1點，但因比較利益改變，貿易結構隨之改變。

在上述的情況之下，泰國技術改進的結果是顯著地改善了泰國的消費，即由U點移至U_1點。由此可見，技術改進提高了一國的福利，但是他國的福利並未減少。根據經濟發展的歷史，一國在技術及基本研究方面的資本投入越多，則從貿易所獲的利益越大。上述的理論模型可以印證這個歷史。過去二十多年以來，日本在造船業及電子業方面所建立的高度技術，已使日本發展成爲一個貿易大國，戰後世界貿易的型態已有重大的變遷❹。貿易結構的改變，並不限於美國、英國及德國等這些老的商業大國，日本這個新的貿易大國也在不斷演進、改變。而從最近的實際發展看來，技術變動的過程相當快速，這種變動同時也促成了貿易結構、經濟力量乃至於社會及政治環境的變動。

四、社會無異曲線

上節曾以轉換曲線爲分析工具說明國際貿易的供給理論，本節擬以

❹ 貿易結構變動的實證研究參見 Alfred Maizels, *Growth and Trade* (Cambridge: Cambridge University Press, 1970).

無異曲線 (indifference curves) 及提供曲線 (offer curves) 爲分析工具，說明國際貿易的需要理論。

以無異曲線爲工具分析國際貿易理論，事實上仍有相當困難存在。在消費者行爲的理論中，無異曲線是最基本的，所以如把整個國家視爲單一的消費者，當然可以應用到國際貿易理論方面。但事實上，整個國家並非單一的消費者，而是許多具有不同嗜好 (tastes) 的個人之集合體。因此，無異曲線如不經過修正，無法用於國際貿易理論的分析。爲說明此點，玆先介紹消費者行爲理論中的無異曲線。

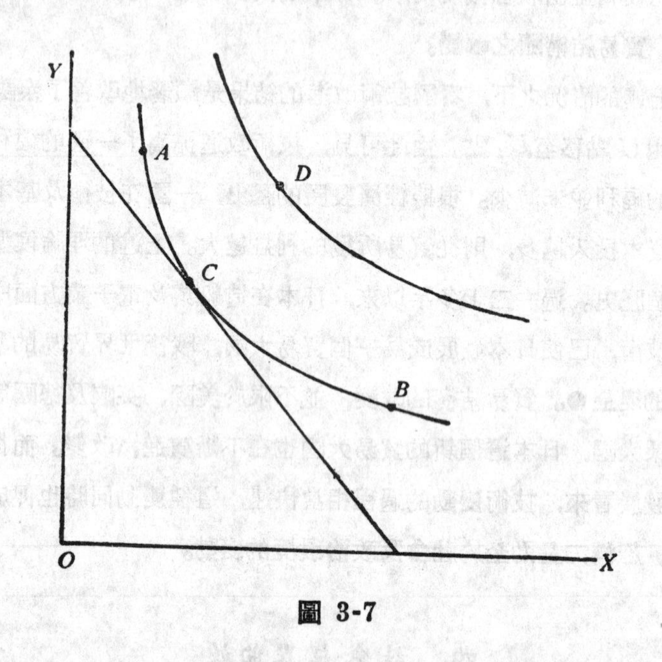

圖 3-7

在圖 3-7 中，X及Y兩種商品的數量分別以兩軸表示。假定消費者在面對兩種商品的各種組合 (combinations) 時，可以知道其對那一組合的愛好程度較高，或者，其對若干組合的愛好程度完全相同。在上圖中，消費者對於A、B、C三點所代表的三種組合之愛好程度並無差異，但對D點所代表的組合却有較高的愛好程度。因此，A、B、C三點均在同一條無異曲線上，而D點則在較高的無異曲線上，代表較高程度的滿足。合理的消費者所面對的無異曲線具有三種特性：(1) 斜率爲負；(2) 向原點凸出；(3) 不能相交。

與無異曲線在C點相切的直線就是預算線 (budget line)，代表消費者的所得，以及消費者必須支付的價格，其斜率爲$-P_X/P_Y$。消費者的均衡就是在一定的所得及價格之下，所能達到的最高一條無異曲線。在上圖的C點，預算線與無異曲線正好相切，故兩曲線的斜率相等。

玆由單一消費者的無異曲線進而討論整個國家的無異曲線。

假定某國擁有一定數量的商品，則在無異圖 (indifference map) 上可以一點表示出來。假定這些商品均以相同的方式分配給人民，則在貿易發生之後，便會出現均衡的價格比率。此點有如圖 3-7 中之 C 點所示，而且，通過此點之無異曲線的斜率亦可表示出來。玆進而假設這些一定數量的商品改以完全不同的方式分配給人民，則因需要與供給均將

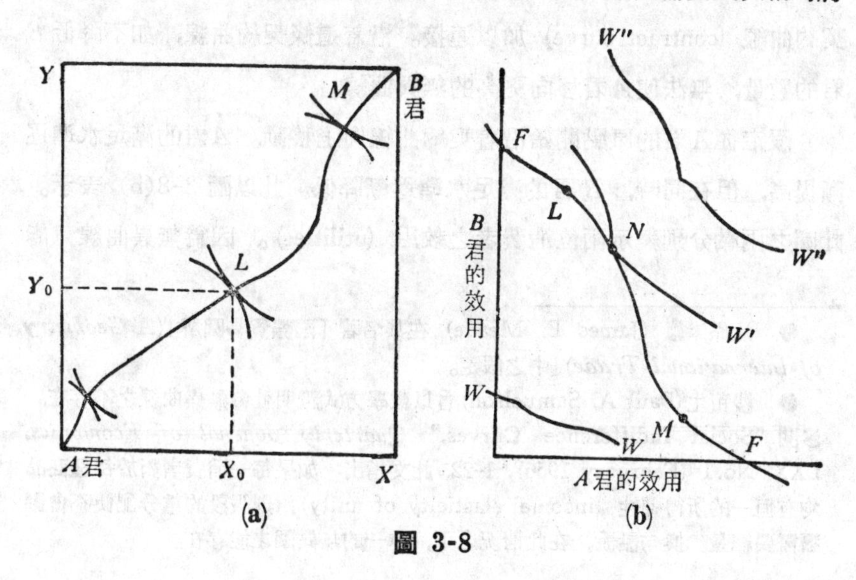

圖 3-8

發生變動，所以出現各種不同的價格。此即表示，這條無異曲線具有完全不同的斜率，而無異圖亦非單一的。但在標準的消費者行為理論中之無異圖却是單一且不能相交的，所以在此有了困難。

面對此一困難，經濟學家如果不願放棄無異曲線這種工具，就須設法補充若干假定，藉以分析國際貿易理論。例如，可以假定一國之內的全部人民具有相同的嗜好與相同的所得。如此，「社會無異曲線」(community indifference curve) 也就應運而生❺。此外，社會無異曲線尙須假定商品的最適重分配❻。

分析的起點是假定兩個消費者及兩種商品的情況，如圖 3-8(a) 所示。兩種商品是X及Y。A君的無異圖是以左下角爲原點；B君的無異圖是以右上角爲原點。可用於分配給A君及B君的X及Y之總量是以圖形的兩邊之長度表示。例如，在L點，A君所獲的X之數量以原點至X_0的距離表示；其餘則由B君獲得。同理，A君所獲的Y之數量以原點至Y_0的距離表示；其餘則由B君獲得。每兩條無異曲線的切點，以契約曲線 (contract curve) 加以連接。沿着這條契約曲線，如不降低B君的數量，無法使A君移向更高的無異曲線。

假定從A君的原點開始沿着契約曲線向上移動。A君的滿足水準逐漸提高，但在同時，B君的滿足水準逐漸降低。此以圖 3-8(b) 表示。此圖之兩軸分別表示兩位消費者之效用 (utilities)。因爲無異曲線只能

---

❺ 此係米德 (James E. Meade) 在其名著「國際貿易圖解」(*A Geometry of International Trade*) 中之假定。

❻ 沙苗生 (Paul A. Samuelson) 曾以數學方式證明社會無異曲線之不存在。參閱 "Social Indifference Curves," *Quarterly Journal of Economics*, LXX, No.1 (February 1956), 1-22. 此文指出：如果每一消費者對於每種商品均有恒一的所得彈性 (income elasticity of unity)，則假設的重分配便不會影響需要總量。換句話說，在此情況之下，單一的無異圖才能存在。

表示效用數量的「較多」或「較少」，無法表示「絕對數量」，所以兩軸不能用以測定效用數量，只能用以表示方向。圖中 L 點向 M 點的重分配，會引起效用圖中消費者從 L 點向 M 點移動。連接 L 點及 M 點的線為效用限界 (utility frontier)，此以 FF 表示。

下一步驟就是在圖 3-8(b) 中畫出代表社會福利函數 (social welfare function) 的曲線；這些曲線以 WW，$W'W'$，及 $W''W''$ 表示。得出此種函數之後，便很容易把商品的總量重分配給人民。很明顯地，最大的福利以 N 點表示，因為此點係效用限界的最高點。

五、國際貿易的均衡

在接受上述的社會無異曲線之概念以後，便可配合轉換曲線的工具，以圖 3-9 分析國際貿易的均衡。

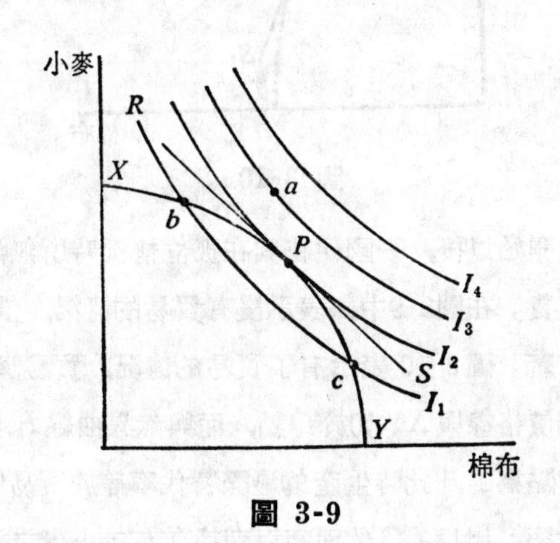

圖 3-9

假定某國的生產處於成本遞增的情況，其轉換曲線以 XY 表示，而社會無異曲線以 I_1,I_2，I_3 及 I_4 表示。均衡點為 P，在此，XY 與 I_2 相切。

RS 爲與 I_2 相切的價格線，切點爲 P，表示兩種商品在該國內的最適情況下進行交換的比率。在 XY 外面的任何一點，例如 a 點，生產能力無法達到；而在 b 點及 c 點，仍可移向較 I_1 爲高的無異曲線，達到較大的滿足。在 P 點時可以達到最大的滿足，而消費的邊際替代率 (marginal rate of substitution) 等於生產的機會成本及兩種商品的價格比率。在無異曲線及轉換曲線的形狀爲已知的情況下，P 點是惟一的最適點。

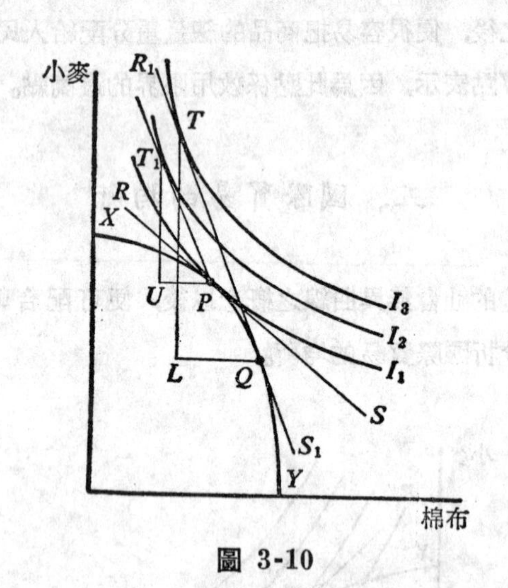

圖 3-10

在國際貿易開始以後，一國便在其在孤立情況時所無法達到的價格下進行生產與消費。在圖3-9中，表示沒有貿易的情況，價格線爲 RS，該國乃在 P 點生產。圖 3-10 表示有了貿易的情況，貿易條件以 R_1S_1 的斜率表示。這條價格線與 XY 切於 Q 點，而與無異曲線 I_3 切於 T 點。生產點爲 Q，消費點爲 T，此時生產的邊際替代率等於貿易條件，也等於消費的邊際替代率。出口 LQ 的棉布以交換 TL 的小麥之進口。T 點成爲貿易國家的最適點，所有的重要變數都是相等，且與貿易前的均衡位置 P 點比較，係位於較高的無異曲線上。

利用上述的圖形，可把貿易利益 (gain from trade) 分解為兩部份；一為交易的利益，一為生產專業化的利益。有如上圖所示，貿易後的消費移至T點，生產移至Q點。假設該國在貿易以後仍停留在P點生產，則其貿易利益將只限於在新價格比率下交易的利益。此一利益以由P點移至T_1點表示，此係沿着與無異曲線I_2在T_1點相切的價格比率線移動。在此點，進口T_1U的小麥而出口UP的棉布。貿易的數量可能較少，雖然T_1點係在較高的無異曲線I_2上，但其滿足程度不如I_3上的T點。事實上，T_1點並非最適點，因為在P點的生產之邊際替代率並不等於在T_1點的消費之邊際替代率。T_1點雖較P點為優，但較T點為劣。

以上所述係一國獲得貿易利益的情況，並假定在貿易開始以後在已知的因素稟賦 (factor endowments)、需求形態及世界貿易條件之下進行。現在把分析的範圍擴大到兩個國家的情況，討論在何種貿易條件下，兩種商品各以多少數量進行貿易。我們首先假定兩國的嗜好及需求情況相同，但是因素稟賦及生產結構不同，其次假定在相同的供給情況下，嗜好及需求情況有了改變。

假設圖3-11中的英國及美國有着不同的因素稟賦，以不同的轉換曲線表示，但其需求形態相同，此以相同的無異曲線表示。至於供給方面，美國在小麥的生產上有利，而英國在棉布的生產上有利。兩國的轉換曲線均如AB所示，係機會成本遞增的情況。在孤立的情況下，兩國的生產與消費決定於轉換曲線AB與最高的無異曲線之切點a與b。美國及英國的國內貿易條件分別以RS切線及TW切線的斜率表示。

發生貿易以後的情況分別以de及gh線表示。這兩條線因係表示兩國之間的貿易條件，所以互相平行。而且，這兩條線的長度也是相等，因為任何一國的出口必為另外一國的進口。各線均與轉換曲線及較I_1為高的無異曲線相切。其斜率介於孤立情況下的兩條價格比率線的斜率之

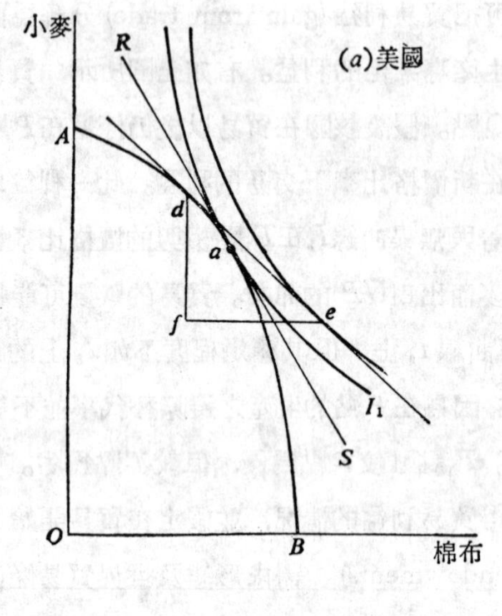

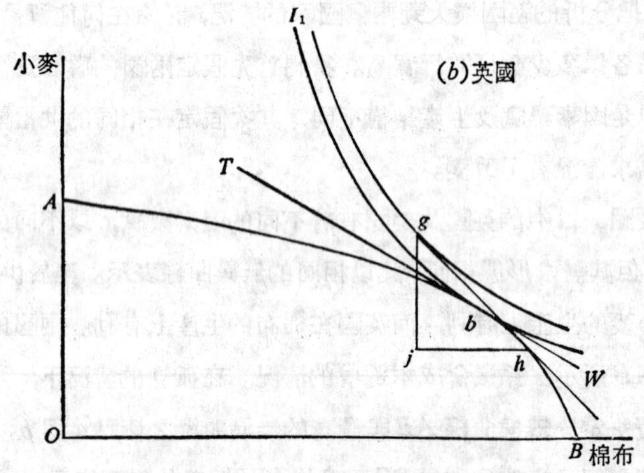

圖 3-11

間、美國消費的棉布以 e 表示，其中，fe 係進口部份；消費的小麥以 e 表示，生產以 d 表示，出口以 df 表示。英國消費的小麥以 g 表示，其中，gj 係進口部份；生產的棉布以 h 表示，其中，jh 係出口部份。

如圖上的轉換曲線及無異曲線所示，貿易以後生產更趨專業化，切點沿着轉換曲線而向極端移動；消費則是越不專業化，因爲切點沿着無異曲線向着各國相同的消費水準移動。這種結果之發生，是因各國在進行貿易之後，消費的替代對於貿易以前比較稀少而貴的商品有利，但其價格却因貿易而下降。

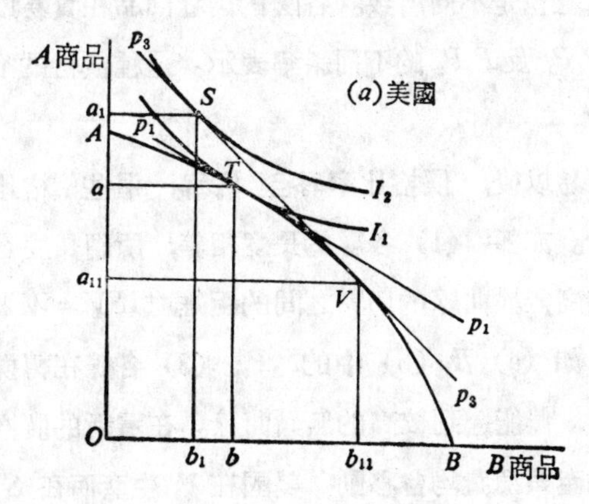

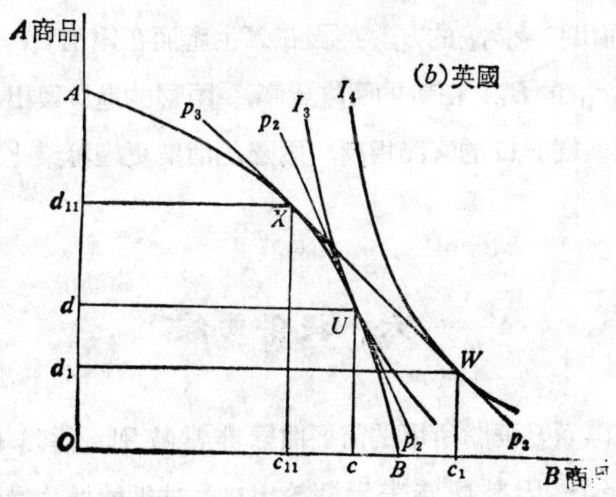

圖 3-12

現在轉而討論兩國的供給（因素稟賦及技術）相同而需求（嗜好與偏好）不同的情況；旣然需求不同，社會無異曲線的形狀也就不同。這種情況以圖 3-12 表示。圖中的美國及英國有着相同的轉換曲線AB，但其需求情況不同。美國的偏好顯示在T點消費較多的A商品；英國的偏好顯示在U點消費較多的B商品。這是兩國的嗜好及偏好不同，故其反映出來的無異曲線也是不同所致。各國的兩種商品在貿易以前的價格比率不同，此以 P_1P_1 及 P_2P_2 的不同斜率表示。這種價格的不同，乃因需求情況不同之故。

一旦開始貿易以後，價格比率移至 P_3P_3。這些價格比率線之決定有如圖3-11所示。亦卽：(1) 各線的長度相等，所謂長度是指對轉換曲線的切點與對較高無異曲線的切點之間的距離，以$SV=WX$表示；(2) 各線互相平行，如 (a) 及 (b) 中的P_3P_3；(3) 各線在轉換曲線上朝着相反的方向發展，俾能達到較高的無異曲線。在這新的價格比率線之情況下，兩國的生產與消費均會移動：美國在 V 生產而在 S 消費，進口 a_1a_{11} 的A而出口 b_1b_{11} 的B；英國在X生產而在W消費，出口 d_1d_{11} 的A而進口 c_1c_{11} 的B。在新的價格比率，兩國的進口與出口處於均衡。這一情況正與圖3-11的情況相反，兩國的消費更趨專業化而生產更不專業化。

六、提供曲線

分析國際貿易理論所用的需要曲線非常特別，稱為「提供曲線」(offer curves)；因其同時表示對於出口品的供給以及對於進口品的需要，所以又稱「相互需要曲線」(reciprocal demand curves)。提供曲線作為分析工具係由艾吉渥斯 (F. Y. Edgeworth) 開其先河，而由

Alfred Marshall 予以推廣使用❼。由於使用提供曲線作爲分析工具，才能把 John S. Mill 的國際價值理論應用於 David Ricardo 的比較利益理論。這些曲線的幾何技術則由米德 (James E. Meade) 予以發揮出來❽。

1. 提供曲線的導出

茲從簡單的物物交換 (barter) 模型開始說明。提供曲線有如圖 3-13 所示。

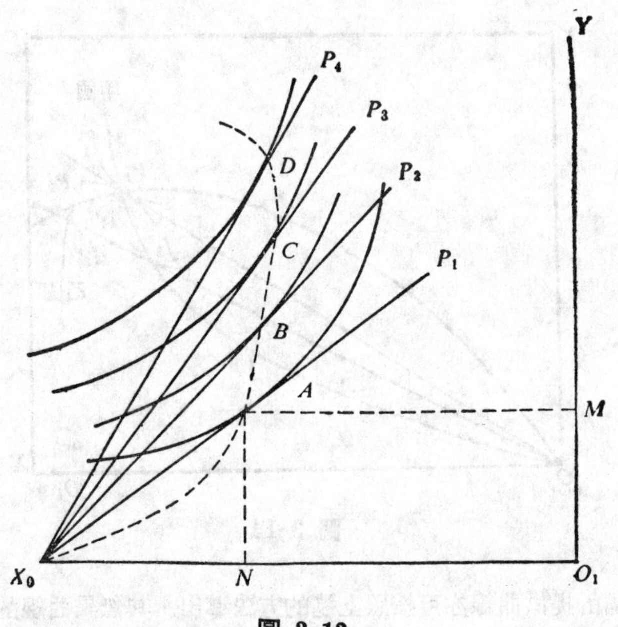

圖 3-13

一般在畫提供曲線時是以左下方爲原點，所以與之配合的無異圖須

❼ Alfred Marshall, *Money, Credit and Commerce*, Book 3.

❽ James E. Meade, *Geometry of International Trade* (London: Oxford University Press, 1952)。

以右下方爲原點。假定甲國的產品只有X一種，其數量以O_1X_0表示。則在參加貿易以後，貿易條件以直線P_1表示（貿易條件線之斜率爲$dy/dx=P_X/P_Y$）。均衡點爲A，位於最高的無異曲線上，且在該價格下可以達到。由X_0點至A點，X的出口數量爲X_0N，Y的進口數量爲NA。P_2爲較高的價格線，代表X的價格相對於Y的價格較高，因此進出口數量亦不相同。連接$A, B, \cdots$，各均衡點的曲線就是甲國的提供曲線。因此，提供曲線可以定義爲：在各種可能的價格比率上，各種希望出口的數量與希望進口的數量之交點的軌跡。

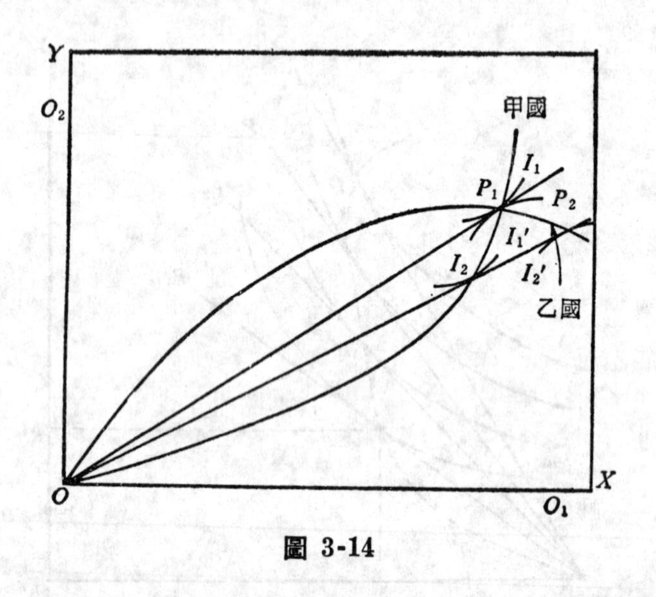

圖 3-14

乙國的提供曲線亦可按照上述的方法導出；其無異曲線的原點在左上方，而其產品只有Y一種。因此，如圖3-14所示，乙國沿着提供曲線以Y換X參加貿易。此圖已將兩國的提供曲線表示出來。兩條提供曲線之交點爲P_1，此爲均衡的貿易條件。如此，甲國所需的Y之數量等於乙國所願提供的數量；並且，乙國所需的X之數量等於甲國所願提供的數量。但在 P_2 點，供給與需要並不相等；甲國供給的 X 之數量少於乙國所需的數量，甲國所需的 Y 之數量少於乙國供給的數量。結果，X 的價格趨於上升，Y 的價格趨於下降，以致 P_X/P_Y 上升，而使價格線變得更陡。

兩國貿易達成均衡的特徵是：各國的無異曲線均與相同的價格線相切，而且兩條無異曲線也是相切。此時，貿易均衡是在契約曲線之上，位於 O_2 與 O_1 之間。若在其他價格之下，無異曲線雖亦切於相同的價格線，但是兩條無異曲線並不相切，有如 I_2' 及 I_1' 所示。

2. 提供曲線的彈性

提供曲線既爲需要曲線的一種，當然亦有彈性，但因其爲個體經濟學中需要曲線的一種特殊形態，故其測定彈性的方法亦應有所修正。一般所用的測定方法有二：

(1) 提供曲線的彈性（以 Eoc 表示）：甲國的提供曲線表示以 X 換 Y 的需要，可以視爲函數關係，其形式爲 $X=f(Y)$。此一函數的彈性是 Y 變動的百分比除以 X 變動的百分比：

$$\frac{\frac{dY}{Y}}{\frac{dX}{X}}=\frac{dY}{dX}\cdot\frac{X}{Y}.$$

在圖3-15中，此一定義適用於提供曲線上的 A 點。dY/dX 是在 A 點的切線之斜率，等於 AB/BG，X/Y 等於 BO/AB，故其乘積爲 $BO/BG=Eoc$.

(2) 對於進口品的需要彈性（以 Eid 表示）：在此方法，對於 Y 的需要是被視爲其相對價格的函數，$Y=f(X/Y)$。此一彈性被定義爲數量的變動的百分比除以價格變動的百分比，亦即，$dY/Y\div d(X/Y)/(X/Y)$。此定義以圖3-15 中之 A 點表示。假定貿易條件由 P_1 線之斜率

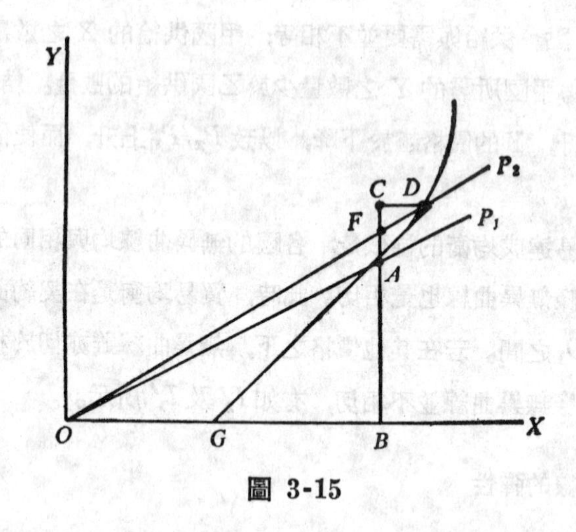

圖 3-15

變爲 P_2 線之斜率，則 Y 的需要量 (quantity demanded) 變動之百分比爲 CA/AB, 價格比率變動的百分比爲 FA/AB, 所以 Eid 爲 CA/FA ❾。

這些彈性與許多國際貿易問題之影響具有重大的關連。如所周知，關稅課征、嗜好改變、技術進步等等因素發生之後，貿易的價格與數量會受影響，但其影響之大小，則視彈性之大小而定。

然則，此種透過提供曲線表示出來之均衡是否穩定？諸如碼頭罷工等的事件發生之後，是否很快即可恢復均衡？如果對於進口品之需要彈性大於一，很快就可恢復均衡。穩定與不穩定的情況分別以圖3-16(a)及圖 3-16(b) 表示。在圖 3-16(a)，均衡點 E 是穩定的。貿易條件線如

❾ 關於彈性測定之圖解，可以參閱：
Harry G. Johnson, "Optimum Welfare and Maximum Revenue Tariffs," *Review of Economic Studies*, XIX, No. 48 (1951-1952), 28-35.
Robert A. Mundell, "The Pure Theory of International Trade," *American Economic Review*, L, No. 1 (March 1960) 74.
本節所述彈性測定之第一種定義係 Johnson 所創，第二種定義係 Mundell 所創。

爲 P_2，對於 Y 的需要（A點）將會超過供給（B點），所以 Y 的價格將會上升。因爲價格線的斜率爲 P_X/P_Y，所以價格線向 P_1 的方向移動，從而恢復均衡。但在圖3-16(b) 中，沿着 P_2，需要小於供給，所以 P_Y 繼續下降，至於價格線則離開均衡點 E 更遠。

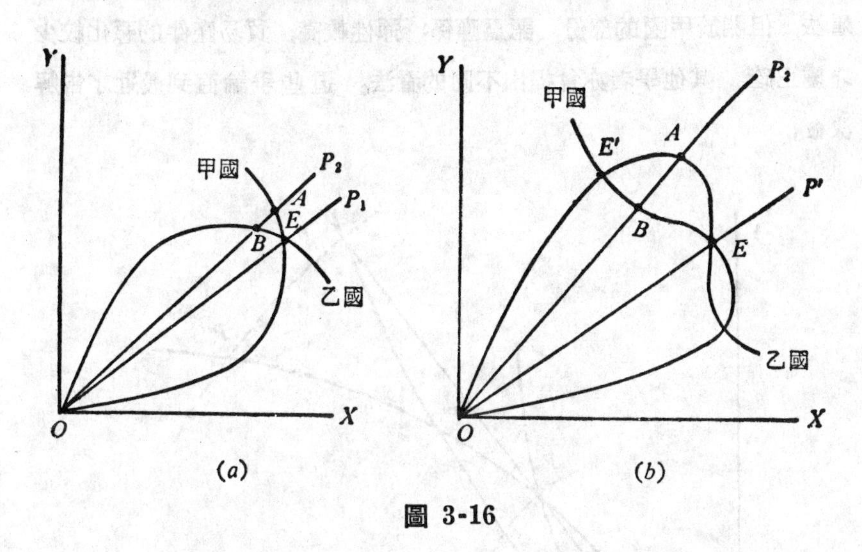

圖 3-16

3. 提供曲線的移動

利用提供曲線可以分析許多貿易問題。茲舉一例說明如下：

一國對於他國產品的需要如果增加，則會引起進口商品價格之上漲，從而引起貿易條件之惡化 (deterioration)。例如，圖 3-14 中，甲國的提供曲線如果向右移動（表示需要的增加），則在新的均衡之下，貿易條件線的斜率將較 OP_1 爲低。但是，貿易條件究將下降若干？甲國的提供曲線具有彈性時貿易條件的下降較多？抑或缺乏彈性時下降較多？乙國提供曲線的彈性有何影響？對於這些問題的解答可謂見仁見智。例如，兩位著名的經濟學家爲此提出兩種不同的看法。馬夏爾 (Alfred

Marshall) 認爲乙國的提供曲線之彈性如果較高，則貿易條件的下降較少；反之，乙國的提供曲線之彈性如果較低，則貿易條件的下降較多。就甲國而言，彈性較高，貿易條件的下降較多，彈性較低，貿易條件的下降較少。古拉漢 (Frank Graham) 對於乙國的部份，同意 Marshall 的看法，但關於甲國的部份，認爲應係：彈性較高，貿易條件的惡化較少才屬正確。其他學者亦曾提出不同的看法。這些爭論直到最近才告解決⑩。

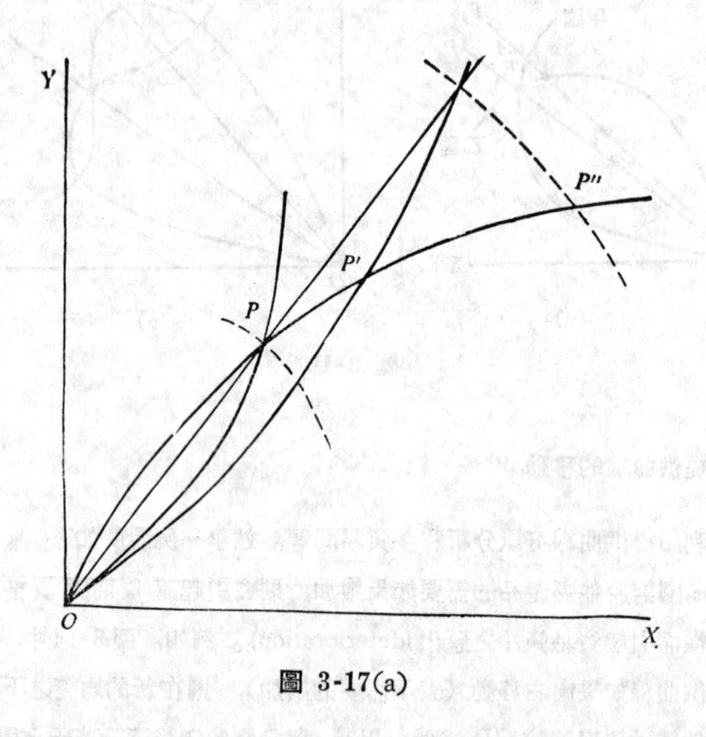

圖 3-17(a)

⑩ 這些爭論的解決，參閱：
Murray C. Kemp, "The Relation between Changes in International Demand and the Terms of Trade," *Econometrica*, XXVII, No. 1 (January 1956), 41–46.

問題的困擾之一，在於所謂「需要的增加」(increase in demand)之定義不够明確。有一種定義表面看似乎有理；根據這種定義：所謂需要的增加是指甲國在各種貿易條件水準之下，對於進口品的需要量按照一致的比例 (in uniform proportion) 增加。例如，甲國的提供曲線移動之後與移動之前相比，其沿着可能的價格線與原點之距離可能已經變動兩倍。此種需要的增加以圖 3-17(a) 所示。根據這種情況判斷，Graham 的結論顯然正確。P' 點是具有彈性的曲線之新均衡，其所表示的貿易條件之惡化較 P'' 點所表示者爲小；P'' 點是缺乏彈性的曲線按同一比例移動之後的均衡。

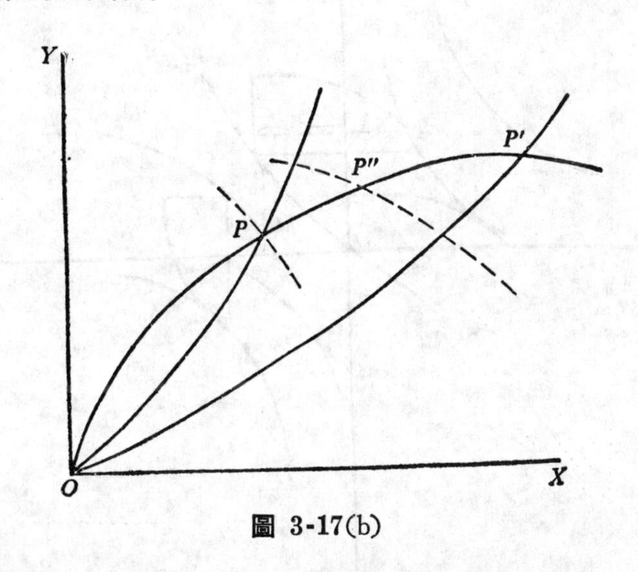

圖 3-17(b)

但在 Marshall 的心目中，所謂X商品的數量按照同一比例增加，是指甲國用以交換每一數量的Y之進口而言。例如，就每一數量的Y而言，新提供曲線與舊提供曲線相比，可能離開橫軸兩倍。這種需要的移動有如圖 3-17(b) 所示。依此看來，Marshall 的見解可謂正確。因爲如果彈性較高，貿易條件的確惡化較多。由此可見，根據各自的定義，各自的結論均屬正確；而且，這些定義本身並無錯誤。

七、貿易無異曲線

根據有關嗜好與各種生產條件的資料，可以構成「貿易無異曲線」(trade indifference curves)，有如圖 3-18 所示。

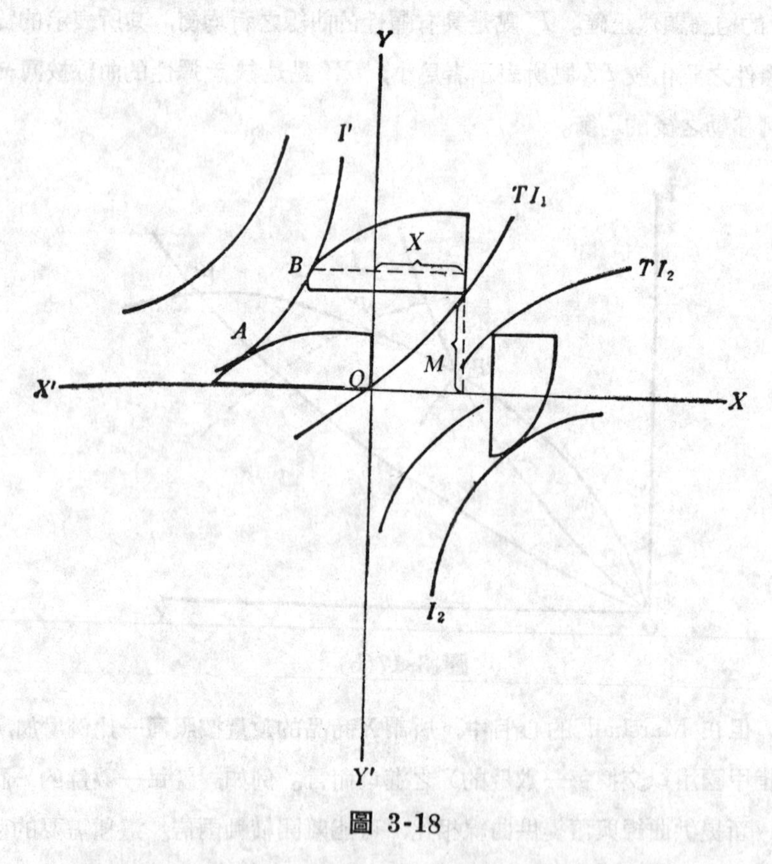

圖 3-18

上圖的第一象限及第三象限代表國際貿易；第二象限代表甲國的國內消費與生產；第四象限代表乙國的國內經濟。在第二象限的社會無異圖中，X的數量由原點開始從右向左增加。如果沒有貿易，國內均衡是由無異曲線與轉換曲線的切點（A點）決定。國內價格比率當亦等於這兩條曲線的共同斜率。

現在設想轉換曲線沿着無異曲線I_1變動，且有兩個切點。轉換曲線的原點必被推至第一象限（如果轉換曲線向下移動，亦可能被推至第三象限）。在轉換曲線向上移動時，無異曲線變得更爲陡峭，所以切點位於轉換曲線上比較陡峭之處。亦卽，Y的生產減少而X的生產增加。但在同時，正如B點所示，Y的消費增加，而X的消費減少。消費與生產之間的差距則由貿易彌補：X生產的剩餘出口（其數量以X的括弧表示），而對Y的超額需要則由進口滿足（其數量以M的括弧表示）。所以利用此圖可以同時表示國內生產與消費以及出口與進口。

轉換曲線對着某一無異曲線上下移動時，根據其原點可在第一象限及第三象限畫出一條曲線。根據此原點畫出的曲線可以表示在某一社會無異水準之下的各種進口及出口組合，所以稱爲「貿易無異曲線」。如果對着每條社會無異曲線而將轉換曲線移動，自可畫出一套甲國的貿易無異曲線，每條貿易無異曲線均與不同水準的社會無異曲線對應。

利用貿易無異曲線亦可導出甲國的提供曲線。其方法與圖 3-13 所示相同：價格比率與最高的貿易無異曲線相切卽可。現在，提供曲線上的任何一點均可表示生產數量、消費數量，以及貿易數量。

利用上述的方法亦可導出乙國的貿易無異曲線。主要根據就是第四象限中的社會無異圖（X由左向右增加，Y由原點向下增加）。在此象限，若干貿易無異曲線、轉換曲線，及社會無異曲線均可表示出來。同理，如果已知社會無異曲線，自可據以導出提供曲線。

第四章　因素稟賦與因素價格

貿易商品的供給是以比較成本爲基礎，不管比較成本的計算是採取何種標準，本章要進一步研究比較成本的決定因素。所以，本章可以說是國際貿易供給理論方面的延伸。本章開始討論常用的一個名詞—「因素稟賦」(factor endowments)，接着把比較成本理論擴大爲相對價格理論。最後則在貿易模型的若干假定之下，以兩個定理證明經過貿易以後，所有的成本差異終將消失；第一個定理是「黑克夏—歐林定理」(Heckscher-Ohlin theorem)，第二個定理是「因素—價格均等化定理」(factor-price equalization theorem)。

一、因素稟賦

古典學派的理論以勞動解釋價值及相對價格，並且假定勞動是惟一的生產因素。現代的價格理論則將供給視爲許多生產因素按照不同的比例結合的結果，而把需求視爲在某種所得與嗜好之下，許多消費者選擇的總和。在市場上，供給與需求共同決定所有商品的價格。

古典學派的經濟學家認爲：貿易的基礎在於比較成本。現在，我們却要指出：貿易的基礎在於相對成本的差異。兩國的價格結構如果相同，必然不會發生貿易；兩國的價格結構如果不同，相對便宜的商品會被出口以交換他國相對便宜的商品之進口。然則，引起價格差異之原因何在？這些原因可從生產函數的性質及決定消費者需求的所得與嗜好方面尋找答案，但最重要的兩個原因就是一國的生產因素之稟賦及該國以不同的密集度使用這些生產因素。從實際情況加以觀察，這些原因的確決定了一國的進口及出口商品的種類與形態。加拿大、美國及澳洲都是土地廣大而資本亦多的國家。西德及英國則相對地擁有較多的資本與技術，故其工業生產的成本較低。而在像日本這樣的國家，勞動這種因素則相對地豐富。

Ricardo 的國際貿易理論指出，貿易的基礎在於生產體系的不同，這又包括生產因素的生產力不同在內。而在 Heckscher-Ohlin 中則是假定生產因素相同，生產力也就相同，至於貿易的基礎則是在於：(1) 生產因素的數量；(2) 生產因素使用的密集度。

以各國因素稟賦之不同解釋國際貿易的原因，乃是現代國際貿易理論的主流。這一主流是在兩次大戰期間首由瑞典的經濟學家 Eli F. Heckscher 開其先河；他於 1919 年發表論文批評重商主義 ❶，這篇論文遂成爲國際貿易「因素比率」(factor proportions) 理論之基礎。其後，他的學生 Bertil Ohlin 根據這一基礎進一步加以發揮改造，而於1924年完成博士論文，並於 1933 年出版「區際貿易與國際貿易」(*Interregional and International Trade*) 一書，提出了完整的說明。目前，「Heckscher-Ohlin 定理」或稱「H-O 模型」已成現代國際貿易理論中的一個主要部份。H-O定理並非在於否定或修正古典的比較成本理論，而是在於尋求比較成本的根源，藉以解釋各國生產成本差異之原因，亦即在於說明何以國際之間的商品價值並不相同。Heckscher-Ohlin 的研究方向對於國際貿易理論的貢獻在於：第一，使比較成本的研究領域更

---

❶ Eli F. Heckscher, *Ekonomisk Tidskrift* Vol. XXI (1919), pp. 497–512. 此爲瑞典文，其英譯載於 Howard S. Ellis and L. A. Metzler, eds., *Readings in the Theory of International Trade* (Homewood, Ill.: Richard D. Irwin, 1949), Chap. 13, pp. 272–300.

爲擴大、更爲深入；第二，使國際貿易的生產理論進入實證研究的階段。在1950年代及1960年代，國際貿易理論的實證研究盛行一時，可以說是拜 H-O 模型之賜。

為了說明貿易的原因，我們必須解釋商品價格發生差異的理由。其部份理由在於生產因素的相對稀少或豐富，導致因素價格的差異。在土地廣濶的國家，農產品比較便宜，而在勞力充沛的國家，需要投入大量勞力的產品比較便宜。在有些情況下，因素價格對於商品價格的影響顯而易見。但在大多數的情況下，商品生產之時的因素組合變化很大，而且，同樣一種商品也可以不同的因素組合生產，但其成本仍然相同。如此，因素的稀少或豐富與最終的商品價格之間的關係並不十分密切。一般而言，如果生產之時密集地使用某種生產因素，則該因素的價格對商品價格的影響最大。但如考慮到因素的組合比例及因素的替代程度，則因素價格與商品價格之間的關係便會趨於複雜。不過，一旦發生貿易，兩國之間相對因素與價格的情況就會改變。由於高價國家的進口及低價國家的出口，兩國之間的商品價格遂而趨於均等。只要價格的差異繼續存在，擴張貿易便有利益，直到價格的差異完全消失爲止。

如此一來，貿易的基礎既然在於相對商品價格，而因素稟賦則又決定貿易商品的供給。在因素稟賦中，最重要的是一國的因素之相對供給及因素比率。換句話說，貿易之所以發生，乃因各國生產因素的稟賦不同，且因商品可按不同的因素組合生產。各國的出口產品均可反映該國的因素稟賦，土地廣濶的國家出口農產品，而資本豐富的國家出口複雜的工業品。

經過以上的分析，我們可以得到如下的幾個結構：

(1) 各國的因素價格形態並不相同。需求如爲中性，因素如越豐富，就越便宜，如越稀少，就越昂貴。

(2) 一種商品生產時使用最多的因素如果便宜而且豐富，則該商品的價格就低；反之亦然。

(3) 相對價格的差異既爲影響貿易的主要原因，則一國所出口的商品，在生產時必然需要投入大量相對豐富的生產因素，而其所進口的商品，在生產時必然需要投入大量相對稀少的生產因素。

(4) 貿易以後，相對成本與價格的差異必然消失。

二、生產函數

1. 生產函數

生產函數 (production functions) 的意義在於表示生產因素的投入與商品的產生之間的關係。生產函數可以利用等產量線 (isoquants or equal-product contour lines) 說明。在圖4-1中，等產量線 a_1a_1 表示生

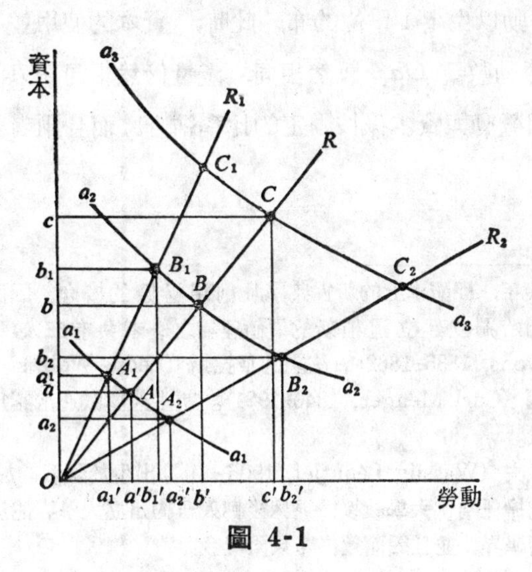

圖 4-1

產 1 單位的布所必須使用的資本及勞動；等產量線 a_2a_2 表示生產 2 單位的布所必須使用的資本及勞動，依此類推。

生產 1 單位的布，我們可選擇在 A 點生產，即結合 Oa 的資本及 Oa' 的勞動，或在等產量線 a_1a_1 上的任何一點生產 1 單位的布；例如，在 A_1 點結合 Oa_1 的資本及 Oa_1' 的勞動，或在 A_2 點結合 Oa_2 的資本及 Oa_2' 的勞動。

同理，在 a_2a_2 這條等產量線上，可藉不同數量的資本及勞動之組合以生產 2 單位的布；在 a_3a_3 這條等產量線上，可藉不同數量的資本及勞動之組合以生產 3 單位的布。

圖 4-1 以等產量線說明生產函數爲新古典學派的方法❷，其基本假定在於勞動與資本可以互相替代。另一形態的生產函數爲勞動及資本的使用，只能按照某一固定的比例，這種稱爲李昂鐵夫式的生產函數 (Leontief type of production functions)。這種形態有如圖 4-2 所示，生產的惟一效率點爲沿着 OR 線之點❸。在 A 點，結合 Oa_1 的資本及 Oa_1' 的勞動以生產 1 單位的布；此時，資本的使用並不需要增加到 Oa_1''，因爲勞動數量 Oa_1' 既然相同，產量仍然相同，只能生產 1 單位的商品。此因勞動與資本係按固定的比率結合，而且兩者並無替代的可能。

---

❷ 在1870年，經濟學上的新古典學派創用邊際的概念，因而建立了完整的價值理論。開始獨立建立這種新的價值理論之學者共有三人：英國的吉逢斯 (Stanley Jevons, 1835–1882)、法國的華拉斯 (Léon Walras, 1834–1910) 及奧國的孟格爾 (Carl Menger, 1840–1921)。新古典學派通常認爲生產因素之間彼此可以替代。

❸ 李昂鐵夫 (Wassily Leontief, 1906–　　) 出生於蘇俄，於1920年離開蘇俄，1930年起擔任哈佛大學教授，退休後轉入紐約州立大學。他以開創投入產出分析揚名經濟學界，並且因而獲得諾貝爾獎金。

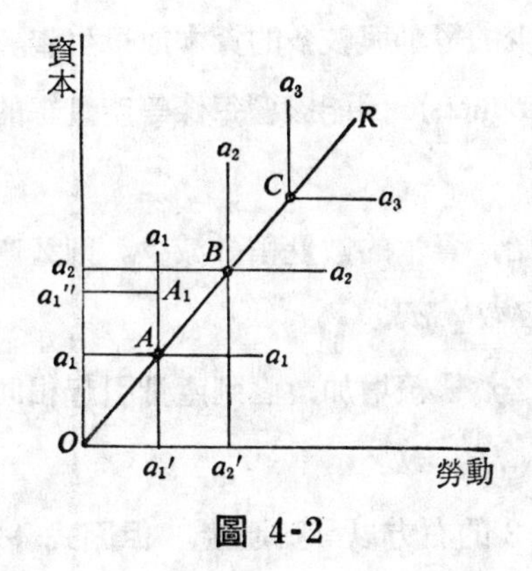

圖 4-2

實際經濟情況顯示，資本及勞動大多可以互相替代，故圖 4-1 的生產函數是比較常見的情況。

在國際貿易理論中，對於生產函數的分析，基本上也是採取上述的等產量線分析法。圖 4-3 表示：Y 的產出爲勞動與資本之投入的函數。某產量的 Y，例如，$Y=100$，可以結合較多的勞動與較少的資本加以

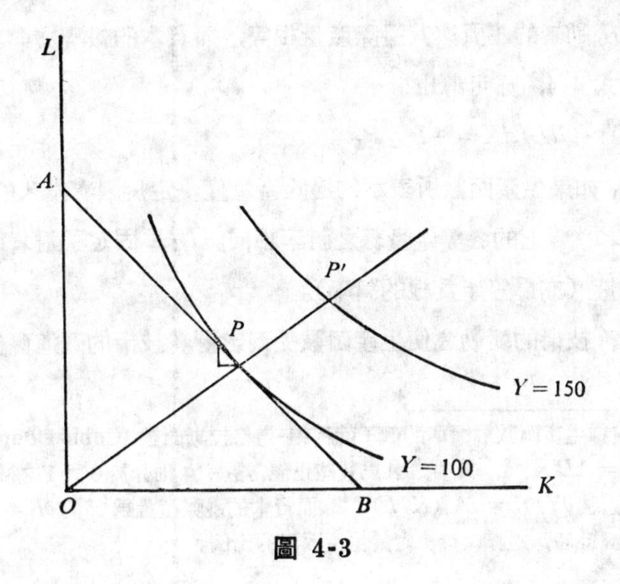

圖 4-3

生產，亦可結合較少的勞動與較多的資本加以生產。資本與勞動的邊際產量 (marginal products) 因能影響每條等產量線的形狀，故爲等產量線的重要部份。

假定從 P 點開始，資本的數量稍微減少。則 Y 產量的變動爲

$$dY = MP_K\ dK. \qquad \text{式 4-1}$$

如此，勞動的使用必然繼續增加，直到產量引起相同的變動:

$$dY = MP_L\ dL. \qquad \text{式 4-2}$$

可將式 4-1 及式 4-2 的右方以等號連接，但因式 4-1 中的 dY 下降而式 4-2 中的 dY 上升，所以其中一式的 dY 必須先乘以 -1:

$$MP_K dK = -MP_L dL. \qquad \text{式 4-3}$$

由此可以看出，等產量線的斜率是由邊際產量的比率決定:

$$dL/dK = -MP_K/MP_L. \qquad \text{式 4-4}$$

在把生產函數與轉換曲線聯結說明以前，尙須注意重要的幾點。第一、等產量線的斜率表示因素價格的比率以及邊際產量的比率。根據競爭理論，勞動者的工資與其邊際產量相等，而資本的報酬亦與其產量相等。則由式 4-4，亦可導出

$$dL/dK = -P_K/P_L \qquad \text{式 4-5}$$

第二、如果生產函數所表示的邊際產量僅決定於因素投入的比率[4]，則沿着 OPP' 線上的各等產量線之斜率相同。L/K 固定了沿着直線的所有邊際產量（亦爲等產量線的斜率）。

第三、技術的變動會使生產函數受到影響。技術的改進會使任何一

[4] 這種生產函數最標準的例子就柯柏–道格拉斯函數 (Cobb-Douglas function) $Y = AL^a K^{1-a}$，其中，A 爲某些正値常數，a 則介於 0 與 1 之間。勞動的邊際產量爲 $\partial Y/\partial L = aA\ (K/L)^{1-a}$，而資本的邊際產量爲 $\partial Y/\partial K = (1-a)\ A\ (L/K)^a$。此時，邊際產量決定於生產因素的比例。

種生產因素投入的邊際產量提高，從而引起等產量線斜率之變動。例如，如果由於創新 (innovation) 而使 MP_K 增加，但是 MP_L 不變，則根據式 4-4，在 P 點（或任何點）的等產量線之斜率會更陡峭。技術變動以後，也會使等產量線的位置 (position) 發生變動，因在此時，即使減少其中一種或兩種生產因素的投入，仍可得到等量的產出。

三、因素密集度與因素逆轉

現在開始以等產量線來說明因素密集度的概念。如前所述，任何技術生產的過程均可在生產函數中表示出來，而在生產函數中，等產量線是最主要的部份。所謂「因素密集度」(factor intensity) 是指兩種生產因素（仍以資本及勞動爲例）在等產量線上的任何一點結合之相對數量。玆以圖 4-4 說明❺。

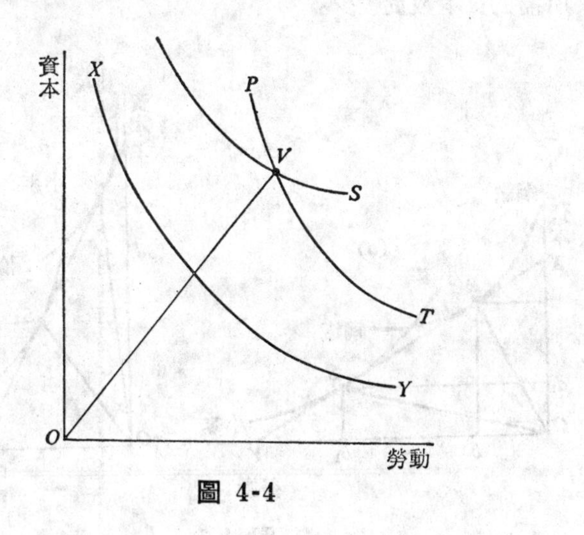

圖 4-4

❺ Alba P. Lerner, "Factor Prices and International Trade", *Economica* (February 1952).

首先，假定兩種商品是在相同的技術條件之下生產。在相同數量的勞動與資本之下，兩種商品的等產量線相同，且其相對的因素數量亦在此一等產量線上的相同一點表示。商品 x 與 y 均在等產量線 XY 上表示。但是，兩種商品的生產函數可能不同，故其因素投入雖然相同，等產量線的形狀仍然不同。其所顯示的是不同的因素比率或不同的因素密集度。RS及PT爲不同形狀的等產量線。這兩條線相交於V，僅在此點，因素比率相同，資本一勞動比率以 OV 表示。以PT 表示的商品爲勞動密集的 (labor-intensive)，而以RS表示的商品爲資本密集的 (capital-intensive)。在交點 V 的左邊，兩條等產量線都是相對地資本密集的，而在右邊則是相對地勞動密集的。但是，RS 比 PT 更爲資本密集，因在V點左邊的任何一點，RS 與 PT 相比，在相同資本數量之下，所需的勞動較少。同理，在 V 點的右邊，在相同的勞動水準之下，PT 與 RS 相比，所需的資本數量較少。

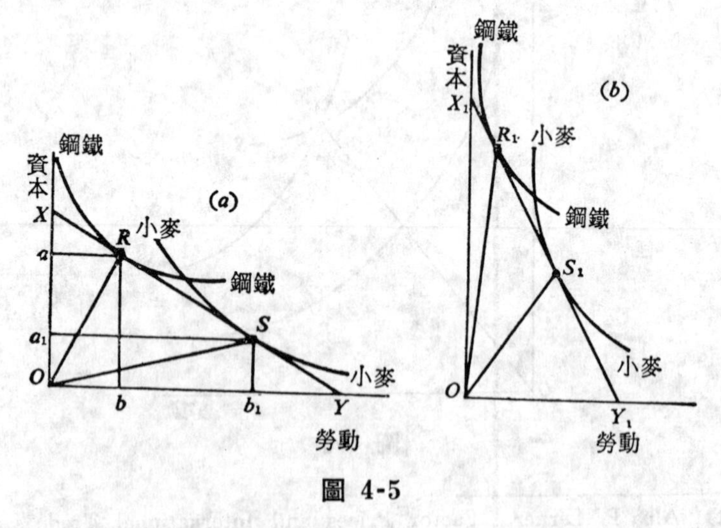

圖 4-5

不過，資本密集度這個概念，只有在與因素價格配合考慮時才有意義。在圖 4-5(a) 中有兩條線性齊次 (linearly homogeneous) 的生產函數，一條表示鋼鐵，一條表示小麥，該生產者的因素預算線爲 XY。生產者可將勞動與資本組合而在 R 點生產鋼鐵，使用 Oa 之資本及 Ob 之勞動，亦可在 S 點生產小麥，使用 Oa_1 之資本及 Ob_1 之勞動。R 點與 S 點爲鋼鐵與小麥之等產量線與因素預算線 XY 之切點。射線 OR 與 OS 分別表示鋼鐵與小麥之資本一勞動比率，而在 R 點及 S 點，資本與勞動之邊際生產力比率等於因素一價格比率。

現在假定，因素價格有了變動，勞動的價格相對於資本的價格而增加了；在圖 4-5(b) 中，新的因素預算線 X_1Y_1 比較陡峭。爲了配合價格的變動，兩種過程的生產成爲比較資本密集，在勞動變動比較昂貴以後，資本也就替代勞動。因係假定線性齊次，鋼鐵與小麥的等產量線形式相同，但最低成本的生產點則在等產量線的左上方，表示生產方面較大的資本密集度。在 OR_1 及 OS_1，資本一勞動比率變得比較陡峭。

在以上的分析中，我們必須假定是在完全競爭 (perfect competition)

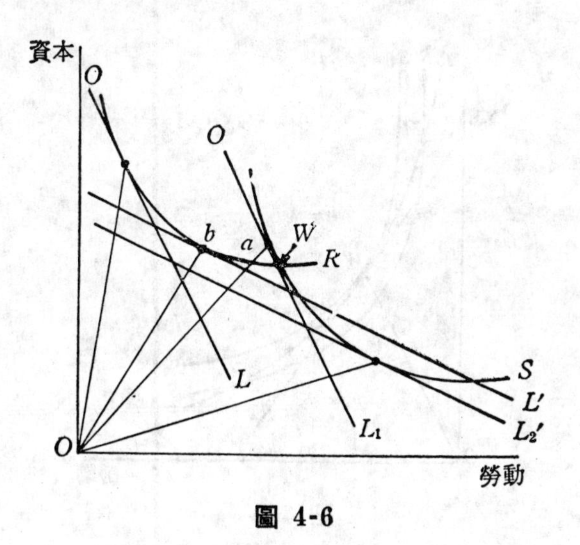

圖 4-6

的情況之下。生產函數及因素價格都是已知的，而因素價格則由市場上的需求與供給決定。

上面的分析同時假定，兩種商品的等產量線只有相交一次，而且只有一條因素預算線與這兩條等產量線相切。這在幾何圖形上是一種簡化，而在經濟上有其含義，亦即，不管因素價格為何變動，一種產品總是資本密集的，而另外一種產品總是勞動密集的。假定有兩條等產量線 R 及 S，前者為相對資本密集的，後者為相對勞動密集的，只在 W 點相交一次，有如圖 4-6 所示。玆再假定兩個國家是在相同的技術條件之下生產這些產品，而且兩國並無貿易往來。在 X 國，資本比較便宜，勞動比較昂貴，其因素一價格線之斜率為 CL 或 C_1L_1；而在 Y 國，資本比較昂貴，勞動比較便宜，其因素一價格線之斜率為 $C'L'$ 或 C'_2L_2'。在此情況之下，X 國的 R 商品比 S 商品更為資本密集，因為 Oa 與 Oa' 相比，斜率較大。在 Y 國，雖有不同的因素一價格關係，S 商品比 R 商品也是

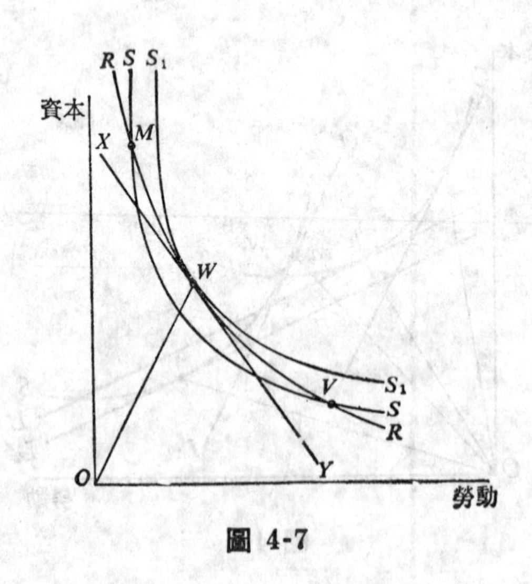

圖 4-7

更爲資本密集，因爲Ob與Ob_1相比，斜率較爲陡峭。以上的假定是說，在各種因素價格之下，相對的因素密集度仍然存在。

現在取消以上的假定，而使兩種商品的等產量線相交兩次，有如圖4-7所示。假設RR及SS爲兩種商品的等產量線，而在M點及V點相交。這兩條等產量線都是無限系列之一，故可找出與SS平行的一條等產量線例如S_1S_1，而與RR曲線在W點相切。在這一點，因素一價格比率以直線XY的斜率表示，XY與兩條曲線在W點相切，而射線OW表示兩種因素結合的比率，亦即兩種產品的因素密集度。不過，一旦兩種因素的相對價格有了變動，整個情況就會改變。

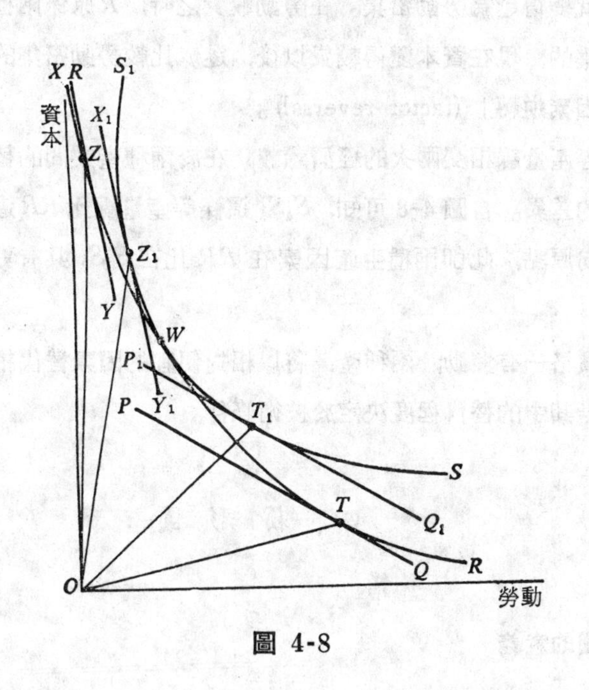

圖 4-8

圖4-8的情況與圖4-7相同，RR及S_1S_1這兩條等產量線相切於W點。現在假定因素一價格比率有了變動，亦即，相對於資本，勞動變得

較貴，而因素一價格比率線變得較爲陡峭。XY 與 X_1Y_1 與之平行，其斜率表示新的因素一價格比率。對兩種商品（R及S）而言，在勞動的價格上升以後，生產變得較爲資本密集。R的因素密集度以 OZ 表示，S 的因素密集度以OZ_1 表示。勞動的價格相對於資本升得越多，Z及Z_1向左邊的移動也就越多，OZ 及 OZ_1 也就越爲陡峭。對勞動比W還貴的所有因素一價格比率而言，R比S更爲資本密集。

如果因素比率朝着別的方向變動，而資本比勞動還貴，則其情況如何？因素一價格比率現在以 PQ（或 P_1Q_1）的斜率表示，而R及S的因素密集度分別爲 OT 及 OT_1。相對於勞動，資本漲得越多，兩種商品的生產也就變得越爲勞動密集。在勞動較貴之時，R原係兩種商品中比較資本密集的，現在資本變得較貴以後，遂成比較勞動密集的。這種情況稱爲「因素逆轉」(factor reversal)。

上述等產量線相交兩次的經濟意義，在於兩種產業間的替代可能性有着顯著的差異。自圖 4-8 可知，S_1S_1 這條等產量線比 RR 這條等產量線更爲凸向原點，此卽兩種生產因素在 RR 比在 S_1S_1 具有更大的相互替代性。

因素價格一有變動，兩種產業將以相對便宜的因素替代相對昂貴的因素，但是其中的替代程度決定於技術條件。

四、箱形圖

1. 箱形圖的意義

國際貿易的最小模型就是兩個國家，每個國家生產兩種商品，故可得出四個生產函數。有時可以假定兩個國家均以相同的方式生產相同的商品，所以可把生產函數減至兩個。一般的分析就是同時採用兩個生產函數。此一分析工具稱爲艾吉渥斯一鮑利箱形圖 (Edgeworth-Bowley box diagram)；有如圖 4-9 所示。

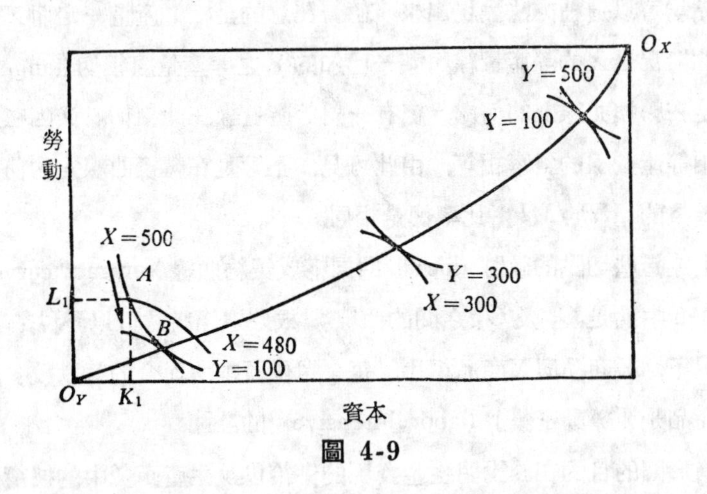

圖 4-9

箱形圖的兩邊分別代表全國所有的勞動與資本之總量。Y 商品的等產量線是以圖形的左下角爲原點 (origin) 畫出；X商品的等產量線則以圖形的右上角爲原點畫出。如此，從圖形內的任何一點，例如A點，即可看出X商品及Y商品的產量，在此例中分別爲 480 及 100。L_1 表示生產 Y 商品所需的勞動數量，K_1 表示生產 Y 商品所需的資本數量。因係假定充分就業 (full employment)，所以剩下的勞動與資本自然移向X商品的生產。再且，從等產量線的斜率亦可看出每一產業的相對邊際產量。箱形圖的對角線表示整個社會的因素密集度。

箱形圖中包含着許多意義。A點雖爲充分就業之點，但非效力點 (efficient point)。勞動如由Y的生產移向X的生產，而資本則由X的生產移向Y的生產，結果如何？當然可以增加X的產量，而使Y的產量保持不變。例如，在B點，X商品的產量增加20單位，但Y的產量却未減少。這種生產資源移轉的現象如果繼續下去，以致超過 B 點，將使X商品的產量減少，可見B為效力點。此點是轉換曲線上許多點中的一點，表示Y商品的產量一定時，X商品最高的可能產量。轉換曲線上所有的點均可以這種方法發現出來。值得注意的是：Y產量一定而X產量最大的情況是X的等產量線與某一已知的Y之等產量線相切 (tangent)。不管是在轉換曲線上的何處，總有一對等產量線在此相切。又因在此切點，兩等產量線的斜率相等，由此可見，不管是在轉換曲線上的何處，每一產業的 MP_K/MP_L 比率總是相同。

上述這些切點的軌跡 (locus) 共同構成契約曲線 (contract curve)。在圖 4-9 中就是 O_Y 及 O_X 之間的曲線。根據這條軌跡可以發現，在均衡狀況下，Y商品與X商品相比，每一單位資本所配合的勞動較少，所以X商品是「勞動密集」(labor-intensive) 的。

箱形圖的目的在於說明生產資源的供給以及生產函數中的技術條件如何決定契約曲線。而且，在競爭與充分就業的社會，須在契約曲線上進行生產較為有利。因在競爭的情況下，每一生產因素在每一產業的報酬是相等的。圖 4-9 也可看出，在此情況下，每一產業的等產量線的斜率相等。因此，生產須在契約曲線上進行。

2. 自箱形圖導出轉換曲線

依照一般常識可知，沿着轉換曲線的任何移動，必與箱形圖內沿着契約曲線的移動互相符合。玆擬說明上述兩者之間的關係，並自箱形圖導出轉換曲線。

圖 4-10 是一個經過改變的箱形圖，改以左邊的縱軸及上邊的橫軸分別表示資本的投入及勞動的投入。對A商品的投入以左下角表示，對B商品的投入以右上角表示；但以其餘兩軸表示產出，右邊縱軸 $O''O'$

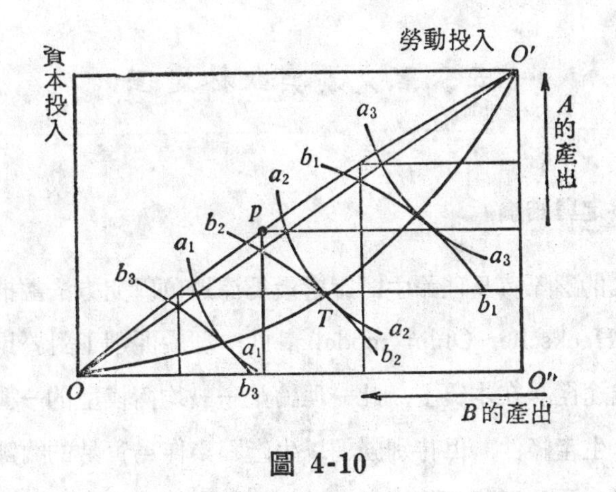

圖 4-10

表示測度A商品產出的指數，下邊橫軸$O''O$表示測度B商品產出的指數，O''點為測度兩種產出之大小的原點。

玆在圖中畫出一條對角線OO'，因為生產函數為線性齊次，故若等產量線與對角線相交之點距原點O之距離為a_1a_1之交點與O之距離的兩倍，即表示其產量為a_1a_1之兩倍。同理，若某等產量線與對角線相交之點與O'點之距離，為其他等產量線與O'點之距離的兩倍，亦表示其產量為其他等產量線之兩倍。因此，$O''O'$軸及$O''O$軸可以表示產出的尺度。

投入的組合以T點表示，這一T點在契約曲線上符合一對一的產出組合，我們可自具有共同原點O''的各種商品之產出尺度，在商品空間上求出P點。亦可按照相同的方法求出許多的點，而與契約曲線上的投入組合相符。若將商品空間中的所有各點加以聯結，可以得到一條曲線OPO'，此即轉換曲線。由此可知，契約曲線與轉換曲線有着一對一的對應關係；在轉換曲線上的任何一點表示某一產出的組合，而在契約曲線上則有一個互相對應的點表示某一投入的組合。

五、黑克夏與歐林定理

1. 基本假定與結論

在現代的國際貿易理論中，影響最爲深遠的研究方法當推黑克夏—歐林模型 (Heckscher-Ohlin model)。此一理論開創了對於比較利益問題的新研究途徑。在本質上，此一理論是一般均衡模型的一種，所以考慮到嗜好及生產條件，但特別强調以生產因素作爲貿易的關鍵變數。

黑克夏—歐林理論（簡寫爲H—O理論）除了假定競爭性市場及沒有運輸成本之外，同時假定各處的生產因素都是相同，亦卽，某一數量的土地、勞動，及資本投入在全世界的每一國家均可得到相同的產量❻。

在H—O模型中，生產因素之所以重要，主要是來自三個假定。第一、不同的國家，在土地、勞動，及資本方面有着不同的稟賦 (endowment)。第二、任何種類的生產投入在各國均屬相同（法國的勞工在品質上與義大利的勞工相同，阿根廷的耕地與澳洲的耕地並無兩樣），所以因素的稟賦可以精確地加以比較。第三、在各種因素價格之下，商品如果不同，則其因素密集度也是不同。隨後卽可看到，近年以來的許多實證研究已對上述的三個假定提出反駁。

把有關生產因素及生產函數的各種假定綜合起來，卽可導出各國的轉換曲線。生產函數及因素供給如爲已知，卽可畫出各國的箱形圖。但因各國的因素稟賦不同，各國的箱形圖之邊長也是不同。根據各國因素

---

❻ Ohlin 並未嚴格地限於「線型齊次的生產函數」(linear homogeneous production functions)，但以很多時間說明報酬遞增的情況。此處的說明也是如此假定。

密集度的假定，即可在各國的箱形圖畫出契約曲線，此契約曲線爲弧形。根據兩個箱形圖，可以導出兩條不同的轉換曲線。如果乙國的勞動相對豐富，則在Y商品數量一定之下，可比甲國生產較多的X商品，X商品爲勞動密集性產品。

一般說來，在勞動密集的國家，工資相對較低，而在資本密集的國家，工資相對較高。如果對於產品的需要並不抵銷生產因素的相對供給，情形確是如此。在乙國，如果由於嗜好與所得形態的影響，故對X的需要較對Y的需要爲多，則對勞動的引伸需要也是較多；此時，即使擁有相對豐富的勞動，仍將引起工資的上漲。根據H—O假定，這些抵銷需要形態的因素並不重要，所以可以認定相對豐富的因素具有相對較低的因素報酬。

如上所述，根據H—O定理，決定貿易之原因在於因素稟賦的差異。某些國家有較多的資本，故出口資本密集性產品，其他國家有較多的勞動，故出口勞動密集性產品。

不過，所謂「資本豐富」(rich in capital) 及「勞動豐富」(rich in labor) 的意義不很明確。關於這點，以下還會討論。

H—O定理之成立，至少必須具備五個基本假定：(1) 沒有運輸成本或其他貿易障礙；(2) 商品及因素市場處於完全競爭的情況；(3) 所有生產函數均爲線性齊次；(4) 兩種商品的生產函數表示不同的因素密集度；(5) 商品之間的生產函數不同，但在兩國之間則是相同，亦卽，對於X商品的生產，兩國的技術相同，對於Y商品的生產，兩國的技術也是相同。

在勞動密集的國家，勞動密集性產品相對便宜。這是因爲大量便宜的生產因素參加生產之故。同理，在資本密集的國家，資本密集性產品也是相對便宜。此卽表示，比較利益乃視相對因素供給而定。此一推理的結果就是黑克夏—歐林定理 (Heckscher-Ohlin theorem)：一國使用相對便宜及相對豐富的大量生產因素去生產某種商品即可獲得比較利益。

不過，所謂生產因素的「相對豐富」(relative abundance)，究以何種標準判斷？標準不同，結論也就不同。若以因素價格判斷因素豐富與否，則可認定，如果資本在第一國比在第二國相對便宜，則第一國與第二國相比，資本較爲豐富。若以實質數量判斷因素豐富與否，則可認定，如果資本對勞動的比率在第一國大於第二國時，則第一國與第二國相比，資本較爲豐富。

2. 以因素價格判斷因素豐富

以上的兩種定義是不相同的。以因素價格爲標準判斷因素稟賦的豐富與否時，若 $P_{1C}/P_{1L}<P_{2C}/P_{2L}$，則第一國的資本比較豐富。$P_{1C}$ 爲第一國資本的價格，P_{1L} 爲第一國勞動的價格，P_{2C} 及 P_{2L} 各爲第二國資本及勞動的價格。換句話說，如果資本在第一國相對便宜，第一國就是資本豐富；如果勞動在第二國相對便宜，第二國就是勞動豐富。

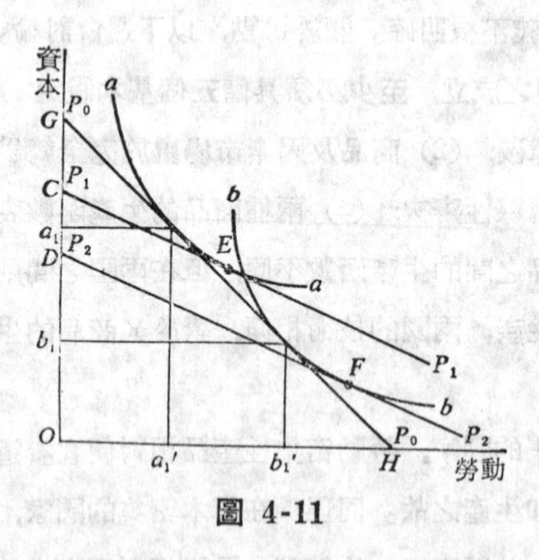

圖 4-11

現在必須說明第一國出口資本密集產品而第二國出口勞動密集產

品。在圖4-11中，aa及 bb 爲等產量線，其生產函數的特性爲兩國相同。根據此一等產量線，B爲勞動密集產品，A爲資本密集產品。第一國的相對因素價格以 P_0P_0 表示，其資本比較便宜。現在假定，等產量線表示各該產品一個單位，亦即可由 Oa_1 的資本及 Oa_1' 的勞動生產一個單位的商品A，但是資本及勞動可按因素價格線 P_0P_0 所表示的比率相互交換，因此，Oa_1' 的勞動之値等於 a_1G 的資本，O_{a1} 的資本，其値等於 $a_1'H$ 的勞動。

Oa_1 的資本及 Oa_1' 的勞動能够生產一單位的A產品。但可看出，GH 線爲預算線或成本線，我們可以只用資本或只用勞動來表示生產一單位A的成本；以資本表示的一單位 A之生產成本爲 OG，而以勞動表示則爲 OH。

根據相同理由，在第一國生產一單位B的成本與生產一單位A的成本相同，此卽以資本表示爲OG，而以勞動表示則爲 OH。

下一步驟爲求出在第二國生產每種產品各一單位的成本。其惟一的資料爲第二國與第一國相比，資本較貴，亦卽，在第二國，表示因素價格比率的線之斜率將較 P_0P_0 線的斜率來得平坦。

第二國的可能因素價格線爲 P_1P_1，與等產量線 aa 相切於 E 點。一條與此平行的因素價格線爲 P_2P_2，與等產量線 bb 相切於 F點。P_2P_2 很明顯地是在 P_1P_1 的下方，在第二國，生產一單位 A 的成本，以資本表示爲 OC，生產一單位B 的成本，以資本表示爲 OD，故在第二國生產一定數量的商品A較生產相同數量的商品B爲貴。

現若比較兩國的生產成本，可以看到，在第一國生產A比較便宜，而在第二國生產B比較便宜，故第一國將出口A而第二國將出口B。據此，便可建立 H—O 定理：資本豐富的國家將出口資本密集產品，而勞動豐富的國家將出口勞動密集產品。

故以因素價格爲標準判斷因素的豐富與否，非常容易建立 H—O 定理。這個定理的反面情況亦可成立，即若一國所出口的是資本密集產品，資本就是該國相對便宜的生產因素。

但是因素價格本身是許多經濟力量互相作用的結果，不僅是決定於供給，也決定於需求。所以，以因素價格仍然不能完整地說明 H—O 定理。

3. 以實質數量判斷因素豐富

以實質數量爲標準判斷因素豐富與否時，若 $C_1/L_1>C_2/L_2$，則第一國的資本相對豐富，而第二國的勞動相對豐富；C_1 爲第一國的總資本量，L_1 爲第一國的總勞動量，C_2 及 L_2 表示第二國的總資本量及總勞動量。

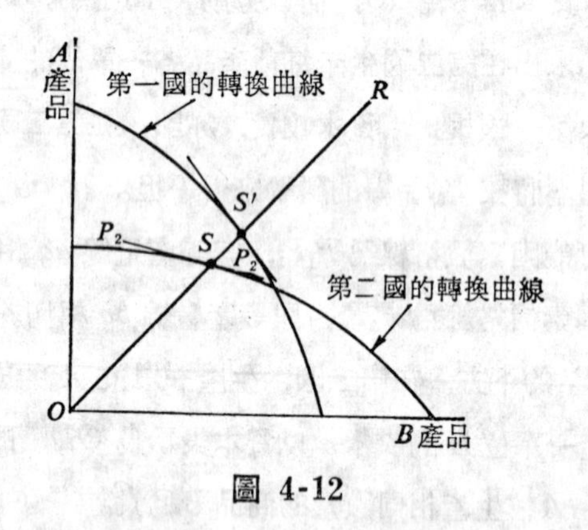

圖 4-12

如果第一國的資本相對豐富，則第一國有偏向於生產資本密集產品的可能；此一偏向的事實以圖 4-12 說明。在此圖中，假設 A 爲資本密集產品，B 爲勞動密集產品，若兩國按照相同的比率，亦卽沿着 OR 線生產兩種產品，則第一國將在其轉換曲線上的 S' 點生產，而第二國將在

其轉換曲線上的 S 點生產。第一國在 S' 點的轉換曲線之斜率比第二國在 S 點的轉換曲線之斜率還要陡峭，這是表示，A 在第一國比在第二國便宜，B 在第二國比在第一國便宜，兩國均在各自的點上生產。這個可由商品價格線 P_1P_1 較 P_2P_2 爲陡峭的情況加以說明。因此，增產 A 商品的機會成本在第一國比在第二國爲低，而對 B 商品則爲相反的情況。這乃表示，資本豐富的第一國對於資本密集產品的生產比較有利，而勞動豐富的第二國對於勞動密集產品的生產比較有利。

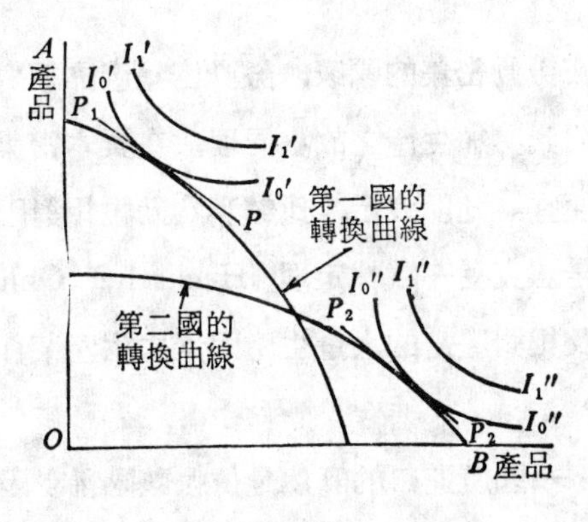

圖 4-13

但是，並非勞動豐富的國家一定出口勞動密集產品，而是必須考慮需求因素對於生產偏向方面的抵銷情況。這種情況以圖 4-13 說明。此圖與圖 4-12 具有相同的轉換曲線，A 仍爲資本密集產品而 B 仍爲勞動密集產品，惟一的不同是把需求因素考慮在內。兩國的需求以兩組無異曲線表示，$I_0'I_0'$ 及 $I_1'I_1'$ 等曲線表示第一國的需求，而 $I_0''I_0''$ 及 $I_1''I_1''$ 等曲線表示第二國的需求。第一國的需求顯然偏向於資本密集的產品，而第二國的需求顯然偏向於勞動密集的產品。故在孤立的情況下，A 商品在第一國比在第二國相對昂貴，這以第二國的價格線 P_2P_2 比第一國的價格線 P_1P_1 爲陡峭的情況可以看出。

如此，兩國發生貿易時，第一國將出口 B 商品，而第二國將出口 A 商品。換句話說，資本豐富的國家出口勞動密集產品，而勞動豐富的國家出口資本密集產品。

綜合以上所述，在H—O模型內，生產因素的豐富與否可按兩種標準判斷，標準不同，所得到的結論也不相同。

六、因素價格均等化定理

如上所述，在勞動密集的國家，勞動密集產品相對便宜，這是因爲大量便宜的生產因素參加生產之故。同理，在資本密集的國家，資本密集產品也是相對便宜。此即表示，比較利益乃視相對因素供給而定。此一推理的結果就是黑克夏—歐林定理 (Heckscher-Ohlin theorem)：一國使用相對便宜及相對豐富的大量生產因素去生產某種商品，即可獲得比較利益。

Ohlin 認爲，一國所進口的旣然是依賴該國稀少因素生產的商品，故對該稀少因素的需要就會減少。同時，由於該國出口的乃是依賴該國豐富因素生產的商品，故對該豐富因素的需要則會增加。如此，稀少因素的價格將趨下降，豐富因素的價格則趨上升。至於外國的情形也是相同。但因本國的豐富因素就是外國的稀少因素，故該因素在外國的價格下跌時，在本國的價格反見上升。經過貿易以後，生產因素的價格也就趨於相等。

如要證明貿易確使兩國的因素價格「趨於」(tend) 相等，則除前述之假定外，尙須加上兩個假定：第一、貿易並不引起完全專業化 (complete specialization)，所以各國在貿易後仍生產若干數量的各種產品；第二、生產因素的種類不能多於商品的種類。

證明因素價格均等化定理的方法很多，玆以箱形圖說明一例如下：

在圖 4-14 中，生產的均衡乃是位於契約曲線上的某處。沿着契約

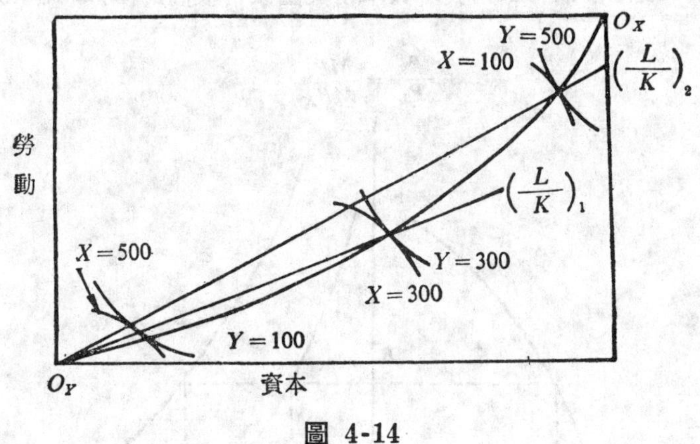

圖 4-14

曲線，由 O_Y 開始移動以後即可看出勞動／資本的比率如何增加。$(L/K)_1$ 及 $(L/K)_2$ 代表兩種投入比例，此可表示：在Y的產量增加時，X的產量減少，而 L/K 比率則告增加。X及Y均會促成此一比率的增加。在 L/K 比率增加時，因素價格比率有何影響？每一單位的資本分配較多的勞動以後，表示MP_L下降而MP_K上升；但因等產量線的斜率爲 MP_K/MP_L，故在 L/K 增加時，等產量線趨於陡峭。換句話說，在工資下降時，租賃資本財的代價將會上升。

此可表明一件事實：在 K/L 增加時，P_K/P_L 會下降。圖4-15的右方可以表示此一事實。應該注意的是不管因素價格比率如何，Y產業的資本/勞動比率總是高於X產業的資本/勞動比率；亦即，Y爲資本密集性產業。

第二件事實就是：在 H—O 假定之下，圖 4-15 可以適用於兩個國家。此因假定生產函數在兩國均係相同，而且，因素價格與因素比率之

間的關係僅由生產函數決定之故。兩國只是綜合因素稟賦 (overall factor endowments) 不同而已。乙國若爲勞動密集的國家，其 K/L 比率以 $O2$ 表示，而 $O1$ 則表示資本密集國家中較高的 K/L 比率。

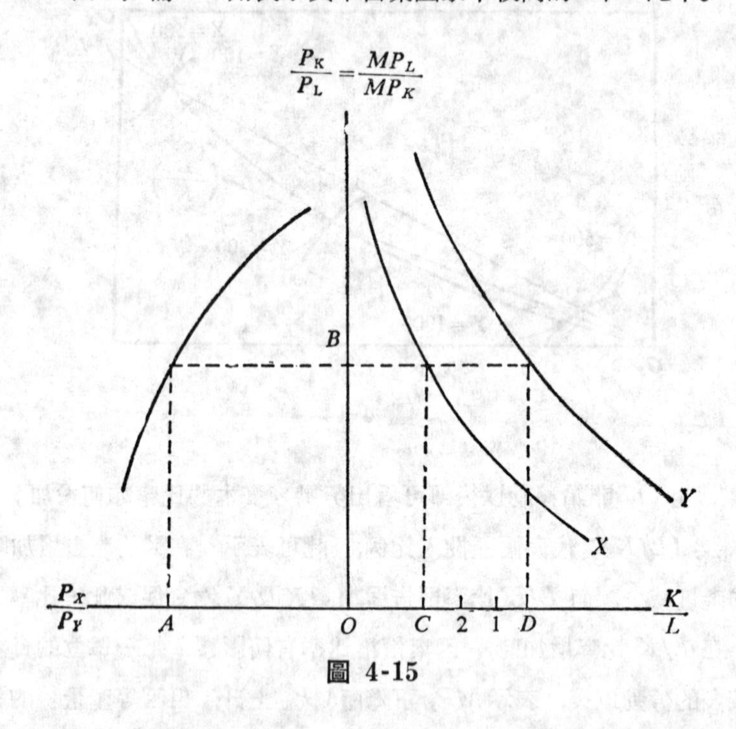

圖 4-15

現在應該瞭解商品價格與因素價格之間的關係。此種關係可由圖 4-15 的第二象限表示；P_X/P_Y 隨着 P_K/P_L 的下降而增加。此種關係仍是來自箱形圖。前已知道，因素價格比率的下降會引起 L/K 比率的下降。而在箱形圖中，此亦引起 Y 產量之減少及 X 產量之增加。根據轉換曲線，較少的 Y 與較多的 X 表示此一曲線向較高的 P_X/P_Y 比率移動 (shift)。在圖 4-16 中，A 點及通過 A 點的價格線乃隨因素價格比率而變動。若因素價格比率下降，則新轉換曲線的均衡必在 B 點。B 點與 A 點相比，P_X/P_Y 較高。由此可見，X 價格上升以後，X 的產量增加而 Y

的產量減少，此將引起產業之間生產因素分配 (allocation) 的變動。由於因素密集度不同，Y 產量減少以後所放出的資本數量大於原來因素價格下 X 所能吸收的數量。同時，X 產業想要使用的勞動超過 Y 產業所能放出的勞動。因此，P_K 下降而 P_L 上升。

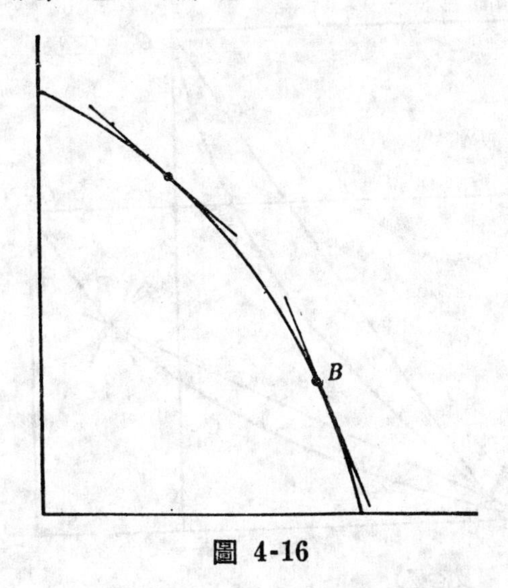

圖 4-16

應再强調的是，上述的關係來自生產函數，而兩國的生產函數均屬相同。因此，圖 4-15 的第二象限對於兩國均能適用。

至此可知，由於貿易的結果，P_X/P_Y 在兩國均是相同，例如，以 OA 表示。如此，兩國的因素價格比率應爲 OB，而在各國，X 產業的 K/L 比率應爲 OC，Y 產業的 K/L 比率應爲 OD。此一定理從而獲得證明。

因素價格均等化可以利用箱形圖加以分析❼。在圖 4-17 中，各箱形

❼ Romney Robinson, "Factor Proportions and Comparative Advantage: Part I," *Quarterly Journal of Economics*, LXX, No. 2 (May 1956), 169–92.

圖的等產量線仍係基於各國生產函數固定規模報酬 (constant-returns-to-scale) 的假定。再由箱形圖的兩邊可以看出，甲國是假定其爲資本密集國家，乙國則是假定其爲勞動密集國家。X商品之等產量線的原點分別在各圖的右上角。

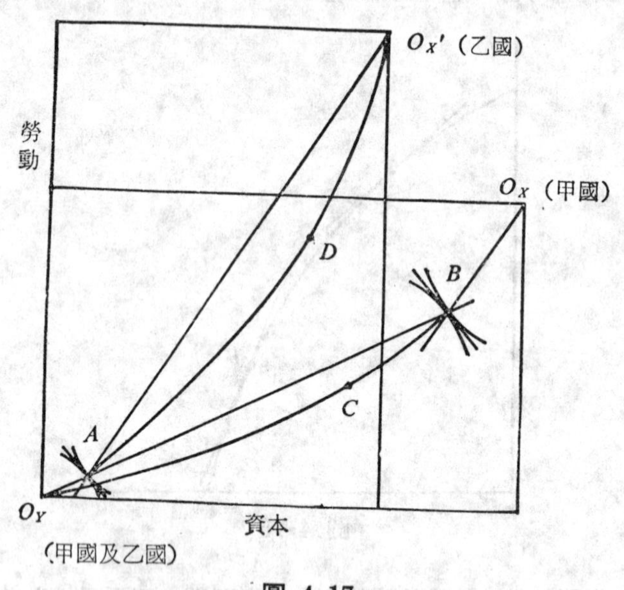

圖 4-17

貿易以前的生產與消費乃是位於各國契約曲線上的某一點；C點及D點卽各代表貿易以前的均衡點。各國的因素比率、因素價格，及產品價格的比率均各不同。但在貿易以後，有如前述，產品價格比率的均等化蘊含着因素價格比率的均等化。但這必須兩國的各種產品之勞動／資本比率相同。在圖中Y商品共同的L/K比率卽爲O_YB線之斜率。X商品共同的L/K比率卽爲O_XB線之斜率，等於O'_XA線之斜率。在A點及B點，等產量線的斜率相同，此因因素比率相同，從而因素價格比率也是相同之故。

但是，尙有一個問題未獲解答。亦卽，兩國的綜合K/L之比率旣不相同，各國各產業的K/L比率何以能够相同？這可能是因各產業所用的綜合比率乃是加權平均 (weighted average) 之故:

$$\frac{K}{L}=\frac{K_X+K_Y}{L}=\frac{K_X}{L_X}\cdot\frac{L_X}{L}+\frac{K_Y}{L_Y}\cdot\frac{L_Y}{L}\cdot$$

X產業之 K/L 比率較低，但在勞動密集之乙國却有較高之權數。同樣地，資本密集國家的資本密集產業則有較高之權數。

因素價格均等化等理指出：在若干適當的假定之下，貿易會使全世界的工資、地租等趨於相等。此一定理引起許多理論及實證的研究。不過，大家眼前所見的是美國與印度早已發生貿易，但兩國的工資毫無趨於相等的傾向，何故？固然，壟斷、關稅，及運輸成本的存在，使得兩國的工資無法趨於相等；但是，兩國實際工資的差異却比這些貿易障礙所發生的影響爲大；是則，此一模型是否錯誤？

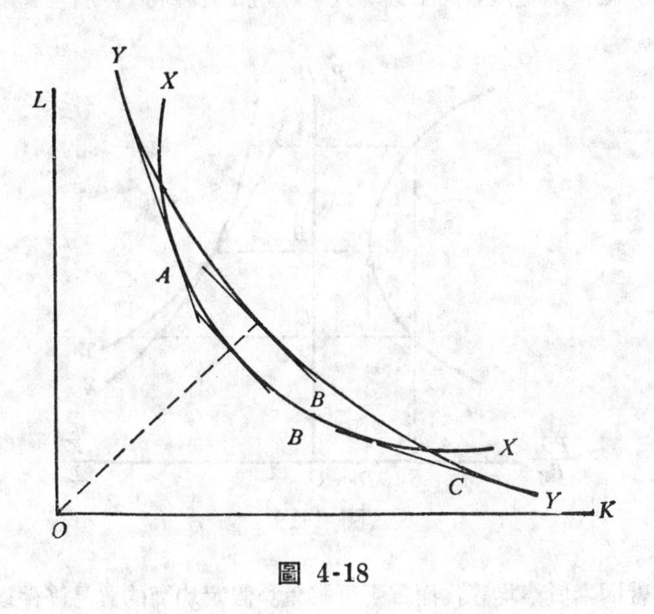

圖 4-18

此一定理有一嚴密而特殊的假定，就是各種商品均爲單一因素密集性的。由於可以畫出很多等產量線，所以因素密集度可隨 P_K/P_L 而變動。例如，在圖 4-18 中，如因素價格比率爲A，則X爲資本密集性產品。資本密集度與因素價格比率爲B的資本密集度相等；且在價格比率爲C時，Y已成爲資本密集性產品。因素價格均等化的結果如圖 4-19 所示。在第一象限，當因素價格比率下降時，商品的因素密集度隨而發生變動。在第二象限，代表商品價格及因素價格的線成爲向後彎曲 (backward-bending)。這種現象是因因素密集度變動所致。在因素價格比率低於B時，Y爲資本密集性產品，而商品／因素價格之間的關係，則與圖 4-2 所示相同（X的相對價格較高，但資本的相對價格較低)。但在較高的因素價格比率之下，P_X/P_Y 的上升以及生產的移動對X有利之後，對於資本的需要就會增加。何故？此因此時的X爲資本密集性產品之故。結果，P_X/P_Y 的上升導致 P_K/P_L 的提高。

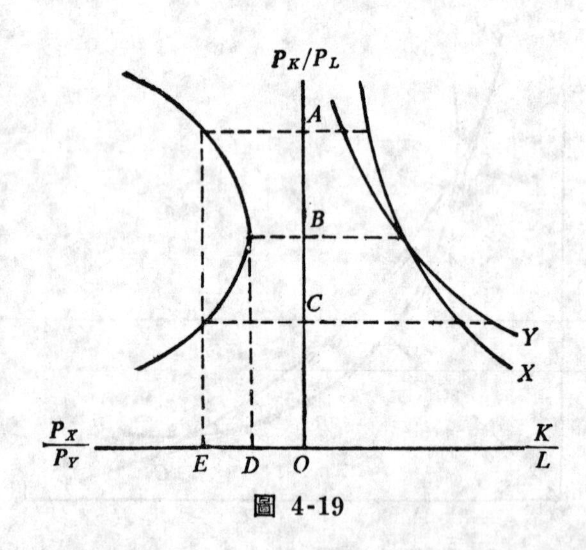

圖 4-19

此就因素價格均等化而言不可避免。假定均衡的貿易條件以圖4-19中的 E 表示，則因素價格比率在某一國家可能較高（在A點)，而在另一國家可能較低（在C點）。但是這些等產量線對 H—O 定理而言也是不可避免。在圖 4-19 的例子中，Y在低的 P_K/P_L 比率之下乃是資本密集性產品。因爲甲國從其綜合因素稟賦看來乃是資本密集的國家，故其資本財的租賃成本較低。故在甲國，Y產品比X產品使用更多的資本密集性技術。乙國爲勞動密集的國家，P_K/P_L 的比率較高，所以根據圖 4-19 應該以資本密集性的技術生產 X。假定貿易型態 (trade pattern) 是Y由甲國出口，X由乙國出口；亦卽，兩國均出口其資本密集性產品。換句話說，在等產量線如圖 4-18 所示時，H—O 模型並不適用[8]。

[8] 因素密集度逆轉 (factor-intensity reversals) 之形成可以參閱 Michael Michaely, "Factor Proportions in International Trade: Current State of the Theory, "*Kyklos*, XVII, No. 4 (1964), 529-49.

第五章　貿易形態與經濟變動

上面一章已把 H-O 模型作過說明，本章擬把第二次世界大戰以來，國際貿易理論方面的實證研究加以介紹，並把 H-O 模型擴大修正，提出李昂鐵夫的反論，並且利用前面所述的模型說明一國的因素稟賦及生產技術對其國際貿易的影響。

一、李嘉圖模型的實證檢定

國際經濟學與經濟學的其他學科一樣，近年以來，由於廣泛利用統計方面諸如廻歸分析 (regression analysis) 等技巧，故在實證方面具有非常豐富的研究成果。上述的 Ricardo 模型也在同時引起許多學者的興趣，紛紛利用此一模型去解釋國際貿易型態。透過這些學者的研究，比較利益理論在國際貿易理論中的地位，遂而大為提高。

在進一步介紹此一模型的實證研究以前，有關此一模型中過於簡化之處，在此應該先作補充。首先，此一模型所討論的國際貿易商品只有兩種，但實際上參加國際貿易的商品成千上萬。為了補救此一缺陷，應作如下之處理：

葡萄牙的比較利益原來是以下列的不等式表示

$$\frac{C_W^P}{C_C^P} < \frac{C_W^E}{C_C^E} \cdot$$

此式改寫之後

$$\frac{C_W^P}{C_W^E} < \frac{C_C^P}{C_C^E}$$

現在，如有許多商品，例如 n 種商品，則

$$\frac{C_i^P}{C_i^E}(i=1, 2, \cdots\cdots, n)$$

將以上的各個比率按照順序排列，最低的比率列在前面，最高的比率列在後面，如此一來，則可發現葡萄牙的進口幾乎全部出現在最低的部份，而其出口幾乎全部出現在最高的部份，這是因爲列在前面的是包括那些在國內生產比較便宜的商品。進口品與出口品的分界線是決定於各國對於他國產品之需要的强度。假設其他情形不變，則葡萄牙對於英國產品的需要如果越高，則葡萄牙爲了支付進口起見，所需的出口也就越多。茲進而假設 m 爲出口名單中的最後一種產品，則以符號表示爲

$$\frac{C_i^P}{C_i^E}<\frac{C_j^P}{C_j^E}(i=1, \cdots\cdots, m;\ j=m+1, \cdots\cdots, n)$$

爲使假設 (hypothesis) 更符合實際情況，當然必須認定一國之內的工資率並非完全相同。事實上，一國之內常因產業之不同、工會力量之强弱、供需變動調整之落後程度，以及區域變動等因素，所以工資率自非完全相同。在此情況之下，i 產品的勞動投入率雖低，可能會被國內相對較高的工資所抵銷，而非受到國外的同業所影響，此時，不管其勞動成本的利益如何，仍將進口商品。以比較貨幣工資成本表示的假設可以改寫如下:

$$\frac{C_i^P}{C_i^E}\cdot\frac{W_i^P}{W_i^E}<\frac{C_i^P}{C_j^E}\cdot\frac{W_i^P}{W_j^E}(i=1, \cdots\cdots, m;\ j=m+1, \cdots\cdots, n)$$

其中，W_1 就是該一產業的工資率。此一不等式表示: 葡萄牙的出口產品之貨幣工資成本相對於英國的同類產品而言，貨幣工資成本較低; 葡萄牙的進口產品則否[1]。

---

[1] 以這種方式檢定 Ricardo 之假設的代表性文獻可以參閱: Jagdish Bhagwati, "The Pure Theory of International Trade." *Economic Journal*, LXXIV, No. 293 (March 1964), 7-8

在有關世界貿易的討論中，Ricardo 理論所忽略的第三個重要因素就是：實際的進口與出口普遍受到關稅 (tariffs) 及其他各種貿易限制 (trade restrictions) 所影響。研究比較成本理論的學者，為了避免計算關稅效果，往往從反方面去考慮貿易雙方對於第三市場出口之鼓勵，而假定貿易限制對於出口的影響乃是相等。如此，假定模型正確，則出口型態的差異並非由關稅所引起，而是由比較成本所引起。

上述的構想曾有三篇重要的論文加以應用❷。由於美國與英國在1937年及1950年的生產力資料比較齊全，所以三篇論文的作者乃以這一時期的英國及美國為研究對象。

從 Ricardo 模型所導出的最簡單之假設是：因為美國的勞動生產力較英國的勞動生產力為高，勞動成本因而較低，如此，也就具有比較利益。所以能夠佔有較大的國外市場。若美國出口與英國出口的比率以y表示，而美國勞動生產力與英國勞動生產力之比以x表示，則可假設較高的x就會引起較高的y，一般學者的研究也是指出這種假設與事實大致相符。例如，史坦因 (Robert Stern) 曾算出下列的關係

$$y=-0.68+1.27x, \qquad r=0.44$$

---

❷ C. D. A. MacDougall, "British and American Exports: A Study Suggested by the Theory of Comparative Costs." *Economic Journal,* LXI, No. 244 (December 1951), 697-724, and LXII, No. 247 (September 1952), 487-521.

Robert Stern, "British and American Productivity and Comparative Costs in International Trade." *Oxford Economic Papers,* XIV, No. 3 (October 1962), 275-96.

G. D. A. MacDougall, M. Dowley, P. Fox, and S. Pugh, "British and American Productivity, Price, and Exports: An Addendum." *Oxford Economic Papers,* XIV, No.3 (October 1962), 297~304.

若以y爲縱軸，以x爲橫軸，上列的資料可用圖形顯示出來。當然，可用最小平方法 (least-squares method) 求出與此資料最配合的直線。根據 Stern 的說明，迴歸線 (regression line) 在-0.68處與縱軸相交，且其斜率 (slope) 爲 1.27。此卽表示，若美國生產力與英國生產力的比率之對數 (log) 增加 1，則美國出口與英國出口的比率之對數將增加 1.3。上式斜率值下方括弧內的數字是估計標準誤 (standard error of estimate)，用以測定y的實際值與迴歸線之離勢 (dispersion)。由於此處的估計標準誤小於斜率甚多，故可看出迴歸線與資料的配合相當良好。符號r表示相關係數 (coefficient of correlation)。$r=0.44$表示兩變數有正相關，所以較高的生產力可以引起較高的出口。但也同時表示，兩變數並非高度相關。

馬克道格 (G. D. A. MacDougall) 曾將 Ricardo 的模型作過檢定，結果發現 $y=-2.19+1.89x$，$r=0.61$。

不過，上述的檢定仍然不够，故應再進一步觀察貨幣工資的影響，以瞭解生產力的影響是否因爲各種商業之間的工資不同而變得微小。關於此點，MacDougall 指出：在 1937 年時，由於美國工資平均爲英國工資之兩倍，故除非美國生產所需的勞動僅爲英國生產所需的勞動之一半，否則，根據 Ricardo 的見解，美國無法與英國競爭。這意思是說，美國旣爲最主要的出口國家，則其生產力與英國相比必然高出兩倍。MacDougall 發現：在 25 種產業中，有 20 種產業因其生產力至少爲英國各該產業生產力之兩倍以上，所以出口特多；其他產業的情形正好相反。同樣情形，Stern 發現：在 1950 年，美國工資爲英國工資之 3.4 倍，而在24種產業中，有20種產業因其生產力爲英國各該產業之 3.4 倍以上，所以具有顯著的出口能力。最近曾把觀察的樣本 (sample) 擴大至39種產業，結果發現34種產業與上述的情形相符。而且，把上述的平均工資改以各別產業的工資表示，也能獲致相同的結論。這些實證研究指出一項事實：出口與生產力的相關不高，恐怕是受到工資差異的影響。

Stern 曾將工資的影響直接加以測定，結果並不理想。Stern 把美國與英國的出口比率及兩國以貨幣表示的勞動成本比率聯結起來，結果發現 $y=0.01-1.40x$, $r=-0.43$。斜率及相關係數的符號均爲正值，因爲美國的勞動成本如果相對較高，其出口比率也就較低。

及至1950年，由於新的生產力統計資料較多，巴拉薩 (Bela Balassa) 亦進行類似的實證研究。卽使時至1960年，卡費士 (Richard E. Caves) 仍然指出：「古典的國際貿易理論因其具有實證的價值，故在今天尙佔一席之地。」❸

沙苗生 (Paul A. Samuelson) 在其名著「經濟學」第八版中曾有一段精闢的比喩，可以用來說明比較利益理論的崇高地位：

「如果理論也像少女一樣，可以參加選美比賽，比較利益就可憑其優美的的邏輯結構名列前茅。的確，大家必須承認，這是一個簡化的理論。但是，儘管有着許多過於簡化的地方，比較利益理論還是爲眞理射出一線非常重要的光芒。經濟學裏到底還是少見這種意義深長的原理。一個國家如果忽視比較利益，可能就在生活水準以及潛在的成長方面付出可觀的代價。」❹

---

❸ Richard E. Caves, *Trade and Economic Structure* (Cambridge, Mass.: Harvard University Press, 1960). p. 281

❹ Paul A. Samuelson, *Economics* (8 th ed, New York: McGraw-Hill Book Company, 1970). p. 656.

二、H-O 模型的擴大修正與李昂鐵夫的反論

上述的因素密集度逆轉 (factor-intensity reversals) 是否經常發生，致使 H-O 理論不能適用？這一方面的探討應推明哈斯 (B. S. Minhas) 最有成就[5]。Minhas 仍然接受 H-O 的假定，認爲全世界的生產函數都是相同，並且利用 19 國的資料計算 24 種產業的 CES 生產函數[6]。Minhas 曾經計算 6 種產業，結果發現，在所觀察的因素價格比率之範圍內，有 5 種產業互相交叉，或其因素密集度轉變。例如，在每一人年 (perman-year) 的工資少於$2,136時，乳酪業與紙漿業及製紙業相比，資本密集度較高。但在該一工資以上時，紙漿業及製紙業的資本密集度則較高。另一個例子是紡織業與非鐵金屬業：在每一人年的工資高到 $1,350 以上時，紡織業的資本密集度較高。Minhas 的結論是：在因素密集度非常顯著時，H-O 的假定在實際情況下少有適用的餘地。

不過，上述的結論並未獲得普遍的接受。李昂鐵夫 (Wassily Leontief) 曾以 Minhas 的資料爲基礎，計算21種產業的情形，結果發現，在因素密集度圖上的210點中，只有17點互相交叉[7]。此即指出：因素

---

[5] B. S. Minhas, *An International Comparison of Factor Costs and Factor Use* (Amsterdam: North-Holland Publishing Company, 1963).

[6] CES 生產函數的特性是其替代彈性固定，且與柯柏—道格拉斯 (Cobb-Douglas) 函數相同，均爲固定規模報酬 (constant returns to scale)，但 Cobb-Douglas 函數的替代彈性總是等於1。CES 函數的方程式爲 $V=(AK^{-\beta}+\alpha L^{-\beta})^{1/\beta}$，其中，V爲產量，A，$\alpha$，及$\beta$爲參數 (parameters)，K及L分別表示資本及勞動。CES 函數的邊際生產力及等產量線斜率的公式曾由 Minhas 提出分析。

[7] Wassily Leontief, "International Factor Costs and Factor Use," *American Economic Review*, LIV, No.4 (June 1964), 335-45.

逆轉的現象不常發生，這一實證研究最有問題的地方，可能就是强把同一生產函數引用於19個國家。因就先天來說，各國的勞動效率、管理技能、氣候、運輸設備、生產規模、技術水準，以及資本的結構大小相同，所以應以不同的生產函數加以配合才屬合理❽。但是，如以不同的生產函數加以配合，則又破壞 H-O 理論的假定。

因素價格均等化定理是國際貿易理論中極其重要的部份。H—O 理論曾引起許多重要的實證研究，其中，Leontief 對於美國因素密集度的實證研究結果，令人頗感意外。因爲衆所周知，美國爲重要的資本密集國家，但其出口却以勞動密集性產品爲主，而其進口則以資本密集性產品爲主。

此一結果主要是因爲運用「投入產出技術」(input-output technique) 所致；此一技術對於國際貿易理論的研究日趨重要。在 Leontief 的研究中，問題的焦點在於：每一單位的產出，究竟需要多少直接資本與勞動加上多少間接資本與勞動？直接投入的計算比較簡單，只要瞭解各別產業究竟使用多少資本與勞動即可。至於間接投入的計算則甚複雜；現在的問題變成：汽車工業所用的鋼鐵需由多少工人製造？製造鋼鐵所需的煤礦與鐵礦需由多少工人開採？開採煤礦所需的機械需由多少工人製造？採煤機械所需的鋼鐵需由多少工人製造？……？這些問題均需利用投入—產出的資料才能解答。

玆擧簡單的例子加以說明。假定社會的商品只有三種，每一種商品均爲其他商品的投入，也是其他商品的最終消費（國內或國外）。再且，每種商品均需原始的投入（勞動與資本）才能生產出來。以 X_1 表示淨產出，亦卽最終消費額；以 x_1 表示總產出（淨產出加上生產其他商品

---

❽ Joan Robinson, "Factor Price Not Equalized" *Quarterly Journal of Economics*, LXXVIII, No. 2 (May 1964), 202-7.

所用的數額)。此一社會的投入一產出關係如下:

$$
\begin{aligned}
x_1 &= \phantom{0.3x_1+{}} 0.2x_2 + 0.1x_3 + X_1 \\
x_2 &= 0.3x_1 + 0.4x_3 + X_2 \\
x_3 &= \phantom{0.3x_1+{}} 0.4x_2 + X_3.
\end{aligned}
\qquad \text{式 5-1}
$$

由上面的方程式可以看出: 每一元的 x_2 之總產出需要投入20分的 x_1, 而每一元的 x_3 需要投入10分的 x_1。所以, x_1 的總產出等於生產其他兩種商品所用的數額加上以 x_1 表示的最終消費。應該注意的是, 每一種商品的生產均決定於其他商品的投入。x_1 需要 x_2 的投入; x_1 並不直接使用 x_3; 但因 x_2 使用 x_3, 所以 x_1 間接使用 x_3。這些直接與間接的使用, 表示原始生產因素的投入不同於這些因素在各別產業的直接使用。

利用投入一產出的方程式, 可以逐步把式 5-1 變爲下列形式:

$$
\begin{aligned}
x_1 - 0.2x_2 - 0.1x_3 &= X_1 \\
-0.3x_1 + x_2 - 0.4x_3 &= X_2 \\
0x_1 - 0.4x_2 + x_3 &= X_3.
\end{aligned}
\qquad \text{式 5-2}
$$

在此形式中, 可以找出任何淨產出所需的總產出。例如, 假定淨產出爲 $X_1=1$, $X_2=X_3=0$. 利用式 5-2 的值加以取代則得

$$
\begin{aligned}
x_1 &= 1.1 \\
x_2 &= 0.39 \\
x_3 &= 0.16.
\end{aligned}
\qquad \text{式 5-3}
$$

如果淨產出變動, 總產出的形式亦將改變。當 $X_3=1$, $X_1=X_2=0$, 其結果爲

$$
\begin{aligned}
x_1 &= 0.23 \\
x_2 &= 0.56 \\
x_3 &= 1.2.
\end{aligned}
\qquad \text{式 5-4}
$$

以上所得的結果立刻卽可用上。在此先行處理原始的生產因素。

假定根據投入一產出的研究，＄1 的總產出所需的資本與勞動為

$$K_1=3 \qquad L_1=1$$
$$K_2=20 \qquad L_2=1 \qquad \text{式 5-5}$$
$$K_3=2 \qquad L_3=1$$

亦即，$1 的 x_1 之產出，需要 $3 的資本，以下類推。

茲把 x_2 視為國內產品，例如理髮，既不出口亦不進口，其他兩種商品視為國外商品。由於考慮到直接需要，所以 x_1 比 x_3 更為資本密集。如果此一社會的綜合因素稟賦為資本密集，則根據 H—O理論，x_1 具有比較利益，所以將被出口。但如考慮到中間產品 (intermediate goods)，情形又將如何？

如果 X_1 的出口為 $1，則包括中間產品的資本與勞動之需要，只要以式 5-3 中的產出需要乘以式 5-5 中的因素需要卽可。亦卽，

$$K=3(1.1)+20(0.39)+2(0.16)=11.42$$
$$L=1(1.1)+1(0.39)+1(0.16)=1.65 \qquad \text{式 5-6}$$

可見如果考慮到中間產品，則資本/勞動的比率高於直接需要；在事實上，11.42/1.65＝6.95。

表 5-1

	出　　口	進　　口
資本（以 1947 年價格表示）	2,550,780	3,091,339
勞動（人年）	182.313	170.004

資料來源：W. W. Leontief, "Domestic Production and Foreign Trade: The American Position Re-examined," *Proceedings of the American Philosophical Society*, XCVII, No. 4 (September 1953), pp. 332-49.

尚可利用相同的方法找出 x_3 中所用的資本與勞動。x_3 係進口而來，茲把進口減少$1，即以國內的生產去取代國外的進口，則以式 5-4 中的

產出需要去乘以式 5-5 中的因素需要，即可得到所需的資本與勞動。其結果爲

$$K=3(0.23)+20(0.56)+2(1.2)=14.29$$

$$L=1(0.23)+1(0.56)+1(1.2)=1.99 \qquad 式\ 5\text{-}7$$

現在的 K/L 比率爲 14.29/1.99=8.2。在考慮到中間產品的因素時，X_8 比 X_1 更爲資本密集。

Leontief 乃是利用這種技術對美國的資料進行大規模的實證研究。其研究結果以表 5-1 表示。很明顯地，在1947年，美國的出口爲勞動密集性產品。此對 H—O 理論無異是一種反動。因爲根據貿易的因素比率理論，美國應該出口資本密集性產品。

不過，究係美國的情況比較特殊？或是各國的情形普遍如此？根據各方的研究可以發現❾:

(1) 日本爲勞動密集的國家，但是日本却出口資本密集性產品而進口勞動密集性產品，所以日本的情況與 H—O 的假設相反。

(2) 就東德的情形來說，出口的是資本密集性產品，而進口的則是勞動密集性產品。由於東德是與共產集團的低度開發國家貿易，所以

---

❾ M. Tatemoto and S. Ichimura, "Factor Proportions and Foreign Trade: The Case of Japan, "*Review of Economics and Statistics*, XLI No. 4 (November 1959), 442-46.

W. Stolper and K. Roskamp, "Input-Output Table for East Germany with Applications to Foreign Trade, "*Bulletin of the Oxford University Institute of Statistics*, XIII, No. 3 (November 1961), 379-92.

R. Bharadwaj, *Structural Basis of India's Foreign Trade* (Bombay: University of Bombay, 1962).

D. F. Wahl, "Capital and Labor Requirements for Canada's Foreign Trade, "*Canadian Journal of Economics and Political Science*, XXVII, No. 3 (August 1961), 349-58.

這種情形與 H—O 理論互相吻合。

(3) 印度出口的是勞動密集性產品，而進口的則是資本密集性產品，這種情形與 H—O 理論完全吻合。

(4) 加拿大出口的是資本密集性產品，而進口的則是勞動密集性產品。因爲加拿大的主要貿易對象是美國，所以這種情形亦與 H—O 的理論相反。

由上可見，以因素比率爲基礎的 H—O 理論，如遇特殊的個別情況，其結論便無法成立。近年以來的研究趨勢，則是指出 Leontief 理論所忽略的若干因素。例如，芝加哥大學的修玆 (T. W. Schultz) 特別强調人力資本 (human capital) 的重要，因而指出，如果資料許可，應把人力資本加到表 5-1 所列的資本上面，如此一來，結果將會改變。

Leontief 所忽略的另一因素就是缺乏自然資源 (natural resources) 的資料。此一缺陷已由巴尼克 (Jaroslav Vanek) 加以補充，如表 5-2 所示。在表 5-2 中，自然資源產品的需要是由直接需要加上間接需要而來。結果，美國爲資源貧乏的國家，故其進口商品均爲原料密集性 (raw-material-intensive) 的產品。美國進口商品的資本密集度並不是貿易型態的基礎，但可簡單地反映外國的原料密集度。

表 5-2

	出　口	進　口
自然資源（以1947年價格表示）	340,000	630,000

資料來源：Jaroslav Vanek, *The Natural Resource Content of U. S. Foreign Trade, 1870-1955* (Cambridge, Mass.: The M.I.T. Press, 1963), p. 132.

一般認爲，美國並非資本密集的國家，所以 Leontief 認爲自己的硏究結果既與 H—O 定理吻合，又與實際情形相符。Leontief 指出，美國勞動之生產力爲外國勞動生產力之三倍，所以應把美國的勞動力乘以三。如此，美國的綜合因素稟賦爲勞動密集性而非資本密集性。Leontief 的這種推論並未獲得普遍的接受。因爲，美國資本與外國資本相比，既然擁有較好的企業管理，生產力何以沒有較高。

1964年，特拉維斯 (W. P. Travis) 指出，H—O 定理及 Leontief 的檢定均屬正確，而且，美國確係資本密集的國家⑩。至於美國之所以出口勞動密集性產品，實係受到關稅及其他保護政策的影響。所以，爲了預測貿易的流向，應先瞭解該國的商業政策以及該國的因素稟賦。

以上所述有關 H—O 模型的檢定以及 Leontief 反論 (paradox) 之批評工作，迄今仍未停止，但是迄今亦無結論可言。Heckscher-Ohlin 的理論有時合乎事實，但僅限於事後 (expost) 的解釋，如果用以預測貿易流向，則常導致錯誤。所以，貿易型態的說明，仍須利用因素稟賦以外的分析工具。

三、技術與貿易形態的長期變動

有關 Leontief 的反論及其所引起的爭辯，是以對於生產與貿易的模型的實證研究爲基礎。而事實上，利用生產與貿易的規模，也可對於貿易進行歷史形態及其變動的分析。關於這點，以美國的貿易趨勢最爲顯著。一個世紀以前，美國與其他的貿易夥伴相比，自然資源最爲豐富。但到最近，美國若干諸如森林、金屬礦物等的自然資源部份消耗殆

⑩ W. P. Travis, *The Theory of Trade and Protection* (Cambridge, Mass.: Harvard University Press, 1964).

盡，而其他國家則是開始出口這些初級產品。由此可見，土地（自然資源）這種一度曾是美國因素稟賦中最豐富的，現在已成爲最稀少的，而使美國的貿易從出口資源密集產品轉變爲進口資源密集產品。

不過，我們對於「因素稟賦」這個概念的了解，不應只是限於資源的變動而已。「技術創新」(technological innovations) 一再改變貿易形態，打擊傳統產品的市場，並使新的產品加入出口的行列。但是，那個國家生產新的產品以供出口？那個國家在從事創新？這些可從生產結構得到部份的說明。

1. 創新與技術差距

新產品之開發或新生產過程之引進，常以某種方式表現在資本設備方面。創新的企業總是先從本地的市場開始嘗試。接着，該國的出口開始擴張。海外市場的順利開拓，可以證明創新的成功。如此，其他國家對創新國家商品的相互需求曲線也就向外移動。本國的進口變得相對便宜，某些生產因素從進口競爭產業移出，投入創新產業。創新的利潤則由創新產品的貿易利益中得到。

不過，如無「專利權」(patents) 的保護，創新很快就會引起模倣 (immitation)。一旦外國廠商對於本國出口的創新產品之模倣成功以後，其他國家的相互需求曲線之向外移動，便成爲暫時性的，遲早仍將恢復原狀，而使本國的創新成爲無利可圖。

在上述的情況下，創新只不過是曇花一現而已。但是，事實證明，確有一些國家善於創新，致其出口產品總是包含其他國家一直尚未模倣成功的創新產品在內。這些國家的貿易利益不能僅僅視爲來自因素稟賦或生產力的優勢，而應視爲是來自「技術差距」(technological gap) 的出口。然則，是否有些國家的人才比較優秀，以致擅於創新？

需要 (need) 爲發明 (invention) 之母，發明是創新的基礎。就事實觀察，大多數的創新都是勞動節約的，亦卽，大多數的創新都是爲了減少生產過程中所須投入的勞動之數量，對於資本的數量較不關心。因此，勞動節約的創新總是來自勞動最貴而且工資不斷上漲的國家。美國因爲工資成本較高，故對勞動節約的創新最感迫切需要；一旦創新成功，其在成本方面的降低以及利潤方面的提高，獲益最大，所以創新活動最具誘力 (incentive)。經濟史實已經認定，十九世紀之時，美國的勞動稀少而貴，驅使美國致力於機械的發明。這種客觀環境的需要，再配合着技術勞力的充沛及文化背景的合適，美國在發明方面始終領先各國。美國出口中的很大部份乃是包含着這種「技術差距」的貿易在內。一旦美國的發明轉趨停頓，外國的模倣風起雲湧，美國的貿易條件必趨惡化，其平均每人所得也會相對其他國家轉趨下降。

當然，美國不是世界上獨一無二的創新國家。英國一向擁有卓越的科技人才，德國的原料比較短缺，必須設法產製合成原料，這些因素促使英德兩國的創新產品層出不窮。但在有關創新的各項統計中，仍以美國的表現最爲顯著。

2. 產品循環

「技術差距」雖然可以說明出口方面的優勢，但仍不足以完整地觧釋動態的貿易形態。我們在此還要介紹一個相關的模型，稱爲「產品循環」(product cycle) [13]。這一模型指出，一旦新產品在市場上打下基礎，而在生產方面也標準化以後，因素投入便須有所變動。這種變動會使成本方面的利益由一個國家移轉到其他國家。

---

[13] Ragmond Uernon, "International Investment and International Trade in the Product Cycle" *Quarterly Journal of Economics*, 80 (May 1966): 190-207.

茲以收音機爲例：收音機剛由某一企業開始製造的時候，國內廠商及國外廠商的模倣都很困難。而在最初階段，市場並不穩定，難以保證必然成功。因爲，並非任何一種新的產品都會普遍受到廣大消費者的喜愛。所以，收音機剛向市場推出之時，是從小規模的製造開始。在這階段，生產技術並無先例可尋，必須投入大量的技術勞力。鑒於市場之小及技術之不確定，「大量生產」(mass production) 並不適合。收音機仍然須在市場附近製造，生產者才能迅速了解市場的反應與情報，做爲改進生產的參考。

在國內市場穩固建立起來以後，開始進軍國外市場，參加國際貿易的行列。於是，生產的地點開始移動。而在試驗階段，仍然不能大量生產。但漸漸地，生產過程趨於標準化，市場更具競爭性，因之生產地點的成本利益更趨顯著。這些產品尙在技術壟斷之時，需求缺乏價格彈性。而在市場的開拓相當成功以後，卽使生產成本在短期內未達最低階段，仍可得到創新的利潤。一旦產品普及且標準化以後，模倣就會出現，而且容易成功，此時，生產者所面對的需求較有彈性。成本因素開始發生作用。因此，除非最先創新並建立市場的國家，仍然具有比較利益，否則生產的地點會由該國移向其他國家。

除了收音機的例子以外，其他電子產品的情況也是如此。美國原是電子產品的主要創新國家，但其生產地點却已移向英國及日本。不過，這些由美國移向外國製造的產品，其生產方式却也發生轉變，卽由高度依賴技術勞力的生產方式，轉變爲高度依賴自動生產線及使用較多資本與非技術勞力的生產方式⑫。

---

⑫ Seev Hirsch, *Location of Industry and International Competitiveness*. (Oxford: Clarendon Press, 1967), chap. 4.

四、貿易條件

如上所述，一國的創新可以帶來出口方面的競爭優勢，但是，一旦創新活動趨於停頓，該國的貿易條件就會趨於惡化。「貿易條件」(terms of trade) 也是國際貿易理論研究的重要主題之一。

在 Ricardo 的模型中，貿易條件與比較成本的比率息息相關。就任何二個國家而言，其國內的比較成本比率可以決定各國進行貿易的範圍。但是，Ricardo 並未指出貿易利益的大小，亦未說明那一國家獲得多少利益。直到三十年以後，才由 John. S. Mill 劃分參加貿易國家之間的貿易利益。因此，必須明確地決定 Ricardo 所提出的範圍內貿易發生的一個比率，從而必須考慮各國對於他國產品之需求。基於此一目的，Mill 引進了淨貿易的均衡水準這個概念，也是第一個分析貿易條件的經濟學家。其後，從 Marshall 以來，有關貿易條件及其決定因素的理論，已經成爲國際貿易文獻的一個主要內容。

所謂「貿易條件」，按照 Mill 的說法，是指一種交易關係，亦卽一國以出口交換進口的條件。一國的出口如能換到較多的進口，貿易條件可以說是「改善」(improvement) 或變得更爲「有利」(favorable)；否則就是「惡化」(deterioration)。

時至今日，有關貿易條件的討論已不限於理論範圍，政策實務方面的用途日趨普遍而重要。有鑒於此，我們對於貿易條件的說明，只以價格方面的定義爲限，亦卽，一國的貿易條件是以該國出口商品價格相對於進口商品價格表示。

在測定貿易條件之時，我們可以分爲三類：淨貿易條件 (barter terms of trade)、因素貿易條件 (factoral terms of trade) 及所得貿易

條件 (income terms of trade)。

淨貿易條件或所得貿易條件的變動，是以一國進口價格的變動相對於出口價格的變動之比較加以測定。如果進口價格下降，出口價格不變，則是表示以相同數量的出口可以換得較多的出口，亦即，貿易條件的變動有利。但如進口價格上升，貿易條件的變動便是不利。一般而言，上面的關係可以下列方式表示:

T　為貿易條件

PX_0 為基年的平均出口價格

PX_1 為當年的平均出口價格

PM_0 為基年的平均進口價格

PM_1 為當年的平均進口價格

則

$$T=\frac{PX_1/PX_0}{PM_1/PM_0}$$

再者，為了計算方便，可把貿易條件 T 視為出口價格指數 P_x 除以進口價格指數，並以百分比表示。亦即

$$T=\frac{P_x}{P_m}\times 100$$

其中，出口指數與進口指數之基期相同。若以1970為基期 (100)，而在1970年底，出口價格上升5%，出口價格指數便為105; 至於進口價格則已下降 3%，進口價格指數便為97。如此，貿易條件已經改善 8.25%，貿易條件成為 108.25。貿易條件指數超過100的程度越高，貿易條件的改善越大。

表示出口價格與進口價格比率的方式並不一致。價格變動可以出口價格指數對進口價格指數的比率表示，反之亦可。在第一種情況，貿易條件的改善是以貿易條件指數的上升表示; 而在第二種情況，則以其下

降表示。維納 (Jacob Viner) 認爲，爲了方便起見，宜以貿易條件指數的上升表示貿易條件的改善⑬。

淨貿易條件是最有實用意義的貿易條件，很多國家的官方統計也已正式予以列出。不過，淨貿易條件之普遍應用只是因其計算容易而已，事實上，這一概念仍嫌過於簡略。至少，其缺點爲：第一，指數包括的範圍很難周延，所以基期及計算方法的選擇必須相當謹愼。第二，比較的時期之長短很難恰到好處；如果太短，可能基年與當年之間的變化不够顯著，如果太長，一國的貿易結構可能已有重大的變化，使基年與當年的進出口商品的內容無法比較。第三，進出口商品的品質無法表達出來。

淨貿易條件的最大缺點，還是在於只考慮到進出口價格的變動，至於這些價格變動如何發生，根本無從得知。而事實上，出口價格相對於進口價格之上升，雖然會使貿易條件指數變動，但是，有的出口價格之上升與國外需求的擴張有關，有的則是國內工資膨脹的結果，故在質的方面頗有不同。反之，出口價格有的係因國外需求縮減所致，有的則與國內生產力之提高有關，其間亦有很大的差別。爲了克服這些缺點，必須建立新的貿易條件，這個新的貿易條件則須考慮生產力及需求水準的變動。

考慮需求水準變動的貿易條件，先由陶希格 (Frank W. Taussig) 提出，其所採用的指數可以表示實際出口數量對實際進口數量之比率的時間變動⑭。這個貿易條件稱爲「總貿易條件」 (gross barter terms of trade)，以 $Tgba=Qax/Qam$ 表示；其中，$Tgba$ 爲A國的總貿易

⑬ Jacob Viner, *Studies in the Theory of International Trade* (London: Allen & Unwin, 1938), p. 558.

⑭ Frank W. Taussig, *International* Trade (New York, 1927), p. 113.

條件，Qax 爲A國的出口，Qam 爲A國的進口。這一比率越高，總貿易條件越好，表示可用相同數量的出口換得更多數量的進口。

不過，進出口數量的測定與表示非常困難；濃縮鈾、牛油及電力之間，因爲缺乏共通的單位，無法進行數量方面的比較。Taussig 的方法是先測定進出口以「貨幣」表示的總值，再與相關的價格指數予以調整。

現在轉而討論在測定貿易條件時如何考慮生產力這個概念。此即所謂「因素貿易條件」，這可表示一國爲了購買一定數量的進口必須付出多少的資源（生產因素）。其中，「單邊因素貿易條件」(single factoral terms of trade) 是以表示出口價格對進口價格之比率的「商品貿易條件」(commodity terms of trade) 指數乘以表示該國出口產業之生產力變動的指數。以式表示：

$$S_a=T_a\cdot P_a$$

其中　S_a 爲A國的單邊因素貿易條件

　　　T_a 爲A國的商品貿易條件

　　　P_a 爲A國出口產業的生產力指數

由此可見，一國的出口產業之生產力提高之時，該國的單邊貿易條件就會改善。

所謂「單邊」是指考慮的生產力變動僅限於一國而已，至於該國的貿易對手國家之生產力變動則不考慮在內。如要考慮貿易雙方的生產力之變動，則應建立「雙邊因素貿易條件」(double factoral terms of trade)。以式表示：

$$D_a=T_a\cdot\frac{P_a}{P_b}$$

其中　D_a 爲A國的雙邊因素貿易條件

P_a 爲A國出口產業的生產力指數

P_b 爲A國貿易對手的出口產業之生產力指數

截至目前爲止，雙邊因素貿易條件只是一種概念而已，一種在邏輯上把貿易雙方的生產力變動納入貿易條件而已。如要編製這種貿易條件指數，須就許多國家的許多出口產業之生產力一一加以測定，所以有着事實上的困難。卽使單邊貿易條件指數的編製，也是絕無僅有[15]，至少，官方的統計並未正式列出。

至於所謂「所得貿易條件」是把出口價格及進口價格的變動與出口數量互相聯繫起來，其目的在於了解一國進口能力的變動與出口的變動之間的關係。以式表示：

$$I_a = T_a \cdot Q_a$$

其中 I_a 爲A國的所得貿易條件

T_a 爲A國的淨貿易條件

Q_a 爲A國的出口數量指數

如把上式改爲

$$I_a = \frac{\text{出口價格指數} \times \text{出口數量}}{\text{進口價格指數}}$$

則可看出，所得貿易條件乃是出口價格指數對進口價格指數的比率[16]。I_a 的上升表示，A國的出口可以換得更多數量的進口。但這並非在於正確地測定進口的能力。因爲一國的進口能力乃是受到該國全部外滙收入的影響，非僅決定於商品出口之收入而已。

---

[15] Ely Devons, "Statistics of the United Kingdom Terms of Trade," *Manchester School* (September 1954). 此文估計英國在1948-53年間的單邊因素貿易條件。

[16] G. S. Dorrance, "The Income Terms of Trade," *The Review of Economic Studies, Vol.* XVI, 1948-49.

第六章　國際貿易與經濟成長

前面幾章所述的國際貿易理論，是以比較靜態的分析爲基礎，本章擬將討論的對象轉至技術進步、投資，及人口增加以後的情況。討論的目的在於瞭解國際貿易與經濟成長交錯影響的情形；所以，討論的內容有二：第一、經濟成長對於國際貿易的影響如何；第二、國際貿易的型態與規模如何影響經濟成長。

一、經濟成長理論導論

以前的討論都是假定生產資源的供給固定不變。此項假定並不合乎實際，但因相當簡化，故可把握重點。現在爲了分析動態成長的社會，則須打破此項假定。假定經濟成長乃是代表產量水準的持續增加，則此成長的原因只有兩個：一爲生產資源的供給隨着時間的經過而增加；一爲這些生產資源的生產力因受技術穩定進步的影響而提高。產量的大小如果決定於資本投入及勞動投入的大小，則此關係可以生產函數表示。玆再假定，此一生產函數屬於固定的規模報酬；而且，如果某一因素投入的數量不變，則另一因素的投入數量增加以後，就會發生邊際報酬遞減的現象。

在上述各種假定之下的簡單模型，可以用來分析有關經濟成長的若干事實。

長期而言，勞動投入的成長率是受人口增加率的限制。在實際上，如果教育與訓練的年限增加，退休年齡下降，每週的平均工作時間減少，均會引起勞動投入的減少。另一方面，如果現有的資本存量已被全部利用，則資本投入的增加必有賴於新資本設備之投資淨額的增加。但是，投資或新資本形成 (capital formation) 的產生，必須個人對於消費財的支出減少，亦即進行儲蓄，才能把資源移至資本財的生產。儲蓄率對於經濟成長的影響甚大；假定其他情況不變，儲蓄率的增加可以促成新資本形成率的增加以及經濟成長率的增加。

此刻假定沒有技術變動。如此，產量的成長率是勞動投入與資本投入之增加率的加權平均 (weighted average)；此一權數決定於生產函數及在生產過程中兩種因素投入之相對重要程度❶。如果沒有新的資本形成，只有人口的增加，所以勞動的投入不斷成長，如此，產量的成長將較人口的成長爲少。勞動投入的增加如係由於人口的成長，而非由於現有勞工增加工作時數，則平均每人所得 (per capita income) 勢必下降。關於此點，另有一種解釋方法：因爲已有更多的勞工使用固定的資本存量 (fixed stock of capital)，則因邊際報酬遞減，勞動的邊際生產力及勞動的工資將會下降。爲了避免每人實質所得的下降，資本投入的增加應與勞動投入的增加同其比率。如此，每一工人使用的資本才不致於下降。

假定資本投入的增加較勞動投入的增加爲快，則因所得的成長率較勞動投入的成長率爲快，平均每人所得亦將增加。但此情況不能長久繼續下去。因爲每一工人使用的資本增加以後，資本的邊際生產力將趨下

---

❶ 爲了正確起見，玆以簡單的數學加以說明。假定，生產函數的形式爲 $Y=K^aL^b$，則投入的任何微小變動以後，產出的變動將爲：$dY=dK\cdot MPPk+dL\cdot MPPl$，因爲 $MPPk=aY/K$ 而 $MPPl=bY/L$，所以可將上式轉爲百分比的形式，整理之後可得：$dY/Y=(dK/K)a+(dL/L)b$，$a+b=1$。
此可表示，所得的成長率不能大於增加最快的投入之成長率，亦不能小於增加最慢的投入之成長率。

降，故使投資的激勵力量隨之減少。如果其他情況不變，資本的成長率將會下降，直到資本與勞動均以同一比率增加，而平均每人所得保持不變爲止。當然，這種不利的情況，在技術不斷變動，而使資本與勞動的生產力提高以後，也就不會發生。技術的改進可以說是生產函數中的第三種投入，由於技術的改進，對於投資乃能產生激勵力量，並且阻止報酬遞減現象的發生，此其結果，也會引起平均每人所得的增加。

以上對於經濟成長的討論，乃是透過某些同質產品（產出）的增加率說明。如此，關於投入因素在各種產品中的分配，以及對於不同產品需要之嗜好與偏好，或所得與相對價格變動之後，對於不同產品之需要有何影響等等問題均被忽略。但是由於這種簡化，無法利用這些簡單的模型來探討經濟成長與國際貿易的關係。

貿易與成長之關係的模型，至少應該包括兩種商品。玆再假設技術並未發生變動，而且經濟成長全部係由因素投入的增加所引起。這種成長如何分配於兩種產品，乃視所得與對於兩種產品需要之間的關係而定。所得如果增加，則需要的所得彈性較高的產品之產量增加較快。如果加上技術變動的考慮，模型比較複雜，此因兩種產業的生產力乃以不同的比率上升，而使相對價格發生變動。換句話說，經濟成長以後透過所得的變動，會使需要面與供給面的產品結構發生變動。在任何一種情況下，經濟成長都是會使貿易型態的水準發生變動。

在經濟學上，供給量（quantity supplied）的變動與供給（supply）的變動不同；前者乃因價格變動而沿着既定的供給曲線變動，後者則是整條供給曲線的移動。當然，只有後面這種情形才能稱爲經濟成長。如果整條供給曲線不動，但因整條需要曲線不斷移動，以致兩者相交，產生各種不同的價格，此亦不能代表經濟成長，因爲經濟成長純係供給方面的現象。

二、從生產面分析經濟成長對貿易的影響

如上所述，經濟成長不管是由因素稟賦的增加所引起，或由技術的變動所引起，均會使貿易受到影響。關於經濟成長對於國際貿易的影響，所應探討的課題很多；例如，瞭解經濟成長對於貿易商品之相對價格的影響以後，就可據以研究貿易對於一國經濟福利的影響。

如欲進行上述的討論，仍以採用 Heckscher-Ohlin 的兩種因素、兩種商品之模型較為適當。因此，首先可以假定，所欲討論的國家所面對的外國提供曲線具有完全的彈性。換句話說，假定該國的經濟規模太小。故其出口與進口的數量無法影響世界貿易的價格及國際貿易條件。

1. 因素供給的變動

首先討論經濟成長對於供給的影響。暫時假定技術並未變動；經濟成長係由生產因素投入之增加所促成。

圖 6-1 表示某國的轉換曲線。在此圖中，生產的均衡點為P_1；消費的均衡點乃是處於貿易條件線 TT 之上，而在 P_1 的左方，圖中並未表示出來。任何一種或兩種因素稟賦的增加均會促成生產可能曲線的向外移動；此新曲線的正確形狀是由因素增加的相對數量決定。如果貿易條件沒有變動，新生產點將在生產可能曲線與 $T'T'$ 相切之處。此圖表示進口商品及出口商品的生產均以相同比例增加的情形。這種情形就是所謂「中性成長」(neutral growth)。只要新生產點落在 OP_1 的延長線上，經濟成長對於生產就會發生中性的影響。

如果新的生產點落在 P_2 與 A 之間，則可出口品 (exportables) 的生產之增加率必大於可進口品 (importables) 的生產之增加率。如果其

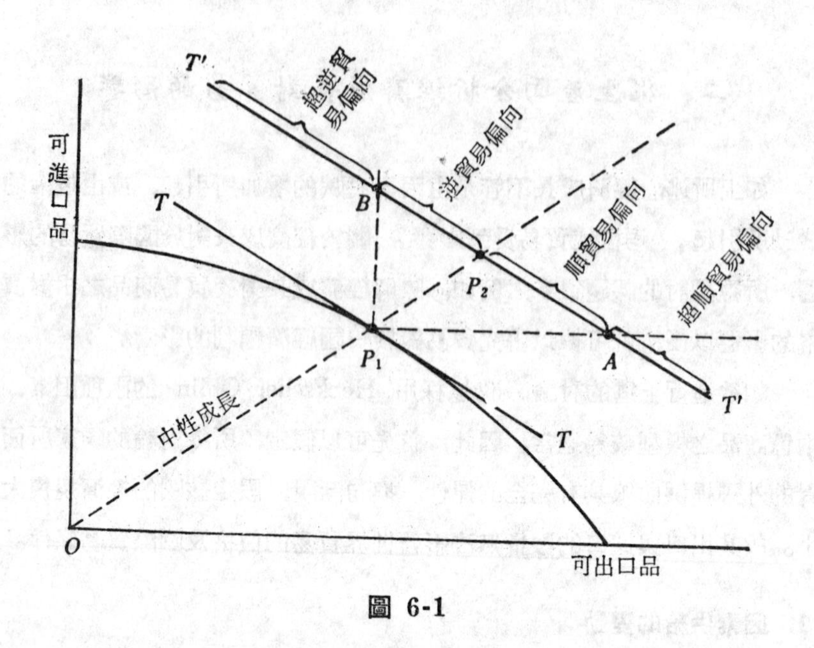

圖 6-1

他條件不變，這會引起貿易相對於生產而增加，因爲此時已生產較多的出口商品以應貿易的需要，所以必須增加進口，俾使可進口品的消費維持與過去相當的比率。此一結果稱爲「順貿易偏向的成長」(protrade biased growth)。如果生產點落在 A 的右方，則可進口品之生產的絕對數量必然減少，這對貿易的促進相當有利，所以稱爲「超順貿易偏向的成長」(ultra protrade biased growth)。

P_2 左邊的各點代表「逆貿易偏向的成長」(antitrade biased growth)，因爲這些可進口品在國內生產的增加率越快，越會發生以國內生產替代進口的結果。依此推論，可出口品之生產的絕對數量如果減少，則其結果便爲「超逆貿易偏向的成長」(ultra antitrade biased growth)。

在何種情況之下的因素供給之增加，才會發生上述各種類型的成長。如果只有一種因素增加，則會發生超偏向的成長。如果稀少的因素增加而豐富的因素固定，則會發生超逆貿易偏向的成長。如果豐富的因素增加，而使一國的比較利益提高，則會發生超順貿易偏向的成長。

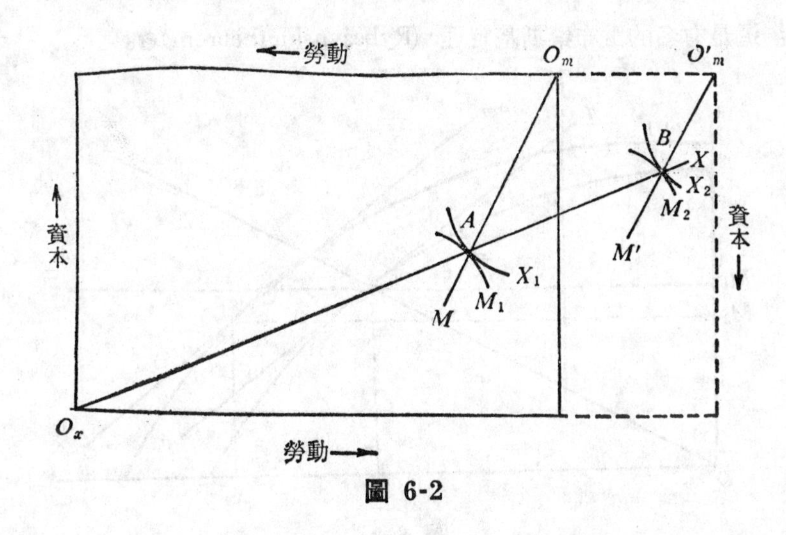

圖 6-2

茲以圖 6-2 的箱形圖代表勞動豐富的國家（爲變換與趣起見，改以橫軸代表勞動，而以縱軸代表資本）。實線部份所示代表最初的因素稟賦。等產量線 X_1 表示使用勞動較多的可出口品之最初產量；M_1 表示可進口品之產量。勞動增加之後的情況以箱形圖的虛線部份表示。爲了分離相對價格變動所引起的經濟成長對於貿易的影響，必須假定貿易情況不變。根據生產函數的性質，產量與因素價格之間，有着惟一的關係，因此，因素價格以及生產兩種產品的因素組合之比率並不變動。如此一來，可出口品之新生產均衡點必定落在 O_xX 射線之上，可進口品之生產點則應落在與 O_mM 平行的 O'_mM' 之上。惟一能够滿足兩個條件之點，只是兩者相交之 B 點，此點表示經濟成長之後的產量應該包括

M_2 的可進口品及 X_2 的可出口品。顯然，可出口品的產量已告增加，至於可進口品的產量則趨減少。

由此可見，只有一種生產因素增加所引起的經濟成長，在價格不變之下，對於生產的影響，是使不密集使用該種增加的生產因素之產品減少。這是有名的雷布秦斯基定理 (Rybczynski theorem)❷。

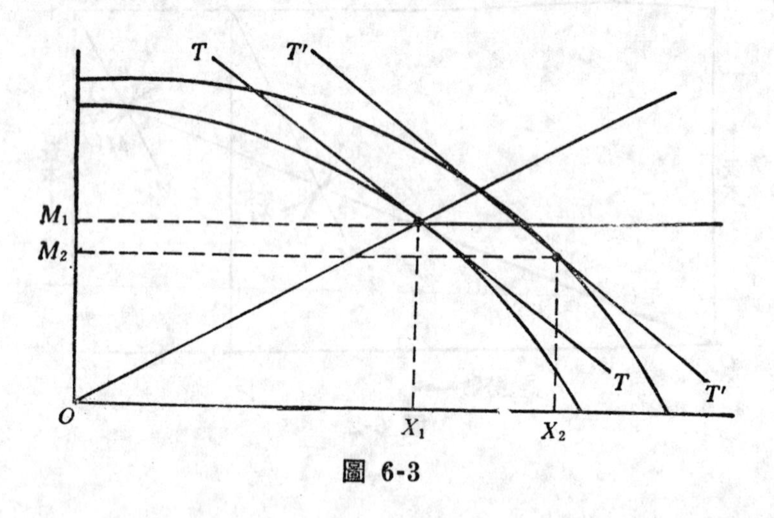

圖 6-3

圖 6-3 表示只有一種生產因素增加以後對於轉換曲線的影響。此線的移動對於密集使用增加的生產因素之產品的生產有利。如果相對價格不變，均衡的產量必在代表原始產量之點的右下方，此爲超順貿易偏向的成長。如果稀少的生產因素（資本）增加，則會發生相反的結果。同理可以說明只有資本的增加，必然引起可出口品之生產的減少，從而發生超逆貿易偏向的成長。

❷ T. M. Rybczynski, "Factor Endowments and Relative Commodity Prices," *Economica*. November 1955.
Ronald. W. Jones, "Factor Proportions and the Heckscher-Ohlin Theorem." *Review of Economic Studies*, 24 (October 1956) : 1–10.

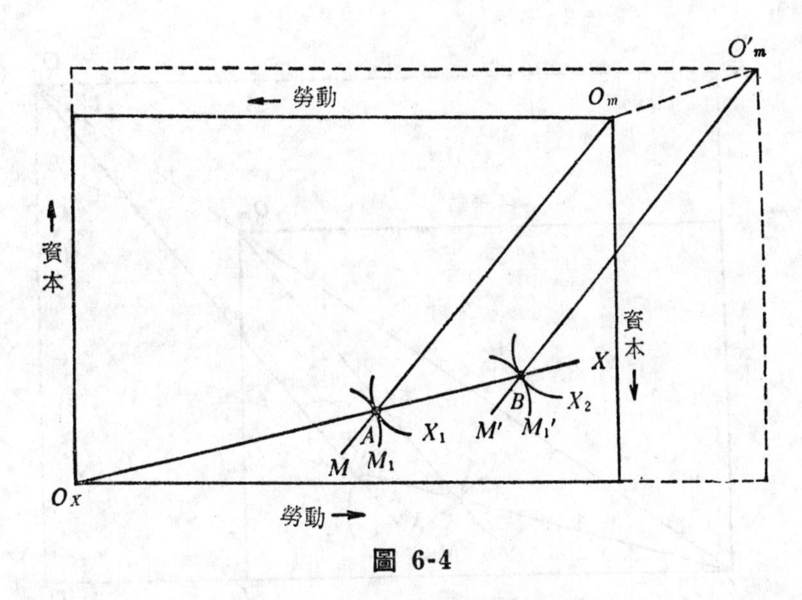

圖 6-4

接着可以看出超偏向成長與簡單偏向成長的界線何在。首先應該知道，資本與勞動須以那一比率增加，俾使某種產品的產量增加，而且他種產品的產量不至變動。設以資本與勞動互相結合，生產可出口品，現在資本與勞動增加相同的比率，則可出口品的產量將會增加，至於其他產品的產量則不增加❸。此種特殊的情況以圖 6-4 表示。此箱形圖沿着 $O_mO'_m$ 擴大（與 O_xX 平行）。因爲產量與因素價格均未變動，所以新產量點必在 O_xX 及 O'_mM' 之上（與 O_mM 平行）。B 點則係新均衡點。此點表示 X 產品之增加。因爲 $O_mABO'_m$ 爲平行四邊形，所以 M 產品並未增加。如此，O_mA 與 O'_mB 由原點計算之距離相同，而且資本與勞動之比率也是相同。所以，可進口品之產量並未變動。此點可以證明超順貿易偏向的成長與簡單順貿易偏向的成長之間的界限，當然，此時生產出口產品的兩種因素係以相同的比率增加。

---

❸ 出口產品成長之條件爲 $\Delta K/\Delta L=K_x/L_x$.

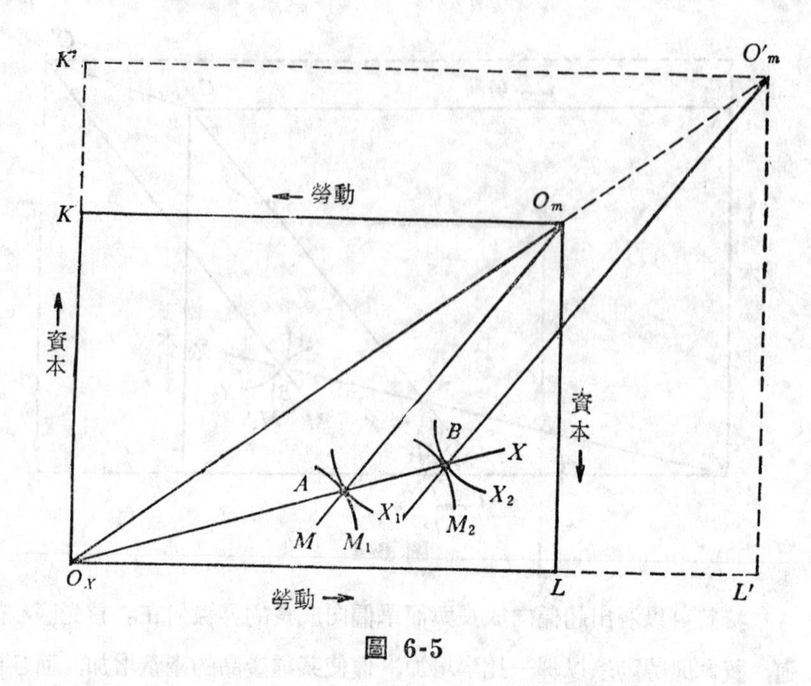

圖 6-5

第三種特殊的情況就是中性成長，此在兩種生產因素增加的比率與勞動及資本的綜合因素稟賦之比率相同時就會發生。換句話說，$\Delta K/\Delta L=K/L$。此亦表示，勞動與資本增加率的百分比相同。這種情況的圖示比較複雜。在圖 6-5 中，兩種生產因素的比率增加，係以 O_xO_m 直線的延長表示。相同比率的成長，可用下列公式表示:

$$\frac{KK'}{O_xK}=\frac{O_mO'_m}{O_xO_m}=\frac{LL'}{O_xL}$$

由 O'_m 可以劃出一條可進口品的新射線，而與 O_mA 平行，其與 O_xX 相交的 B 點，代表新的生產均衡。O_xAO_m 與 $O_xBO'_m$ 乃是兩個相似三角形。因此，可出口品產量增加之百分比 AB/O_xA 乃是等於 $O_mO'_m/O_xO_m$，而且，如前所示，也是等於兩種因素投入增加之百分比。可進口品增加之情況可依同樣道理推出。

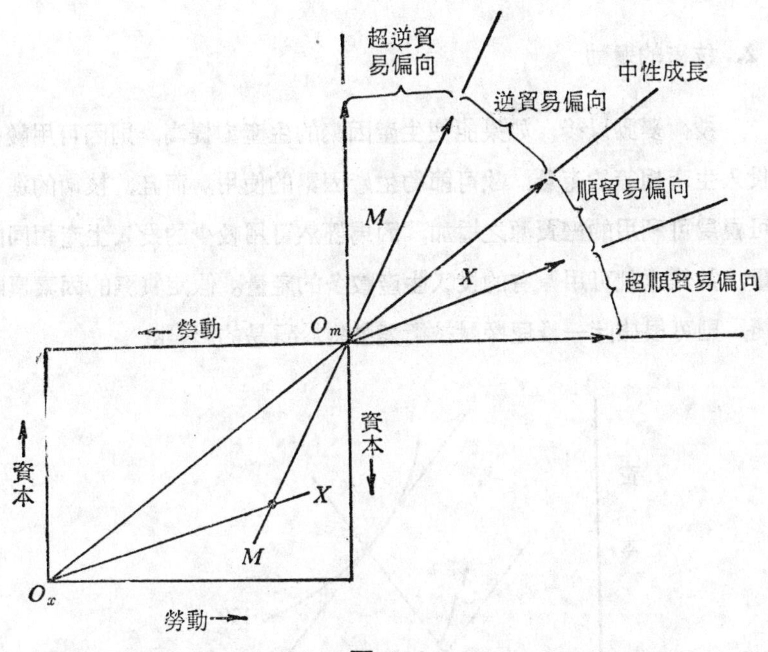

圖 6-6

上述三種特殊情況的結果，可用一般化的方法加以表示。在圖 6-6 中，經濟成長是以箱形圖向右上方擴展表示。此圖亦可表示，因素投入的五種成長途徑。現在假定，這是一個勞動豐富的國家，出口勞動密集性的產品，是則各種不同的成長路線對於貿易的影響，便可簡單表示出來。沿着 O_XO_m 的伸展表示因素投入的中性增加，結果便是產量的中性成長。如果勞動的增加較資本的增加爲快，成長的路線便會略偏向右，此時不是順貿易偏向成長便是超順貿易偏向成長。順貿易偏向與超順貿易偏向的界線以 $\Delta K/\Delta L=K_x/L_x$ 的成長路線表示。從 O_m 點向右下方的任何移動均係超順貿易偏向，但因有一因素的絕對數量減少，所以不會發生成長。同理，如果比較稀少的資本之增加較勞動之增加爲快，則係逆貿易偏向或超逆貿易偏向，而此兩者之界線則爲 $\Delta K/\Delta L=K_m/L_m$。

2. 技術的變動

技術變動以後，如果能使生產因素的生產力提高，則因可用較少的投入生產相等的產量，故可節約生產因素的使用。而且，技術的進步亦可視爲可利用的總資源之增加，因爲既然可用較少的投入生產相同的產量，當然也就可用原有的投入生產較多的產量。假定實際的因素稟賦不變，則可根據此一推理探討技術變動對於貿易的影響。

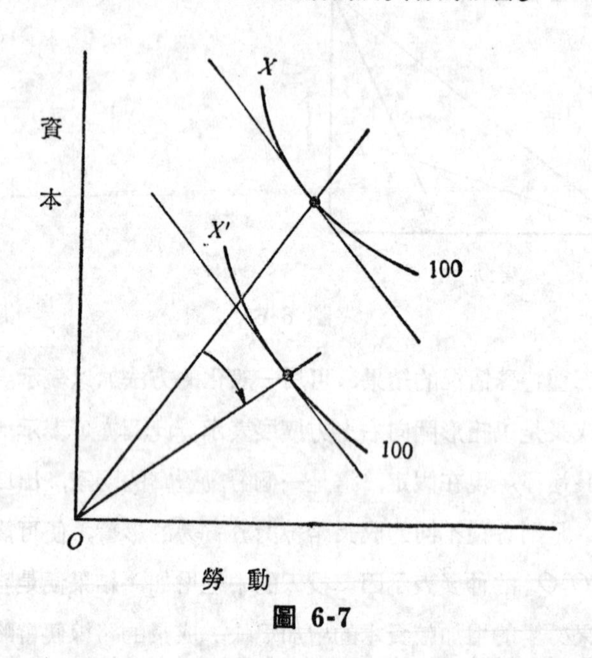

圖 6-7

技術的進步可在某一產業發生，亦可同時在兩個產業發生，技術進步以後可以節省較多的資本，亦可節省較多的勞動，或使兩種因素節省相同的比例。圖 6-7 表示發生在某一產業的偏向技術進步。在此圖中，表示某種產量水準的等產量線 (isoquant) 向原點移動。而且，在因素價格不變的情況下，資本與勞動的比率發生變動。如果技術的進步偏向某種因素投入，則可節省該種因素的使用。此時，等產量線的移動表示在因素價格不變的情況下，該種因素投入的使用較他種因素投入的使用爲少。圖 6-7 所示乃是資本節約的技術進步，此因資本與勞動的比率趨於下降。如果資本與勞動的節省比率相同，則爲中性的技術進步。

技術進步以後對於產業及貿易的淨影響，乃視各個產業之內技術進步的形態（資本節約或勞動節約或中性）及大小而定，在兩種產品及兩種因素的模型中，可能有十五種技術進步的組合形態。最簡單的一種組合形態，是兩種產業發生相同程度的中性技術進步。此種中性的技術進步會使兩種生產因素的使用獲得相同比率的節省。如此，兩種產業的兩種因素之供給會以相同的程度增加，最後就會導致中性的成長。

但是，如果只有一種產業發生中性技術進步，另一產業却無技術進步，則該產業的產量將趨增加，另一產業的產量則將不變。如果出口產業發生中性技術進步，則會引起超順貿易偏向的成長；同理，如果可進口品的產業發生中性技術進步，則會引起逆貿易偏向的成長。如果可出口品產業的技術進步偏向豐富的因素，同時可進口品產業並無技術進步，則會引起超順貿易偏向的成長。同理，如果可進口品產業的技術進步偏向稀少的因素，同時其他產業並無技術進步，則會引起超逆貿易偏向的成長。

三、從消費面分析經濟成長對貿易的影響

一國的經濟成長，不管原因爲何，總會引起生產的轉換曲線的移動。另一方面，如再繼續假定貿易條件不變，經濟成長亦會引起消費的轉換曲線或相對價格線的移動，有如圖 6-8 所示。在此圖中，A爲最初的均衡點。基於消費的轉換曲線的移動所引起的消費結構之變動，可以

依其對於貿易的影響加以分類。可進口品及可出口品的消費若以同一比例增加，則其對於貿易的影響乃是「中性」。在此圖中，係由原點經過 A 點的射線之移動表示。可進口品的消費之增加若較可出口品的消費之增加爲快，則其結果對於貿易的擴張有利，亦卽屬於「順貿易偏向」。

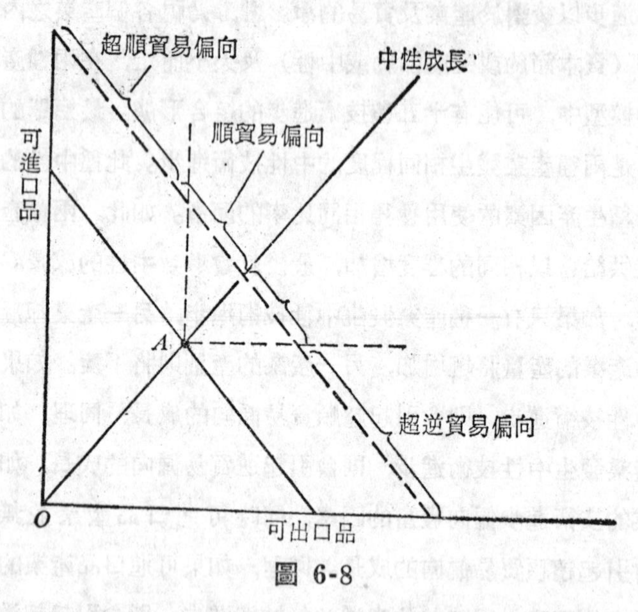

圖 6-8

如果順貿易偏向很強，以致可出口品的消費確實減少，則爲「超順貿易偏向的成長」。這種情形的出現並不普遍。如果每人的所得均皆變動同一數額，超偏向的成長只在其中一種產品發生，亦卽只在劣等物品 (inferior goods) 發生；所謂劣等物品是指人們所得增加以後，對其消費反而減少的物品。但是，卽使經濟社會發生總體的成長，有時由於因素價格的反向變動，若干人們的所得仍有減少之可能。這些人們對於可出口品之需要的所得彈性如果很高，則其對於可出口品的消費便有大量減少之可能。再者，所得增加的人們對於可進口品的需要之所得彈性如果很高，則其所得增加的部分用於可進口品之消費的比例必然很高。這一結果在消費方面便會發生超順貿易偏向成長。

四、經濟成長對貿易條件與經濟福利的影響

消費與生產之變動對於出口及進口的相對影響，可以決定貿易相對於總生產的大小，從而決定經濟成長對於貿易條件的影響。如果貿易條件不變，出口（或進口）的增加則與總生產的增加同其比例，此卽發生「中性成長」；出口（或進口）的增加比率若較總生產的增加比率爲大，則係發生「順貿易偏向的成長」；出口（或進口）的增加比率若較總生產的增加比率爲小，則係發生「逆貿易偏向的成長」。

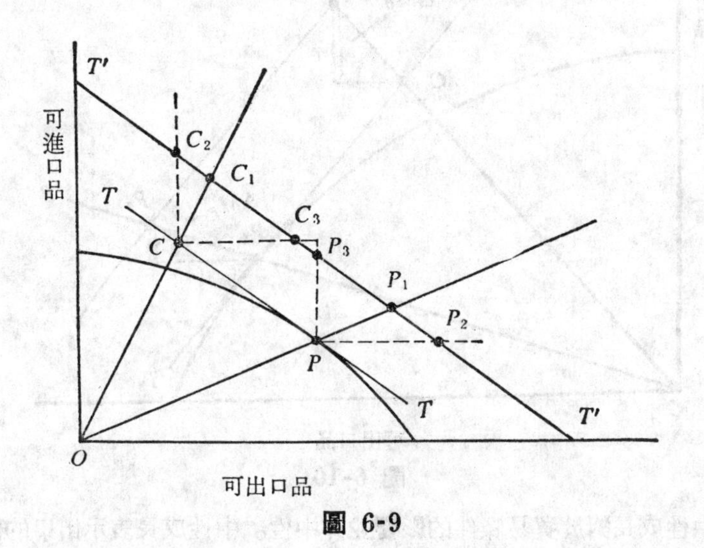

圖 6-9

消費效果與生產效果可在同一圖上合併表示，藉以觀察經濟成長對於貿易的影響。先考慮消費及生產均係中性貿易效果的情況。圖 6-9 的 P 點及 C 點表示經濟成長以前的生產均衡與消費均衡。兩個部門均已發生中性成長以後，便會沿着 OP 及 OC 的射線擴張。在貿易條件不變的

情況下，新的均衡係在 P_1 點及 C_1 點。P_1C_1 的距離表示新的貿易數量。由圖可以看出，貿易數量、生產及消費均以相同的比率增加，此可表示中性的總體成長。

新的貿易數量如較 P_1C_1 爲多，有如 P_1C_2 所示，便係發生順貿易偏向的成長；如較 P_2C_2 爲多，便係發生超順貿易偏向的成長；如較 P_1C_1 爲少，便係發生逆貿易偏向的成長；而在實際上，貿易數量如較 PC 爲少，便係發生超逆貿易偏向的成長。

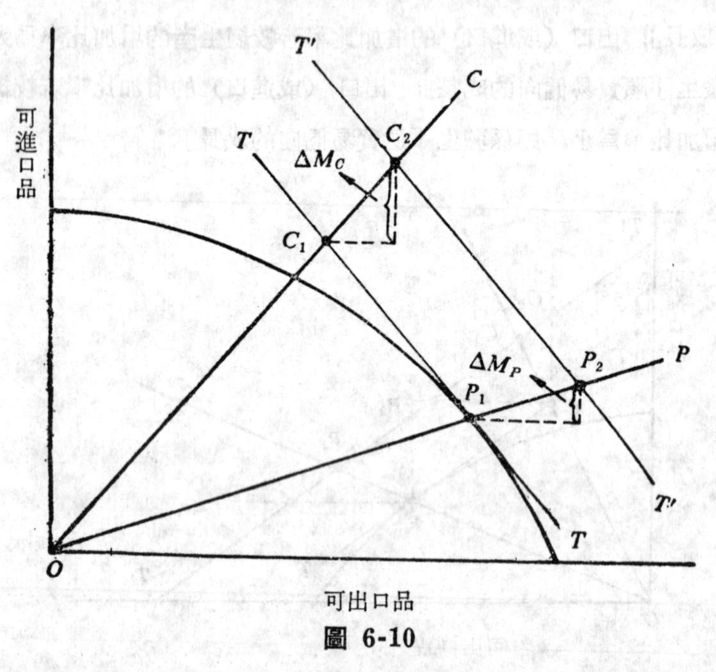

圖 6-10

中性成長對於貿易條件的影響並非中性。中性成長表示出口的供給與進口的需要兩俱增加。他國的提供曲線若無完全的彈性，而且他國亦不發生經濟成長，如此，本國的中性成長會對本國的貿易條件不利。如圖 6-10 所示，由 C_1 點移向 C_2 點的中性成長顯示可進口品之生產的增加（ΔM_P）少於可進口品之消費的增加。結果，本國對於進口商品的需要數量增加，而使貿易條件對於本國不利。如再檢討可出口品之生產與消費的變動，則可得知貿易條件的變動趨向。

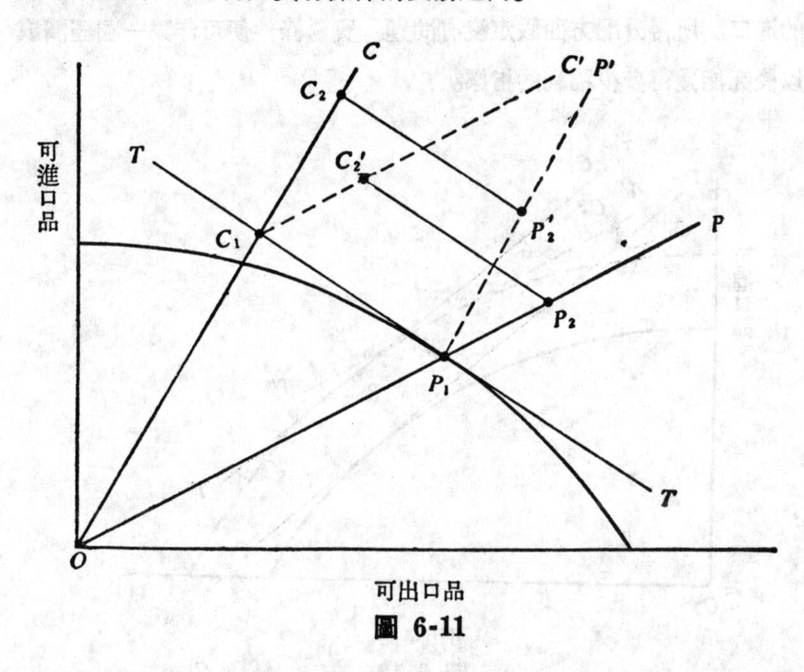

圖 6-11

圖 6-11 表示逆貿易偏向成長的兩個例子，其中一例在於避免貿易條件的不利變動。首先假定消費方面發生中性成長，亦卽沿着 OC 擴張。爲使貿易數量保持不變，生產必須沿着與 OC 平行的方向擴張；亦卽，應爲逆貿易偏向的擴張；擴張的路線有如 P_1P' 所示。P'_2C_2 的距離等於 P_1C_1，表示貿易條件並未下降。同理，若在生產方面發生中性成長，爲使貿易數量保持不變，消費的情形必如 C_1C' 所示，乃是逆貿易偏向。總之，如果貿易條件不變，外國的提供曲線又無完全的彈性，經濟成長必使超逆貿易偏向的情形更趨擴大。

上述的經濟成長，是指生產的增加。至少，如無對外貿易，則因每人的產量增加，所以是件有利的事，當然，其中乃是假定每人均能分享產量的增加。如果該國參加對外貿易，則與福利分析有關的是消費而非生產。所以，福利水準一部分決定於本國的生產，一部分決定於來自外國的進口。所得分配方面假定沒有問題，貿易條件便可作為一國經濟成長以後究能獲得多少福利的指標。

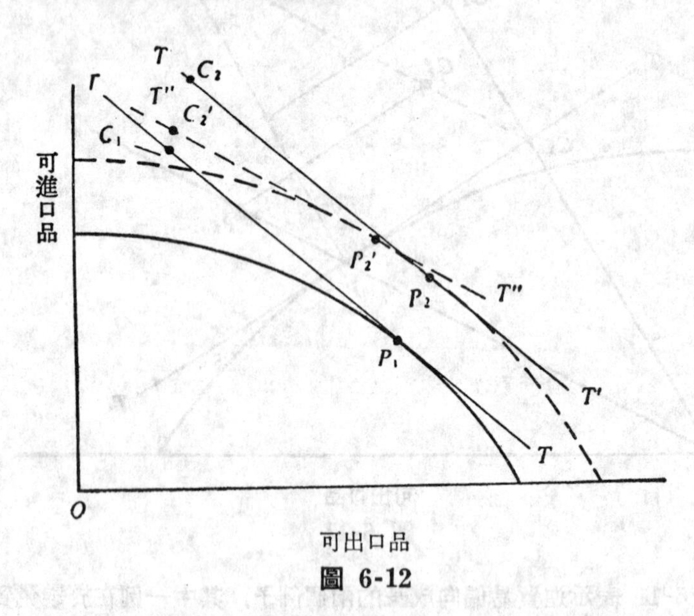

圖 6-12

圖 6-12 中實線表示的轉換曲線及貿易條件線乃是在 P_1 生產而在 C_1 消費的最初均衡位置。經濟成長以後的轉換曲線是以虛線表示。貿易條件如果不變，生產便在 P_2，消費則在 C_2。C_2 因為代表兩種產品的增加，故為福利的改善。貿易條件如果對於本國不利，生產的均衡便在P_2之左，有如 P'_2 所示，而其互相對應的消費均衡則在 C'_2。此時，本國可謂乃是透過貿易條件的惡化「享受」經濟成長的利益。

經濟成長如果發生強烈的逆貿易偏向，而使貿易條件改善，則其新的消費均衡必在 C_2 點之右上方，表示該國所獲經濟成長的利益，一半來自實質的改善，一本來自議價力量的增强。有時，貿易條件可能對於本國不利，致使本國因為經濟成長而受損失。如果 P'_2 移向極左，則使消費可能線位於 C_1 的左下方，表示此圖發生「不利的成長」(immiserizing growth) ❹。事實上，此國可以採取適度的關稅政策，避免發生這種絕對損失。因為不利的成長只在對於出口產品的需要曲線極無彈性，且對進口產品的供給曲線極無彈性之下才會發生，故可採取適度的關稅加以防止。

❹ Jagdish Bhagwati, "Immiserizing Growth: A Geometrical Note." *Review of Economic Studies* (June 1958); 201-205.

第七章 因素移動與國際貿易

以上各章主要討論國際交易與國內經濟的關係，討論的重點在於：如何透過國內生產因素的組合，以促成商品的國際移動，進而分析這種商品移動對於國內經濟的影響。本章則擬再進一步對於生產因素的國際移動加以探討。

一、因素移動與世界的生產效率

從古典學派以來的國際貿易理論，一直都是假定生產因素（勞動、自然資源及資本）僅能在國內移動，國際間移動的只是商品而已。但是環顧當今的現實世界，大規模的資本常在國際之間進行移動。這種大規模資本的國際移動，主要雖然是以證券投資的方式出現，但至國外進行直接投資的資本移動，近年以來增加頗爲迅速。

生產因素的移動方向，是從低報酬的地區移向高報酬的地區，經此移動之後，低報酬地區的生產因素之供給趨於減少，反之，高報酬地區的生產因素之供給則告增加。經過市場的作用之後，生產因素移出地區的報酬轉趨增加，生產因素移入地區的報酬則趨減少，結果，生產因素在整個世界的報酬終將歸於相等。根據 Heckscher-Ohlin 的國際貿易理論，商品在國際之間的移動亦有促使價格趨於均等的傾向。的確，在 H-O 的模型中，商品貿易與因素移動兩者可以互相替代。如果生產因素可以自由移動，而使生產因素在各國的報酬均皆趨於相等，則在國際之間，商品的價格必無差異存在，從而國際貿易亦無發生之可能。輓近以來已有若干經濟學者開始研究商品貿易與因素移動的理論模型。本章討論的方向也是在此。

即使整個世界的生產技術完全相同，只要因素稟賦不同，一國或貿易雙方均將進行專業化的生產。在此情況之下，自由貿易並不促成各國之間因素報酬的相等。所以，像資本這種生產因素，如果能從報酬較低的地區移向報酬較高的國家，世界生產的效率當可改善。

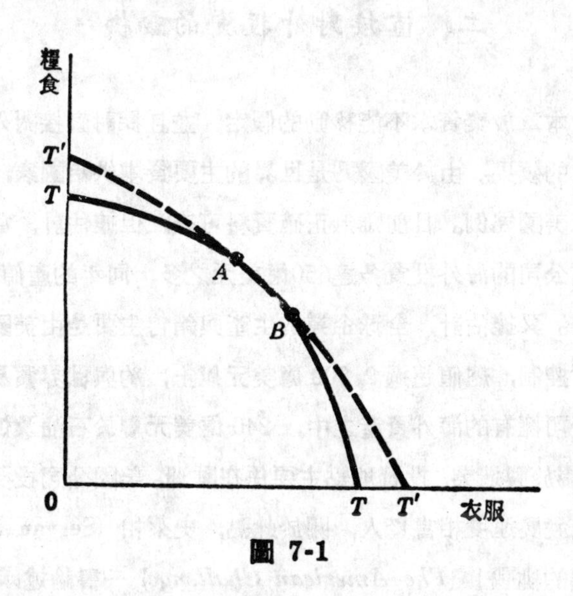

圖 7-1

在圖 7-1 中共有兩條轉換曲線，裡面一條 TT 表示世界可能生產的糧食及衣服，但須假定各國的勞動及資本均已充分利用，並且保證生產者所面對的是相同的商品價格，而且，生產因素不能在國際之間移動。AB 的距離與兩種商品的世界產量對應，各國同時生產糧食與衣服。沿着 TT，A 向左上方延伸表示一國專業於糧食的生產，至於 B 向右下方延伸則是表示一國專業於衣服的生產。沿着這些區域，各國的因素報酬並不相等，所以，一旦生產因素可在國際之間自由移動，世界的產量就會擴張。虛線 $T'T'$ 表示生產因素可在國際之間移動以後可能達成的世界產量。

如果各國的技術不同，而且這種不同並非來自生產因素的優越性 (superiority)，則當生產因素可在國際之間移動以後，對於世界生產的利益不以圖 7-1 所示爲限。

二、直接對外投資的動機

首先，本章放棄資本不能移動的假定，並且探討直接對外投資的動機及其發生的效果。由於美國乃是世界的主要資本供給國家，所以討論的對象亦以美國爲例。目前雖無正確資料可查，但據估計，截至1968年爲止，美國公司的海外投資多達650億美元之多，同年的產值則達1,300億美元之譜。又據估計，全球企業的生產與銷售主要是由美國及歐洲的海外公司所控制，總值超過2,200億美元以上，約與世界貿易的總值相等。美國公司擁有的海外資產之中， 240億美元屬於石油及煉油工業，410億美元屬於製造業，投資地點主要係在歐洲。美國公司投資在歐洲的主要產業之發展速度相當驚人，關於此點，史萊柏 (Servan-Schreiber) 所著「美國的挑戰」(*The American Challenge*) 一書論述頗詳❶。

根據經濟分析的觀點，對外投資的主要動機就是在於獲取較國內爲高的利潤，而且實證研究的結果也能證明這一論點之正確。今天許許多多的美國企業之所以進行海外投資，主要是因這種投資的預期利潤比這種資金投入國內其他用途 (alternative uses) 所獲爲多。這種差異的產生則與國內國外的「投資氣候」(investment climate) 不同有關；至於

---

❶ J.J. Servan-Schreiber, *The American Challenge* (New York: Avon Books, 1969).

影響投資氣候的因素主要就是一般經濟活動的水準、現行及將來的租稅及關稅政策、鼓勵投資的各種措施等等。

對外投資之所以能够不斷產生淨收益，有着多方面的理由。這些理由大致可以分成兩類。第一類是基於成本或供給方面的考慮，包括所有能够降低生產及分配成本的因素；第二類是基於市場或需求方面的考慮，包括所有能够增加總收益的因素。因爲利潤是收益與成本之間的差額，所以增加收益或降低成本的因素，都是產生利潤的因素❷。當然，這種分類並非絕對的，因爲有些因素是屬於兩方面的考慮。

1. 成本方面的考慮

在對外直接投資中，是否能以降低成本的方式增加利潤，乃是最重要的考慮因素之一。降低成本的投資可以分成兩類，第一類是能從國外獲得廉宜原料的投資。這種原料不是國內無法供給，就是獲取原料的成本非常之高，而且這些原料又是生產所必需。如果不能獲取國外廉宜的原料，則此企業的利潤幾乎無法產生。

事實上，美國許多海外的天然物生產業 (extractive industries) 之投資，基本的動機就是在於資本必然移往原料的產地。這種開發海外原料的投資本身就是一種生產因素，與國內的勞動及資本兩種因素互相配合之後乃能造成完整的企業體系。萬一海外原料的開發中斷或減少，必然直接影響其他兩種生產因素的生產力之發揮及生產因素報酬之獲得。這種取自海外的生產因素稱爲相補性因素 (complementary factor)，包括初級原料、若干農產品、可以運回本國再次加工的半加工品，至其最

❷ 這些因素的詳細討論可以參閱 Max E. Kreinin, "Freedom of Trade and Capital Movement: Some Empirical Evidence," *The Economic Journal* (December 1965).

終產品可在國內銷售，亦可輸往國外。

降低成本的第二類投資所考慮的是原料及初級產品以外的成本。就公司的經營而言，成本降低不管是發生在生產的那一階段，事實上並不關心，但就國家的利益觀察，則有不同的影響。例如，在美國投資的海外之天然物生產業，其取得海外原料的成本降低之後，自可提高美國國內勞動與資本等相與配合之生產因素的生產力，從而促成產量的增加。美國工資水準較之其他國家的工資水準為高，或許就是美國勞動生產力較高的反映。既然國外的工資較低，美國的資本移往海外結合當地較低的工資，也就成為降低生產成本的一種可行途徑，尤其是使用勞動較多的勞力密集產業，情形更是如此。今日美國的飛歌、RCA 等電子公司之在台灣設廠，就是屬於這種第二類的投資。

另有一類國外投資則係受到運輸成本之影響。某些產業因其最終產品的主要市場是在國外，而此產品由於重量或體積關係，運輸成本極高。運輸成本既為生產成本之一，為了降低成本，這種產品當然是在國外投資設廠當地產製，同時又在當地銷售較為適宜。

在促進對外投資方面，政府的政策往往扮演着重要而直接的角色。有時政府制定特殊的租稅待遇，藉以鼓勵資本的外流。最通常的情形是經由本國及外國關稅政策之變動而使設廠的地理位置重作大幅調整。本國的關稅逐步降低之後，當可鼓勵各大企業前往國外設廠生產，並將產品運回國內銷售；美國的情形就是如此。因為美國的企業如無關稅保護，恐怕無法與低成本的進口產品競爭，尤其是難與勞力密集產品競爭。如此一來，便可迫使各該企業前往低成本的地區設廠，然後將其產品供給美國的國內需要。歐洲經濟共同體及歐洲自由貿易協會成立之後，頗能引誘美國企業前往此二地區投資設廠。這種投資使生產者能够衝破由美國出口所須面臨的歧視性關稅壁壘，又因該二地區均係大的免稅市場，所以只要是在其中任何一國設廠生產，就能同時供給該二地區的其他許多國家。如此，所設工廠很快就能達致經濟規模，並且獲得專業化的利益。同樣道理，由於加拿大的關稅很高，所以引起美國若干大的企業前往加拿大投資設廠。因爲加拿大的關稅如果不高，則其市場便很容易就被外來的產品佔據。由此看來，高的關稅雖使商品的移動受到阻礙，但是却由資本的移動加以取代。

外國的關稅降低之後則會發生相反的後果，亦卽因爲本國的產品在該國市場之相對競爭能力較前爲高，所以對外投資的需要也就相對減弱。在此情況之下，商品的輸出則又取代資本的外流。

2. 市場方面的考慮

就過去的經驗來說，一個企業由於輸出的大量擴張而對市場地區相當熟悉、瞭解以後，接着便是設立外國的分公司 (branches)。不過，熟悉海外市場並非設立海外分公司的最初動機，只是促成的一項因素而已。配合特殊市場的特殊需要，才是對外投資設廠的眞正動機。最初，此一從事出口的企業也許很不滿意國外代理廠商的銷售技術，因而想到自行設立銷售組織，包括倉儲到售後服務，藉以鞏固出口的市場。接着，這一企業爲了諸如接近顧客、提供較佳的服務、產製特殊的產品以配合特殊市場的需要、便於接受較多的訂貨等等原因，也就想到進一步地設廠海外。總之，市場與需要方面的考慮是促成對外投資的重要因素。此外，就美國的情形來說，因有反托辣斯法案的存在，故在國內無法兼併其他的同業，此時，爲了擴展業務常會收購海外的同業，此亦對外投資的另一動機。

三、對外投資與經濟福利

很久以來，經濟理論就已指出，生產資源的自由移動對於整個世界均有裨益。生產因素的流動所追求的是較高的報酬，當資本由相對豐富且利率較低的地區流向相對缺乏且利率較高的地區以後，兩地的利息報酬有趨於相等的傾向，這在國際貿易理論的「因素價格均等化定理」(factor-price equalization theorem) 就已顯示出來。這種資本流通因能提高實質生產的總量，故對整個世界有利。而就每一邊際單位資本對實質生產的貢獻而言，資本移出國家較資本移入國家為小；換句話說，資本這種生產因素在稀少國家比在豐富國家更為重要。

1. 資本移入國家

資本的流動雖對整個世界有利，但是並非表示對於各國均皆有利。一般而言，資本移入國家所獲的利益較大。由於受到新資本的增加，實質生產也就隨之增加；不僅如此，外來的直接投資亦能帶來管理及技術方面的知識，有時引進發明與創新，有時能使資本市場與外匯市場因而建立起來。再且，如果由於外資的引進而使本國的勞動水準因而提高，則本國同一產業的廠商亦可因而獲得外部經濟 (external economies) 的利益。最後，由於所得的提高，儲蓄隨之增加，整個經濟亦可因而走上新的發展途徑。

資本的流動對於資本移入國家雖有上述的利益，但是今天的美國是世界上資本移出最多的國家，各國對於來自美國的資本却有怨言。若干接受美國投資設廠的國家，抱怨這些外資企業雖然開發了本國的勞力，但却以極低的代價奪去了寶貴的天然資源。這些國家從外資企業所得到的只是稅收、權利金、當地支付的工資與薪津，再者就是水準不高的技術。最嚴重的是這些美國企業係受美國的政策及法律所控制，往往與地主國家的政策互相衝突。

資本移入國家對於外資企業的抱怨還有很多，例如：外資企業的重要決策及研究與發展均集中於外國的總公司，海外分公司所處理的僅是經常性及技術性較低的業務；外資企業對於地主國家的商業習慣及勞資關係缺乏深入瞭解，經常引起無謂糾紛；外資企業所控制的高度技術並無傳授給地主國家的誠意與可能。但是，儘管如此，資本移入國家在引進外資企業方面雖有若干損失，其所輸入的技術對於該國的經濟發展却有莫大的貢獻。

2. 資本移出國家

現在進而分析資本的國際流動對於資本移出國家的影響。爲了單獨觀察美國的對外投資對於美國實質所得的影響，假定美國的經濟係處於充分就業的情況之下，且因財政政策與貨幣政策之作用，此種充分就業的水準乃能持續不斷。再者，假定國際收支處於均衡狀態，由於資本之移轉乃能進行迅速而順利之調整。現在的問題是在這些假定之下，國內既已達成充分就業的情況，則應如何把國內的全部儲蓄有效地分配給對內投資及對外投資，俾使實質的國民生產（或所得）達到最大。

一般說來，對外投資比對內投資所獲的利益較大，特別是在製造業更是如此，這有很多理由：第一、資本留在國內運用時對於各種風險的考慮與計算不如對外投資時的愼重與週密。第二、因爲投資會使資本、勞動及土地的生產力及報酬率發生變動，所以不管增加的資本存量 (capital stock) 是在國內或在國外，均能產生下列的結果：（一）不斷增加的資本與數量穩定的其他資源（主要爲勞動及土地）結合時，實質生產的總量就會增加；（二）資本存量相對於其他因素的比例增加時，新增的單位資本之生產力以及現有資本的報酬率趨於下降；（三）在生產過程中，每一單位的勞動及土地與數量不斷增加的資本互相結合時，其生產力及報酬率趨於上升。私人企業進行投資時所關心的只是資本的報酬率，至於應在國內投資或在國外投資則非主要的考慮因素。若在國外投資，則國外的勞動及土地之生產力將趨上升；反之，若在國內投資，則其利益歸由國內的生產資源享有。美國若干企業是在距離邊境不遠的墨西哥投資設廠，其目的是在結合墨西哥的低廉勞力，而在製品完成之後可以迅速運回美國本土銷售。簡單說來，同樣的資本在美國國內運用所能配合的勞動較少，所以生產力較低，但在墨西哥投資設廠所能配合的勞動較多，所以生產力較高。第三、投資的增加可以開發本國所無的國外之天然資源，因之國內相與配合的生產因素之生產力亦可提高。這是目前美國對開發中國家投資的主要形態。

以上可以說是一種短期的分析，而在長期，美國的對外投資增加以後，可以提高地主國家的所得與生產，從而增加來自美國的進口，這對美國自然具有長期的利益。

現在放棄資本外流以後國際收支可以自動調整的假定，進而探討美國的對外投資對其國際收支帳戶的影響。目前一般的觀感認爲，美國的資本大量外流以後，對其國際收支有着不利的影響。但事實上，美國的資本外流以後對其產品的出口有利。因爲美國的企業如果對外投資設廠，則其資本設備乃至若干重要原料絕大多數是向美國採購。根據現有的資料，這種採購平均約佔初期投資總額的四分之一，故在外國投資設廠的第一年，10億美元的對外投資只須滙出7.5億美元。而在以後各年，零件、原料及設備的陸續出口，對於美國的貿易收支可以發生有利的影響。

其次，美國對外投資的報酬終將滙回美國，根據估計，初期投資資本的外流以至投資所得的滙回，平均所需期間約爲五年，期間最短的是石油業的二年，最長的是製造業、礦業及冶煉業的十年或十一年。這種對外投資所得的內流，對於美國的國際收支可以發生有利的影響。

最後，美國對外投資設廠生產以後的產品，主要是在當地或其他國家銷售，雖然亦有若干產品運回美國本土銷售，但主要係美國本國無法生產或生產成本較高的原料、農產品，及半製成品。這種經由對外投資設廠的進口比起純向國外採購，對於美國的國際收支可以發生有利的影響。

四、資本移動的吸收能力與貸款機構

1. 資本移動的吸收能力

假設資本移入國家對於借自國外的資本能作最有效的運用，接着應該探討的是該國對外借款的數額究以多少爲宜。毫無疑問，對外借款必須償還，且有利息之負擔，所以須將該國生產資源之某一部分支用於「外債」(external debt) 方面。如果這種依賴外國融通的「資本形成」(capital formation) 對於經濟成長確有貢獻，則其對於生產之貢獻的淨額至少應該大於外債本身的數額。

現在假設勞動、技術及其他配合的生產因素之投入不變，因受報酬遞減作用之影響，資本存量增加至某一水準之後，收益開始下降，此時向外借入資本所能導致的收益也就不能彌補外債的負擔，此時表示該國借入外資的「吸收能力」(absorptive capacity) 已達限度。

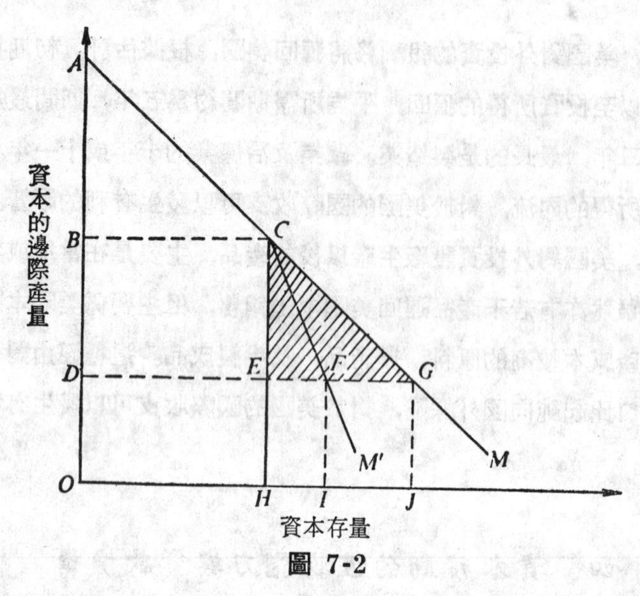

圖 7-2

在圖 7-2 中，*AM* 線表示一國各種水準的資本存量之邊際產量 (marginal product)。假設 *OH* 爲該國國內人民擁有之生產資本的存量，國民生產的總額則以線下 *OACH* 的面積表示，其中，*ABC* 表示的面積爲付給其他生產因素的實質工資，*OBCH* 表示的面積則爲投資資本的收益。

茲再假定，由於向外借款，該國之資本存量增至 *OJ*。此時，國民生產的總額成爲 *OAGJ*，增加 *HCGJ*，實質工資的支出增加 *DBCG*，成爲 *ADG*。在資本存量 *OJ* 之中，只有 *OH* 係國內人民自有，其收益由 *OBCH* 降爲 *ODEH*，資本存量的其他收益 *HEGJ* 乃是付給國外的投資者。

國外投資的結果如何？國內投資者的收益既已減少*DBCE*，這些當然就是移轉給生產力及就業相對提高的其他生產因素。總產量的增加爲 *HCGJ*，其中的 *ECG* 付給資本以外的生產因素，其餘的 *HEGJ* 則是付給國外的投資者。由此可見，對外借款在邊際產量遞減的情況下，會把實質所得從資本所有者的手中重分配給其他生產因素的所有者。

如果，國外投資者所要求的資本之邊際產量爲 OD，則該國對於外資的總吸收能力將爲 HJ。如果資本之邊際產量曲線急速下降，例如成爲 CM'，吸收能力則將降爲 HI。

如果一國的資本存量超過 OH 數額以外的部分爲不具生產性的，則其收益爲零。此時，該國吸收資本的能力即爲 OH。

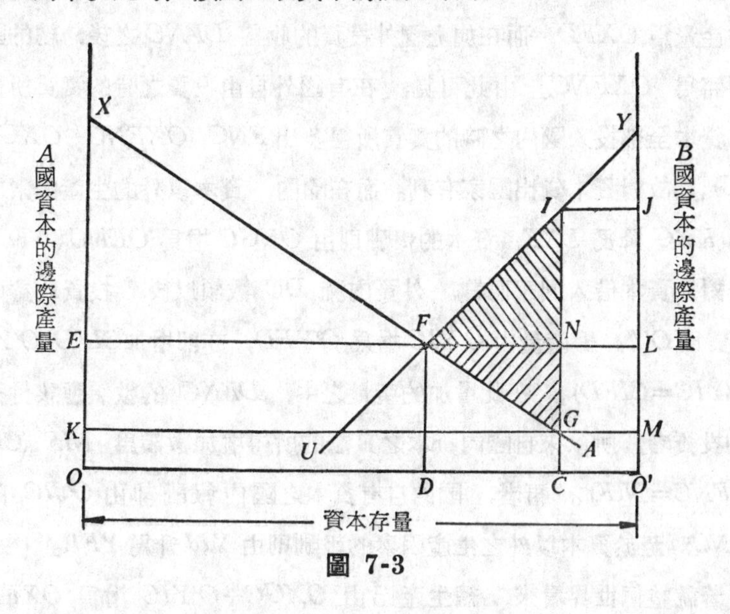

圖 7-3

上述的分析方法亦可加以擴大，俾從借入國家及貸出國家的觀點進行有關國外借款的經濟分析。在圖 7-3 中，假定世界是由一個先進 (advanced) 國家及一個落後 (backward) 國家共同構成，總資本存量爲 OO'；其中 OC 屬於先進國家，即A國，$O'C$ 屬於落後國家，此即B國。XA 及 YU 兩條曲線分別表示兩國在不同的投資水準之下資本的邊際產量。

在自給自足之下，先進國家會將其全部的資本存量 OC 投入國內，

收益爲 OK, 總產量爲 $OXGC$, 其中，KXG 歸由其他因素享有，$OKGC$ 則由資本所有者獲得。同理，落後國家亦將其全部資本 $O'C$ 投入國內，收益爲 $O'J$，總產量爲 $O'YIC$，其中，$O'JIC$ 歸由資本所有者享有，其餘的 YIJ 則由配合的生產因素獲得。

現在假定資本可在國際之間自由移動。如此，先進國家會將 OD 的資本投入國內，而將其餘的 DC 投入落後國家，收益爲 OE。此時，總的國內產量爲 $OXFD$，而在加上國外投資的收益 $DFNC$ 之後，總的國民所得將爲 $OXFNC$。由此可見，在有國外自由投資之時的實質所得比所有資本全部投入國內之時的實質所得多出 FNG ($OXFNC-OXGC=FNG$)，故對資本貸出國家有利。而在國內，資本以外的生產因素之報酬由 KXG 降爲 EXF，資本的報酬則由 $OKGC$ 增爲 $OENC$。

對於資本借入國家而言，外資內流 DC 數額以後，投資收益則由 $O'J$ 變爲 $O'L$，總產量由 $O'YIC$ 增爲 $O'YFD$，亦卽增加 $CIFD$ ($O'YFD-O'YIC=CIFD$)。在此增加的產量之中，$DFNC$ 的數額應該付給外國的投資者，所以來自國內資本之貢獻的所得增加數額爲 NIF ($CIFD-DFNC=NIF$)。再者，國內自有資本之國內報酬却由 $O'JIC$ 降爲 $O'LNC$；至於資本以外之生產因素的報酬則由 YIJ 升爲 YFL。

若就整個世界看來，總生產已由 $OXGC+O'YIC$ 增爲 $OXFD+O'YFD$，亦卽增加 $FNG+NIF$（圖 7-3 中的陰影部分）。落後國家資本的邊際產量下降越快（表示吸收能力越是有限），先進國家資本的邊際產量下降越慢，則所提供的對外貸款數額必然越少，而其所獲利益也就越少。

2. 資本移動的種類與貸款機構

國際之間資本移動的種類，如依經濟部門劃分計有政府資本及私人資本兩種。一般最常見的形態是由某國政府貸給別國政府作為一般經濟援助 (economic assistance) 或外援計劃 (foreign-aid program) 的一部分。這種政府與政府之間的單方貸款及贈與，種類很多。其中有一種「條件較嚴的貸款」(hard loans)，這種貸款須以貸出國家的通貨或其他可兌通貨償還，而且這些資金的運用須經嚴密審查。另有一種「條件較寬的貸款」(soft loans)，僅以借入國家的通貨（通常不能兌換）償還即可，而且債務負擔的成本極輕，利息及本金的償還有時可以記入貸款國家的當地通貨帳戶。「條件較嚴的貸款」與「條件較寬的貸款」兩者之間，尚有各種不同的貸款，諸如一般計劃型貸款 (general-purpose loans) 及相對基金 (counterpart funds) 等是。

在「條件較寬的貸款」之中，有一種是美國基於四八〇公法 (Public Law 480) 以其剩餘農產品售予開發中國家，而由開發中國家以該國通貨購買，使開發中國家不必耗費寶貴而稀少的外滙去進口農產品，而可以之轉用於資本設備的進口。

除了四八〇公法之外，美國的開發援助大多透過國際開發總署 (Agency for International Development; AID) 及出進口銀行 (Export-Import Bank; Eximbank) 辦理。AID 成立於1961年，主要目的在於承辦開發貸款、推動技術援助方案、分配美國的軍援，以及處理四八〇公法的相對基金等等。AID 貸款的對象包括私人、政府、金融機構及企業。目前這種形態的出進口銀行成立於1945年，主要目的在於融通美國的出口。美國國內的企業及外國的企業或外國的政府機構如擬購買美國商品，均可請求該行貸款。此種貸款的利息及本金須以美元償還，利率約在5%至6%之間，期間為 5 年至20年。

由國際機構辦理的國際開發貸款最重要的當推國際復興開發銀行 (International Bank for Reconstruction and Development; IBRD)

辦理的貸款。該行簡稱世界銀行 (World Bank)，是於1944年根據布里敦森林會議 (Bretton Woods Conference) 的決定而成立，其目的在於促進資本流向開發中國家， 惟所辦理的幾乎全是「條件較嚴的貸款」。

世界銀行於 1956 年成立一個附屬機構，稱爲國際銀公司 (International Finance Corporation; IFC)，其目的在於配合私人投資者直接投資於私人企業，以謀開發中國家更進一步的經濟發展。世界銀行根據業務經驗發現政府擔保產生與希望相反的後果，以致不僅不能鼓舞私人投資，反使私人投資受到挫折。所以， IFC 不僅拒絕任何政府擔保的計劃，且不投資於政府所有與政府參加經營的企業。

如前所述，世界銀行的業務因係採取專案計劃的途徑，貸款條件較嚴，可以說是一項缺點。但自1960年世界銀行成立第二附屬機構以後大致已經獲得補救； 此一機構就是國際開發協會 (International Development Association; IDA)。IDA 所承辦的初期業務中，貸款期限長達50年，分期償還延至10年以後開始。在10年的恩惠期後，第二個10年內每年須歸還本金的1%，再後30年內每年須歸還本金的3%。此種貸款不收利息，但是每年須付收回及未付數額 7.5 %的服務費，以應管理方面的支用。

五、移民問題

1. 移民的經濟分析

國際之間勞動的移動不像資本的移動那樣自由，主要是因勞動的移動所受經濟動機以外因素的影響更爲深刻。移民 (migration) 除了受到各國法律的限制之外，因其所牽涉的是人的本身，所以要受文化與社會方面的影響。正像資本從豐富地區移向缺乏地區，勞動也從人口衆多的國家移向人口稀少的國家。但有過剩勞動的國家大多是開發中國家，這些國家的人民有着根深蒂固的安土重遷之傳統觀念，所以國際之間的勞動移動並不普遍。

移民的原因很多，諸如：逃避國內暴君的統治，或者更積極地追求政治上與宗教上的自由；脫離個人失調的家庭生活與社會生活；以及爲了軍事與政治的觀點，勇敢地決定遠赴其他國土追尋新的生活等等。儘管如此，根據著名的人口權威湯普生 (Warren S. Thompson) 之研究：往昔國際之間大規模移民背後最佔優勢的動機還是在於經濟方面，亦即在於謀求生活水準的改善❸。

一般而言，基於經濟動機的移民可以提高世界的福利水準。此因移民在移入國所獲的所得必較其在移出國所獲的所得爲多，故能促成世界實質所得的增加。移民也會影響兩國生產因素的所得。如果移出的人口並不伴隨着資本的移動；則留在移出國的人口數量減少，而其資本數量照舊，所以每人平均所能配合的資本數量增加之後，勞動的生產力乃至所得水準必可提高。

以上的討論是把勞動視爲同質的生產因素 (homogeneous factor of production)；但是事實並非如此。每個勞動者都是具有不同程度的技術與訓練。那些擁有高度科學、技術，及專業訓練的人口移出之後，必使移出國家減少經濟發展的有利因素，此即近年以來開發中國家大感恐慌的所謂「人才外流」(brain drain) 問題。因爲一國對於人才的吸收係受該國發展水準及工業化程度之影響，所以開發中國家的人才如果留置國內，反而形成資源的浪費。反之，已開發國家由於各部門的高度發

❸ Warren S. Thompson, *Population Problems* (4th ed., New York: McGraw-Hill Book Company, 1953), p. 274.

展，對於人才的需求極爲殷切。此時，人才在兩國所發揮的邊際產量相差極大，所以人才在國際之間的移動可以提高世界的實質生產水準。但對人才外流的國家而言，因爲過去在培養這些人才之時已經付出可觀的代價，一旦人才離去，所受損失自是相當重大。

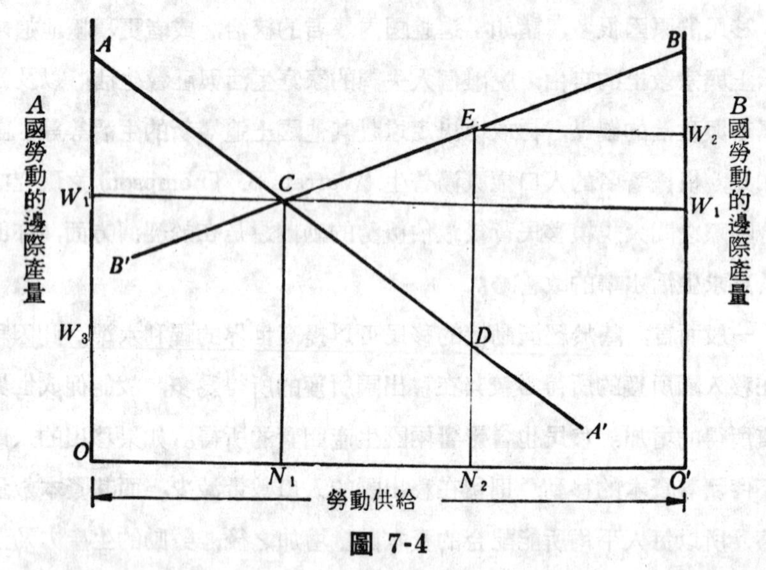

圖 7-4

移民的經濟分析可用圖 7-4 加以說明。圖中包括A、B兩個國家，AA' 曲線代表A國勞動的邊際產量，BB' 代表B國勞動的邊際產量。假定A國勞動的總供給爲 ON_2，B國勞動的總供給爲 $O'N_2$。如此，A國總產量將爲 $OADN_2$，B國總產量則爲 $O'BEN_2$。A國之工資率爲 W_1，B國之工資率爲 W_2。

現在假定勞動可在兩國之間自由移動，且其移動並無成本負擔，動機純係基於兩國工資的差異。由圖可知，勞動將由A國移往B國，直到兩國的工資率均在 W_1 相等爲止。移民的勞工數量爲 N_1N_2。移出國家（A國）的總產量由 $OADN_2$ 降爲 $OACN_1$，移入國家（B國）的總產量由 $O'BEN_2$ 升爲 $O'BCN_1$。B國產量的增加（N_2ECN_1）超過A國產

量的減少 (N_1CDN_2)，其差額為 DCE。另一方面，A國的工資率將由 W_3 升為 W_1，B國的工資率則由 W_2 降為 W_1。凡此均為移民的經濟效果。

對於移民有利的情況乃是：(一)移出國家勞動的邊際產量越低，且其下降越快；(二)移入國家勞動的邊際產量越高，且其下降越慢。凡此均會促成移民發生有利的經濟效果（以圖 7-4 的 DCE 之面積表示)。

對於移出國家而言，資本及土地的所有者的所得亦將透過所得的重分配轉移一部分給勞動看；至於移出國家所得重分配的方向剛好相反。在A國，最初的產量為 $OADN_2$，其中，勞動者獲得 OW_3DN_2 的數量，其他因素的所有者獲得 W_3AD 的數量。而在移民之後，總產量的 $OACN_1$ 之中，OW_1CN_1 由勞動者獲得，其餘的 W_1AC 由其他因素的所有者獲得。很明顯地，勞動者所獲的產量比例已經相對增加。在B國，最初的產量為 $O'BEN_2$，勞動者及其他因素所有者分別獲得 $O'W_2EN_2$ 及 W_2EB。而在移民來到以後，總產量的 $O'BCN_1$ 之中，$O'W_1CN_1$ 由勞動者獲得，其餘的W_1CB由其他因素的所有者獲得。由此可見，移民之後，A國的勞動相對稀少，B國的勞動較不稀少，此其結果，相對所得就會發生變動，亦即，相對而言，A國的勞動者之所得增加而B國的勞動者之所得減少。

2. 美國的新移民潮

在過去的十年間，到達美國的移民，估計約有1,000萬人；大多數的移民來自過去很少有人住在美國的國家。由於國會已經撤銷了歧視第三世界 (The Third World) 的移民配額 (quota)，所以亞洲、拉丁美洲及加勒比海等貧困地區的居民，都成群結隊地移民美國。結果，移民的人數每年大約 40萬人，加上非法入境的約 100萬人，已佔美國每年人口增加數的三分之一。

新來的移民與過去從美國海岸大批登陸的移民不同。今天的移民,大多不是鄉下人,而是相當老練的都市人。

表 7-1 美國移民統計

出生國家	佔1951年移民的百分率	出生國家	佔1976年移民的百分率
1. 波蘭	18.2	1. 墨西哥	14.5
2. 德國*	12.8	2. 非律賓	9.4
3. 加拿大	10.1	3. 韓國*	7.7
4. 英國	6.1	4. 古巴	7.3
5. 俄國	5.8	5. 中國**	4.7
6. 拉特維亞	5.1	6. 印度	4.4
7. 南斯拉夫	4.0	7. 多明尼加	3.1
8, 義大利	3.6	8. 英國	2.9
9. 墨西哥	3.1	9. 葡萄牙	2.6
10. 匈牙利	2.4	10. 牙買加	2.3

*西德及東德　　**包括台灣和中國大陸　＋南韓及北韓

此外,每年還有從墨西哥等地非法進入美國的移民近百萬人。

資料來源: 美國司法部

轉引自 *U. S. News & World Report*, February 2, 1978.

表 7-1 可見,最近 25 年來,移民的國籍已有很大的變化。在 1951 年,來自亞洲、拉丁美洲及非洲的移民只佔移民美國總人數的11%,來自歐洲和世界其他各國的佔89%。今天的情勢已經大變,在1976年,來自亞洲、拉丁美洲及非洲的移民增加到79%,來自歐洲和世界其他各國的移民則已減爲21%。

1951年,移民美國人數最多的國家,依次是波蘭、德國、加拿大、英國及俄國,1976年,移民人數最多的國家已經變成墨西哥、非律賓、韓國、古巴及中國。

六、技術的引進與企業精神的培養

1. 技術的引進

以上已對資本與勞動的國際移動作過探討，茲擬進而分析「技術」(technology) 及「企業精神」(entrepreneurship) 在國際之間的移轉及其對於開發中國家經濟成長的貢獻。

技術在國際之間的移轉方式計有下列幾種：

(一)表現在資本財的輸入之內。

(二)隨着資本財的輸入，引進外國的直接投資，或更直接地設立生產及管理機構。

(三)勞動者擁有技術，故能隨着移民進來而傳入。

(四)透過顧問機構、特許協定、技術援助方案或模倣 (imitation) 等方式直接傳入。

如上所述，開發中國家對於外資的吸收能力乃是受到種種因素的影響，其對外國技術的吸收能力也是如此，有時不僅不能對經濟發展有所貢獻，反而對經濟發展產生一種副作用 (side effect)。

二次大戰之後，西德及日本對於外國技術（特別是美國技術）的引進相當積極，而且不僅限於模倣，幾乎達到融會貫通 (assimilation) 的程度。故在戰後的十年至十五年之間，外國技術的吸收對於西德及日本經濟的快速發展有着莫大的貢獻。當然，西德與日本這種强大的技術吸收能力，有着先決條件的配合，諸如高度技能的勞工、對於工業產品的廣泛需要、合理的社會及經濟結構等等。

可是，其他的開發中國家對於外國技術的引進並無顯著成效。這是因爲技術總是表現在資本密集的產業方面，而開發中國家所面臨的是資本稀少，資本勞動比率較低，生產形態以勞動密集爲主的情況。此時，技術的引進對於產量的增加非但沒有顯著的貢獻，反將促成因素比例的轉變，排斥若干勞動，造成失業。

但在某些產業，資本與勞動的替代程度甚小，則在引進高度技術之後，排斥勞動的現象也就不多，此時，技術的引進所帶來的是勞動及資本兩種因素均可節省使用，以之移用於其他產業之後，可以增加此一產業之產量。尤有進者，技術的引進效果如果主要表現在資本的節省使用方面，將使資本產出比率 (capital-output ratio) 發生正的變動。此時，因爲資本密集產業的發展較快，其再投資率 (rate of re-investment) 亦高，故在這些產業引進現代技術，可以積極促進資本形成 (capital formation)。

另一方面，在資本密集產業引進高度技術，而使資本密集產業單獨發展之後，可能造成「雙重經濟」(dual economy) 的出現，則在資本密集產業與其他產業之間如無知識之轉移，對於經濟成長可能不利，再者，如在勞動密集產業引進高度技術，而使勞動密集產業發生勞動使用的節省之後，可能造成失業現象。

總之，開發中國家對於技術的引進應該注重其與本國生產環境的適當配合。開發中國家絕對不可盲目地引進國外的最新技術，而是應該有選擇地吸收國外的技術，使其配合本國的生產條件及相對的因素稟賦。由此看來，開發中國家對於國外技術的引進，不但是有條件、有選擇，而且應該加以修正，甚至據以發展自己本身的技術。

2. 企業精神的培養

一般經濟學家在討論經濟發展時，容易忽略「企業精神」(entrepreneurship) 這一絕對必要的因素。在經濟理論中，最常使用的模型乃是基於「技術狀態」(state of the arts) 不變的假定；如此，一國的生產僅決定於土地、勞動及資本等的絕對及相對數量。由於技術狀態不變，「創新」(innovation) 也就無從產生；在一個沒有創新的社會，經濟發展只是一種幻想而已。所謂創新，簡單地說就是生產因素的新組合 (new combinations)，新組合的實現是「企業」(enterprise) 進行活動的結果，能够實現新組合的人就是「企業家」(entrepreneur)；換句話說，企業家的任務在於創新。

「創新」不是一個新的名詞，早在 1950 年代，經濟學大師熊彼德 (Joseph A. Schumpter) 就曾具體地指出五種可以稱爲創新的情形④：㈠引進一種新商品或改良一種商品的品質；㈡引進一種新生產方法或一種商業經營的新技術；㈢開闢一個本國產業界的某一部門以前不曾參加的新市場；㈣獲得一個原料或半製品的新供給來源；㈤實現一種新產業組織，例如創立一個獨佔或打破一個獨佔地位。因爲只有能够創新的人才能稱爲企業家，所以此處所說的企業家是具有特殊意義的，與社會上通稱的企業家不同。任何人在實現生產因素的新組合（創新）時都是企業家，及至新組合實現之後，只需按照既定的規則，像一般商人一樣地經營已經建立的業務，這時，企業家的身份便告消失。所以，在這意義上，企業家不是一種職業，不是一種長久的地位，因而也不形成一種社會階級。當然，創新的實現可使成功的企業家本人及其家屬成爲某一階級，例如，購置土地即成地主，累積資本即成資本家。企業家的子孫雖然可因繼承財產，世代相傳而富裕不衰，但是企業家的地位，特別是企業家所獨特具有的企業精神則是不能遺贈，不能繼承，而且不能長久保

---

④ Joseph A. Schumpter, *The Theory of Economic Development* (Cambridge: Harvard University Press, 1951), pp. 65–66.

有。

基於上述創新的概念，應再進一步區分「創新」與「發明」的不同。所謂「發明」(invention)是指新技術的發現，是一種保留在心靈的概念，是一種發展純粹科學的心理傾向❺。由此看來，發明的範疇，並不侷限於科學，還擴大到商業、工業、交通、廣告、教育及行政等各方面。但是，發明如不經過創新的階段，仍爲單獨行爲，並無經濟上的意義。

「創新」則是排除這種單獨的發明行爲，體現新的觀念及新的知識於生產用途，亦即應用科學於市場生產的傾向。用經濟術語來說，是指籌措生產資金，把發明的成果加以發展，使其成爲在市場上銷售的財貨之行爲❻。

在此，尙須特別强調的是：發明與創新兩種傾向及行爲，在特定的社會可能單獨地分別出現，但是兩者也有可能交織一起，共同在一個個體上出現。因此，上述區分雖有其意義，但更重要的應是社會的成員必須具備一種精神，不論在實驗室、商店、工廠及行政機構，皆能時時經由嘗試與錯誤 (trial and error)、直覺、觀察及經略 (operation research) 等方式，設想各種新的方法以解決各種問題。

按照時間序列來說，創新包括兩個步驟，先是達成一種新的心智之概念，接着就是將其轉變爲行動或物質形成。第一個步驟就是屬於創造性的活動，有些心智活動的過程僅止於第一階段，亦即不必任何有形的行動，就能以心思意念解決問題。由此看來，發明實爲創造的一個內

---

❺ Charles P. Kindleberger, *Economic Development* (New York: McGraw-Hill, 1968), p. 137.

❻ Stephen Enke, *Economics for Development* (Englewood, N. Y.: Prentice-Hall, Inc., 1963), p. 97.

涵。但這並不是說，如把概念賦予形骸 (flesh) 就不是創造，因爲有些概念形成之後，尚須給予形體才算完成。故在意念公開實行之時，須有創造性的調整與修改。

創新的實現當然不是遵行傳統，人云亦云；而是一種超乎習慣和經驗的奮鬥，是則創新之難可以想見。一般而言，創新的困難在於：第一、離開舊日生活的軌道以後，個人的一切判斷及行爲便都失去依據，這時雖可根據過去的經驗加以預測和估計，但是必有很多事情無從確定，很多事情只能知其梗概甚或憑空臆測而已。根據預測和估計所作的計劃，自然容易陷入錯誤而使前功盡棄。第二、客觀地說，新事情比舊工作困難得多，尤其是心理上的困難最難克服。適應一種新觀念或新方法之所以困難，是因人不容易從舊思想的羈絆之中解脫出來。第三、社會對於創新的最初反應，就是視爲標新立異，這種反應可能表現爲法律與政治的阻礙，一種與衆不同的行爲及活動也會引起人們的責難或譏諷。

由於創新之路有着上述的困難，所以企業家的任務很難輕易完成。一個成功的企業家不但要有能力與魄力去克服客觀及心理上的困難，而且要有面對社會無理非議的勇氣與雅量。至於企業家何以願意冒險犯難地去進行創新的活動？追求利潤當然是個原因之一，但是僅以利潤動機說明企業家的創新仍然不够。Schumpter 認爲，企業家的創新動機主要有三：第一、夢想並意圖建立一個私人王國，或者追求企業上的偉大成就；第二、滿足一種征服的慾望及奮鬥的信念，以證明自巳的不同凡響，這時，成功的目的可說不在成功的果實，而在成功的本身，財富方面只是次要的考慮；第三、享受創造及成就一種事業的樂趣，表現自己的能力與才幹。

如上所述，企業家的任務在於創新，由於創新之路滿佈荊棘，所以企業家必須具有披荊斬刺及冒險犯難的勇氣與能力。但是，社會上具有這種勇氣與能力的人很多，並非個個都能成爲企業家；作爲一個企業家，除此之外尙須具有一種絕對必要的前提條件，就是必須具有「企業精神」。

基於以上所述可以看出，經濟發展的關鍵在於創新，創新則是企業家的任務，所以企業家可以說是經濟發展的主力軍，其所發揮的企業精神則是經濟發展的原動力。英國是產業革命的老家，其現代企業之得以依賴私人力量而建立，主要是因當時的英國巳經出現許多具有企業精神的企業家。至於日本在經濟發展初期，尙未出現這種具有企業精神的企業家，所以日本政府不得不一方面自行負起企業家應負的任務，逕行創立各種主要的基本產業，另一方面則以政府的力量將過去的封建階級改造爲現代的企業家。今日一般開發中國家的重要特徵之一，就是企業家的缺乏，其情形或與十九世紀後期的日本相似，或比當時的日本還要嚴重。外國的企業精神雖可透過移民傳播進來，或由外資企業僱用本地人士參加經營，從而獲得訓練與培養的機會。但若企業精神僅僅來自這些途徑，恐怕無法滿足經濟發展的需要。在此情形之下，爲了掀起經濟發展的浪潮，使其成爲一股勇往直前的力量，政府所負的任務自將趨於積極。

不過，以政府擔負企業家的任務，並非可以長久憑恃。政府任務的發揮，通常只能限於諸如社會間接資本（social overhead capital）的建立及土地制度的改革等方面。基於經濟持續發展的需要，並使經濟發展成爲一種自立自主的動態過程，私人企業家應該逐漸扮演積極而主動的角色，而使政府居於促進、計劃及協調的地位。

不幸的是，在開發中國家，由於有着種種阻礙因素的存在，具有企業精神的企業家往往不易形成。這些阻礙因素諸如：（一）因爲受到傳統觀念的束縛，有組織能力的個人不願在企業經營方面謀求發揮；（二）對於貨幣方面的刺激力量缺乏反應；（三）企業家的地位不受社會重視；

(四) 新企業的風險太大; (五) 社會結構缺乏縱的流動; (六) 因爲市場的不完全, 生產資源不易調派; (七) 法令規章多所變易, 無法造成安定的投資環境。由此看來, 在開發中國家, 如果欲以政府的力量培養具有企業精神的企業家, 首先就是消除企業家形成的環境障礙, 其次則應鼓舞企業家的動機, 使其充分發揮創新的能力。例如, 對於風險較大的企業, 政府可以先行領導設立, 一俟成長基礎穩固之後, 逐步轉爲民營, 對於所需的高度技術, 則可透過政府的力量與外國進行技術合作, 藉以培養本國技術人員。政府亦可藉着對於財產權的保障、法令規章的制定、社會間接資本的建立、經濟穩定的維持、財政政策及貨幣政策的運用等間接地促成企業家的產生。而在長期, 政府則應致力於金融、財政及技術結構的改進, 尤其是政府應從制度上改變社會的價值結構, 以造成現代企業之成立所應具備的社會環境。

第二篇

國際貿易政策

第八章 保護的性質與效果

根據以上各章所述的國際貿易理論，世界上商品與勞務的生產，只有在自由貿易及國際間完全專業化的條件下，才能達到極大。至於貿易以後的貿易利益則依相互需要 (reciprocal demand) 原理分配給參加貿易的國家。如此，就整個世界，乃至於就各別國家的經濟福利觀察，處於自由貿易之下確比毫無貿易更爲有利。

自由貿易雖爲各國長久以來追求的一項理念，但在實際上，各國往往基於眼前的私利，競相採取各種保護措施，馴至造成自由貿易的障礙。本章開始，擬對自由貿易的人爲障礙加以介紹。在各種貿易障礙中，乃以關稅 (tariffs) 最爲有名、最爲普遍。

一、關稅的意義與性質

所謂關稅是對通過本國關稅境界 (customs frontier) 的商品所課的

稅。一般而言，課征關稅的主要目的在於減少進口數量。

關稅的種類有二，一爲「從價關稅」(ad valorem tariffs)，一爲「從量關稅」(specific tariffs)。前者係對進口商品依其總值課征一定稅率，此項進口總值包括成本及一切運輸費用在內，故以起岸價格 (c.i.f.)作爲標準；後者係對每一單位的進口商品課征定額的稅款，例如，每輛汽車課征 500 美元。在這兩類關稅中乃以從價關稅比較重要。此外，尙有所謂「出口關稅」(export duties) 及「轉口關稅」(transit duties) 兩種；前者係對離開國境的商品課稅，後者係對通過國境然後運往他國的商品課稅。此外，如將從價關稅與從量關稅合併使用稱「複合關稅」(compound tariff)。

如上所述，課征關稅的主要目的在於減少進口數量，藉以保護本國產業的發展，此種關稅稱爲「保護關稅」(protective tariff)。但是，有時政府爲了增加收入，亦以關稅的課征作爲手段，此種關稅稱爲「財政關稅」(revenue tariff)。不過，今天各國所課的關稅，已經很難分出何爲保護關稅，何爲財政關稅。

一國可將課稅商品及其相對的稅率列在一張表上，稱爲「稅則表」(tariff schedule)。最簡單而沒有差別待遇的關稅結構，就是對於每一課稅的進口商品按照一種稅率課征，而以單欄稅則表 (single-column schedule) 列出。若對相同商品課征不同稅率，亦卽對於來自不同國家的進口商品，按照高低不同的稅率課征，而以多欄稅則表 (multicolumn schedule) 列出。進口商品如係來自訂有關稅協定的國家，關稅稅率往往較低。

課征關稅何以能够減少進口數量？玆以簡單的例子說明。假定世界只有甲、乙兩國，在未發生國際貿易之前，五磅白糖的價格在甲國爲$0. 60，在乙國爲$0. 40。但在進行自由貿易之後，乙國的白糖會向甲國出口，如此，甲國的糖價當然下跌。甲國爲了避免糖價下跌，就對來自乙國的白糖課征50%的從價關稅。假定沒有運輸成本，乙國生產之糖在甲國所售的價格將與甲國的國內價格相等（\$0.40＋50%的從價關稅＝\$0.60）。如果兩國的糖並無品質上的不同，甲國已無理由再從乙國買糖，進口遂而停止。

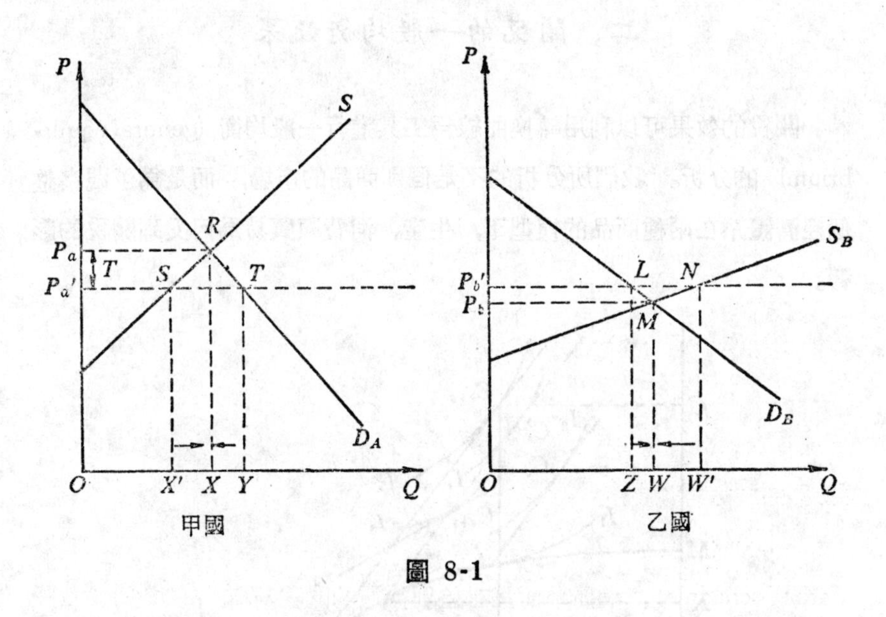

圖 8-1

以上所述可以利用圖 8-1 的部份均衡分析法說明。在無國際貿易的情形下，甲國的均衡是在R點，其產量爲OX，且在P_a的價格水準消費。至於乙國，其產量爲OW，且在P_b的價格水準消費。兩國發生國際貿易以後，兩國的均衡價格爲$P_a'=P_b'$。在此價格水準之下，乙國生產的超額爲ZW'，故用以出口至甲國，而甲國在新價格水準之下，生產不足的數額爲$X'Y$。$ZW'=X'Y$，此即兩國的貿易數量。

甲國如欲禁止一切進口，只須課征$P'_a\ P_a$的關稅即可。如此，進口的價格將會漲至P_a；國內的供給則由S擴張爲R，而一切進口亦告停止。但在出口國家，對其出口產品的需要將會減少，價格下降，生產由N降至M，但是，國內的需要數量却由L增至M。由此可見，在無運輸成本之下，關稅數額如果等於國內貿易前價格與貿易後價格之差額，則會促成兩國之間貿易的減少。

二、關稅的一般均衡效果

關稅的效果可以利用轉換曲線爲工具進行一般均衡 (general equilibrium) 的分析。我們所分析的不是個別商品的市場，而是爲了觀察整個經濟體系在兩種商品的模型下，生產、消費與貿易爲何受到關稅的影響。

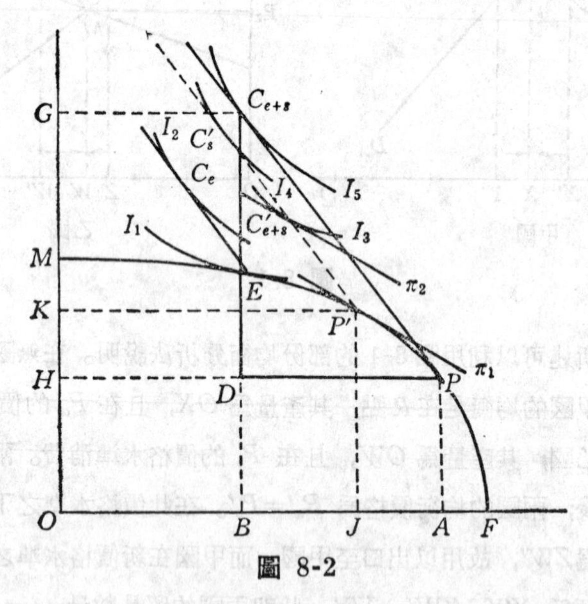

圖 8-2

假設某國可以生產兩種商品，卽糧食與工業製品，分別以F與M代表。而在自由貿易之下，該國專業於糧食的生產，出口一部份的糧食F

以換取工業製品M。在圖 8-2 中，MF 爲轉換曲線，PC_{e+s} 爲自由貿易下兩種商品的交換比率。在孤立狀態，該國的生產與消費之均衡點爲E，即其轉換曲線與無異曲線相切之處；因在此處，社會對兩種商品主觀的邊際替代率等於技術條件限制下客觀的邊際轉換率。孤立狀態下，兩種商品之價格比率卽爲通過E點的切線之斜率。現在假設發生自由貿易，價格比率由 EC_e 之斜率（等於 PC_{e+s} 之斜率）代表，故該國經由貿易可從E點移到 C_e 點，C_e 位於效用更高的一條無異曲線上，爲曲線與價格線之切點，表示該國在E點之生產狀態透過貿易所能增加的利益。假如該國更進一步地讓生產專業化，卽將由轉換曲線上之E點移到P點，P點爲自由貿易下國際價格線與轉換曲線之切點。此價格線的另一端與無異曲線 I_s 相切於 C_{e+s}。此時，該國生產 OA 數量的糧食及 OH 數量的工業製品，出口 PD 數量的糧食，按照國際價格換取 HG 數量的工業製品，其消費數量卽由 C_{e+s} 代表，因爲這是此一國際價格線所能接觸之最高無異曲線的地點。故由E點移到 C_e 點代表交易的利益，由 C_e 點移到 C_{e+s} 點則爲自由貿易下專業化生產的利益。全部自由貿易之利益可由無異曲線 I_1 上之點進步到無異曲線 I_s 上之 C_{e+s} 點充分反映出來。

現在假定課征關稅不會影響國際價格，但是國內價格比率必因關稅而改變，工業製品價格上升而糧食價格相對下降。圖 8-2 中的 π_1 反映課稅後的國內價格比率，其與轉換曲線的切點 P' 代表國內工業被保護而擴張生產至 OK，但糧食產量則減少至 OJ 之現象。由 P' 作出國際價格線僅能與較低的無異曲線 I_4 相切，切點爲 C'_s，故從 I_5 上之 C_{e+s} 退步到 I_4 上之 C'_s 的消費水準，是反映關稅之保護效果降低了社會福利。

不僅如此，國內消費者面臨之價格比率爲課稅後的價格，M價格之上漲引起消費之減少。但爲保持貿易均衡（亦即出口等於進口），消費點將在 $P'C'_s$ 線段上國內價格線 π_2 與無異曲線 I_3 相切之處。因此，C'_{e+s} 才是眞正的消費水準，此處的效用則又低於 C'_s 處。從 C'_s 退步到 C'_{e+s} 反映引起交易減少的關稅之消費效果，形成社會之福利損失。

綜合觀察可知，關稅之課征使國內效率較低的工業增加生產，降低了國際分工的利益，消費水準也因價格之改變而降低，所以，該國乃由無異曲線 I_5 之 C_{e+s} 點退步到 I_3 上之 C'_{e+s}。

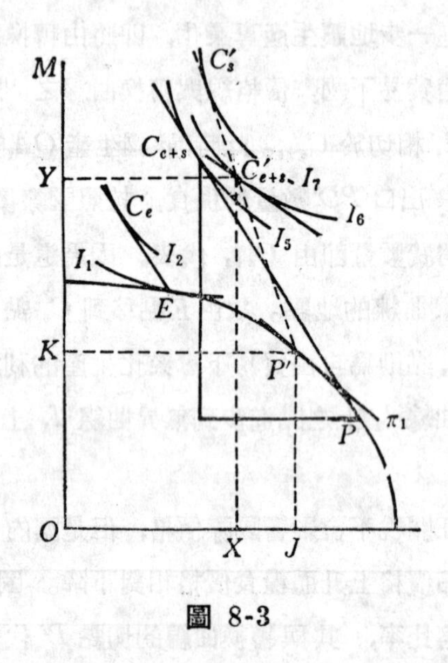

圖 8-3

以上係假定關稅不能影響國際價格，所以 $P'C'_s$ 與 PC_{e+s} 平行。如果該國對於國際市場有强大的影響力量，當其課征關稅後，便能迫使外國生產者降低價格，是則，關稅的效果未必降低社會福利。此外，假定其進口品的國際價格大幅降低，則甚至可能增進社會福利。

圖 8-3 可以說明上述的情況。假設該國課征關稅，使國內價格水準改變為 π_1，因而生產結構改變為 P' 點後，工業製品的國際價格下降，價格比率改變為 $P'C'_s$，這一價格線與無異曲線 I_7 之切點 C'_s 代表的效用顯然高於 C_{e+s} 點的效用。於是，該國從減低專業化生產反而取得利益。但是，這種利益會因減少交易的消費效果而局部抵銷。圖中，C'_{e+s} 點即為維持貿易平衡條件下按照國內價格比率的消費均衡點。該國出口 XJ 數量的糧食，換取 YK 數量的工業製品。因為 C'_{e+s} 所處的無異曲線 I_6 仍然高於自由貿易下的均衡點 C_{e+s} 所處之無異曲線 I_5，該國仍有可能由關稅的課征而增加社會福利。

三、關稅的部份均衡效果

有時為了某些目的，我們必須分析，課征關稅以後，對於某一產業在生產及貿易方面之效果。通常，這一產業不大，其產量及價格方面的變動，對於其他的產業並不發生影響，故可假定其波及效果（repercussions effects）為零。

在探討關稅對於生產與消費的影響以前，應先瞭解關稅課征以後，會使國內的商品價格提高，超過自由貿易之時的水準，如此當可刺激國內的生產，同時壓制國內的消費。

玆以圖 8-4 所示的部份均衡分析法說明關稅對於生產與消費的影響。Dd 及 Sd 分別代表國內對於某種商品的需要曲線及供給曲線。在閉鎖經濟之下，生產、消費及商品價格均由供需曲線的交點決定於 E 點。但在進行自由貿易之後，外國的供給（在此假定具有完全的彈性）應該加入國內的供給之中，故其綜合的供給曲線成為 $Sd+Sf$。現在的均衡是在 F 點，在價格為 P_1 之下消費 OQ_2 的數量，其中 OQ_1 係國內的生

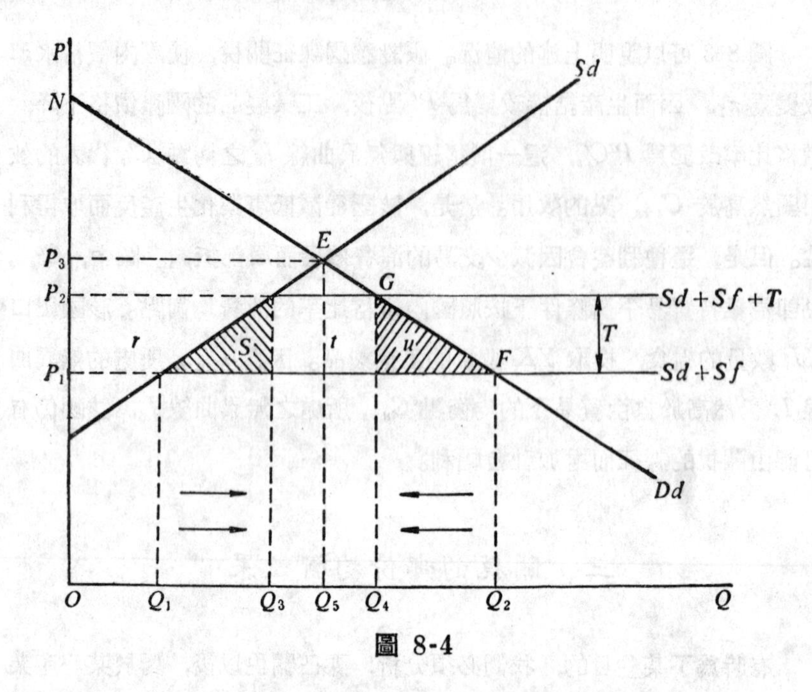

圖 8-4

產，Q_1Q_2 係由進口而來。假設課征的從價關稅爲T，是則自由貿易的供給曲線（假定國外價格仍然不變） 就會升爲 $Sd+Sf+T$，增加的部份就是關稅。

現在，均衡移至G點。課征關稅以後，國內的價格增爲P_2，而國內的消費減爲OQ_4。同時，由於價格較高，國內的生產將會增至OQ_3，而進口則由 Q_1Q_2 減爲 Q_3Q_4。

在無關稅之下，總消費者剩餘 (consumer surplus) 以 NP_1F 的面積表示。但在課征關稅以後，綜合的消費者剩餘減爲 NP_2G，其損失爲 P_1P_2GF。

政府可以透過進口關稅的課征而獲得財政收入。關稅的收入等於關稅稅額乘以進口商品的數量。在圖 8-4 中，即爲 $P_1P_2\times Q_3Q_4$，以 t 的面積表示，這是消費者剩餘以貨幣形式移轉給政府的部份。此即關稅的

財政效果 (revenue effect)。

消費者的剩餘亦有一部份 (P_1P_2GF) 以貨幣形式移轉給該商品的國內生產者。關稅課征以後，在較高的價格下，生產者得到更多的「經濟地租」(economic rent)，以圖 8-4 中的 r 表示。因這表示消費者剩餘的減少等於生產者剩餘的增加，故亦表示實質所得由消費者移轉給生產者，稱爲重分配效果 (redistribution effect)。

以 P_1P_2GF 表示的綜合消費者剩餘之損失，已說明過其中的 r 及 t 兩個部份；玆再說明 s 及 u 兩個部份。

課征關稅以後，產量的增加爲 Q_1Q_3，此時生產者就會發現沿着供給曲線（邊際成本曲線）向上增加生產之時，單位成本必然不斷增加。亦卽，將以較高的成本進行生產，從而表示發生報酬遞減。如此，以 s 表示的消費者剩餘乃是由其他產業轉向被保護的產業。因這代表整個經濟社會的實質損失，所以稱爲關稅的「保護效果」(protective effect)。

至於 u 則是不以上述方式計算的消費者滿足之損失，所以表示「消費效果」(consumption effect)，此亦經濟社會的實質損失。由此可見，關稅課征以後，經濟社會的總損失乃是保護效果與消費效果之總和，以圖 8-4 中的 $(s+u)$ 表示。

上述關稅效果的部份均衡分析簡述如下：

未課關稅：

消費……………………………… OQ_2

生產……………………………… OQ_1

進口……………………………… Q_1Q_2

價格……………………………… P_1

課征關稅：

消費……………………………… OQ_4

生產……………………………OQ_3

進口……………………………Q_3Q_4

價格……………………………P_2

關稅效果：

消費效果……………………u

保護效果……………………s

財政效果……………………t

重分配效果…………………r

關稅成本……………………$s+u$

如果關稅的稅率不斷提高，以致所有進口均告停止，此卽所謂「禁止關稅」(prohibitive tariff)；此時，仍又回到尙未發生貿易以前的均衡，以圖 8-4 中的 E 點表示。至於關稅的「成本」(消費效果加上保護效果) 則會大大提高，但因已無進口，所以政府的關稅收入爲零。

再者，如果國內的供給彈性越小，關稅的保護效果也就越小，而社會的關稅「成本」也是越小。同理，如果國內的需要彈性越小，關稅的消費效果也就越小，而社會的關稅「成本」也是越小。在此情形之下，關稅將略引起進口的減少，但是社會的負擔不大。

四、關稅與貿易條件

以簡單的供需原理可以分析關稅的各種效果，已如上述。此外，關稅亦可改善課稅國家的貿易條件。因爲國際貿易的利益究由各國分享多少，乃由貿易條件決定，所以一國貿易條件的改善，也就表示該國所獲貿易利益的比重增加。一國貿易條件之改善，必然同時表示他國貿易條件之惡化。

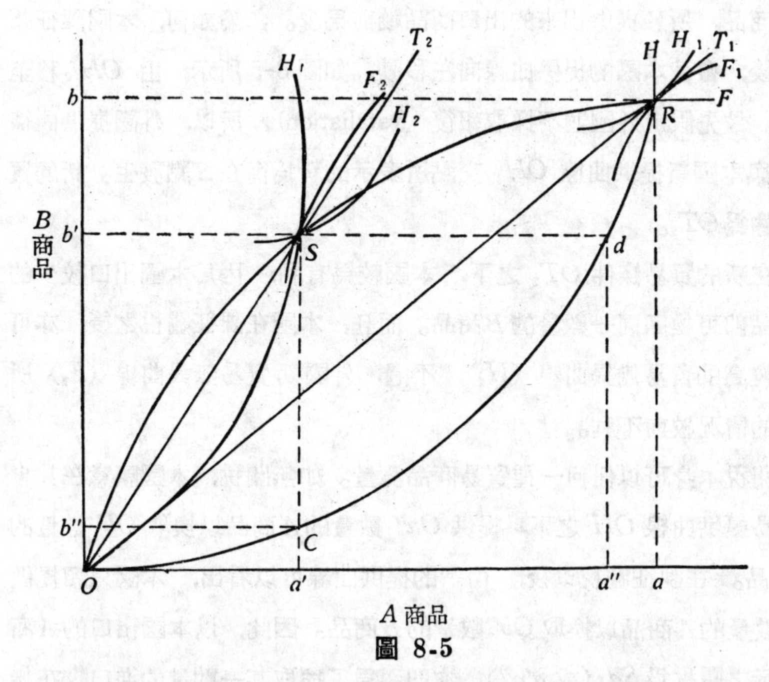

圖 8-5

探討關稅對於貿易條件的影響之時，最好的方法就是以提供曲線作爲分析的工具。在圖 8-5 中，OH 表示本國的提供曲線，出口的產品爲 A，進口的產品爲 B。外國的提供曲線以 OF 表示，出口的產品爲 B，進口的產品爲 A。

在自由貿易之下，兩國提供曲線之交點爲 R，貿易條件以 OT_1 線的斜率表示。在自由貿易的均衡點，兩國的貿易無異曲線（F_1 及 H_1）相切，此即表示，兩國中的任何一國如不以他國爲犧牲，即無法獲得再多的貿易利益。貿易點向左移動表示本國（無異曲線爲 H_1）的貿易無異曲線水準較高，但是外國（無異曲線爲 F_1）的貿易無異曲線水準較低。貿易點向右移動的情形剛好與此相反。

現在假定本國課征進口關稅。此卽表示，外國放棄較多數量的出口商品以換取某一數量的進口商品；亦可表示，本國爲了換取某一數量的進口商品，所願提供出來的出口商品較前為少。無論如何，本國課征關稅以後，會使本國的提供曲線向左移動，如圖 8-5 所示，由 OH 移至 OH_t。玆先假定外國並不採取報復 (retaliation)，所以，外國提供曲線 OF 與本國新提供曲線 OH_t 交點所表示的新均衡在 S 點發生。新的貿易條件為 OT_2。

在新的貿易條件 OT_2 之下，本國較為有利；因為本國出口較少的 A 商品即可換回同一數量的 B 商品。而且，本國在課征關稅之後，亦可達到較高的貿易無異曲線 (H_2)；不過，外國新貿易無異曲線 (F_2) 所表示的情況較前不利。

關稅本身可以任何一種貿易商品測量。如無關稅，本國願意在其自由貿易提供曲線 OH 之下，提供 Oa'' 數量的 A 商品以換取 Ob' 數量的 B 商品。在課征關稅以後，由新的提供曲線可以看出，本國只願提供 Oa' 數量的 A 商品以換取 Ob' 數量的 B 商品。因此，以本國出口的 A 商品表示之關稅為 Sd（或 $a'a''$）。亦即，為了換取某一數量的進口，在無關稅時本國願意提出此一出口數量；但在課征關稅以後，此一數量並不提供出來。

當然，關稅亦可利用B商品加以測量。在無關稅時，出口 Oa' 數量以後，願意換回 $a'C$（或 Ob''）的進口；但在課征關稅以後，以同量的出口願意換回 $a'S$（或 Ob'）的進口。因此，以進口的 B 商品表示之關稅為 CS（或 $b'b''$）。課征關稅以後，貿易數量由 Oa 的出口加上 Ob 的進口減為 Oa' 的出口加上 Ob' 的進口。以上的情形可再簡述如下:

自由貿易:

均衡……………………………R

甲國的出口……………………Oa

乙國的出口……………………Ob

甲國的無異曲線……………………H_1

乙國的無異曲線……………………F_1

貿易條件……………………………OT_1

課征關稅:

均衡…………………………………S

甲國的出口…………………………Oa'

乙國的出口…………………………Ob'

甲國的無異曲線……………………H_2

乙國的無異曲線……………………F_2

貿易條件……………………………OT_2

關稅:

以A商品表示………………………Sd

以B商品表示………………………SC

關稅雖然可使課征國家的貿易條件獲得改善，但是並非永遠如此。因爲，外國亦可課征關稅作爲報復。此外，在貿易條件及貿易無異曲線方面，課征關稅以後所能改善的程度，乃是決定於他國提供曲線的形狀(shape)。玆再檢討上述兩種情況。

圖 8-6 說明報復 (retaliation)、反報復 (counter-retaliation)，及關稅戰 (tariff war) 對於貿易條件與數量的影響。玆由R點開始，在自由貿易之下，兩國的提供曲線交於此點。貿易條件則以 OT_1 線的斜率表示。本國課征關稅以後，提供曲線移至 OH_t，新的均衡是在 S 點，改善後的貿易條件爲 OT_2。

但在此時，外國開始報復，亦對進口商品課征關稅，故其提供曲線移至 OF_t。兩國均課征關稅以後的提供曲線交於V點，此爲新的均衡，在此，貿易條件（OT_3之斜率）比本國當初課征關稅時所擬達到的目標

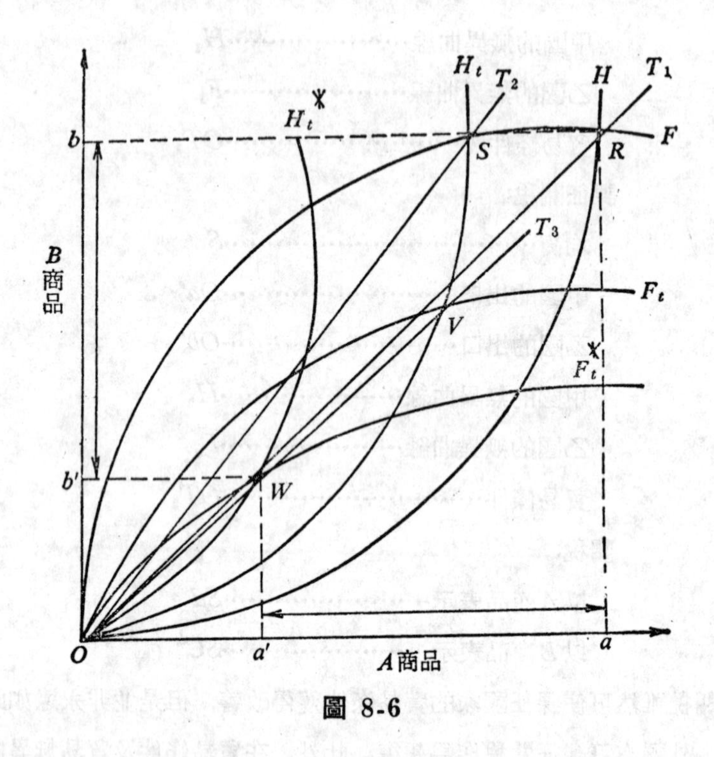

圖 8-6

爲低；但對報復國家而言，此一貿易條件比在自由貿易下的貿易條件有利。

本國可以再對進口的B商品提高關稅作爲反報復，但是外國亦可再度提高關稅作爲反報復的反報復。這種報復與反報復的循環繼續發展下去，直到W點到達爲止；在此，兩國最新的提供曲線（H_t^*及F_t^*）相交之處，表示並無任何一國受到貿易條件的損失。

但對貿易數量的影響如何？結果，貿易數量從 Oa 數量的A商品加上 Ob 數量的B商品降至 Oa' 數量的A商品加上 Ob' 數量的 B 商品。兩國進口商品之價格均因進口關稅之不斷增加而不斷上漲，且在同時，消費亦告大量減少。

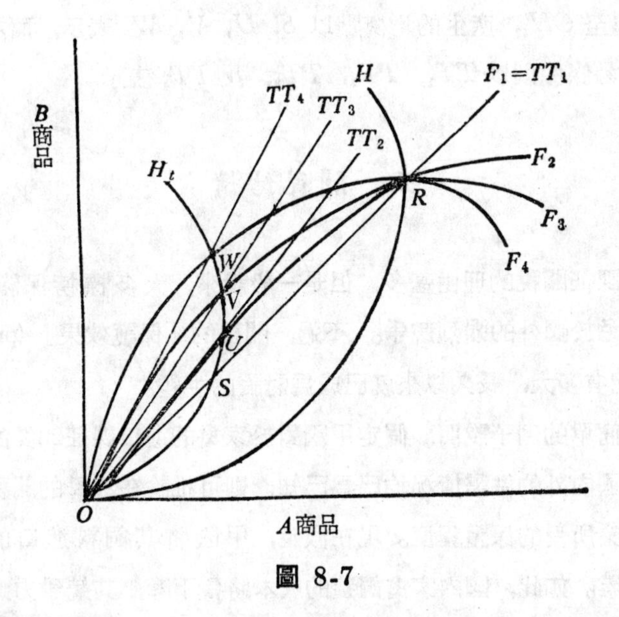

圖 8-7

一國課征關稅以後，貿易條件所獲的改善程度，除了決定於上述的外國報復之外，亦決定於外國提供曲線的形狀。在圖 8-7 中，許多以 OF_1，OF_2，OF_3，及 OF_4 表示的外國提供曲線各有不同的彈性。本國課征關稅之後，提供曲線由 OH 移至 OH_t。此對貿易條件的影響乃視外國提供曲線的形狀而異。

如果外國的提供曲線具有完全的彈性（OF_1），則此提供曲線乃與自由貿易下的貿易條件線合而為一。具有完全彈性的提供曲線，表示該國願意在某一固定的交換比率之下出口本國商品，藉以交換進口商品，不管進口數量或出口數量多少，此一交換比率並不改變。在此情況之下，不管本國如何課征關稅，總是無法變動貿易條件。在 S 點的貿易條件與在 R 點的貿易條件並無兩樣。

外國的提供曲線如果越無彈性，本國課征關稅以後越能改善本國的貿易條件（仍然假定沒有報復）。例如，本國課征關稅以後，提供曲線

由 OH 移至 OH_1，產生的均衡點以 S, U, V, W 表示，而本國越趨改善的貿易條件則以 TT_1，TT_2，TT_3，及 TT_4 表示。

五、關稅結構

各國課征關稅的理由甚多，但是一般說來，大多標榜保護國內產業，使其免於國外的強烈競爭。不過，關稅的「保護效果」(protective effect) 究有多大，長久以來就已成爲討論的主題。

玆舉簡單的例子說明。假定甲國對於家禽的進口課征20%的從價關稅。如果國內外的供需情況均已爲已知，則可推論在20%的關稅之下，國內家禽業所受的保護程度。現在假定，甲國將其飼料進口的關稅由20%降爲零。如此，國內家禽飼養的成本將會下降，其競爭力量將會增强，而家禽進口的數量在現行稅率下亦將減少。

在此應該注意，對於任何最終產品 (finished product) 課征某一水準的關稅之後，如果再對此一受保護的產業之投入課征低的關稅作爲配合，則其保護效果比單獨對於這些投入課征高的關稅更大。反之，如果對該最終產品的原料投入或設備投入課征高的關稅，則其保護效果較小。換句話說，對於某一最終產品課征保護關稅之後，則國內產業所獲的「實質或有效保護率」(real or effective rate of protection) 究係多少，乃視對於該產品所需投入所課之稅率而定。

在此情況之下，必須進而分析一國的「關稅結構」(tariff structure)，才能看出對於國內產業的實際保護程度❶。

---

❶ W. M. Corden, "The Structure of a Tariff System and the Effective Protective Rate." *Journal of Political Economy* (June 1966).

如欲計算某一最終產品所獲的有效保護率並不容易❷。任何最終產品的總價值都是製造者的「附加價值」(value added) 加上一切原料投入的總價值。因此，每一元的產出 (output) 乃是該產業的附加價值 (v_j) 加上每一因素投入 (i) 的價值之和對該商品每一元產出的貢獻 (a_{ij})。可以寫成

$$v_j+\sum_{i=i}^{n} a_{ij}=1. \qquad \text{式 8-1}$$

關稅如係對於競爭性的進口商品課征，則 j 商品在國內的售價將會上升，其上升幅度與關稅稅額 t_j 相等。假設因素的供給具有完全的彈性，則將在國內供給者較高的附加價值中反映出來 (v_j')。在課征關稅的情形下，上面的方程式成為

$$v'_j+\sum_{i=1}^{n} a_{ij}=1+t_j \qquad \text{式 8-2}$$

但因關稅可對「投入」本身課征，所以每一投入的價值成為 $1+t_i$。如此，式 8-2 成為

$$v'_j+\sum_{i=i}^{n} a_{ij}(1+t_i)=1+t_j \qquad \text{式 8-3}$$

所謂有效的保護率是指課征關稅以後，國內附加價值之總增加，亦即以 v_j 及 v'_j 的差額表示非關稅的附加價值之百分比，或

$$f_i=\frac{v'_j-v_j}{v_j} \qquad \text{式 8-4}$$

---

❷ 關於有效保護率的計算可以參閱

Harry G. Johnson, "The Theory of Tariff Structure, with Special Reference to World Trade and Development." in *Trade and Development* (Geneva: Libraire Dorz, 1965c).

Georgio Basevi, "The United States Tariff Structure. "*Review of Economics and Statistics* (May 1966).

將式 8-1 及式 8-3 重寫，即得

$$v_j=1-\sum_{i=1}^{n}a_{ij}\ (\text{自由貿易}), \qquad \text{式 8-5}$$

及

$$v'_j=1+t_j-\sum_{i=1}^{n}a_{ij}\,(1+t_i)\ (\text{課征關稅}). \qquad \text{式 8-6}$$

分別代入式 8-4

$$f_i=\frac{\left[1+t_j-\sum_{i=1}^{n}a_{ij}\,(1+t_i)\right]-\left[1-\sum_{i=1}^{n}a_{ij}\right]}{v_j} \qquad \text{式 8-7}$$

簡化之後

$$f_i=\frac{t_j-\sum_{i=1}^{n}a_{ij}t_i}{v_j} \qquad \text{式 8-8}$$

由此可見，除非 (a) 對於投入所課征之關稅的加權平均等於 (b) 對於產品所課征之關稅，對於後者所課的關稅才能反映有效保護的程度。如果 (a) 超過 (b)，則對最終產品所課關稅就會大於有效的保護率；而且，如果 (b) 超過 (a)，則對產品所課的「名目關稅」(nominal tariff) 就會小於有效的保護率。

因爲近年以來有關關稅減讓的談判，往往牽涉到各國關稅保護程度的估計問題，所以有效保護率的精確計算日趨重要。

六、其他的保護政策

關稅是今日各國貿易政策中最重要的一種工具，又因關稅可以增益國庫收入，所以行之最久，且最普遍。不過除此之外，國際之間仍有其他的貿易障礙 (trade barriers) 存在，其中尤以所謂「數量限制」

(quantitative restrictions) 最爲有名。所謂數量限制就是對於商品與勞務的進口，嚴格限制於極少的數量（以價值或實物數量表示）之內。其與關稅最大不同之處，就是課征關稅之時，進口商品只要繳納關稅，即可無限制地進口。

1. 限　額

在國際貿易中，最重要的一種數量限制就是「限額」(quota)。限額是對於商品或勞務的貿易，按其價值或實物數量，在某一期間之內限定絕對的數額。限額可對進口或出口實施。限額的實施如以整個世界爲對象，則稱爲全球性限頻 (global quota) 或非歧視性限額 (non-discriminatory quota)。反之，限額的實施如以某一國家或若干國家爲對象，則稱爲選擇性限額 (selective quota) 或歧視性限額 (discriminatory quota)。另有一種所謂關稅限額 (tariff quota)，是在某一限定的數額之內准予繳納較低的關稅進口，但在超過此一限額之後，則須繳納極高的關稅才能進口。

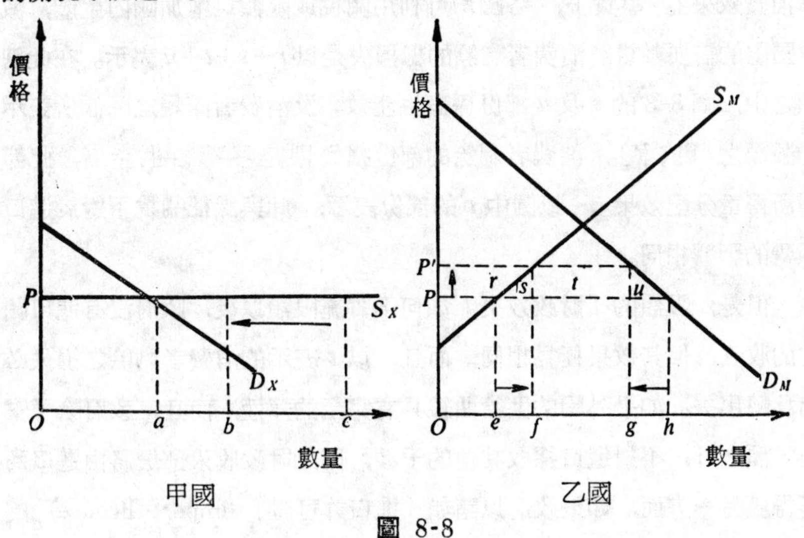

圖 8-8

以下的說明以全球性的進口限額爲例，其效果與關稅效果極爲相似。

圖 8-8 是以供需情況反映限額效果的部份均衡分析。圖中的分析限於一種商品、兩個國家。在自由貿易之下，假定運輸成本及其他費用爲零，而且，出口國家的供給具有完全的彈性。兩國的均衡價格爲 P。在此價格之下，乙國代表世界上的其他國家，其需要數量爲 Oa，生產數量爲 Oc，所以出口 ac 數量至甲國。在均衡價格爲 P 之下，甲國的進口 (eh) 彌補了供給 (Oe) 與需要 (Oh) 之間的差額。

現在，進口國家（甲國）決定實施限額，將此商品的進口固定於 fg 的數量。進口數量由 eh 降至 fg 以後，均衡的價格升至 P'，如此，國內的供給由 Oe 增至 Of，國內的需要由 Oh 減至 Og。在出口國家（乙國），出口由 ac 降爲 ab；由於供給具有完全彈性，均衡價格停在原來的水準，需要數量爲 Oa，而供給數量則由 Oc 降爲 Ob。

在進口國家，實施限額與課征關稅一樣，均能獲致「保護效果」與「消費效果」。事實上，各國均可利用關稅或限額以增加國內生產，減少國內的需要數量。消費者剩餘的總損失是以 $r+s+t+u$ 表示。在此總額之中，圖 8-8 的 s 及 u 部份係表生產效率及消費者滿足之降低所表示的限額之「成本」。消費者剩餘的部份損失則是移轉給生產者，此即「所得重分配效果」，以圖中 r 的部份表示；此與課征關稅下對於進口數量的影響相同。

但是，限額的「財政效果」如何？實施限額以後，政府沒有進口關稅的收入，但其效果極爲相同，而且，以 t 表示的消費者剩餘之損失必已移轉出去。如果外國的供給曲線具有完全的彈性，而且，政府除了實施限額之外，不對進口採取其他的干涉，則此財政收入部份將由進口商獲得。另一方面，如果政府以諸如「進口許可證」(import licence) 的方式出售限額，則此限額所獲的財政收入部份與關稅所獲者並無兩樣。此外，政府如果不採任何干涉，出口商亦有能力提高價格，財政收入部份將由外國出口商獲得。

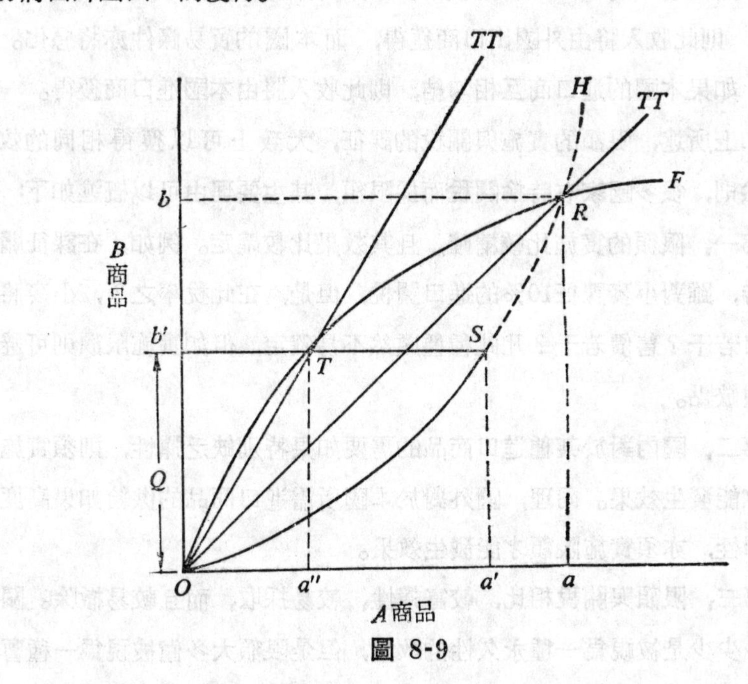

圖 8-9

限額與關稅一樣，亦能使實施國家的貿易條件獲得改善，但其理論的說明方式則略有不同。玆以圖 8-9 加以分析。

在自由貿易之下，本國及外國的提供曲線分別以 OH 及 OF 表示。此時，貿易條件以 TT 線之斜率表示，本國出口 Oa 數量的A產品以交換 Ob 數量的B產品。現在，本國對B產品的進口設定限額，即爲 Ob'；在此情況之下，本國提供的A產品爲零。因此，本國在實施限額後之提供曲線成爲 OSb'，此與外國的提供曲線 OF 相交於T點。

新的貿易條件爲 TT'。此種情況與自由貿易的情況相比，大有改善，至其改善之程度，則視本國貿易無異曲線之斜率而定。此種貿易條件之改善，亦可反映一國經濟福利之改善。以A產品表示實施限額之收入，則如 $a''a'$ 之數量所示。如果國內廠商對於進口許可證的爭取甚爲熱烈，則此收入將由本國政府獲得。如果外國的出口商互相勾結 (collusion)，則此收入將由外國出口商獲得，而本國的貿易條件亦將惡化。反之，如果本國的進口商互相勾結，則此收入將由本國進口商獲得。

如上所述，限額的實施與關稅的課征，大致上可以獲得相同的效果。然則，很多國家有時捨關稅而採限額，其主要理由可以概述如下:

第一、限額的實施比較精確，且其效果比較確定。例如，在課征關稅之時，雖對小麥課征10%的進口關稅，但是，在此稅率之下，小麥將會進口若干？售價若干？凡此種種顯然不易確定，但如實施限額則可避免此種缺點。

第二、國內對於某種進口商品的需要如果特別缺乏彈性，則須實施限額才能發生效果。同理，國外對於本國所需進口商品的供給如果高度缺乏彈性，亦須實施限額才能發生效果。

第三、限額與關稅相比，較富彈性、較易採取、而且較易撤除。關稅多多少少是被視爲一種永久性的政策，但是限額大多僅被視爲一種暫時性的措施、一種權宜應變的辦法，所以也較不會引起貿易對方國家的報復。

第四、在外國遭遇經濟衰退之時，本國可以透過限額的實施以避免受到影響。因爲外國如果發生經濟衰退，往往利用出口的擴張作爲恢復景氣的手段。外國出口的增加就是本國進口的增加，此時，本國如果已有經濟衰退的徵兆，則此衰退將因進口的增加而更爲惡化。

2. 其他進口管制

除了限額之外，尙有其他形式的進口管制，其目的無非是在保護國

內的進口競爭產業 (import-competing industries)。這些進口管制在世界貿易的總觀點上，固然不及關稅及限額重要，但其所發揮的效果有時較大。且就本國來說，實施這些進口管制對於國民所得以及貿易條件的影響較易控制。玆將重要的進口管制措施簡略介紹如下：

(1) 衞生條例 (health regulations)：如所週知，美國不准旅客携帶肉類、蔬菜、花卉入境。有些國家經過立法程序，對於上述各種產品的進口實施嚴格的檢驗，此對國際貿易當然造成重大障礙。衞生管制以對易腐物品 (perishables) 的實施較多。經此管制之後，商品必須送往檢驗，容易造成拖延，所以運輸成本及其他費用均會增加，最後則是消費者價格的上漲，貿易數量因而減少。

(2) 包裝與標籤規定 (packaging and labeling regulations)：1964年，德國啤酒業者爲了抵抗來自丹麥等歐洲國家的競爭，促請政府規定凡是進入德國的啤酒，一律須以特定容量及形狀的「標準」酒瓶包裝。此一目的在於增加外國輸德啤酒重新按照規定製造酒瓶的成本。至於規定進口商品須貼某種標籤，目的也是在於增加進口的成本。

(3) 全國性的呼籲 (nationalistic appeals)：此卽所謂「購買國貨」(buy at home) 運動。這種運動雖不增加進口成本，但可透過輿論的制裁，迫使國人購買國貨抵制外貨。若干國家鼓勵國人出國乘坐國營班機或輪船，亦可歸入此類。

(4) 混製與碾磨規定 (mixing and milling regulations)：若干國家規定，國內生產的產品之中最少必須使用某一數量的國內原料或零件、組件。德國規定國內電力公司發電總量中的某一固定比率，其發電時必須使用國內開採的煤炭，藉以保護國內的煤礦，抵抗外國煤炭或其他燃料的進口。

(5) 行政方面的保護 (administrative technicalities)：若干國家爲

了減少鮮花之類商品的進口，有時便由海關人員開啓所有包裝，藉以核對每箱所裝鮮花數目與包裝單所載者是否相符。如此拖延時間的結果，可使商品變質，造成買賣雙方的損失，從而促成進口的減少。

(6) 外匯管制 (exchange control)：在外匯管制之下，國內企業與私人取得的外匯必須結售給政府，所需外匯則向政府請購。此種外匯的結售與請購規定極爲嚴格。政府不但可以規定各種匯率，而且可以拒絕進口所需外匯的請購。由於外匯管制法令的繁複以及匯率的不合理，當然可以促成進口的減少。

3. 出口數量的管制

對於出口數量加以管制以後，在很多方面也能發生與進口管制一樣的效果。出口管制的對象有二：一爲本國對其出口實施管制；二爲外國對其出口實施管制。

由出口國家實施出口限額 (export quotas) 的效果，與由本國實施進口限額的效果大抵相同。出口國家實施出口限額以後，進口國家的國內價格必然上漲，從而促成國內生產的增加及國內消費的減少。但因進口價格相對於出口價格而上漲，所以本國的貿易條件將趨惡化；也就是說，一旦實施限額，外國的提供曲線也就漸成垂直形狀。而且，因爲國內價格的上漲，常會引起通貨膨脹，特別是在受限的商品係國內生產所需的原料時，情形更是如此。

有時外國之所以實施出口限額，實係受到本國貿易政策之直接影響。例如，美國在1960年代後期常透過强力的談判，迫使日本對其輸美紡織品實施出口限額。如此，美國不必採取任何手段，即可達到保護國內產業的目的。

至於本國對其出口實施限額的情形，可以利用圖 8-10 分析如下：

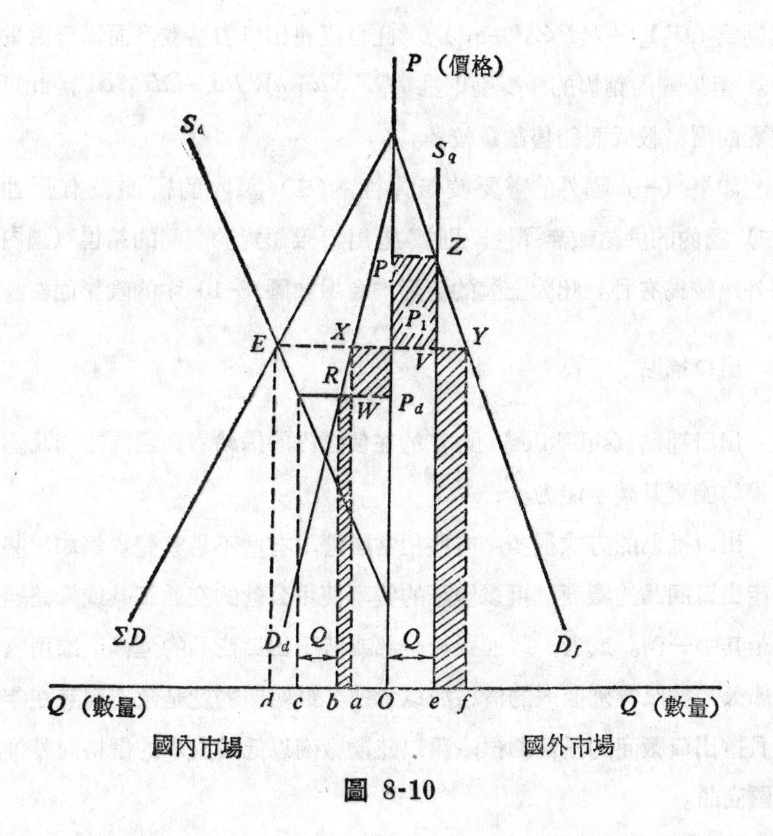

圖 8-10

在圖8-10中，D_d 表示國內的需要，D_f 表示國外的需要，ΣD 爲國內需要與國外需要之和，S_d 爲國內的供給。在自由貿易之下，價格爲 P_1，均衡點爲 E。產量爲 Od，在此產量中，國內的消費爲 Oa（X點）而出口爲 ad（Of）。總出口收入以 OP_1Yf 的面積表示，而國內的收入則以 OP_1Xa 的面積表示。

現在假定國內實施出口限額，其數量爲 bc（Oe）。此時，國內出售的數量增至 Ob，而國內的價格則降爲 Pd。出口的數量降爲 bc（Oe）的限額，以完全缺乏彈性的供給 S_q 表示，至於出口價格則漲爲 P_f。現在，總出口收入以 OP_fZe 的面積表示。由於實施限額，出口收入的淨

變動爲 $OP_1Yf+P_1P_fZV-eVYf$。此可反映出口價格較高而出口數量較少。至於國內銷售的淨變動則爲 $OP_1Xa+aWRb-PdP_1XW$，此可反映國內價格較低而銷售數量較多。

如果（一）國外的需要較無彈性，（二）國內的需要較有彈性，（三）國內的供給較無彈性，則實施出口限額對於商品的銷售（國內及國外）較爲有利。此因上述的情形均會增加圖 8-10 中的陰影面積。

4. 出口補貼

出口補貼 (subsidies) 的目的在使國內的供給者在國內市場及國際市場均能更具競爭能力。

出口補貼的方式很多，有些相當顯著，有些不易察覺。例如，某一生產出口商品的廠商，可以優惠的費率使用公營的交通工具或鐵路運輸即是其中一例。或者，政府對於全部或若干出口商品的運輸，准由國營輪船公司按照特別低廉的價格加以承運。最明顯的就是政府同意在年終時負擔出口廠商的任何虧損，藉以鼓勵廠商以低於成本的價格向外推銷本國商品。

比較間接的出口補貼乃是透過租稅政策而進行。即由政府選定若干具有外銷前途的產業，予以租稅方面之減免，使其進行較多的再投資，以培養未來的國際競爭能力。有時，爲了促進廠商之再投資，亦可採取各種「加速折舊」(accelerated depreciation) 或投資稅額扣抵 (investment tax credit) 的辦法。有時，政府准許外銷商品免稅，或在某種條件之下可以退稅；因爲租稅負擔乃是這些商品之部份成本，是則免稅或退稅無異使其降低成本，從而能以較低的價格打入國際市場，亦即增强國際競爭能力。

較不顯著的出口補貼是由政府推行出口保險制度 (export insurance

systems)。此因廠商對於商品的出口總是帶有諸如不獲付款、政治不安，或天災地變等的風險，因而遭受損失，以致廠商對於產品的出口難免遲疑不前。此在經濟已開發國家均已推行出口保險制度，對於出口廠商在出口方面所遭遇的各種風險加以保險，藉以確保廠商的出口利潤。有時，廠商出口對象所願提供的信用條件過於苛刻，因此信用的融通遠比價格的條件更爲重要，此時，政府如果適時予以補貼，實在具有非常重要的鼓勵作用。

此外，政府派駐外國的若干大使、經濟參事，或其他商務人員，對於國外商情的蒐集、報導，與分析總是不遺餘力，此對該國廠商出口市場的開拓具有莫大的貢獻，但其費用却是全由政府負擔，故亦可以視爲一種出口補貼。再者，政府爲了協助廠商拓展外銷市場，經常舉辦國際商展或者參加國際商展，此對本國產品之出口能够發生相當的促進作用，所以也是一種出口補貼。

對於進口競爭產業 (import-competing industries) 實施補貼的效果與關稅的效果並不完全相同。例如，以租稅減免方式對於國內的生產者實施補貼之後，可以降低生產成本與價格，從而對抗外來的競爭，其結果則是所得的重分配。此因進口減少之後，貿易條件可以獲得改善，又因價格降低之後，可以引起消費的增加，故對國內的所得與就業均有促進的作用。

但在另一方面，對於出口產業實施補貼的效果比較不易分析。因爲出口價格的下降，必然引起貿易條件的惡化。如果僅對全部出口實施補貼，國內價格與消費可以不受影響。但是，如對一切產品實施補貼，國內價格將趨下降，同時促成消費的增加。出口的增加，可以刺激國內的經濟活動；而且，租稅的收入如果用於補貼，俾使外銷價格或若干內銷價格下降，則將發生實質所得的移轉。

第九章　關稅與工業保護政策

一、最適關稅

根據以上的分析可以看出，如果不會引起報復，一國可以透過進口關稅的課征而獲得最適度的貿易條件，從而獲得最適度的社會福利水準。由自由貿易位置，或由課征關稅以後的貿易位置開始，一國如果單獨提高關稅，貿易條件即可獲得改善，貿易數量亦將減少。不過，貿易條件的改善大於貿易數量的減少，所以可以達到較高的貿易無異曲線及社會福利水準。但在超過某點之後，貿易數量不斷減少之後的不利後果就會超過貿易條件繼續改善的效果，因之社會福利開始下降。處於上述情況之間的關稅，可使該國獲得最適度的福利水準。

圖 9-1 可以說明最適關稅 (optimun tariff) 水準的存在。自由貿易的均衡仍在R點，本國與外國的提供曲線相交於此。在此點，貿易數量爲 Og 數量的A商品加上 Oc 數量的B商品，貿易條件則以 TT 線的斜率表示。現在本國想要課征關稅，並使社會福利達到極大；亦即，如不引起外國的報復，應該處於最高的貿易無異曲線之上。

在自由貿易之下的R點，甲國可以達到的貿易無異曲線水準爲h_1，此一曲線與外國的提供曲線 OF 在R點及T點相交。任何關稅的課征使本國的提供曲線變動以後，如能在T點及R點之間與外國的提供曲線相交，就可達到較高的貿易無異曲線水準。課征關稅以後的新貿易點若爲T，貿易無異曲線的水準當然不會發生變動。

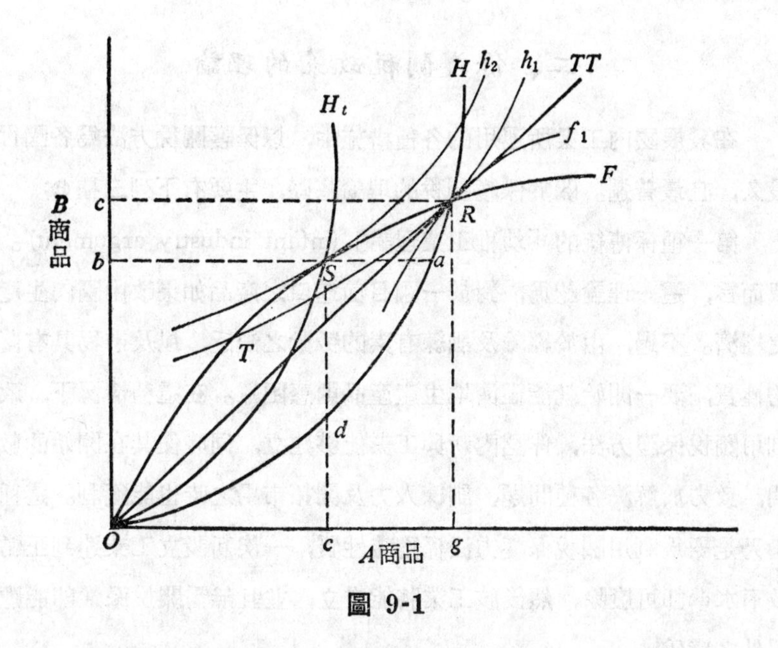

圖 9-1

本國可能達到的最高貿易無異曲線是與外國的提供曲線相切的一條；此即以 h_2 表示的貿易無異曲線，與外國的提供曲線 OF 相切於 S 點。因此，本國所課征的關稅，如能使提供曲線 OH_t 在 Sd 點與外國的提供曲線 OF 接觸，即爲「最適關稅」(optimum tariff)。外國的提供曲線如爲 OF，則本國無法課征關稅以達到較高的社會福利水準。

最適關稅的大小乃是決定於外國提供曲線的彈性。外國的提供曲線如果具有完全的彈性，本國無法藉著關稅的課征以改善貿易條件，因此，無法達到較高的貿易無異曲線。外國提供曲線的彈性如果越小，最適關稅也就越高。外國提供曲線的彈性如果爲 1，且呈水平形狀，最適關稅便爲無限大。

二、保護關稅政策的理論

在發展國內工業所運用的各種措施中，以保護關稅方法爲各國行之最久，且最普遍。關於保護關稅的理論基礎，主要有下列三種❶:

第一種係傳統的「幼稚工業理論」(infant industry argument)。簡單而言，這一理論認爲，對於一國目前進口之產品如果改由國內生產當更經濟。不過，由於經驗及訓練有素的勞動之缺乏，以及市場具有落後的性質，要一開始就能經濟地生產產品則感困難。在這種情況下，政府利用關稅保護方法，俾國內新興工業能够建立，同時使其在開始的數年間，致力於解決各種問題、訓練人力及開拓市場之時也能獲利。這種理論乃是認爲利用關稅保護方法係臨時性質，一俟新設立工業達到正常的效率水準卽可廢除，然後該工業將能自立，並且無需關稅保護卽能應付國外之競爭。

在某些情況下，幼稚工業需要保護之論調極有道理。卽使是在最有利的情況下，開發中國家的新興工業很少能在最初數年之內達到正常的效率、生產力，及獲利能力的水準。所以對新興工業最初數年給予協助，不僅重要，在經濟上也有必要。

幼稚工業理論自然而然地假定，某一受保護的工業具備在合理的一段時間內變成經濟有效的基礎。這就是說，其生產之產品必須具有與進口品課稅前到岸成本相競爭之潛能。國外進口產品之運輸成本乃具有某種不需立法之自然保護作用。擬議設立之新興工業，是否能在合理的一段時間內成爲有效率與經濟，通常可予以正確的計算。對所需的生產因素加以分析，並將其因素成本與其他國家之成本互相比較，是這種計算

---

❶ Murray D. Bryce, *Policies and Methods for Industrial Development*, (New York:McGraw-Hill Book Company, Inc., 1965).

的重要方法。計算結果，如其所需成本、產品品質與其他國家相當，則可以說該工業終將在產品成本上具有競爭的能力。

在本國的製造廠商一旦達到合理的生產效率即可向廣大市場進軍的情形下，幼稚工業理論最為動聽。因為大量產銷以後，才可獲得規模的經濟。美國的情形，過去即係如此。但在較小的國家，由於國內市場狹小，經營規模無法提高，以致生產成本無法降低，是以幼稚工業理論在較小國家雖常聽到，但少有成效。有些產品的產銷誠然終將發展到足能容許合理的規模經濟的地步，但在其他的生產上，在任何合理的期間內，並無達到經濟規模的希望，所以假定該項生產成本最後終能達到足以競爭的地步，可能不切實際。

第二種保護關稅的理論稱為「萌芽經濟理論」(young economy argument)，此與第一種理論多少有關。在一些開發中國家，新興工業最初競爭能力之差，並非由於某一工業缺乏效率，而是因為整個國家經濟本身發展的落後。訓練有素的勞工普遍缺乏，電力及其他一般設施不足，購買力小，以致限制了大多數製造品之可能市場。有效經營工業所需的社會基本設施亦感不足。資本市場缺乏或不健全，借款利息過高，此因對工業之信心不够以及現有之資本不足。此外，分配制度缺乏效率，不能將製造品作經濟的分配。這些以及類似的障礙並不與任何一種工業有關，而是存在於整個社會之中，只有藉許多製造業同時成長的方法才能改變。在此情況之下，萌芽經濟理論認為應該鼓勵及促進各種製造業的建立，其中任何一種製造業之自身成長均有助於解決工業發展的阻力。此一理論主張推動經濟發展所必須付出的代價便是提高關稅，使製造業之獲利能力提高到許多新投資事業願意開始投資的地步。所以這是一項提高一般關稅水準而非僅對少數特殊產業有利的關稅理論。與幼稚工業理論一樣，此一理論並非主張對永久不會在該國生產之產品亦課關稅，因爲此種關稅純粹係以財政收入爲目的之關稅，而非謀求經濟發展所課之保護關稅。

第三種保護關稅的基本理論，或可稱爲「未利用資源理論」(unused resources argument)。大多數尙未工業化國家之一項特徵，就是許多資源都被閒置，未予利用。這些未能利用之資源主要爲勞動，有時尙包括土地、森林、水力，及其他自然資源。如果勞動並非完全閒置，其大多數也是用在並非眞正有所需要之處，此卽所謂「隱藏性的失業」(disguished unemployment)。由於閒置的資源對於一國的國民生產毛額並無貢獻，故可視爲不必付出代價的資源，也就是說，這種資源如予利用，對於整個經濟並無任何犧牲。例如，尙未就業之勞動因無其他可能之用途，其對整個經濟之實質價值或機會成本爲零。

一旦接受此種閒置資源係「不必付出代價的資源」之假定，就很容易瞭解保護關稅可以認爲是把閒置資源加以利用的方法。如果利用這種關稅的機能（實際上是使產品之購買人補貼其生產者的一種方法），使一國製造某些產品有利可圖，同時，如其製造係取用大量不必付出代價之資源，則已達成某種有益的成果。只要這種補貼，亦卽產品進口之到岸成本以及受保護之本國產品成本之差額不比本國製造業者將閒置資源用於生產途徑之成本爲高，對於本國經濟就可以說已有淨益。

如果一國有着大量閒置的勞動以及其他尙未利用的資源，只要利用補貼新興工業的方法不太過度，並且付出如此巨額補貼所產生之整個效果並未減低國民所得，則可藉着補貼新興工業使其利用閒置資源以增進國民所得。如果一國希望根據這一原則補貼工業，保護關稅便可用來提高私人企業利潤，以吸引資本從事新的工業投資。

就另一角度來說，未利用資源理論可以說是「比較利益」(comparative advantage) 理論的一種變形。比較利益理論認爲，一國爲了生產經濟的產品，不必一定具有「絕對利益」(absolute advantage)，只要生產某種產品較之生產其他產品之不利程度爲低即可。至於保護關稅的方法則係使本國生產的產品之不利程度趨於最小的一種方法。

三、工業保護政策的利弊

開發中國家爲了達成經濟效率、經濟成長、經濟穩定與經濟公平等基本目標，紛紛推動工業化，而發展進口代替工業，又成爲各國加速工業化過程中首先採取的途徑。錢納利 (Hollis B. Chenery) 教授曾說：發展進口替代工業，是一種自然的發展過程，是一國走向工業化的重要原因之一，進口替代品的生產，約構成工業化推動力的百分之五十，其影響較之國內需求的增加更爲重要。

但是，世界各國經濟發展的階段不同。開發中國家新建立的工業，必將遭遇到已開發國家已有穩固基礎工業的競爭。在此種情形下，開發中國家的新興工業，倘若沒有適當的保護，當難以生存和獲利。這是上述保護幼稚工業理論產生的背景。

工業保護，不論是採取保護關稅、進口限額、禁止進口、管制進口，或其他保護措施，其立即的效果，是提高被保護產品的國內市場價格，增加消費者的負擔。但是，更重要的，工業保護對整個經濟還會產生長期的不良影響。適當的工業保護，可以使受保護的廠商在保護期間內，逐漸發展其比較利益，從而奠立自力成長的基礎。對整個經濟而言，可藉著貿易條件的改善，促進工業化，進而使全國的生產、所得與就業增加，這都是適當的工業保護的利益。如果能使工業保護產生的利益，足以抵消因保護而使整個經濟蒙受的損失，保護政策便值得採取，而且也需要繼續予以維持。工業保護的結果，除了提高產品價格與增加消費者負擔的短期影響外，其對整個經濟所產生的長期不良後果，大致可歸納成以下幾點：

(1) 浪費經濟資源

對國內生產者予以保護後，本國產品市場與國外市場已大部份或已澈底隔絕，結果使本國產品形成了一種壟斷局面。在壟斷情況下，受保護產品的價格必然提高。如果產品的需求彈性小，亦卽受保護的產品是對消費者極爲重要的必需品，價格提高以後，等於是由消費者直接對受保護產品的生產者予以補貼。生產者價格提高以後，卽可獲得超額的利潤，因而又有能力以較高的價格購進所需的生產因素，結果必然與其他未受保護的高效率產業爭取所需的土地、資本、原料及技術管理員工等。此外，此類受保護的產業又需和未受保護的高效率產業爭取電力、交通運輸等基本經濟設施的使用，凡此均足以影響到其他效率高的產業的發展。

(2) 移轉所得分配

受保護的產品價格提高以後，如果消費者的所得並未增加，而受保護的產品又屬於需求彈性小的重要必需品，結果將使消費者減少其對其他未受保護產品的需求，高效率產品的市場反而因此趨於縮小。實際上，此卽等於把效率高的產業的所得，移轉到效率低的產業方面去。在此種情形下，卽等於阻滯了效率高而未受保護產業的生產活動，整個經濟成長也可能因而遭受不良影響。

(3) 增加國際收支困難

一國傳統的出口工業，都是具有比較利益而效率高的生產事業。在工業保護下，受保護的低效率產業，不但利用了原可用於可賺取外滙的出口工業方面的生產資源，而且也和出口產業爭取電力、運輸等基本經濟設施的使用，因而降低了出口部門擴充的可能性，並且也提高了物價水準與生產成本。從國際收支觀點來看，低效率產業的存在，有提高生產成本並使進口更加有利而使出口更爲困難的趨向。此種影響，一方面提高了一國的進口需求，使外滙支出增加，另一方面也降低了藉出口以增加外滙收入的可能性。結果，不但原已存在的國際收支困難情形愈趨嚴重，而且也使工業化的推動更加困難。

(4) 阻礙生產力的提高

在工業保護下，由於國內市場的狹小以及其他不利因素的存在，往往會使受保護的工業產品成本增加。而且，在壟斷的局面下，業者也往往不求改進生產效率，提高產品品質。在此種情形下，業者爲求本身的存在，對政府保護政策的依賴程度也就愈來愈大，因此保護的期限也是愈拖愈長。在長期的保護下，必然會減少應用現代生產技術的誘因，阻礙生產力的提高。如此，整個工業將長期地停滯於落後的局面，工業化的推動也就愈加困難。

(5) 導致生產效率的低落

受保護的產業必然是效率低的產業，在整個經濟體系內，各產業之間都有密切的連貫關係，某種受保護產業的產品，可能成爲另一種產業的投入，因此，透過投入產出聯鎖效果的作用，受保護產業的低效率可能延伸到其他產業。

四、關稅與所得分配

關稅對所得分配的影響，可以分別利用轉換曲線、箱形圖及提供曲線爲工具加以分析。

爲簡化起見，假定某國的經濟規模很小，故其關稅政策無法影響國際貿易條件。如圖 9-2 所示，甲國面臨的國際價格比率以直線 A 的斜率

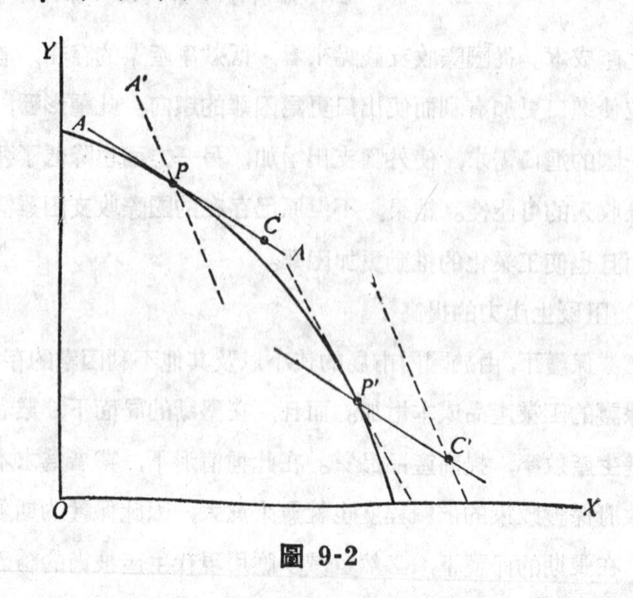

圖 9-2

表示。P點代表生產的均衡，C點代表消費的均衡。假定甲國為了保護國內的進口競爭產業 (import-competing industry)，乃對X商品課征關稅。

假定甲國所課關稅為從價稅 (ad valorem)，稅率為100%；亦即，國際價格若為 P_X，進口的價格將為 $(1+t)\ P_X$。例如，若 P_X 為 \$10，關稅為 50%，則國內價格將為 (1+0.5) \$10=\$15。考慮甲國的生產者與消費者之決定以後，價格線的斜率 $-P_X/P_Y$ 將會變成 $-(1+t)P_X/P_Y$。課征關稅以後的新價格比率是以通過 P 點的虛線 A' 表示。但在此時，價格並不等於邊際成本。此時之價格比率高於邊際成本比率，故對X之生產可以發生鼓勵作用。此即關稅的「保護效果」(protective effect)。新的均衡點為P'，因在此點，價格與邊際成本再度相等。當然，消費的決定已經受到影響，而且，出口及進口的數量均已減少。

因為轉換曲線乃與箱形圖互相聯繫，故可利用箱形圖說明關稅對於所得的「重分配效果」(redistribution effect)。假定轉換曲線係由

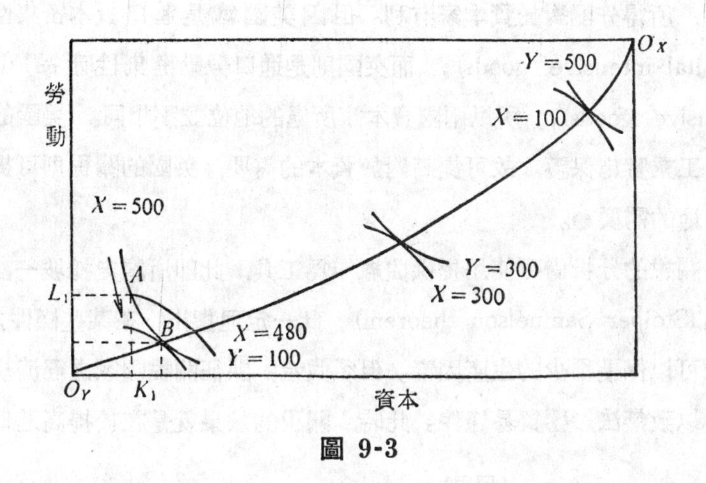

圖 9-3

圖 9-3 的箱形圖導出。P點與等產量線 $Y=500, X=100$ 的切點互相對應，而P'點則與$Y=300, X=300$的切點互相對應。在此可以看出，P點變成P'點以後，兩種產業的勞動與資本之比率將會降低。因爲此一箱形圖是以報酬固定的生產函數爲基礎，所以在勞動與資本的比率降低以後，勞動的邊際生產力將會上升，而資本的邊際生產力則會下降。在競爭性的社會，此即表示工資上升而資本的報酬下降。由於保護X產業，關稅確已達到保護國內勞動力的效果。由箱形圖可以看出，在上述的各種條件之下，關稅的課征可以提高國內的工資。

上述的結果亦可利用關稅的歷史加以印證。箱形圖的一軸如果表示可種小麥的土地，另外一軸表示資本，則可利用1830年代及1840年代的英國經濟加以說明。英國透過穀物法 (Corn Laws) 而對小麥的進口課征關稅，結果地主深受其惠。但在地主階級與新興的產業團體之間發生政治鬥爭之後，穀物法終於廢除。此後，隨着貿易型態 (trade patterns) 的改變，所得的分配對於地主轉趨不利。

十九世紀的美國，情形剛好與此相反。美國資本由於受到高關稅的保護，所得分配對於資本家有利。但因美國總是進口資本密集性產品(capital-intensive goods)，而英國則是進口勞動密集性產品(labor-intensive goods)，所以兩國資本家所處的地位並不相同。美國的關稅是對工業實施保護，故可提高對於資本的需要，英國的關稅則可提高對於土地的需要❷。

關稅的分析尙可使用提供曲線作爲工具，此卽所謂史托坡—沙苗生定理(Stolper-Samuelson theorem)；此一定理指出：在某些條件之下，關稅可以保護稀少的生產因素。但須假定：課征關稅國家之經濟規模太小，以致無法影響貿易條件。此時，關稅的效果就是在於提高進口商品

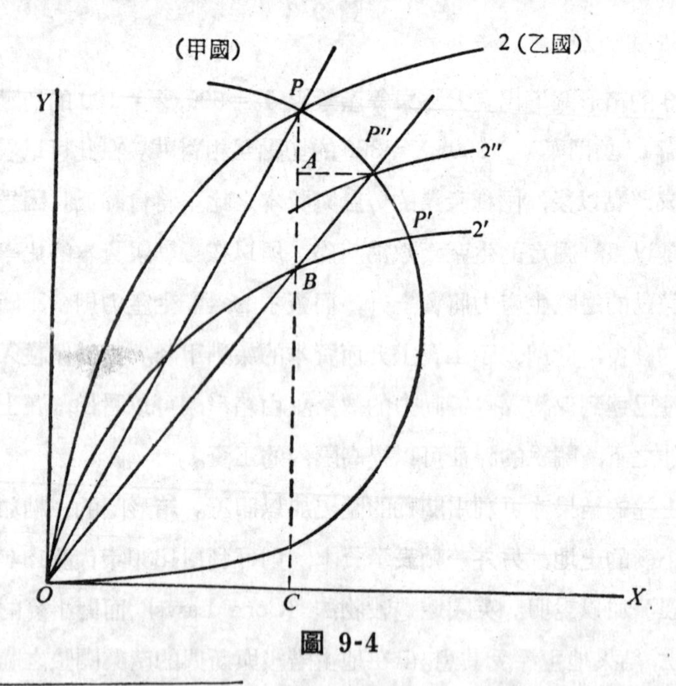

圖 9-4

❷ Charles P. Kindleberger, "International Trade and United States Experience: 1870-1955," in *Postwar Economic Trends in the United States*, ed. R. E. Freeman (New York: Harper & Row, Publishers, 1960), pp. 365-66.

的相對價格。但是，經濟規模較大的國家如果課征關稅，是否就會影響貿易條件？如何影響？

以上的問題可以利用圖 9-4 加以解答。假定甲國與乙國已在P點達成自由貿易的均衡，其貿易條件爲OP。乙國對其進口商品X課征關稅，依上圖所示，稅率爲50%。在此暫不考慮政府把關稅收入再支出以後的影響，則課征關稅以後，必然引起提供曲線向下移動，例如，BP爲CB之50%。如此，國內價格比率OP亦較國際貿易條件OB高出50%。關稅可用另一方法說明。在P點，乙國的人民願意提供CP數量的Y以交換OC數量的X，不管是否課征關稅均是如此。如果不課關稅，甲國的人民願意出售OC數量的X以交換CP數量的Y。如果課征關稅，乙國的政府可謂中途奪去PB數量的Y，此爲支付給外國的BC之50%。因此，提供曲線$2'$係從X軸至提供曲線 2 的距離之 2/3。政府如把全部關稅收入用於Y商品的支出，則不會再有進一步的國際影響，至於新的均衡將在P'點達成。

通常，政府的支出與財政政策極爲固定，不受關稅收入之多少所影響。在此情況之下，關稅僅是取代若干其他租稅而已，而可支配所得 (disposable income) 亦告增加。所得增加以後，就會引起更多的進口，也會增加對於國內生產的消費。關於新的進口可用下列的方法說明：假定乙國的邊際進口傾向 (marginal propensity to import; *MPM*) 爲AB/PB（亦卽，增加的所得相當於PB，其中的AB用於進口支出）。AB數量的Y可按國際價格購買AP''數量的X。新的均衡可在P''點達成；此時是以CA數量的Y交換$OC+AP''$數量的X。至於國內價格比率則未變動，仍係高出價格線OP''的 50%；但是OP''爲OP的2/3。由於國內價格未變，生產、因素比例，或工資均未變動。如此，Stolper-Samuelson 的效果已被修正爲關稅對於國際價格的效果。

當然，國內價格不變是一種極端的例子。如果乙國的邊際進口傾向較小，均衡點將落在 P' 點及 P'' 點之間，而國內價格就會下降。如果邊際進口傾向較高，國內價格就會上升。馬策爾 (A. H. Metzler) 曾證明上述極端例子的條件爲 $E_{td1}=1-MPM_2$，而且，如果 $E_{td1}>1-MPM_2$，國內價格就會上升。同理，如果外國進口需要的彈性小於一減本國的邊際進口傾向，則 X 商品的國內價格就會下降。由此可見，關稅的效果主要是決定於外國進口需要的彈性，而與課稅國家的彈性較少關聯。如果外國的進口需要彈性極低，關稅就不能達到保護國內產業的目的，也不能提高密集使用的生產因素之所得。

五、貿易自由化

在各種貿易限制實施之後，國際貿易的數量必然大大減少。此時，某國如果片面地撤銷部份或全部的進出口障礙，從而促成貿易數量的增加，並擴張國際專業化的潛力及貿易利益之後，對於該國是否有利？本國撤銷若干貿易限制後，是否須待他國隨之撤銷貿易限制，本國才能獲得貿易利益？玆以分析關稅理論所用的工具分析這些問題。

圖 9-5 表示只有一個國家課征關稅；例如，課征關稅的國家爲一小國，所以並不引起貿易對方國家的報復。OH 及 OF 分別代表本國及外國在自由貿易下的提供曲線，自由貿易點爲 R。在自由貿易之下，本國所達成的福利水準以貿易無異曲線 h_1 表示，而與外國提供曲線在 S 點再度相交。

如果本國降低關稅或採取「最適關稅」，致其提供曲線變爲 OH'，此與外國提供曲線 OF 相交於切點 (T) 或切點的右方， 此時，其貿易無異曲線爲 h_2，最適關稅的採取，或把關稅降至最適關稅以下，或把關

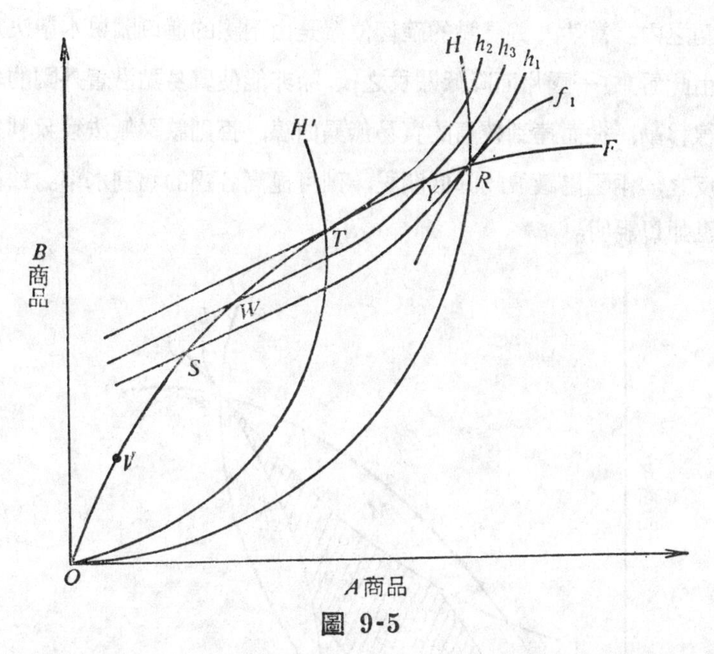

圖 9-5

稅完全撤銷，雖會引起貿易條件的惡化，但其貿易增加之後所獲的貿易利益則可加以彌補而有餘。

另一方面，如果所課的關稅高於最適關稅，以致貿易點位於S點及T點之間（例如W點），則在某國片面降低進口關稅使其接近最適關稅之時（在W點及T點之間，或在Y點及T點之間），將可獲得福利。某國降低關稅之後，如使貿易點位於Y點及R點之間，該國的情況必更惡化。最後，關稅之降低如使貿易點落在外國提供曲線上S點之左（例如V點），則在關稅完全撤除之後，必可達到較高的貿易無異曲線及福利水準。不過，如此所獲之福利必定小於關稅部份降低以後，新關稅水準趨近於最適關稅，而貿易點落在R點及S點之間所獲之福利。

再就比較實際的情況加以考慮。假定兩國均課進口關稅。此即表示，兩國課征關稅以後之提供曲線必定相交於兩條自由貿易之下提供曲線所包的範圍之內。以圖 9-5 表示，貿易點必定落在 OH 及 OF 所包的範圍之內。當然，貿易點的確切位置是由兩國的進口關稅水準決定。

由此看來，一國片面降低關稅之後，除非能使貿易點沿着外國的新提供曲線移動，從而達到較高的貿易無異曲線，否則該國無法獲致利益。

反之，兩國協議彼此降低關稅，則可提高各國的福利水準。玆從本國觀點加以說明。

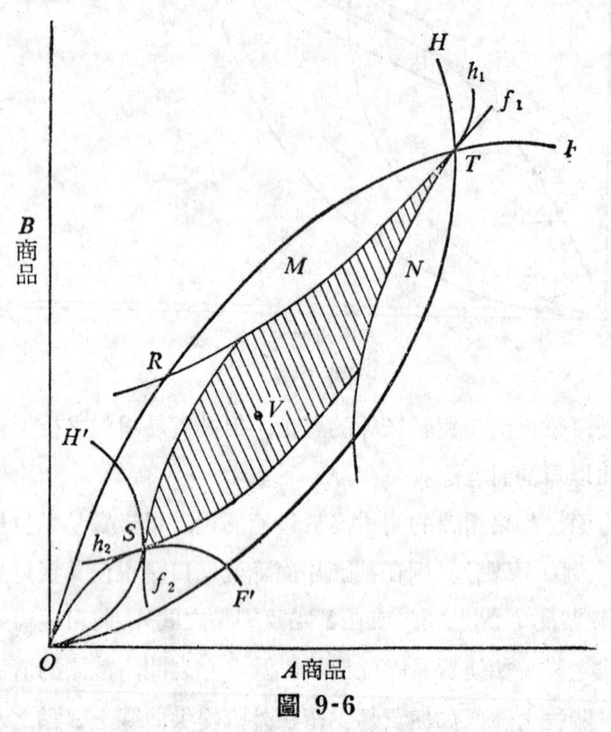

圖 9-6

在圖 9-6 中，OH 及 OF 分別代表兩國在自由貿易之下的提供曲線，交點爲T，而且本國係在貿易無異曲線 h_1 線上。如果兩國均課關稅，則兩條提供曲線相交所代表的貿易點，必定落在 OH 及 OF 所包的範圍之內。爲使本國獲得利益，課征關稅時之貿易點向自由貿易點R移動之時，必須伴隨着貿易無異曲線向較高的水準移動。課征關稅時之提供曲線如爲圖 9-6 中之 OH' 及 OF'，而貿易點爲S，則在兩國的關稅全部撤除，而回到自由貿易點R之時，乃是代表本國已經達到較高的貿易無異曲線。此爲本國希望達到之情況。

但是，課征關稅時之貿易點如果落在M的區域，情況又將如何？兩國的進口關稅如果全部撤銷，從而回到自由貿易點R之後，則是代表本國福利水準的下降，以及較低的貿易無異曲線，故就本國觀點而言乃是不利。一般而言，如果課征關稅之後的貿易點落在外國自由貿易下之提供曲線（OF）及本國自由貿易下之貿易無異曲線（h_1）所包的範圍之內（以圖 9-6 中的 M 表示），則本國無須參加有關關稅減讓的談判。本國及外國的關稅還是讓其保持原狀爲佳。但在另一方面，課征關稅時之貿易點如果落在 OH 及 OF 所包的範圍，亦即落在M的區域之外的任何一點，則本國還是處於自由貿易的情況較爲有利，故應積極參加有關關稅減讓的談判。

但是，兩國有時均不同意完全撤銷關稅，但却願意降低關稅水準，此即表示，課征關稅時的貿易點並不移至自由貿易點，而是移至 OF 及 OH 所包的區域。則在何種情況之下，本國應該參加降低關稅的談判？

在圖 9-6 中，假定課征關稅之時的提供曲線 OH' 及 OF' 相交於 S 點。此時，本國到達的貿易無異曲線爲 h_2，外國到達的貿易無異曲線爲 f_2。在此情況之下，只要新的貿易點位於此兩條貿易無異曲線之間（在陰影區域之內，例如V點），則兩國均可獲得降低關稅之利益。因爲除非能够提高本國的福利水準，沒有一國願意接受新的關稅，所以如果兩國均願降低關稅，無異表示兩國均可獲得降低關稅之利益。

六、次佳理論

一國是否能够擬訂「最佳」（best）的貿易政策，使其人民的物質福利處於最適當的水準？在事實上，因為個人之間的福利無法進行比較，而且貿易的變動會使所得分配改變，所以經濟學上的最大效率 (maximum efficiency) 並不等於最適福利 (optimum welfare)。假設在理論上無法找出最佳的政策，然則，次佳 (second best) 的政策為何？

為了解答此一問題，玆再回到貿易政策之理論。社會福利如何決定？如果無法進行個人之間的比較，即就獲利者的利益與受損者的損失進行比較，則又如何知道某種貿易政策對於全體的經濟福利有利或有害？在理論上，可以簡單地認為，如果某些人獲利，但却沒有人受損，則可以說社會福利已有增進。至於社會福利的變動，可以如此定義：在某一時期之內，每一個人的經濟福利由其購買與出售決定。在此時期之內，如果某人購買的「價值」超過其出售的「價值」，便可判斷此人的情況較前為佳。因此其個人的經濟福利亦已有所增進。

社會福利係全國之福利，是由構成該國之每一國民之個人經濟福利加總而成。如果由於經濟的發展，而使此一個人經濟福利加總而成的福利水準有所增加，便可以說社會福利已經有所增加❸。只在邊際社會價值等於邊際社會成本之時，社會福利才可達到極大。任何交易如使買方的邊際價值超過賣方的邊際成本，全體的社會福利可說已有增進。

一般而言，如果最適社會福利所需具備的一切條件均能滿足，且在每一交易之中，邊際成本等於邊際價值，則就整個世界而言，自由的國際貿易便是惟一「最佳」的貿易政策。

在實際上，賣方的邊際成本常與買方的邊際價值不同，這是因為最適社會福利所需具備的一切條件，並不存在。(一) 不管是商品及勞務市場或是生產因素市場，極少完全競爭的情況；(二) 政府常以補貼或

---

❸ 測定福利之方法可以參閱 James E. Meade, *Trade and Welfare*, (Oxford: Oxford University Press, 1955), ch. VII, 及 ch. II 中之數學補充。

課税等方法實施干預；（三）在生產時會發生外部經濟及外部不經濟。在此種種情況之下，不能隨意認定貿易自由化 (trade liberalization) 可以增進社會福利及經濟效率，或是認爲貿易限制的增加會使社會福利受到損害。事實上，在此情況之下，任何貿易政策的福利效果根本無法確定。

基於以上所述，可以這樣認爲：任何貿易政策，不管是增加貿易限制，或是減少貿易限制，只要能使一國的社會價值與社會成本之間的差距減少，即能增進經濟效率與社會福利。例如，假定美國降低汽車進口的關税，則汽車的邊際社會成本與邊際社會價值之間的差異就會縮小，因之可以獲得社會福利。但是，美國汽車的購買增加以後，同時也會引起輪胎、汽油等銷售的增加，如此一來，邊際社會價值與邊際社會成本之間的差距又將擴大，因而造成社會福利的損失。

所以，在市場結構並不完全的社會中，自由貿易是「最佳」的政策。鑒於自由貿易之難求，實在應有「次佳」之解決辦法，但是增加或減少若干貿易限制，無法保證就能達到此一目標。無論如何，仍須考慮特殊的貿易政策對於社會價值與社會成本之間的差距之影響。除非政策實施以後，能將上述的差距縮小，才可認爲是有益於社會福利的政策。

第十章　美國的貿易政策與保護主義

現代的任何一個國家，其經濟政策所追求的目標，無非是充分就業、物價穩定、經濟成長、所得平均以及國際收支的平衡。這些政策目標的追求總是以國家的利益爲基本前提。不過，由於當前的國際之間，比之從前更爲密切 (integrated)、更爲相依 (interdependent)，所以，各國的經濟政策總是相互影響，彼此作用。

很不幸地，從過去的歷史看來，許多國家的經濟政策，不管是大國或是小國，總是忽略了國際之間相依相生及相輔相成的特性，而獨斷地採取了諸如關稅、數量限制或其他的保護措施。如此一來，不僅世界貿易的自由進行受到嚴重的阻礙，而任何國家所追求的經濟政策也就無法圓滿達成。美國建國二百年來的經濟政策，也是在這種短視而錯誤的歷史中前進，因而對於國際貿易及世界經濟都發生了重大的影響。

到了1960年代中期以後，西歐國家及日本的戰後重建完成，經濟高度復興，對於世界經濟的影響力量逐漸增强。不過，美國目前的人口所佔世界總人口的比率雖然只有 6%，其生產所佔世界生產總額的比率則達 30% 之多，其貿易所佔世界貿易總額的比率，亦在14%之譜。由此看來，美國對外經濟政策的動向，對於世界貿易與經濟的前途，仍然具有擧足輕重的影響力。今後的美國如能採取比較自由的貿易政策，不僅美國本身可以獲得來自國際專業化的貿易利益，而且能够促進世界經濟的成長，反之，美國的保護主義如再抬頭，甚至變本加厲，必會引起其他國家的廣泛報復，而使世界貿易重蹈衰退的覆轍。

本章擬從歷史的觀點檢討美國的貿易政策，藉以了解其利弊得失。

一、一九三四年以前美國關稅政策的演進

美國關稅政策的演進與其經濟發展的過程可謂息息相關。自從美國建國以來，關稅一直是其對外經濟政策的主要部分之一，關稅的定期升降構成美國關稅歷史的一個特色。時至今日，美國仍在標榜自由貿易，但是自由貿易始終只能說是一種理想，一種目標而已，美國從未眞正予以實施。

1. 財政關稅與保護關稅

美國關稅的主要起源，在於建國初期政府財政收入的需要。在19世紀的最後十年，關稅收入佔聯邦政府經常總收入的一半，甚至一半以上。主張降低關稅的論者，直到最近十年來仍在一直主張，最低水準的關稅爲政府收入的來源。然而，隨着政府支出的成長及其他收入來源的增加，財政關稅的重要性逐漸衰落，在1929年及1938年的關稅收入佔政府經常收入的比率僅爲 15%及 6%；此後其所佔比率愈來愈低，目前已經小於1%。

財政關稅的論調衰落以後，隨之而來的是保護主義論調的繼續壯大。誠然，美國歷史中的關稅幾乎都是包含着若干保護主義的成份。依照其初步事實而論，縱然在 1789 年的第一個關稅法案雖只課徵低的稅率，但其目的並非僅在提供收入，亦有「鼓勵及保護本國的製造業」之作用。

拿破崙戰爭及1812年的戰爭，使美國大大地減少了製造品的輸入，因而刺激了國內的製造業。至1814年，美英兩國締結和約後，英國商品大量湧入美國，使其新近成立的製造業面臨崩潰的威脅。因此一般人同意，包括主張採用低關稅原則的人士在內，都認爲關稅應提高到足以保

護美國產業的水準。1816年的關稅卽可反映此一情況；與1789年平均8%的從價稅比較，對各種輸入品的稅率提高了兩倍、三倍，或四倍。

直至其後數年，進口稅普遍地繼續提高，同時高的關稅也引起更多的抗議，特別是南部各洲。1828年的關稅法案爲南北戰爭之前最極端的保護立法，贏得「黑色關稅」(Black Tariff) 及「可憎關稅」(Tariff of Abominations) 兩個嘲弄的綽號。其主要的特點爲課稅進口貨平均從價稅率將近49%，免稅進口貨及課稅進口貨合併計算的平均從價稅率也超過45%。此類高稅率引起南部各州的激烈反對，甚至以「宣佈其無效」及脫離聯邦政府爲威脅。其結果爲1833年的「妥協」，決定對所有較高的關稅逐漸降低，並擴大免稅進口品的名單。雖然在1842年又恢復了高的稅率，但到了1846年及1857年，重又降低到1816年的最低水準。

在南北戰爭爆發之前，1857年的減稅皆已停止，戰爭的財政需要增加，乃課征較高的關稅；而在1864年，稅率已上升到可課稅品平均稅率的47%，此種高水準的保護，直至1883年以前始終是關稅政策的基礎，此後由於普遍的要求改革，遂導至略微降低的稅率修正。

1884年，克利夫蘭 (Grover Cleveland) 當選總統，爲民主黨從南北戰爭以來的第一次當權。克利夫蘭支持他的政黨從事關稅的改革，但他企圖減稅的努力却歸於失敗。哈里遜 (Benjamin Harrison) 在1888年當選總統，共和黨重行執政，他的黨綱中包含一項重要的政綱條目，卽要求保護美國的勞工以抵制外國的「貧苦」勞工。1890年的麥肯萊關稅 (Mckinley Tariff of 1890) 對於進口貨物的關稅提高將近50%，同時又將保護的原則作爲永久性的政策。

及至1892年，民主黨重行執政，企圖將 Mckinley 關稅作一般性的修正，並將關稅的稅率降低。但是，國會拒絕任何根本上的改變，只有廢止羊毛的關稅爲例外。在1896年當選總統的麥肯萊 (William Mckinkey)，隨着制訂了廸恩雷關稅 (Dingley Tariff of 1897)，恢復羊毛的進口稅，並且在多方面保護的計劃下，提高了一般的關稅稅率水準。以後在1909年的潘恩一阿德瑞奇關稅 (Payne-Aldrich Tariff of 1909) 實施以後，雖然稍微削減，直到威爾遜 (Woodrew Wilson) 總統之前，都沒有重大的變動。

1913年的安德梧關稅 (Underwood Tariff of 1913) 法案，是第一次成功地擊破南北戰爭以來建立的高度保護關稅壁壘。在免稅進口名單中增添一百多項，另外有幾百項降低稅率。平均稅率由40%以上降低到不及30%。

世界大戰阻撓了 Underwood 關稅法案的實施。隨後在1920年共和黨當選重新執政，往昔保護的趨勢又重新確實地建立起來。鑑於戰後農民的境遇艱苦，在1921年的緊急法案規定很多農產品項目增列在保護名單之內。1922年的福德尼一馬康伯關稅 (Fordney-McCurmber Tariff of 1922) 法案，即包括農產品的保護，並且提高其他產品項目的稅率，同時授權給總統，遇有需要「平衡」外國與國內生產成本的差異時，可以提高或降低稅率50%。

美國保護主義的趨勢自南北戰爭以來雖然已有數度中斷，到1930年通過惡名昭彰的霍雷一斯牟特關稅 (Hawley-Smoot Tariff) 法案，實已達到頂點；這個法案或者是立法歷史中最引起憤怒及國際敵意的一個。縱然有24個國家抗議其出口市場在很多方面均受到嚴重的威脅，另外還有許多美國著名的經濟學者向胡佛總統請願否決這個法案，但是關稅稅率已被提高到美國歷史上最高的水準，進口平均稅率超過53%。

Hawley-Smoot 關稅法案的無理及近乎瘋狂的性質，從它將那些與國內產品並無競爭的很多項目包括在內一點上，即可表露無疑。免稅進口商品名單中，雖然列出不少項目，但是其中不少物品均爲美國不能生產的商品，而其餘的項目似爲聊備一格而已。

外國對於 Hawley-Smoot 關稅的報復行爲，替任何主要輸入國家提高關稅以後可能遭受的反應，提出最佳的歷史見證，尤其處於一般經濟與金融危機的時期更是如此。Hawley-Smoot 法案實施後，很多外國立即提高關稅，一部分是各國獨自採取的政策，另一部分是報復美國的關稅提高。

美國與其他工業國家的所得及就業水準的降低，雖然無疑地係以關稅限額及其他貿易限制等混合作用爲主要的原因，但是美國1930年的關稅法案，却成爲自此以後全世界貿易銳減的主導因素。自1929年起到1932年第三季，全世界貿易總量萎縮三分之一。1930年到1933年之間，不僅美國的輸入數量縮小的程度甚於任何其他主要的工業國家，並且美國的輸出數量也是各國中降落最快的一個。因此可以得到一個結論：在經濟大恐慌期中，關稅及其他貿易障礙的結果，縮小了每個國家的就業、所得及市場。此非維護關稅論者的始料所及。

2. 重要關稅問題

當歐洲由重商主義過渡到自由放任及自由貿易的階段時，美國的獨立戰爭也獲得了勝利。美國當時流行的意見也是贊成自由貿易，此與殖民地時代受到太多管制有關。雖然漢彌爾頓 (Alexander Hamilton) 早已提出保護主義的學說，大體而論，在南北戰爭以前的美國關稅，根據財政需要的原因重於保護的目標。主要的例外：(1) 1816年的法案；這個法案在求保障那些與對英戰爭中新發展的國內工業。(2) 1828年的法案；這個法案因政治手段的錯誤而有着過高的稅率。

當英國廢除穀物條例而邁向自由貿易政策之時，美國在 1846 年及1887年的兩次關稅法案中，也步上了低關稅的後塵。

南北戰爭之後，關稅的財政目標雖然仍有重要的影響，但是保護的原則已經漸趨強勁。1890年的 Mckinley 法案及1897年的 Dingley 法案，均爲保護的高峯。這個時期，關稅已經不幸地變成政黨政治的工具。

傑佛遜 (Thomas Jefferson) 與賈克遜 (Andrew Jackson) 的一黨，被稱爲農民與職工利益的代表，反對北部與東部的工業與富豪階層，維護增加政府收入的低關稅，但是並非嚴格意義的自由貿易論者。Hamilton 的一黨，由於堅持幼稚工業之有賴保護，所以始終强調外國低廉勞工競爭的危險及保護國內市場的美德。到了南北戰爭以後，這兩大黨的政綱却不斷地反對及威嚇關稅。

簡單地說，美國有關保護關稅的衝突，大約直到第一次世界大戰爲止，係南部農業派與北部工業派雙方抵觸的產品。這正反映出19世紀美國的基本形勢，那時美國正是工業品的輸入國與農產品的輸出國。美國南部與西部的墾殖場主反對關稅，因爲關稅使他們對於工業品必須支付較高的價格。可是，北部的工業家們渴望保護，以期抵制外國的競爭。

自南北戰爭到第一次世界大戰這段期間，美國經濟的結構已有重大的變化，工業化的程度大爲提高。因而，美國的比較利益也由初級產品轉向工業製品。因此，美國遂由工業品的輸入國家及原料與糧食的輸出國家，轉變爲工業品的輸出國家及原料與糧食的輸入國家。目前，美國的經濟結構比較平衡，在某些農產品及重工業品方面均能繼續享受比較利益。

可是，美國社會對於關稅存有一種誤解，認爲純是私利的產物。其實，很多課稅項目的實施，都是經過地方上有利害關係的份子互相支持與贊助而實現的。在某一時期或其他時代，各種贊成關稅的證據幾乎都出現過。有那些證據中，對於美國關稅的發展影響最爲深遠的是保護幼稚工業的理由及軍事安全的理由。

二、互惠貿易協定與關稅及貿易總協定

美國在實施了歷史上最高的保護關稅四年之後，出現了美國史上最具野心的降低關稅方案。在四分之一個世紀中，由1930年至1933年間 Hawley-Smoot 法案的平均53%之稅率，到了互惠貿易協定 (Reciprocal Trade Agreements) 方案時，平均只有12%，降低幅度多達四分之三以上。

1. 互惠貿易協定

1934年6月，美國國會批准了「互惠貿易協定法案」，授權美國總統，可以不須經過參院的批准而與外國談判相互減少關稅障礙。授權的範圍爲按照現行的稅率水準降低或提高50%。後來，改以1945年1月1日的關稅水準爲基礎，可以降低或提高50%。這項法案延長三年，其後並又相繼延長有效期限多次，且有若干重要的增訂。

在1947年於瑞士簽訂「關稅及貿易總協定」(General Agreements on Tariffs and Trade;GATT) 之前，美國曾與29個國家分別談判貿易協定。其步驟與原則如下:

(1) 談判的步驟: 先由政府各部門指派的代表組成「貿易協定委員會」(Trade Agreements Committee)，再由此一委員會指定一個「全國」委員會，詳細研討適合於談判的一切因素。根據這些研究的基礎，若發現協定可以辦到，並且是所希望的，貿易協定委員會即向總統建議進行正式談判，同時提出可能給予關稅減讓項目的名單，以及可以向外國要求減讓的項目。

倘若有關的其他國家願意談判，即可提出擬予減讓關稅項目的草案，正式談判即可開始。不過，在實際協商之前，政府的意願須先予以公告，對美國準備考慮減讓關稅的進口貨物名單印發各界，請求公衆提供意見以利談判的進行，這些意見包括國內生產者憂慮關稅減讓會使利益受損的簡單說明在內。

1947年以前締結的協定，大都規定開始三年的有效期限，其後即自動的無限期延長，不過締約的一方或他方通知條約終止後六個月，協定即予廢除。

(2) 談判的原則：美國的貿易協定附有兩項重要的原則，其一即所謂「無條件最惠國」(unconditional most-favored-nation) 待遇。美國在1923年採用此種待遇作爲一般的政策，在這項原則之下，對某一國家給予的任何利益或減讓，均自動的適用於一切其他國家而勿須提出特別的補償。因此，美國的任何貿易讓步現在均擴展及於任何外國（對於菲律賓的減讓除外，因爲這種優惠在一切貿易協定中均予承認），適用於任何與美國簽訂無條件及無限制協定的國家。同樣地，其他締約國給予任何第三國的任何讓步，亦必無條件的適用於美國，不過往往有特定的例外。所以貿易協定儘管是雙邊的，但是事實上各種減讓均爲「多邊的」性質。

談判貿易協定的第二項原則是不正式的，在求避免削弱與其他國家運用最惠國待遇獲取減讓時的討價還價能力。這個原則規定讓步僅限於「主要的供給國家」，即與任何一個國家締結協定的通則，除非該國已經是，或者可能變成進口貨的首要輸入國，或至少是重要輸入國之一，否則不會給予任何減讓優惠。

貿易協定的主要目標，雖然在於根據列表物品項目給予特種關稅減讓，不過在簽約國之間的關稅以外，也包括有關貿易關係的一般性規定。此類一般性規定包含禁止或約束採用數量限制（卽輸入限額）與貿易歧視手段的承諾。不過，最完全及最一般性的非關稅條款，在1947年日內瓦談判成功的「關稅及貿易總協定」中規定的最爲完備。

2. 國際貿易組織

在第二次世界大戰之中，美國政府卽與各盟國開始對於戰後的經濟問題作初步的磋商，爲戰事結束後的國際經濟合作提出各種方式。

戰後美國政府的政策在對外貿易關係方面已直接趨向於兩個主要目的：(1) 國際間協商一項貿易關係的法典；(2) 經由國際談判以減少或掃除各種貿易障礙。

最有雄心的企圖就是發展成商業行爲的一項法典，制訂國際貿易組織 (International Trade Organization，簡稱爲 ITO) 的憲章。這個憲章是戰爭期中將近五年的準備，及戰後二年以上辛苦協商的產品。在1948年 3 月哈瓦那會議 (Havana Conference) 結束時，54 國的代表們最後對憲章達成協議。不過，哈瓦那協定迄未獲得批准。儘管如此，「國際貿易組織」憲章總是國際貿易關係法典化的初步嘗試，並且顯示出從限制性的貿易行爲進入自由化的世界貿易，有着許多阻礙。

(1) 國際貿易組織的目標　按照憲章的規定，各簽約國均成爲國際貿易組織的會員國，均應保證互相合作以促進下列各項主要目標的實現：

①減低關稅及其他貿易障礙，並掃除國際商業上的歧視待遇。

②各國間的接觸，不論在市場、產品，以及生產的各種便利上，均須依據同等的條件。

③大幅及穩定地擴張實質所得，並且增加商品的生產、消費與交易。

④發展經濟落後地區的經濟及鼓勵國際間資本的流動以從事生產性的

投資。

⑤促進相互的瞭解、磋商與合作，以便解決有關國際貿易的就業、經濟發展、商業政策、商業實務及商品政策各方面的問題。

在哈瓦那最後獲得協議的憲章中所運用的條款，是根據各國不同的需要折衷而得的廣泛及一般性的原則，對於某些特殊問題容許若干例外，尤能顯示憲章的臨時性精神與過渡式的意味。參閱憲章內有關商業政策的條款，即可證明這點。

(2) **一般的義務** 憲章中有關貿易政策方面最一般性及基本的原則，就是規定各會員國在其他任何會員國的要求之下，有談判降低關稅與其他貿易障礙以及撤銷歧視性待遇的義務。然而，這種一般性義務的實效，因爲有「例外」條款而大爲減色。此項例外條款規定，當履行憲章的義務時，某一會員國若發覺輸入的增加已威脅到國內的生產者，甚或促成嚴重的傷害時，該國有權撤銷或修改談判所定的減讓，期能防止或救濟國內生產者蒙受的損害。條文中雖然規定在應當採取這種行動之前，受影響的各國可以協商，然而不能達成協議時，各會員國均可不必履行片面的行動。美國出席哈瓦那會議的代表們何以支持例外條款？只要看到美國與外國締結的各項貿易協定均有這種類似的條文，及美國國會大多拒絕批准不包含例外條款的任何協定，即知不足爲奇。

憲章雖然明定各會員國應協議減輕關稅及其他貿易障礙，可是與其他會員國協定以外的項目，均可自由的維持或提高其稅率。數量的限制，主要的是限額制度及輸入輸出的許可證制度，這些均在禁止採用之列。數量限制之所以不合法，是因其對貿易及自由市場作用的障礙甚於關稅。不過，這裏也有例外，最重要的例外是在於爲了調整國際收支的目的，開發中國家爲了經濟發展，以及有效推行政府的措施，尤其是爲了維護農業方案等而實施的數量限制。大體而言，較小的國家與工業落後國家在哈瓦那會議中，一致要求在他們在工業發展中有使用數量限制的權利。歐洲國家面臨嚴重的國際收支失衡，亦均堅持有使用輸入限制手段的權利，甚至爲謀改善國際收支的形勢，必要時不惜採取歧視性的方式。至於美國及其他一些國家，則將農產品作爲例外而辯護，以期調和憲章規定的義務與維護農業的政策。

憲章中有關商業政策其他規定的細節，此處不擬逐一描述，玆將主要項目列擧如次：會員國對於一切其他會員國家有締結無條件最惠國待遇的義務；任何准許採用的貿易限制措施均須基於不歧視的態度；海關手續與章則的簡化及標準化；國營貿易的經營應當轉化成民營貿易方式；初級商品方面得在某些情況下訂定政府間的商品協定，以求減輕初級商品生產者面臨的特殊問題；採取適當的措施，期能防止限制性商業經營對於國際貿易的影響。

(3) **哈瓦那會議的收穫**　聯合國邀請了65個國家參加哈瓦那會議；其中拒絕邀約者7國，包括蘇俄在內，另2國未派遣代表與會。到會的56國中，除阿根廷與波蘭之外，均在會議的最後決議案上簽字。其後數年從事準備與協商，憲章尙在等候批准的階段。哈瓦那的其他簽約國均等待美國的進一步行動，因爲美國的參加是「國際貿易組織」成功所必不可少的要件。可是美國並未批准這個憲章，謀求國會批准的行政努力到1950年卽正式放棄。

美國未能批准憲章的原因，係由於企業界與其他團體的普遍反對。某些人反對憲章認可自由貿易原則的例外，而將不正當的貿易行爲予以法典化，例如有權實施數量限制以保障其國際收支的平衡等等。很多人感覺容許憲章所定一般義務的例外，結果將使美國實施自由化的貿易政策，而却讓其他國家採取歧視性的與限制性的貿易政策。還有一種反對的意見，認爲憲章代表「經濟計劃」的一項勝利，承認甚至鼓勵會員國，有權經由政府的行動以維持充分就業，必要時得假手直接管制將國外的擾亂因素與國內經濟隔離。

我們不擬對於上述及其他種種攻擊憲章的論據多加檢討，僅只說明某些見解係屬誤會及難予辯護，另有一些雖非錯誤，但有誇大之處。無論如何，鑒於美國首倡及領導「國際貿易組織」憲章的草擬與提出，其下場如此似嫌可惜。

不過，事實上並非憲章的全部工作均屬白費。首先，不應忘記這是歷史上空前的盛舉，幾乎全世界重要的貿易國家均曾派遣代表與會商討，依據合作的行動以擴張世界的生產、貿易與投資，達成國際貿易行爲上一套原則的協定。同時，實際觀點的考慮迫使若干原則必須折衷，這些大多是防止誤用的辦法，並且表示已從過去的片面行動獲得重大的進步，其次，也是最重要的一點，「國際貿易組織」憲章中有關貿易政策的許多規定，均已列入另外一項國際協定之內，而告付諸實施，那就是「關稅及貿易總協定」。

3. 關稅及貿易總協定

當聯合國的委員會草擬「國際貿易組織」憲章的工作之時，美國國際貿易政策的第二個原則，亦即減輕特種貿易障礙的談判也已付諸實施。根據美國的提議，23個國家於1947年夏季在瑞士日內瓦開始商談關稅的相互降低。在日內瓦締結的「關稅與貿易總協定」(General Agreement on Tariffs and Trade　簡寫爲 GATT)是在「國際貿易組織」憲章尚未生效之前一項暫時與過渡性的措施，GATT 的條款均可由憲章中的規定加以取代。然而，由於各國迄未批准憲章，GATT 在以後的各次會議中又不斷加以增訂修正，目前仍繼續施行而成爲一項獨立的協定。若僅就美國有關的立場而言，參加日內瓦協定不須另有特殊的根據，因爲那種談判都是在互惠貿易協定法案之下進行的。

在日內瓦達成的 GATT，不僅包括一個特別減讓的稅則表，另外還有如上文所述的一般規定，類乎哈瓦那憲章所包括的商業政策的原則，不過包括的範圍略微狹窄。GATT 的締約國在以後的各次會議中，曾有若干條文的修訂，使一般貿易政策方面的規定更接近於哈瓦那憲章所包含的內容。

GATT 一般條款主要包括：無條件最惠國待遇；廢除數量的限制，但却保有哈瓦那憲章中相似的例外；在其他締約國要求之下負有協商減稅的義務；除某些特殊情形外，在實施容許的限制手段時，不得有所歧視；轉口貿易的自由；簡化海關規章；解除原產地證明的要求；國營貿易的經營應當像民營貿易那樣採用非歧視待遇的一般原則；最後還規定類似上述哈瓦那憲章似的一般例外條款。

在日內瓦的談判及以後的會議中，不斷進行關稅特別減讓的協商。談判的形式雖然限於美國互惠貿易協定法案的範圍以內，但是却與過去程序大不相同。在日內瓦會議之前，美國卽與每個國家分別就嚴格的雙邊基礎洽商貿易協定。而待哈瓦那會議之後，協商仍然遵奉雙邊的原則，按照產品逐項商談，每個國家往往與各種進口商品目前主要的輸入國，以及未來可能的供給國一一會談。不過，雙邊協商獲得的瞭解，許多國家均合併成協定與條約形式的減讓表列。由於各個協商小組間的密切接觸，每個國家均能看到本國與他國的雙邊協議，以及其他各國間協議對於該國處境的影響如何，再加上最惠國待遇原則的採用，實際上已使議程變成多邊的形式。

所以，GATT 有兩項最重要的特色，其一爲其一般條款所構成的貿易政策之一項法典，其二爲其內容主要係以多邊方式進行。

無疑地，GATT 的最大成就，在於世界上主要貿易國家接受商品與勞務在國際間自由交易的原則，禁止採取歧視手段及數量的限制，承認減輕現行關稅及其他人為貿易障礙的多邊談判。在 GATT 之下進行的數百種個別的協議，包括數萬種商品，適用關稅減讓的產品，則達參加談判各國進口貿易總額的三分之二，並遠超過全世界進口貿易總額的一半。GATT 最顯而易見的成就在於關稅顯著的減低；GATT 的另一貢獻，在於長期間其所保證的多邊協讓業已生效。

再者，在長時期中將有同等價値的，是 GATT 促成了會員國研討貿易政策的國際會議，及實施 GATT 一般原則與履行義務時引起爭執的調停任務。經常的磋商討論的確有其必要，因為 GATT 的一般原則中容許很多的例外。例如外國對於來自其他會員國的進口貨，均不得採用數量的限制 (即限額制度)，但却允許一項例外，即某一會員國若能證明為了國際收支的理由，進口限額係屬必要之時不在此限。什麼時候必須以限額制度保護該國的國際收支平衡，實在沒有明確的判斷標準。因此，規定 GATT 會員國為了這種目的，必須仰賴進口限額制度時，應該先與其他會員國磋商這類限額的性質及範圍，並且取得他們的認許。實施進口限額制度的會員國，必須維護及促進將來能够便於撤銷限額的情況。這種手段主要係在謀求經濟落後的會員國，在從事工業化及實施穩定國內物價方案，而採取輸入限額制度時，避免及防止誤用情事的發生。

GATT 的效力從其過渡性質上看特別顯著，為了等待「國際貿易組織」的建立，GATT 僅只作為臨時性的措施，然而，GATT 雖然繼續作為一個獨立行動的機構，可是並無常設的行政組織，甚至對於一切會員國均無明確的制裁辦法。美國參加 GATT 成為會員國之一，係根據行政部門的同意，並未邀獲國會的批准。事實上，在1951年通過的貿易協定法案增訂條款，特別規定該項法案不能解釋為 GATT 須經國會的批准或不批准。

及至1955年，美國與 GATT 重新談判獲致協議，欲謀建立一個永久性的機構，即衆所周知的「貿易合作組織」(Organization for Trade Cooperation 簡寫爲 OTC)。「貿易合作組織」的主要目的，在求建立永久性的行政機構，以便執行 GATT 的重要條款。然而艾森豪 (Dwight D. Eisenhower) 總統謀求國會批准，期望美國成爲「貿易合作組織」會員國的努力歸於失敗，同時，「貿易合作組織」與往昔的「國際貿易組織」類似，必須美國的參加始能成立，因而已被束諸高閣，國會的情緒如果能够改變，這個組織方可再生。

4. 互惠貿易協定的成效與缺點

(1) 成效　由於在互惠貿易協定方案之下進行很多貿易協定談判的結果，美國關稅壁壘的高度業已相當的降低。在計算方法上雖然有其缺陷，我們仍可以從下列資料中粗略估計出美國關稅水準變動的景象。當1930至1933年間，其時貿易協定法案尚未開始實施，美國對於進口貨物的從價稅稅率平均約爲53%。到1958年貿易協定法案最後的一次繼續實施時，進口稅的平均水準降低到12%上下。除了在1962年美國與歐洲共同市場及其他18個國家的重要協商，使一千餘項目平均降低關稅20%之外，互惠貿易協定法案實施的最後幾年之內，並無巨幅降低關稅的舉措。

美國自1934年互惠貿易法案開始實施，到1962年，該法案終了爲止，美國的關稅降低四分之三以上，決不能完全歸功於貿易協定的談判；大部分的減稅均應歸因於通貨膨脹。當物價上漲時，相等於從價稅的從量關稅稅率即形降低。美國大部分課稅的進口貨物，均按照從量稅課徵，因此，通貨膨脹是一項最有效的「自動」降低關稅壁壘的工具。

誠然，自1934年以來，美國關稅平均水準的降低，其榮譽在貿易協定方案與通貨膨脹兩者之間確應平分秋色，每一方面的貢獻幾乎各居其半。

美國在貿易協定方案下，從別的國家獲得多少關稅的減讓，由於各國的關稅結構與稅率彼此不同，甚難給予數量上的測度。大致上，在1937年與1956年之間，英國的關稅平均降低44%，法國降低68%，德國降低70%，義大利降低28%，瑞典降低73% [1]。根據1961年的一項研究，美國對於工業產品進口稅的平均水準仍然低於某些國家。

不過，以近年來的情形觀察，關稅對於美國出口貨物的障礙，已經不如外滙管制與進口數量限制兩者重要。雖然 GATT 的會員國都有避免採用貿易上數量限制的一般義務，而國際貨幣基金的會員國在收支的數量限制方面也有相似的義務，但是一國爲了國際收支困難的原因，得免除此類義務。在二次大戰結束之後的最初幾年內，與美國貿易的重要國家，均根據這樣的理由維持嚴格的數量限制及支付限制等手段。結果，與這些國家談判降低關稅，確屬沒有什麼意義。可是，隨着這些國家經濟狀況與國際收支的改善，進口的數量限制均已減輕。及至1958年普遍恢復通貨的自由兌換以來，貿易與收支免除數量限制的運動業已得勢，所以到了1962年時，美國貨物的主要輸入國家，實際上均已廢止工業產品輸入的數量限制。從這種演進上看，過去及未來的關稅降低都具有相當重大的意義。

(2) 缺點　1934年的貿易協定法案從未成爲美國法律中的一個永久部分，但是却必須週期性地展延它的權限。直到1962年，該法案最後一次滿期，始由新的立法——貿易擴張法案 (Trade Expansion Act)——所代替爲止，其間曾經11次展期。當每次展期法案滿期時，均有更

---

[1] Don D. Humphrey, *The United States and the Common Market.* (New York: Frederick A. Praeger, Inc., 1962), p. 38.

多的增訂，當然均爲國會的修正。最後幾次的展期法案，自1951年的一次開始，包括了法案實效大爲削弱的增訂在內。此類削弱實效的增訂係關於「免責」條款、「危險點」條款、國家安全條款，以及總統談判減低關稅的權限等條款。

免責條款 (The Escape Clause) 1942年12月美國與墨西哥締結的貿易協定中，即包括一項負責條款，規定任何商品的一種關稅減讓，由於減讓及「不可逆料」的演變結果，致使該商品進口增加數量造成「嚴重傷害」，或威脅同類或相似產品的國內生產時，得撤銷該項減讓的全部或一部分。在1947年，美國總統頒發行政命令，要求今後的一切貿易協定中均增入一項類似的免責條款。1951年的貿易協定展延法案通過之後，訓令不僅未來的一切貿易協定中必須包括免責條款，而且一切現有的貿易協定亦須盡速增訂。

1951年的展延法案所提出的免責條款，其所採用的程序及判斷標準，在1953、1955及1958年均分別加以增訂。關稅委員會 (Tariff Commission) 得因總統的要求、國會兩院的議決、參議院財政委員會 (Senate Committee on Finance) 或衆議院撥款委員會 (House Committee on Ways and Means) 的議決，或者依據該會自身的行動與任何利害關係團體的請求，負責迅速進行免責條款的調查研究。在調查工作中的一部分，是由關稅委員會舉行公聽會，利害關係的團體均獲機會作證。關稅委員會若發現根據貿易協定的讓步，使進口貨物的數量增加，業已發生嚴重傷害或者受有嚴重傷害的威脅時，應建議總統撤銷或修改該項讓步，或者採取一種進口限額制度。總統不一定要採納關稅委員會的建議，倘不予採納時，總統應即諮文國會說明理由。另外，1958年的增訂條文規定，國會可以三分之二表決通過認爲總統的該項諮文無效。

根據免責條款詮釋「嚴重傷害」所用的判斷標準，業已相繼擴充，而使生產者甚易獲得解救。1951年的法案指定關稅委員會不必排除其他種種因素，應即考慮「國內有關工業之生產、就業、價格、利潤及工資等的降低趨勢，或者銷售數量的下降傾向，以及進口貨物的增加狀況；不論實際的或是相對的，存貨增加對於國內生產的關係，或者國內市場由本國生產者所提供部分減少的情形」。1955年的貿易協定展延法案，大大擴充了免責條款的行動基礎，將「國內工業」一辭的解釋，包括具有多種產品之企業單位的每一項產品，當增加的進口貨物並非傷害的主因時，也容許找尋遭受的損害。

在實際使用時，免責條款並未廣泛的用作取消貿易協定讓步的手段。在關稅委員會調查的幾十件案子之中，發現受到傷害的約佔全數的四分之一，其中被總統接受而採取行動的僅約一半而已。此外，除掉鉛與鋅兩者（已經施行進口限額制度），受影響的項目均屬不太重要的東西，例如晒衣繩所用的木夾、乾果、製帽用毛皮、脚踏車及苜蓿種子等。然而，免責條款能使外國出口商遭受美國市場突被限制的風險。

危險點（The Peril Point）受影響的美國生產者反對降低關稅的力量日益强大，終於在1948年的貿易協定展延法案中增添一項「危險點」的規定。次年的展延法案將危險點的規定刪除，主要是因行政部門對於國會的壓力，其時行政部門正强而有力地反對，但是，1951年的展延法案重行列入這項條款，並且加以些微的修正。故在其後的各次展延法案中，這個條款仍然繼續有效。

在危險點的規定之下，任何貿易協定進行談判之前，總統應將擬欲從事商談關稅減讓的貨品名單諮送關稅委員會。該會應即加以調查，並且提出有關以下兩方面的報告：㈠名單所列的每項貨物若予任何程序的減稅，對於國內同類產品的製造行業或直接相競貨物的製造業，並不促成傷害或有嚴重傷害的危險，其減稅的最大限度如何。(二) 爲求避免嚴重傷害或遭遇傷害的威脅，必須提高關稅的最小限度或新設輸入限制的最小限度。

在關稅委員會未提出有關危險點的報告書以前，或者在擬欲商談減讓關稅的貨品名單送達關稅委員會未滿 120 天以前，總統不得締結貿易協定。然而，總統不必一定採納關稅委員會的結論；而當不予採納之時，總統須將發生問題的貿易協定副本諮送國會，註明那些減稅項目與關稅委員會的報告不一致，並須申述不採納關稅委員會建議的理由。因此之故，1956年 GATT 在日內瓦進行關稅談判時，美國未能像關稅委員會有危險點報告書中所說的，將鎢合金、小提琴及中提琴預先提出增加的進口關稅，依照規定美國總統即向國會提出報告申述理由。

免責條款與危險點規定，顯然密切相關。前者主要的用於留意現有的貿易協定已經給予的減讓產生什麼傷害，後者則主要的用於防止新的關稅減讓談判在將來可能造成的傷害。

當1960年至1962年間，美國與歐洲共同市場及 GATT 的其他會員國進行關稅談判以前，危險點條款對於美國的貿易協商並無重大的影響作用。但是，根據互惠貿易協定法案進行的最後一次談判（1960年至1962年），證明危險點的限制具有決定性的作用。歐洲共同市場在美國要求減稅的項目中，就其60%的產品減低共同對外關稅稅率20%，而美國方面的交互減讓，就歐洲共同市場要求的項目中僅約四分之一的產品給予減稅。美國提供如此不相等的減稅，卽爲根據危險點的決定而將交付談判的項目加以刪除的結果。隨後談判停頓，唯有美國在危險點以下提出新的減讓稅率始能重開談判之門。

國家安全條款　在1955年互惠貿易協定的展延方案中，新增加一項條款，卽不論某項產品是否有貿易協定的減讓，只要該進口貨物威脅到國家的安全，均容許施予貿易限制手段。某種產品的進口是否威脅國家的安全，首先由民防與國防動員局 (Office of Civil and Defense Mobilization) 給予論斷，惟最後必須呈由總統核定。1958年的增訂法案，乃將這種行動的基礎大事擴張，規定非國防工業決定的進口貨物若是削弱國內經濟，從而損害國家的安全時，亦得採用貿易限制的手段。

很多工業利用國家安全條款的藉口，作爲要求保護以對抗進口貨物的根據，這些包括毛氈、補牙材料、金屬紗、紡織品、手錶、絲質鏤花模板、電氣設備，與石油等的生產者。不過，其所提出要求的案件，經過民防與國防動員局審核認爲合法的沒有幾件。最重要的例外是石油的生產。美國在1959年對於原油與石油製品的進口，即按照國家安全條款實施進口限額，其理由係一旦國家面臨非常情況時，爲謀確保適當的石油供給，平時卽須從事國內的石油探勘，限制其進口卽在防止打擊探勘的進行。

減低關稅的權限　最後及或者是最嚴重削弱互惠貿易協定法案的，爲限制總統降低關稅的權限。最初的法案賦予總統權限依照1934年的關稅稅率降低 50%。其後，50%減稅的基礎改爲 1945年 1 月 1 日的現行水準。總統減稅的權限自此一直保持到1955年的貿易協定展延法案時爲止。以後，准許減稅的程度只限於很小的範圍以內，事實上證明直到1962年 6 月法案期滿之前，在這個法案之下成就的關稅減讓，幾乎全部均在1953年完成。

1955 年的展延法案規定現行進口稅率降低 15%，有效期限 3 年，同時稅率超過 50% 的項目一律降低爲 50%。法案的最後一次展延是在1958年，准許三種方式減低關稅：降低 20%、2個百分點，或 50%，任何減稅的施行均不得超過四年的階段。

不過，應當注意，降低關稅的合法權限在實際上從未充分的運用。

追究其原因，除了在討價還價的談判中必須獲得交互減讓的一類限制之外，另一方面是總統深受以上所述免責條款、危險點條款以及國家安全條款等壓力的約束。像上文所說的，在互惠貿易協定法案生效期間，完成的平均關稅水準的減低，絕大部分毋寧是通貨膨脹的副產物，而非對外談判的收穫。

三、美國的進口限制政策

1. 進口設限

限額制度通常是比關稅更爲嚴格的貿易限制手段，因其對於有關商品的輸入數量施以絕對的極限。在農業調整法案 (Agricultural Adjustment Act) 第 22 節中規定及修正的條文，美國自1939年起已經對很多種商品實施輸入限額。法案第22節的執行一如絕對限額似的，課徵特種輸入「規費」，這種規費是關稅法案所定正常關稅以外的賦課。

農業調整法案第22節賦予總統限制商品輸入的特權，一旦某種進口貨物使美國農業部有關農產品的方案喪失效力，或者有喪失的可能，或者對於該項方案有實際上的干擾時，即可藉徵收規費或輸入限額（在特定的限度以內）加以限制。1951年的貿易協定展延法案，更進一步規定凡貿易協定或其他國際協定與農業調整法案第22節的要求有牴觸情勢者，在任何時期內美國均不得締結該類協定。

美國對棉花、小麥與麵粉、若干牛奶製品、落花生、燕麥、裸麥及大麥，均根據農業調整法案第22節的精神，一律限制其輸入數量。

在該法案第22節之外，1950 年的國防生產法案 (Defense Production Act of 1950) 規定了衆所週知的「乳酪增訂條款」，根據此項條款，乳酪及其他一些產品，均實施輸入限額，而牛油、米、脂肪及食油等均予禁運。在這種權限之下施行的輸入限額，嚴重的影響了某些國家的出口市場，並且引起鄭重的抗議，包括對於美國貨物的報復行動❷。美國的這種措施，尤其招致了特別的批評，認為輸入限額制度破壞了美國在GATT 之下的承諾。

為求解決農業調整法案第22節規定的農產品輸入政策與 GATT 條款之間的衝突，美國要求撤回在 GATT 之下的承諾，這項承諾如此的被視為與第22節規定所採擇的行動大相逕庭。這項撤回已被同意，可是美國實施限額制度時必須遵守若干程序及磋商，並且須將其撤回期中的實際措施逐年提出報告。

上文曾經說過，美國採用的輸入限額制度並未約束農產品的輸入。不過，在國家安全條款的規定之下，限額制度可以為了國防目的而予施行，例如，自1959年起對於原油與汽油的限制辦法卽是。另一種方式是外國向美國的出口貨「自動」限制輸出數量，最好的實例為紡織品。美國遭受進口紡織品的威脅，外國如不自動限制向美國的輸出，美國勢必採取輸入限額；於是，日本同意自1956年起限制其各種棉紡織品向美國的輸出。這種制度近年來在國際棉紡織業協定之下，業已推廣到其他紡織品的輸出國家與輸入國家。

2. 買美國貨

美國在1933年通過「買美國貨」法案（"Buy American" Act），規定除非斷定與公共利益互相矛盾或者毫無理由的耗費更多公帑，則一切公共支出，包括聯邦政府與各級政府機構的採購，只准購買美國貨物。

---

❷ Hans Lansberg, "The Role of Cheese in Our Foreign Policy," *The Reporter*, (May 27, 1952), pp. 32–34.

自此以後，常有類似的條款，由國會訂頒在若干法案之中。例如，1953年國防撥款法案的增訂條文，即規定該類撥款不得用於購買非美國生產的棉布與斜紋布，除非所需品目的國內產量不足，或者國內不能生產而按照合理價格採購者不在此項。

依照頒佈的行政命令，「買美國貨」法案最初幾年的解釋，當國內產品的售價高於外國貨物25%以上時，美國政府機關才可購買外國貨物。這個原則並未經常嚴格的遵守，甚至偶而竟被忽略。近年以來，美國政府的採購，對於外國生產者有了嚴重的歧視待遇，主要基於平衡國際收支的理由。然而，國內生產者不論基於下列任何原因，而致與外國貨價有所差異時，總是給予優先待遇。這些原因包括：(1) 國防安全；(2) 減少國內的失業；(3) 協助小規模企業；(4) 促進全國或公共的利益。事實上這四種理由之中，只有國家安全與減少失業兩項例外較為重要。

四、美國貿易擴張法案與甘迺迪回合

到了1962年6月，早在28年以前訂頒的互惠貿易協定法案，經過十一次的展期，至此終於屆滿，美國對於未來的商業政策面臨關鍵性的抉擇。很難令人相信的是互惠貿易協定方案應予廢止，可是讓這個方案像往年一樣地繼續存在，或者代之以返老還童及擴大的方案，兩者之間必須有所選擇取捨。至少，有兩項重要的考慮，趨向於後面一個途徑。

首先是該項法案作為貿易政策的一項有效工具而論，已經不堪再用。剩下能供更進一步互惠貿易談判的範圍實在微乎其微。十餘年來美國的關稅水準並無顯著的下降。美國總統尋求積極性貿易政策的權限，已經漸被各種限制所包圍，其所保留的權力只是「遵循」過去的成就，無法更進一步。

歐洲共同市場的成立，使互惠貿易協定方案引起重大的改變。歐洲共同市場對美國提出了尖銳的挑戰。面臨這種新形勢的反應，可能包括兩種方式，或者對於痛苦而離間性的歧視性貿易集團加以抵制與自衞性的撤退，或者努力促成而使之成爲自由世界經濟關係中統一而擴張的力量。美國選擇了後面一種方式，這是因爲美國很早已在支持西歐經濟與政治的統一運動，而且若不如此，其出口形勢將更遭遇嚴重的威脅。

欲使歐洲共同市場成爲世界經濟一種積極有利的力量，其主要條件在於須對非會員國的貨物與勞務建立低水準的共同關稅。然而，若欲實現，美國是歐洲共同市場的主要競爭國家，勢必相互的減輕貿易障礙。1962年的貿易擴張法案 (Trade Expansion Act of 1962) 就是根據這種情況而制訂。

以下說明貿易擴張法案的重要規定:

(1) 減免關稅的權限　以往的若干年中，互惠貿易協定法案對於總統減稅的權限，已經給予極大的限制，擴張貿易法案却在重建並且擴大這項權限。

法案賦予總統的一般權限，爲就1962年7月1日現行的美國關稅稅率得減低到50%。在某些條件下則有更大減讓的條款，但並沒有確實的運用。總統的談判關稅減讓以五年爲限，於1967年7月1日終止。

談判程序的重大變動由法案所提出，與過去對每一條款談判的限制不同，總統被授權按商品的廣泛類別加以談判。

(2) 例外條款　貿易擴張法案取消前面的危險點條款，並大大地修改例外條款的程序，如同前述，總統被授權增加或課征任何的關稅或輸入限制，此爲解除或防止國內的工業因貿易協商而增加輸入的嚴重損害所必需。然而，以前立法作文意上解釋的「嚴重損害」的觀念被認爲甚爲狹窄，且由此一損害而增加的輸入皆爲貿易協商的「主要部份」

的結果。這種輸入的增加，必將成爲產生或威脅損害的「重要因素」。這些變動的淨結果將大大地減少例外條款行動的範圍。

(3) 調整性的協助　　例外條款權限的削弱，產生了一項重要的創新，亦即提出另一種增加貿易障礙，以作爲消除因貿易讓步所產生的損害，此一方法包括對廠商及工人的「調整性的協助」。

根據利害關係團體的請求，該項申請經過審查如果合於協助的條件，則廠商與勞工雙方均得給予調節性的協助。判斷是否適合協助的標準，實際上與例外條款行動抉擇時所採用的標準相同。當貿易協定讓步以後，如使某一廠商所產物品遭受外國類似項目的競爭，該項的輸入數量增多以致形成某些廠商的嚴重傷害，或者有傷害的威脅，則該廠商卽合乎給予協助的資格。其他可以使用的判別標準，如生產設備的閒置、不能在合理的利潤水準上繼續經營，以及促成失業等。在審查是否蒙受傷害時均得考慮在內。某一群勞工若因廠商所遭遇的同樣情景，以致相當多的人數或相當大的比率面臨失業或就業不足時，亦均符合給予協助的資格。這兩方面的情形，必須是促成傷害的主要因素爲輸入增加。

對於廠商調節性協助的方式，包括技術的協助、金融的協助，以及租稅的協助，或者單獨施用，或者併案辦理。爲了這類目的辦理的技術協助，在於援助受害的廠商使其效率提高，或者轉入其他生產行列。金融的協助可以包括貸款或貸款擔保，俾使該廠商現代化、擴展，或變換其生產設備。租稅的協助方式，須使受害的廠商能够減輕其賦稅的淨額，以期該廠商在虧損狀態中能繼續營業。

對於勞工的調節性協助，包括訓練、失業救濟及遷居津貼等。其主要的重點在於重新訓練無業的勞工，使其能够準備從事新的行業。在訓練期間及訓練期滿後尚未覓得工作時，失業救濟金可以支領到52週之久。設若完成訓練需要較長的期限或者勞工年齡已逾60歲時，支領救濟金的期限可以酌予延長。最後，某一失業的勞工若係一個家庭的家長，當他在別的地區獲得工作機會而須全家遷居時，亦得領取遷居津貼。

在貿易擴張法案下的談判稱爲「甘廼迪回合」(Kennedy Round)，由53個國家於1967年5月成立。這一談判被認爲極端困難，其主要的原因爲歐洲共同市場欲解決農業政策的問題及其意圖保護農業與美國爲保持開放的農業出口市場之間的衝突。第二個原因爲法國政府的政策爲促使歐洲自美國政治的及經濟的影響而獨立，因而產生不利於貿易談判的政治性氣氛。

雖然如此，在 GATT 已談判的20年歷史中，甘廼迪回合仍然繼續產生甚大程度的關稅減讓，主要國家在工業產品方面的關稅減讓，平均爲35%，許多商品的關稅減讓已達50%，所有 60,000種商品約有 400億美元的貿易額受到影響，在消除限額及其他非關稅貿易障礙方面的成就不大，而對農產品貿易的限制也沒有大幅的降低。

一般而言，必須將甘廼迪回合認爲是自由貿易的勝利反響，其主要意義可能是它能避免歐洲共同市場將西方世界區分爲競爭性的貿易集團，而使每一個其他市場受到保護，以免損害到其經濟福利。

我們可以假設，甘廼迪回合最後將使國際經濟免除人爲障礙，但是不同限制程度的關稅仍將繼續存在；限額的限制亦將廣泛應用，特別是對農產品方面的限額。至於甚長而種類甚多的其他非關稅障礙亦將對於貿易產生嚴重的障礙，尤其是開發中國家的貿易，主要仍受已開發國家的阻礙。

最後，我們必須記住，貿易談判的結果爲可逆轉的。在貿易擴張法案之下，國會允許授權美國參加甘廼迪回合，此法案於 1967 年到期，而其後三年未再延期，或以新的授權替代。同時，1970 年代以後，以美國爲主的主要工業國家很明顯地有回復保護其貿易政策的傾向。這些所產生的問題非常重要，故在下節再詳予討論。

五、新保護主義的擡頭

戰後以迄一九七三年石油危機爆發爲止，GATT 在美國的支持下，共舉行六次多邊貿易談判，結果導致主要工業國家大幅降低關稅，世界貿易因而得以享受空前的繁榮，這段期間，可以說是自由貿易的黃金時代。然石油危機爆發後，世界經濟結構有了極大的轉變。若干開發中國家由於長期執行「外部導向」的經濟發展策略，成功地奠定工業化基礎，這就是所謂的「新興工業國家」(NICs)。部份工業國家如美國與英國，則由於調適不足，生產力與對外競爭能力漸趨下坡，以致出口萎縮，逆差惡化、產業衰退、失業增加。另一部份工業國家如日本與西德，則表現較佳適應力，挾其強大競爭力，而使貿易順差逐年擴大。至於其他多數非產油開發中國家，仍多依賴保護、援助與外債度日，結果乃演變爲一觸卽發的全球債務危機。

上述國際經濟結構失衡下的逆差國家，包括以美國爲主的已開發國家在內，爲避免產業蕭條、失業惡化，在利益團體的壓力下，限制進口以保護本國產業的呼聲，甚囂塵上，於是興起所謂之「新貿易保護主義」(New-protectionism)。此一國際保護主義的氣焰進入一九八〇年代以後不但並未消退，反而益見高漲。從表面上看來，係因國際間貿易收支不平衡，而又缺乏適當的調整機能，導致逆差國家被迫採取貿易保護手段以防止產業萎縮及失業惡化，然如深入加以追究，其主要背景因素如下:

1.若干國家政府透過對特定產業的貼補以推動策略性產業的發展，延伸至國際貿易時，自以接受貼補的產業較具競爭力。因而干預政策所創造的「假」比較利益取代未干預的「眞」比較利益，國際分工體系遭受破壞，未採干預國家之產業則處於不利地位。結果，自由貿易之生存空間愈加縮小，而保護氣息濃厚的策略性貿易愈加瀰漫。

2.在當前浮動滙率制度下，滙率變幻無常使國際貿易報價及付款的不確定性增加，且長期間未必達成均衡水準，滙率持續高估或低估，也是造成保護壓力不斷增加的重要原因之一。因爲一國幣值高估，無異對進口加以補貼及對出口加以課稅，於是潛在的出口者與國內進口替代產業就會競相提出保護的要求。反之，幣值低估常導致國內有關進口替代產業與出口產業的過度膨脹發展，一旦低估現象逐漸恢復正常，則該等產業爲避免喪失生產與就業機會，同樣要求更多政府的保護。

3.民主國家由於政黨競爭激烈，執政者爲實踐競選諾言，必需滿足人民對提升生活水準的期望。人民爲爭取更多權益，乃形成各種利益團體，利用選舉與遊說之方式壓迫政府採取貿易保護措施或進行貿易保護之立法。更有甚者，立法機構爲滿足利益團體選民的要求，轉而壓迫行政機關以雙邊談判取代曠久廢時的多邊談判，並以政治壓力強迫談判對手就範。國際經濟關係之政治色彩乃日益濃厚。

就新保護主義與傳統的貿易保護措施相較，則前者在結構與型態上至少具有下列幾項明顯特徵:

1.新貿易保護主義使用的工具由非關稅障礙取代過去的關稅壁壘，在數量限制方面，有配額、VER 等，價格管制方面有最低價、出口價格自動限制等，名目繁多，不勝枚舉。根據 UNCTAD 在 1988 年的最新統計，工業國家非燃料進口涉及 NTMs 者占非燃料進口總額的比率由 1981 年的 19% 增至 1987 年的 23%。

2.保護對象從過去的幼稚產業轉變爲策略性產業或衰退產業。

3.保護的目的從過去工業化或促進工業發展轉變爲滿足利益團體的

要求。

4.保護措施的採行從過去普遍適用轉變爲差別性待遇，亦即以雙邊談判取代多邊談判。

5.採取新貿易保護主義的國家多屬已開發國家，而非過去的開發中國家。

六、一九八〇年代美國保護立法動向

一九八〇年以後，美國大量出現財政及貿易赤字，以致美國國力江河日下，產業及產品在國際市場上競爭力日漸下降，在美國國民不斷要求美國政府採取有力措施以改善貿易赤字之情勢下，美國國會早已瀰漫強烈的貿易保護氣氛。一九八四年美國立法通過之「美國 1984 年貿易暨關稅法」，大體上雖仍遵循自由貿易的原則，但基本上仍在修正擴大對行政部門進行談判與報復之授權。

然一九八四年以後，美國貿易赤字不但未見縮小，反而大幅上升，而且連連創新紀錄，至一九八七年赤字已達一千五百億美元之譜。在此期間，美國國會雖不斷提出新的貿易法案，然由於保護色彩過於濃厚，因而遭到雷根總統的否決。經過三年餘的長期折衝與研議，終於在一九八八年八月由參院通過「1988 年綜合貿易與競爭力法案」(The Omnibus Trade and Competituieness Act of 1988)，並經雷根總統簽署生效。(參見表一) 該法案係過去四年來美國國會對有關貿易法做全盤性修訂之檢討，內容含括強化對外國不公平貿易行爲的強制報復，對進口救濟的大幅放寬、及合法授權對仿冒商品的強制沒收等，堪稱美國空前最強大的貿易法案。

綜觀上述 1988 年美國綜合貿易與競爭力法案的主要內容，可知美

表一　美國綜合貿易暨競爭力法案發展沿革

時間	發展經過
76.1.7	衆議院蓋哈特提出 HR-3 法案
76.2.5	參議員丹佛斯提出 S-490 法案
76.2.19	美國政府提出「貿易、就業、生產力」綜合法案
76.4.21	衆議院以 312 對 107 票通過衆院法案
76.7.21	參議院以 71 對 27 票通過參院法案
76.9	參衆兩院進行法案協調
77.4.21	衆院以 312 對 107 票通過兩院協調法案
77.4.27	參院以 63 對 36 票通過兩院協調法案
77.5.24	雷根總統否決國會綜合法案，衆院以 308 對 113 票推翻總統否決
77.6.8	參院以 61 對 37 票無法推翻總統否決
77.7.13	衆院再以 376 對 45 票通過修正法案（刪除工廠關閉條款及限制阿拉斯加石油外銷條款）
77.8.4	參院以 85 對 11 票通過修正法案、雷根總統表示將予簽署
77.8.24	雷根總統簽署法案生效

國已正式宣告其貿易政策之改弦易轍，即由以往的鼓勵消費模式，改爲激勵出口，加強產業競爭力的型態。該法案雖未立即提高關稅或增加進口的限制，但已授權行政部門較大處理貿易事件的權限，且美國在自設的法律基礎上，有權片面裁定是否爲不公平貿易行爲，進而採取報復措施，顯已有違美國立國精神及 GATT 的基本原則，預料將對其主要貿易伙伴構成相當的震撼與衝擊。此一法案所造成的影響大致可歸納如下:

1.加強對不公平貿易行爲的報復（即擴大使用 301 條之認定標準，由原規定「在做受損判定時，應考慮業者生產設備之閒置、銷售之減少及進口之增加等所有之相關因素」降低至「認定產業是否遭受嚴重損害時，應考慮國內生產設備的狀況、市場佔有率的降低、業務量流失、及無法維持現行研究發展經費水準等因素」，且需進一步考慮產業在景氣循環中的狀況了。此外，新法案亦增列危急狀況條款，將已裁定遭受重大損失之進口商品，具緊急性者於提出控訴起 127 天內卽可獲得暫時性之救濟，易腐性之農產品更縮短爲 28 天。

3.擴大對外國補貼及傾銷的打擊，新法案將原有「外款」，將外國政策性的鼓勵輸銷美國、干預市場機能，忽視勞工權益等事項均視爲不公平貿易行爲。基本上，美國政府將以貿易談判，與貿易對手國簽訂雙邊協定之方式，解決問題。惟美國「貿易代表署」（USTR）將分別在一九九〇年三月與一九九〇年四月兩時段內，就貿易伙伴的不公平貿易行爲進行調查，並按其程序予以排名。一旦列名上榜的國家，將遭受全面性的調查，並進行協商改善。若三年內不能撤銷或減緩不公平措施，卽進行報復。

2.大幅放寬進口救濟（卽 201 條款修正案），將原有關「國際貿易委員會」（ITC） 判定嚴重遭受損害產業國補貼定義，擴大解釋爲補貼利益由某產業或某些產業實際受惠卽可成立。更值得重視的是，將對初級農產品的補貼視同農產加工品之補貼。另增訂反逃避條款，將進口零組件的傾銷合併納入對其下游產品的反傾銷調查。根據這些條款，亞洲新興工業國家的機械零組件輸美或農業補貼政策極可能被視爲傾銷或補貼行爲，而遭到談判、協議，甚至報復行動。

總之，新法案的通過顯示美國一向標榜的自由放任主義在當前的國際經濟環境下逐漸式微，取而代之的是現實色彩濃厚的新重商主義。同時，此一立法嚴謹、條文周密的法案，已爲國際貿易制度的發展方向，建立起一套繁複的貿易遊戲規則。

第十一章 國際貿易與市場結構

過去兩章所述的貿易政策是在說明各種貿易限制對於貿易數量與貿易方向、經濟結構、所得分配，以及世界和各國經濟福利的影響。今天普遍認爲，各種不同的貿易障礙均會使得自由貿易受到打擊。

但是，卽使自由貿易亦有其基本的缺陷，亦卽，自由貿易是以價格機能的順利發揮爲前提條件，不管是在商品與勞務市場或是在生產因素市場，價格均能反映供需情況的變動。當然，在實際的貿易之中，這種情況存在的可能性極小。因爲國際之間有着許許多多的貿易障礙使得價格機能的發揮受到干擾，從而影響國際貿易的形態。本章擬對市場結構方面干擾價格機能的貿易障礙加以分析。

一、國際卡特爾

假定世界上只有兩家廠商 (firms) 生產同一種類的化學產品；一在美國，一在德國。玆再假定整個世界對於此種化學產品均有需要，而且每家廠商均能主動地在每一市場從事競爭。德國廠商固在積極爭取美國市場，美國廠商亦在積極爭取德國市場。在此特殊情況之下，兩家廠商如果坦白地或暗地裡互相約定不再競爭，而把此種化學產品的世界市場分割爲二，當然更爲有利。因爲如此一來，每家廠商在其分得之市場上均能處於壟斷 (monopoly) 之地位，從而可以自由訂定價格水準，以求利潤之最大；此時之價格水準極有可能高於競爭時期之價格水準。此種互不競爭的協定卽是所謂「國際卡特爾」(international cartel)。

廠商之間任何有關劃分市場或限制競爭之類的正式協定，均可視爲卡特爾。這類協定如果超越國際界限，對於國際貿易就會發生影響。卡特爾的目的非常單純：要使廠商參加以後所獲的利潤超過競爭時期所獲的利潤。但因卡特爾的成功須以內部的團結信任爲前提，所以國際卡特爾內部通常設立某種機構，作爲組織的聯繫。

國際卡特爾的全盛時期是在兩次大戰之間。當時，製藥、化學、電機，以及機械各業均曾組織相當嚴密的卡特爾，致使各該產品的國際貿易受到某種程度的影響或控制。根據統計，在兩次大戰之間的貿易，約有三分之一以上是在卡特爾的控制之下進行。這類國際卡特爾的存在，使得世界貿易遠離完全競爭的理想。卽使時至1964年，歐洲在汽車工業方面，曾擬成立大的卡特爾，俾使國民車 (Volkswagen)、飛雅特 (Fiat)，及雷諾 (Renault) 各汽車廠依照地理位置或車的品種劃分歐洲市場。

一般而言，卡特爾是以減少競爭的方法追求最大的利潤。此其結果，卡特爾往往在市場上造成某種程度的壟斷 (monopoly)，絕大部份是造成寡頭壟斷 (oligopoly)。方法之一是把整個市場按照地理位置或按照產品種類加以分割，每一廠商對其分配之市場就能造成有效的壟斷。各個市場之間，禁止同類產品的流通。各國廠商則依各別市場的特定需要情況，訂定最高利潤的價格。

有時，卡特爾會對整個市場供應全部產品，並且合力推銷這些產品，至於這些產品則由參加廠商按照配額 (quotas) 提供出來。有些卡特爾則簡單地只將某些共同約定的商品或勞務訂立固定價格，參加的廠商則以其品質在市場上從事競爭。

在卡特爾成立之後，卽有能力在不同的市場上訂定不同的價格。因爲同類的商品及勞務禁止在各種不同的市場之間流通，所以某種商品在德國是一種價格，在法國是另一種價格，在義大利又是另一種價格，乃視各地的需要彈性而異。

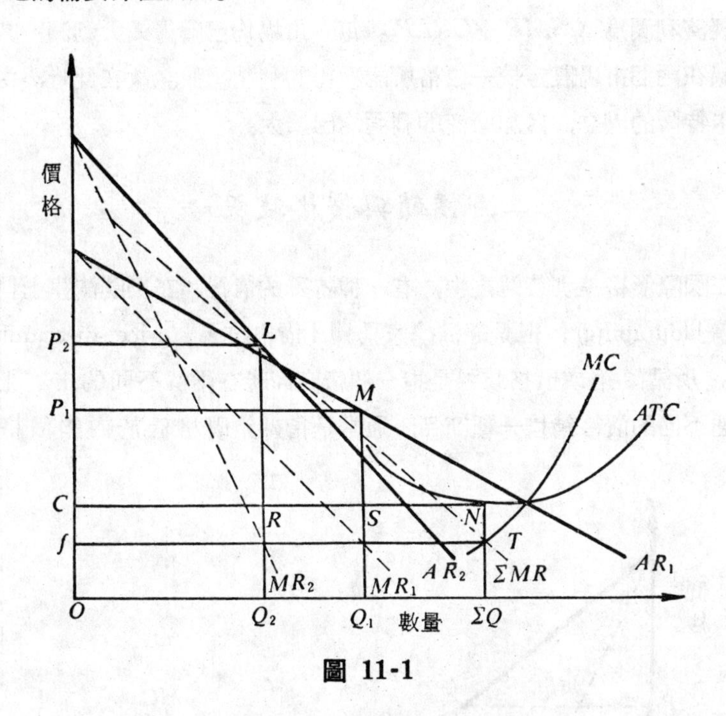

圖 11-1

上述的情形可以利用圖11-1說明。在該圖中，兩個市場需要的價格彈性互不相同，其平均收益曲線及邊際收益曲線分別以 AR_1，MR_1 及 AR_2，MR_2 表示。只要把兩個市場的邊際收益曲線相加起來，即可導出在卡特爾之下綜合的邊際收益（ΣMR）曲線。此時，卡特爾的邊際成本曲線（MC）及平均總成本曲線（ATC）亦可表示出來。

爲了追求利潤之最大，卡特爾應在 T 點運營，因在此點，邊際成本等於綜合的邊際收益，總產量爲 $O\Sigma Q$。在此總量之中，以 OQ_1 的數量在第一市場出售（$MC=MR_1$），而以 OQ_2 的數量在第二市場出售（$MC=MR_2$）。第一市場可以 P_1 的價格吸收 OQ_1 的數量，第二市場可以 P_2 的價格吸收 OQ_2 的數量。故在各個市場，邊際成本等於邊際收益。總成本以 $O\Sigma QNC$ 區域代表，總收益以 $OQ_1MP_1+OQ_2LP_2$ 代表，經濟利潤爲 $CSMP_1+CRLP_2$。每一市場均已獲得最大利潤，其總額超過在兩個市場設定統一價格所能獲得的利潤總額。故在此時，由於國際卡特爾的成立，參加廠商的利潤均已擴大。

二、傾銷與價格歧視

在國際價格差別待遇之中，有一種特殊的情況，在美國法律上稱爲「傾銷」(dumping)，但是經濟學家稱爲「價格岐視」(price discrimination)。所謂傾銷或價格歧視是指一個廠商同時在兩個不同的市場上，以兩種不同的價格銷售一種商品；通常是指外銷價格低於內銷價格而言❶。

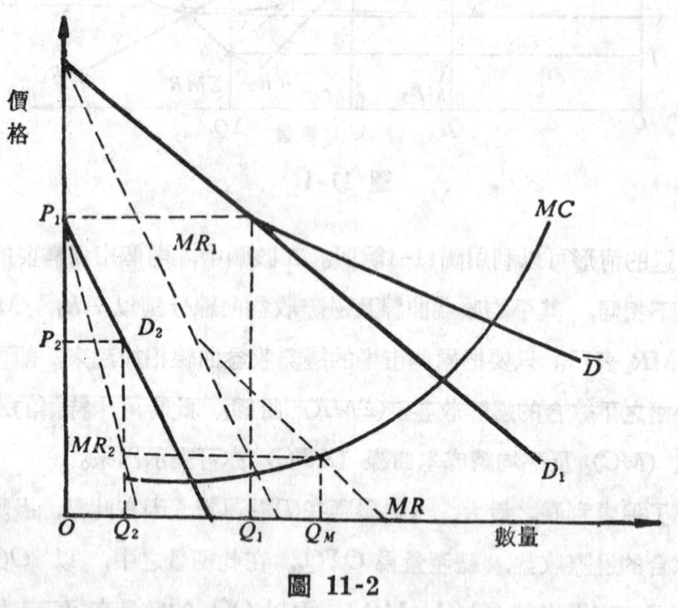

圖 11-2

❶ 有關傾銷與價格歧視方面的近著參閱

Bela Balassa, *Tradc Liberalization Among Industrial Countries* (New York: McGraw-Hill for the Council on Foreign Relations, 1967)

上述這種傾銷的成立，須有若干前提條件。首先，廠商須有能力可將市場劃分爲二，並且避免兩個市場之間該種商品的互相流通。其次，兩個市場的需要情況須不相同，亦卽，不管價格如何，兩個市場的需要曲線具有不同的需要彈性。假定第一條件已經成立；玆以圖11-2說明第二條件。

圖11-2可以表示兩個不同市場之需要曲線與邊際收益曲線。此一廠商如果沒有能力劃分市場，以致兩地的售價相等之時，則其面臨的需要曲線爲 D_1 及 D_2 的水平加總，以 $\bar{D}$ 表示。與 $\bar{D}$ 對應，必有一條邊際收益曲線。爲了追求最大的利潤，邊際成本（MC）必須等於邊際收益（$\overline{MR}$）。此時，銷量數量爲 OQ_M，兩個市場的價格均爲 OP_M。

在此價格之下，售予各別市場之數量可由 D_1 及 D_2 中找出。但是，數量爲 OQ_2 之市場的邊際收益比數量爲 OQ_1 之市場的邊際收益爲高。亦卽，如果此一獨佔廠商將售給第一市場的數量減少一單位，而將售給第二市場的數量增加一單位，結果，前者收益的減少少於後者收益的增加。由於產量與成本均未變動，故將銷售數量依此方向移轉下去，此一廠商卽可繼續獲利。銷售移轉的方向是由低的邊際收益市場移向高的邊際收益市場，其方法是把第二市場的價格降低，而把第一市場的價格提高。但是，此以兩個市場可以劃分清楚，致使第二市場的人們無法以其多餘的商品轉售給第一市場的人們爲條件。如果此二市場可以劃分，廠商將在此二市場之間重新調整銷售，俾使兩個市場的邊際收益相等。亦卽，MR_1 等於 MR_2 等於 $\overline{MR}$。此卽表示，第一市場的價格高於第二市場的價格（參見圖 11-3）。在需要曲線較具彈性的市場，價格也是較低，D_2 的情況就是如此。

如此，較富需要彈性的市場，價格較低，此對國際貿易有何影響？某些廠商在國內市場雖有相當的影響力量，但在國外市場却須從事尖銳

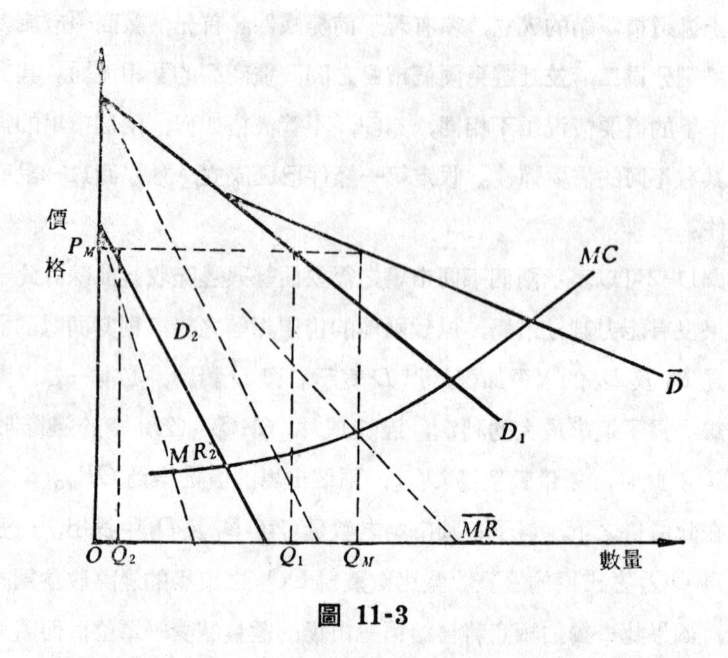

圖 11-3

的競爭。在將商品運往國外之後，由於有着運輸成本的存在，故可阻止這些商品運回本國轉售。如此，這些廠商可將國內市場與國外市場劃分爲二，而且，又因國外市場之需要彈性高於國內市場之需要彈性，故將國外市場的價格降低。此卽傾銷或價格歧視。

從被傾銷的國家來說，應是對其有利，因受傾銷之時能以較低的價格購得外國商品。但從實施傾銷的國家來說，必須負擔較高的價格，從而發生不利的資源分配現象。根據美國的貿易法令，所謂傾銷是指外國商品以低於平均成本的價格在美銷售而言。依此定義，尙有兩種傾銷，在此亦應加以介紹。

第一種稱爲偶發性的傾銷 (sporadic dumping)。有時廠商累積了超額的存貨，若以這些存貨全部推向國內市場，又恐摧毀國內市場原有的基礎，而出售這些存貨的機會成本又大，此時，廠商只有被迫以任何價格向國外市場進行傾銷一途。經此傾銷之後，被傾銷國家的消費者固將實受其惠，但生產者則將蒙受某種不利。

第二種傾銷在本質上是對於國外市場的掠奪，其目的在於排除外國市場的競爭者。這種傾銷成功之後，傾銷的廠商便把價格提高到壟斷的水準，從而獲取甚高的利潤。除非被逐的廠商能够再度打回此一市場，才能迫使此種高的價格再趨下降。

美國如果受到外國廠商的傾銷，通常先由國內的業者提出抗議，然後再由財政部判斷是否確已造成傾銷，亦即確實瞭解該種商品是否確以低於成本的價格在美銷售。不過，此種傾銷案件之調查非常困難。財政部一旦發現某種商品確已在美造成傾銷，便把整個案件移給關稅委員會(Tariff Commission)，而由該委員會判斷此種傾銷是否已對國內業者造成損害。如已造成實際上的損害，該委員會就會建議總統課征特別的反傾銷關稅。

三、商品協定

有些參加國際貿易的商品，其需要彈性與供給彈性極低，尤以產品及原料爲然。故在短期之內，需要或供給的些微變動，可能引起價格方面的重大波動。開發中國家對於這些商品價格之長期下降趨勢，感受最爲深刻。又因開發中國家所購買的製造業產品之價格相對穩定，而且長期看來有趨於上漲的傾向，故其貿易條件與經濟福利在短期內極不穩定，而在長期間則趨惡化。爲此，惟一的解決辦法就是控制供給；控制供給就是成立商品協定 (commodity agreements) 的主要目的❷。

---

❷ B. C. Swerling, *Current Issues in Commercial Policy* (Princeton: Princeton University, 1962)

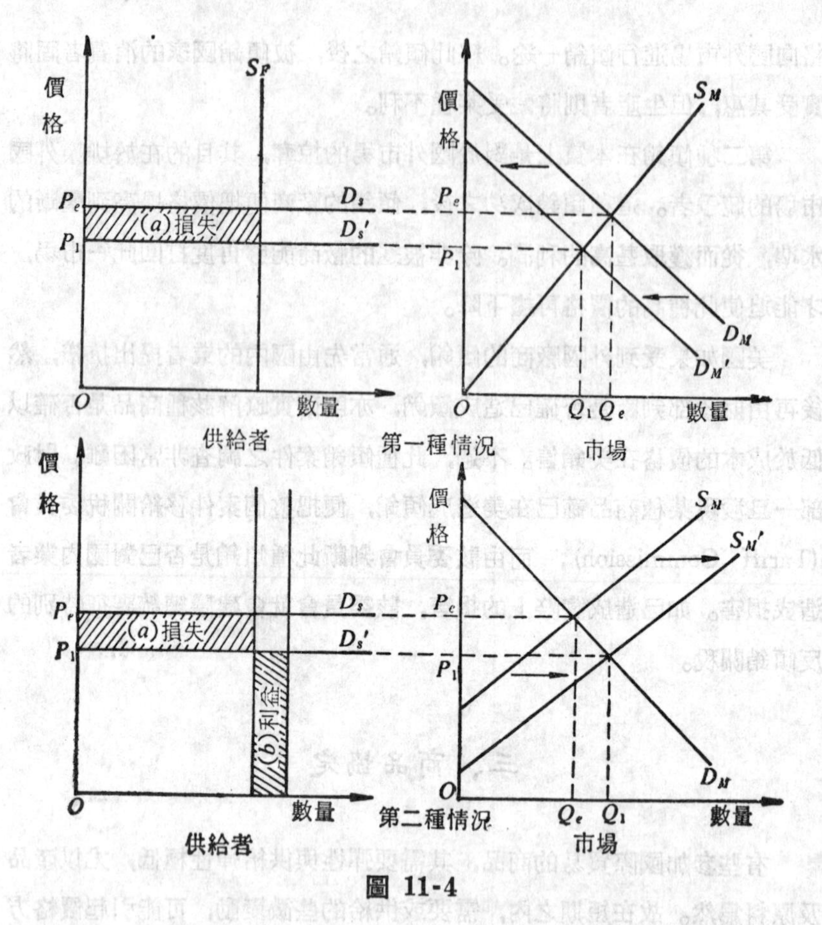

圖 11-4

圖 11-4 表示某種商品（例如咖啡）的短期需要與供給函數。如果假定咖啡的市場處於完全競爭之下，則咖啡的專業生產者所面對的需要曲線乃呈水平。第一種情況表示，外國的所得減少或嗜好變動以後，咖啡的市場需要曲線逐漸向左移動，結果，市場價格大幅下降。

此時，生產者將會認爲這是水平的需要曲線之下降，而因供給不變，故其銷售收入的減少可以 (a) 的陰影部份表示。因爲假定其所購買的商品之價格不變，故將蒙受損失。

在第二種情況之下，可能是因氣候特別良好，市場的供給曲線向右移動，而因需要固定不變，以致引起價格的大幅下降。就個別的生產者來說，此亦代表其水平需要曲線的下降，以及銷售收入之損失以 (a) 的陰影部份表示。由於價格下降所引起的損失 (a)，有時可能超過銷售增加所獲的利益(b)。

處於此種市場結構之下，商品的生產者只有一種方法可以避免價格的下降，就是限制供給。在圖11-4中，如果所有生產者同意把市場的咖啡供給減少某一數量，必可維持原來的價格，並使損失減至最少程度。此卽商品協定的工作，不管市場結構是完全競爭或是壟斷，均可使生產者得到好處，這種商品協定有時是由私人出面訂立，有時則是政府之間的協定。

私人的商品協定在本質上與卡特爾無異，是把生產限額分配給每一供給廠商。協定成立之後，世界價格卽可維持在希望的水準。此時，超額的供給或被儲藏起來或被銷毀；這是私人商品協定的一項缺點，因爲任一供給廠商總是希望能從其所提供出來的超額供給，得到或多或少的收益。所以，執行協定的機構對於這類情況的處理非常棘手。

至於政府之間的商品協定是由該種商品的重要生產國家派出代表共同商討，各國同意爲了維持某一水準的世界價格，把商品的總供給限定於某一數量。然後再依事先約定的公式，將此總供給限額分配成爲各國的出口限額。在此協定有效期間之內，各國不得出售超過限額之外的商品。當然，各國會將本國的出口限額按照某種標準分配給國內的廠商。此時，國內的個別廠商因爲沒有能力破壞限額，所以政府之間的商品協定較私人訂立的商品協定容易收到效果。

成立商品協定的最大貢獻就是在於「穩定」商品的價格。商品價格的穩定對於專業於該商品生產之廠商或國家的經濟福利來說，相當重要。商品價格如果長期處於低的水準，會使供給者受到打擊，而且，參加該商品生產的生產因素如果不能移用於其他產業，將使該國的經濟受到損害。何況，對於消費者來說，穩定的價格總比不斷波動的價格有利。

商品協定並非全無缺點。首先，商品協定雖然帶來價格的穩定，但與自由市場的價格相比，往往高出很多，致使消費者受到損失。其次，成立商品協定之後，等於保護了成本較高的供給者，從而影響資源的分配並阻礙生產力的進步。而且，由於人爲地維持高的價格水準，也會逐漸鼓勵消費者尋找其他的商品作爲替代，這將反過來對於生產國家不利。最後，由於價格的長期穩定，廠商甚至全國對於產品多樣化(diversification) 的努力難免鬆懈下來，並因長期依賴商品協定作爲穩定價格的惟一憑藉，也會阻礙國內的經濟成長。

四、單方出口管制

某國如果單方地對其出口加以管制，則在事實上與政府之間的商品協定極爲相像。正如出口限額一樣，其目的在於限制世界市場上商品的供給，藉以提高價格，改善該國的貿易條件。商品協定的達成是各國多方面的行動，至於出口管制則是某國單方面的決定。一國實施出口管制之後是否能够達到改善貿易條件的目的，乃視外國對於該種出口商品的需要程度以及該國對該產品之供給佔有何種地位而定。

如果外界對於該國出口商品之需要並非具有完全之彈性，則在該國實施單方的出口管制之後，必可促成該一商品價格的上升。由於進口價格並未變動，所以該國的貿易條件可獲改善。問題在於貿易條件改善之利益，是否會因出口數量之減少所引起的損失而抵銷。此則決定於外國的需要彈性；彈性越低，單方出口限制所獲的利益也就越大。同理，國內的供給彈性越低，出口的管制也越顯得恰當。

例如，假設智利爲世界上惟一產銅的國家，則銅的需要與供給乃是相對地缺乏彈性。此時，智利只要減少銅的出口，便會迫使世界的銅價趨於上漲。又因智利的進口價格並未變動，故其貿易條件將獲改善；而且，價格上漲所獲的利益亦將大於出口數量減少所引起的損失。因此，智利將會設法逐漸減少銅的出口，迫使銅價上升，直到每一單位出口的邊際收入等於邊際成本爲止。

限制出口的方式有二，一爲限制出口本身的數量，一爲減少產量。在第一種情形下，國內的價格會急劇下降，而國外的價格則維持不變或趨於上漲。此時，國內消費者與生產者所獲的利益顯然是以國外消費者的犧牲爲基礎。

另有一種方法就是課征「出口關稅」(export duty)；這會引起供給者的出口收入低於內銷收入，故將阻礙出口，其效果與出口限額可謂相同。不管是實施出口限額或是課征出口關稅，爲了達成效果，必須確實瞭解外國的需要彈性。

五、國營貿易

以上所述乃是假定國際貿易均由以追求最大利潤爲目的的進出口商去進行，政府除了以實施限額或課征關稅去干預國際貿易的進行之外，並不直接介入市場參加貿易以取代進出口商的地位。亦即，一切國際交易均由私人機構實際加以推動。

但在若干實施中央集權的地區，尤其是蘇俄及共匪竊據的中國大陸，其一切國際交易均由政府出面進行。亦有若干諸如印度及英國等國，國際交易部份是由私人機構進行，部份是由政府經手。至於美國、西德、中華民國，及瑞士等國，國際貿易主要是由私人機構進行，但在極少數的國際交易中，有時亦由政府直接介入進行。

不管何時，只要政府或其代表機構直接介入商品與勞務的進口或出口，即可稱爲「國營貿易」(state trading)。在表面上，國營貿易與私人進行的貿易並無明顯的區別；的確，政府機構的貿易如果遵行買賤賣貴的原則以追求最大利潤，實與私人貿易並無不同。但是，事實並非如此，政府當局直接介入的對外貿易，極少考慮比較利益的原則，而且，相對價格與成本因素所發揮的影響亦小。

反之，國營貿易主要則是基於政治因素的考慮。所謂國際之間供需情況的差異引起國際貿易之說，對於國營貿易的原理根本不能適用。例如，捷克斯拉夫 (Czechoslovakia) 在一次大戰及二次大戰之間的主要貿易對象乃是西歐各國；但至二次大戰之後的1940年代及1950年代，則因受到共產赤化的影響，其對外貿易的對象突然轉向蘇俄及其附庸國家。

由於國營貿易乃是基於政治觀點之考慮，故在出口方面遭受嚴密的管制，戰略物資的出口乃以若干友好國家爲對象，至於敵對國家則在禁止之列。而在進口方面，則亦經過嚴密之考慮，總以有利友好國家打擊敵對國家爲根本之原則。近年以來，美國對於諸如古巴 (Cuba)、中國大陸、阿爾巴尼亞 (Albania)、南非聯邦 (Union of South Africa)，及羅德西亞 (Rhodesia) 等國的貿易，可說完全基於政治方面之考慮。蘇俄也是利用國營貿易制度作爲進行冷戰 (cold war) 的武器，即在世界市場傾銷若干商品，使其價格壓低，而在適當時期則向友好國家購入，藉以滿足進口的需要。

完全的國營貿易乃是對於該國的進口及出口加以壟斷，故其弊害乃與前面所述之貿易壟斷的弊害相同。由於國營貿易是對全部進口與出口加以管制，故可作爲改善該國貿易條件之手段，從而增加該國貿易利益的比重；另一方面，則可避免國內經濟所受進口競爭之損害，或以直接或間接補助出口的方式，支持若干產業的發展。

國營貿易主要是以「雙邊貿易協定」(bilateral trade agreements) 爲基礎。在大多數的情況下，雙邊貿易協定將會載明商品參加貿易的交換比率。例如，蘇俄同意以 X 輛曳引機向古巴交換 Y 噸的糖卽是。有時，商品的價格是以雙方共同接受的通貨加以約定。有時，價格不加約定，而在實際貿易之時討價還價❸。

在非極權統治的國家，國營貿易大多是採「大宗採購」的方式。亦卽，進口國家的政府同意每年向某一國家採購某一數量的商品，甚至同意在若干年內，採購某一國家的全部剩餘產品。此種大宗採購的協定使買賣雙方在某一期間之內互相聯結起來，而對買方之國內市場的價格發生穩定的作用，對於外國的生產者來說，亦因獲得固定的市場，故可確保生產不陷於停頓。

❸ R. F. Mikesell and J.N. Behrman, *Financing Free World Trade with the Sino-Soviet Bloc* (Princeton: Princeton University, 1958).

第十二章　經濟結合的理論與實際

自1960年代以來，許多經濟學家鑑於歐洲共同市場的成功，對於區域結合（regional integration）的理論與實際發生更爲濃厚的興趣❶。而自中美洲共同市場與拉丁美洲自由貿易協會成立以後，亞洲國家對於推展經濟結合的要求更爲增强。但與拉丁美洲、非洲，及中東國家比較，亞洲國家的經濟結合進展極爲緩慢❷。本章擬就經濟結合的理論作一分析，並將特別指出已開發及開發中國家在理論基礎方面的差異。再者，亞洲國家經濟結合之推展所遭遇的實際困難何在？比較可行的途徑爲何？凡此亦爲本章討論的主要內容。

一、傳統的經濟結合理論

所謂經濟結合（或稱區域結合）是指某一區域之內的數個國家採取一些措施以促進彼此之間的經濟合作，或再進而放棄自主權，結合成爲一個更大的經濟體。經濟結合依其程度之不同可以分爲下列的五種型態：

(1) 自由貿易地區（free trade area）：這是最初步的經濟結合型態。在自由貿易地區之內，所有參加國家之間一切阻礙商品與勞務之自

---

❶ 區域結合有兩個意義：一個是與「區域合作」（regional co-operation）同一意義；一個是指兩個或更多國家在經濟方面採取更爲密切的合作型態，諸如自由貿易地區、關稅同盟或共同市場等。

❷ United Nations Conference on Trade and Development, *Review of International Trade and Development, 1970* (New York: United Nations, 1970), p. 96

由移動的人爲限制均予排除，但是各國對於區外國家仍可維持不同的關稅、限額，或其他限制措施。

(2) 關稅同盟 (customs union)：關稅同盟的組成至少包括兩個條件，一爲區內所有參加國家之間的關稅一律取消，二是所有參加國家採取一致對外的關稅結構。

(3) 共同市場 (common market)：共同市場除了具有關稅同盟的特性之外，所有參加國家彼此之間生產因素如資本、勞動等亦可自由移動。

(4) 經濟同盟 (economic union)：經濟同盟除了具有共同市場的特性之外，所有參加國家之間的經濟政策亦有相當程度的協調。

(5) 完全經濟結合 (complete economic integration)：此爲經濟結合的最高型態，所有參加國家採取統一的貨幣、財政，及社會政策，設立超國家的機構，其所作決定對各參加國家具有拘束力量。

上述可知，區域結合以後便是區域貿易集團的出現，這種集團之形成在基本上乃是採取差別關稅 (discriminatory tariffs) 的制度。參加國家彼此之間商品與勞務的進口因可享受關稅優惠，可謂是向自由貿易的理想邁進，但因對未參加國家採取差別關稅，故對整個世界的經濟福利未必有所貢獻。經濟結合雖有有益的效果，亦有有害的效果，所以只是一種次佳的解決方式 (second best solution)。

一般對於經濟結合的討論，是以關稅同盟理論爲中心。魏納 (Jacob Viner) 的「關稅同盟理論」(*The Custom Union Issue*) 一書在1950年出版以前，一般認爲區域結合之後，貿易障礙既已廢除，自由貿易更能獲得促進，故能增加世界的經濟福利，但是 Viner 指出這種說法的不當，認爲組織關稅同盟究竟能否增加世界的經濟福利，乃視貿易創造效果 (trade creation effects) 與貿易轉向效果 (trade diverting effects)

的大小而定。低成本的會員國家之產品替代高成本的其他會員國家之國內生產稱為貿易創造效果；高成本的會員國家之產品替代低成本的非會員國家之產品稱為貿易轉向效果。

茲舉一例說明如下❸：

表12-1係假定生產成本與消費型態不變之下某一商品在*A*、*B*、*C*三國的單位成本。

假定*A*國對每單位的產品課征關稅15元，則*A*國將會自行生產。茲再假定*A*、*B*兩國組織關稅同盟，共同關稅仍為15元，則*A*國將以每單位20元的代價從*B*國輸入該一商品。這是貿易創造的一個實例，區域結合以後由生產成本較低的其他國家供應商品。

表 12-1　某一特定商品的單位生產成本

國　　家	單位生產成本
A	25
B	20
C	15

現在假定*A*國對每單位的產品原只課征關稅 7 元，則未組織關稅同盟之前，*A*國將從*C*國輸入該一商品。但在*A*、*B*兩國組織關稅同盟以後，共同關稅若為 7 元，則*A*國將以每單位20元的價格從*B*國輸入該一商品。這是貿易轉向的一個實例，區域結合以後由成本較高的其他參加國家之產品替代成本較低的非參加國家之產品。

---

❸ M. O. Clement, R. L. Pfister, and K. J. Rothwell, *Theoretical Issues in International Economics* (New York: Houghton Mifflin Co., 1967), pp. 178–9.

貿易創造的積極效果如果超過貿易轉向的消極效果，資源利用的效率將會改進。但這未必表示世界經濟福利的增加，因爲生產場所的改變，除非伴有補償性的移轉 (compensatory transfers)，否則雖對某些人與某些國家有益，但對其他人與其他國家可能有害。

在成本固定不變的情況下，貿易創造的利益與貿易轉向的損失，可以下列兩個方程式予以估計:

貿易創造的利益＝(新舊供給來源的單位成本之差額)
×(貿易創造的數量)

貿易轉向的損失＝(新舊供給來源的單位成本之差額)
×(貿易轉向的數量)

但在生產成本遞增的情況下，貿易創造的利益與貿易轉向的損失不易估計。一般說來，A國供給彈性愈大，則貿易創造的有利效果也愈大。此因高成本的國內生產者相對於其他參加國家的低成本生產者喪失關稅的保護以後，國內產量將會顯著減少。另一方面，C國國內的供給彈性愈大，則貿易轉向的不利效果也愈大，此因C國的產品在A國的銷售數量減少，價格下跌以後，供給彈性愈大，其產量的減少也愈大。而在生產成本遞減的情況下，貿易創造的有益效果將較其他兩種情況的效果爲大，同樣，貿易轉向的損失也可能較其他兩種情況的損失爲大。

在生產面的分析中，尙應注意關稅同盟與相補性經濟 (complementary economies) 及相競性經濟 (rival economies) 的關係。在相補性的經濟，生產形態彼此不同，各個國家生產不同的產品；在相競性的經濟，生產形態互相類似，各個國家的產品頗多重複。就相競性的經濟而言，參加國家之間的關稅撤除以後，將奪取大部份其他參加國家的市場，這樣引起的貿易創造將會改進生產資源的利用效率。再就相輔性的經濟來說，某些產品原由某一特定國家生產，而在組織關稅同盟以後，這個國家雖會奪取大部份其他參加國家的生產，其產品却替代了其他參加國家從低成本的非參加國家之進口，這樣引起的貿易轉向將會降低生產資源的利用效率。

以上的分析係着眼於生產面的效果。但是，除非產品的需要彈性爲零，關稅同盟成立以後，還會引起消費形態的改變，從而導致經濟福利的變動。一般而言，關稅同盟對生活水準的影響依存於最初的關稅結構與需要彈性之大小。相對於其他非參加國家的關稅稅率，參加國家之間的原定稅率愈高，則貿易創造的數量愈大。新增貿易每單位所能招致的消費利益也愈多。同樣地，參加國家產品與非參加國家產品之間替代程度愈小，則貿易創造的效果愈大，貿易轉向的效果愈小，比較容易招致貿易的擴張與消費利益的增加。

即使由於關稅同盟的成立而發生貿易的轉向，但如消費者隨着價格比率的變動而改變消費形態，則貿易的轉向未必損害經濟福利。

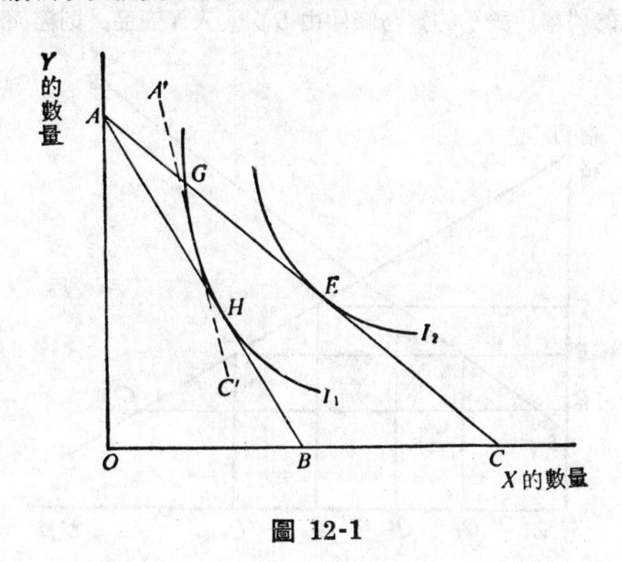

圖 12-1

在圖 12-1 中，假定 A 國只生產 Y 商品，OA 表示 A 國所生產 Y 的數量。AC 的斜率表示 A、C 兩國的 X 商品與 Y 商品的交換比率。C 國係以最低的成本生產 X 商品。在自由貿易之下，均衡點爲 E，此時，AC 與無異曲線 I_2 相切。

若 A 國對 X 商品的輸入課征關稅，則 A 國的消費形態將會改變。假定課征關稅之後，A 國國內價格的比率變成圖中的 $A'C'$ 之斜率所示。因爲國際價格比率仍爲 AC 的斜率，故對外貿易的均衡點在 AC 線上，而無異曲線 I_1 在 AC 線上與 $A'C'$ 相切於 G，此爲新的均衡點。因爲 $A'C'$ 之斜率大於 AC 之斜率，無異曲線 I_1 必在 A 與 E 之間與 AC 相交。關稅之課征引起輸入商品消費的減少與國內商品消費的增加，A 國的經濟福利遂告降低。

在上述的情況之下，A 國仍能組織關稅同盟以促成貿易的轉向，而使經濟福利提高。即從 A 點劃一切線使與無異曲線 I_1 相切於 H，而與橫軸相交於 B。假使 A、B 兩國成立關稅同盟，俾能促成貿易的轉向；若按 AB 線的斜率所表示的貿易條件由 B 國輸入 X 商品，則經濟福利並不

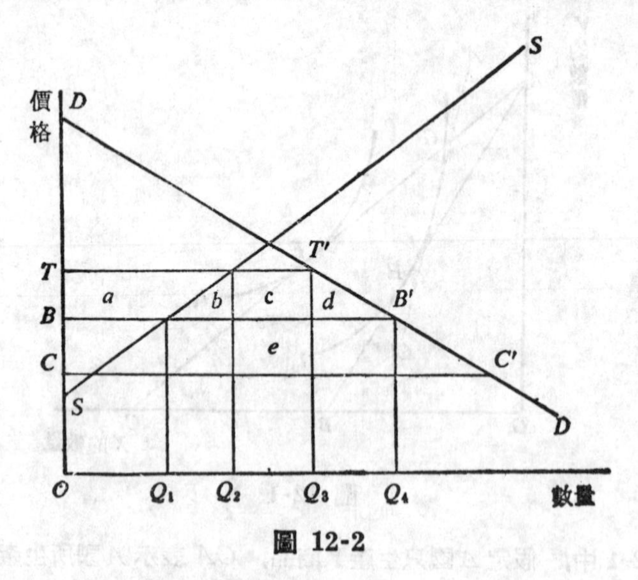

圖 12-2

降低。假使貿易條件線在 AB 與 AC 之間，則有益的消費效果將會超過有害的生產效果，而使 A 國的經濟福利獲致改善。

以上的分析可知，生產與消費兩種效果並非彼此獨立；生產的移動將會影響消費形態，同樣，消費的變動也會影響生產。茲以圖 12-2 所示的部分均衡分析法說明某一特定商品的生產效果與消費效果❹。假定現有 A、B、C 三個國家，相對於 B、C 兩國，A 國的經濟規模很小。B、C 兩國的供給彈性無窮大。A 國則在成本遞增的情況下生產，DD 爲其國內需要曲線，SS 爲其供給曲線。BB' 與 CC' 分別表示 B 國與 C 國的供給曲線。

在 A 國關稅稅率爲 CT 時，A 國從 C 國輸入 Q_2Q_3 的數量，並不輸入 B 國的任何產品。OT 爲 A 國的國內價格，消費數量爲 OQ_3，其中，OQ_2 係由國內生產。A 國的國內福利可以消費者剩餘（國內需要曲線下面 TT' 以上的面積）、生產者剩餘（國內供給曲線上面 TT' 以下的面積），以及關稅收入（$CT \times Q_2Q_3$）三者的合計衡量。

現在假定 A、B 兩國組織關稅同盟，則 A 國的國內價格將由 OT 降爲 OB。雖然國內生產由 OQ_2 減爲 OQ_1，但是消費却由 OQ_3 增爲 OQ_4，輸入則由 Q_2Q_3 增爲 Q_1Q_4，而且全部均由 B 國輸入，不再是由 C 國輸入。輸入的增加反映貿易的擴張，其數量等於國內生產的減少（Q_1Q_2）與國內消費的增加（Q_3Q_4）兩者之合計。貿易轉向的程度等於 Q_2Q_3，亦即原由 C 國輸入，現在改由 B 國輸入的數量。

就貿易轉向與貿易創造對 A 國的福利效果而言，消費者剩餘將會增加 $BTT'B'$（$a+b+c+d$），關稅收入總額則減少 $c+e$，生產者剩餘則減少 a，因此，眞正的福利效果爲 $b+d-e$。b 的面積表示正的生產效

---

❹ 同註❸，pp. 183–5.

果，d的面積表示正的消費效果，e的面積表示將輸入轉移到高成本來源所引起的淨損失。原先的關稅稅率愈高，參加國家B與非參加國家C之間成本差距愈小，國內供需曲線斜率的絕對值愈小，則相對於貿易轉向的損失，貿易創造的利益變成愈大。

利用上述的生產者剩餘與消費者剩餘的概念去評論關稅同盟的利弊，有其嚴重的缺陷。因爲如要合計個別生產者與消費者的剩餘，必須假定效用可以衡量。同時，部分均衡分析法假定，個別產品之供需曲線不因關稅稅率的變動而移動，所以只能適用於稅率變動非常微小的情況。

二、開發中國家的經濟結合理論

如從上述傳統的經濟結合理論批評開發中國家的經濟結合，則可發現並無多大益處。因爲這些國家的經濟結合以後，貿易的轉向將會大大超過貿易的創造。至少在經濟結合的初期階段，區域受到相當程度之保護的產品將會替代原先來自其他成本較低國家的進口。而且，開發中國家的產品大多是以初級產品爲主，而且幾乎均以已開發國家爲主要的輸出對象，所以這些國家之間的經濟結合少有引起貿易創造的可能。

雖從資源利用的靜態效果看來，開發中國家的經濟結合未必有利，但就這些國家而言，分析的重點不在於靜態的生產或消費效果，而在於長期的工業化效果。所以，1960以後，許多學者諸如亞蘭 (R. L. Allen) 及巴拉薩 (Bela Balassa) 等人，認爲傳統的經濟結合理論，不適用於經濟結構不同的開發中國家❺。這些學者認爲：開發中國家的區域經濟

---

❺ R. L. Allen, "Integration in Less Developed Areas," *Kyk*, Vol. XIV (1961).

結合是促進經濟發展的一種方法，並非單純的國際貿易理論中之關稅問題，其目的不但在於改善國際貿易的地位，且要改變現有的工業結構，加速經濟發展。由此看來，只要開發中國家經濟結合以後，所替代的是已開發國家的產品，且在經濟結合以後共同發展的產業之生產力的變化又很快地補償初期發展階段所付出的代價，則長期而言，貿易的轉向並無不良的效果。反之，這是開發進口替代產業乃至工業化過程成功的一種表現❻。站在動態經濟發展的觀點，只要選擇眞正有利，且在經過一段時期之後就可自力成長的產業，貿易轉向具有不良效果的靜態看法就可加以摒棄。換句話說，有益的貿易轉向與有害的貿易轉向應該有所區別。

由此可知，對於經濟發展階段大致相同的開發中國家，在推展經濟結合方面亦有健全的理論基礎。因為關稅同盟事實上是實現一種差別性的貿易自由化 (preferential trade liberalization)，所以開發中國家如能組成關稅同盟，一方面可使不够穩固的國內市場不致被強有力的已開發國家所佔，另一方面又可透過規模經濟等的動態效果改進彼此的相競性。而且，開發中國家在推動工業化過程的初期階段，不可能透過競爭而建立更有效的相補性分工體系。所以，開發中國家的經濟結合，從開始就應着重相補性的發展，使調整所須付出的代價變成最小❼。據此，「區域贊同的專業化」(regional agreed specialization) 這個概念，也就

---

❻ Bela Balassa, *The Theory of Economic Integration* (Homewood, Ill.: Richard D. Irwin, 1961).

Staffan B. Linder, *Trade and Trade Policy for Development* (New York: Frederick A. Praeger, 1967), pp. 125–7.

❼ T. A. Jaber, "The Relevance of Traditional Integration Theory to Less Developed Countries, "*Journal of Common Market Studies*, Vol. IX, No. 3, (March 1971), pp. 261–2.

構成開發中國家推展經濟結合的主要理論基礎❽。根據這個概念，那些產業究由那一國家發展，應該事前有所協調，以促進區域之間經濟資源的合理分配以及合作利益的均等，藉以避免重複生產與彼此在國際市場過度競爭的危險。

若無事前的協調，可能導致新興工業集中於某些比較進步的地區，這對比較落後的地區之經濟發展，就會產生一種抑制效果 (backwash effect)。

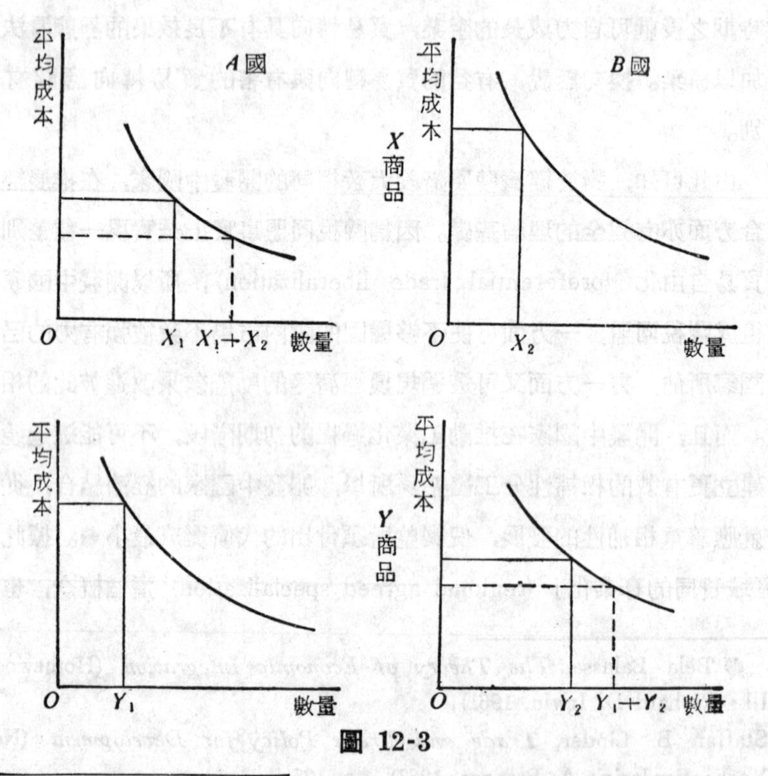

圖 12-3

❽ K. Kojima, "Toward a Theory of Agreed Specialization; The Economics of Integration, "in W. A. Eltis, M. F. G. Scott, and J. N. Wolfe (eds.), *Induction, Growth, and Trade* (Oxford: Clarendon Press, 1971), pp. 305–6.

在圖 12-3 中，假定長期成本曲線處於遞減的情況。A、B兩國同時生產X、Y兩種商品，其成本之大小各如上圖之實線所示。假使根據事前的協調，X商品皆由A國集中生產，Y商品皆由B國集中生產，則X、Y兩國商品之生產成本將如上圖虛線所示顯著下降。如此，爲了實現規模經濟而進行的國際分工顯然對於A、B兩國都有利益。但是，問題在於如何實施國際分工，A國必須同意Y商品全由B國生產，B國亦須同意X商品全由A國供應，這就是區域贊同的專業化。不過，爲使各國能夠享受大致相等的區域結合之利益，參加國家的經濟發展應該大致相等。如果生產與消費形態大致類似的開發中國家面對來自已開發國家的劇烈競爭，則在發展規模經濟比較顯著的新興工業方面，就很容易達成國際分工的協議。

三、歐洲共同市場的成立與發展

1. 歐洲共同市場的成立構想[9]

西歐的統一思想，由來已久。最早爲神聖羅馬帝國，繼而有拿破崙和希特勒，前者用宗教的力量控制。後二者用武力征服；尤其以希特勒的瘋狂侵略和血腥屠殺，在第二次世界大戰中，造成1,500萬人死亡，6,000萬難民，摧毀200萬幢住宅。戰後歐洲，百孔千瘡，慘不忍睹。刼後餘生，不論戰勝者或戰敗者，同感徬徨，痛定思痛，均在探求歐洲和平的途徑。許多有識之士認爲，歐洲小國林立，均爲其本國利益明爭暗奪，貿易藩籬緊佈，而在第一次世界大戰之後，經濟崩潰，失業激增。致使希特勒乘機竄起，釀成大禍。因此，在第二次世界大戰以後，爲了避免歷史重演，就必須追求歐洲的大團結。邱吉爾在1946年就曾公開演講，

---

[9] 甘立德：「歐洲共同市場的組織與功能」，中華日報，民國67年2月25、26、27日。

主張成立一個歐羅巴合衆國。他認爲歐洲國家如要團結成爲一個大家庭，第一步是先要求德法兩國永能捐棄仇恨，攜手合作。當時歐陸國家呼籲成立歐洲聯邦國會，法國甚表支持，英國的工黨政府卻表反對，而只同意設立歐洲理事會。繼而保守黨執政，邱吉爾復任首相，英國與西歐大部份國家因在美國馬歇爾計劃 (Marshall Plan) 援助之下，經濟已告復蘇，乃有「歐洲經濟合作」之組織。稍後，蘇俄開始擁有發展核子武器的能力，美國要求重新武裝西德，並且納入西方聯盟。

法國國家計劃委員會主席孟奈 (Jean Monnet) 有鑒於西德的重新武裝，對法國不無威脅，何況煤鐵主要礦產多集中在兩國的邊境亞爾撒斯勞蘭，兩次大戰，兩次易手。法國外長休曼出生該地，就曾一度變成德國人，深受戰亂的痛苦，孟奈想出一個策略，既可防患西德，又可助長歐洲經濟，就是共同掌理德法的鐵、鋼、煤資源，設立「歐洲煤鋼共同體」(European Coal and Steel Community; ECSC)，他將此計獻給休曼外長，休曼欣然同意，法國內閣立予採納❿。至 1951 年，法、德、義、比、荷、盧六國簽訂巴黎條約，成立「歐洲煤鋼共同體」，把礦產資源納入一個共同市場，一方面希望能在經濟上與美國競爭；二方面是集中能力製造或購買武器，以應核子時代之用；三方面是在戰備工業上德國與簽字各鄰國必須限於聯合行動，故使德國無法再次掀起戰

❿ 被稱爲「歐洲共同市場之父」的法國政治家孟奈1979年3月16日在其巴黎近郊的寓所逝世，享年九十歲。

孟奈的目標是希望共同市場能成爲「歐羅巴合衆國」，但他逝世之時，此一夢想仍未達成。

這位政治家曾協助法國在二次世界大戰之後恢復經濟，促成法國與德國的和好，聯合了歐洲並使歐洲與美國維持一種夥伴的關係。

孟奈在其回憶錄中呼籲成立一個歐洲合衆國時，曾寫道：「當我們周遭的整個世界都在變動之時，我們不能靜止不前。我可曾清楚的表明我們所成立的歐洲共同市場本身並不是一個目標？它只是變革中的一個過程。共同市場本身只是邁向明日有組織的世界的一個階段。」參見*Financial Times,* March 17, 1979.

爭；若一旦蘇俄發動侵略，西歐各國本身也有力量抵抗。自煤鋼共同體成立之後，又有成立歐洲聯軍之議，但未成功。稍後，成立所謂「歐羅巴合衆國」行動委員會，產生了完善的歐洲經濟共同體及歐洲原子能共同體 (European Atomic Energy Community; Euratom)，六國於 1957 年簽訂羅馬條約，次年一月正式生效。戴高樂（Charles de Gaulle）總統曾一度表示法國不加入，後經談判，其他五國讓步，准許法國以前在非洲的殖民地國家與共同市場發生連帶關係，藉以助長其經濟，戴高樂才予同意加入。英國在 1955 年曾圖說服西德，脫離共同市場的計劃，但有人忠告英相艾登，共同市場是解決德國好戰問題的最好方案，英不參加，反而從中破壞，實爲不智，英國政府才未再加離間。按英國的傳統外交策略是「離間而予統治」，它不參入歐陸，卻要干預歐陸，以造成舉足輕重之地位。

2. 共同市場第一次擴大

西歐六國共同市場成立以後，英國國內形成兩派意見，一派主張加入，一派主張不加入，兩派意見爭執甚烈。至 1960 年，英國政府另出花招，與共同市場外之九國成立歐洲自由貿易協會（European Free Trade Association, EFTA)，對九會員國相互貿易的工業產品免除關稅。這九國爲英國、丹麥、瑞典、瑞士、奧地利、葡萄牙、芬蘭、冰島和挪威。英國曾圖將此協會與共同市場發生連接關係，但戴高樂認爲此協會對法國的農產品毫無利益可言，乃予斷然拒絕。如此，歐洲在經濟上分裂爲兩大集團，即六國共同市場與九國自由貿易協會，分庭抗禮。前者以法國爲盟主，後者以英國執牛耳。兩相比較，顯然是共同市場組織堅強，範圍廣泛，利益宏大。況且戴高樂儼然以第三世界的領袖自居，旣與美國相抗衡，又與蘇俄打交道。英國察此情勢發展，認爲一是在經濟上對英不利，二是怕六國共同市場迎合蘇俄的目的，三是怕法德聯合對抗英國，四是怕德國一旦操縱共同市場，則又構成新的威脅。因此，英國政府決定不能再孤立於歐洲之外，而應加入共同市場。首相麥米倫於 1961 年宣佈，英國進行談判，如果條件適當，則願加入。至 1963 年，戴高樂拒絕英國的申請。他怕英國加入以後，會破壞共同市場對法國最有利的農業政策。又怕像木馬屠城計一樣，英國會把美國的勢力帶入歐洲，奪取他的盟主地位。他更怕英國會與西德聯合起來對抗法國。同時，戴氏在心理上也懷恨英國，因在第二次世界大戰期間，他流亡於倫敦，成立自由法國，提出許多計劃，英國不予重視，置之不理，使他懷恨在心，一旦得勢，就要報復，以洩悶氣。

歐洲共同市場六個創始會員國中，以荷蘭對英國最爲友好，全力支持英國入會。德、義、比、盧則無可無不可，只有法國堅決反對，致使英國吃了閉門羹。英國卽時發表聲明，雖被拒於門外，但絕不會背叛歐洲。而且英國的外交素以練達見稱，爲達到目的，決不放棄談判。至 1967 年，工黨政府再度申請，戴高樂又以同一理由，再度拒絕。他建議英國與西歐大部份國家成立自由貿易區，與六國共同市場發生連接關係，由英法與西德成立指導委員會。如前所述，英國等九國自由貿易協會想與共同市場發生連接關係，遭戴高樂的拒絕。現在戴氏又提出此一自由貿易區方案，作爲拒絕英國加入的折衝方案，但是英國不肯接受，而要成爲共同市場會員，所以談判又告失敗，直至龐畢度（Georges Pompidou）擔任法國總統以後，才有轉機。他於 1971 年表示讓英加入，並准歐洲自由貿易協會的丹麥與挪威，另加愛爾蘭一併加入。至於自由貿易協會的其餘六國亦開始談判與擴大後的共同市場發生密切的連接貿易關係，1972年 1 月，英、丹、挪、愛四國簽字。同年，英國國會批准，丹麥與愛爾蘭公民投票亦通過，唯挪威未獲國內批准，故未加入。

次年，英、丹、愛三國同時加入，使共同市場由六國擴大爲九國，是爲共同市場的第一次擴大。

3. 希臘、西班牙與葡萄牙的申請加入

其後，歐洲共同市場又歷經第二次及第三次擴大，而使會員國增加爲十二國。第二次擴大是指希臘於 1981 年 1 月正式加入共同市場成爲第十個會員國。事實上，歐市以地緣及殖民等歷史因素，向來對地中海國家另眼相看，故希臘早於 1961 年卽與歐市訂立協定，1975 年提出加入申請，1976 年展開談判，1979 年簽約，1981 年正式加入。至於第三次擴大，則是指西班牙與葡萄牙於 1977 年 7 月同時向歐市提出加入之申請，經過漫長 8 年艱苦的談判，直到 1985 年 3 月始勉強達成協議，6 月完成簽約手續，1986 年 1 月正式加入成爲會員國。

在希臘、西班牙、與葡萄牙加入共同市場的過程中，曾經遭遇不少的挫折。主要是因爲共同市場會員國歷經經濟繁榮鼎盛的 1960 年代，已奠定了堅實豐厚的經濟基礎，故有「富國俱樂部」之稱，而希臘、西班牙、與葡萄牙俱爲窮國，工業落後，且以農業爲主的經濟體制，彼等的加入勢必使共同市場內部經濟差距複雜化，對共同市場內之農業市場及共同農業政策均將造成相當衝擊。該三國在過渡期間，逐漸折除與較富工業國間之貿易壁壘之際，亦將面臨全面性經濟、貿易、與產業結構調整之問題。此外共同市場擴大後，會員國增加，倘若所有決策均採一致決議方式處理，則其組織運作方式將更困難。

然而共同市場最後仍接受希臘、西班牙、與葡萄牙的申請加入，主要的考慮在於該三國人民均經歷一番艱苦奮鬪始爭取到或重返民主陣營，共同市場基於道義與政治責任，對於任何「願意認同並遵行共同體條約所揭櫫目標與理想」的其他歐洲民主國家，似乎沒有拒絕的理由；

而對該三國而言，加入共同市場必有助於鞏固其民主胚芽之蓬勃成長。此外，三國中希臘與西班牙戰略地位之重要性，亦爲共同市場所無法忽視。希臘位於北約組織之南翼，扼歐、亞、非三洲要衝，其海域控制着蘇聯自黑海出地中海之門戶地區；西班牙東臨地中海，南望非洲、西扼大西洋，控制地中海出大西洋之咽喉，爲歐、非兩洲交通樞紐，且西班牙距東歐集團遙遠，必要時可給予北約兵力增援，後勤補給之便利，故共同市場基於安全之考慮極力予以拉攏，期能建立穩固而長久的密切關係。

歐洲共同市場歷經三次擴大後，已成爲擁有十二個會員國，版圖達 225.5 萬方公里，人口達 3.2 億，而爲一幅員遼濶、人口衆多的廣大市場。1986年，歐洲共同市場十二個會員國合計國民生產毛額已達五萬三千億美元，不但超過美國，更遠非日本可比。共同市場對外貿易合計佔世界貿易總額的40%，而美國不過15%，日本爲10%。由此可知，共同市場的進一步結合與發展，不僅對歐洲本身將造成戲劇化的影響，對整個世界經濟都會帶來強大的衝擊。

4. 共同市場的運作方式

歐洲共同市場的主要內容，依據羅馬條約，大致可分爲下列各項：(一)關稅同盟：各會員國之間進出口貨品，不得課徵關稅或有同等性質的稅捐。易言之，各會員國間相互貿易，就如同在國內買賣一樣，不徵關稅。各會員國不得片面限制貿易，若需作何限制，須經部長理事會一致通過。會員國雖有權課國內稅，但依規定，對會員國產品直接或間接課徵國內稅時，其稅率不得超過對其本國類似產品課徵的稅率。同時，亦不得爲了保護國內產品內銷而對會員國產品加以課稅。（二）共同關稅：如前面所述，歐洲共同市場形成一道圍牆，牆內設立關稅同盟，不徵關稅；牆外設立共同關稅，要徵關稅。凡市場外各國貨品輸往歐洲共同市場，都要課徵共訂的關稅。如會員國某項工業物資缺乏供應或須改變供應來源，則歐洲共同市場執行委員會得採取權宜措施，降低或免除該項物資的關稅，以免該項工業遭受損害的後果。執委會如果認爲會員國輸入某些產品，不致造成歐洲共同市場的混亂，則可停徵或減低關稅。共同關稅之改變或停徵，必須經由部長理事會一致的贊成通過。執委會爲促進會員國與世界其他國家貿易，必須加強發展會員國的商業競爭能力和條件。這種共同關稅，對非會員國也有例外的規定，如英法等國的舊殖民地國家，以及歐洲其他國家，都經過特別談判和協議，免除或減低共同關稅。在此制度之下，使會員國貨暢其流，物盡其用。至於歐洲共同市場的對外貿易，各會員國採取共同的商業政策，責由執行委員會進行一切貿易的談判。又爲發展共同體內的經濟，會員國之間的資金流通，不受限制，就如在國內一樣的自由流通。若會員國與非會員國發生資金來往，則須通知執行委員會，若會員國金融發生困難，則可自行採取必要緊急措施，但須通知執委會。執委會與貨幣委員會諮商之後，得視權宜情況，通知該會員國修正或廢止此項措施。

歐洲共同市場除工商業之外，農業也是重要的一環，故設有農業共同市場，並訂有農業共同政策。所謂農業共同政策包括：（一）改進農業技術以增加生產；（二）增進農民生活水準；（三）穩定農產品市場；（四）保持穩定的產品供應；（五）保證消費者享有合理價格的農產品供應。至於農業政策針對的範圍則包括農業與漁業，其產品如穀麥類、牛奶、奶油、牛肉、猪肉、羊肉、鷄肉、魚、蛋、油、蔬菜、水菓、菸、酒、糖等，都是一般人民日常生活不可缺少的。他們認爲西德工業最盛，其工業產品在歐洲共同市場內獲利最大，所以法義兩國的農業應該享有特殊的利益，曾經多方面討價還價，談判結果，制定共同的農產品貿易、價格和預算制度。凡各會員國農夫的農產品在歐洲共同市場內銷售，訂有一定的價格標準，以保障農夫的合理收益，若農產品過多，價格低於一定的標準時，則歐洲共同市場的農業主管機構以適當的價格予以收購。若農夫將農產品出口給歐洲共同市場以外的國家，而其價格低於市場的價格時，則由歐洲共同市場主管農業機構補貼其差額，凡此措施都是對農夫的保障。同時，對某些地區的農民發展農業技術，增加生產力，還給予特別的補助。因此，農業政策的推行經費支出很大，其預算的財源是從歐洲共同市場總歲入中支出，且佔最主要的部份。受惠最大的是法、義兩國。

西、葡俱是以農業爲主之國家，兩國農產品佔其國內生產毛額之百分比爲法國之兩倍，農產品包括葡萄酒、橄欖油、水果、蔬菜等，西班牙所產之地中海性農作物與濱地中海的義大利、法國、希臘起正面衝突。故在歐市與西、葡談判期間，法國一再表示：除非歐市成立一個農產品市場調節組織，以保障地中海地區之農產價格，否則不同意西、葡之加入歐市。最後十國外長會議決議以 7 年爲期分期予法、義、希三國之較貧瘠地區66億ＥＣＵ（歐洲通貨單位）的補貼及貸款，以彌補她們因西、葡加入所致之損失。

西、葡兩國與歐市簽署之加入合約中規定：敏感性不高之農產品，以 7 年之時間分段免除關稅，敏感性高之農產品，如水果、蔬菜、葡萄酒、橄欖油及自歐市進口之牧產品，則依不同項目分別訂定條款，多須大約10年之過渡期間始完全加入共同市場、分享共同農業政策。

漁捕問題方面，西、葡之漁業原來即非常發達，僅西班牙漁船數即達全歐市之一半以上；1974年歐市宣布將歐市在大西洋之漁業區擴大至200 海浬後，曾使西班牙之漁業大受打擊，漁業收支逐漸從 1970年代的盈餘轉爲1980年代的鉅額虧損，盼望進入歐市海域捕魚亦爲其熱烈想要加盟歐市之動機之一，正因爲如此，歐市十國(均濱海，均有漁業)皆反對在短期間開放西班牙在歐市海域捕魚之權利。西德、英、法、丹、愛等5國爲維護本國漁民利益，希望將緩衝期訂在10年以上，並主張削減西班牙之漁船數，惟最後協議爲西、葡兩國自進入共同市場之日起，立即適用共同漁業政策之規定，惟另外訂立特別條款限制漁船數、作業地區及捕撈漁類，對漁獲量亦有嚴格限制，過渡期依不同漁類分別訂爲7～10年。

5. 邁向「歐洲單一市場」的新紀元

歐洲共同體在成立初期，各會員國在經貿方面之合作曾獲廣泛而深入的加強，因此也有助於各會員國經濟的成長及繁榮。然至 1970 年代後期，共同體內部由於世界經濟之不景氣以及內部預算、農業等問題而紛爭不斷，會員國間的歧見也日益加深，共同體政策之訂定及推行乃愈見困難。許多關心歐洲前途及支持歐洲統合（integration）運動的人士深表憂慮而紛紛提出改革建議，期以增進共同市場內部合作及消除彼此間的困難與障礙。

上述改革運動又以歐洲議會議員最爲積極，並於一九八一年設立一委員會，研擬改革方案。該委員會於 1982 年提出以改革共同體機構、建立歐洲聯盟爲目標之方案，經歐洲議會通過送請共同體理事會研議。

共同體各會員國對於議會所提之方案，以肯定而積極態度研討，復於 1983 年6月之高峯會議中發表「嚴正宣言」，表明支持建立歐洲聯盟，並提出朝此方向改革共同體的原則綱領。經共同體理事國多次修正而成爲今日之單一歐洲法案，於 1987 年6月完成全部簽署手續。其目標主要在藉修改及增補成立歐洲共同體的三項條約，來加強共同體內部之結合，最後達到「歐洲聯盟」的建立。

單一法案之條文內容，大致可綜合爲三項:

(一)機構性之改革:

1.加強歐洲議會之權責。原羅馬條約中規定理事會在審核由執委會提出之法規及執行措施草案時，應先諮詢議會之「先諮詢」(After Consulting) 均改爲「合作」(Incooperation with) 字眼，顯示今後歐洲議會將可積極參與共同體各項措施之訂定。

2.進一步加強執委會在制定法規草案以及執行之功能。同時執委會之工作亦由於共同體合作範圍擴大而伸展至外交事務。

3.修改理事會議事票決規定。羅馬條約中所列舉事項，其相關措施原須採取全體一致之票決方式，多半改爲特定多數 (Qualified Majority) 票決方式，即以加權方式計算，並特別增列共同體爲求各國有關法規及行政措施趨於一致以利內部市場之建立而擬採取之措施，理事會應採用「特定多數」票決制度。過去一致票決制度對於共同體之進一步結合及推展共同政策，構成極大障礙。多數票決制度當有利於共同體事務之推行，實爲新法案之主要改革之一。惟由於仍未能完全去除一致票決之要求，此項改革並非十分徹底。

(二)內部市場之建立: 以 1992 年爲期限，確實做到共同體內部人員、貨品及勞務能完全自由流通，毫無障礙，而構成一個整合爲一的內部市場。此項工作實爲新改革法案中最重要而具體之目標。在理事會指示之下，執委會於 1985 年提出「內部市場」白皮書，詳列以 1992 年爲目標，爲達成整合內部市場所需採取之措施、進行之方式原則，以及達成各項措施預訂時間表，計劃至爲完備。新法案除明定 1992 年底完成內部市場，並列入羅馬條約之內外，並修正補充其他條文，特別是特定多數表決制，以利整合內部市場之進行。

(三)擴大及加強共同體活動範圍: 1.加強經濟及金融政策上之合作。以歐洲貨幣制度 (EMS) 爲發展基礎，而以建立一經濟及貨幣聯

盟 (Union) 爲目標。

2.加強共同體內部經濟及社會之均衡發展。藉各項基金，協助提高共同體內部發展較落後地區的經濟水準。

3.增列科技研究發展之合作。

4.增列環保之合作。

5.增列在外交政策上之合作。共同體原以經濟活動爲主，基於其長遠目標在於建立一歐洲聯盟，政治上之協調合作勢爲難免。

單一歐洲法的目的在加強共同體內部的結合，而建立歐洲聯盟。此一目標果眞實現，自對其內部及世界情勢產生重大影響。其中，對各會員國影響大致可分爲三方面:

(1) 由於內部市場進一步的結合，可望因單一市場規模之建立及擴大而有助於共同體內部間經貿活動之增加，進而加速各國的經濟成長及繁榮。這也是各會員國期盼單一法案所將帶來的主要好處。歐洲經濟共同體在 1958 年成立初期，即曾造成加速擴大會員國之間的貿易活動而增進各國的經濟繁榮。

(2) 由於內部之密切合作，特別是在科技、工業方面的聯合發展，將有助於改善共同體企業體質，增進其在國際上的競爭能力。

(3) 由於內部各類壁壘將一一撤除，可能導致共同體內部競爭之加劇，而產生結構性變化。市場規模之擴大有利於大型企業之發展，對於目前佔極高比率的共同體中小企業將有不利影響、近年來共同體企業之間的合併及收購情形愈見增多，已顯現此一發展情勢之端倪。

歐市內部統合雖主要是對內的政策，但不可避免地亦將影響其他國家。大致說來，影響仍主要在經濟方面:

(一)共同體內部市場之整合將可加強其內部產品對外來產品之競爭力，特別是部分產品將可能取代與其加工及技術層次相同之外來產品。

如我國部分產品與西班牙產品加工層次相同將受到威脅。

(二)共同體內部形成一個單一無差異市場後，亦有利於其他國家對該市場做整體之開發。惟由於屆時共同體對外壁壘可能加強，困難亦較大。

基於上述二種趨勢之考慮，非共同體國家有必要在共同體內建立生產性或銷售性據點或與當地企業合作，以掌握共同體市場。

單一歐洲法的實施，對我國業者也將產生相當大的影響。雖然離 1992 年尚有一段時間，且許多法令尚未定案，但截至目前發展將有下列影響:

(一)歐市產品規格單一化、標準化，將便利商品流通。未來我國產品僅需符合歐市規定即可自由流通。

(二)我國銀行取得任一國之營業執照即可在其他會員國使用。

(三)歐市會員國間正研究未來對外國人民簽證是否可通用問題，對我國人民赴歐簽證將有影響。

(四)各國配額將取消而改爲歐市配銷，但鑒於單一法偏重歐市內部保障，故未來配額應不致放寬，對我業者不見得有利。

(五)歐市內企業多進行合併，擴大產業規模，提高競爭力，特別是高科技產業及服務業，未來我國產品競爭將更形困難。

歐市單一法的實施及內部市場的整合對會員國以外的影響雖不確定，但將加強歐市國家的關係是絕對的。此時對我業者最佳的策略應是密切注意其發展動向，掌握優勢而避免正面競爭。此外，應及早利用投資或企業合併等方式進入歐市，成爲歐市企業的一分子，才能掌握先機。

四、亞洲國家經濟結合的問題

1. 實際困難與可行的方向

如上所述，經濟發展階段大致相同的開發中國家，在推展經濟結合方面亦有健全的理論基礎。至少，這些國家藉着經濟結合可以獲致經濟規模以及增強競爭力量。就亞洲國家來說，大多是從二次大戰以後才告擺脫西方國家的殖民統治，最近二十餘年來，莫不積極追求經濟發展。歐洲共同市場的成功，中美洲共同市場以及拉丁美洲自由貿易協會的成立，均給亞洲國家帶來有力的啓示，亟思透過某種程度的經濟結合以促進經濟的加速發展。但是，亞洲國家在實施經濟結合之時，有着下述的特殊困難存在⓫：

(1) 新興國家的本位主義及民族主義之氣氛甚爲濃厚，且多缺乏國際合作的經驗。

(2) 政治環境並不穩定，政治體制也不一致。

(3) 人口衆多，種族紛歧，社會文化傳統方面缺乏信賴感。

(4) 新興國家與殖民時代的舊宗主國之間仍有相當密切的關係。

因此，如要推展亞洲國家的經濟結合，所能考慮的對象只有政治立場比較接近的中華民國、韓國、越南、泰國，及菲律賓。這些國家除了越南之外，貿易依存度均在30%以上，越南之貿易依存度較低，係與越戰時期出口陷於停頓有關。這些國家與其他東南亞國家的貿易額僅佔貿易總額的一小部份，故從靜態效果看來，區域結合的利益似乎有限，但因各國均有甚高的貿易集約度（韓國對菲律賓、泰國對韓國、菲律賓對泰國等的出口貿易例外），所以這些國家之間的區域結合，可能亦有相當的利益⓬。不過，廣泛的 (comprehensive) 區域結合之時機尚未成

⓫ 梁國樹:「論東南亞國家區域合作的可能性」，現代經濟金融月刊，第2卷第11期，民國61年11月，頁25。

⓬ 同註⓫，頁27。

熟。如能根據各國之間事前的協議，以某一特定計劃或特定商品爲基礎，推展局部結合 (partial integration)，似乎比較實際可行。這些國家必須經過一段學習的期間，才能充分體會區域結合的利益。中韓、中泰，及從前中越等的雙邊經濟合作會議，可以說是促進區域經濟結合的一項開端。

聯合國亞洲及遠東經濟委員會(Economic Commission for Asia and Far East; ECAFE) 曾經建議東南亞國家應從下列方面實施局部結合⑬：

(1) 在相補性的產品方面實施局部結合：因在工業方面，生產階段比較複雜，所以可由鄰近國家擬定計劃，各自生產某一階段。這種安排稱爲「垂直的結合」(vertical integration)，可以避免市場太小以及資源不足方面的困難。

(2) 在個別產品方面實施局部結合：此即上述「區域贊同的專業化」，亦即那些產業宜由那一國家發展，事前應該有所協調，俾能達成市場的分享 (market-sharing)。

(3) 在相競性的產品方面實施局部結合：若干諸如茶、橡膠、亞麻、可可等的初級產品，亞洲國家的全部產量幾可壟斷整個世界的供給。但因若干已開發國家的國際公司控制出口市場，以及生產國家的衆多，缺乏組織，所以彼此之間的競爭相當激烈。這些國家可以透過「水平的結合」(horizontal integration) 以增強議價力量。

(4) 在研究方面實施局部結合：糧食及若干初級產品的生產與運銷迫切需要加強研究，所以東南亞國家應將人才、設備，及經費集中，設立共同的研究機構。

---

⑬ Chi-chi Pan(潘志奇): "Regional Integration in Asia", *Economic Review*, No. 150, (November-December 1972), p. 12.

(5) 在貿易方面實施局部結合：東南亞國家在生產與貿易結構方面缺乏相補性，其出口均以已開發國家為主要對象，故宜擬訂妥善計劃以拓展「區內貿易」(intra-regional trade)。

就目前東南亞各國的情形而言，經過協議的局部國際分工似為比較可行的途徑。在區域結合計劃之下設立的工廠，可以採取所有參加國家共同投資的方式，各國股份則與各國消費數量維持某一比率。中韓兩國合作發展石油化學工業，共享市場，互換產品，已經研討多年。規模經濟比較顯著的新興工業，應該儘量採取區域結合的方式予以發展。以前福特汽車公司根據零件之專業化生產與產品之交換而提出「亞洲車」的生產計劃，可以說是區域結合的一個良好構想。此外，糧肥技術中心、亞洲蔬菜研究發展中心，以及土地改革訓練所之設在臺灣，可說是在研究方面實施局部結合的重要成就。

最後，日本對於亞洲國家實施經濟結合的態度亦應加以注意。日本是亞洲惟一的已開發國家，其戰後經濟重建的成功與西德的經濟復興並稱兩大奇蹟，其當前的國民生產毛額僅次於美國及蘇俄，為世界第三。日本對於亞洲國家經濟結合的最大貢獻可說是在促成「亞洲開發銀行」(Asian Development Bank; ADB) 的設立方面。此一銀行的主要目的在於提供亞洲國家經濟開發所需的資金，藉以彌補其他已開發國家及國際金融機構金融援助與貸款之不足。除此之外，日本對於與其他亞洲國家推展廣泛的經濟結合，一向並不熱心。但是，日本亦有若干政治人士及經濟學家對於亞洲的經濟結合頗感興趣，曾經提出所謂「太平洋亞洲自由貿易地區」(Pacific Asian Free Trade Area; PAFTA) 計劃，目的是要鼓勵亞洲國家能在重化工業的建立，以及原料和中間產品的產銷方面達成「水平的貿易」。至於亞洲的開發中國家，則可獲得援助、投資及貿易的特權。

2. 東南亞國家協會的經濟合作

東南亞國家協會 (Association of South East Asian Nations; ASEAN) 簡稱「東協」，是由新加坡、泰國、馬來西亞、菲律賓及印尼五國組成，於 1967 年 8 月成立。東協五國面積達 305 萬平方公里，約爲臺灣面積之一百倍。1975 年年中，人口共約二億三千五百萬人，同年之 GNP 將近 730 億美元，貿易總値達 443 億美元，貿易依存度高達60%以上。東協既有豐富的天然資源，又有廣大的消費市場，在開拓進出口貿易關係方面的潛力很大。

東協成立已屆十年，經濟方面原先揭櫫之目的主要在於促進彼此之間的經濟發展及社會進步，但因東協五國之地域分散，且有不同的殖民地背景，加上各國的工業化程度相當懸殊，故十年來的進展極其有限。

惟近年來，世界政治形勢及經濟環境已有大的改變，使東協各國的合作出現轉機，其中包括：(1) 東南亞、印度洋、西南太平洋地區因美國戰略構想之轉移而使東協在安全上出現不穩定的局面；(2) 越南、高棉赤化以後，共黨對周邊東協國家的滲透與顚覆轉趨積極；(3) 東協各國之國內破壞活動日增，社會安定受到嚴重威脅；(4) 石油危機發生以後，主要經濟大國爲促進經濟復甦及保護國內工業所採之措施，對於東協各國造成衝擊。

在上述的背景下，東協成員必須從政治、經濟社會方面採取全面性的合作策略，以保障東協地區的安全。政治方面是以高階層會議作爲聯繫來加強團結。經濟方面的合作主要有三：(1) 進行糧食及能源的合作；(2) 推動重要工業合作計劃；(3) 實施優惠關稅制度，擴大會員國間及會員國外的貿易。

東協國家的各項經濟合作，係由新加坡總理李光耀與菲律賓總統馬可仕首先積極推動。1976年2月24日，五國元首在印尼巴里舉行會議，發表合作宣言，並簽訂友好合作條約；同年3月初，五國的經濟部長又在馬來西亞開會，商談合作的具體辦法。其中最重要的決議，爲由五國共同投資在印尼及馬來西亞各設一尿素廠，在非律賓設一磷肥廠，在新加坡設一柴油機製造廠，在泰國設一純碱廠，並成立小組，探討其他可供共同投資合作之計劃。此外，五國並同意成立一聯合對外機構，以便與重要國家（如美、加、澳、紐）和其他地區性集團（如歐洲共同市場）洽商經濟和貿易問題時，能採一致立場。1977年2月，五國經濟部長在馬尼拉集會，簽訂互惠貿易協定，使會員國彼此間主要產品，如米糧、原油及其他部份商品之輸入獲得關稅之減輕，而擴大五國彼此之間的貿易數額。

1977年2月下旬，馬可仕總統訪問日本時，曾請日本政府資助以上所提五個工業合作計劃。據報導，日本已同意對這五個國家的援助由上年的二億五千六百萬美元增至四億美元。日本福田首相並已應邀於1977年8月前往馬來西亞參加東南亞國協十週年紀念大會，並順便訪問其他四個會員國。由此可見東協在亞洲及世界之地位，將日趨重要。

東協的經濟合作分述如下:

(1) 糧食及能源的合作

東協於1976年3月在馬來西亞召開的經貿部長會議及1977年2月在馬尼拉簽訂的優惠貿易協定中，五國同意除對糧食及原油貿易給予優惠關稅待遇外，並在供應發生短缺時，生產國優先供應會員國，在生產過剩時，會員國優先向生產國採購。再者，對會員國糧食及能源的生產亦均同意加強研究，並作定期檢討。例如，在糧食方面，五國同意經由貿易協調肥料、農藥及農具的合作生產，或籌備設立東協肥料廠以擴大生產規模；研究發展高生產單位的品種；以及設法減除病蟲害等以增加會員國的糧食生產。在能源方面，對於地質調查、鑽井、新能源的硏究發展以及能源管理經驗之分享等亦有原則性的協議。目前在東協五個會員國中，泰國盛產食米，印尼則有豐富的石油，此外設於非律賓的國際稻米硏究中心曾培育多種稻米新品種，並爲亞洲國家所選用，此對東協會員國及其他亞洲國家稻米增產助益甚大。又五個會員國如能更進一步的共同硏究糧食增產的方法及能源開發的技術，則此一地區的糧食及能源問題當可透過互助合作逐步改善，其前途十分樂觀。

(2) 工業合作計劃

1977年3月，東協五國經濟部長在馬來西亞開會，決定推動五國共同投資的五個工業合作計劃，其要點如下:

① 在新加坡設立柴油機製造廠，生產柴油引擎，所需資金爲二億美元，計劃生產 250 馬力以下之農漁業用引擎，年產六萬部。

② 在印尼設立尿素肥料廠，利用該國天然瓦斯，每日生產尿素肥料 1,750 噸，所需資金二億七千萬美元，目前正由印尼工業部主辦。

③ 在非律賓設立過燐酸肥料廠，所需資金二億一千二百萬美元。

④ 在馬來西亞設立尿素肥料廠，配合天然瓦斯計劃，每日生產尿素肥料 1,700 噸，所需資金二億六千五百萬美元。

⑤ 在泰國設立純碱廠，利用該國岩鹽，每日生產 1,200 噸。

就擴大市場而言，東協現在進行中的五個計劃之選擇可以說是相當合理。新加坡之工業技術水準較高；印尼、馬來西亞擁有製造尿素肥料需用的天然瓦斯；泰國亦握有含大量純碱原料之岩鹽；非律賓在近一兩年中即將開工的煉銅工廠之附產品將可生產硫酸，這是過燐酸肥料的原料。由此可見這些計劃均係典型的原料區位工業，在經濟上具有地理分工的比較利益。

此外，在東協五項投資計劃完成後，將再實施七項計劃，即重型車輛用輪胎工廠（印尼）、金屬加工機械工廠（馬來西亞）、電子零件工廠（新加坡）、錫電解工廠及報紙生產工廠（非律賓）、苛性鉀肥料工廠及漁業（泰國）之七項投資計劃，亦均可能列入共同投資計劃之中。

(3) 優惠關稅制度

貿易在東協五國中一向居於重要地位，就出口佔 GNP 的比率而言，新加坡高達80%以上，馬來西亞爲45%，印尼、非律賓及泰國亦達15%左右。不過，在東協五國之間的區域貿易所佔東協整個對外貿易的比重卻是很低。亦即，東協在經濟上對外的依賴程度大於彼此之間的依賴程度。根據統計，東協五國之間的區域貿易所佔東協對外貿易的比率，1974年爲13.1%，1975年爲14.9%，1976年爲15.7%，1977年爲16.2%，而且，製造品僅佔其中的10%左右。

在上述的情況之下，東協五國爲了促進彼此之間的貿易，乃於1977年2月24日在馬尼拉簽訂優惠貿易協定，而以降低關稅作爲協定的重點。東協已自1978年起對71項產品採取優惠關稅制度。優惠關稅主要適用於基本商品，尤其是稻米及原油以及上述五項工業合作計劃的產品。根據此一協定，可享受優惠關稅的產品之中，所含非會員國的配件如未超過FOB價格的50%（在印尼爲40%）以上時，均可享受降低關稅的優待。協定對於降低關稅的幅度並未作成具體決議，仍有待於會員國再作進一步的商討。但在協定簽訂之前，即在1977年1月16日及30日，新加坡總理訪問非、泰兩國後所發表的聯合公報中，對於降低關稅問題已有具體規定。根據公報的聲明，雙方同意兩國之間的貿易商品全面降低關稅10%。

今後，上述的貿易優惠協定付諸實施之後的效果如何，因各會員國的經濟發展程度不同，所需關稅及非關稅保護的程度亦異，目前尚難逆料。但對非會員國產品的輸往東協，則將發生不利的影響。

第十三章　貿易政策與經濟發展策略

前面已對國際貿易與經濟成長的關係加以分析，其中所提出的模型，對於已開發國家 (developed country) 及開發中國家 (developing country) 同樣適用。本章進而分析在國際貿易方面，開發中國家所特有的問題。

一、貿易理論與經濟發展理論

許多學者認爲，標準的國際貿易理論不能用於分析開發中國家所特有的貿易問題。例如: (1) 麥達爾 (Gunnar Myrdal) 就曾指出，在適用於已開發國家的理論結構之範圍內，分析開發中國家的貿易政策問題，乃是一種錯誤。(2) 普利畢西 (Raul Prebisch) 指出，開發中國家如因其在初級產品方面 (primary products) 具有比較利益，就把一切經濟發展的努力指向初級產品部門，從而忽略工業產品部門，結果，經濟發展的成果將由已開發國家享有❶。

一般在討論開發中國家的經濟發展理論時，往往忽略比較利益問題，或僅指出對外貿易是成長的發動機 (engine of growth)，而不强調透過對外貿易可使資源的生產力達到極大❷。這主要是因討論開發中國

---

❶ Gunnar Myrdal, *An International Economy* (New York: Harper & Row, Publishers, 1956), p, 223. Raul Prebisch, "Commercial Policy in the Underdeveloped Countries," *American Economic Review Papers and Proceedings*, XLIX No. 2 (May 1959), 252.

❷ Hollis Chenery, "Comparative Advantage and Development Policy", *American Economic Review*, LI, No. 1 (March 1961), 20.

家經濟的基本假定與國際貿易理論中的假定並不相同。秦納利 (Hollis Chenery) 指出，這些不同的假定包括：

(1) 因素價格並不必然反映機會成本。

(2) 生產因素的數量與品質隨着時間而改變。

(3) 規模經濟相當重要。

(4) 生產者與消費者的需要係由商品之間的互補程度 (complementarity) 所支配。

上述的第一項假定與因素價格有關，這一假定是說生產因素的市場並不處於均衡狀態。例如，反映在開發中國家的是資本市場與勞動市場極不完全。結果，若干生產因素的機會成本雖然很低（例如農業勞動的邊際產量較少），但其報酬却高，因此，如果勞動不能大量移往工業部門，將使生產受到犧牲。在此情況之下，以貨幣成本所決定的價格去參加國際貿易，當然不能獲得適當的報酬。因爲這種貨幣成本無法反映機會成本或轉換曲線的斜率。

此種觀點曾由路易士 (W.A. Lewis) 等人加以修正❸。在 Lewis 的模型中，假定開發中國家只有兩個部門，一爲工業部門，一爲自給自足的農業部門。農業部門有着無限，至少是過剩的勞動，此一部份的勞動之邊際產量爲零。但因受到傳統倫理的支配，這些邊際產量爲零的勞動，所獲工資並不爲零，而且不能讓其餓死；反之，其所分配的平均產量與其他勞動並無兩樣。在勞動的邊際產量遞減之下，當邊際產量爲零之時，平均產量大於零。工業部門爲了獲得勞動，付給農業勞動的工資至少必須等於其在農業部門中的平均產量，甚至超過平均產量。但是，工業部門的活動是以利潤極大化 (profit maximizing) 爲基礎，不以家庭

---

❸ W. A. Lewis, "Economic Development with Unlimited Supplies of Labor," *Manchester School*, XXII, No.2 (May 1954), 139-91.

分配 (family-sharing) 爲基礎，故其工資應該等於邊際產量。

此其結果，工業部門的勞動之邊際產量等於農業部門的勞動之平均產量，而後者却大於農業部門的勞動之邊際產量。如此一來，此一模型與前述各章箱形圖所示之模型有了差異，因在前述各章之模型中，因素成本之比率乃是等於邊際產量之比率。而在 Lewis 的模型中，農工兩部門的工資雖然相等，但因兩部門中的勞動之邊際產量不同，故其均衡並不在箱形圖的契約曲線上。因之，開發中國家並不處於其轉換曲線上，而是位於轉換曲線之內。此一模型顯示的意義就是工業產品的價格太高，此因工業部門的工資較高之故。爲了矯正此點，有人認爲應對工業產品課征關稅。

並非每一經濟發展學者對於上述的 Lewis 模型均能接受。例如，敏特 (Hla Myint) 認爲此一模型與當代的事實不合，因爲許多國家的情形並非如此；而且，就歷史經驗看來，礦業所付的工資也是低於自給自足之農業的平均報酬。哈根 (Everett E. Hagen) 根據歷史資料指出，不管是在今日的已開發國家及開發中國家，或在今日的已開發國家處於過去的開發中階段之時，工業部門的工資高出農業部門的工資甚多。此種差距遠比技術因素、地理位置，或投資報酬等所能影響的差距爲大。由於此種工資差距的存在，以致工業產品的價格高出農業產品的價格甚多，此與比較利益的理論大相逕庭。對於工業產品課征關稅以後，可使國際價格比率與實際的國內成本比率趨於一致，從而促成國內工業的繼續發展，甚至提高國內的實質所得。

引起工資發生差異的原因很多：諸如貿易聯盟、權威機構訂定勞動價格、快速成長部門以較高工資吸引勞動移入、社會立法禁止僱用童工等等卽是。

玆再進而利用標準貿易理論的分析工具加以說明。以下的分析模型仍然假定：(1) 只有兩種產品；(2) 兩種生產因素，其總供給不但固定，且已充分就業；(3) 固定規模報酬的生產函數；(4) 可以畫出社會無異曲線；(5) 除勞動市場外均處於競爭狀態。而且，假定工資具有彈性，但是，不管是向上移動或向下移動，工業部門（X產品）的工資總較農業部門（Y 產品）的工資有利。此外，假定開發中國家的經濟規模太小，無法影響國際的貿易條件。

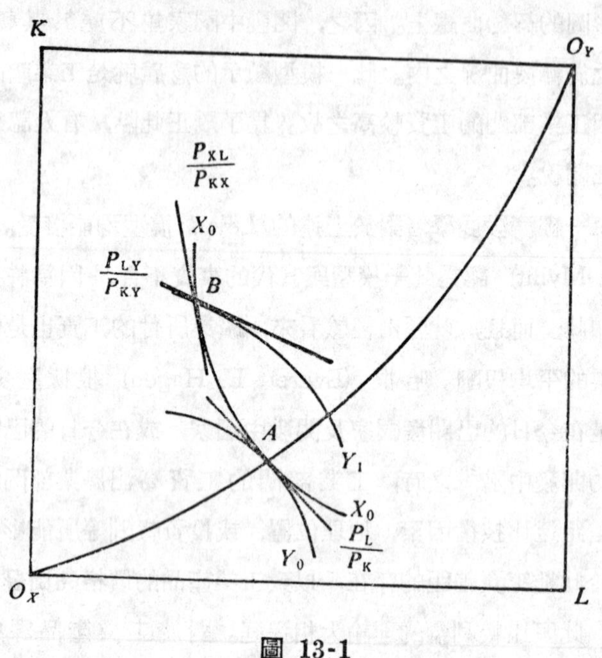

圖 13-1

現在，首先關心的是因素市場發生工資變動以後的效果。此處最適當的分析工具就是如圖 13-1 所示的箱形圖。如無變動因素存在，均衡會沿着契約曲線落在A點。在A點，均衡的條件爲

$$\frac{P_L}{P_K}=\frac{MPP_{LX}}{MPP_{KX}}=\frac{MPP_{LY}}{MPP_{KY}},$$

其中，MPP_{LX} 表示生產X產品時勞動的邊際實物產量 (marginal physical product)，其餘類推。根據這些條件可知，各條等產量線的斜率都是相等，且均等於因素價格比率。又因假定處於充分就業之下，所以不僅等產量線的斜率相等，且將相切，否則就會引起失業。

但是，因爲工資方面已有變動因素發生，所以上式應該變爲

$$\frac{P_{LX}}{P_{KX}}=\frac{MPP_{LX}}{MPP_{KX}}>\frac{P_{LY}}{P_{KY}}=\frac{MPP_{LY}}{MPP_{KY}}$$

如此，均衡乃是位於B點，而且仍係處於充分就業的狀況。但是，B點已經脫離契約曲線，因爲可以生產更多的Y，而X的生產並不減少。故在圖 13-2 中的轉換曲線圖上，與圖 12-1 中的契約曲線對應之轉換曲線就是TT。但是，因爲工資方面已有變動因素發生，致使生產因素發生錯誤分配，所以實際社會的轉換曲線却是 t t。此時，工資既有差異存在，故在均衡之時，等產量線的斜率亦告不同。如此一來，引起社會

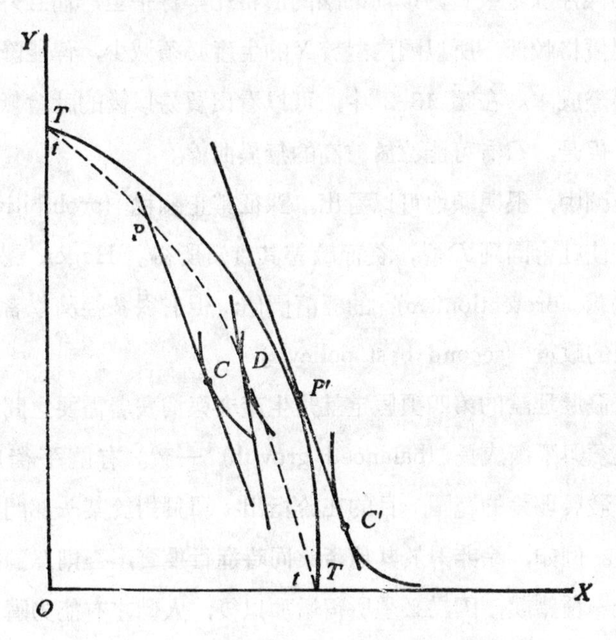

圖 13-2

生產變動的任何需要方面之變動，亦將沿着 tt 移動。

工資方面的變動，尙有其他的重要意義；亦卽，產品的價格比率並不等於轉換曲線 tt 的斜率。這是因爲較高的工資，會使X產品之因素投入的平均成本大於Y產品之因素投入的平均成本。如此一來，生產更多X的邊際貨幣成本超過以過去的Y表示之實際成本。因在均衡時貨幣價格的比率等於貨幣邊際成本的比率，又因轉換曲線的斜率就是把一種商品轉換成另一種商品的成本，所以價格線的斜率必須超過轉換曲線的斜率。如此，無貿易時之均衡必在D點，此時，邊際貨幣成本比率等於價格比率，並且等於社會無異曲線的斜率，但是這些比率又都超過 tt 的斜率。

發生貿易以後，生產的均衡應該位於P點，消費則在C點。因爲國際的貿易條件線是較貿易以前的國內價格比率線平坦，而且外國工業產品的相對價格較低，所以國內對於X的生產必須減少，俾能降低X的相對貨幣邊際成本。在圖 13-2 中，可以看出貿易以後的社會無異曲線較前爲低。但是，C有可能位於較高的無異曲線。

在上圖中，很明顯地可以看出，課征禁止關稅 (prohibitive tariff) 以後，可使社會回到D點，從而改善其實質所得。Hagen 認爲這點就是保護主義 (protectionism) 的經濟價値；但有很多經濟學者認爲這是一種次佳的政策 (second-best policy)。

經濟發展理論的第四項假定就是生產者與消費者需要之間的商品之互補程度須與平衡成長 (balanced growth) 一致。有關平衡成長的問題是經濟發展理論的範圍；目的在於指出：單獨對於某一部門投資乃是一種錯誤。例如，除非對於其他產業同時進行投資，否則單獨投資造紙工業乃是一種錯誤，因爲必須所得增加以後，人們才有能力購買較多的紙張。一般認爲，單獨投資於某種產業，無法發揮乘數效果。同時，投資於其他產業之生產過程中的某一階段，必須能使各個產業之間形成外部經濟 (external economies)。此外，所投資的產業須能迅速地為其他產業服務，而且以製紙工業的「產出」(output) 為其「投入」(input) 的產業亦應作為投資之主要對象。總之，鼓勵平衡成長的學者認為，投資須在每個地方同時進行才能發生效果。

但是，反對平衡成長的學者另有一套看法：第一、企業人才及投資資金極其有限，建立達到適度經濟規模的某一部門可能就會用盡絕大部份的稀少資源，所以平衡成長之主張並無實現之可能；第二、如果全力發展某些部門，必可促成更為快速的技術進步。

投資的方向如由市場因素決定，事實上無法達致最適形態的經濟成長。但是，投資究應採取何種形態，亦無共通的標準可循。在貿易理論中，討論投資的決策時，總以市場因素作為依歸。不過，不管是採取平衡成長或不平衡成長的策略，任何有關投資的決策，總是包含許多計劃，例如，應該保護何種產業，藉以抵抗外來的競爭等等計劃。

秦納利 (Hollis B. Chenery) 於1961年在「美國經濟評論」(*American Economic Review*) 發表「比較利益與經濟發展政策」一文，提出結合成長理論與貿易理論的技術，其內容包括在決策時以「影子價格」(shadow prices) 取代實際市場價格的計算方法。影子價格可以適用於工資變動、外匯匯率的不正確水準、其他部門投資對於中間財價格的反應，以及生產因素的供需表等之情況。以線型計劃 (linear programming) 的方法去決定影子價格與各種投資之社會獲利能力之決定可以互相配合。根據這些計算即可判斷是否擴張出口、是否保護進口競爭產業、是否投資於社會間接資本 (social overhead capital) 等等的決定。

根據歷史的經驗以及當代的計劃方法，對外貿易的擴張與經濟成長可以並行發展，密切配合。在十九世紀的英國、1950年代及1960年代的

玻多黎各 (Puerto Rico)，乃是依賴龐大而動態的出口部門推動經濟的成長。但是，拉丁美洲的經濟發展計劃及澳洲的經濟成長，却不注重出口部門的擴張。開發中國家應否重視出口部門，部份應視該國的經濟規模及資源分配情形而定。一般而言，經濟規模較小的國家，對於出口部門的依賴較重；簡單說來，因爲小國無法樣樣自行生產之故。大國有時可以忽略國際貿易的比較利益原理，小國則需尊崇此一原理，較有獲得貿易利益的可能。

二、國際貿易對經濟發展的貢獻

根據古典學派的比較利益理論，國際貿易可使生產總值增加，貿易雙方都可獲得利益。這種學說不論是對已開發國家來說，或對開發中國家來說，都是同樣適用。但是，比較利益理論所討論的，是在一定嗜好、一定資源及一定技術的各種假設條件之下，生產資源的最佳分配。故可以說是一種靜態的學說。

這種靜態的性質，並不影響其對開發中國家的適用性。如果這些條件在經濟發展過程中發生了變動，比較利益雖然也會發生變動，貿易的基礎隨之改變，但新的基礎開始存在。然而，自由貿易往往使貿易國家中較弱的一方，發生不利的轉變，故對開發中國家的長期經濟發展是一個不利的因素。因此，以比較利益理論爲基礎的自由貿易，雖然爲古典學派的經濟學者所謳歌，一向却是各方面批評攻擊的對象之一。甚至若干標榜自由貿易的先進國家，也從來沒有無條件地實施過自由貿易的原則。就這一點而論，古典學派的貿易理論，在考慮到開發中國家經濟發展的性質時，實有重新加以檢討的必要。

晚近以來，若干學者認爲自由貿易對貧窮國家不但沒有利益，而且有若干不利[4]。他們雖然不認爲這是一種有意的剝削，但是他們認爲世界經濟中有一些「不平等的因素」(disequalizing forces)，使貿易的利益主要流入比較先進的國家，雖然這些國家對外投資者和政府並非有意剝削貧窮的國家。他們的理論尚未充分發揮，其要點大致有以下三點:

第一、國際貿易使很多貧窮國家成爲「雙重經濟」(dual economy)，出口部門孤立發展，其他部門則殊少進步，同時環繞在出口部門四週的，仍然是僅堪生存的條件 (subsistence conditions) 與低劣的生產技術。

從1880年到1920年，印尼的出口價值成長了十倍，從1906年到1950年，馬來西亞的出口增加將近十四倍。其他國家的出口也有類似的迅速成長。舉例來說，馬來西亞橡膠的生產1905年共有 200 噸，但1920年出口達 196, 000 噸，從1905年到1939年，黃金海岸 (Gold Coast) 與奈及利亞 (Nigeria) 的可可生產增加40倍以上；緬甸的出口總値，自1870年至1930年代，平均每年的增加率達 5 %；荷屬東印度、馬來亞及比屬剛果棕櫚油的出口，1923年只有 23, 000噸，1937年達 305, 300噸，1948年達 40, 000 噸；法屬赤道非洲的棉花出口從1926年的 93 噸增至1948年的 27, 000 噸；他如北羅得西亞 (Northern Rhodesia) 的銅、西印度的蔗糖、錫蘭的茶，出口也迅速增加[5]。

出口雖然迅速增加，但對其他部門的發展並無很多的貢獻；僅使經濟偏向出口生產而忽略了國內也有消費；其他部門甚少仿效出口部門所用的技術，出口的增加在其他部門甚少發生敎育的作用，出口的依賴日

---

[4] 這些學者爲 Raul Prebisch, Hans W. Singer, H. Myint, Gunnar Myrdal 及 W. A. Lewis.

[5] Hla Myint, "The Gains from International Trade and The Backward Countries," *Review of Economic Studies*, XIII (2), No. 58, p. 129.

深，反而使貧窮國家易受國際市場需要與價格波動的影響，致使整個經濟陷於不安。

第二、生產資源在國際間的移動所發生的作用並非充分有利。外國的投資僅僅開發供出口之用的自然資源，而非供國內部門或人民之用。而移民的結果，導致所謂「便宜勞動政策」，19世紀後半自印度與中國向東南亞諸國、西印度群島以及東非與南非的移民，使當地的工資水準下降。

第三、貿易條件長期惡化，貧窮國家必須出口更多的物品才能換取和以前相同的進口。古典學派的貿易理論，假定技術進步的利益可以經由物價的降低平均分配於整個社會，生產初級產品的國家可以通過貿易分享工業先進國家技術進步的成果。但事實上，技術進步所引起的生產力提高，往往被工資的提高所抵消。

這些學者的意見究竟有效性如何，尙有待進一步的研究，不過一個經濟落後的國家，如果缺少以內在力量爲基礎的全面發展，則對外貿易的開放，的確有引起這種種不利的傾向。希望出口部門成爲整個經濟的一個發動因素 (generating factor)，藉以引起其他部門的發展，如工業革命以後的英國，必須出口部門與其他部門之間有密切的產業關聯，然後出口擴張才能在國內產生連繫的「乘數一加速效果」(multiplier-accelerator effect)。這個條件在一般經濟落後的國家，往往無法實現。此外，外資的輸入必須配合整個經濟發展的需要，而非僅供開發若干供給輸出國家加工生產之用的原料，而使本國的產業發展形成殖民地經濟的型態。最後，初級產品的貿易條件既然有日趨不利的傾向，開發中國家隨着經濟的發展，應當力求改善其不利的產業結構及貿易結構，俾從國際貿易獲得最大的利益。

如上所述，開發中國家假若缺乏全面的發展，僅以若干初級產品，包括糧食產品與原料加工出口，有時並不能像古典學派的經濟學家所說的，能够獲得貿易的利益，甚至反而可能發生損失。然而，對外貿易拓展仍有其爲開發中國家經濟發展所借重的地方，有時縱然貿易本身發生損失亦所不惜。這一點我們只要看若干國家寧願貶低本國貨幣的價値以促進出口，就不難明白。

貿易拓展對開發中國家經濟發展的重要性可以分爲兩點來說：第一、可以開拓國外市場以補國內市場的不足；這對一般國土狹小的經濟尤其重要。經濟發展，在某種程度之內，不外現代機械化生產方式。經濟落後的國家由於所得低少，國內市場不足，本身往往不能提供足够的誘力，以吸引這種產業的建立，或縱能使之建立，但是無法促進進一步的發展。國外市場的開拓，可以彌補這方面的缺點。英國就是一個很好的例子。在十九世紀的末葉和二十世紀的初葉，英國的出口約佔其國民所得的五分之一，佔工業生產的三分之一。若干工業主要依賴國外市場。例如，棉紡織業，出口佔產量的百分比，1841年至1845年平均爲57%，1871年至1875年增至74%；鋼鐵業，1841年至1845年，平均爲27%，1871年至1875年爲45%，1901年至1905年約24%；毛紡織業出口佔產量的比例，1840年代約爲三分之一，1870年代約爲二分之一。自十九世紀末葉以來，英國出口增加的速度較前降低，經濟成長率必也降低，學者認爲出口的擴充受阻，實爲英國經濟發展速率減緩的主要原因。

第二、可以謀取外滙以供發展之所需。自重商主義以來，發展貿易，累積外滙，包括貴金屬在內，即爲西方貿易國家經濟政策追求的重要目標。亞當斯密 (Adam Smith) 對於重商主要之重視貴金屬曾有嚴厲的批評。凱因斯 (John M. Keynes) 則以他自己的理論對重商主義的行爲予以新的說明。他認爲一個財富迅速增加的國家，其進一步的發展，往往容易因爲新投資的誘力不足而受到阻礙。貿易順差本身代表國外投資，同時由於順差的發生，金銀輸入使國內的貨幣數量增加，在流動性偏好不變的條件下，可以使利率降低，促進國內投資。因此，貿易順差使國外投資與國內投資同時增加，可以促進發展，增加就業。

對於一個經濟很落後的國家來說，累積相當數量的外滙存量（例如相當於四個月的進口價格），以預防國際間可能發生的變動，固然有其必要，但是大量的發展順差，存儲外滙，對於經濟發展並無利益。因為出口超過進口，表示國內可利用資源總額 (total available resources) 的減少，當然削弱進一步發展的力量。同時，外滙存量的增加，使貨幣供給擴大，容易形成一種膨脹的壓力。發展出口的利益不在於賺取外滙本身，而在於所賺取的外滙之運用，或進口隨着經濟的進步，國民所得增加，生活水準提高，若干消費所需的物品可能不是本國所能供應，必需通過貿易自國外輸入。這些消費品未必都是奢侈品或舒適品，其中若干可能是民生必需品。由於生產所需的資源移轉到出口物品的生產，此類民生必需品的生產，可能需要自國外輸入原料，此類產業為出口產業，則原料輸入的需要更將隨着出口的拓展而迅速擴大。最後，開發中國家通常缺乏生產現代機器設備的能力，這部分機器設備也需要自國外輸入。

如前所述，經濟成長與資本形成之間，大致具有某種一定的數量關係，為了達成一定的成長率，相當於所得之一定百分比的資本形成常常是必需的。而資本形成包括新廠房、機器設備及存貨變動三個項目。雖然儲蓄可以產生同量的資本形成或投資，但是一國如果不能生產某種資本，則亦不能因為儲蓄而累積此種資本。在開發中國家，上面三類資本形成之中，可能每一類都含有若干進口的成分，而其中機器設備所含的成分必然更多，因為缺乏生產現代機器設備的能力乃是落後經濟的一個主要特徵。

設某一開發中國家的邊際資本產出比率是3：1，每年國民所得成長的目標是6%，則爲了達成此一目標，每年的資本形成必須爲國民所得的18%。假定這18%的資本形成之中，40%爲新廠房，20%爲存貨增加，其中都沒有進口的產品（即完全由國內的生產提供），另外40%爲機器與設備，其中80%本國不能製造，必須自外國輸入，則爲了達成6%的年成長率，有了相當於國民所得18%的國內儲蓄仍然不够，尙必須有相當於資本形成或儲蓄的32%（40%×80%），亦即相當於國民所得5.8%（32%×18%）的外滙，將國內的儲蓄轉換爲經濟發展所需的機器設備。當然，這並非全部的外滙需要，除此之外，尙必須加入原料與消費品進口的需要。

由此可知，即令國際貿易沒有利益可言，開發中國家爲了謀取採購資本、原料與若干消費物品所需的外滙，也不得不從事對外貿易的拓展；有時甚至不惜各種犧牲，作爲促進出口，賺取外滙的手段。

開發中國家對國際貿易的依賴這樣殷切，然而由於本身資本缺乏，設備簡陋，技術落後，要想在國際市場上與已開發國家競爭，自然十分困難，而外國物美價廉的商品之輸入，又使國內新興產業發展受到打擊。一方面爲了擴展出口，賺取外滙，一方面爲了保護國內產業，節省外滙使用，於是乃有種種貿易政策，主要的如：保護關稅、出口補貼、限額制度、複式滙率、雙邊或多邊貿易協定等等。

三、聯合國貿易及發展會議與開發中國家的貿易政策

多年以來，有關開發中國家的經濟發展問題及其對外貿易問題之關聯的研究，一方面在理論方面已有相當的成果，另一方面開發中國家的貿易政策亦已趨於積極。關於此一方面的活動，至1964年擧行的「聯合

國貿易及發展會議」(United Nations Conference on Trade and Development; UNCTAD) 可謂已達高潮。此一組織之創立，深受其秘書長普利畢西 (Raul Prebisch) 之理論所影響。Prebisch 的理論是以對拉丁美洲的認識爲基礎（彼曾主管聯合國拉丁美洲委員會多年）而形成。玆先將其所提出的基本理論模型介紹如下，然後再說明此一組織之發展。

Prebisch 認爲，在經濟上，整個世界是以已開發國家爲中心，而以開發中國家爲外圍。兩者均能實現技術的進步，但此進步的結果，使已開發國家勞動的工資、產品及出口商品的價格較前爲高。反之，開發中國家的工資比較固定，且在技術進步以後，價格就會趨於降低，出口商品的價格亦然。如此一來，開發中國家的貿易條件趨於惡化；亦卽，技術進步的成果遂由已開發國家享有。解決之道，是由開發中國家對其產業實施保護，俾能自行享有技術進步之成果。

上述情形之所以發生，原因很多，首先，就已開發國家而言，由於壟斷性市場以及勞工組織的存在，價格只有上漲而無下降。但在開發中國家，市場的競爭性較大，而且常有剩餘勞動存在，故在技術進步之後，實質工資仍極穩定，價格且趨下降。其次，開發中國家有時由於勞動供給的增加，勞動只得走向生產力較低的部門，因而對於實質工資形成一種壓力。再次，國際需要的結構也會發生作用；此卽開發中國家對於來自已開發國家的進口需要，具有較高的所得彈性，但是已開發國家對於來自開發中國家的進口需要， 則有較低的所得彈性。在開發中國家，出口與進口卽使均告增加，出口與進口相比總覺落後。開發中國家卽使想以價格的降低來謀取外滙收入的增加，但因出口商品乃以傳統的初級產品爲主，價格彈性極低，故亦不能如願。

由此看來，開發中國家的對外貿易確有很多問題存在，故其經濟發展的政策應是促成製造業的快速成長，同時減少對於進口的依賴。

上述的問題在理論方面及實際方面曾經引起廣泛的討論。在實際方面，UNCTAD 曾以短期的統計資料爲根據指出，開發中國家的貿易條件已自1950年開始惡化，但事實上，1950年曾因韓戰之影響，初級產品的價格大幅上漲。至於長期的統計資料是自1870年或1880年開始，結果發現兩種情形都有。利浦西 (Robert E. Lipsey) 亦曾指出，在該時期，英國與開發中國家相比，確曾享有貿易條件的改善，而在美國及歐陸各國，情形則是相反。

如上所述，Prebisch 的理論是成立 UNCTAD 的理論基礎；至於成立 UNCTAD 之實際動力，主要是因開發中國家對於現行貿易政策的猛烈攻擊。開發中國家認爲，僅只保護進口競爭產業仍然不够，而是應該同時擴張出口。其理由有二：第一、開發中國家爲了執行開發計劃，必須賺取較多的外滙以爲支應；第二、開發中國家應該保護幼稚產業，但因開發中國家的國內市場太小，如不擴大市場，產業發展亦無遠大之前途。1947年10月雖然簽訂關稅及貿易總協定 (General Agreement on Tariffs and Trade; GATT)，但在這一體制之下的貿易政策，對於開發中國家出口的擴張則有妨害。

GATT 的基本規定就是「最惠國條款」(most-favored-nation clause) 及互相協議減低關稅的原則。所謂最惠國規定是指除了關稅同盟 (customs unions) 之外，沒有價格歧視存在；任何國家對某國給予最惠國的待遇，則對其他國家亦應同樣適用。所謂互相協議減低關稅的原則，是指已開發國家如對開發中國家的工業產品減低關稅，以鼓勵開發中國家的出口，則開發中國家亦應對已開發國家實施關稅的減讓作爲報答。對於此點，開發中國家極感勉强。故在1964年，此項規定已經有所修正。

目前，GATT 已有 90個以上的會員國，而且約有10國以上的非會員國表示願意盡量遵照 GATT 的規定。西方所有的重要工業國家均已成爲會員國；會員國中的三分之二是由開發程度較低的國家所構成。共產主義的國家並不參加 GATT。世界貿易的 80% 以上是在 GATT 的會員國間進行。

1954年至1955年間，會員國舉行第九次會議中，曾經建議設立一個所謂「貿易合作組織」(Organization for Trade Cooperation) 以加强協定之推行。但是，此一組織迄今仍未成立，此因其中的主要國家反應非常冷漠；例如，美國的國會就未表示贊成。

1962年，美國爲了與歐洲共同市場取得密切的連繫，以促進國際貿易之更自由化，當年乃由國會通過「貿易擴張法案」(Trade Expansion Act)，授權美國總統與歐洲共同市場協商如何進一步減低或取消兩個地區之間的關稅。具體而言，此一法案授權總統可以採取下列兩項措施：

（一）兩個地區之內往來的商品，其貿易額佔世界貿易總額的80%以上者，可以減低或廢除全部關稅。

（二）所有其他各種商品之關稅，未來５年之內減少50%。

此一法案通過之後，當時美國總統甘迺迪 (John F. Kennedy) 乃向 GATT 建議，由其發起會議進行協商，後來 GATT 終於接受此項建議而於1965年在日內瓦召開，此即所謂「甘迺迪回合」(Kennedy Round)，經過三年冗長的時間，這一會議終於1967年６月結束。平均地說，經過這一會議之後，會員國的關稅大約可以減低35%，對於開發中國家農產品之進口關稅則約減少30%，而且，各種減少之項目希望能在五年之內次第實施。

如上所述，GATT 之中互相協議減低關稅的原則並不包括農產品的關稅在內。但因開發中國家的出口乃以農產品爲主，故從開發中國家的觀點來看，GATT 無法產生多大的利益。經過「甘迺迪回合」以後，農產品的進口關稅雖已減少30%，但其效果仍不顯著。而且，關稅僅是國際貿易進行之一種障礙而已，其他非關稅的障礙仍然很多。例如，美國以及其他若干已開發國家對糖、棉紡織品、肉類，以及石油等之進口，一直採取嚴格的限額制度。這種措施對於一般開發中國家極爲不利。爲了補救此種缺陷，聯合國乃於1964年在日內瓦召開一次規模龐大，歷時三月之久的「聯合國貿易及發展會議」。如前所述，此次會議主要就是對前述 Prebisch 所提的一份報告加以討論。

Prebisch 的報告題爲「促進發展之新貿易政策的探索」(Towards A New Trade Policy for Development)。此一報告指出，目前 GATT 所揭櫫的消除貿易障礙之辦法過於消極，對於開發中國家之貿易無大裨益。合理的國際經濟政策必須基於已開發國家對於開發中國家之協助的義務感，不能專從其本身的短期經濟利益加以計議。若從謀求經濟發展的觀點來看，目前開發中國家遭遇的最大困難就是國外資源供給的不足，因此必須設法增加出口。然則，如何才能增加出口，首先就是必須實行「保護政策的國際化」。所謂保護政策的國際化，是將目前已開發國家所推行的保護政策轉變過來，使其有利於開發中國家的出口與工業化問題之分析而產生。此一分析主要考慮兩個問題:（一）初級產品出口所能賺取之外滙的增加率比較緩慢;（二）在工業化過程中之國家對於工業產品之出口的迫切需要。

由於前一問題的存在，此一報告認爲已開發國家應該採取下列兩項措施: 一爲擴大使用國際商品協定，以保障初級產品的市場及其應得的公平價格; 一爲對於開發中國家支付財政補助，以補償其農產品出口因貿易條件惡化所蒙受的損失。

由於後一問題的存在，此一報告認爲開發中國家應該自行推展區域合作，對於本區域內其他開發中國家之工業產品的進口特別予以優惠待遇；另一方面，已開發國家對於開發中國家之工業產品的進口，更應予以優惠待遇。

由於參加此次會議的大多是開發中國家，所以這種主張很自然地成爲會中多數派的意見。但因已開發國家的反對，此次會議除了決定這一會議本身成爲聯合國中的一個永久機構，並且決定若干時日以後再開一次會議之外，可說並無多大成就。UNCTAD 的第二次會議又於1968年2、3月間在印度首都新德里召開，共有121國及44個國際機構參加。但是經過八個星期的討論仍無具體收穫。其中，一般開發中國家期望最大的原料價格之提高問題又被已開發國家拒絕。已開發國家雖已原則同意至少以其國民生產毛額的1％作爲對於開發中國家的經濟援助，但未具體宣佈付諸實現的日期。其他有關如何實施非互惠關稅等等問題，只是得到再加研究的空洞決議。

UNCTAD 的第三次會議是於1972年4月13日至5月21日在智利首都聖地牙哥舉行。過去兩次會議的主題是集中於如何擴大已開發國家及開發中國家的貿易，但此次會議則以國際貨幣問題作爲討論的焦點。鑒於過去數月以來，國際貨幣危機遲疑難決，此次討論的焦點之轉向也就不足爲奇。至於原料價格、貿易優惠、資金援助、外債及無形交易等等問題，也就顯得無關緊要。

遠在此次會議召開之前，若干專家就已預期其不能達致任何成就。因在會議召開之前，各國正是普遍處於景氣循環的低潮，大多數的已開發國家更是深受通貨膨脹的威脅。在此情況之下，有關開發中國家經濟發展的長期問題，自然不易引起廣泛的注意。

不過，在此當中，亦有若干極爲突出的建議頗爲引人注目。例如：西德建議以0.75％的低利給予全世界最貧窮的25個國家50年之貸款，至於對其他開發中國家貸款之利率亦予降低；法國則表示願傾全力共同促成已開發國家物價之穩定。

總結此次的 UNCTAD 會議，時間長達六週之久，但是並無顯著的成就。議案討論的結果不是付諸長期的研究，就是逃避責任。例如，貿易問題決定轉請 GATT 研究解決。事實上，在 GATT 及國際貨幣基金中，已開發國家正可操縱把持，討論彼此之間的問題，而把開發中國家所最關心的問題置之度外。由此可見，除非已開發國家能夠產生具有遠見之領袖加以推動，否則開發中國家本身所遭遇的各種經濟問題，如欲在國際組織的會議席上謀求解決，恐怕非常渺茫。

四、東京回合多邊貿易談判

關稅暨貿易總協定（GATT）為謀降低工業產品的進口關稅並撤除非關稅貿易障礙，自一九七三年九月起在日本首都展開第七回合多邊貿易談判，後來被稱為「東京回合」(Tokyo Round)。（按：本次貿易談判原稱「尼克森回合」(Nixon Round)，不久爆發水門事件而改稱「東京回合」）

東京回合貿易談判開始後，世界經濟發生了巨大的轉變。先是石油危機爆發，接著出現第二次世界大戰結束以來最嚴重的衰退膨脹與國際收支失衡。其後世界經濟雖轉趨復甦，但力量甚為薄弱，且甚多石油消費國家仍無法擺脫貿易赤字的困擾。此外，自一九七三年實施浮動滙率制度以來美元極度疲弱所帶來的諸多問題，亦使主要工業國家花費不少心力與精神。在此背景下，各國為解決其自身問題已感力不從心，自然沒有太多餘力顧及為促進世界貿易自由化而舉行的多邊貿易談判，甚至為解決失業與貿易赤字而訴諸各種進口限制措施，致貿易保護主義大為盛行，與多邊貿易談判形成強烈對比。

由於世界經濟的客觀環境發生重大變化，故東京回合貿易談判亦出現若干與前六回合談判不同的特色。

第一個特色是，關稅在談判中的重要性已大為降低。在過去六回合的談判中，關稅減讓一直居於重要地位。但東京回合貿易談判中，關稅已退居次要地位，其主要原因有二：(1) 關稅經過前面幾回合談判的不斷降低，已降達甚低水準（如美國及歐市工業產品的平均關稅率已不到10%），進一步降低的效果不大；(2)一九七三年三月以後主要工業國家實施浮動滙率，滙率隨著市場情況時有波動，關稅降低的效果很容易被滙率的變動所抵銷。

取代關稅而成為談判重點者，為非關稅貿易障礙，此為東京回合的第二個特色。當時各國在國內失業與國際收支逆差的交相煎迫下，紛紛走上貿易保護主義的路子，且多採非關稅的貿易限制措施，如任意規定產品標準、出口貼補、設定進口限額、與出口國家訂定出口自動設限之協議、引用衞生安全條例、隨意征收進口附加稅、甚至提倡愛用國貨運動等，據估計多達九百多種。此等非關稅貿易障礙對世界貿易的發展影響甚大，故亟待藉由貿易談判予以消除或減輕，俾維護開放的世界貿易體制。

另外，東京回合貿易談判尚有一項值得注意的特色，就是參加國多達九十九國，較甘迺迪回合的五十五國及前五個回合的 22～34 國不等均顯著增加，主要是因為參加談判的開發中國家大幅增加所致。本回合參加貿易談判的開發中國家多達七十五國，已涵蓋開發中國家的大部分，一方面顯示開發中國家地位的提高，另一方面亦表示開發中國家已漸被世界貿易體系所接納，故為可喜之現象。

一九七九年四月，參與談判的國家終於簽署新的世界貿易協定。綜合本回合貿易談判的主要內容與成就如下：

(1) 關稅的整體降低幅度約爲33%，其中美國平均降低31%（工業產品平均關稅將由 8.6%降爲 5.7%），歐洲共同市場降低25%，日本降低50%左右等。

(2) 取消民航飛機的一切關稅。美國、加拿大、歐市、瑞典和日本均同意自1980年 1 月 1 日起，取消民航飛機、飛機引擎及零組件、地面飛行模擬器和飛機修護的所有關稅。此外，還包括技術性貿易障礙的消除，並確保政府採購非軍用飛機時開放國外競爭。

(3) 禁止補貼出口製造品，農產品仍容許補貼，但不應傷害其他國家的貿易。

(4) 限制對受補貼的進口品課征抵銷關稅或報復性關稅。只有當出口國補貼出口品，且能證明本國業者受到實質傷害時，才能課征傾銷稅。歐市視美國接受「損害證明」的規定爲一大勝利，根據美國的原來規定，凡是受出口補貼的商品無論是否損及本國業者均得課征傾銷稅。

(5) 將政府的採購開放國際標。協助開放政府採購供國際投標，並列出每一國將接受外國投標的政府機構。

(6) 改革訂定技術標準的規則。即爲商品標準的訂定和認定，定下較清晰的規則。技術標準過去常被用來阻礙進口。

(7) 改革武斷的關稅評估方法。列出五種標準的評估方法，取消過去有差別待遇的評估方法。

(8) 有限度地開放農產品市場。歐市數種乳酪、牛肉和酒類將較容易進入美國市場，而美國的濃縮橘子汁、米、杏仁、葡萄和蔬菜等將較易進入日本及歐洲市場。且將建立農產品貿易的諮詢機能。

整體而言，東京回合貿易談判雖可視爲邁向自由貿易的另一腳步，但囿於世界經濟的變局與各國間利益之衝突，其對抑制貿易保護主義擡頭的效果仍屬有限。特別是美國面對嚴重的失業與貿易赤字，根本無法抗拒國內保護主義的壓力，而日本是戰後經濟表現最優異的國家，但在本回合談判中被認爲沒有作足夠的讓步，以致引起其他國家的爭執。

此外，開發中國家對於新的世界貿易協定亦頗表不滿。因爲協定的主要內容，包括工業產品關稅的降低與其他非關稅貿易障礙的解除等，均與工業國家的貿易較爲密切，開發中國家從協定中能夠獲取的利益誠屬有限，因此而有受到歧視的感覺。換言之，國際間長期存在的南北問題，並未因此次貿易談判的召開而得到圓滿解決。

五、高峯會議與南北會議

1977年五月七、八兩日，美國、英國、日本、西德、法國、義大利及加拿大等七個工業國家在倫敦召開了高峯經濟會議，會後曾有兩種公報發表。在部長級所簽署的公報中，關於貧窮國家的問題，曾有如下的聲明：下一步驟將是在巴黎召開南北會議時獲致「成功的結論」。本來，在倫敦經濟高峯會議中，景氣問題、貿易問題、能源問題、融資問題及產品價格，特別是初級產品價格之穩定對於生產國家及消費國家兩俱有利，尤其是對於依賴初級產品出口的國家，在投資決策、資源分配、就業及外滙收入方面意義更爲重大。而從另一方面來看，初級產品出口國家的外滙收入如能保持穩定，對於出口工業產品的工業國家也是一個廣大的市場。1973-4年間的世界性經濟不景氣之所以沒有重蹈1930年代大蕭條的覆轍，在某種意義上來說，第三世界國家有其貢獻。試想想看，這些國家擁有20億以上的人口，他們以各種方法舉債，從工業國家進口糧食及各種工業產品，使工業國家免於嚴重的經濟衰退，也大大緩和了失業問題的惡化程度。長久以來，這些國家提供了工業國家的出口市場，如今都已陷入債臺高築的深淵而不可自拔，不管是基於人道理由、政治理由或經濟理由，工業國家實在不能袖手旁觀。何況，貧窮國家經濟破產之時必是共產主義猖獗之日。基於此一體認，對於共同基金的設立，工業國家已經表示同意。畢竟這是一種利人利己的行為。但在細節方面有待協調的是：工業國家認為資金來源尚無着落，而且限於已經訂有協定的某種個別商品；南方國家的立場是先由工業國家提供30億美元作為開始，並且至少致力於18種商品價格的穩定。

關於援助問題，過去曾把援助的標準訂為 GNP 的百分之一，但卻沒有一個國家達成。這次工業國家表示將以「特別行動」(special action) 針對貧窮國家另外提供10億美元作為援助，其中，日本決定負擔一億美元。美國另外表示，對外援助的金額，包括對於國際機構的捐助在內，將由1977年會計年度的43億美元增加30%。不過，貧窮國家的奢望是把約達 2,000 億美元的債務部分取消或一筆勾銷。美國已經拒絕這個要求，表示這些債務應該根據其意義個案處理。不過，加拿大卻很大方，其會議代表馬西亞欽（Allan Maceachen）已經聲明加拿大政府將把貧窮國家所欠的 2 億5,400萬美元債務全部改為加拿大的贈款。

可惜，加拿大的舉動只是一個令人興奮的例外，工業國家對於許多關鍵問題事實上仍然相當堅持。貧窮國家要求普遍延期債務的清償，就被工業國家拒絕。產油國家要求對其石油美元的投資提供擔保，也被工業國家拒絕。貧窮國家要求將其出口至工業國家的產品價格與從工業國家進口的產品價格直接聯繫起來，工業國家也以缺乏適用的「指數」為理由表示歉難照辦。至於貧窮國家所要求的穩定能源價格及能源供給，工業國家本身自顧不暇，更是沒有能力解決。

歷時一年八個月之久的南北會議，這次是個終點，從許多方面看來，這次會議距離倫敦會議公報所說的「成功的結論」相去甚遠。貧窮的第三世界有着太多的要求與奢望，其中包括債務問題、金融問題及能源問題，不過，工業國家的反應都很令人失望，甚至可以說，工業國家的拒絕乾脆而徹底，並無轉圜的餘地。這次會議在本質上是對倫敦經濟高峯會議中有關南北問題的三項承諾進行討論而已。所以，如果要說這次會議有何成就，我們可把上述的三項承諾重寫一次：(一)設立調節商品價格的共同基金；(二)增加傳統方式的援助；(三)提供10億美元的特別行動資金。由此可以看出，工業國家的主要用意乃是急於要把這個冗長、沉悶而難纏的南北會議作一個迅速的了斷。

六、「烏拉圭回合」貿易談判與國際貿易體系的展望

本書第十章第五節曾經提及，一九八〇年代由於國際經濟結構的失衡以及民主國家政治力量的運作而導致新保護主義的擡頭，成爲當前世界經濟與貿易體系所面臨的最大挑戰。在保護氣息濃厚的國際政治經濟環境中，各種非關稅限制貿易措施的採行變本加厲，而新興的貿易問題諸如服務業市場的開放與智慧財產權的保護等，均爲過去所未曾遭遇者。主要國家爲解決彼此間的貿易摩擦，更傾向與貿易對手進行雙邊貿易談判，或加強區域性貿易集團的結合，期在局部的範圍內實現自由貿易的理想。

爲了避免國際經濟體制因此保護主義的崛起而趨於瓦解，國際貿易體系與架構的重新檢討與調整乃屬必要。因此，一九八三年起，主要國家乃以美國爲首，倡議召開新回合的多邊貿易談判。經過三年之醞釀與爭執，GATT會員國終於在一九八六年九月十五日在烏拉圭東岬 (Punta del Este) 舉行部長會議，發表宣言並宣佈談判開始。此一「烏拉圭回合」(Uruguary Round) 預定至一九九〇年結束。

新回合多邊談判的召開，雖亦爲多數國家的意願，但各國立場並不

一致。美國主要寄望於能爲其較具競爭優勢的部門，如農業部門、高科技部門、對外投資及服務業部門，謀取較大的自由貿易空間，但這些部門卻爲許多開發中國家視爲「外人止步」的禁區，因此爭議頗大。唯基本上，美國仍意圖在新回合談判中尋求得以擴充貿易機會的規範與體制，故其所訂優先次序與談判目標分別爲:

1.農業貿易障礙的排除: 有關農業方面的談判，美國的第一要務當在討論農業貼補規範，以排除現有不利於農產品貿易的障礙。依照原訂時間表，美國希望在兩年內達成結議，並付諸實行，以強化美國農業的比較優勢。

2.服務業的規範: 由於服務業涉及通訊、金融、旅遊、保險等範圍，一般均受各國政府的管制，也是國外企業揷足受限較大的領域，開放所涉問題極爲複雜，故過去 GATT 歷次談判均未涉及。本次提議原亦遭巴西、印度等開發中國家的極力抗拒，其後美同意未來有關服務業的談判將不與工業相關連作爲條件，始將之列爲正式議題。

3.智慧財產權的保障: 關於智慧財產權方面，美國寄望新回合談判對仿冒品的交易，得有更強力的規則加以約束，並予付諸實施。由於美國產業競爭優勢大多在高科技的開發，這方面的優勢地位須有完備的法律予以保護，同時予以有效執行，因此成爲美國主導新回合談判的一項主要議題，並獲多數與會部長的同意。

4.外人投資限制的改善: 開放外人投資也將是美國極力爭取的另一國際經濟活動空間。由於美國經濟活力繫於跨國性的多國籍公司，爲彼等爭取較自由的活動空間，將可促使國際經濟有效擴大，經由投資、經濟成長的效果，自然可爲美國商品增加許多市場機會，從而促進商品的國際貿易。

除上述四大議題外，有鑑於以往 GATT 在解決會員國間紛爭方面的軟弱無力，缺乏有力工具，新回合貿易談判亦將試圖建立一套可靠的貿易糾紛處理程序，樹立國際貿易仲裁應有的權威。這點非常重要，因爲倘若GATT 不能有效執行其所制定之規範，則一切談判將毫無意義。

再者，GATT 所標榜者爲自由貿易，反對關稅與非關稅貿易障礙，但是爲了保護國內工業免受進口貨大量湧入的侵害，允許進口國採取緊急措施，以利爭取時間調整產業競爭力，此即所謂之「規避條款」（safe guards）。這種臨時性的保護措施，原有其適用之條件與限制，然而如今卻遭到相當程度的濫用。因此，如何釐清規避條款的限制條件，並予嚴格約束，自爲避免國際間陷入貿易保護戰之另一努力重點。

綜合以上所述，新回合貿易談判的主題包括農業貼補問題、服務業市場的開放、智慧財產權的保護、國際投資的自由化、貿易糾紛的處理程序，及臨時性保護措施的明確規定等。這些問題預料將極複雜，同時大多涉及較關稅問題更難以處理的非關稅障礙，不易取得量化之客觀標準。談判的主要目標固在創造市場機會，但大多數均爲美國較具競爭優勢的產業市場機會，因此美國毫無疑問地，必將扮演積極主導的角色。然而各問題背景不同，各國利害關係並不一致，因此預料必將遭遇許多困難與衝突。因此，展望不久的將來，雙邊主義下的貿易談判與區域化的貿易集團，似仍將是主導世界貿易體系動向的主要力量。

第三篇

國際收支及其調整

第十四章　外滙滙率與外滙市場

國內貨幣關係與國際貨幣關係之間，最大的差異在於：前者只有一種貨幣單位 (monetary unit)，後者却有多種貨幣單位。今天的世界，分成一百多個獨立的國家，所以就有一百多種不同的貨幣制度。介於種種不同類型的貨幣制度之間，却有一種共通的國際貨幣制度存在，乃能履行國際之間的各種支付，而將購買力從一種通貨移轉到其他各種通貨。爲了探討國際貨幣制度，必須先對外匯與外匯市場有所理解。

一、外滙的意義

假如整個世界就像一個國家一樣，有着統一的貨幣制度，各種國際支付的履行，就同各種國內支付的履行一樣方便，並且不會引起種種國際貨幣問題。

國內支付的履行，因爲只與一種通貨發生關係，可說毫無困難。但當牽涉不同的通貨，如何履行支付？凡在不同通貨之間履行國際支付的機能，通常稱爲「外匯」(foreign exchange)；也就是說，由於各國均有其獨立不同的貨幣單位，故在履行國際支付之際，必須先把本國通貨兌成外國通貨，或把外國通貨兌成本國通貨，才能完成任務，這種不同通貨的兌換過程，就是所謂「外匯」。再者，每一國家爲了適應國際支付的需要，隨時均須儲存相當數量的外國通貨，此時，若從本國立場來看，這些外國通貨就是本國的外匯。所以「外匯」一詞具有動態與靜態的兩種意義。

一國貨幣對外國貨幣的價值，稱爲該國貨幣之匯價或對外匯價(foreign exchange value of money)。在各國立法或習慣中，由於計算基礎不同，匯價的表現方法可分爲二：(一) 應收匯價 (receiving quotation)：此即本國貨幣一單位折合外國貨幣若干單位之謂；例如，新臺幣一元折合美金0.027元。(二) 應付匯價 (giving quotation)：此即外國貨幣一單位折合本國貨幣若干單位之謂；例如，美金一元折合新臺幣36元。

以上兩種匯價的計算方法，雖然基礎不同，但所表示之一國貨幣對外匯價的高低，意義並無不同。換句話說，當一單位本國貨幣折合外國貨幣之單位數目增多，或一單位外國貨幣折合本國貨幣之單位數目減少，均可視爲本國貨幣之匯價的上升；反之，當一單位本國貨幣折合外國貨幣之單位數目減少，或一單位外國貨幣折合本國貨幣之單位數目增加，均可視爲本國貨幣之匯價的下降。

上述的匯價，實係一國貨幣之對外價值 (external value of money) 的表現，乃以兩國貨幣之交換比率 (rate of exchange) 作爲計算的基礎；此一交換比率，既然作爲兩種貨幣換算之根據，乃可表現匯價之高低，稱爲「外匯匯率」(rate of foreign exchange)，或簡稱爲「匯率」。

匯率卽係各種不同通貨之間的聯繫，故其波動將對國際收支產生明顯的影響。以下擬從經濟理論方面說明外匯匯率的決定，至於銀行方面的外匯業務，可從專門的著作中加以理解❶。

二、自由波動的滙率

1. 外匯的需要

簡單地說，一國居民之所以希望獲得外匯，乃是爲了購買外國商品與勞務的需要。圖 14-1 是美國對於巴西咖啡的需要表 (demand schedule)。根據該圖，咖啡的價格越高，對其需要越少；反之，咖啡的價格越低，對其需要越高。此處因係假定美國根本不產咖啡，所需咖啡全由巴西輸入，所以情況非常簡單。

如果某種商品的來源，部份係由國內自行生產，部份係由巴西輸入，則其需要表較爲複雜。圖 14-2(a) 表示美國對於皮鞋的供給與需要。在該圖中，皮鞋的價格爲P_1，美國所需的皮鞋，全部便由國內自行生產。除非價格較低，美國才會開始輸入。價格如爲P_1，美國對於皮鞋的需要便爲q_1。如果價格降至P_2以下，需要的增加全由輸入供給。同時，

---

❶ 有關銀行外匯業務方面，可以參閱：

Marris T. Rosenthal, *Techniques of International Trade* (New York: McGraw-Hill Book Company, 1950).

Norman Crump, *The ABC of the Foreign Exchanges* (London: Macmillan and Co., 1957, rev. ed.)

Alan R. Holmes and Francia H. Schott, *The New York Foreign Exchange Market* (New York: Federal Reserve Bank of New York, 1965).

價格如果降低，國內生產的皮鞋便會減少。由圖 14-2(a) 中的供需表，便可導出圖 14-2(b) 中對於輸入商品的需要表。

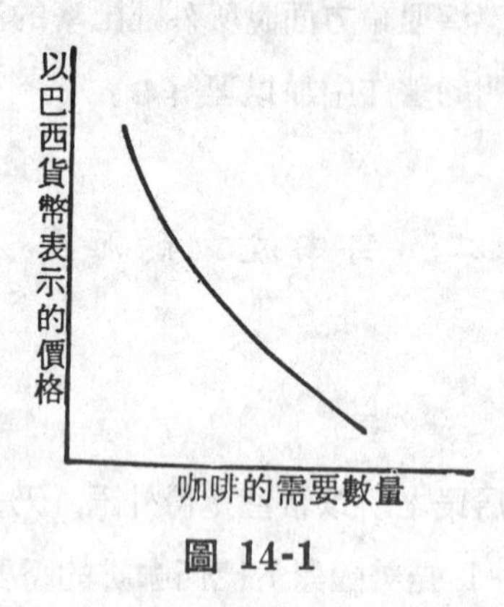

圖 14-1

如果一國國內有着輸入競爭的產業 (import-competiting industry) 存在，該國對於輸入的需要與該國對於商品本身的需要相比，具有較大的彈性。

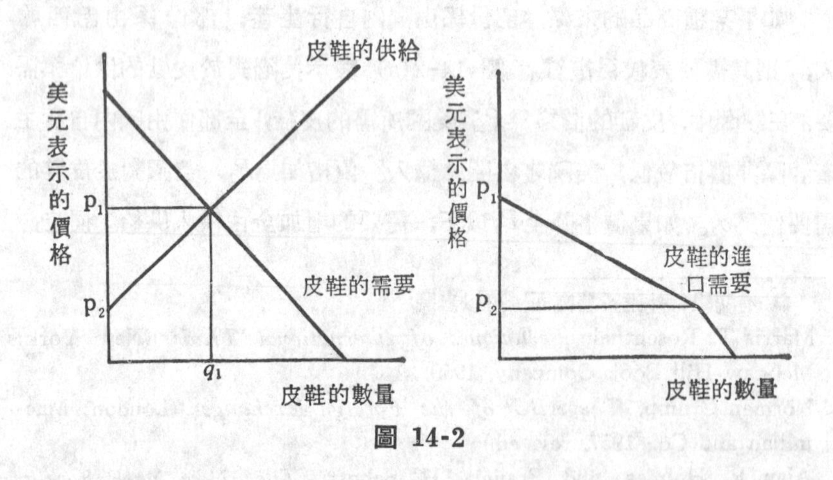

圖 14-2

圖14-3是先把一國對於各種不同輸入商品的需要表彙總而成對於輸入商品的總需要表 (aggregate demand schedule) 然後換成對於外匯的

需要表。爲了簡化起見，僅以美英兩國爲例。該圖表示美國對於英鎊的需要。如果每一英鎊的價格較高，例如等於4美元，則對英鎊的需要較少，因在此時，英國價值1英鎊的商品，在美國便爲4美元，如果每1英鎊只是等於2美元，美國對於英磅的需要就會增加，因在此時，英國價值1英鎊的商品，在美國僅爲2美元。所以，對於外匯的需要表之斜率，便如圖14-3所示。

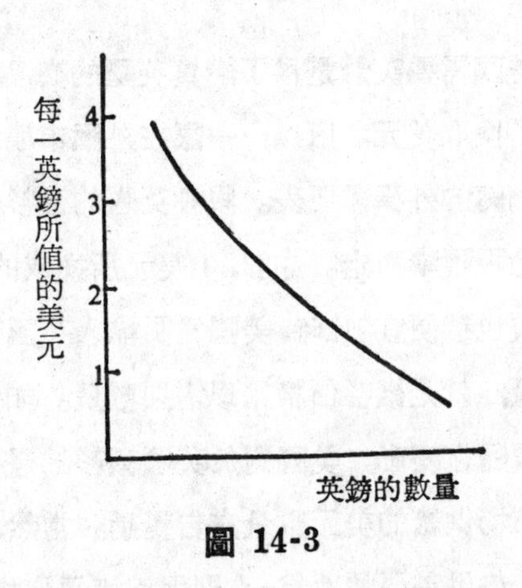

圖 14-3

輸入商品的需要曲線，或者外匯的需要曲線是與輸入的需要彈性有關。至於輸入的需要彈性，主要是由四種因素決定：第一、一國之輸入如爲必需品及原料，則其輸入的需要彈性較低，輸入數量對於價格變動的反應較小；另一方面，一國之輸入如爲奢侈品，則其輸入的需要彈性較高，輸入數量對於價格變動的反應較大。第二、一國如有許多相當發達的輸入競爭產業存在，則其輸入的需要彈性較高；這是因爲價格上漲以後，國內的輸入競爭產業開始佔有較大的市場，輸入因而減少；價格下降以後，情形剛好相反。第三、考慮的期間如果較短，則因價格變動以後，生產因素不易重行分配，所以輸入的需要彈性較高；反之，考慮的期間較長，則因價格變動以後，生產因素可以重行分配，所以輸入的需要彈性較低。第四、經濟發展程度較高的國家，大多擁有相當發達的輸入競爭產業，輸入的需要彈性較高；反之，經濟發展程度較低的國家，國內的輸入競爭產業大多不甚發達，且其輸入乃以經濟發展所需之生產設備爲主，所以輸入的需要彈性較低。

2. 外匯的供給

如上所述，美國需要英鎊是爲了購買英國的商品與勞務；同理，英國供給英鎊是爲了換取美元。所以，一國在外匯市場供給本國通貨的供給表，最好視爲倒轉的外滙需要表。假設英國的襯衫輸往美國，則此襯衫在美國的價格乃視匯率而定。亦卽，1 美元所換成的英鎊越多，則英國襯衫在美國的售價也越便宜。此時，美國爲了輸入英國襯衫，而在外匯市場供給的美元數量，就是襯衫價格乘以需要數量。如果匯率變動，英國襯衫在美國的售價隨之變動，美國對於英國襯衫的需要數量也會變動，因而美國在外匯市場供給的美元數量亦告變動。當然，外匯的供給乃隨需要彈性而變動。如果需要彈性爲一，則因不管價格如何變動，對於商品的支出總是不變，所以美國供給的外匯數量還是相同。如果需要彈性在一以上，一旦英國襯衫在美國市場的售價下跌，美國所需的襯衫數量也就增加較多，所以美國爲了輸入英國襯衫，而在外匯市場供給的美元數量也會增加。上述美國在外匯市場供給美元的兩種供給曲線，以圖14-4表示。

根據以上所述可以看出，外匯的供給曲線是由輸入的需要導出。如果對於輸入商品的需要彈性爲一，供給曲線也就完全缺乏彈性，有如該圖的 S_1S_1 所示。如果對於輸入商品的需要彈性具有彈性，外匯的供給曲線也就具有彈性，此如該圖的 S_2S_2 所示。

如把爲了輸入個別商品，而在外匯市場供給本國通貨的外匯供給曲

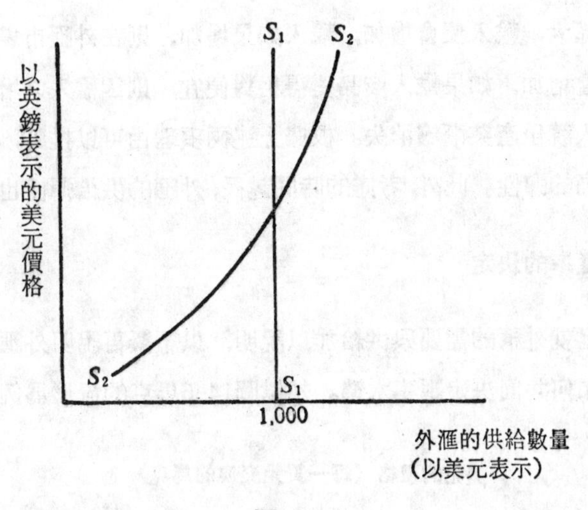

圖 14-4

線全部彙總起來，就可構成一條外匯的總供給曲線 (aggregate supply curve)，表示在不同的匯率之下，該國供給的本國通貨數量，有如圖14-5所示。

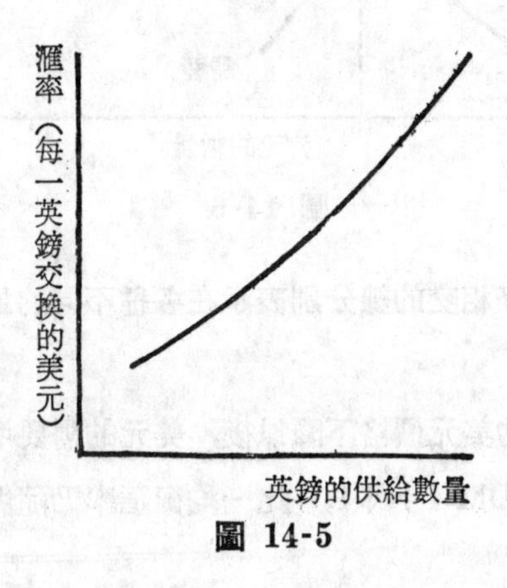

圖 14-5

上述決定外匯需要曲線之彈性的各種因素，同樣也能決定外匯供給曲線之彈性。如果本國通貨的價值上升，輸入商品變得相對便宜，假定需要彈性甚大，輸入便會增加，輸入如果增加，則在外匯市場供給的本國通貨也會增加，如果輸入商品變得相對便宜，則因輸入之增加，國內原有的輸入競爭產業漸趨消失。根據上述兩項理由可以推斷，外匯的供給具有很高的彈性。此外，考慮的時間越長，外匯的供給彈性也是越高。

3. 均衡匯率的決定

以上已就外匯的需要與供給加以說明，以下擬再說明外匯的需要與供給兩者如何共同決定匯率水準。玆以圖14-6馬克的情形為例說明：

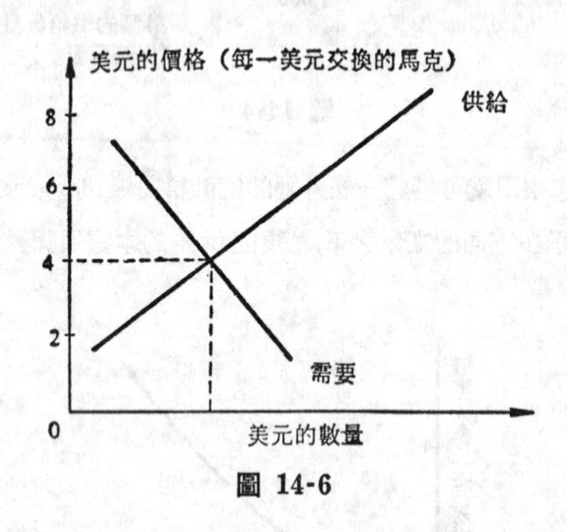

圖 14-6

在此圖中，兩條相交的線分別表示在各種不同的馬克價值之下對於美元的需要與供給。

在以馬克表示的美元價格下降以後，美元的需要增加，供給減少，其均衡的匯率乃是 DM 4 = $ 1， 此一均衡匯率乃隨供需曲線的移動而變動。

根據國際收支平衡表的概念可知，國際收支的逆差或盈餘是以「淨額」表示。國際收支的失衡乃是成千成萬的國際交易互相影響的結果，而此成千成萬的國際交易之背後則是外匯的交易。一般人對於外匯的需要，是因爲了購買外國商品、購買外國勞務、至外國旅行，或者基於投資及其他目的而將資本移至外國。這些項目共同構成外匯的需要。另一方面，外匯的供給則是來自商品及勞務的出口、外國資本的內流等等。這些項目共同構成外匯的供給。

外匯的需要與外匯的供給雙方交互作用即可決定外匯市場的匯率。因此，對於某種通貨的需要如果超過該一通貨的供給，或者，一國的收入（商品及勞務的出口加上長期資本的內流）如果超過該國的支出（進口加上資本的外流），則其通貨基本上將趨「堅强」(strong)，可能向匯率的上限移動。反之，該國通貨基本上將趨「軟弱 (weak)。再進一步，一國的貿易地位主要是由該國商品與外國商品的相對價格（競爭能力）以及該國與外國的貨幣所得之相對變動決定。

例如，假設某國的工資率發生一般性的上升，則將引起生產成本的增加及其競爭地位的低落，從而導致貨幣所得的上升，此將促成輸出的減少以及輸入的增加。結果，國際收支發生逆差以後，自須進行匯率的調整。一國的貿易競爭能力除受價格因素及所得因素之影響外，嗜好(taste)的國際變動、產品之品質與設計，以及售後服務(after services)之程度等等亦有相當之影響。投資資本之移動乃是相對獲利機會之反映，至於短期資本則受短期利率差異之吸引。由此可見，全國的經濟條件透過對於國際貿易項目的影響，使得匯率亦受影響。實在說來，政府對於匯率僅能透過上述經濟條件的改變加以影響，對於匯率本身並無直接的決定力量。

匯率在上限與下限之間的干預限度 (intervention limits) 之內，是由商品與勞務的供需、國際長期資本的移動，以及短期資本的移轉共同決定。匯率如已到達最低的支持限度，政府可以進入外匯市場加以支持，但是必須該國保有相當的國際準備，且能獲得相當的國際信用之融通。一旦該國的國際準備耗盡，而又無法獲得相當的國際信用之融通，該國須將通貨貶值 (devalue) 相當程度，俾能增强該國的產品競爭能力。另一方面，政府如果有意累積國際準備，可在匯率到達最高限度之時加以支持。該國如果不欲累積國際準備，可將通貨升值 (revalue) 或採取其他適當措施。

政府可以支持的匯率應是能使國際收支長期平衡，同時又能配合國內經濟條件的匯率，此一匯率稱爲「均衡匯率」(equilibrium exchange rate)。政府對於國際收支以及匯率方面的季節變動或循環波動可以透過國際準備的累積或消耗以及國際貸款的授受，加以抵銷。但是，如果國際收支的失衡持續多年，則以上述的方法恐難奏效，此時的匯率可謂並非均衡匯率，故須加以調整。

三、穩定的滙率

1. 穩定匯率的論爭

事實上，匯率很少自由地按照供給與需要的變動而變動。卽使是在第一次世界大戰以前，正當自由經濟的思潮比較澎湃之時，自由波動的匯率亦未普遍受到歡迎。當時，所有的主要國家都很熱衷於以固定匯率爲特徵的金本位制。自由波動的匯率制度只能視爲金本位制失敗後的產物。

潮流雖然如此，支持自由波動匯率制度者仍不乏其人。他們認爲，匯率不同於普通商品的價格，故對匯率與價格的看法應有不同。在匯率變動之時，對國外的買方來說，「一切」出口商品的價格亦均變動；同時，國內買方所面對的「一切」進口商品的價格亦均變動。這些價格效果會逐漸地波及國內及國外的經濟體系。支持自由波動匯率的人認爲，匯率如能自由調整，當有助於物價水準之穩定。反對的人認爲，自由波動的匯率容易助長外匯的投機，而使國際收支的困難更爲惡化。但從貿易與金融的觀點討論匯率穩定問題者較少。基本上，匯率如果自由波動，出口商的外匯收入所能兌得的本國通貨，數額便不確定，故對利潤的估計亦不確實。再者，匯率如果自由波動，外匯的借貸雙方都須負擔匯率變化的風險。

2. 穩定匯率的技術

(1) 被動的穩定：金本位制

在第一次世界大戰以前，各國所實行的乃是金本位制 (gold standard)，當時所有的通貨價格均以黃金加以固定，故其對外價值亦能維持。各國政府當局或中央銀行隨時可以使用本國通貨，按照固定的價格，收受無限數量的黃金。由於此處的價格乃是預先決定的水準，所以價格機能無法發揮作用。在此情況之下，有時黃金的供給超過黃金的需要，此一差額遂由中央銀行購入作爲準備資產。反之，有時黃金的需要超過黃金的供給，而由中央銀行當局抛售庫存黃金予以彌補。如此，爲了應付未來的各種需要，各國中央銀行經常累積並維持大量的黃金作爲準備 (reserve)。若無固定的黃金價格，就無累積黃金作爲準備的必要，因爲黃金價格每日無限制地波動，就可平衡黃金的供給與需要。

各種通貨之價格如以黃金表示則稱爲「平價」(par value)，而各種通貨均可在此一平價上下之極小範圍之內波動，此種波動的幅度是由黃金的運輸成本決定。假設每1/10盎司 (ounce) 黃金的固定價格在美國爲$ 3，在英國爲£1，在兩國之間運送黃金的成本爲每1/10盎司$ 0.02。因

爲各國的政府將按固定的價格買賣無限數量的黃金，此時，美元與英鎊之間的匯率便將波動於＄2.98與＄3.02之間；亦卽，

£1 ｛＄3.02　此爲英國的「黃金輸入點」(gold import point)
　　 ＄2.98　此爲英國的「黃金輸出點」(gold export point)

玆以英鎊的價値爲例說明。假設在某些外匯市場上，英鎊的價値僅爲＄2.50。此時，有人會在此一市場以＄2.50兌成£1，並向英格蘭銀行 (Bank of England) 購買1/10盎司的黃金，然後輸往美國，且按固定價格＄3售予美國財政部 (U. S. Treasury)，從而獲得＄0.48的利潤 (50¢ 減去2¢ 的黃金運輸成本)。這樣一來，英鎊的需要及美元的供給均將增加，從而促成英鎊價値的上升。只要始終有利可圖，這種過程必然繼續下去，直到英鎊的價値漲至＄2.98爲止。此時，黃金的運輸成本又已等於兩地市場黃金價格的差距。事實上，黃金如果能從倫敦運至紐約，英鎊的價格很難跌至$2.98以下。

反之，黃金如果能從紐約運往倫敦，英鎊價値便將維持在＄3.20的水準。爲了證明此點，假設某一外匯市場上的£1等於＄4，此時，有人會在此一市場以£1兌成£4，並向美國財政部購買0.13盎司黃金，然後輸往英國，而以 £1.3的價格售予英格蘭銀行，從而獲得利潤。只要此一利潤始終存在，此一過程將不停止。由於英鎊的供給及美元的需要均告增加，結果，以美元表示的英鎊價格遂告下降。但是£1如果等於＄3.02，則因利潤消失，黃金的輸送便告停止。

上述的黃金運送是由「私人套匯者」(private arbitragers) 進行，其目的在於牟取無風險的利潤，政府的官方機構或中央銀行並不參與此事。套匯者與投機者 (speculator) 不同，並無風險負擔，其利潤是來自兩地或兩個時點之間價格的差距。英鎊的下限（＄2.98）稱爲英國的黃金輸出點，英鎊的上限（＄3.02）稱爲英國的黃金輸入點，表示由於黃

金的價格固定引起的黃金之輸出或輸入的價格。兩者之間的價格差距稱爲「波動幅度」(spread)；在上例中是指平價上下的各 2¢，共爲 4¢。

凡是以黃金表示的一切通貨均可按照上述的機能發生作用。而在金本位制下，各種通貨之間有其共通的固定聯繫。例如，每一盎司純金如果等於 14.6 英鎊、35美元、140馬克、175法郎，匯率便將固定於£1＝$2.40＝DM 9.6＝FF 12 的水準。

(2) 被動的穩定：金滙兌本位制

在金本位制下，黃金居於關鍵的地位；但在今天，由於美元居於「關鍵通貨」(key currency) 的地位，成爲國際貨幣制度的中心，所以黃金的地位趨於下降，若干通貨的價格雖與黃金發生聯繫，而且國際準備的很大比例亦以黃金形態保有，但各國中央銀行已不再以黃金的買賣作爲穩定匯率的手段，通常國際之間亦不運送黃金。時至今日，已有不少國家的通貨價格是與美元發生聯繫，且以美元的買賣作爲維持匯率穩定的手段，而且，各國的中央銀行對其通貨不再負有兌換的義務。過去美國財政部對於外國貨幣當局所持的美元，負有按照 1 盎司等於35美元予以兌成黃金的義務。此種以美元作爲主要資產，而與黃金共同作爲國際準備的制度就是所謂「金匯兌本位制」(gold exchange standard)。但至1971年 8 月15日，美國總統尼克森 (Richard M. Nixon) 在其所宣佈的新經濟措施中已經中止美元兌換黃金的義務，所以此一制度可謂名存實亡。

在金匯兌本位制下，各國通貨的價值係以美元表示，且其貨幣當局隨時進入外匯市場按照固定的匯率買賣無限數量的美元。例如，在1971年12月國際通貨平價多邊調整以前，1 英鎊的價值等於2.40美元，因其允許的波動幅度爲平價上下的各 1 %，故以美元表示的英鎊價格事實上是波動於 $2.38－$2.42之間。

$$£1=\$2.40\begin{cases}\$2.42\ (\text{美元吸購點}) \\ \$2.38\ (\text{美元抛售點})\end{cases}\text{波動幅度}$$

一旦英鎊遭遇抛售的壓力，則其價格勢將被迫降至＄2.38，此時英格蘭銀行惟有盡其全力抛售美元，吸購英鎊，俾使其價格維持在下限以上的水準。此因大家既然可依＄2.38的價格向英格蘭銀行出售英鎊，自然不會再以低於＄2.38的價格在外匯市場抛售英鎊。反之，如果英鎊遭遇吸購的壓力，則其價格勢將被迫升至＄2.42，此時英格蘭銀行惟有盡其全力吸購美元，抛售英鎊，俾使英鎊的價格維持在上限以下的水準。此因大家既然可依＄2.42的價格向英格蘭銀行購買英鎊，自然不會再以高於＄2.42的價格在外匯市場購買英鎊。總之，英格蘭銀行爲了維持英鎊匯率的穩定，是在英鎊的軟弱之時加以吸購，而在英鎊堅強之時加以抛售。

上述的兩個支持點，一爲下限（floor），一爲上限（ceiling），分別稱爲「美元的抛售點及吸購點」(dollar selling and buying points)。兩點之間的距離稱爲「波動幅度」(spread)，不再是由黃金的運送成本決定。按照國際貨幣基金的規定，此一波動幅度是在平價上下各１％的範圍（合計2%）；但至1971年12月18日，此一波動幅度已放寬爲平價上下各2.25%的範圍（合計4.5%）。但此平價係以美元作爲基準。

(3) 自由的穩定：外滙穩定基金

自1930年代後半期以來，眞正的國際金本位制已告壽終正寢，除外匯管制外，代之而起的，就是政府在外匯市場上進行補償性的交易(compensatory transactions)，以維持匯率的穩定。

世界上第一個由政府設立的穩定機構，就是「英國外匯穩定帳戶」(British Exchange Equalization Account)，係設立於英國放棄金本位制後的1932年。而至1934年，隨着美元的貶值，美國亦設立了一個穩定機構。到了1930年代末期，大多數的國家都已採取外滙穩定政策，或由特定機構執行，或由中央銀行及財政部執行。

但是，在主動穩定之下的政策目標與被動穩定之下的政策目標並不相同。在老的金本位制下，國際貨幣政策的基本目標，就是繼續維持金本位制的功能，避免貨幣單位中黃金含量 (gold content) 的變動。執行這種政策的結果就是固定匯率的存在。事實上，在第一次世界大戰以前，有好幾十年間，主要貿易國家的匯率大都固定於某一水準。反之，主動的穩定所追求的是匯率的穩定，所以爲了矯正國際收支的失衡，有時允許匯率變動。這種政策在本質上是「穩定而有彈性的」(stable, yet flexible)，目的在於取得穩定的好處，而在同時又能利用匯率作爲國際收支調整的工具。

以下舉例說明匯率穩定機能的實際操作：

美國爲將英鎊的美元價格穩定於＄2.38及＄2.42之間，美國的貨幣當局（財政部及聯邦準備制度）必須動用兩種資產：(1) 美元；(2) 英鎊或其他可以自由兌成英鎊或黃金之外匯。貨幣當局之所以需要美元，乃是爲了買進在紐約以＄2.38出售的所有英鎊；亦即，這樣才能使對英鎊的需求在該匯率時具有完全的彈性。貨幣當局之所以需要外匯或黃金，乃是爲了能在＄2.42滿足對於英鎊的任何需求，而使英鎊的供給在該匯率時具有完全的彈性。

在美國政府方面，貨幣當局如要獲得充足的美元並無困難，但是，外匯及黃金的供給就有問題，因爲政府不能創造外匯，國內的黃金生產也很有限。在1950年代，美國由於國際收支情況良好，黃金準備充足，匯率變動的壓力不易形成。不過，時至今日，情況已經大變，美國因爲國際收支長期發生逆差，黃金準備大爲減少，外國逐漸認爲單靠美國的黃金準備已無能力維持美元的穩定。在此情況之下，政府當局要以有限的外匯及黃金去維持匯率的穩定，便很容易走上外匯管制之路。

四、管制的滙率

如上所述，在「均衡匯率」之下，國際收支可以維持長期平衡，因爲如有季節變動或循環變動發生，可以透過國際準備的累積或消耗以及國際貸款的授受加以抵銷。但如國際收支的失衡持續多年，則以上述的方法恐難奏效，此時的匯率可謂並非均衡的匯率，故須加以調整。

但是，匯率的調整並非輕易可行。一般國家在發生國際收支持續逆差之時，往往基於政府威信、外債負擔等的考慮，不願將其通貨貶值。此時，最有可能採取的方法便是「外匯管制」(exchange control)。因爲，如果外國通貨的價值「低估」(undervalued) 或本國通貨的價值「高估」(overvalued)，價格機能便難發揮作用，而外匯管制則是維持市場機能的另外一種可行途徑。

已開發國家的外匯管制已有多年的歷史，而開發中國家對於外匯管

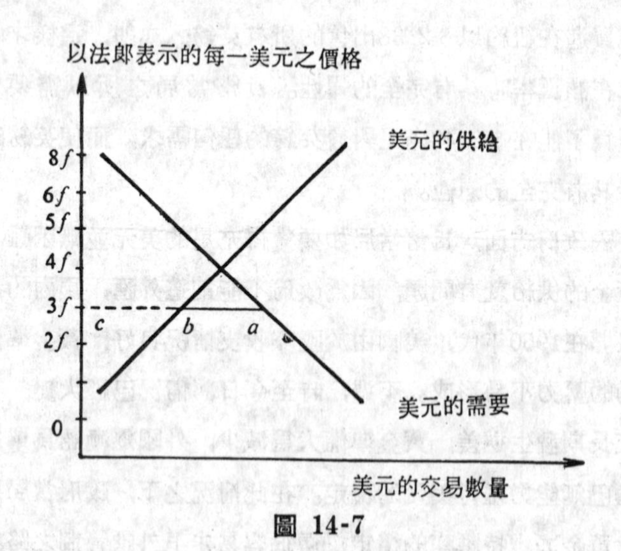

圖 14-7

制則是與緻勃勃。即使時至今日，許多已開發國家的政府對於資本移動仍在實施某種程度的管制。

玆以法國爲例說明：

圖 14-7的法郎代表本國通貨，美元代表外國通貨，縱軸是以法郎表示的每一美元之價格，橫軸是美元的交易數量。由正常的美元供需曲線所決定的均衡價格（均衡匯率）爲＄1＝FF 5，或 FF 1 ＝20¢。

法國政府如果決定將美元的價格限制爲 4 法郎，美元與其均衡價格（5 法郎）相比便是「低估」。而因法郎的價格成爲25¢，故與均衡價格(20¢)相比便是「高估」。但是這種人爲加以限制的匯率無法長期存在，由於美元的價格低估，故將造成超額的美元需要，以 $\overline{ab}$ 的數額表示。政府如果拒將法郎貶値爲 20¢，勢必被迫實施外匯管制。在外匯管制之下，匯率可以脫離均衡的水準而存在，但因市場價格不能發揮分配的機能，所以外匯的分配也就成爲政府當局的工作。圖中的 bc 是現有的外匯供給，但是外匯的需要却有 ac 之多，所以政府當局應該決定如何以 bc 的供給分配給 ac 的需要。

在外匯管制之下，獲得外匯的居民須將所得外匯結售給政府的外匯機構（中央銀行或財政部），所需外匯亦應先向政府的外匯機構申購。在這種制度之下，外匯機構的官員有權決定某一產業或廠商可否售予外匯、售予多少數額，以及售予的時間等等。再且，因爲進口商品的供給受到限制，故其價格遂較無外匯管制之下的價格爲高，此時的差額正可反映外匯許可證 (foreign-exchange license) 本身的市場價値，由於此一因素的存在，外匯管制制度容易造成官商勾結的情事。

玆以下圖說明在外匯管制之下引起價格上漲的幅度以及獨占利潤。假定實施外匯管制的法國擬把進口汽車所需的美元，限制僅能售予自由市場所需數額的一半。因爲法國並不生產汽車，所以下圖的供需曲線決

定進口數量爲 OQ_1，此時自由市場的價格爲 P_1，所需的美元支出總額便爲 OP_1RQ_1。外匯當局擬將此一總額減爲一半，亦卽，所需的美元支出總額限制爲 OP_1MN。

消費者的汽車需要雖無改變，但因受到外匯分配數量的限制，進口商的需要曲線發生改變，而使所需美元支出的總額（價格乘以數量）固定於 OP_1MN 的水準。此一需要曲線以通過M點的拋物線表示，而與供給曲線交于L點。如此，進口的數量減爲 OQ_2，進口的價格固定爲 P_2。美元成本的總額爲 OP_2LQ_2，此與政府的分配數額相等。但因國內消費者的汽車需要並未改變，故以 OQ_2 表示的數量在國內市場便會造成 P_3 表示的價格，P_2P_3 則爲進口商的獨佔利潤。消費者對該進口商品的需要彈性越低，則進口商的獨佔利潤越高。

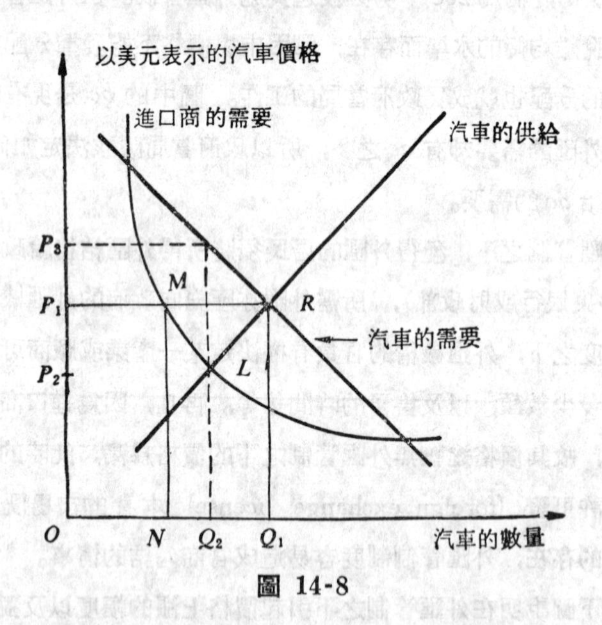

圖 14-8

外匯管制可像關稅或限額一樣，用來限制商品的進口。一國無論是限制汽車進口的數量或限制汽車進口所需的外匯數量，均能發生保護國內汽車產業的效果，從而改善國際收支的地位。但對國際收支逆差的矯正來說，外匯管制却比關稅或限額更為有效，因為前者所涉及的是包括勞務及資本移動在內的所有交易，後者所涉及的僅是商品貿易而已。所以，外匯管制的精神主要在於改善國際收支，關稅及限額的目的主要在於保護國內產業。

外匯管制制度可分兩類：複式匯率制度 (multiple exchange rate system) 與單一匯率制度 (single exchange rate system)，其主要區別是在匯率的結構方面。在單一匯率制下，國際交易的進行僅以惟一的一個匯率為依據，買進匯率與賣出匯率之間僅有小小的差距，所有的交易都在這一範圍之內進行。但有許多國家，國際交易係按不同的匯率進行，匯率之間的差距大多越出這一範圍，此即複式匯率制度。此種制度之實行，可以達成多方面之目的，顯而易見者如改善貿易條件、平抑國內物價、保護本國工業、鼓勵輸出、保持外匯存底、增益國庫收入等。在此種匯率制度下，除固定匯率外，常有自由市場之存在，或者依照用途之不同，設定兩種以上的匯率。凡屬必要輸入商品或必需之外匯，則按低額匯率供給；如屬奢侈品或非必需之支出，則按高額匯率核給。至於輸出所賺之外匯，亦按輸出之性質收購。凡屬政府鼓勵輸出之商品，則按最優匯率購進，反之則按普通匯率購進。

當然，外滙管制制度的存在，嚴重地妨害國際貿易的擴張以及國際投資的進展。解除各國的外滙管制，一向是國際經濟合作所追求的目標之一。雖然如此，此種制度却是各國貨幣當局最經常採用以應付國際收支危機的制度。決策者以為沒有這項管制措施，便會產生國際收支的困難，或者至少顯示政府對處理不斷變化的國際經濟情勢缺乏信心。正如佛里德曼 (Irving S. Friedman) 所說：「判斷有無管制的必要，不能與其他因素分開，特別是這個國家的國際收支情勢，以及決定這個國家目前和未來國際收支情勢的各種因素。」外滙管制之所以繼續存在，是因爲採取外滙管制之後，常常使人非常安心，以爲已經克服國際收支危機的卽刻影響。

基上所述，如要避免外滙管制的實施，基本上要有其他可以取代的制度，以調節國際收支的失衡。如果一個國家面臨國際收支的嚴重逆差，而無其他辦法可以挽救困境；如果一個國家透過價格與所得的變動去調節國際收支，却又導致大量的失業；如果一個國家遵守穩定滙率的允諾，無法利用外滙貶值以達成調節；或已運用種種方法仍舊不能達成穩定的均衡；在此種種困境之下，必然被迫只有採取外滙管制一途。所以外滙管制制度不是應否採取的問題，而是有沒有其他制度可以取代的問題。總之，力倡解除外滙管制的制度，而却不能提出適當可行的制度加以取代，實乃不切實際。

五、外滙市場

1. 外滙市場的組織

各種外滙交易，都須透過外滙市場 (foreign-exchange market) 才能進行。外滙市場雖亦屬於高度競爭的市場，時時均在傳遞情報，但在組織上却與股票市場不盡相同。事實上，外滙市場主要是由各大銀行的外滙部及許多專業經紀人構成，彼此之間均以電話密切聯繫，不斷交換價格與成交金額的情報。因此，外滙市場可說是由電話線與電報交織而成的網 (network)。而且，每家的大銀行與世界各大商埠的銀行均有「聯行」(correspondent banks) 往來關係，透過此一關係，各種外滙交易得以順利進行。

由於情報的傳遞密接不斷，外匯市場的操作頗有秩序，所以某種通貨以美元表示的價值在世界各大金融中心都是相同。如果法郎的價格在巴黎爲20¢，而在倫敦的價格爲21¢，則任何人均可在巴黎購買法郎而在倫敦立即出售，每一法郎便可穩賺1¢利潤。如此一來，在巴黎的法郎需要很强，迫使價格上升，而在倫敦的法郎供給很多，造成價格下降的壓力。但是，只要有利可圖，這種過程就會持續下去，直到價格的差距消失爲止。這種交易稱爲「套匯」(arbitrage)，其中並無風險 (risk)，因爲利潤乃是來自各地的價格差距。藉着這種套匯的進行，每種通貨在世界各個金融市場乃能保持相同的價值。

「有秩序的交叉匯率」(orderly cross rates) 之存在，對於上述情況的維持同樣重要。例如，某一時間的法郎價值爲 $0. 20，而英鎊的價值爲 $2. 40，則每一英鎊可值12法郎。假設瑞士的外匯市場受到某種影響，每一英鎊的價值跌爲10法郎（但在巴黎及倫敦的比率各爲 1 法郎＝$ 0. 20，£1＝$ 2. 40)，則將促使買賣外匯的人在瑞士市場以10法郎兌成 1 英鎊，再至倫敦將 1 英鎊兌成 $ 2. 40，最後則至巴黎以此美元購買12法郎。假設交易成本不予考慮，則可穩賺 2 法郎的利潤，這種利潤也是來自各地價格之差距。在瑞士市場，英鎊的需要較强，法郎的供給較多時，必然迫使英鎊對法郎的比率趨於上升。此一過程就是「三角套匯」(triangular arbitrage)，只要有利可圖就會繼續進行下去，除非英鎊漲至12法郎，獲利機會完全消失爲止。

另一方面，瑞士市場上的英鎊價格如果漲至15法郎，買賣外匯的人會把 1 英鎊兌成 15 法郎，而在巴黎購買 $ 3.00，然後持往倫敦換成£1. 25，從而賺取£0. 25的利潤。由於英鎊的供給及法郎的需要均告增加，瑞士市場上以法郎表示的英鎊價值被迫下降。只要有利可圖，這一過程就會不斷進行下去，直至英鎊的價值降爲12法郎爲止。玆以下表說

明這一過程:

情 況 I

	匯 率	交 易	利潤	結 果
巴 黎	1法郎=20¢	10法郎 ↘ 12法郎 ↑	2法郎	以法郎表示的英鎊價值上升（蘇黎世市場）
倫 敦	£1=240¢	240¢ ↑		
蘇黎世	£1=10法郎	10法郎→£1		

情 況 Ⅱ

	匯 率	交 易	利潤	結 果
倫 敦	£1=240¢	£1 ↘ £1.25 ↑	£0.25	以法郎表示的英鎊價值下降（蘇黎世市場）
巴 黎	1法郎=20¢	300¢ ↑		
蘇黎世	£1=15法郎	£1→15法郎		

上述的各種套匯交易都很重要。由於套匯交易的進行，只要各國中央銀行在其本國金融市場上將本國通貨與美元維持某一固定比率，所有其他國家的通貨之間的匯率關係便會自動互相釘住。

2. 遠期外滙市場

外匯市場的操作雖極靈活，但是國際之間的交易並非全係短期之內卽可完成。例如，倫敦的進口商向底特律訂購汽車，從訂單發出以至汽車到埠，需時可能很久，所以這種交易本身有着相當的風險存在，又因這種交易費時旣久，外匯變動的風險可能發生，所以爲了避免這種風險，應付遠期付款的需要，自然必須使用特殊的支付工具。

英國進口商的汽車訂單發出以後，就須準備在貨物到埠之時付款。但在此一期間，英鎊價值可能已有改變（在可允許的波動幅度之內變動或者政府宣佈改訂），從而影響該一商品以英鎊表示的成本。例如，英國如把英鎊的交換價值由＄3改訂爲＄2，則價值＄3,000的汽車以英鎊計算之成本必由￡1,000提高爲￡1,500。英國的進口商當然希望這種匯率方面的風險能够獲得保險；「遠期外匯市場」(forward exchange market) 即可提供這種保險。有了遠期外匯市場，進口商可在訂貨之時決定將來所需支付的美元之英鎊價格。

在上例中，遠期外匯的交易通常是由英國的進口商先向英國銀行購買某一數額的美元，俾供將來付款之用。此時，以英鎊表示的美元價格雖已立刻決定，但是實際的交易在以美元付款之前並未發生。此處所指的價格就是「遠期匯率」(forward exchange rate)，此與數天之內實際交易就已發生的「即期匯率」(spot exchange rate) 有別。不過，如果沒有匯率變動的風險存在，即期匯率與遠期匯率即將合而爲一，亦即沒有遠期外匯市場的產生。

在有秩序的市場之下，即期匯率與遠期匯率兩者可謂密切相關，均能反映兩個金融市場的利率差距 (interest-rate differential)。爲了說明此點，玆以英國進口商向其往來銀行購買遠期美元爲例。出售遠期美元的銀行雖然不是投機機構，但在正常情況下，銀行應有把握在遠期美元到期之時交付美元，而且應該避免匯率波動所引起的交易損失。假設遠期美元的期限爲六個月，則倫敦的銀行以即期價格購入美元，立即匯往紐約銀行存放六個月，期滿之後匯回，付予英國的進口商，同時收回英鎊，經過這段期間的交易，倫敦的銀行所出售的遠期美元至少應能收回成本而無損失。事實上，倫敦的銀行在這筆遠期美元的交易中，所賺的是這筆以即期價格購入的美元存在紐約銀行六個月所獲的利息，如果紐約的利率較倫敦的利率爲低，則其差額應由英國的進口商負擔，所以，美元的遠期價格乃較即期價格爲高，而有「溢價」(premium) 存在，這一溢價恰與利息差距相等。反之，紐約的利率如較倫敦的利率爲高，則此情況對於出售遠期美元的倫敦銀行有利，但在競爭之壓力下，其中之利益將由進口商獲得。此時，美元的遠期價格乃較即期價格爲低，而有「折價」(discount) 存在，這一折價恰與利息差距相等。

上述的關係可用公式表示。

倫敦的年利如爲 i_L，則一年後的英鎊價值（以 $£_f$ 表示）等於英鎊的現值（$£_p$）加上利息:

$$£_f = £_p\,(1+i_L)$$

美元在紐約所獲的利率情形與此相同:

$$\$_f = \$_p\,(1+i_{NY})$$

以第一式去除第二式，可得如下的關係:

$$\frac{\$_f}{£_f} = \frac{\$_p}{£_p} \times \frac{1+i_{NY}}{1+i_L}$$

上面兩種通貨的比率分別表示未來與目前美元交換英鎊的匯率，以 r_f 及 r_p 表示:

$$r_f = r_p \frac{1+i_{NY}}{1+i_L}$$

如果紐約的利率爲 4%，倫敦的利率爲 5%，則在即期匯率爲 £1＝$2. 40的情況下，一年期的遠期匯率將爲

$$r_f = \$\,2.40 \frac{1.04}{1.05} \cong \$\,2.38$$

因此，每種通貨的現值如以相關的利率轉換成爲未來價值，則其即期匯率也就等於遠期匯率。

但在實際社會，這種預期的關係並不經常存在；有時是因市場的不

健全，有時是因政府的外匯管制，資金不易移動，有時則因人們大多趨於分散資產保有的種類，藉以減低風險，所以即使國際之間並無利率差距存在，仍會發生國際資本的移動。

3. 投　機

「投機者」(speculator) 與「套匯者」並不相同。投機者是因預期將來某種外國通貨的價格將會下跌，故在目前賣出該種通貨的遠期外匯。亦即投機者在賣出某種外國通貨的遠期外匯之時，本身並未擁有該種外國通貨（所賣的是本身所不持有的），只是預期在期滿之後以較低的即期匯率買進，從而謀取利益。反之，投機者亦因預期將來某種外國通貨的價格將會上升，故在目前買入該種通貨的遠期外匯。亦即，投機者在買入某種外國通貨的遠期外匯之時，本身並不需要該種外國通貨（所買的是本身所不需要的），只是預期在期滿之後以較高的即期匯率賣出，從而謀取利益。投機者的目的既在投機，故對國際之間利率水準的差距自然不會加以重視，其所重視的乃是當前的遠期匯率以及將來的即期匯率之間的關係。投機資金的移動雖會引起國際之間利率水準的差距，但若套匯資金隨之大量移動，則此利率水準的差距有被抵銷的可能。

投機者對於通貨的需要與供給乃是基於預期通貨價格的變動而來。某種通貨如果很弱，且其政府防衞通貨的措施又無效率，投機者往往大量賣出此種通貨，換取其他通貨。如此，短期資本就會離開此國，湧向通貨較强的國家，換取較强的通貨；這種短期資金的移動，就是所謂「燙手貨幣」(hot money) 的移動。1968年多天，法國法郎處於弱勢之時的情形就是如此，那時因為預期法國法郎即將貶值，德國馬克即將升值，所以大量的投機資金離開法國，湧向德國換取馬克。對付這種大量投機資金移動的惟一方法就是各國政府之間的密切合作，否則就須採取外滙管制。

4. 資本逃避

投機的目的在於獲取利得，但「資本逃避」(capital flight) 的目的，卻是在於避免損失。一國如果卽將實施外滙管制，或其貨幣卽將貶值，或其政治極不穩定，或將掀起戰爭，則在該國境內的本國居民及外國居民，很有可能將其資產設法移至國外，藉以確保安全。如此一來，可能引起大規模的資本逃避，而使某些國家的通貨受到打擊，並使過多的外滙及黃金流入他國。

六、我國的機動滙率制度❷

我國原係採取固定滙率制度，新臺幣長期釘住美元。民國63年，蔣碩傑等六院士有鑑於國內外金融環境的迅速變化，乃倡議採行「機動滙率」，並列舉機動滙率的三大優點：(一) 避免國際通貨膨脹的傳播，(二)增強我國貨幣政策的自主性，(三)國際收支平衡的自動調節。

從民國66年後半年起，我國經濟全面復甦，尤其是輸出貿易的大幅擴張，呈現鉅額出超，累積了大量的外滙盈餘，使貨幣供給額大量增加，造成了膨脹的鉅大壓力。政府爲了穩定國內經濟，乃逐步實施溫和性的緊縮措施；但因美元價值不斷地下跌，釘住美元之新臺幣自然亦長期下跌，導致了國內以低廉價格出口商品，去換取高價格的原料設備，並且若干民生物資亦需以較高之價格向國外進口，因此需要性與輸入性

❷ 此節爲中國文化學院經濟研究所對外貿協會所提研究報告之引言。原文刊載臺北市進出口商業同業公會之「貿易週刊」第796期，民國68年 3 月28日出版。

的膨脹壓力日甚一日，使得緊縮措施的效果大打折扣，貨幣供給額的增加率仍居高不下，對國內經濟穩定產生了很不利的影響。

在新臺幣幣值低估的情形下，爲了減少外來因素變動的衝擊，以求國內經濟之穩定，必須使新臺幣滙率順應市場供需情勢做溫和的調整。因此，政府乃於民國67年7月10日調整滙率，新臺幣對美元升值5.2%，同時宣布，今後新臺幣不再釘住美元，改採機動滙率制度。

所謂機動滙率，根據政府當時公佈的管理外滙條例及各種相關辦法來看，可以定義爲「高度管理下的浮動滙率」，亦即滙率今後不再由中央銀行訂定，而是經由外滙市場上外滙供需之力量來決定新臺幣的對外價格，同時外滙也不再由中央銀行統收與統支了。在改革步驟中，首要之工作乃在修正管理外滙條例，使政府能有法律上的依據，建立外滙市場，讓滙率機動地調整。在民國67年12月8日立法院院會通過了「管理外滙條例修正草案」，正式結束了固定滙率的時代。

上述機動滙率制度的基本架構如下：(一)外滙市場主要由兩個市場構成，其一爲「銀行與顧客間市場」，另一爲「銀行間市場」；前者主要是買賣進出口貿易所供求之外滙，後者乃處理各指定銀行間或指定銀行與中央銀行間的買超與賣超調節。(二)每營業日上午八時半，臺灣、彰化、華南、第一及中國國際商業銀行等五家指定銀行代表在中央銀行會商，決定當天的美元即期中心滙率，上下限在中心滙率各0.5%內變動。九點鐘通知各指定銀行掛牌對顧客進行買賣。(三)五家外滙指定銀行籌畫「外滙交易中心」，每日議定「銀行與顧客間市場」的統一買賣滙率。各成員銀行不得以不同滙率對顧客進行買賣。此外，交易中心並處理各銀行「買超」、「賣超」互斥買賣及外滙一般交易報價、成交等事宜。(四)中央銀行要干預滙率，設定滙率變動的上下限，當外滙供過於求或求過於供時，皆由中央銀行無限制收購或供給，以避免滙率的大幅波動，除了進場買賣外，並可直接吸進指定銀行每日買賣外滙的差額。(五)外滙所得人准許以專戶存款方式持有外滙，依規定自行提用或透過指定銀行在外滙市場買賣。

修訂後的外滙管理制度與從前的制度，最大的差異乃在：(一)有關基本滙率的訂定，不再先行報請行政院核定，而就市場交易情況機動決定；(二)外滙不再悉數向中央銀行結購或結售，准許外滙所得人以專戶存款方式持有運用，並可在外滙市場買賣。然而，基本上新臺幣滙價係由銀行與顧客間的買超過賣超決定，其至要缺點在於滙率走勢易爲廠商預期心理左右，且滙率調整較缺乏彈性，難與總體經濟相配合。故在七十一年九月一日，中央銀行再次修訂外滙管理條例，將滙率調整基礎由銀行與顧客交易改爲銀行間交易，即由外滙交易中心根據前一營業日銀行間交易加權平均價格，計算當日的中心滙率。每營業日滙率升降幅度則擴大爲以不超過中心滙率上下各2.25%爲度，俾滙率調整更具彈性。此外，每筆交易金額超過三萬美元者，由各銀行在中心滙率上下差價各新臺幣一角的範圍內與顧客商定。復於七十五年八月十八日增訂外滙管理條例第六條之一，將出進口貨品外滙收支之管理，由原「核准制」改爲「申報制」，出口所得外滙之申報併入海關報單；進口申報則於開狀、承兌或結滙時，向指定銀行辦理申報，申報內容主要爲外滙金額及預計結滙之天數。

自民國七十四年九月二十二日五大工業國家集會商討全球貿易及金融對策，會後宣佈將共同干預滙率以來，美元滙價在國際市場上一路下滑。新臺幣受到我國對外貿易長期出超之鼓舞，滙價亦穩定盤升，計自七十四年六月中旬之約一美元兌換四十新臺幣升值爲七十六年六月中旬之約一美元兌換三十新臺幣。在臺幣升值過程中，復引發投機者大量熱錢流入，導致我國外滙存底急劇增加，對國內經濟產生鉅大衝擊。政府

有鑑於實施外滙市場自由化的時機已臻成熟，爰於七十六年七月十五日大幅放寬外滙市場操作管理辦法，其要點有二:

1.管理外滙條例增列第二十六條之一條款:「本條例於國際貿易發生長期順差、外滙存底鉅額累積或國際經濟發生重大變化時，行政院得決定暫停第六條之一，第七條、第十三條及第十七條之全部或部份條文之適用。」經此放寬，中華民國境內人民在旣有的法律基本架構及指定銀行制度下，均得自由持有外滙所得或購買外滙，並得自由運用外滙。

2.惟爲維持國內金融穩定，對於滙入滙款及支付有形無形貿易以外之鉅額滙出滙款仍予繼續適度管理;亦卽，滙入滙款一年內累積結售金額超過五萬美元者，滙出滙款一年內累積結購金額超過五百萬美元者，均須經中央銀行核准始得辦理。

上述外滙市場操作辦法雖然一再改變，唯由於我國對外貿易順差之基本情勢依然存在，尤以對美的鉅幅順差引起美國政府不滿，一再促我採取必要調整措施。在長期貿易順差及中美滙率談判之陰影下，新臺幣升值壓力始終揮之不去，直到七十八年以後，新臺幣滙率已升至一美元兌換 27.5 元新臺幣的價位始漸趨穩定，似已能承受更自由化的市場操作。故中央銀行復於同年四月三日對外滙操作方式實施重大之變革，其中包括①廢止新臺幣對美元加權平均中心滙率制度，取消每日交易滙率變動2.25%的漲跌幅限制;②取消銀行與顧客在三萬美元以上大額交易的議價規定;③至於銀行與顧客在三萬美元以下之小額交易，則於每日上午十時由九家輪值銀行（卽原五家指定銀行加上其他四家輪值外滙指定銀行）會商「小額結滙議定滙率」，銀行據以減、加一角與顧客交易;④原外滙交易中心改組爲外滙經紀商，負責外滙中介業務。

我國外滙交易制度歷經上述各階段之改進調整後（參見我國外滙交易制度沿革），市場結構已更形完整，操作方式亦與先進國家如日本、西德等國家相似，更爲自由開放，且新臺幣滙率亦更具彈性。然而滙率變動幅度擴大，從事對外貿易的廠商所涉風險亦告增加，宜就下述幾個方向尋求因應滙率變動風險之道：

(一)首先，廠商必須加強研究與分析經濟情勢的能力，掌握滙率變動的趨勢；廠商未來長短期的投資、經營政策等皆須因應滙率的變動而作必要之預測，做爲擬定各種經營決策時的依據。

(二)參與遠期外滙之買賣，避免可能發生的風險。當然參與期貨交易，會使成本增加，如手續費、保證金等，因此廠商必須仔細衡量滙率的風險與規避風險成本之大小，再做決定預購或預售之數額。

(三)在買賣契約中載明滙率變動風險之分攤方法，要求國外廠商分攤滙率變動之損失。

(四)廠商本身亦應努力降低生產成本，提高生產力，加強應變的能力，同時交貨要準時，結滙要迅速，以避免延誤的風險，減少不必要的損失。此外，我國出口廠商以新臺幣報價，提早收款或延遲付款，亦爲規避滙率變動風險之有效方法，在目前個別廠商實行這些方法的可能性並不很大，但在未來並非沒有可能。

(五)出口廠商如係採取一年以上分期付款條件輸出，可向中國輸出入銀行投保中長期輸出滙率變動保險。

我國外滙交易制度沿革

(68.2.1～78.3.27)

68.2.1	外滙市場成立，採行機動滙率制度。每一營業日上午八時由央行代表與五家指定外滙銀行（即中國商銀、臺銀、華銀、一銀及彰銀）代表開會議定當日美元中心滙率及最高低買賣價格。銀行與銀行間及銀行與顧客間之買賣滙率，則由外滙交易中心五家銀行於每日上午九時，依央行議定之中心滙率及上下限，並參酌外滙市場供需狀況及國際金融情勢來議定，同時議定當日美元以外之其他外滙的買賣價格。
68.8.21	央行將中心滙率上下限變動幅度放寬爲各二角五分。

69. 3 . 3	1. 央行放棄參與設定即期滙率與遠期滙率。 2. 廢除中心滙率及上下限，改採單一滙價，由中國商銀、臺銀、華銀、一銀與彰銀等五家外滙銀行按市場買賣超等狀況，逐日會商議定。 3. 每一營業日滙率之調整，以不超過前一營業日買賣滙率中價之上下各1％爲限。
69. 7 . 3	各外滙指定銀行當日買賣超之差額，必須在銀行間先軋平，無法軋平部分得與央行進行買賣。
70. 8 .12	1. 外滙交易中心議訂美元即期滙率，以實質有效滙率做爲調整幅度大小之依據。 2. 每一營業日美元即期滙率之調整幅度，擴大爲不超過前一營業日買賣滙率中價上下各2.25％之範圍內。
71. 9 . 1	將由顧客市場決定之中心滙率，改由銀行間美元交易加權平均來決定。即批發價決定零售價制度。
73. 5 . 9	遠期美元訂價方式，由各銀行自行掛牌，牌價不能超過參考滙率1％。
73. 8 .24	將銀行持有外滙買超額度之限制取消。
74. 8 . 7	實施外滙存款及外幣存款利率自由化。
75. 8 . 5	各指定銀行每日承做的外滙交易，每筆金額的九成，應一律向央行按訂約價格拋補，不得再至即期市場拋補。
76. 6 . 1	外滙指定銀行遠期外滙交易拋補成數，由九成降爲四成，國外負債餘額，不能超過五月底的總餘額。
76. 7 .15	中央銀行全面改革外滙管理架構。銀行外滙交易，除美元之外，各種外滙之即期買賣牌價均由各銀行自由訂定，幣別種類亦不限制。外滙管制放寬，每年結滙滙出額度提高爲五百萬美元。滙入款上限訂爲五萬美元。
76.10. 1	解除銀行國外負債總餘額的規定及現金制部位計算等限制。
76.10. 3	央行緊急決定，再度凍結外滙銀行國外負債餘額。
76.11. 6	中央銀行通知各外滙銀行，凡是銀行把顧客已交割的遠期美元挪用拋空，必須立即補回。
78. 3 .27	宣佈採用日本模式，推動滙率制度自由化，成立外滙經紀商籌備小組，除小額外滙交易外，銀行間交易與大額交易均自由化。

資料來源：工商時報，78年3月28日。

第十五章　國際收支平衡表

國際收支平衡表 (balance of payments) 是一種可以表示一定期間之內（通常爲一年）一國與外國所有經濟交易的報表。此處所說的交易 (transactions) 包括商品的貿易、勞務的交換（有時稱爲無形項目）以及雙方的資本移轉。爲了便於理解報表中的各種項目，可把這些項目分爲兩類：一類是可以引起外國貨幣之流入的項目（正項），通常記於貸方 (credit)；一類是可以引起外國貨幣之流出的項目（負項），通常記於借方 (debit)。

一、國際收支的盈餘與逆差

美國的國際收支平衡表是由商務部編製，我國的國際收支平衡表則由中央銀行經濟研究處編製。

玆以假設的表 15-1 所示美國某年的國際收支平衡表爲例說明：

表 15-1　美國19××年之國際收支平衡表　單位：10億美元

項目	金額
1. 商品與勞務之輸出	+45.8
2. 商品與勞務之輸入	−41.0
3. 商品與勞務收支（經常帳戶）	+4.8
4. 單方移轉	−5.5
5. 本國私人長期資本（外流淨額）	−4.3
6. 外國私人長期資本（內流淨額）	+2.8
7. 私人短期資本移動淨額（本國及外國）及誤差及遺漏	−1.2
8. 官方清算收支	−3.4
清算方式	
9. 黃金（外流）	+1.2
10. 官方對外國貨幣機構負債	+2.2

由表 15-1 可以看出，該年美國的主要交易乃是商品與勞務的輸出及輸入，此爲構成經常帳戶 (current account) 的部份。在經常帳戶中，商品貿易約佔三分之二，勞務交易僅佔三分之一；商品輸出與商品輸入的差額稱爲貿易收支 (balance of trade)。就輸出面（收入面）而言，主要的勞務收入包括本國人對外投資的收益及外國人在本國的旅遊支出，就輸入面（支出面）而言，主要的勞務支出包括外國人在本國投資的所得及本國人在外國的旅遊支出。

就美國的情形而論，第二次世界大戰以來，每年的商品與勞務之輸出總是大於商品與勞務之輸入❶，數額約在50億美元左右。但是，商品與勞務收支的盈餘無法彌補投資資本的外流淨額及單方移轉淨額。再者，大多數的美國長期資本之外流，乃是採取直接投資的形式，例如美國人在外國設立工廠，即由美國的投資人直接控制海外的工廠。反之，大多數的外國人在美國之投資乃是採取證券投資的形式，並未直接控制美國企業的生產。

所有的資本移轉 (transfer of capital) 項目不管以何種形式出現，均係構成國際收支平衡表上資本帳戶的部份。但是，外國投資的所得不管是利息或紅利，都是屬於經常帳戶的項目。這些收入當然都是過去投資的結果。最後，資本的移動有短期、長期之分，其界限並不明確，一般而言，證券及銀行存款在一年以下者爲短期，一年以上者爲長期。

國際收支平衡表上的項目均可反映該國的經濟情況及政治因素。商品與勞務之貿易，主要是因不同的國家有着不同的相對價格，各國的人民有着不同的購買力，此亦顯示世界上天然資源的地理分配狀況。各國

---

❶ 商品與勞務收支（經常帳戶）乃是構成國民生產毛額 (gross national product; GNP) 的四大支出項目之一。其餘三大支出爲：私人消費支出、私人國內投資毛額及政府對商品與勞務的購買。

之間諸如嗜好與市場等的無形因素，亦可影響貿易收支。外國人的投資則可顯示本國與外國之間的相對獲利機會，當然，獲利機會也是一國經濟及政治因素的反映。至於短期資本則常追隨較高的利率流向國際金融中心。

表中 1 至 7 的項目稱爲「自主性項目」(autonomous items)，這些項目的存在及其數額之大小與國際收支的情況無關。因爲這些項目的交易乃是獨立發生，係許多貿易商及投資人共同活動的結果，所以無法自動趨於平衡。這些項目之和如不等於零，則國際收支便不「平衡」(balance) 或不「均衡」(equilibrium)。這些項目之和如果爲正，國際收支便有「盈餘」(surplus)，反之，如果爲負，便有「逆差」(deficit)。這種收入與支出之間的差額必須加以清算，通常是以黃金移轉 (gold transfers) 及短期債務 (short-term debt) 的方式清算，這些項目稱爲「平衡性或調節性項目」(balancing or accommodating items)，此即表中 9 及10兩個項目。當自主性交易不平衡時，就須以調節性交易加以抵銷。調節性項目的數額須與自主性項目之差額相等，而且符號相反。如此，國際收支的清算才等於零。

如果美國某年的自主性交易發生逆差，亦即支出超過收入，則其結果不是以黃金等國際間共同接受的支付手段清償，就是欠下外國一筆款項。欠下外國一筆款項以後，則將增加美國對外國貨幣當局的負債（亦即外國貨幣當局累積美元資產），再不然就是外國所欠美國的負債減少。

總之，如果自主性交易的支出超過收入，國際收支便會出現逆差；反之則會出現盈餘。此時，則以黃金或若干資本的移轉作爲融通這種不平衡的手段。如爲逆差，則須移轉黃金及外匯資產 (foreign assets) 或請外國接受逆差國家的「借據」(IOU's)。如爲盈餘，盈餘國家便可累積黃金及對外國的債權。因爲國際收支的逆差不能永遠依賴融通解決，所以遲早必須進行「調整」(adjustment) 以消除不平衡的情況。

一國對外收支不平衡的數額究有多大，乃由自主性項目及調節性項目決定。這兩種項目的觀念雖很清楚，但有若干交易在實際上很難決定究應屬於那種項目。例如，私人短期資本的移動很難判斷究應歸入那種項目。這種資本移動的特徵可能是調節性的而非自主性的，這與資本移動之分類有關。

私人資本移動如果視爲自主性的（如同表 15-1），則國際收支的不平衡可謂係以「官方清算」(official settlement) 的概念爲基礎。依此清算基礎，調節性項目便是黃金及官方資本移動。另一方面，如把私人短期資本視爲調節性項目，則國際收支的不平衡可謂發生「基本逆差」(basic deficit) 或「基本盈餘」(basic surplus)。依此清算基礎，表 15-1 中只有 1 至 6 的項目才能視爲係自主性的項目。美國商務部所發表的統計就以這種觀念爲計算基礎。

另有一種「流動能力收支」(liquidity balance) 或稱「總合收支」(overall balance) 乃是表示美國官方準備資產（主要爲黃金及外國通貨）的減少，加上外國官方及私人持有的流動負債（美國銀行的存款、貨幣市場的工具及可以轉讓的政府證券）。

上述的「官方清算收支」、「基本收支」及「流動能力收支」等概念可爲正數（盈餘），亦可爲負數（逆差），均可代表該國的對外地位。至於「貿易收支」及「經常帳戶收支」只能視爲「部份」(partial) 收支。

自1958年以來，美國的商品與勞務收支雖有巨額盈餘，但其大部份却被投資資本及單方移轉的外流所抵銷。至1960年代末期，由於美國產品的國際競爭地位趨於低落，故經常帳戶的盈餘日趨減少，至1971年竟發生1893年以來的首次逆差。美國總統尼克森 (Richard M. Nixon) 雖自當年八月十五日就已開始實施新經濟措施，但至1972年以後，貿易收支的逆差反更惡化。至1977及1978年，美國貿易收支的逆差極爲嚴重，引起美元對日圓、馬克及瑞士法郎等强勢通貨的不斷貶值，迫使卡特(Jimmy Carter) 於1978年11月1日採取保衞美元的强力措施。

玆以上述的五種概念表達國際收支如下：

表 15-2　美國19××年之國際收支平衡表　單位：10億美元

項目	金額
商品與勞務	
商品輸出	19.9
商品輸入	−14.5
1. 貿易收支	5.4
軍事（淨額）	−2.6
投資所得（淨額）	2.7
其他勞務（旅遊等）	0.1
2. 經常帳戶收支	5.6
單方移轉	−4.4
私人長期資本（淨額）	−2.1
3. 基本收支	−0.9
美國短期資本及誤差與遺漏	−1.5
4. 流動能力總合收支	−2.4
外國私人流動資本及其他	1.1
5. 官方淸算收支	−1.3
黃金（外流）	0.9
官方資本	0.4

二、國際收支統計的應用

美國的國際收支統計係由商務部 (Department of Commerce) 發表於「當前商情觀察」(*Survey of Current Business*)，並由聯邦準備理事會 (Federal Reserve Board) 每月出版的「聯邦準備月報」(*Federal Reserve Bulletin*) 加以轉載。美國總統每年提出的經濟咨文亦就當年國際金融與貿易的發展加以分析。世界各國的國際收支統計則可參閱國際貨幣基金出版的「國際金融統計」(*International Financial Statistics*)及「國際收支年鑑」(*Balance of Payments Yearbook*)。

有時國際收支平衡表上的某一項目很大，其大小幾與國際收支失衡的數字相等，此時往往會把國際收支的失衡認爲是因某一項目所引起，從而以爲消除此一項目的龐大數字以後，就可以使國際收支的逆差或順差趨於消失。事實上，國際收支平衡表上各個項目之間有着密切的關係，所以除非能把整個國際收支平衡表作一總體分析，否則很難發現國際收支失衡的眞正原因。基於此一認識，政府如欲消除國際收支的順差或逆差，並非僅以行政手段控制某一項目卽可，必須採取一般性的經濟措施才能發生效果。玆擧二例說明：

第一、美國近年以來由於國際收支發生巨額逆差，此與美國資本之大量外流有關，所以有人認爲限制美國公司的海外投資卽可減少逆差的幅度。但是須知美國投資資本外流之同時乃是伴隨着資本設備、原料，及半製成品的輸出，這些輸出可以引起資本的流入。而且，投資資本匯出之後，不出數年就有收益及利息不斷匯回，而有助於國際收支逆差的改善。

第二、有人認爲，美國國際收支的巨額逆差與對外經濟援助方案的推行有關。但因絕大多數的美援係在美國支用（若干美援按照規定必須用於採購美國產品），所以美國的對外援助削減之後，美國產品的輸出亦將受到影響。而且，美國不斷對外提供經濟援助，可以促成受援國家的經濟發展，從而提高對於美國產品的採購能力，此對美國國際收支逆差的改善亦有貢獻。

在國際收支平衡表中，商品貿易項目的數字最大，所以最受注意。但是如上所述，有關國際收支的政策不能僅以貿易收支作爲判斷。至少，就美國的情形來說，商品貿易收支與資本帳戶收支有着相當密切的關係。按自第二次世界大戰結束的22年後，美國的貿易收支出現巨額盈餘，每年高達好幾十億美元。但在同時，由於投資資金的外流，資本帳戶出現巨額逆差，且其逆差數額往往超過商品貿易的盈餘數額。由此可見，美國乃是資本輸出國家 (capital-exporting nation)。貿易收支與資本收支之間的因素關係雖很複雜，但是資本輸出國家必須能够造成巨額的貿易盈餘才能抵銷資本帳戶的逆差。因爲美國對外投資以後，可以促成美國資本設備、原料，及半製成品的輸出，所以或許可以認爲這種盈餘乃是資本輸出的直接結果。

雖然國際收支平衡表可以顯示一國在某一時期之內的對外經常活動，但因統計資料的來源係由該國的不同機構提供，所以難臻完整。整個表中最可信賴的數字應是貿易項目，此因商品通過國境之時，按照規定須將商品的數量及價值報告政府有關當局。至於最不正確的數字可能就是私人資本的流動。

即使統計數字相當正確可靠，國際收支平衡表還是無法充分顯示一國的國際經濟地位。例如，表中數字最大的貿易項目是以加總的形式 (aggregate form) 表示，無法看出貿易的商品結構及地區結構❷。再者，國際收支平衡表只能顯示一國國際經濟地位的變動情形，而非該國國際經濟地位的本身。

三、國際收支變化的階段

從歷史觀點來看，美國已從一個青年的農業國家，歷經國際收支的

❷ 這些資料可以參閱聯合國出版的「商品貿易統計」(*Commodity Trade Statistics*)，此一統計是採 SITC (Standard International Trade Classification) 方式分類。

四個階段，成爲高度發展的工業國家。玆就這一階段的歷史過程作一觀察:

(1) 青年債務國 (young debtor nation)：美國從獨立革命戰爭以迄內戰時期，經常帳戶上的輸入項目大於輸出項目。爲了維持資本結構，乃向英國及歐洲借款，所以，這段時期的美國，係一典型的青年債務國。

(2) 成熟債務國 (mature debtor nation)：約從1873年，以迄1914年，美國的貿易收支開始成爲順差。但因過去對外借款的關係，所以對外支付的紅利和利息增加，經常帳戶大約可以平衡。因爲外國開始向美國借款，約可抵銷美國的對外借款，所以資本的移動大致亦可保持平衡。

(3) 青年債權國 (young creditor nation)：在第一次世界大戰期間，美國的輸出急速擴張。首先，美國人民以私人身份向交戰的協約國 (Allied Powers) 提供貸款。美國參戰以後，美國政府向英國和法國提供貸款，使其整備武力，並且進行戰後的救濟，如此，美國一躍成爲新債權國。但是，美國的心理狀況，並未隨着這種債權國地位的建立而調整過來。1920 年代及 1930 年代，竟然先後通過高度關稅法案。因爲美國的限制輸出，外國不易獲得美元，所以造成「美元缺乏」(dollar shortage) 的現象。

美國處於這種青年債權國的階段時，整個1920年代，美國的私人對外貸款非常盛行，表面的一切可謂相當順利。美國可以繼續以買少賣多的方式保持「債權地位」(on the cuff)。由於美國的貿易發生盈餘，其他國家乃把黃金和「借據」(IOU) 送往美國。但是至1929年以後，由於金融大恐慌的發生，美國再也無法提供對外貸款。於是，國際貿易陷於停滯，債務無法清償。

從很多方面看來，1970年代的西德及日本，似乎是在重蹈美國1920年代的覆轍。

(4) 成熟債權國 (mature creditor nation)：英國已在數年以前進入這一階段，並且，輸入大於輸出，所以英國發生所謂「不利的」貿易收支。但因英國可以輸入非常便宜的食物，而又不須輸出價值較高的商品作爲交換，所以，英國人民的生活水準可以提高。英國過去因有對外貸款，所以就以這些貸款的利息收入及紅利收入支付英國的輸入。

英國的情形固然很好，但是，其他國家的情形如何？其他國家因爲輸出至英國的商品多於從英國輸入的商品，情形並非不利。一般說來，英國以前借給這些國家的資本，可以增加這些國家的生產潛力，而且，增加的數額大於這些國家應該付給英國的利息和紅利。所以，英國和其他國家都是有利。

就美國的情形而言，由於進行冷戰，美國爲提供對外援助和國防負擔，所以必須利用投資所得以應付來自國外的經常支出。同時，美國的經常帳戶應有巨額的盈餘，以應付對外援助和對外投資的需要。但自1971年以後，美國貿易收支盈餘的維持開始發生困難，所以尼克森總統在其宣佈的新經濟措施中，希望日本能够分擔美國在海外的防衞費用，道理就是在此。

四、國際收支的均衡與失衡

1. 均衡與失衡的意義

國際收支平衡表在會計上總是平衡，但是並非總是「均衡」(equilibrium)。均衡的意義是在表達二個以上的經濟變數 (economic variables）之間的重要關係，例如供給、需求與個別產品的價格等。一國的經濟如果能隨世界經濟而進行「基本的調整」（fundamental adjustment），其國際收支便可稱爲均衡。反之，一國的國際收支如果「失衡」（disequilibrium），該國便須變動物價水準、所得水準、匯率或其他經濟變數，以恢復其與世界各國的穩定關係。國際收支均衡的概念是市場調整的概念。因此，政府採取措施以控制國際交易，並不減少逆差，僅是壓制逆差的擴大而已。

在什麼情況之下，一國的對外經濟關係才能維持長久的穩定？若在短期，一國必須以其出口支應進口。也就是說，在長期間，一國不能永遠依賴國際信用（短期或長期）來融通經常帳戶的逆差，而且不能希望長期保持出超。故就長期而言，若要達成均衡，經常收支的餘額應該爲零。

不過，我們平常對於國際收支的關心，是從比較短期的立場着眼，很少超過三至五年，因而必須考慮短期性的循環變動對於國民所得的影響。在這樣的期間之內，一國並不一定須以出口去融通進口；該國也許可以藉着「長期」信用的融通而維持貿易的逆差。在此情況之下，並無立即調整國際收支的壓力存在。

假設，一國經常帳戶的負債是由黃金及短期資本的移動予以融通，其結果如何？這樣，其國際收支便是處於不均衡的情況，因爲經常帳戶的逆差是以供給有限的短期信用及貨幣用黃金予以融通。逆差如果持續多年，短期信用將隨黃金準備之減少而減少。如此，該國只好透過出口的增加及進口的減少以消除經常帳戶的逆差。

對外收支的均衡也是表示同期間的外匯市場之均衡。外匯的供給如果等於需求，黃金及短期資本便無移動的必要，匯率亦無調整的必要。進一步說，均衡也是表示，政府不必採取諸如限制進口及促進出口等的措施，去調整國際收支。

如果均衡的情況並不存在，國際收支便是失衡。失衡的症狀並非總是相同。在金本位制或外匯穩定基金的時代，匯率卽使相當穩定，但因黃金及短期資本常有單方向的移動，所以國際收支也是失衡。而在另一方面，有時匯率可隨供需自動變動，但是却朝同一方向變動，所以國際收支也是失衡。在有國際收支失衡的情況時，可以採取外匯管制或其他限制性的措施予以減輕。

如何眞正了解國際收支失衡的意義？這點可從上述「調節性項目」及「自主性項目」的區別着手。調節性項目之所以存在，乃是爲了融通自主性項目。反之，自主性項目在國際收支上是獨立的。換句話說，商品的出口是自主性的，因爲它是決定於諸如價格、數量及市場條件等的因素，而與國際收支的其他項目無關。

大多數的短期資本之國際移動都是調節性的，目的在於融通國際間的自主性交易。不過，資本逃避及許多投資性的資本移動都是自主性的，它們並不融通國際收支的其他項目。

一國如果須以調節性項目去融通自主性項目之時，該國的國際收支便是處於失衡的情況。在此情況之下，國際收支是不穩定的，因爲調節性的融通是有限的，不能無限制地進行下去。因爲沒有一個國家擁有無限制的貨幣用黃金及外匯，也不能無限制地獲得調節性的單方移轉或貸款。如果國際收支的失衡繼續存在，調節性融通的能力遲早就會消耗殆盡。

然則，國際收支均衡的概念爲何？如果時間較長，可以消除季節性、偶發性及循環性的擾亂，且無大規模的資本逃避及投機性資金之移動，自主性項目本身又可互相抵銷，則國際收支便可說是處於基本均衡的情況。而且，卽使發生短暫的失衡，如能自行矯正，國際收支仍然可說處於基本均衡。

2. 失衡的主要原因

引起國際收支失衡的原因很多，以下列出比較重要的幾種，而且是從「逆差性失衡」的觀點加以討論。因爲一國的逆差就是他國的順差，所以逆差性失衡的原因也是他國順差性失衡的原因。

(1) 季節性失衡　一國的出口與進口往往隨着該國生產與消費的季節性變動而變動，其結果會使國際收支發生「季節性的失衡」(seasonal disequilibrium)。這種失衡的期間較短，且可自動矯正，即由某一季的順差抵銷另一季的逆差。國際收支的季節性失衡在開發中國家比較常見，因爲這些國家的出口大多是以容易發生季節性變動的農產品爲主。

(2) 偶發性失衡　不規則、無系統而短期的擾亂因素，往往引起國際收支發生「偶發性的失衡」(random disequilibrium)。最傳統的例子是當某國穀物歉收，以致出口銳減，而且必須大量進口糧食之時就會發生。大規模的罷工，往往會使交通運輸陷入嚴重的停頓狀態，並使出口及進口受阻，造成國際收支的失衡。1959年，美國的鋼鐵工人長期罷工，不僅美國的鋼鐵出口完全停頓，且須進口大量以應急需。其他諸如洪水及地震等的天災也會引起偶發性的失衡。這些擾亂因素對於國際收支均會發生「只此一次」(once for all) 的影響。

大多數的季節性失衡均可事先預見，而偶發性失衡則否。這兩種失衡都是短期的，而且不須以所得、價格或匯率的變動加以矯正。季節性逆差應以季節性順差予以融通；偶發性逆差則是應以國際準備加以融通。

(3) 循環性失衡　貿易國家國民所得的變動，不管是伴隨着物價水準的變動，或者是伴隨着生產與就業水準的變動，都有可能引起國際收支發生「循環性的失衡」(cyclical disequilibrium)。

在1930年代初期，北美及西歐工業國家的實質所得及生產發生了大規模的緊縮，並且伴隨着廣泛的失業。而在農業國家，因其農業部門所佔國民所得的比率很高，所以這些國家的緊縮表現出來的型態是物價、工資與貿易條件的大幅下降，而引起生產與就業的緊縮。這一全球性的緊縮引起了國際收支的嚴重失衡，並且打擊國際貨幣制度的穩定，也進一步迫使各國採取競爭性的貶值 (competitive depreciations) 及普遍限制貿易與匯兌。

自第二次世界大戰以後，工業國家大體上已經避免了緊縮，多多少少能在充分就業的水準上達到穩定的成長。不過，工業國家仍然不能完全避免有效需求大於生產所引起的通貨膨脹。許多開發中國家中的情況尤其嚴要，跳躍性的通貨膨脹所在都有，一年之內的通貨膨脹率高達50%以上並不爲奇。巴西與印尼就是最顯著的例子。我們大體上可以認定，通貨膨脹是引起戰後國際收支失衡的主要因素。

(4) 結構性失衡　在對外貿易中，某些特定產品的需求常常發生變動；這些變動的原因，可能來自出口市場的所得分配發生變動，或外國同類產品的價格與數量發生變動。這些類似的原因也會引起對進口品需求的變動。一國對於這些變動如果不能有效的調整適應，其國際收支就會持續發生結構性的失衡。

結構性失衡的矯正，有待於生產的重新分配，以配合需求與供給的新型態。在自由經濟的體系中，價格機能能够引導生產資源作最有效的分配，而結構性失衡却破壞了社會的價格制度。一國的市場型態，如有壟斷、價格管制、價格協定或阻礙價格競爭的因素存在，以致價格機能不能充分發揮之時，生產資源也就不能進行有效的分配。而在生產的調整中，往往需要生產因素進行有效的分配。例如，在出口部門，勞動及其他因素須從已無國外市場的產業移出，進入具有比較利益的產業。一旦某些日漸萎縮的出口產業之工資與其他因素的價格難以降低，則因素價格重新調整的功能也就窒礙難行，而有賴於出口部門中快速發展產業的較高報酬加以吸引。生產因素不能迅速從新分配的主要障礙在於低的生產因素流動能力，尤以勞動力的移動最難。這會引起結構性失業問題。

總而言之，國內及國外的許多因素，都會引起各別出口及進口的供給與需求發生變動，從而促使國際收支發生結構性失衡。這些因素包括技術與生產的創新、新的競爭、嗜好的變動、生產力的改進以及人口的增加等等。

(5) 投機與資金逃避　投機與資金逃避雖屬兩個不同的概念，但是均爲自主性短期資本移動，故常同時發生，引起國際收支的失衡或加重國際收支的失衡。近年以來，由於主要國家的國際收支發生逆差，其通貨在外匯市場上極不穩定，常常引起大規模的投機及資金逃避。

(6) 其他失衡的原因　自1960年代以來，美國的國際收支就發生長期性的逆差，但其原因似與上類各項因素無關。如再進一步觀察，可以發現，大規模而長期的投資資本之外流也會引起國際收支的逆差，有待調整❷。國際收支的失衡也有可能是起因於匯率之不切實際，尤以實施外匯管制之時爲然。有些經濟學家特別指出「長期失衡」(secular disequilibrium)，這是由於一國之技術在經濟成長的過程中，慢慢上升所致。

---

❷事實上，若干長期資本的流動對短期的變動非常敏感。參閱 Patricia H. Kuwayama, "Measuring the United States Balance of Payments," *Monthly Review*, Federal Reserve Bank of New York (August, 1975), pp. 183-194.

第十六章　所得變動與國際收支的調整

一、國際收支調整的性質

一國的國際收支如果發生逆差，應該採取何種政策？這種逆差在本質上如爲季節性的或短期性的，原則上可以自動恢復，不須採取重大的措施。事實上，社會對於政府維持匯率的能力如果滿懷信心，則可藉着私人短期資本的移動，而使差額得以彌補。

例如，假設英國的國際收支發生季節性的逆差，以致英鎊處於弱勢，逐漸趨於較低的支持點＄2.38。但在這時，因爲英國政府具有維持匯率的能力，所以英鎊價值變動方向趨於上升。社會有此信心以後，外國所欠英國的債務，便會利用此一英鎊價格較低之時提前償還，至於英國所欠外國的債務，則因此時的外匯（美元）價格太高，所以儘量延緩債務的淸償。如此一來，一則對於英鎊的需要增强，一則對於外匯（美元）的需要減弱，所以英鎊的價值就能逐漸轉弱爲强。

反之，如果英鎊處於强勢，而達較高的支持界限之時，因爲大家知道其價格在政府干預之下不會超過＄2.42，所以如把英鎊售出，同時購入其他通貨，必然有利可圖而無風險，此將引起資金的外流。

在此例中，英鎊價格之支持界限乃是

$$£1 = \$2.40 \begin{cases} \$2.42 \\ \$2.38 \end{cases}$$

以上所述乃是短期資本移動之穩定機能，亦即，大衆對於匯率變動之預期，可以抵銷國際收支的短期逆差，而使匯率的波動幅度侷限於官方所訂的波動幅度之內。

利率的變動也能促成資本流動的穩定。以英國爲例，對外收支的逆差乃是表示自主性的支出超過自主性的收入。由於此一差額的存在，英國居民須自銀行提出存款，兌成外國通貨，俾便支付海外的債務。至少短期之內，這將引起國內貨幣供給的減少以及短期利率的上升。而在利率上升之後，外國資本又將受到高利的引誘，不斷流入英國。反之，對外收支的短期盈餘乃是表示自主性的收入超過自主性的支出，故將引起貨幣供給的增加，此將導致利率的下降，促成資本的外流。

如上所述，私人短期資金的流動乃是聯繫短期失衡的橋樑，且能發揮促成匯率穩定之機能。但是，此種機能之發揮是以對於通貨之長期價值懷有信心爲基礎。如果對於政府維持匯率的能力發生懷疑，則此機能無法發揮。例如，在預期英鎊貶值的情況下，居民爲了避免損失，乃將英鎊兌成其他通貨；反之，如果預期本國通貨行將升值，又將引起短期資金的流入。這種通貨的移動在本質上將會引起匯率的不穩定，此在通貨信心降低之時最易發生。所以，投機資金的移動究將促成匯率的穩定或引起匯率的不穩定，乃視大衆對於通貨的未來動向之預期而定，而此預期又與對於該國經濟之信心有關。

玆再討論促進匯率穩定的情況。有時，私人資本的內流可藉官方的措施加以激勵。例如，政府可以提高利率或實施遠期外匯市場的操作，以吸引外國短期資金的流入。不過，如果對外收支的逆差持續多年，而且證明其在本質上爲「基本失衡」(fundamental disequilibrium)，則應改採其他審愼的對策。此時，一國保有的國際準備越多，則其所受的壓力越輕。不過，國際準備僅能換取時間，並非長期的處方，一旦國際準備趨於減少，仍須採取其他的調整機能謀求國際收支逆差之減少。

所謂採取其他的調整機能，最基本的乃是透過貨幣政策及財政政策的運用，實施國內的緊縮。當然，由於對外貿易與國內經濟活動乃是息息相關，故在國際收支發生逆差之情況下，國內經濟活動（就業、生產及所得）的水準亦將自動收縮。有時，收縮的效果也會透過支出與貨幣機能而發揮出來，以致引起進口減少，出口增加，從而降低國際收支逆差的水準。

假設，某國的國際收支發生逆差，且其逆差係因出口減少所致；結果，國內該一出口產業的生產、就業及所得就會減少，但此減少將因乘數原理的作用而使全國的經濟受到影響；因爲該一出口產業的工人及業者首當其衝，所賺較少，故對其他產業所生產的商品與勞務之消費自然隨之減少。當然，其消費之減少數額不會與其所得之減少數額相等，此因過去仍有儲蓄之故。不過，消費之減少終必發生，因而其他產業之工人及業者會被波及，最後全國主要產業多多少少將受影響，較慢受到影響之產業，所受之影響程度較輕。全國所受影響之程度乃是決定於兩個因素，一爲該一出口產業最初之所得減少數額，一爲所得減少之後引起消費減少之比率，此即經濟學上的「邊際消費傾向」(marginal propensity to consume)。

如果該國國際收支的逆差是因進口之增加所引起（並非出口減少所致），則乘數原理的作用較不顯著。這是因爲進口的增加將會部分地取代國內生產的產品，而使國內的進口競爭產業 (import-competing industries) 之所得與就業受到直接的影響。由於這些產業之產品減少，結果所得與就業減少，最後則因上述乘數原理之作用而使全國經濟受到波及的影響。

全國的所得因乘數原理之作用而減少以後，商品與勞務之進口也將因之減少。根據經濟理論及實證研究，進口之減少與所得之變動兩者關係相當密切，且其方向相同。換句話說，所得是決定進口的重要（雖非惟一）因素。所得之減少不僅導致進口之減少，且將引起國內產品之消費的減少，所以可供出口的產品相對增加，促使生產者努力開拓國外的市場，如此，原來出口的減少乃被進口之減少以及出口之增加所抵銷，此即所得支出機能 (income-expenditure mechanism)；此一機能之自動作用，會使國際收支之逆差趨於減少，當然，其間的作用過程亦需歷經相當的時間。

在國際收支盈餘的國家，相反的過程亦將發生，這些國家可因世界對其產品的需要增加而獲得利益。出口產業首先受到影響，該一產業的就業與所得隨着世界需要的增加而擴張。該一產業的工人及業者賺取所得以後，一小部分儲蓄起來，絕大部分用於消費，結果，產品受到購買的產業之就業、生產及所得隨之擴張。而此受到購買的產業又以其所增加的所得用於別種產品之購買，因而波及別的產業。這種過程的程度越來越小，每一階段均有若干所得轉爲儲蓄，但將波及全國的各個部門，這種波及的過程，好像石頭投入平靜的湖面，漣漪逐漸擴大的情形。這對所得的總影響遠比最初的影響爲大，其間的比率稱爲「乘數」(multiplier)，乘數的大小與每一階段賺取的所得用於儲蓄的比率有關。

所得增加以後，進口雖將增加，但對國內生產的產品之消費亦將增加，因此可以用於出口的產品相對減少。如此一來，一方面進口增加，一方面出口減少，最初的國際收支盈餘將趨減少，故對國際收支自動產生一種部份調整的作用。

總之，國際收支失衡本身可謂已經含有自動產生部份調整的種子。國際收支如有盈餘，將使所得呈現倍數的增加，一則增加進口，一則減少出口，所以最初的盈餘將被部份抵銷。反之，國際收支如有逆差，將使所得呈現倍數的減少，一則減少進口，一則增加出口，所以最初的逆差將被部份抵銷。

二、國民所得的決定

二次大戰以後的經濟學家對於以上的關係，使用凱因斯 (John Maynard Keynes) 的理論模型加以說明。此一模型就是國民所得分析 (national-income analysis)。Keynes 的著作是以 1936 年出版的「就業、利息及貨幣之一般理論」(*General Theory of Employment, Interest and Money*) 爲代表。其後，魯濱遜夫人 (Joan Robinson)、哈樂德 (Roy F. Harrod) 及馬賀魯普 (Fritz Machlup) 等人予以發揚光大❶。

爲簡化起見，假定經濟社會中只有私人部門，政府部門不予考慮。而且，爲了討論所得的變動，暫時假定價格不變，玆先說明閉鎖經濟 (closed economy) 的情況，次再討論對外貿易發生以後的情況。

經濟社會在一年之內所生產的商品與勞務之總價值稱爲國民生產毛額 (gross national product; *GNP*)。在簡化之假定下，因爲價格固定，且不考慮政府部門，所以 *GNP* 大抵等於實質國民所得，以 Y 表示。產出 (output) 的形式有二，一爲投資財 (I)，一爲消費財 (C)，

$$Y = C + I$$

某一時期之內，生產出來的商品價值必然等於此一生產所促成的所得。

---

❶ Mrs Robinson, "The Foreign Exchanges", *Essays in the Theory of Employment*, 2nd ed. (Oxford: Oxford University Press, 1947).
Roy Harrod, *International Economics* (Cambridge: Cambridge University Press, 1933).
Fritz Machlup, *Foreign Trade and the National Income Multiplier* (Philadelphia: Blakiston Co., 1943).

魯濱遜 (Robinson Crusoe) 飄流荒島的情況最能說明此點。如果魯濱遜每天捕魚10條，則此10條之魚就是產出（生產），也是所得。在複雜的社會中，這種關係較不明顯，但是事實仍係如此。社會所生產的任何商品之價值等於一切生產所促成的所得，包括付給勞工的工資及薪資，付給生產資源的地租，付給資本的利息，以及付給企業創新的利潤等等。產出與所得可以說是一物之兩面，亦即生產出來的所得（產出）等於社會上所有生產因素所賺的所得。

生產過程所賺的所得，可以用於消費（C）支出，或不用於支出。不用於支出的部分稱爲儲蓄（S），故依定義，

$$Y=C+S$$

以上兩式結合以後:

$$Y=C+I=C+S \qquad \text{式 } 16-1$$

因此，

$$I=S \qquad \text{式 } 16-2$$

上式的意義是指如果生產者計劃投資的數額恰與消費者計劃儲蓄的數額相等，國民所得便會產生均衡的情況，此一簡單概念可用圖 16-1 加以說明:

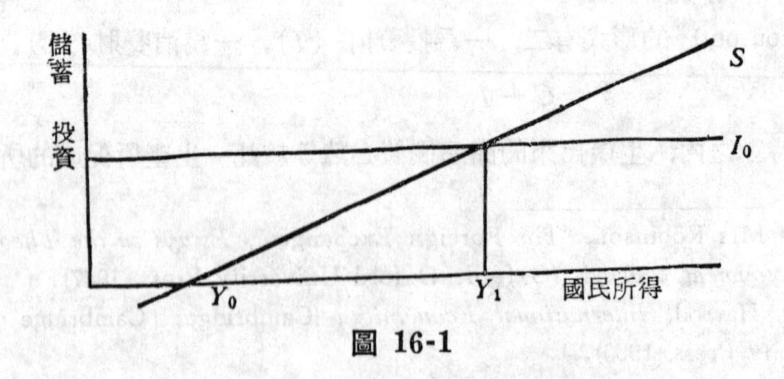

圖 16-1

如上所述，消費者處理其所得的方法只有兩種：消費或儲蓄。下圖

卽已考慮儲蓄。儲蓄爲所得之函數，其以數學表示如下：

$$S=S(Y) \qquad \text{式 16-3}$$

在較低的國民所得之下，沒有儲蓄，全部所得均被用掉，在上圖中，所得爲 Y_0 時儲蓄等於零，國民所得如果低於此點，儲蓄則爲負數，這是表示該國已經消費一部分的資本存量。僅在國民所得大於 Y_0 時，儲蓄才爲正數。國民所得愈高，儲蓄愈多，可見儲蓄爲國民所得的遞增函數。

爲了解釋此一原因，假設投資水準與國民所得水準無關，所以生產者的投資數額固定，不因國民所得的大小而變，其數學式爲：

$$I_0=\text{固定} \qquad \text{式 16-4}$$

當表示意願儲蓄的儲蓄表與表示意願投資的投資表相交之時（卽在 Y_1 時），國民所得達到均衡。

爲瞭解國民所得均衡的意義，並探討決定國民所得水準的因素，首先假定生產者或消費者的行爲發生變動，現在假定生產者計劃增加投資；至其增加的理由很多，例如希望得到創新的利益，或者認爲繁榮卽將來臨，此種投資計劃的變動可以圖 16-2 加以說明，當生產者決定增

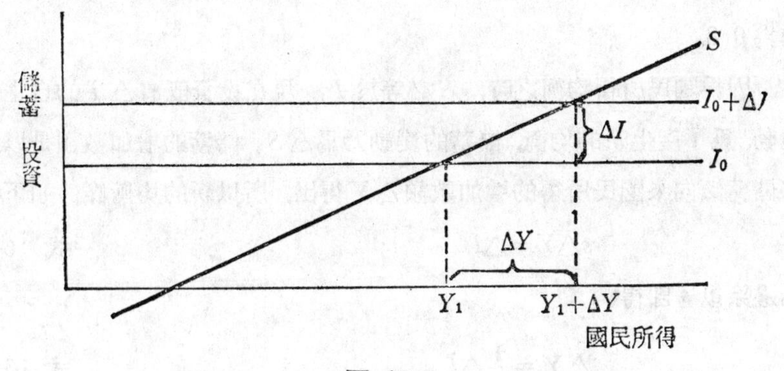

圖 16-2

加投資，則可得到一條整個向上移動的投資表，投資的增加可以$\triangle I$表示，則新投資表爲$I_0+\triangle I$，此將促使國民所得擴張，自Y_1增加$\triangle Y$而爲$Y_1+\triangle Y$。

現在假定航運公司決定訂購新船以增加投資，造船公司必因增加訂單而增加所得，造船公司需要原料以建造船隻，因而訂購更多的鋼板及機器，並且增僱更多的工人。凡此均將增加新的所得及消費，所以投資的自主性增加對於國民所得產生一般的擴張效果，而使國民所得的增加大於投資的增加，此爲過程之開始，可自圖 16-2 得知，國民所得的增加$\triangle Y$大於投資的增加$\triangle I$。

至於國民所得增加的數額之大小，則是決定於衆所熟知的「乘數」(multiplier)。

所謂「邊際儲蓄傾向」s (marginal propensity to save)，乃是用來表示增加的所得有多少是被儲蓄下來。如果國民所得自 \$1,000 增至 \$1,100，其中有 \$20 是被儲蓄下來。因此，邊際儲蓄傾向s爲 0.2，邊際消費傾向爲增加之所得被消費的部分。因爲所得只有消費及儲蓄兩種情況，所以邊際儲蓄傾向與邊際消費傾向之和爲1，在本例中，所得增加之 \$100，有 \$20 是被儲蓄，故有 \$80 是被消費，從而邊際消費傾向爲 0.8。

因爲國民所得均衡之時，S必等於I，現在投資既有$\triangle I$的自主性變動，爲了產生新的均衡，儲蓄的變動乃爲$\triangle S$，儲蓄的增加數額是以邊際儲蓄傾向乘國民所得的增加數額$\triangle Y$得出，所以新的均衡條件如下:

$$s\triangle Y=\triangle I \qquad \text{式 16-5}$$

兩邊除以s卽得:

$$\triangle Y=\frac{1}{s}\triangle I \qquad \text{式 16-6}$$

$\frac{1}{s}=k$ 稱爲「乘數」，如果 s 在 0 與 1 之間，則乘數 $k\geq 1$，例如，若 s 爲0.2，則乘數爲 5，自主性投資增加 $ 100，則將導致國民所得增加 $ 500。

如果儲蓄增加，國民所得將會發生何種情況？這種情況可以圖16-3說明。此圖說明儲蓄表從原來的情況 S 變動至新的情況 S'，這種情況表示在所有國民所得水準下，消費者的儲蓄較前爲多。儲蓄增加的原因不少：例如對於消費的飽和感覺及預防年老等等。投資表之差異可由圖 16-3 與圖 16-1 及圖 16-2 加以比較。現在假定投資爲國民所得的遞增函數，所以投資表有一正的斜率。

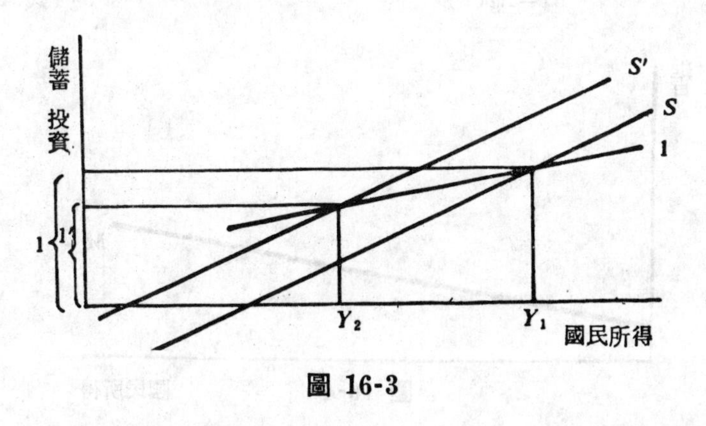

圖 16-3

儲蓄表的向上移動，顯然地使國民所得發生收縮，即當新儲蓄表與投資表在 Y_2 之垂直上方相交，表示達到新的均衡，國民所得須自 Y_1 降至 Y_2。

消費者開始增加儲蓄之時，消費減少，消費一經下降，生產者就會發覺銷售數量較前爲少，故將減少生產，解雇工人，失業工人之所得乃告減少，消費亦將因而下降，最後，在較低的國民所得 Y_2 之時，達成新的均衡，此時之意願儲蓄等於意願投資。

三、進口函數與對外貿易乘數

在閉鎖經濟 (closed economy) 之下，消費者對於所得的處理只有消費及儲蓄兩種。消費爲國民所得的函數，其關係可由下式表示

$$C=C(Y) \qquad \text{式 16-7}$$

儲蓄亦爲國民所得的函數。

而在開放經濟 (open economy) 之下，消費者亦需消費進口商品，故而進口亦爲國民所得之函數，進口函數如下:

$$M=M(Y) \qquad \text{式 16-8}$$

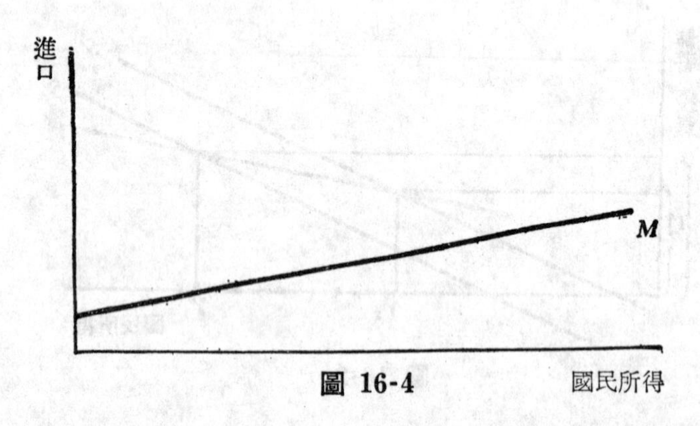

圖 16-4

進口亦爲國民所得的遞增函數，可用圖 16-4 說明進口函數。此圖表示，即使國民所得爲零，仍然須有少許進口。國民所得增加之時，進口必亦隨之增加; 一國的「平均進口傾向」 (average propensity to import) 爲進口總額除以國民所得，即爲 M/Y。各國的平均進口傾向並不相同，美國幅員廣大，資源豐富，甚少依賴對外貿易，故其平均進口傾向很低，僅爲 0.03，即以國民所得的 3%用於進口；此一比率數十年來一直降低，例如，19世紀時爲 0.1，十九世紀末期降爲 0.07，第一

次世界大戰後降爲 0.05， 現在則更降爲 0.03，但至近年，却有重趨上升之勢。蘇俄之平均進口傾向亦低， 僅在 0.02 至 0.03 之間。印度雖非大國, 但其經濟政策在於自給自足, 故其平均進口傾向亦低。一般而言，國家幅員愈小，對外貿易的依賴程度愈大，故其平均進口傾向亦高，例如，英國爲0.2，荷蘭高達0.4。

另有一種「邊際進口傾向」(marginal propensity to import)，在於測度國民所得的變動究有多少支用於進口方面，其代數式爲$\triangle M/\triangle Y$，當國民所得增加＄100， 進口隨之增加＄10之時， 則其邊際進口傾向爲 0.1。邊際進口傾向如果除以平均進口傾向，則得「進口需要的所得彈性」(income elasticity of demand for imports)，其代數式爲 $(\triangle M/\triangle Y)/(M/Y)$。進口需要的所得彈性是在其他因素不變的假定之下，如果價格不變， 且所得增加10%而進口增加5%， 則進口需要的所得彈性爲0.5。如果該國的平均進口傾向及邊際進口傾向相等， 則其進口需要的所得彈性爲 1，此卽表示一國的所得增加，增加的所得之固定比率用於進口，亦卽國民生產之用於貿易的部分固定。若邊際進口傾向大於平均進口傾向，則會提高該國對外貿易的依賴程度，反之則會降低該國對外貿易的依賴程度。

上述的進口傾向及進口彈性不應認爲固定不變，因其常受許多經濟因素的影響不斷變動。

現在進而討論開放經濟之下國民所得的決定。閉鎖經濟與開放經濟之區別爲後者可能有對外貿易，故其國民所得表示:

$$Y+M=C+I+X \qquad \text{式 16-9}$$

上式左方表示總供給，爲國內供給 (Y) 及進口 (M) 之和，右方表示總生產之三種可能去向，爲消費 (C)、投資 (I) 及出口 (X)。

在閉鎖經濟之下的均衡條件爲儲蓄必須等於投資，而在開放經濟之下，尙須考慮資本的流入或流出，故其均衡條件如下：

$$S=I+X-M \qquad \text{式 16-10}$$

或

$$S+M=I+X \qquad \text{式 16-10 A}$$

如果四個變數之任何一個變數變動，式 16-10 左方之變動，必須等於右方之變動，而其達成新的均衡之條件如下：

$$\triangle S+\triangle M=\triangle I+\triangle X \qquad \text{式 16-11}$$

使用邊際儲蓄傾向 s 及邊際進口傾向 m 之定義，可以寫成 $\triangle S=s Y$ 及 $\triangle M=m\triangle Y$，而且式 16-11 可以改爲：

$$(s+m)\triangle Y=\triangle I+\triangle X \qquad \text{式 16-12}$$

則得

$$\triangle Y=\frac{1}{s+m}(\triangle I+\triangle X) \qquad \text{式 16-13}$$

玆將投資及出口的變動視爲自主性變數 (autonomous variables)，藉以觀察出口的變動對於國民所得產生何種後果。由式 16-13 可知，出口變動對於國民所得的後果等於出口乘以 $1/(s+m)$，後者卽爲對外貿易乘數 (foreign trade multiplier)，以 k_f 表示。

現在假定投資沒有變動，藉以觀察出口增加之後果。如果邊際消費傾向爲正，則 k_f 將永遠大於 1，出口的增加對於國民所得有附屬效果，所以，國民所得的增加將會大於原來增加的出口。

對外貿易乘數亦稱出口乘數，其使用與一般投資乘數相同，出口的增加使出口廠商的所得增加，而且受雇於出口產業的人之所得亦將增加，故將增加消費支出，其用於國內產品支出的部分究有多少，乃是決定於兩種漏損，一爲儲蓄，一爲進口，此因儲蓄不能創造任何新的所得，進口支出的增加不能在本國創造新的所得。

邊際儲蓄傾向及邊際進口傾向愈大，乘數之值愈小，如果邊際儲蓄傾向爲0.2，邊際進口傾向爲0.3，乘數之值將爲1/(0.2+0.3)=2，亦即自主性的出口增加＄100，將會導致國民所得增加＄200。

出口之原始增加的原因甚多，例如，國外消費者對於進口商品之嗜好變動，可能增加對於出口廠商之出口商品的需要，出口廠商可銷售其存貨而增加所得，故在下期將會增僱工人，增加生產。如此一來，國民所得之增加將會大於最初的出口之增加，其大小決定於出口乘數之大小，而此乘數則由邊際儲蓄傾向及邊際進口傾向決定。

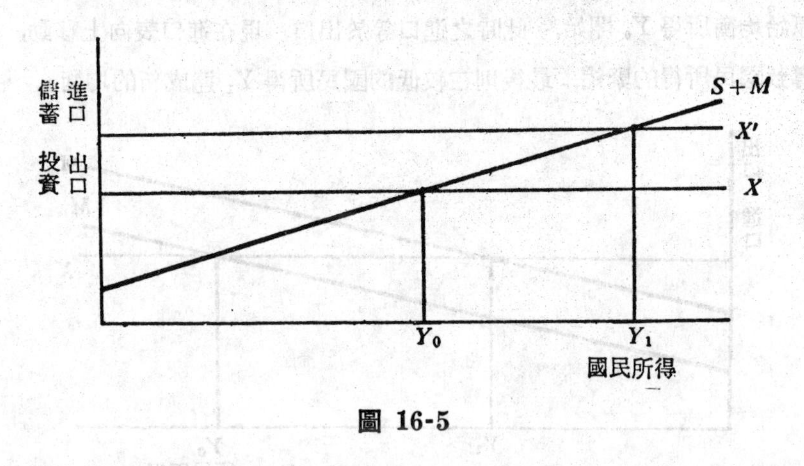

圖 16-5

圖 16-5 在於說明出口乘數，圖中有一儲蓄加進口的表，表示在各種不同的國民所得之下的儲蓄與進口。爲了簡化起見，假設沒有國內投資，所以出口爲惟一的自主性變數。在最初的均衡所得爲 Y_0 時，儲蓄加進口等於出口，現在增加出口，出口表卽自 X 增至 X'，此對國民所得產生擴張效果 (expansionary effect)，卽自 Y_0 增至 Y_1，同時亦可達成均衡，而使儲蓄加進口等於出口。出口增加以後，對於國民所得的擴張效果之大小，決定於 $S+M$ 表的斜率，而此斜率則又決定於邊際儲蓄傾向及邊際進口傾向，兩種傾向之和愈小，則其斜率愈小，出口增加

對於國民所得的擴張效果也就愈大。

與出口的增加對於國民所得的擴張效果相同，進口的增加亦有緊縮效果 (contractive effect)。玆以圖 16-6 加以說明。爲了簡化起見，假定沒有儲蓄及投資，進口的增加係受許多原因之影響，其最簡單的解釋爲受嗜好變動之影響。消費者之消費數量雖然不變，但是本國產品之消費減少而進口增加以後，國內生產者終將解僱工人，減少生產，是則受雇於國內產業之工人的所得亦將減少，透過乘數效果，其所得之減少更大，最後則在較低的國民所得水準產生新的均衡。在圖 16-6 中，仍自原始均衡所得 Y_0 開始，此時之進口等於出口，現在進口表向上移動，導致國民所得的緊縮，最後則在較低的國民所得 Y_1 達成新的均衡。

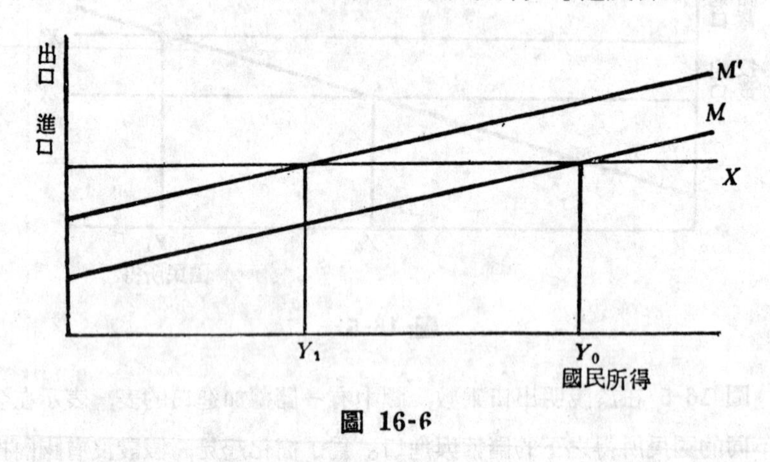

圖 16-6

閉鎖經濟之下的均衡條件爲:

$$I=S \quad \text{式 16-2}$$

開放經濟之下，投資分爲兩個部份：國內投資 Id 及國外投資 If，均衡條件爲:

$$Id+If=S \quad \text{式 16-14}$$

所謂國外投資爲商品及勞務的出口與進口之差，由此可得:

$$If = X - M \qquad \text{式 16-15}$$

將式 16-15 代入式 16-14，可得：

$$Id + X = S + M \qquad \text{式 16-16}$$

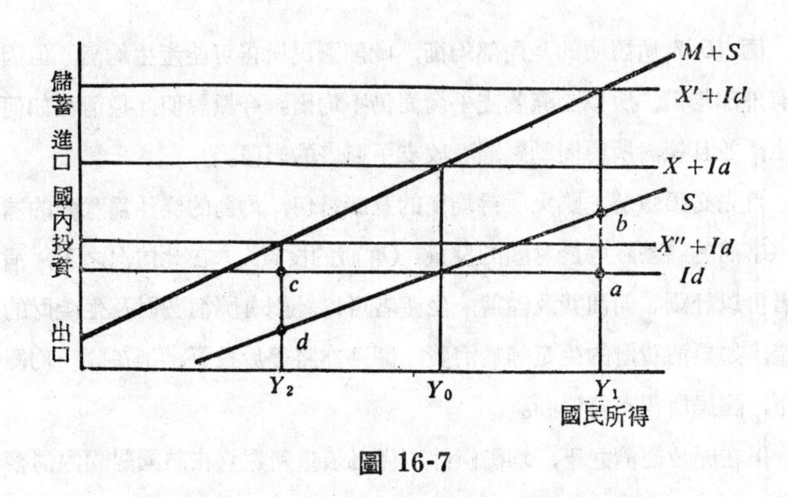

圖 16-7

上述情形可用圖形加以說明。在圖 16-7 中，S 爲儲蓄表，$M+S$ 爲進口加儲蓄表，Id 爲國內投資表，$X+Id$ 爲出口加國內投資表，$X+Id$ 與 $M+S$ 在 Y_0 之垂直上方相交，Y_0 爲均衡的國民所得，在此所得水準，經常帳戶發生平衡，儲蓄等於投資，出口等於進口。

現在假設出口增加，致使 $X+Id$ 增至 $X'+Id$，此對國民所得產生擴張效果，而使 Y_0 增至 Y_1，此時之出口加國內投資亦可等於進口加儲蓄，此爲國民所得之新的均衡。但是，經常帳戶不再產生平衡，因在 Y_1 之時的儲蓄與國內投資之差爲 a-b 之距離，表示出口大於進口亦有相同數額，該國必然輸出資本。

反之，如果出口減少，出口加投資必然降至 $X''+Id$，此時國民所得產生緊縮效果，而使 Y_0 減爲 Y_2，此時之投資大於儲蓄，兩者之差爲 c-d 之距離，表示進口大於出口亦有相同數額，該國之經常收支因而發生逆差，故必輸入資本加以彌補。

四、國民所得變動與國際收支

圖 16-7 所證明的是內部均衡，此卽國民所得可能產生均衡，但因沒有外部均衡，所以國際收支平衡表仍不均衡。今擬說明此種情況如何發生，並且探討所得變動對國際收支平衡表的影響。

首先必須瞭解，國民所得均衡的意義爲何，均衡的條件爲意願的儲蓄（事前的儲蓄）等於意願的投資（事前的投資）。在此情況之下，消費者可以計劃如何消費及儲蓄，生產者可以計劃有關消費財及生產財的生產，如果消費財的生產等於消費，儲蓄亦將等於投資，則在此一均衡之下，國民所得不會變動。

但在開放經濟之下，均衡條件不僅必須重新建立在該國對國內儲蓄的依賴上，且須考慮外國人藉輸出其資本而提供其總儲蓄的一部份，且一國不僅在國內投資，亦可藉輸出資本而在國外投資。

一國經濟政策的兩個主要目標是維持充分就業及外部均衡。根據凱因斯 (John M. Keynes) 的定義，一國國民所得的均衡並不意謂其經濟爲充分就業，此定義只說明總的意願消費等於總的意願生產，此一均衡可在任何能量水準上發生，若其恰在 100% 的能量上發生，則該經濟爲充分就業，若其在較低能量水準上發生，則該經濟有失業存在，若其在 110%的能量水準上發生，則國際收支平衡表另有其他意義。

與此有關者，須就膨脹及緊縮方法之使用加以說明，膨脹或經濟上的膨脹性壓力，表示總的意願消費大於總的意願生產，卽事前的投資大於事前的儲蓄，此並非必然使價格上升，但在許多情況下，將會導致價格水準的上升。緊縮或經濟上的緊縮壓力，表示總的生產大於總的消費，換句話說，即意願的儲蓄大於意願的投資。

首先假設，一國前期之內部平衡係在充分就業水準之上達成，今若總的消費增加，其增加當有很多原因，可能是消費者在一既定所得下欲減少儲蓄而增加消費，或可能是政策變數 (policy variable) 的變動。例如，利率之降低將鼓勵投資，不管其原因爲何，將在經濟上產生膨脹性的壓力，在開放經濟之下，此一壓力不一定導致價格的上升，但將使得國際收支平衡表產生逆差。當然，也有可能對兩者皆生影響，消費者將較以前消費更多，生產者則將繼續增加投資。然而，因爲此一經濟已經接近充分就業，故其短期的國內生產不可能增加，出口將不會變，但進口將會增加，以滿足消費需要的增加。而在期末，該國之國際收支平衡表則將產生逆差，部分的國內投資係由資本的輸入補充。

此一過程對國內生產型態的影響沒有一定。出口及生產財的國內生產可能不變，而僅進口增加，或出口的生產下降，此一部門的生產因素轉移到國內部門，以應付消費品需要的增加，在膨脹性的壓力下，不管生產形式如何變動，其主要的事實爲國內投資大於國內儲蓄，並且進口大於出口。

按需要方面所產生之國民所得的增加，通常導致國際收支平衡表的逆差。經濟體系內的擴張壓力，不一定導致價格的上漲，但是會使國際收支平衡表產生逆差，此須由不可預見的資本流入所抵銷。這種調節性的資本流入，可以視爲警號，此一情況爲 Keyens 分析的古典例子，在此情況下之政策，其含義甚明。

現在假定自充分就業的均衡開始，發生出口的減少，此對國民所得會產生緊縮效果，並再透過乘數作用，使此所得之減少大於原來的出口之減少，進口亦將隨所得之下降而下降，但進口的減少將小於出口的減少，是則該國同時發生失業及國際收支逆差之情況。

此種情況應當儘量避免，膨脹性政策可使該國恢復充分就業，但是須以國際收支逆差的惡化爲犧牲，僅賴國民所得之緊縮或膨脹的政策過於簡單，不能單獨應付此種情況。

仍自充分就業下之均衡開始，比較簡單的情況是該國發生儲蓄表自動上升的因素。當消費者願多儲蓄而少消費時，國民所得之緊縮壓力即告開始，所得因某些工人之失業而下降，國民所得下降之後，對於進口的需要隨而下降，但其出口並無變動的理由，出口的需要原係決定於國外的所得，故在初期至少不變。同時，因有失業存在，將使工資的壓力下降，所以本國的出口廠商可以獲得較前便宜的生產因素，而可提高競爭地位，因此，該國之國際收支將會出現順差，而能達到失業與國際收支順差同時發生的情況。

此一情況較爲簡單，膨脹政策將會導致該國在充分就業水準下國民所得的均衡，亦將導致在不變的出口水準下對進口需要的增加。但因該國之國際收支已有順差存在，故不値得憂慮。

總之，在一般情況之下，國民所得的膨脹變動，對國際收支平衡表上將有負的效果，國民所得的緊縮變動，對國際收支平衡表將有正的效果。然而，亦有例外的情況，出口的自主性減少將在國民所得上產生緊縮效果，並亦導致國際收支平衡表的逆差，消費自進口商品轉移爲對國內生產的商品以後，將對國民所得產生膨脹性後果，並且導致國際收支平衡表的順差。

五、經濟循環的國外反響

前面已就一國的出口或進口的變動，如何影響該國的國民所得加以證明，貿易使得各國之間相互關聯，然而，一國的國民所得變動對於其他貿易國家的所得亦將發生國外反響 (foreign repercussion)。

假設美國因不景氣而導致國民所得的下降，亦將使得美國之進口下降，亦即其他參與貿易國家的出口減少。英國、法國及加拿大將受美國

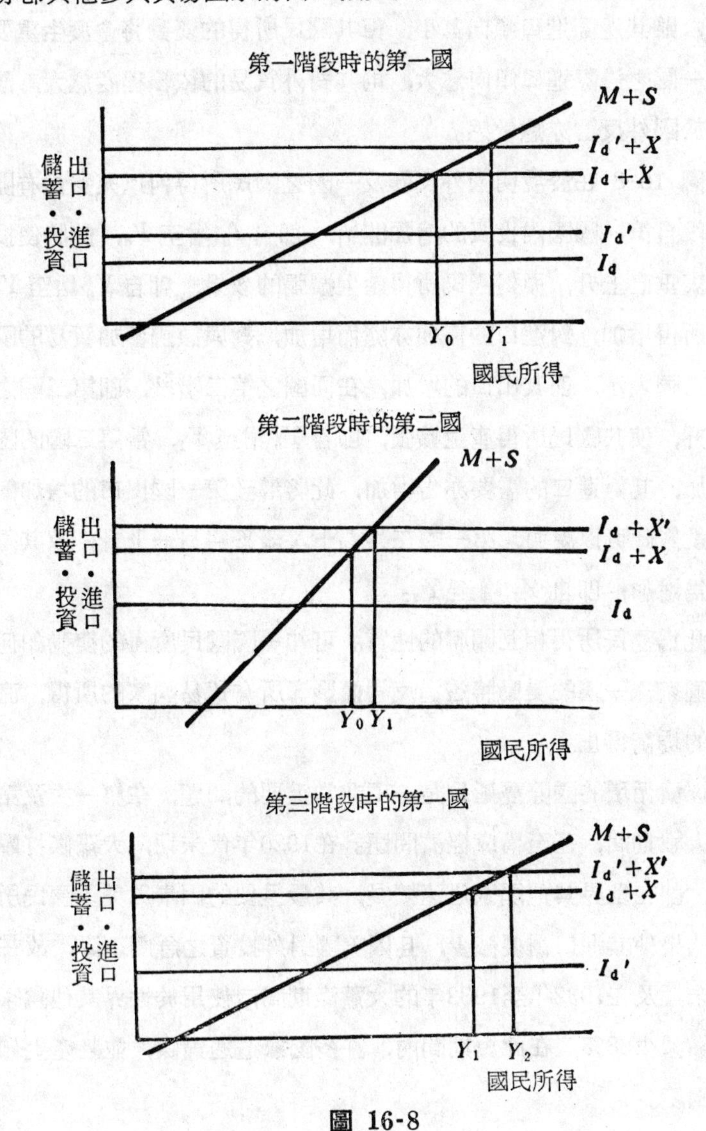

圖 16-8

不景氣的影響而減少其出口，並且透過乘數效果，使這些國家在國民所得方面產生緊縮的影響。因此，所有貿易國家均皆相互關連，任何一國不能與其他國家完全孤立。像美國之大，其國民所得幾佔世界所得的40%，雖其邊際進口傾向甚小，但其國民所得的變動將會發生重要的反響，一國之邊際進口傾向愈大，則其對外貿易的依賴程度愈大，該國通常對於國外反響亦愈敏感。

圖 16-8 在於說明國外反響及一國之國民所得何以與貿易有關。第一階段自第一國國內投資的增加開始，即自 I_d 增至 I'_d，此將使投資加出口表垂直上升，而對國民所得產生擴張的效果，即自 Y_0 增至 Y_1。當國民所得增加，對進口的需要亦隨而增加，對與該國參加貿易的國家，以第二國表示，即其出口的增加，在同圖之第二階段，即第二國之出口表上升，使其國民所得產生擴張，即自 Y_0 增至 Y_1，當第二國的國民所得增加，其對進口的需要亦告增加，此將導致第一國出口的增加，在第三階段對此可以說明，第一國在其 I_d+X 表獲得另一上升，故其國民所得更為增加，即自 Y_1 增至 Y_2。

此為國民所得相互關聯的性質。可知一國國民所得的變動如何影響其他國家，一國的變動將透過反響而影響所有貿易國家的所得，直至獲得新的均衡為止。

經濟循環的國際蔓延曾是一項非常重要的問題，在第一次及第二次世界大戰期間，甚至構成經濟問題。在1920年代末期，大蕭條打擊美國之後，即在世界其他國家迅速擴展，其最重要的因素為美國國民所得下降的結果使其進口需要減少，且因美國對外投資之急劇下降，故在1920年代末期及在1932年至1933年的大蕭條期間，使用於世界其他國家的美元數額減少68%，在此短期間內，許多國家遭遇蕭條，並且產生如同美國之困境。

自第二次世界大戰以來，世界經濟並未遭受到如產業革命初期到第二次世界大戰資本主義經濟所遭受之嚴重蕭條， Keynes 經濟學似乎已使資本主義國家獲得如何避免重大變動的工具。然而，經濟變動仍然發生，雖其形式比較緩和，亦使各國產生重要的政策問題，其目的爲使來自貿易的利益達到最大的程度，同時避免失業，此種失業可能來自國外不景氣的輸入。

以上已就開放經濟之下，國民所得如何決定及某一經濟的變動如何擴大到其他經濟有一基本的瞭解。然而，必須强調，以上的討論僅爲基本原理，爲導出簡單的對外貿易乘數，所假設的是簡單的函數關係，並且假設投資及出口與國民所得的變動無關，但事實上，情況並非如此。

另一重要的因素爲若將時間因素介入模型，則其關係更爲複雜，今將時間落後 (time lag) 加以考慮，卽允許某些函數關係因時間而變，如此儲蓄函數可能非以上所假設的線性，爲非線性，且其變動的型態甚難預測。此外，在決定消費函數時亦須考慮財富 (wealth) 因素等等。

第十七章　價格與所得變動的交互作用

在浮動匯率制度之下，外匯的價格按外匯的需要等於外匯的供給而變動。而且國際收支也會產生均衡。但在固定匯率之下，則無適當的機動作用藉以保持國際收支的均衡。一般的情況爲商品及勞務的出口不等於其進口，因而發生順差或逆差，國際收支的過度順差及逆差，常使經濟政策遭遇難題，尤以如何調整逆差爲一重要的經濟問題。本章探討達成國際收支均衡的主要政策及調節機能的作用。首先說明促使國際收支產生逆差的因素。

一、國際收支結構性失衡的型態

一國的出口可以說是其參加貿易的對方國家之國民所得、嗜好及相對價格的函數，國外的所得增加，將對該國的出口產生有利的後果，國外有利於進口的嗜好變動亦然。如果國外的進口競爭產品價格上漲，對於本國的出口亦趨有利。

同理，一國的進口爲其國民所得、嗜好及相對價格的函數，一國國民所得的增加將會導致進口的增加，如果進口競爭產品的相對價格變動亦然。

所以，一國的出口及進口受到許多因素的影響，影響進口及出口的因素隨時變動，國際收支在某一時期雖然達成均衡，但是甚易產生變動。

現在假設一國的國際收支發生逆差，且此逆差最顯著的原因爲通貨膨脹。Keynes 的模型特別强調進口爲所得的函數，若一國以貨幣表示的國民所得增加，將使進口增加。所得之增加可能有許多原因：在總需要量增加的情況下，投資的增加；另一爲由於儲蓄表的下降而促使消費增加。若一國已在充分就業的情況下，上述的任何變動，將會導致膨脹壓力，而使進口增加。

通貨膨脹爲產生國際收支失衡的主要原因，此在 Keynes 的模型中可以看出。然而，可能尙有其他的原因：美國自1958年起國際收支出現甚大的逆差，早在1950年期間，其每年的逆差約爲10億美元，而在1958年增至30億美元以上，此一逆差持續甚久，在1958至1962年間，每年平均約爲31億美元，因而引起黃金的外流，美國政府及經濟學家自始對此即有甚大的憂慮，但是遲遲未見採取行動。

上述的情況似與通貨膨脹無關，因爲當時美國物價水準的上漲已較其他主要工業國家緩慢。然則，何種原因產生此種逆差？

若干經濟學家解釋其爲「結構性的型態」(structural type)。例如，美國鋼鐵價格較其他價格的上漲迅速，導致國外鋼鐵侵入美國市場。同時，美國的鋼鐵出口將會減少，而且美國鋼鐵產業的缺乏競爭能力爲逆差的原因。

如前所示，美國一般物價水準的增加較競爭國家緩慢，因此，爲研討方便，假定美國的物價水準爲穩定的，若鋼鐵價格上漲，其他價格必將下降，則對國際收支的發展將會如何？

先以兩個部門的模型開始，當出口價格上升，進口競爭產品的價格將趨下降，此一部門的價格發展對貿易的平衡甚爲重要，但是很難看出這一發展的最後結果爲何。

爲此，必須考慮經濟成長的過程，此時先不考慮成長的原因爲何。現在假定兩個部門模型，且對兩種商品皆有正的邊際消費傾向，若此成長僅限於進口競爭部門，對此兩種商品的需要仍將增加，此將導致出口價格及出口商品在國內消費的增加。換句話說，此將造成更高的出口價格及出口市場的減少。

同時，進口競爭產品的供給增加及其價格下降，較大部份的消費將被國內商品所控制，是則進口因而減少，除非對於消費傾向、各部門的成長率、價格彈性等有充分的資料，否則甚難決定進口的減少是否大於出口的減少，唯一可推測的結論為貿易部門的國民生產毛額下降。

然而，出口價格的增加及出口市場的下降，並非必然伴隨着貿易收支的惡化；雖然某些時候有此情況發生。

仍就上例使用三個部門的模型，其一為出口部門，另一為進口競爭部門，第三為非貿易商品部門，如果成長集中於生產非貿易商品的部門，情況則將完全不同。現在假定所有三種商品的邊際消費傾向皆為正數，出口價格將會上漲而出口將會減少，同時，對於進口的需要亦將增加，則在出口方面的貿易收支將有負的後果，此為滿足減少出口市場、增加出口價格及國際收支惡化所必須的情況。

以上表示，對於國際收支逆差的結構型態之解釋變得甚為複雜，且對於部門的成長率、需要的趨勢及價格彈性等，甚難獲得實證的資料。

二、支出減少政策

今天，許多國家較金本位時代更具野心，維持國際收支的均衡不再是經濟政策的唯一目的，只是許多目的之一。故其重點，已不再是自動調整，反之，如何獲致外部均衡，已為經濟政策的許多問題之一。以下開始探討現代政府的主要政策及其應用的方法。

若將自主性資本的移動除外，則收支差額可以視為國內總生產與國內總支出之差額，應用符號可如下式：

$$B=Y-E$$ 式 17-1

B為收支差額（淨額），Y及E分別代表國內總生產及國內總支出。

若總生產大於總支出，該國就會發生國際收支的順差；反之，該國就有逆差；若生產等於支出，國際收支即可達成均衡。一國如有逆差存在，則有兩種方法加以消除：支出減少或生產增加。因在短期甚難增加產量，特別是該國已達充分就業之時為然，因此，減輕逆差的主要方法為支出減少政策。

一般而言，消除逆差有兩種主要方法：支出減少政策（expenditure-reducing policy）或支出轉換政策（expenditure-switching policy）。以下使用此一名詞，而將政策的工具分成兩類。然而，如果認為支出轉換可以支出減少替代，似嫌不够充分，實則，在固定生產之下，支出轉換政策的運行，必然包含支出減少的某些因素，亦即，支出轉換必須同時包含支出減少的因素或生產增加的因素，使其更為有效。

在金本位制時代，用來消除逆差的是貨幣政策。時至今日，支出減少政策可以分為兩類：貨幣政策及財政政策。今日的貨幣政策雖然範圍較廣，但在原則上與金本位制相同；財政政策在1930年代以前甚少使用，但自第二次世界大戰以來，由於政府支出的成長，也已變為重要的政策工具。

利率的變動及公開市場的操作，為今日貨幣政策的最重要工具，消除逆差的必然方法為提高利率及銷售債券。

提高利率的最初影響為投資，因借入款項須以較高的成本，且可利用的信用減少，故生產者的借款及投資將會減少。

緊縮貨幣政策在投資上的後果，主要決定於一般的經濟情況，一國若在繁榮期間提高利率，結果，生產者如果預期將來的利率將趨下降，可能因而延緩投資，在此情況之下，提高貼現率可能產生甚大的影響，且透過乘數的作用而導致國民所得的下降，至少能對膨脹情況發生遏止作用。若生產者預期價格將會增加，亦將預期將來的利率可能升高，因此，沒有延緩投資的理由，必將繼續進行投資計劃，故提高貼現率的後果甚微。

1930年代的美國貨幣政策值得懷疑，因其在大蕭條期間，對於美國國內穩定的目標不生效力。許多國家在1950年代所面臨的問題爲膨脹問題，貨幣政策恢復聲望，變爲經濟政策的主要部份，各種形式的貨幣政策重新運行。其所着重的是信用的提供額度 (credit availability)，在膨脹的環境下，投資的報酬甚高，傳統的利率甚少高於7%至8%，此種名目利率不能阻礙投資，銀行因而分配信用，故信用的提供額度爲一重要的觀念。

控制貨幣供給及影響信用提供額度的標準方法，爲透過公開市場的活動，中央銀行在公開市場上買賣公債及有價證券。若出售公債，則公債價格將會下跌，其所獲得的有效利息將會增加。中央銀行若欲緊縮貨幣供給，可對商業銀行、保險公司及家計單位等出售公債及其他有價證券，商業銀行及其他的公債購買者將支付流動性貨幣，銀行體系的流動能力將趨下降，信用的提供額度亦將減少，出售公債亦將導致其價格的下降及利率的上升。

信用提供額度的減少及貼現率的提高，將對投資產生負的影響，生產者將發覺甚難借到款項，投資因而遭受阻礙。

透過公開市場操作而影響信用提供額度的效果，決定於銀行在其流動能力及其可貸資金之間保有某一比率的事實。若非此種情況，縱然其流動能力已見降低，商業銀行仍將繼續借出貨幣。某些國家的銀行，並不受此嚴厲規則的限制，所以，當局使用不甚嚴厲的方法以限制信用，而對信用訂一最高額度，例如，允許銀行體系僅能就其去年的可貸資金借出80%。

貨幣政策的新方法亦在1950年間使用，增加的資金數額用以融通消費品的購買，此爲基於在工業國家的消費中，耐久性消費所佔的比例漸漸增加的自然結果。在膨脹壓力期間，中央銀行可藉强迫銀行要求較高百分比的第一次付款（down payment）及加速攤還，並對提供的貸款增加選擇性的方法以限制消費目的的借款。

貨幣政策是戰後期間改善國際收支逆差的有力工具，此一以壓制投資爲目的的方法甚爲有效，利率的提高及信用提供額度的減少，能够影響投資，投資的減少則將透過乘數的作用而使所得減少及進口下降，類似的減少消費之政策亦將導致進口的減少。

所以，緊縮的貨幣政策爲執行支出減少政策的一種方法，至於「中性的」貨幣政策則將自動用以抑制逆差。因爲逆差表示該國居民的支出大於收入，卽其居民耗竭其現金餘額。如果逆差繼續，現金餘額終將耗竭，因爲支付將會帶來收入，所以逆差將會自動消除。

然而，此種來自中央銀行之「中性的」假設，表示縱使現金餘額耗竭，中央銀行仍將拒絕增加貨幣供給，一國居民僅能耗竭其現金持有數量以交換外匯準備，但中央銀行是否有足够的外匯準備而能使自動調整的機動作用順利運行値得懷疑。當現在持有的數量減少之時，利率將趨上升，此亦趨於消除逆差。如果中央銀行基於某些理由不能忍受利率的上升，則將增加貨幣供給，逆差不再獲得自動消除。

財政政策亦可用以減少支出。財政政策的方法分爲兩類，此決定於政府預算的所得面或支出面。

所得面最重要的工具爲租稅的變動。直接稅的增加將減少家計的所得，所得減少的某一部分將導致儲蓄的減少，但其減少的某一部分必然導致消費的下降及進口的減少。間接稅的增加，例如銷售稅，將會產生相同的後果，其在儲蓄上的後果可能相對地較小，此因間接稅相對於直接稅累進性質較少。

戰後，許多國家亦曾使用對投資課稅的方法。例如，對於某種型態的投資課徵低的稅率。財政政策用以管制投資之更巧妙的方法爲所謂投資基金的型式，卽對延緩投資的廠商給予稅額扣抵 (tax credit)，此一財政政策的方法，對於投資的阻遏甚爲有效。當然，投資的減少透過一般的乘數作用將會導致國民所得的減少及進口的下降。

支出減少政策的另一型式爲消減政府支出。許多國家的地方預算爲 *GNP* 的30%至40%，此種支出的某些部分爲移轉型態，其中包含公共消費及投資，移轉支出的減少將對消費產生直接的後果，因移轉支出的受益團體，皆爲具有高的邊際消費傾向的低所得團體。當然，公共消費的減少，亦將導致所得總額的下降，公共投資的減少，將如私人投資的下降，在國民所得方面產生相同的結果，並且導致國民所得及進口的下降。

因此，財政政策被視爲是執行支出減少政策的有效方法。在某些情況之下，有人對貨幣政策的效率感到懷疑，但對財政政策的效率應無疑問。政府可能甚難增加租稅及保持支出的固定，或保持租稅的固定而減少支出，但若能够如此，則總支出的減少及進口的下降，將是必然的情況。

預算的餘額，有時用來測度財政政策的效率，如果政府在其預算上允許有一赤字存在，則其所實行者爲擴張的政策，若有盈餘，則爲緊縮的政策。但在應用此一立論之時，必須特別加以注意，因爲預算的全部後果，不僅決定於租稅所得及支出的總額，且亦決定於租稅及支出的成分。赤字較小者可能比赤字較大者在經濟上更具擴張的後果。爲了測度政府部門對經濟的全部影響，不僅必須考慮赤字或盈餘，更須考慮預算的成分。

總之，貨幣及財政政策爲執行支出減少政策的主要方法。如果一國之國際收支平衡表有着逆差存在，必須採取緊縮的貨幣政策或較限制性的財政政策，此對國民所得有一緊縮的後果，並且導致進口的下降，或者至少能對進口產生抑制作用，同時將對出口及進口競爭產業產生正的後果。因當活動水準下降之時，對於因素價格將有一股下降的壓力，工資亦將下降或至少能穩定或其增加較其他情況爲少，此亦將使出口及進口競爭產業增强其競爭地位。所以，減少支出政策將藉減少進口及創造擴張出口的機會，而對國際收支平衡表產生正的後果。

三、貶值的彈性分析法

支出轉換政策係透過相對價格的變動而運行，此一政策的主要形式爲匯率的變動，此即本國通貨的「降低平價」(devaluation) 及「提高平價」(revaluation)。直接管制亦可隸屬於此，因其通常乃是用以限制進口，消費者將試圖購買本國商品以替代進口，所以直接管制可以視爲轉換的一種設計。

「貶值」(depreciation) 爲以外國通貨表示的國內通貨價格的下降，而「升值」(appreciation) 表示以外國通貨所表示的國內通貨價值的增加。「降低平價」通常與「貶值」交換使用，「提高平價」與「升值」亦具相同意義。然而，實應明確區分此處的兩組名詞，貶值表示對其他通貨而言降低價值，降低平價表示某一通貨對黃金價格而言減低價值。升值及提高平價亦爲相似的情況。若在現行貨幣制度之下，黃金的價格固定，某一通貨的貶值表示降低此一通貨的平價，然亦產生降低平價並不含有貶值的可能性，因當所有通貨與黃金比較，價值皆作相同比率的下降，此爲整個世界性的降低平價，亦即所有國家的黃金價格將作同一比例的增加，但却沒有一個國家的通貨貶值。同時，因爲亦僅涉及一個國家，所以互用兩組名詞也不至於產生混淆。

貶值的直接後果爲相對價格的變動。例如，一國通貨貶值20%，意即以本國價格計算的進口價格增加20%，進口價格的增加導致進口需要的下降。同時，進口競爭產業將有更好的競爭條件，出口商對於其每單位所獲外國通貨將可收到超過20%的本國通貨。因此，可以降低以外國通貨計算的價格，而使其更具競爭能力，至其擴張國外銷售數量的大小，主要決定於外國對此商品的需要彈性。

貶值對貿易收支後果的傳統方法涉及彈性，在探討比較近代的「吸收分析法」(absorption approach) 及貨幣分析法 (monetary approach) 之前，擬就此一觀點加以討論。

傳統觀點的核心，包含在所謂「馬夏爾一婁納條件」(Marshall-Lerner condition) 之內，認爲對於一國出口商品的需要彈性與對於進口商品的需要彈性之和必須大於一，貶值對於一國的貿易收支才有正的後果，若其彈性之和小於一，則須透過升值以改善貿易收支。

以方程式表示此一條件如下:

$$dB=kX_f(e_{1m}+e_{2m}-1) \qquad \text{式 17-2}$$

dB 爲貿易收支的變動，k 爲貶值的百分率，X_f 爲以外國通貨表示的出口價值，e_{1m} 爲第一國（貶值國家）對進口商品的需要彈性，e_{2m} 爲第二國（世界其他國家）對貶值國家出口商品的需要彈性，此一公式已將這種原理顯示出來，稍後導出此一公式。

自式 17-2 甚易得知，爲使貿易收支能藉貶值而獲改善，上述兩種評判彈性之和必須大於一，若其和小於一，則須升值才能改善貿易收支的逆差。

已知貶值將會導致進口商品價格的上漲，此一價格上漲的後果，決定對進口商品的需要彈性，若此彈性愈大，進口數量的下降也將愈大。當然，進口需要彈性之值，決定於該一貶值國家進口商品的種類，如果該國進口的是必需品、原料及產業投入所需的商品，則對進口商品的需要彈性可能甚低，貶值可能並非改善逆差的有效方法，許多開發中國家即屬此類。對於多數工業國家而言，其進口的彈性可能甚高，特別是在該國有一甚爲發達的進口競爭產業之時爲然。

當出口商由於貶值而能對其所獲得的每一單位的外幣收到更多，則可降低其以外幣表示的價格，故其銷售量可因其價格降低而增加，出口數量增加的大小，決定於該國出口商所面臨的需要彈性。同時，亦決定於該國出口商品的種類及市場條件。如果一國出口原料，且爲唯一或主要的供給國家，國外對此出口商品的需要彈性必然甚低，如果一國出口工業產品，且與其他工業國家的供給進行激烈的競爭，則對產品的需要彈性必然甚高。

在 1940 年代末期及 1950 年代初期，對於需要彈性的實證測度，曾爲經濟學家熱烈討論的課題。由漢蕭 (Randall Hinshaw) ❶及亞德烈 (J. Hans Adler) ❷首先出版的研究顯示需要彈性甚低，約等於或小於一。其後由奧庫特 (Guy H. Orcutt) ❸及哈伯格 (Arnold Gottfried

❶ Randall Hinshaw, "American Prosperity and the British Balance of Payments Problem," *Review of Economics and Statistics*, XXVII, No.1 (February 1945).

❷ J. Hans Adler, "U.S. Import Demand during the Interwar Period," *American Economic Review*, XXXV, No.3 (June 1945), 418-30.

❸ Guy H. Orcutt, Measurement of Price Elasticities in International Trade," *Review of Economics and Statistics*, XXXII,No.2 (May 1950), 117-32.

Harberger) [4]對此研究加以批評，因而產生兩個學派，一為「彈性的悲觀者」(elasticity pessimists)，另一為「彈性的樂觀者」(elasticity optimists)。

彈性甚低的含義指出，貶值的政策工具是假設僅對貿易實施最低的干涉不能有效運行，因此比較直接的方法，諸如貿易控制，必須使用。不管戰爭期間及戰後初期的需要彈性之值如何，大多數的經濟學家，皆認為大多數國家的有關彈性似已甚高，至少是遠大於一，所以貶值必須按照傳統的彈性分析法運行。

貶值亦在某些國家使用而產生成功的結果，如法國在1958年時為然。然而，貶值並非戰後期間廣泛使用的政策工具，某些經濟學家及許多政治家對於貶值持有懷疑的態度，認為這是一種最後的手段，而且貶值具有某些附屬的後果，值得加以提出。

貶值對於經濟亦有膨脹的影響。貶值對於價格水準的後果，主要決定於貶值所伴隨的經濟政策，如果緊縮的貨幣及財政政策與貶值聯合採用，貶值的膨脹性影響必甚有限。

另一值得考慮的是貶值對於所得分配的後果，通常認為實質工資會因貶值而下降，並且所得的重分配將會從勞動階級移向非勞動階級。然而，在所得分配上的後果甚為複雜，所以很難說明其一般的結果。貶值將會產生資源重分配的結果，資源自生產非貿易商品的部門移向出口及進口競爭部門。如果生產函數為線性齊次模型，並且假設生產非貿易商品的部門為勞動密集產業，則貶值所產生的標準結果為勞動階級將收到較低的實質所得。然而，獲得此一結果的假設係杜撰而來。一般而言，被雇用在出口及進口競爭部門的生產因素，將因貶值而獲利，特別是在某

---

[4] Arnold Harberger, "Some Evidence on the International Price Mechanism," *Review of Economics and Statistics*, XL, No.1, part 2 (Supplement: February 1958), 123-32.

種因素為某一產業所必需者為然。在這些產業密集使用的因素，將得到較高的實質所得，在一般均衡的結構上，尚須考慮消費的後果，其結果須視勞工的消費型態及特殊的生產因素而定，所以難作明確的推論。有人認為貶值的所得分配效果較貨幣或財政政策變動的效果更不簡單，也不明確。

式17-2顯示的馬婁條件，乃是建立在極其簡單的假設之上，亦即，假設供給彈性甚大（趨於無窮大），且在貶值之時貿易收支處於均衡，前者在不景氣時期，生產潛力尚未完全發揮之時確實如此，且其供給甚易擴張。然而，在充分就業的情況下，是否如此實有疑問，若開始時有着甚大的失衡，進口遠較出口為多，以本國通貨計算的進口之增加大於出口之增加。雖然此時需要彈性之和大於一，然而，上述兩種假設皆不健全，馬婁條件認為需要彈性愈大，貶值對於貿易收支的後果愈為有利。然而，為了完整起見，以下須對貶值的貿易收支後果導出一個更為完整的公式。

四、貶值及貿易收支的模型[5]

首先建立貿易收支的公式如下：

$$B_{1f}=x_1P_{2m}-m_1P_{2x}=X_{1f}-M_{1f} \qquad \text{式 17-3}$$

B_{1f} 表示第一國（貶值國家）以外幣表示的貿易收支，x_1 及 m_1 各表第一國出口及進口的數量，P_{2m} 及 P_{2x} 為第二國進口商品及出口商品的價格，X_{1f} 及 M_{1f} 為以外幣表示的第一國出口商品及進口商品的價格。

微分式 17-3 即得：

$$dB_{1f}=dx_1P_{2m}+dP_{2m}x_1-dm_1P_{2x}-dP_{2x}m_1$$

$$=X_{1f}\left[\frac{dx_1}{x_1}+\frac{dP_{2m}}{P_{2m}}\right]+M_{1f}\left[-\frac{dm_1}{m_1}-\frac{dP_{2x}}{P_{2x}}\right] \qquad \text{式 17-4}$$

---

[5] Bo Södersten, *International Economics*, (New York: Harper & Row, Publishers, 1970), pp. 282-85

茲再定義下面四個彈性:

$$s_{1x}=\frac{dx_1}{dP_{1x}}\ \frac{P_{1x}}{x_1}$$ 本國出口的供給彈性　式 17-5

$$e_{2m}=-\frac{dx_1}{dP_{2m}}\ \frac{P_{2m}}{x_1}$$ 外國對本國出口商品的需要彈性　式 17-6

$$s_{2m}=\frac{dm_1}{dP_{2x}}\ \frac{P_{2x}}{m_1}$$ 外國對於進口商品的供給彈性　式 17-7

$$e_{1m}=-\frac{dm_1}{dP_{1m}}\ \frac{P_{1m}}{m_1}$$ 本國對於進口商品的需要彈性　式 17-8

以上四種彈性全部爲正。

現在假定透過匯率 r 而使兩國的價格均等，即得:

$$P_{2x}=P_{1m}r$$ 式 17-9

微分式 17-9，並且將其加上式 17-9 即得:

$$\begin{aligned}P_{2x}+dP_{2x}&=P_{1m}r+dp_{1m}r+drP_{1m}\\&=(P_{1m}+dP_{1m})r-k(P_{1m}+dP_{1m})r\\&=(P_{1m}+dP_{1m})r(1-k)\end{aligned}$$ 式 17-10

式 17-10 已經介入表示匯率相對變動的貶值係數 k，k 之定義如下:

$$\begin{aligned}k&=-\frac{P_{1m}}{P_{1m}+dP_{1m}}\ \frac{dr}{r}=-\frac{dr}{r}\ \frac{1}{1+\frac{dP_{1m}}{P_{1m}}}\\&\approx-\frac{dr}{r}\left(1-\frac{dP_{1m}}{P_{1m}}\right)\approx-\frac{dr}{r}\end{aligned}$$ 式 17—11

自式 17-10 可得:

$$\frac{dP_{2x}}{P_{2x}}=-k+\frac{dP_{1m}}{P_{1m}}(1-k)$$ 式 17-12

同理可以導出:

$$\frac{dP_{2m}}{P_{2m}}=-k+\frac{dP_{1x}}{P_{1x}}(1-k)$$ 式 17-13

數量及價格的相對變動可以彈性及貶值係數 k 表示，由式 17-6 及

17-13 可得:

$$\frac{dx_1}{x_1}=-e_{2m}\frac{dP_{2m}}{P_{2m}}=-e_{2m}\left[-k+\frac{dP_{1x}}{P_{1x}}(1-k)\right] \qquad \text{式 17-14}$$

但是, $dx_1/x_1=s_{1x}(dP_{1x}/P_{1x})$, 將其代入卽得:

$$\frac{dx_1}{x_1}=e_{2m}k-\frac{e_{2m}}{s_{1x}}(1-k)\frac{dx_1}{x_1}$$

$$\frac{dx_1}{x_1}=\frac{e_{2m}k}{1+(e_{2m}/s_{1x})(1-k)}=\frac{s_{1x}e_{2m}k}{s_{1x}+e_{2m}(1-k)} \qquad \text{式 17-15}$$

同理可以導出:

$$\frac{dP_{2m}}{P_{2m}}=-\frac{ks_{1x}}{s_{1x}+e_{2m}(1-k)} \qquad \text{式 17-16}$$

$$\frac{dm_1}{m_1}=-\frac{ks_{2m}e_{1m}}{e_{1m}+s_{2m}(1-k)} \qquad \text{式 17-17}$$

$$\frac{dP_{2x}}{P_{2x}}=-\frac{ke_{1m}}{e_{1m}+s_{2m}(1-k)} \qquad \text{式 17-18}$$

應用最後四個方程式, 可得貶值對於貿易收支的效果:

$$dB_{1f}=k\left[X_{1f}\frac{s_{1x}(e_{2m}-1)}{s_{1x}+e_{2m}(1-k)}+M_{1f}\frac{e_{1m}(s_{2m}+1)}{e_{1m}+s_{2m}(1-k)}\right] \qquad \text{式 17-19}$$

式 17-19 顯示貶值的效果較式 17-2 更爲複雜, 此卽若不假設供給彈性爲無窮大, 則情況將更複雜, 若假設在極端情況下的供給彈性等於零, 因出口的增加對貿易收支不會有所改善, 但是某些改善將因對於進口商品的需要之下降而產生。一般而言, 若彈性大於一, 則在供給及需要方面的任何彈性愈大, 其對貿易收支的改善亦將愈大。

自式 17-19 導出式17-2的方法如下: 若供給彈性趨於無窮大, 則

$$\frac{e_{2m}-1}{1+(e_{2m}/s_{1x})(1-k)}\rightarrow e_{2m}-1$$

若 k 甚小, 則得

$$\frac{e_{1m}[1+(1/s_{2m})]}{(e_{1m}/s_{2m})+1-k}\rightarrow\frac{e_{1m}}{1-k}$$

若 k 甚小，且在貶值之前的貿易處於平衡狀態，則得:

$$dB_{1f}=kM_{1f}(e_{2m}+e_{1m}-1) \quad \text{式 17-2}$$

上已述及貶值的彈性分析法之主要部份，此法建立在局部型態的原理上，而不考慮一般均衡的情況。

需要及供給彈性在習慣上被認爲其他情況不變，此即其他價格及所得假設其爲固定，但是貶值的價格及所得將有變動。因此，使用與貶值有關的局部彈性易生誤解，大家所欲知道的是總彈性之値，此即，在貶值之時，所有因素均告變動的彈性値，此一總彈性用以測度當一切皆變動時，數量如何受價格變動的影響。但因不能預知彈性之値，貶值的結果不僅決定於局部的彈性，且亦決定於經濟制度的總合行爲。

五、貶值的吸收分析法

以總體導出貶值效果的另一方法爲吸收分析法 (absorption approach)，此一方法首由亞歷山大 (Sidney Alexander) 於 1952 年在其著名的論文提出[6]。

吸收分析法屬於總體經濟的範圍，認爲貿易收支係國民所得與總支出之差:

$$B=Y-E \quad \text{式 17-1}$$

若以總吸收 A 代替總支出或總需要，則可改寫如下:

$$B=Y-A \quad \text{式 17-20}$$

總吸收包含因各種目的所創造的需要。換句話說，包含消費及投資目的的需要，使用簡單的國民所得等式可以寫之於下:

[6] Sidney Alexander, "The Effects of a Devaluation on a Trade Balance." *IMF Staff Paper*, 1952.

$$A=C+I+G$$

貶值透過影響實質國民所得Y或影響總吸收A而影響貿易收支，對於貿易收支變動的影響如下:

$$dB=dY-dA \qquad \text{式 17-21}$$

總吸收可以分爲兩個部份:(1)實質所得的任何變動，將會導致吸收的變動，吸收變動的大小，決定於對吸收的傾向，以c表示。(2)貶值對於吸收有一直接效果，決定於貶值時之實質所得水準，此一效果可以稱爲對於吸收的直接效果，以D表示，可如下式:

$$dA=cdY+dD \qquad \text{式 17-22}$$

合併式 17-21 及式 17-22 可得

$$dB=(1-c)dY-dD \qquad \text{式 17-23}$$

式 17-23 甚爲有用，因其使人注意對於貶值效果極爲重要的三個基本因素。貶值對於貿易收支的效果，首先決定於貶值如何影響實質所得(Y)，其次決定於對於吸收傾向(c)，其三爲對直接吸收的後果(D)。

涉及貶值的效果時，必須區別兩種主要情況，一爲在有閒置資源(失業)的情況，一爲充分就業的情況。

一國貶值之時，如有未被雇用的資源，則其生產在短期能够擴張，且可預期此一擴張的過程，始自出口的增加，透過乘數的作用，而使國民所得增加，出口擴張多少主要決定於貶值國家的出口價格是否上漲，及世界其他國家吸收貶值國家出口商品的能力及意願。

景氣復甦或所得增加，對於貿易收支的淨效果，並不包含生產的增加總額，而是此生產量及所導出的總吸收增加量之間的差額。實質生產的增加及實質吸收的增加之間的差額，稱爲實質的窖藏。其對貿易收支的效果，等於此一經濟之內實質儲藏的數額。

如果暫不考慮其對直接吸收的效果，則當c小於一時，貶值對於貿易收支效果的所有重要因素，將被部份窖藏，故對貿易收支有一正的效果。

然而，c 可能大於一，所以貶值對於貿易收支有一負的效果，因在吸收上的效果，將大於在生產上的最初效果，此一情況不能忽視。因所討論的情況爲未達充分就業的情況，所以貶值對於國民所得有一正的效果，此時被雇用的工人，可能有一較高的消費傾向，而且，所得的擴張，對於投資有一正的效果，若將這些因素合併，可使吸收的傾向大於一，是則貶值對於貿易收支有一負的效果。

如果吸收的傾向小於一（或藉政策而使其小於一），貶值便可成爲一國在蕭條時期最有力的政策，因其對於國民所得及貿易收支的改善皆有正的效果。

貶值對於國民所得有一正的效果，甚至在 Keynes 的分析以前已被承認，此爲1930年代大蕭條以後的最初數年，連續採行貶值的主要原因。

一國成功地實行貶值，將使其他國家產生不利的後果，主要因其侵略到非貶值國家的出口，此爲貶值趨於競相採行的主要原因，以及何以一國貶值之時，其他國家亦認必須採行的理由。

一般認爲貶值將會導致貿易條件的惡化，出口常較進口受人重視，如果要使貶值產生正的效果，必要條件爲以外幣表示的出口價格下降，進口商品通常會有變化，故以外幣所表示的進口價格甚少能像出口價格受到同樣程度的影響，此爲貿易條件惡化的主要原因。

如果實質所得因爲貿易條件的不利而下降，吸收亦將下降，此對貿易收支有一正的效果。今以 t 表示因貿易條件惡化所產生的實質國民所得之減少，是則吸收的下降將會等於 ct。然而，這不構成貿易收支的淨改善，因爲不利的貿易條件意含着貿易收支有 t 的最初惡化，故對貿易收支的淨效果爲 $t-ct$ 或 $(1-c)t$。因此，貿易條件的惡化，亦使貿易收支惡化，僅在 c 大於一時，貿易條件的惡化能對貿易收支產生正的效果。

以上涉及在有失業的情況，今擬涉及處於充分就業的情況。在經濟爲充分就業的情況及吸收的邊際傾向大於一時，貶值對於貿易收支的主要有利效果，係透過對於吸收的直接效果而來。

對於吸收的直接效果，與實質國民所得的變動無關，此決定於價格水準變動時，實質所得的吸收部份可能變動的事實。今擬說明直接效果如何運行：假定一國貶值 10%，其直接吸收彈性爲 0.1。即在某一實質所得水準下，一般物價水準上漲 1 %，將會導致吸收作 0.1 %的減少。今又假設國內及貿易商品之間，在消費及生產的政策環境及替代條件之下，使出口及進口與國內物價水準作 0.5 的變動，此即若按國內通貨的出口及進口價格增加10%，將會導致國內一般物價水準增加 5 %。在這些條件之下，10% 的貶值，將使吸收減少 0.5 %，如果一國的進口爲 *GNP* 的 20%，此即意味，貿易收支以進口表示將作 2.5%的改善。

傳統的彈性分析，都是認爲一國雖在充分就業之下，貶值仍將改善一國的貿易收支，此僅可藉減少總吸收達成。然而，這是非常機械的例子，今擬觀察此例的經濟原理，並且探討可能產生直接吸收效果的經濟因素。

最重要的直接吸收效果爲實質餘額後果 (real balance effect)，即如貨幣供給保持不變，而且現金保有者欲維持保有現金的某一實質價值，故在價格上漲時，必須累積更多的現金，其所能作的唯一方法爲減少實質支出，此即減少吸收。

個人可藉出售資產而增加現金，但在整個國家則不可能。按此定義亦可用於資本移動，如果經濟主體的行爲，爲欲保持其持有的現金在某一實質價值之上，且若貨幣供給保持固定，價格水準的上升則將意味吸收的下降。

現已指出，握存現金的實質價值下降，個人將會出售資產以獲得現金，此將壓低資產的價格，並且提高利率。在貨幣供給保持固定之下，此一過程將會繼續下去，直至達到新的均衡爲止。而且，利率的提高亦將影響投資及消費，可以預期，利率的提高將會增加在吸收上的降低壓力，所以，實質餘額的效果將會順利運行，引導經濟制度達到新的均衡，此時爲在較低的吸收水準。

爲了說明上述原因，今擧一例：假設英國的貨幣供給爲50億英鎊，因爲貶值而使物價水準增加5％，並使現金餘額的實質價值減少5％或2億5千萬英鎊，假設貶值以前的實質餘額與實質支出有一固定的比率，且每10英鎊實質餘額的減少，將使支出減少1英鎊，以重新建立現金餘額。若不考慮利率上漲的附屬效果，每年則將減少吸收2千5百萬英鎊，而使貿易收支獲得2千5百萬英鎊的改善。

玆須特別强調的是，實質餘額效果係以貨幣供給保持固定的假設爲基礎，若非此一情況，（例如，中央銀行增加貨幣供給俾與價格保持同一步調），實質餘額效果則將不能運行。

其他因素亦能影響直接吸收，其一爲與所得分配的變動有關。前已指出，貶值對於所得分配的效果不易明確導出，特別是在長期，貶值的效果已經消失，且已達到新的均衡爲然。通常認爲，短期之內，貶值將會導致工資損失而使利潤增加，若爲此種情況，吸收將會下降，因在利潤方面的邊際消費傾向，小於工資方面的邊際消費傾向。然而，利潤的增加將會刺激投資，如果所得自工資移轉至利潤，將更强烈地刺激投資，此在吸收上的負後果可能部份或全部被抵銷。

另一導致直接吸收減少的因素爲貨幣幻覺（money illusion）的存在，如果消費者在較高價格時支出較少，雖其所得亦將上升，但對貿易收支有一正的影響。

價格及貨幣所得的增加，將會導致政府所得的增加。許多工業國家的租稅具有累進性質，政府的收入將作極大比例的增加，通常政府的邊際吸收傾向甚低，至少在短期之內如此，此一機動作用將會導致直接吸收的下降。

貶值導致直接吸收下降的某些效果，可能爲暫時的性質，且亦決定於貶值之幅度。例如，最初的實質餘額效果可能甚爲强烈，但至稍後，對於增加現金餘額的需要，可能被貨幣供給的增加所滿足，在某一時期，工資可能落在貨幣幻覺之後，幅度較輕的貶值，可能獲得貨幣幻覺的利益，但是幅度大者，可能將其破壞。

前已述及，貶值的效果主要決定於伴隨貶值的經濟政策。吸收的方法將此事實明確的顯示出來，對於吸收方法的探討包含導致因爲貶值而使吸收減少的「自動」因素。當然，這些因素可由經濟政策予以加强。在失業的情況下，政策必須包括供給的擴張，而在充分就業的情況下，政策必須壓低吸收；吸收的減少，將使資源獲得重新調整的機會，從而導致進口的減少及出口的增加。

六、調整機能的一般評述

玆擬結束有關貶值的探討，並對調節機能的重要因素作一評述。

從物物交換的經濟開始，一國如果僅有一種出口商品、一種進口商品、一種國內商品，且無貨幣或資產，在此情況之下，貶值有何後果？該國在貿易收支方面必須如何才能達成均衡？

在此情況之下，貶值將會導致貿易商品較國內商品在價格上相對地增加；亦即進口商品及出口商品的價格將會上升，此將導致出口及進口競爭產品的生產皆告增加，且對出口商品及進口商品的需要會趨下降，國際收支平衡表上的出口商品將趨增加，進口商品將告下降，此一過程將使貿易收支獲得改善。

在物物交換的經濟下，調整機能如何運行非常淸楚，其秘訣爲相對價格的變動。相對價格結構的變動，促使生產及消費變動，此將消除貿易收支的逆差，並且導致新的均衡。在此值得注意者爲，在生產及在消費方面的貿易及國內商品之間的替代可能性愈大，調整機能愈爲流暢。

假定已將貨幣導入模型之內，則在固定的貨幣供給之下，貿易收支的逆差意味着，在經濟內對商品出現超額的需要，而且，人們試圖減少其現金持有數量，這對相對價格有着特殊的含意，貨幣價格相對於商品價格將有降低的趨勢，這一趨勢將因貶值而趨增强，因爲貶值而使貿易商品的價格相對於貨幣價格增高。

貶值之後，貨幣較爲便宜，因以商品表示的價格將會下降（特別是貿易商品）。假設貨幣對於消費者有正的效用，貶值將使消費者重新得到現金的激勵，唯一可行的方法，爲以現金替代商品，此卽減少對於商品的需要，特別是對於貿易商品的需要。此將導致總吸收的下降及貿易收支的改善，自貨幣原理的特殊觀點看來，此爲實質餘額效果發生作用的例子。

如果資產導入模型之內，因其功能與貨幣相同，所以貶值將會減少其相對價格，只要消費商品及資產之間，有着某些程度的替代，這種替代機能，將按正確方向運行，及在貿易收支方面促其恢復均衡。

玆就某一經濟僅有商品從事貿易，僅有國內貨幣存在及資產不能從事交易的情況下，調整機能如何運行作一總結。

貶值將使相對價格結構產生變動。貨幣及資產的相對價格下降，將使總吸收下降，此對貿易收支將會產生正的影響，且非貿易商品的價格相對於出口商品及進口商品的價格亦將下降。同時，在供給及需要方面，將會增加替代效果，使出口商品擴張而進口商品減少，貿易收支因之獲得改善。

這種調整機能，可藉經濟政策的手段使其順利運行，緊縮的貨幣及財政政策將會減少總吸收，其他手段可能加速經濟的適應能力，而使出口及進口作必要的調整。

第二國（世界其他國家）的發展，亦有助於調整的進行，貿易收支的順差，將會導致貨幣供給的增加，此在吸收方面將有正的效果，而有助於調整，在該國的貿易商品的相對價格亦有下降的趨勢，此將更進一步加强調整。

兩國如可使用共通的國際通貨（例如黃金），或者資產能在國際之間交換，調整更有可能。

貿易收支的逆差，意味着對於商品有着超額的需要，因為貨幣係國際性的商品，會因用來融通貿易收支的逆差而流出該國，消費者所握財富將因貨幣流出而告減少，此將導致總吸收的下降，而有助於貿易逆差的消除。

國際共通的交易資產之存在，亦有相同的含義，消費者可藉對國外銷售資產而融通貿易收支，此將減少其財富，最後將在吸收上產生負的效果。

調整機能將按一般型式運行，貿易收支的逆差亦將隨之產生相對價格的變動，以商品所表示的貨幣及資產的價格，特別是以貿易商品所表示者將趨下降。此將產生替代效果，而使貿易收支的逆差消除，貶值則將增强這一效果。

國際通貨的存在及資產的國際移動，可能將更進一步地有助於如前所述的調整機能之發揮。

第十八章　內部均衡與外部均衡的達成

總體經濟政策的主要目標，即在價格穩定之下，對內達成充分就業，對外維持國際收支均衡。這是極難協調一致的問題，需要財政金融政策的密切配合，其中牽涉的主要問題如下：何時適合於改變匯率，何時不適合？何時適合於採用貨幣政策與財政政策，以處理國際收支問題，何時不適合？同時達成充分就業（即對內均衡）與國際收支均衡（即對外均衡）的適當貨幣政策與財政政策的搭配合運用爲何？各項政策要達成其目標的適當任務爲何？伸縮性匯率如何改變所得移轉的過程？貨幣政策與財政政策對於伸縮性匯率及固定匯率之下的經濟體系內變數的影響如何？最後，資本移動對利率變動的敏感程度不同，這如何影響上述的各項結果？本章擬對上述的問題提出說明。

一、經濟政策的目標與方法

在進行具體情況的探討之前，先對一般經濟政策有關的目標及方法加以論述。

一國的經濟政策，總有某些特殊的目標。在資本主義的非計劃經濟之下，其目標通常爲廣義的，諸如「充分就業」、「穩定價格」、「國際收支均衡」及「高度成長」。在計劃經濟下的目標，可能更細，例如，經濟政策的目標可按種類甚多的商品表示。現僅討論資本主義或混合經濟制度，在其經濟問題上所遭遇的問題，因此，僅對這些經濟型態如何同時達成外部及內部均衡的問題加以討論。

從抽象的觀念出發，以「正確」的模型說明這一問題，這一模型包含 n 個方程式及用以決定 n 個未知值的 m 個方法或母數:

$$f_i(x_1, \cdots, x_n; a_1, \cdots, a_m) = 0 \quad (i=1, \cdots\cdots, n)$$

換句話說，這裏有一組目標，以 X_i 表示，及以 a_j 表示的一組方法或母數。以 f_i 表示目標及方法之間的函數關係，如果已知這種函數關係及決定方法的某些數值，則也將知道目標的數值。

這在表面看來甚爲簡單，而其原理也很淺顯。但在實際的情況下，必須包括深奧的原理問題及實際的限制，玆就某些因素略加述及，以免忽略包括經濟政策的某些問題。

有時不管平均數之値或母數爲何，模型內的目標可以自動達成，此爲常見的經濟模型，特別是在早期爲然。根據華拉斯型態 (Walrasian type) 的一般均衡模型，所有價格及匯率皆具彈性，在此模型之下，市場將會自動清結，需求則將等於供給。故其永遠爲充分就業及外部均衡，且在此一體系達成均衡情況之時，兩個目標將會自動達成。自經濟政策的觀點而言，此一情況爲最佳的情況，因爲經濟政策無須介入。

另一型態的模型，爲兩個目標之中，有一目標能够自動達成，但是另一目標則否。在此可就閉鎖經濟下的 Walrasian 型態的模型加以思考，其中的兩個目標爲充分就業及固定的物價水準。當價格爲可變動時，供給永遠等於需求，而且市場可被清結，相對價格將在此一體系之內決定。然而，現在假定絕對價格水準決定於總的貨幣供給，則此體系的擾亂將永不會影響就業水準，亦卽此一體系將永遠爲充分就業，但將影響一般物價水準。所以，須以一種方法或一個母數來控制物價水準，若有此一母數，可能達成穩定價格及充分就業的雙重目標。

另一甚爲相似但不相同的情況，是其兩種目標不能自動達成，但若某一目標達成，另一目標亦可達成。假設價格變動爲商品的超額供給及需求的函數，沒有儲蓄或資本移動，而且兩種目標爲充分就業及外部均衡，但是市場不會自動清結。是則，失業及貿易收支的失衡，在此型態的模型之中可能發生，但是只要達成充分就業，外部平衡亦將自動達成。在此情況之下，達成兩個目標僅需一種方法，因爲充分就業意含外部均衡。

至於另一型態的模型，達成兩個目標可能需要兩個方法，例如，在一般的 Keynes 模型，充分就業並不表示外部均衡。爲了達成兩個目標，需要兩個方法。財政政策可以用來達成充分就業，匯率的變動卽可達成外部均衡。爲了達成某一目標，需要一個方法，達成兩個目標需要兩個方法，達成三個目標需要三個方法等等，若其方法多於目標，則有任一組合的方法可以用來達成目標。

這些目標有時互相衝突。在邏輯或數學上的意義，此爲無解存在的等式體系。用一簡單的例子，若在閉鎖經濟下，其目標爲達成國民所得1,000億元，投資300億元，及消費800億元，三個目標則將同時獲致。

通常此種情況不甚明確，如果經濟學家認爲目標互相衝突，卽在某一經濟背景及在某一方法之下爲然。有時認爲充分就業及穩定價格兩種目標不能協調，例如，在經濟變數之間，有某一特殊關係的假設之下，常被認爲工資向下可以伸縮，或者假設方法在數量方面受到限制，亦可斷言外部及內部均衡不能協調，所以須以貶值方法不被使用的假設爲背景。

經濟學家如果認爲前述的目標不能協調，則將永遠以其對經濟關係的知識及其對某一方法的觀點爲背景，這都含有很深的政治意義，保守的經濟不可能者（例如達成及維持充分就業），在一個自由的經濟有時却爲可能，在自由經濟爲不可能者，在計劃的社會主義經濟有時也有可能。

歷史顯示，這些方法可能時常變動，今日的所謂「不可能」者，

「可能」將在明日經常發生。如果目標與執行之間的衝突非常激烈，新的方法會被使用，同時，經濟的特性也將變動。

另一涉及目標及方法之間關係的重點，就是經濟學家常用的一般均衡分析方法。此即表示，任何方法或母數的變動，將會影響所有的目標；或者再擧另一例子，若有擾亂發生，除非處於特殊情況，所有目標將受影響。為了恢復這一目標到希望的水準上，所有的方法都須使用。如果某一目標與所預期者有差距時，則在用設定的方法再圖達成預期的目標之時，其他目標亦將受到這一母數變動的影響。

以此作為基礎，對於按照有效方法選擇方法及目標的組合非常重要（使其「成對」）。如果目標為充分就業及穩定物價水準，而且方法為財政政策與貨幣政策，任何一種方法的變動將會影響兩種目標。然而，為了使用某一政策，一種方法（例如財政政策）須在某一目標之先使用（例如充分就業），其他方法須在其他目標之先使用。當欲設計某一最適政策之時，必須考慮母數的副作用。

當然，在原則上，可以有非一般均衡性質的模型，亦即，某一目標、某一變數的變動，不會影響其他目標，在此情況之下，方法及目標之間可能有孤立的關係，所以一種方法只能影響一個目標，而對其他目標沒有任何影響。實際上，這也可能是此種情況：亦即，雖然這一模型有一般均衡的特性，某一母數與並非直接相關的目標之間的副作用很不重要，而可加以忽略。

在一般模型結構上，必須同時使用所有方法以達成目標。在某一時間使用一種方法的過程，由於產生副作用而不能導致穩定的解答，這種過程將導致該一體系的崩潰。例如，若一機構（財政部）處理某一母數（財政政策），另一機構（中央銀行）處理另一方法（貨幣政策）時，可以顯示實務上的重要意義。

在介紹經濟政策的方法及目標之後，玆擬詳細討論內部及外部均衡。

二、支出轉換與支出變動

所得與就業決定於支出的水準。沒有一種機能可以自動保證，支出恰好配合充分就業水準的達成。國際收支也是決定於支出，且隨支出之變動而變動。在 $Y-(C+I+G)=X-M$ 的方程式中，$X-M$ 爲國際收支。本節所擬說明的是那些因素促成「內部均衡」（充分就業）與「外部均衡」（貿易收支均衡）之同時達成。

在最簡單的情況下，假設國際收支的失衡爲短期性的，支出政策的目標爲內部均衡，至於外部均衡的達成，則是須以一國的國際準備之流出爲條件。

關於國際收支的調整，詹森 (Harry G. Johnson) 提出兩種基本的政策[1]，一爲「支出轉換政策」(expenditure-switching policy)，一爲「支出變動政策」(expenditure-changing policy)。轉換政策使需求構成的項目（例如國內支出與進口支出）發生重分配；變動政策則是變動支出的總值，構成項目之間的分配則不變動。

首先必須確定就業、國際收支與實質支出之間的關係。玆以史旺 (Trevor Swan) 的圖形加予說明。

假設生產力、貿易條件、貨幣移轉及資本移動均爲已知的情況，則圖18-1表示就業及對外收支均決定於實質支出的水準。X 軸表示實質支

---

[1] Harry G. Johnson, "Towards a General Theory of the Balance of Payments", Caves and Johnson, *Readings in International Economics*, Vol. XI, p. 382.

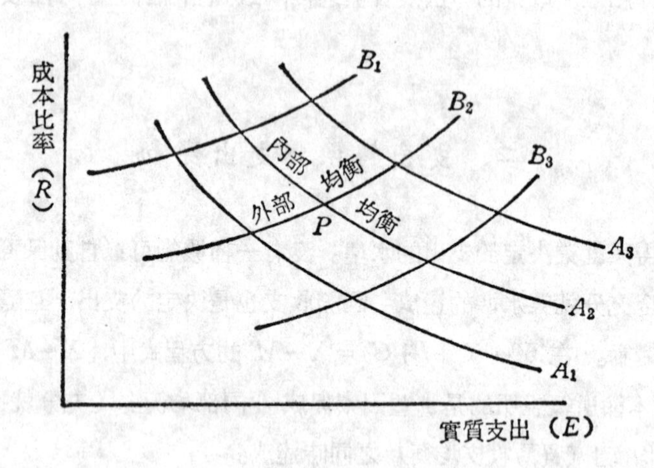

圖 18-1

出，此爲以固定價格表示的國內消費總額加上投資（民間及政府），此以E點表示，E點之變動也就代表支出變動政策。在y軸上的R點表示該國的競爭地位，此以國際價格對國內工資指數之比率表示。這一工資指數應予加權，權數之大小，與相對成本變動以後對於不同商品在供給與需求方面之反應有關。R點越向上移，出口越多，進口越少。在固定匯率的情況下，我們如沿R軸向上方移動，匯率的低估程度就越嚴重。按照 Johnson 的模型，R的變動也是接近轉換政策。

首先考慮圖中的A曲線。每條曲線都是代表某一就業水準。爲了維持A的就業水準，可以提高R的值，亦卽，提高國外價格對國內成本的比率，如此，出口多而進口少；另一方法就是提高支出水準E。玆以A_1表示小於充分就業的就業水準，A_2表示成本比率與支出水準之搭配，可以維持充分就業；A_3則是表示某一超額的就業水準。B曲線表示國際收支，每條都是表示成本比率與支出的搭配。這些曲線的形狀與位置非常重要。這些曲線均向右上方傾斜，而且越來越陡。E的值如果較低，表示放出資源以供出口（進口亦少）；在E增加以後，越來越多的支出就會用於進口，並且削減出口，所以，R的大幅上升可以用來維持（$X-M$）的差額。B_1 曲線符合國際收支順差的情況，B_2 曲線符合 $X-M=0$ 的情況，B_3 曲線符合國際收支爲逆差的情況。

對於那些附碼爲 2 的曲線，A_2 線上任何支出與成本比率的組合，都是表示充分就業，且爲對內均衡；B_2 線上的任何組合表示對外均衡，此在 B_2 上對外收入等於對外支出。交叉點P爲該社會惟一能够達成對內均衡與對外均衡的點。這可表示惟一的支出値及惟一的成本比率，或可達到最適情況的競爭地位。

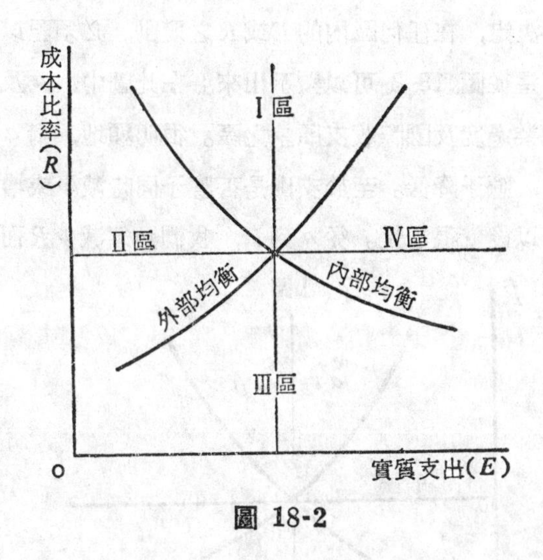

圖 18-2

圖 18-1 的情況若以圖 18-2 表示更爲淸楚。現可看出，P點不僅是最適情況的交叉點，且有惟一的R値及E値。而在圖上四個區的每一個區，都是包括R値及E値，此有助於內部條件與外部條件的配合。這四個區爲:

Ⅰ區　就業過度與國際收支順差

Ⅱ區　就業不足與國際收支順差

Ⅲ區　就業不足與國際收支逆差

Ⅳ區　就業過度與國際收支逆差

茲僅說明我們所處的情況。例如，Ⅱ區表示支出太少，Ⅳ區表示支出太多；Ⅰ區表示成本太低，Ⅲ區表示成本太高。但是，這種情況仍然不須採取政策。如果只是知道處於那一個區的那一位置仍然不够。例如若在Ⅱ區增加支出，我們還須知道R是增加還是減少。若在Ⅰ區，我們必須降低成本比率，且須知道所配合的是支出的上升或下降。爲了解答這些問題，我們可以經過P點，以垂直線及水平線把圖形劃分象限。如此，便很容易決定，在任何區內的E或R之變動，必須配以其他變數的上升或下降。這從圖 18-3 可以顯示出來。在此圖中，a及b都是位於Ⅰ區，亦即就業過度及國際收支順差之區。很明顯地，對a及b而言，成本比率太高，應予降低。至於支出是否應予同時減少或增加，Ⅰ區在以垂直線劃分以後就很清楚。從a到P，我們必須減少R而增加E；從

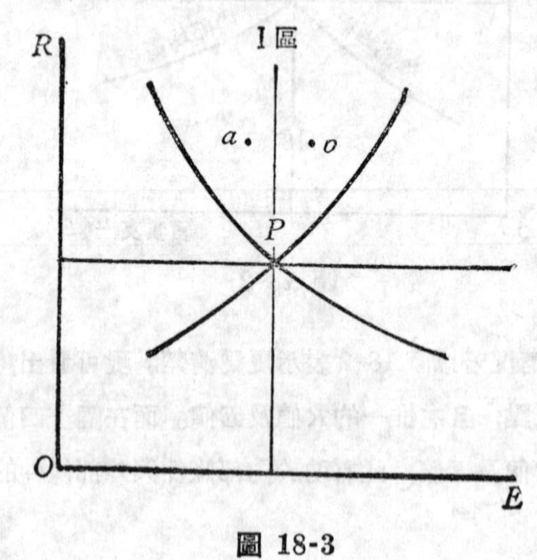

圖 18-3

b到P，我們必須減少同額的R並減少E。所以，就政策行動而言，我們不僅必須知道處於那一個區，還須知道處於那一象限。

再者，在決定政策的時候，長期與短期的分別也很重要。例如，貿易條件可能變動。如果變動，則就現況而言，還是暫時處於Ⅰ區比之處於Ⅲ區更爲有利；Ⅲ區是長期平均的最適當位置。貿易條件的改善會使B曲線向右下方移動。於是，均衡達成，E較高而R較低。而若生產力改進，會使A曲線向右上方移動，而使B曲線向右下方移動，結果達成均衡，E較高而R可能較低。另外一個必須考慮的因素，就是A曲線及B曲線在長期都比在短期更爲平坦。這是因爲在短期，供給與需求對於R的變動較不敏感，只在長期才能發生作用。E變動的影響程度則是中等的。由此可知，不宜爲了調整短期的均衡而去變動R，因這可能牽涉到成本結構的不穩定及無彈性。在任何時候，R的調整均應緩慢進行，而與長期趨勢的變動一致，至於短期的波動，則以準備資產的運用加以因應。

R的長期成本之調整究何所指？這些主要是指實質工資率的調整，但這很難達成。如果工資不能適度地調整，準備資產又不充足，則在Ⅲ區或Ⅳ區的國家，可能採取「暫時性的」進口限制，並且演成長期政策。

關於上面的圖形，尙有控制支出水準E的問題必須討論。E這個變數的控制非常重要。如果沒有支出，或者支出太少，則對其他諸如管制、工資政策及運用外滙準備等，也就變得沒有意義。管制方面，共有四個重點値得注意。第一是以財政或貨幣方法去管制民間部門的支出；這是包括改變直接稅及間接稅、改變貨幣情況的敏感性及改變銀行制度的效率在內。第二是以財政政策或貨幣政策去影響支出。第三是政府的支出傾向，包括當期計劃及資本計劃在內。第四是變動支出的時機。

三、貨幣政策與財政政策的搭配

支出變動政策的執行，可以利用貨幣政策，也可利用財政政策。財政政策牽涉到預算赤字與盈餘的變動，對於內部均衡及外部均衡均有影響，且係透過政府部門及民間部門支出的變動而達成。貨幣政策則是透過利率及作用可利用性而對支出水準發生影響；不過，其對外部均衡的影響，主要則係透過利率及短期資本移動而達成。任何一個國家，如想長期維持匯率不變，並且避免採取貨幣及貿易方面的直接管制，則須不斷地選擇財政政策及貨幣政策作為工具，藉以達成外部均衡及內部均衡。除非該國的外匯準備很多，否則沒有例外。對於上述的選擇，曼岱爾 (Robert A. Mundell) 曾有精闢的分析❷。

關於利用貨幣政策與財政政策的搭配 (mix)，藉以達成內部均衡與外部均衡的情況，可以圖 18-4 加以說明。

在圖 18-4 中，橫軸表示貨幣政策，透過利率而執行，縱軸表示財政政策，預算的變動係由逆差而平衡而盈餘。在任一就業水準之下，為了搭配財政政策與貨幣政策，可以劃出一條向右下方傾斜的內部均衡曲線。茲僅劃出充分就業時的內部均衡曲線 AA'。這乃表示可以達成充分就業的財政政策與貨幣政策之所有可能的搭配。這一曲線之所以向右下方傾斜，乃是因為支出必須沿着表 (schedule) 而變動，藉以維持充分就業。介於 AA' 與原點之間的內部均衡曲線，表示過度就業的水準，因其有着較低的利率及不斷增加的預算支出；從原點出發而超過 AA' 的曲線，表示經濟衰退的情況

❷ Robert A. Mundell, "The Appropriate Use of Monetary and Fiscal Policy under Fixed Exchange Rates," *IMF Staff Papers*, (March 1962).

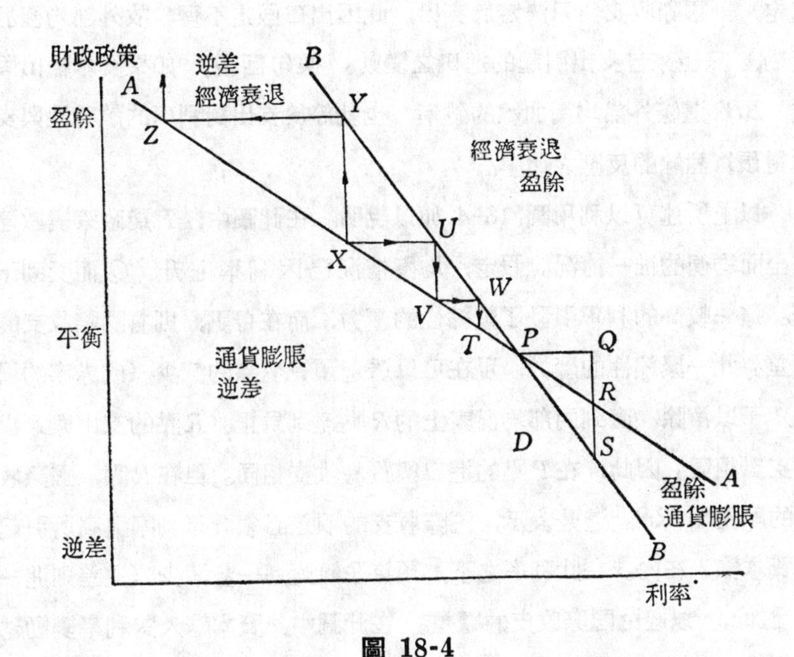

圖 18-4

BB′ 線表示外部均衡表，是利率與預算盈餘配對而成的軌跡，沿着該線，表示國際收支處於均衡狀態。這一曲線乃是負向傾斜，因爲高的利率減少了資本的出口，增加了資本的進口，並且降低了國內的支出，凡此均可改善國際收支。因在利率較低之時，預算盈餘較多，透過國內需求及進口的減少，國際收支仍可保持均衡，而可確保支出的水準不變。*BB′* 右方的各點表示國際收支盈餘，左方的各點表示逆差。

既然 *AA′* 及 *BB′* 均向右下方傾斜，所以必然知道那一曲線比較陡峭。事實上，利率變動以後，資本如果隨之移動，*BB′* 這條外部均衡曲線就會比較陡峭。*AA′* 這條內部均衡曲線的斜率，是國內支出對利率的敏感性與國內支出對預算盈餘的反應之比率。如果我們假定資本的輸出固定，則國際收支便只決定於支出，此因出口假定不變，故外部均衡的變動，只能來自支出引起的進口之變動。換句話說，如果資本輸出固定，BB' 這條外部均衡曲線的斜率，也就等於支出對利率的敏感性與支出對預算盈餘的反應之比率。

以上所述可以利用圖 18-4 加以說明。在此圖中，P 爲政策變數達成全面均衡的惟一情況。假定，均衡情況已因利率上升 PQ 而受到干擾。這一較高的利率引發了緊縮性的壓力，而在 Q 點，則有國際收支的順差。此一緊縮性的壓力，現在可以透過預算盈餘的減少（或赤字的增加）予以消除，直到內部均衡表上的 R 點達到爲止。R 點的支出與 P 點的支出相同。因此，在 P 點的進口與貿易收支相同。但在 R 點，國際收支的順差爲 RS。這是表示，國際收支的順差必須計算利率提高所引起的資本輸入在內。在此利率之下，預算盈餘應進一步減少（逆差則進一步增加），以避免國際收支的順差。在此圖中，資本輸入對利率變動越敏感，S 點越在 R 點下面，整個社會越須造成通貨膨脹，藉以達成國際收支的均衡。

玆再考慮圖中的 P 點以外之情況，亦卽外部均衡與內部均衡並未同時達成的情況，所需採取的政策。如要運用貨幣政策與財政政策，共有兩種可能的制度。政府可以運用貨幣政策以求內部穩定，並且運用財政政策以求外部穩定。或者，可以運用財政政策以求內部穩定，並且運用貨幣政策俾對外部加以管制。首先可以考慮利率政策與財政政策的搭配，前者在求內部穩定，後者在對外部加以管制。

玆從充分就業與外部逆差的情況開始。這點應爲圖中的 X 點。爲了運用財政政策以矯正逆差，我們須把預算的盈餘由 X 提高爲 Y，而在該點，國際收支處於均衡狀態。但是，預算盈餘的增加，會使社會脫離內部均衡，進入經濟衰退的狀態。如以貨幣政策對抗經濟衰退，利率必須降低，所以移至Z點，社會再度達成內部均衡。可是，現在却有很大的外部逆差，須有預算盈餘的大量增加予以矯正。這又再度引起失業的大幅降低。這一過程將會繼續下去，社會離開政策均衡位置P也就越來越遠。由此可見，作爲外部管制的財政政策及用以調整內部就業水準的貨幣政策，兩者搭配起來是一種不穩定的政策制度。

另外一種穩定的政策制度，是把謀求國內管制的財政政策及謀求國際收支管制的貨幣政策互相搭配起來。這種情況可用上圖加以說明。仍從X點開始，這是表示有着充分就業，但是亦有外部逆差；爲了消除逆差，須把利率提高到U。但在U點，社會陷入經濟衰退，爲了加以調整，預算盈餘必須減爲V點。而在V點，國際收支仍有少量逆差。利率升到W點。因在W點有着輕度經濟衰退，必須再進一步減少盈餘。故此制度是穩定的。在外部均衡中的每一逆差越來越小，經過n個回合以後，VW小於XU，而且，每一就業水準也是越來越低，經過n個回合以後，WT低於UV。這一制度的這一情況是穩定的，均衡情況在P點收斂。

在X點或在「逆差」與「衰退」這個象限內的其他點，比之均衡點P，預算的盈餘較高，利率較低。以財政政策達成外部均衡及以利率降低謀求內部均衡，會使有關的變數離開均衡水準越來越遠。

而在「盈餘與膨脹」這個象限，均衡可再達成，亦卽，向着P點移動，在此情況，利率必須降低，財政政策必須緊縮。若向P點收斂，貨幣政策之運用應該謀求外部之均衡，財政政策則應謀求內部之均衡。

而在「膨脹」與「逆差」以及「衰退」與「盈餘」這兩個象限，不管政策如何搭配，貨幣政策與財政政策應朝同一方向變動。這是因爲利率及預算盈餘兩者均將上升，俾能矯正外部逆差，或者抑制通貨膨脹；兩者若均下降，則是爲了減輕衰退，或者爲了矯正外部順差。

四、所得及價格變動之下的外部均衡與內部均衡

如何同時獲致充分就業及國際收支的均衡，爲多數國家經濟政策最主要的問題之一。玆擬再進一步討論與此問題有關的某些問題。設在某一模型之下，進口爲國民所得及相對價格的函數，國民所得的水準將因緊縮及膨脹政策的運用而改變（貨幣及財政政策皆能操縱所得水準），而且該國有一固定匯率制度，然而，該國可在間斷的期間，使用貶值及升值以改善國際收支的逆差，此時將不考慮資本移動。

圖18-5用以說明該國在此情況的政策問題。國民所得以縱軸表示，進口則以橫軸表示，若在某一國民所得水準 Y_1 上爲充分就業，此即內部均衡。若就短期加以考慮，充分就業的所得水準爲固定的，垂直線表示需要產生國際收支平衡的進口數量，此線爲垂直的，因爲出口被認爲是國外因素（特別是國外的國民所得）的函數，此線表示在短期達到外部均衡的進口數量。

該一經濟的兩個目標，爲共同達成圖上兩條線相交之點，此即 P 點，此點爲該一經濟的最大福利，其兩種政策，一方面爲貨幣加上財政政策，另一方面爲匯率的變動。

該圖分爲四區，每一區內有一特殊的政策或政策搭配以達成兩種目標，D表緊縮，I表膨脹，E表貶值，R表升值。

在某兩區域內，僅須以一種方法卽可獲得兩種目標，設若經濟爲在第二區的一點，此時有着過度充分就業（卽該經濟有膨脹壓力）及國際收支的逆差，則須使用緊縮的政策。限制性的貨幣及財政政策，將單獨地用於外部及內部的失衡。此可確保貨幣所得的向下壓力及阻止膨脹，當國民所得下降之時，進口亦然，出口的能力增加，國際收支因而獲得

改善。

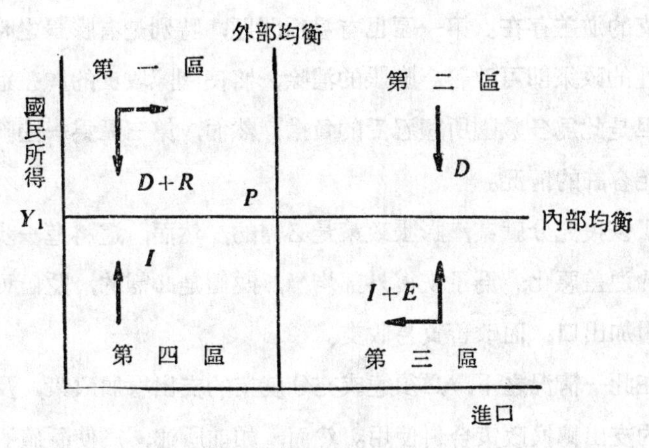

圖 18-5

圖中的箭線說明政策的方向，垂直箭線表示政策的方向主要是影響國民所得（膨脹及緊縮），水平箭線表示政策的方向特別涉及國際收支（貶值或升值）。第二區的垂直箭線箭頭向下，表示若在該區內，緊縮爲一正確的政策。

在第四區採用膨脹爲正確的政策，在此情況之下，同時有失業及國際收支的順差，鬆弛的貨幣政策及擴張的財政政策，會導致國民所得的擴張，當然，此亦導致進口的增加，但因該國之國際收支已有順差存在，所以不致產生任何憂慮，故在此一情況之下，膨脹可以單獨導致兩種目標的達成。

在第一區及第二區，爲達成兩個目標，需要兩種政策。在第一區的一點，表示膨脹及國際收支爲順差的情況。爲了消除過度充分就業，必須採取緊縮的政策，此更增加國際收支的順差。爲了創造外部均衡，匯率的升值亦屬必需，此將增加進口而減少出口，並使國際收支向均衡方向移動。

產生較大問題的情況，爲一國落入第三區。此時該國同時有失業及國際收支的逆差存在。第一區也有這種問題，特別是有膨脹之時爲然，但緊縮性的政策卽可改善。膨脹的消除，將使國際收支的順差進一步的增加，但是此爲多數國所願忍受的負擔，然而，第三區爲一國除在短期外所不能容許的情況。

爲了恢復充分就業，膨脹政策是必需的，然而，這將進一步促使國際收支的逆差惡化；爲了恢復外部均衡，貶值是必需的，貶值可因減少進口及增加出口，而改善貿易收支。

故在此一情況之下，必須達成充分就業的支出增加政策，及獲得外部均衡的支出轉換政策合併使用。然而，如前所述，爲使貶值的支出轉換政策成功運行，需有支出減少，而在此處，却是認爲需與支出增加的政策相互配合，其將如何運行？

爲了解決這一明顯的矛盾，必須包括時間的因素，並按時間的次序加以考慮。首先須知，單獨的貶值將對國民所得產生擴張的效果，並能導致貿易收支的改善，此必須以邊際吸收傾向小於一爲條件。如果失業很多，而且持續很久，貶值本身可能不會導致內部的均衡，所以，尙須採取膨脹的政策。此時，時間亦甚重要。如果內部吸收的增加能在此時阻止，一國開始使用貶值的政策，將會導致貿易收支的改善。此一設計包括使用貶值爲轉換的工具，並把總的世界需求的較大部份，轉向於該國的出口。出口增加之時，對外貿易乘數的作用將使國民所得擴張，同時，該國的貿易收支將獲改善，而使其在次期能够使用膨脹的政策，促使經濟回到充分就業。貶值與貨幣及財政政策的聯合使用，可使一國同時達成內部及外部平衡。

如果一國處於失衡的情況，且其最重要的原因，來自貿易對手國家所使用的政策，則宜使用標準的兩國模型，觀察兩國如何協調其政策，以使兩國皆獲致外部及內部均衡。

最簡單的情況爲，一國在其國際收支發生順差而趨向於緊縮及失業，或者一國有逆差而趨於膨脹。第一國（順差國家）必須採行擴張的政策及提高其所得，當一國在其國際收支發生順差時，可使用此一政策及產生內部均衡，不須憂慮外部均衡。此一政策可以幫助介入外部問題的第二國家，因對第二國的出口需要將會增加，同時亦將增加該國的膨脹壓力。因此，該國必須實行明顯的緊縮政策，以阻止內部需要及減輕該國的膨脹壓力。此一政策亦將有助於產生外部均衡，因其導致國際收支的改善。因此，此一情況需要順差國家實行膨脹的政策，及逆差國家實施緊縮的政策，如此，兩國才能達成充分就業及國際收支的均衡。

如上所述的第一種情況，爲世界上某些國家的國民所得甚高，其他國家甚低，同時，世界經濟的失衡具有種種特性，亦卽解決內部穩定問題的政策引起外部的失衡。現在假設世界有趨向於膨脹的趨勢，所以兩國的國民所得甚高，而且國際收支亦有失衡因素存在。此爲1950年代，世界大多數國家的情況。兩國應採何種政策？

此時，逆差國家的情況甚爲明確，必須實行緊縮政策。此一政策將可同時消除經濟的膨脹壓力，並且改善國際收支，同時亦將阻止世界經濟的膨脹壓力，而有助於第二國。此國將因對其出口需求的減少，而感覺有緊縮性的後果，乘數將向下方開始運行，透過出口的下降而使國民所得隨之下降，故其國際收支將趨惡化，但對外部均衡發生順差的國家有利。

當然，兩國必須使用各自的政策，及爲達成兩種目標而提供正確的藥方。若第二國的外部逆差甚爲輕微，且有膨脹的壓力繼續存在，則在達到內部均衡之前，可先達成外部均衡。若爲此種情況，則主要責任在於第二國家，亦卽同時有逆差及膨脹壓力的國家。此時，該國若採緊縮政策，將有助於兩國達成兩個目標。藉着調整期間的合作，及資本移動的使用，兩國必能達成充分就業及外部均衡。

繼續觀察1960年代的工業國家之主要情況爲何，此一情況爲趨向於在多數國家具有某一失業數量的世界緊縮及國際收支的失衡。自歷史的觀點，此非新的情況，這是戰爭期間世界經濟的主要特徵，特別是在1930年代。此將導致不幸的經濟及政治的結果，且爲資本主義制度存在的不利徵兆。當然，對於今日的情況甚少提及，但部份觀察家認爲，資本主義工業國家的傳統惡疾，仍以較溫和的方式出現。

在此情況之下，具有順差的國家必須採行膨脹政策，如果環境甚爲有利，這種政策可能解決上述三個問題，此卽恢復兩國的充分就業及創造國際收支的均衡。然而，此一良好的結果純爲一種吻合，如果國際收支的順差甚小，該國在達到內部均衡之前必有逆差，則第二國必須負起擴張經濟政策的責任。

較有問題的情況，爲第一國雖然達到內部均衡，但其國際收支仍有順差，則此情況對第二國將產生問題，卽將產生失業及國際收支的逆差。

此時，擬就與1960年代有關的情況加以評論，此一情況爲有世界蕭條的趨勢，所以兩國皆有失業。但有順差的國家，基於某些原因，不願採用膨脹的政策，對此可有數點解釋：一爲該國對其外部的順差評價甚高，從而希望繼續建立其外匯準備；一爲對於失業的評價甚低；三爲該國基於某些原因（例如，由於欲使預算平衡或保持某一水準的利率），不願採用擴張的財政或貨幣政策。發生失業的順差國家不願使用膨脹政策似甚平常，例如，可自1930年代的美國及1960年代的西德看出。

如爲此種情況，則一國同時有逆差及失業之時，將爲困難的情況。

如果，該國注重充分就業，則將採取膨脹的政策，但此將會加重逆差，而且更使貿易對手國家的順差增加。如果逆差國家堅持必須達成充分就業，則可採取的僅有兩種可行方法。該國可以試圖改變其逆差中的調節性資本輸入爲自主性的計劃流入，然須取得順差國家的合作。如果順差國家不願從事此種型態的資本移動，逆差國家必須貶值，適時及與膨脹政策合併使用的貶值，將使逆差國家的問題減輕。貿易對手國家的行爲也很重要，此國必須接受貶值國家改正的成本水準，若非此種情況，競爭性的貶值可能發生，而且，世界蕭條亦有繼續存在的可能。因此，各國如欲獲致高水準的就業，及世界貿易的持續成長，國家之間的合作甚爲重要。

原則上，如果兩國合作，以上所涉及的情況將被解決。如果順差國家在其經濟有膨脹性的壓力及逆差國家有失業，而且兩國無法透過貨幣政策及財政政策的搭配謀求解決，而使兩國同時獲得內部及外部均衡時，順差國家爲達成內部均衡必須緊縮，但該緊縮的政策將更增加國際收支的順差。同理，逆差國家必須膨脹，以產生充分就業，然此政策將使對外收支更爲惡化。此一情況顯示，兩國的成本水準有着基本的失衡。解決此一困境的自然方法，爲逆差國家將其通貨貶值，任何其他政策只是應急措施。

一國可以使用貨幣政策及財政政策，作爲控制貨幣所得水準的主要工具，及以匯率變動爲調整相對價格水準的主要工具，藉以達成充分就業及國際收支均衡的兩個目標。若能使用適當的工具，一國將可達成兩種目標。

五、資本移動模型之下的外部均衡與內部均衡

如果貶值不再用於改正國際收支的逆差，某些其他方法將可用以消除外部的失衡。直接管制爲可能的方法，雖然貿易政策的趨勢，並不贊成此種方法。第二次大戰後的世界經濟，其最重要的特性爲歐洲共同市場的建立，這些市場建立在會員國間的自由貿易，及對非會員國的一般關稅水準的基礎之上， 故其具有保護主義的要素， 否則， 已開發的工業國家，將趨向於貿易的自由主義。因此，直接管制或其他歧視性的方法，均可用以改正外部的失衡，但是不能保證某一政策能够促成充分就業，亦將導致國際收支的均衡。是否尙有其他可行的方法？

爲此，顯然須將國際收支分爲兩個主要部份：經常帳戶的收支及資本帳戶的收支。雖然，一國之經常帳戶收支逆差，但却可能發生資本帳戶收支的抵銷性順差， 此卽資本的流入。經常帳戶收支與該國經濟的「流量」方面有關。與所得循環流動有關的逆差，將被資本的流入所彌補，此卽「存量」將會變動。經常帳戶收支的逆差，若被資本帳戶的順差所彌補，則是暗含該國資本存量的部份所有權將被移出國外。

現在說明在固定匯率下，如何達成內部及外部均衡，圖 18-6 的 *IS* 及 *LM* 曲線，爲一般的希克斯—韓森型態 (Hicks-Hansen type)。*IS* 曲線表示在旣定的投資—儲蓄行爲下， 提供均衡國民所得的利率及國民所得的組合，曲線向下傾斜是基於利率下降而投資增加的假設，此對國民所得產生擴張的後果。例如，利率自 r_1 下降至 r_3。以貨幣表示的國民所得將自 Y_1 擴張至 Y_3， 此型態的分析皆建立在 Keynes 假設的短期特性之上。

IS 曲線的移動，例如自 IS_1 移至 IS_2，表示投資—儲蓄行爲的變

動，它暗含在任何既定的利率水準之下，該國的生產者願作較多的投資；最初的均衡點若在利率 r_1 及國民所得 Y_1 下，生產者突然決定作更多的投資（可能是有創新的利益），則對國民所得將有擴張的後果，即自 Y_1 增至 Y_2。

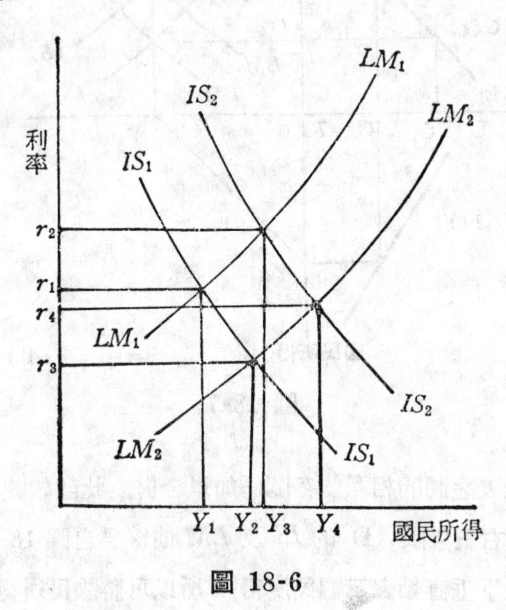

圖 18-6

LM 曲線表示貨幣供給、利率及國民所得的相互關連。某一曲線上的一點，表示在利率及國民所得的何種組合下，貨幣供給有着對應的需要，因而產生貨幣市場的均衡。曲線的斜率爲正，係因如果國民所得擴張，貨幣的需要將趨增加，及若貨幣供給保持固定，利率將會上升的假設。如果貨幣供給增加，LM 曲線將向右方移動，此意味着可以提供的信用增加，此對以貨幣表示的國民所得，會有擴張的後果，並且導致利率的下降。此由圖 18-6 的下列事實說明：若在某一 IS 曲線下，LM 曲線自 LM_1 移至 LM_3，國民所得自 Y_1 增至 Y_3，利率自 r_1 降至 r_3。

今將圖 18-6 與表示國民所得及貿易收支之間的相互依存關係，與

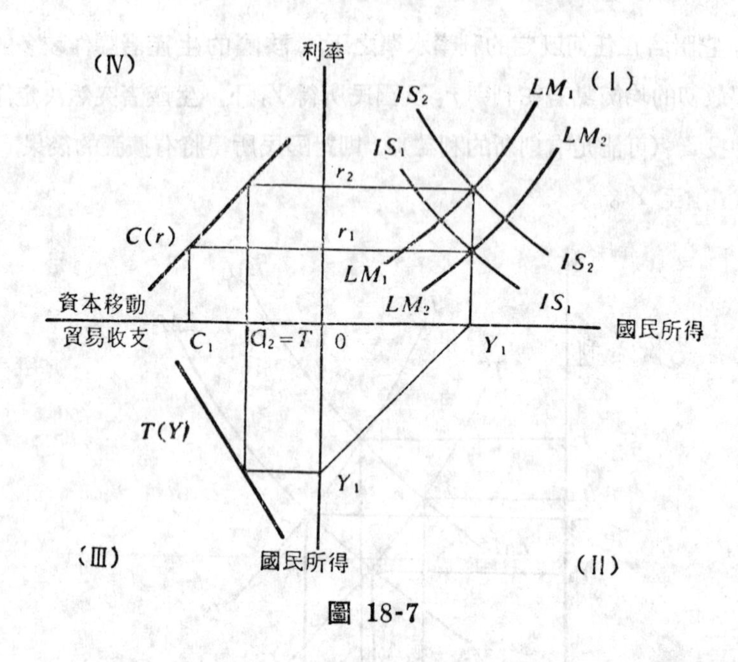

圖 18-7

利率及資本輸入之間的相互依存關係加以合併，此卽如圖 18-7。

圖 18-7 右上象限 (I) 的 IS 及 LM 曲線爲自圖 18-6 重繪而來，以右水平軸及下垂直軸表示國民所得，所以可將國民所得 Y_1 投影在下垂直軸，如圖 18-7 所示。左下象限 (III) 表示國民所得及貿易收支 (T) 之間的關係，貿易收支爲國民所得的函數，如果國民所得增加，貿易收支的順差亦將下降，其原因爲以貨幣表示的國民所得增加，將使進口增加。左上象限 (IV) 表示利率及國際資本移動之間的關係，資本移動被認爲是該國利率水準的函數，利率愈低，資本的輸出愈高，利率若爲 r_1，資本輸出額爲 OC_1，利率水準若爲 r_2，資本輸出額爲 OC_2，該國之利率水準如果甚高，該國反將輸入資本。

假設，最初的投資行爲以 IS_1 曲線表示，及貨幣供給以 LM_2 曲線表示。此可產生國民所得 Y_1，此爲充分就業的所得。此一國民所得有貿易順差T，利率爲r_1。在此利率之下，資本的流出額爲OC_1，所以，國際收支的逆差爲C_1T。

在IS_1曲線所表示的投資－儲蓄行爲下，貨幣供給以LM_2曲線表示，利率爲r_1，該國將可達到充分就業水準。但當資本輸出大於貿易收支的順差，該國之國際收支將有逆差，僅能達到政策目標之一的內部均衡，但却不能達到外部均衡。

爲了達到外部均衡，貨幣政策的變動是必要的，但是尙嫌不足，貨幣政策的變動，亦將必須影響就業水準，所以，財政政策的抵銷性變動，又爲保持充分就業水準的國民所得之所必需。新的貨幣及財政政策的搭配 (mix) 政策必須建立，此由IS及LM曲線的變動表示。

貨幣供給必需減少，自LM_2曲線移至LM_1曲線，將使利率升至r_2。此對國民所得會有衰退的後果，而且，投資將因財政政策而受激勵，此種激勵可按減低公司租稅的型態，或由政府增加支出。此卽IS曲線將自IS_1移至IS_2。此時，充分就業雖再獲致，但却須在較高的利率水準r_2上，貿易收支的順差將再等於OT，資本輸出在較高的利率水準上將減少至OC_2。因此，國際收支亦將產生均衡。

此一論據表示，在固定匯率之下，貨幣及財政政策如何使用搭配，以獲得在一模型內的外部及內部均衡，然而，須知並無傳統型態的調整機能之運行，以創造外部及內部均衡。上面的情況，並非最後能够恢復國外及國內價格之間的關係，而使該國以一較「中性的」混合政策達成充分就業下的外部均衡方法。在其他情況不變之下，該國必將永遠限制資本輸出，若爲資本輸入國家，則將永遠繼續輸入資本。

上例之情況如何判斷，主要決定於環境，例如，一國之貿易收支若有逆差，並以資本輸入彌補，此點可由該國的價格水準失去控制看出，其工資及價格的上升，較其競爭國家的上升爲快。如果一國繼續以資本輸入彌補逆差，國內價格水準必將變得愈與其競爭國家有別，為了吸引國外資本，利率必將愈為升高，最後，該國將成不可收拾的情況。在此情況之下，上述的政策搭配型態，被認為僅是一種遲延的必要調整。

然而，貿易收支逆差及資本輸入的政策，亦有可能導致該國國內投資的增加，及經濟的加速成長。成長若為特殊的型態，在某些時期後，其對貿易收支有正的效果，而且，該國之貿易收支將可獲得均衡，使其能夠降低利率，並且成為資本輸出的國家。在此情況之下，搭配的政策帶給一國經濟喘息的時間，而使該國經濟達成經常帳戶收支的均衡，却又不需進行任何直接的調整。

在討論目標及方法之時，亦曾提及目標及方法的有效配合甚為重要，如果貨幣政策用來達成資本輸入的預期水準，其變動亦將影響其他諸如充分就業的目標。若一機構使用一種方法，如中央銀行控制貨幣政策，而着重於外部均衡，財政部控制財政政策，而着重於內部均衡，若各機構各自行動，將不可能同時獲致兩個目標。若此制度有着某些不穩定的特性，某一方法在其他目標上的擾亂效果可能甚大，而使外部及內部均衡不能達到。因此，兩個機構必須合作運行，或由某一機構處理兩種方法。

圖 18-7 所討論的實例，是國內投資內容的變動，但其數量仍然相同。外部均衡因為國外投資的減少而同時獲致，國內的總儲蓄減少，此卽意含福利的損失。由於利率的提高，私人投資者將增加國內的投資，及減少國外的投資。同時，私人投資下降，所以須由公共投資彌補。由於總儲蓄的下降，未來的國民所得（包括對外投資的報酬）將較其他情況為小，未來的納稅人將明顯地有福利的損失，因為須較其他情況融通較多的公共債務，就此觀點而言，貶值為一種較適當的政策，因其允許較大數量的國內儲蓄及外部與內部的均衡。

第十九章　國際收支理論的貨幣分析法

關於國際收支理論的分析，前面已介紹過「彈性分析法」及「吸收分析法」。彈性分析法認爲，一國國際收支的逆差，乃是因爲包括匯率在內的價格有了偏差所致。如果沒有資本的移動，一國匯率的貶值能否改善國際收支，端視兩國進口的需求彈性之和是否大於一而定。這種分析法主要是在分析價格變動對於貿易的影響。吸收分析法則是運用 Keynes 理論的所得分析法，認爲貿易的逆差就是國內支出大於國民所得，貿易的順差則是國內支出小於國民所得。貶值對於貿易收支的效果，端視貶值對所得及國內支出的相對效果而定。貶值以後，必須使所得的增加大於國內支出的增加，才能改善貿易收支；如果發生相反的結果，貶值反而會使貿易收支惡化。在充分就業之下，所得不會增加；如要改善貿易收支，就須採用支出減少政策。

本章的目的，在於簡要地說明國際收支理論及國際收支調整理論（包括貶值及升值）方面的新分析方法❶。近年以來，這種新分析方法頗有發展。具體而言，這種新分析方法的出現是在1967年，當時國際貨幣基金迫使英鎊貶值之後，英國的國際收支並未獲得預期的改善，所以英國政府的政策遂告轉向，這種新分析方法就此應運而生。此一新轉向的理論基礎，可以回溯到荷蘭經濟學家柯普曼（J. J. Koopmans）的論著。至於這種新分析方法的論著，則以芝加哥大學的曼岱爾（Robert

---

❶ 本章之主要根據爲 Harry G. Johnson, "The Monetary Approach to Balance-of-Payments Theory," in Jacob Frenkel and Harry G. Johnson (eds.) *The Monetary Approach to the Balance of Payments.* (London: Allen & Unwin, 1975), pp. 147-67.

A. Mundell) 及其學生最爲重要；當然，其他各地的經濟學家也在進行同樣的研究，而且都很重要。這種新分析方法的本質，就是在進行分析之時，把國際調整的貨幣方面置於首要地位，至於相對價格方面的分析則非主要的工作。

一、物價與現金流動機能

為了展望這種新分析方法的未來，在此可先回溯到國際收支理論的源流，亦卽休謨 (David Hume) 的論著，特別是他對於物價與現金流動機能 (price-specie-flow mechanism) 之分析的貢獻。Hume 主要是在駁斥重商主義者 (mercantilists) 建議在國內累積貴金屬，從而在國際收支方面造成盈餘的主張。Hume 的分析開啓了國際收支理論新分析方法的端倪。這種分析指出：一國之內，貨幣的數量是由貨幣的需要（透過國際收支的盈餘或逆差）自動調整，此種調整則是起因於貨幣的超額供給或超額需要，對於該國的相對貨幣物價水準發生影響而來。因此，重商主義者所想累積的「財富」(treasure)，乃與國際貨幣調整的基本機能互相衝突，從而只能獲得短暫的成功。

關於物價與現金流動機能，有三點值得提起：第一、用當代流行的術語來說，這種機能假定（在當時的實際情況下），所有的貨幣都是「外在貨幣」(outside money)（貴金屬）❷；亦卽，缺乏能够創造貨幣，而又無須國際準備作爲後盾的商業銀行體系或中央銀行體系，故在當時，國內貨幣卽爲國際準備。第二、這一調整機能的發揮，在於商品的國際交易方面，而非證券方面；這點至今仍爲國際收支理論方面的主要課

❷ 所謂「外在貨幣」是指根據非銀行部門的資產爲基礎所發行的貨幣；至於「內在貨幣」是指根據貨幣發行機構的負債所發行的貨幣。

題。第三、如對這一機能深入加以分析，就可發現在閉鎖經濟 (closed economy) 與開放經濟 (open economy) 之間的假定，不易加以調和；因爲這是假定由於受到貨幣需要與貨幣供給不能平衡之影響，國內的物價可從購買力平價 (purchasing-power parity) 開始變動，但是這種變動會使貿易的周流 (trade flows) 發生變動，從而促成國際收支的變動，而在長期，則又促成國內貨幣存量的變動。後面就可看到，這種國際收支理論的新分析方法，在基本精神方面與 Hume 的方法相同，並非把重點放在相對價格的變動上，而是放在貨幣的超額需要或超額供給對於所得與支出之差額方面，或更廣泛地說，是放在資金的總收入與總支出之差額的直接影響方面。不管資金的收支是來自生產與消費，或來自借入與貸出，情形均是如此。所以，歸結起來是把重點放在總合的國際收支 (overall balance of payments) 方面。

Hume 的分析，是以國際之間的自動調整機能爲工具，這種調整因係貨幣的流通所引起，故其結果可以說是來自國內貨幣物價水準之變動。這種理論演變至1930年代，上述自動調整的性質仍然保留，但是考慮到商業銀行創造出來的信用貨幣 (credit money) 之存在，以及保有部份國際準備的中央銀行之存在，同時還考慮到由於國際利率之差異引起國際之間短期資本流動的事實。此外，另有一位學者卡塞爾 (Gustav Cassel) 對於購買力平價的理論頗有貢獻，這一理論可以用來說明浮動匯率 (floating exchange rates) 均衡價值之決定。

二、彈性分析法與吸收分析法的回顧

在1930年代，一方面由於受到國際固定匯率 (fixed exchange rates) 制度之崩潰以及大量失業已經成爲主要的經濟問題之刺激，另一方面則

因受到凱因斯革命 (Keynesian Revolution) 之影響，國際收支理論的新分析方法遂因而產生。凱因斯革命推翻了在充分就業之下，工資與價格具有伸縮性的假定，而承認在正常的大量失業之下，工資不易變動的事實。至於國際收支理論的新分析方法，已經不把國際之間的調整視爲一種自動的過程，而是當作政府的政策問題。在魯濱遜 (Joan Robinson) 有關外匯的古典論文中，主要檢討的問題就是利用貶值 (devaluation) 以改善一國之國際收支的條件❸。在 Keynes 所假定的工資不易變動之情況下，貶值會使國際市場及國內市場上的國內產品，相對於外國產品之實質價格發生變動，從而促成生產與消費之替代。在 Keynes 大量失業的假定之下，國內產品的需要方面，對於這些替代的任何反應，可以假定是表現在產量與就業的變動方面，至於這些變動加諸國際收支方面的反應，可以視爲是次要的。最後，在相同的假定之下，若考慮到一般 Keynes 學派對貨幣影響經濟的解釋，並以短期爲主，則國際收支與貨幣供給之間的關係，或貨幣供給與總和需要之間的關係，便可加以忽略。因此，欲使貶值立即發生效果，亦即欲使相對的實質價格發生變動，所需的「彈性條件」 (elasticity conditions)，遂成爲注意的焦點。這些條件包括:

(1) 在供給具有完全彈性而初期的貿易也能平衡的簡單模型之下，本國及外國對於進口商品的需要彈性之和應大於一，此即所謂「馬婁條件」 (Marshall-Lerner condition)。

(2) 在進口商品的需要彈性及出口商品的供給彈性互相獨立之比較複雜的模型之下，應能解出此一複雜的代數公式，但是此一公式不易導出，而且不易說明。

---

❸ Joan Robinson, "The Foreign Exchange," *Essays on the Theory of Employment*. (Oxford: Basil Blackwell, 1947).

以所謂貶值的「彈性分析法」(elasticity approach) 來說明戰後時期的充分就業及過分就業 (over-full employment)，其結果都不令人滿意。此因其中所蘊含的假定是有未能就業的資源之存在，而此項資源可被動員起來，以生產更多的出口商品及進口替代產品，從而發生改善國際收支的效果。學界對於此點的認識共有三種觀點：

第一種觀點是對不相干的「正統理論」(orthodox theory) 提出批評，而且總是建議以外滙管制及進口的數量管制等方法去取代貶值；但是彈性分析法並不屬於正統理論。第二種觀點就是亞歷山大 (Sidney S. Alexander) 的「吸收分析法」(absorption approach) ❹，這一觀點主要認爲，在充分就業的社會，單獨來自貶值的有利效果並非決定於彈性，而是決定於在這些條件之下貶值所引起的通貨膨脹，因爲受到通貨膨脹的影響，而降低的是總和的吸收能力，而非總和的生產能力。根據下面卽將討論到的新分析方法，Alexander 有一部份的分析就是提出「實質餘額效果」(real balance effect)；根據此一效果，由於貶值引起的超額需要會使物價趨於上漲，從而降低國內貨幣供給的實質價值，並且促成所得支出的減少。

「吸收分析法」被提出來以取代「彈性分析法」之後，曾經引起廣泛的爭論，並且想盡方法以求調和。然而，世所公認的眞理乃是在一個充分就業的社會，不能單獨以貶值做爲矯正國際收支逆差的政策工具，而是應把貶值（使外國及本國對於國內與國外產品的需要之分配與國際收支的均衡互相一致）與通貨緊縮（使總和的國內需要與總和的國內供給互相一致）配合使用。更廣泛地說，就是把「支出減少政策」(expenditure-reducing policy) 與「支出轉換政策」(expenditure-switching

---

❹ Sidney S. Alexander, "The Effects of a Devaluation on a Trade Balance", *IMF Staff Papers*, vol. II, (April, 1952).

policy) 配合使用。此一原理是由米德 (James Meade) 在其古典著作「國際經濟政策的理論：國際收支」(*The Theory of International Economic Policy: The Balance of Payments*) 一書加以發揮出來。此一原理提出了第三種觀點，也是最有用的觀點，亦即認識到「彈性分析法」之不妥。再者，此一原理也是對於「彈性分析法」與「吸收分析法」的一種綜合分析，這種綜合在邏輯上令人滿意（雖從新貨幣分析法的觀點看來，這種綜合無法令人滿意)。但很不幸，Meade 所進行的是一種短期均衡的分析，而且是假定決策者對於理論的了解與其本人相同，以致決策者很難讀懂這本著作。這點可以用來說明1967年英鎊貶值以後英國所採取的需求管理政策 (demand-management policy)。同時，根據英國傳統的中央銀行制度及貨幣政策，Meade 所提出的貨幣政策是把利率水準固定起來，如此，貶值的貨幣後果，也就自然而然地不在考慮之列，這是因爲假定這些後果已由貨幣當局吸收而去（這是在經濟方面反對 Meade 之綜合分析的理由)。

三、財政政策與貨幣政策的搭配

在 Meade 及1950年代的其他學者之著作問世以後，傳統的國際收支理論的主要發展，就是財政政策與貨幣政策等理論的結合，此一發展是由 Robert A. Mundell 加以開創。根據 Meade 之理論體系的一般邏輯，一國如欲同時達成對內與對外的均衡（充分就業與國際收支之均衡)，則須運用兩種政策工具。在 Meade 的理論體系中，所謂政策工具，一爲透過財政政策及（或）貨幣政策，對於需求加以管理，一爲滙率（或對工資與物價的伸縮性加以管制)。如果工資不易變動，而且基於國內及國際政治問題之考慮，又須實施管制或對滙率的變動加以規定，則其情形又將如何？如果資本在國際之間可因利率之差異而移動，至少在原則上可以提出解決的辦法。財政的擴張及貨幣的擴張，對於經常帳戶 (current account) 會產生相同的影響，亦即會使進口增加，而使出口減少；但對資本帳戶 (capital account) 則會發生相反的影響。財政的擴張會使國內的利率上升，並且吸引資本的內流；此對貨幣的擴張則會產生相反的影響，亦即促成利率的下降，並且形成資本內流的阻力。所以兩種政策可以「搭配」(mixed) 運用，俾使充分就業水準之下，資本帳戶的盈餘或逆差，等於經常帳戶的逆差或盈餘。上述 Meade 分析法之如此擴展，以數學方式表達就是無限乘積的微分，此就經濟產品的品質而言，並無重要的改善，所以本章不擬深入討論；除非强調對於模型進行理論的探討之後，可以自然而然地轉而討論在資本可以完全移動之下，情形將會如何，特別是轉而討論假定貨幣當局擁有控制國內貨幣供給的能力之時，情形將會如何。

玆再重述上面的要點。所謂國際收支理論的標準模型，在基本結構上乃是 Keynes 的所得決定模型。依此模型，消費支出及投資支出的流量，是由總合所得及需求管理政策的變數（租稅、支出及利率）決定；其中，出口水準及對本國產品總支出與對外國產品總支出（進口）兩者之比率是由滙率決定；至於滙率，則可決定出口產品與外國產品的相對價格，及進口產品與國內產品的相對價格。如果能就需求管理政策與滙率選擇一個適當的搭配，一國的貨幣當局便可達成充分就業的目標，而與經常帳戶的任何盈餘或逆差保持一致。經常帳戶的盈餘淨額（或逆差淨額），等於該國生產的流量淨額超過其吸收流量的部份，或等於該國的出口超過其進口的部份（或逆差），或等於該國的儲蓄流量超過投資流量的淨額（或逆差）。在傳統上，經常帳戶的盈餘或逆差，是與總合國際收支的情況互相一致，但是絕非必然如此。在決定資本帳戶收支之時，很容易便可把國內利率與國外利率的差異考慮進去；在財政政策與貨幣政策搭配的理論中，情形就是如此。

這種國際收支分析體系的基本假定，也是形成以新「貨幣」方法分析國際收支理論的分界點，也就是說國際收支的盈餘或逆差，其在貨幣方面的結果，可被貨幣當局所吸收，所以可把盈餘或逆差視爲流量的均衡。新的分析方法假定，在某些情況下甚至可以確定，這些與國際收支的盈餘或逆差相關的貨幣內流或外流未被吸收，或者是在分析的政策期內不能吸收，但是却對國內的貨幣供給發生影響。並且，因爲對於貨幣的需要，是指對於存量的需要，而非對於流量的需要，所以貨幣的供給相對於需要發生變動以後，若與國際收支的逆差或順差配合，應使貨幣需要與貨幣供給之間趨於均衡，而且與此對應，也有國際收支的均衡。逆差與盈餘乃是代表貨幣市場上存量調整的現象，而非流量的均衡，故在分析體系之內不應視爲均衡的現象。

但是應該注意，這種批評如果引用到分析的標準模型及政策的說明之時，乃是包含着逆差或盈餘在內。如用此一標準模型分析，保持國際收支均衡的政策時，通常不受這一批評的限制，因爲根據假定，國內的貨幣市場乃是處於均衡的狀態。但是卽使處在這種情況之下，財政政策與貨幣政策搭配的觀點仍有批評之餘地。這是因爲在流量均衡之時，爲了應付一國資本市場上利率差異的變動，證券市場的存量調整相當混亂之故。

在貨幣市場（可能同時也是證券市場）進行存量調整的基礎上，爲了獲得逆差或盈餘的流量均衡，必須建立一個模型，俾使所需的存量調整，能隨經濟情況的變動不斷進行；換句話說，在分析一國的經濟或國際經濟之時，必須假定其爲處於經濟成長之中。這是國際收支的新「貨幣」模型與標準的 Keynes 模型之間，技術方面的一項重大差異，同時也是在比較這兩種類型的分析方法之時，可能存在的困難所在。

上述兩種模型之間的另一重大差異，在於「貨幣」的模型幾乎一成不變地假定一國的物價水準釘住於世界的物價水準，且其變動趨勢必須相同；反之，標準的模型，則是强調貿易流量變動以後相對價格之影響。對於這一假定的某種評斷，就是至少在高度工業化的國家，工業的競爭相當普及，所以各國的工業產品之間的替代彈性趨於無限大，這比彈性相對較低的產品更爲接近標準模型。另有一種更爲牽强附會的評斷方法，是從貨幣論者 (monetarist) 的一般分析方法引申而來，這是認爲一國相對物價水準的變動，只能與由於貨幣失衡而進行存量調整之過程互相配合才能移轉，而且在對經濟成長中之國家的國際收支現象進行長期分析之時，注意的焦點應該集中於物價關係的長期均衡，關於這點，爲了簡化起見，大多視爲固定不變。

這一觀點之所以產生，乃因有時是把「貨幣幻覺」(money illusion) 作爲標準模型的前提。亦即假定，在貨幣貶値之後，工人無法接受國內貨幣工資的强迫減少，但是却可接受實質生活水準的降低。但是，這點並不正確。如果國際收支逆差的矯正，須以國內勞動的邊際產量(以國外產品表示)之下降爲前提條件，則因國內產品相對於國外產品的價格，在國外市場及國內市場上必須下降，才能促成國內產品與國外產品的替代，從而改善國際收支，所以無須以貨幣幻覺的存在爲前提條件，但是，只有主張經濟現實主義的工人才會接受此一事實。然而，如把標準模型應用到貨幣貶値的情況，則須假定貨幣幻覺之存在，這是因爲已先假定國內產品與國外產品之間的替代彈性很高 (趨於無限大)，所以也是先須假定以國內通貨表示的工資不變。在此情況之下，假定工人必須同意其邊際產品所接受的工資較國際工資爲低，而且僱主在面臨此種不均衡的情況之下，不致因爲勞動需要的競爭，而使工資上升以後的水準超過勞動邊際生產力的水準。因此，現在的問題，並不在於標準模型錯誤地假定工人方面有着貨幣幻覺的存在，而是因其可能錯誤地假定國內產品與國外產品之間的替代彈性很低，這個錯誤在實證方面比在理論模型方面更爲嚴重。

這兩種國際收支理論模型之間，尙有其他的差異存在，在此值得一提。Keynes 模型假定，就業與產量在物價與工資（相對）固定的情況下可以變動，至於貨幣模型則是假定，產量與就業透過物價與工資的調整而趨於充分就業。這一差異反映出閉鎖經濟下 Keynes 的分析法與數量學說分析法之間更大的差異。在國際收支的貨幣模型中，充分就業的假定可以存在，因爲這些模型所關心的是長期的分析，所以，充分就業的假定比之大量失業的假定，更能適應第二次世界大戰以後的實際世界。

四、貨幣論者的國際收支模型

現在擬從理論模型方面的討論，轉而說明貨幣論者的國際收支活動模型，當然也是假定世界經濟處於成長之中。在此所擬建立的模型非常簡單，這是因爲重點在於國際收支中之總合收支的緣故，亦卽，重點在於國際準備之獲得或損失之趨勢，並不考慮經常帳戶、資本帳戶及總合收支之間的結構，也不考慮一國在不同階段的經濟成長中，可能發生的國際收支帳戶之結構變動。雖然如此，希望能對國際收支的現象進行有趣的深入分析。

首先，應該展開若干一般性的公式，俾能表示經濟總量的成長率及各部門的成長率，或者表示在功能性互有關連的獨立變數。這些公式的建立須以微積分爲工具。在公式中，g 爲某一總量之每一單位時間的成長率。A及B各爲某一總量的構成部份; $f(A,B)$ 爲A及B的函數; η 代表總量的彈性, 以附標變數的函數表示。如此

$$g_{A+B}=\frac{A}{A+B}g_A+\frac{B}{A+B}g_B$$

$$g_{A-B}=\frac{A}{A-B}g_A-\frac{B}{A-B}g_B$$

$$g_{AB}=g_A+g_B$$

$$g_{A/B}=g_A-g_B$$

$$g_{f(A,B)}=\eta_A g_A+\eta_B g_B$$

其中, η 代表彈性。

在開始討論貨幣均衡之時, 假定該國的通貨相對於其他國家的通貨採取固定滙率, 同時假定該國的經濟是在成長之中, 但其經濟規模小而分散, 故其物價水準與世界的物價水準相同, 其利率與世界的利率相同。(假定經濟條件固定, 則國內物價指數與國外物價指數或國內利率與國外利率之間的差距非常有限。) 此外, 假定貨幣供給可以隨時加以調整, 以配合貨幣需要, 這是因爲其他國家可以透過國際商品市場或透過證劵市場, 以放棄貨幣的保有或獲得貨幣。這種貨幣供給配合貨幣需要的調整機能, 可以決定貨幣政策對於國際收支結構的影響方式, 但是這一分析對此問題並不討論。

根據這些假定, 國內貨幣政策並不決定貨幣供給, 而只決定大衆對於貨幣供給的需要, 究將以國際準備的形式加以保有, 抑以國內信用的形式加以保有。換句話說, 貨幣政策在於控制國內信用的數量, 而非在於控制貨幣供給, 並且, 控制國內信用之後, 即可進而控制國際收支, 乃至控制該國國際準備的增減。

貨幣的需要可以簡寫成爲

$$M_d=p\,f(y,i)$$

其中，M_d 爲國內貨幣需要的名目數量；y 爲產量；i 爲利率或其他保有貨幣的機會成本；p 爲國外及國內的物價水準；p 乘以對於實質餘額 $f(y, i)$ 的需要，可得貨幣理論的標準齊一性 (standard homogeneity)。貨幣的供給爲

$$M_s = R + D$$

其中，R 爲國際準備，D 爲支持貨幣供給之國內信用或國內準備。根據假定，M_s 應該等於 M_d，

$$R = M_d - D$$

$$g_R = \frac{1}{R}B(t) = \frac{M_d}{R}g_{Md} - \frac{D}{R}g_D$$

其中，$B(t) = \frac{dR}{dt}$ 爲當期的總合國際收支。令 $r = \frac{R}{M_s} = \frac{R}{M_d}$，此爲期初的國際準備比率，並對 g_{Md} 加以取代，

$$g_R = \frac{1}{r}(g_p + \eta_y g_y + \eta_i g_i) - \frac{1-r}{r}g_D;$$

假設世界的物價水準及利率不變，則可簡化爲

$$g_R = \frac{1}{r}\eta_y g_y - \frac{1-r}{r}g_D$$

此爲準備之成長，並且，國際收支與國內經濟成長及貨幣需要的所得彈性有正的關係，而與國內信用的擴張比率有負的關係。如果假定沒有國內成長 ($g_y = 0$)，則可更簡化爲

$$g_R = -\frac{1-r}{r}g_D,$$

亦卽，準備之成長與國際收支均與國內信用擴張之比率有負的關係。

上述的各種結果，與 Keynes 在經濟成長與國際收支之關係方面的各種理論正好相反。根據乘數分析導出的某種理論，經濟成長以後，因使進口相對於出口而增加，必將促成國際收支的惡化。這一理論並未考

慮貨幣需要對於出口供給、進口需要及證券之國際流動的影響。根據另外一種更爲牽强的理論，國內信用擴張以後，因能刺激投資，並使生產力提高，因而改善國際收支，又因國內物價相對於國外物價而降低以後，在國外及國內市場上，均會以本國商品取代外國商品，故可促成經常帳戶的改善。卽使以 Keynes 自己的用語來說，這一理論也有很多問題存在；目前這種分析方法的錯誤，在於想透過相對物價的變動，去說明國內信用擴張的後果，而不考慮國際收支順差及逆差的貨幣效果。

如此一來，如果假定世界的利率水準不變，以致實質餘額需要之成長，僅由實質產量之成長所決定（名目貨幣餘額需要之成長，當然亦決定於物價水準變動之比率），則此理論可以更加簡化。在此假定之下，由於投資的實質報酬率相對穩定，且在長期成長之中，貨幣利率將會等於實質報酬率加上（實際及預期）世界的物價膨脹率或減去（實際及預期）世界的物價緊縮率。

以上的模型僅限於世界經濟規模頗大之下的小國而已，以下的模型則將考慮整個世界制度之下的貨幣均衡。爲簡化起見，玆先假定只有一種世界貨幣，亦卽，並無國內信用貨幣充當國際準備。這個假定與現實有着很大的距離，但若假定在各國國內銀行制度操作之下，各國的實質產量與實質國際準備需要之間有着功能性的關係，似較合理。這一模型與上述模型最大的差異，在於世界物價水準成爲內在變數（endogenous variable）而非外在變數（exogenous variable），是由國際準備需要成長率與國際準備供給成長率之間的關係所決定。

就整個世界來說，在同質的假設（homogeneity postulate）之下，國際貨幣需要的成長率爲

$$g_{Md}=\sum_i w_i \eta_{yi} g_{yi}+g_p$$

其中，w_i 爲該國貨幣供給所佔世界貨幣供給的比

$g_{Md}=g_{Ms}$，其中，g_{Ms} 爲世界貨幣供給的成長率。

這一條件可以決定世界物價的變動率

$$g_p=g_{Ms}-\sum_i w_i\eta_{yi}g_{yi}$$

個別國家所持國際貨幣的成長率（亦爲該國國際收支盈餘或逆差佔其最初準備的比率）爲

$$\begin{aligned} g_{Mj} &= \eta_{yj}g_{yj}+g_p \\ &= \eta_{yj}g_{yj}+g_{Ms}-\sum_i w_i\eta_{yi}g_{yi} \\ &= g_{Ms}+(1-w_j)\left(\eta_{yj}g_{yj}-\sum_{i\neq j}\frac{w_i}{1-w_j}\eta_{yi}g_{yi}\right) \\ &= g_{Ms}+(1-w_j)\,(\eta_{yj}g_{yj}-\overline{\eta_{yi}g_{Mj}}) \end{aligned}$$

式中的橫線（bar）表示對於實質餘額的所得需要彈性及其他國家實質所得成長率之平均乘積，或

$$g_{Mj}=g_{Ms}+\eta_{yj}g_{yj}-\overline{\eta_y g_y},$$

式中的橫線表示整個世界上述兩項的平均乘積。

一國對於實質餘額之需要的所得彈性，與其產量之成長率的乘積，在超過或少於其他國家之平均乘積或包括該國在內的世界之平均乘積時，該國獲得世界貨幣的速度（透過國際收支的順差）就會快於或慢於世界貨幣擴張的速度。在第二種情況之下，即使世界準備的總額不斷增加，該國可能喪失國際準備。

爲更進一步簡化起見，假定世界準備的成長率爲零，則以上述的條件，便可決定該國是否發生盈餘或逆差。且再假定，對於實質餘額需要的所得彈性恆等於一，上式便可改爲

$$g_{Mj}=(1-w_j)(g_{yj}-\overline{g_{yi}})=g_{yj}-\overline{g_y}$$

式中的橫線仍然表示其他國家的平均成長率及整個世界的平均成長率。再者，一國的實質成長率大於或小於世界的平均成長率，則該國就會得

到準備或喪失準備。

上述的模型是把一國的貨幣體系加總起來，由實質產量導出對於國際貨幣的需要。現在轉而討論另外一種模型，在此模型之中，世界上有國際準備貨幣存在，但其他國家對於國家貨幣的需要一部份是以國際貨幣準備爲基礎，一部份是以國內信用爲基礎。依此模型，世界的貨幣供給總額爲

$$M=R+\sum_i D_i$$
$$=\sum_i w_i r_i M+\sum_i w_i(1-r_i)M,$$

其中，R爲國際準備貨幣的總額，D_i 爲 i 國的國內信用；w_i 爲 i 國貨幣存量佔世界貨幣存量的比率，而r_i爲 i 國之國際準備貨幣對其國內貨幣供給的比率。

如前一樣，世界貨幣需要的成長率爲

$$g_{Md}=\sum_i w_i \eta_{yi} g_{yi}+g_p$$

世界貨幣供給的成長率爲

$$g_{Ms}=\sum_i w_i r_i g_R+\sum_i w_i(1-r_i)g_{Di}$$

此二方程式透過 $g_{Md}=g_{Ms}$ 的條件可以決定世界物價的變動率:

$$g_p=\sum_i w_i r_i g_R+\sum_i w_i(1-r_i)g_{Di}-\sum_i w_i \eta_{yi} g_{yi}$$

根據以上的結果，一國準備的成長率爲

$$g_{rj}=\frac{1}{r_j}(g_p+\eta_{yj}\ g_{yj})-\frac{i-r_j}{r_j}g_{Dj}$$
$$=\frac{1}{r_j}\sum_i w_i r_i g_R+\frac{1}{r_j}\sum_i w_i(1-r_i)g_{Di}+\frac{1}{r_j}\eta_{yj}g_{yj}$$
$$-\frac{1}{r_j}\sum_i w_i \eta_{yi} g_{yi}-\frac{1-r_j}{r_j}g_{Dj}$$
$$=\frac{1}{r_j}\{\sum_i w_i r_i g_R+(\eta_{yi}g_{yj}-\overline{\eta_y g_y})$$
$$-[(1-r_j)g_{Dj}-\overline{(1-r)g_D}]\}$$

式中的橫線仍然表示世界的平均乘積。

根據上式可以看出，在下列情形之下，一國準備的成長就會較快：(1) 初期的準備比率越低；(2) 世界準備總額的成長越快；(3) 該國貨幣需要的所得彈性越高；(4) 該國實質成長率相對於其他國家的實質成長率越高；(5) 該國國際準備的比率越低；(6) 該國國內信用的擴張率相對於其他國家國內信用的擴張率越低。

假定對於貨幣需要的所得彈性恒等於一，國際準備的比率也是如此，則可得到

$$g_{Rj}=g_R+\frac{1}{r}(g_{yj}-\overline{g_y})-\frac{1-r}{r}(g_{Dj}-\overline{g_D})$$

上式可以看出，在這些假定之下，一國的實質成長率如果大於世界的平均成長率，則其準備的成長率，就比世界準備的平均成長率爲高，一國信用擴張的比率，如果大於世界信用擴張的平均比率，則其準備的成長率，就比世界準備的平均成長率爲低。

以 r 表示國際準備對貨幣存量總額的比率，以 s_i 表示國際準備的初期比率，以 d_i 表示國內信用對準備的初期比率，則此模型可用另外一種方法分析，俾能求出世界的貨幣供給。(注意 $r=\frac{1}{1+d}$，其中，d 爲信用對準備的比率)

$$M=\sum_i S_i R+\sum_i d_i S_i R$$

$$g_{Md}=\sum_i S_i(1+d_i)\eta_{yi}g_{yi}+g_p$$

$$g_{Ms}=r(g_R+\sum_i d_i S_i g_{Di})$$

$$g_p=r(g_R+\sum_i d_i S_i g_{Di})-\sum_i S_i(1+d_i)\eta_{yi}g_y$$

$$\begin{aligned} g_{Rj}&=(1+d_j)(g_p+\eta_{yj}g_{yj})-d_j g_{Dj}\\ &=(1+d_j)rg_R+[(1+d_j)\eta_{yj}g_{yj}-\sum_i s_i(1+d_i)\eta_{yi}g_{yi}]\\ &\quad-[d_j g_{Dj}-(1+d_j)r\sum_i d_i S_i g_{Di})] \end{aligned}$$

$$=(1+d_j)rg_R+[(1+d_j)\eta_{yj}g_{yj}-\sum_i s_i(1+d_i)\eta_{yi}g_{yi}]$$

$$-[d_jg_{Dj}-\frac{1+d_j}{1+d}\sum_i d_is_ig_{Di})]$$

這種方法不擬深入發揮，當然，這種方法與前面的方法一樣可以得出相同的數量結果。

下一步驟是要導出比較合乎現實的國際收支之「貨幣」模型，故應引入準備通貨國家 (reserve currency country) 的概念，此國之通貨被保有作爲基本國際貨幣的替代物。在此情形之下，主要的問題在於準備通貨國家的準備。如前所述，世界貨幣供給的總額是準備加上各國創造的國內信用，但是因有準備通貨存在，所以準備通貨國家可以促使其他國家保有其國內貨幣，以其國內信用爲基礎，因之，其他國家並不完全以國內信用創造的方式來供給本國的貨幣。

如前所述可得

$$g_{Ms}=\sum_i w_ir_ig_R+\sum_i w_i(1-r_i)g_{Di}$$

$$g_p=\sum_i w_ir_ig_R+\sum_i w_i(1-r_i)g_{Di}-\sum_i w_i\eta_{yi}g_{yi}$$

但是，現在的準備通貨國家之準備，是由國外及國內對於貨幣需要的成長，以及該國國內信用創造的關係決定。假定貨幣的需要仍係同質

$$g_{Rj}=\frac{1}{r_j}[g_p+h\eta_{yj}g_{yj}+(1-h)g_f]-\frac{1-r_j}{r_j}g_{Dj},$$

其中，h 表示準備通貨國家居民保有的該國通貨之比率，g_f 爲以實質單位表示的外國所需準備通貨國家之貨幣作爲準備通貨的成長率。

$$g_{Rj}=\frac{1}{r_j}[(1-h)g_f+\sum_i w_ir_ig_R+(h\eta_{yj}g_{yj}-\overline{\eta_yg_y})]$$

$$-[(1-r_j)g_{Dj}-\overline{(1-r)}g_D]$$

如果假定外國對於準備國家之通貨的實質需要佔其貨幣供給的比率固定，則此公式可以簡化爲

$$g_{Rj}=\frac{1}{r_j}\left[\sum_i w_i r_i g_R+h(\eta_{yj}g_{yj}-\overline{\eta_y g_y})\right]-\left[(1-r_j)g_{Dj}-\overline{(1-r)g_D}\right]$$

假定對於實質餘額需要的所得彈性恒等於一，國際準備對國內貨幣的初期比率亦然，則可再簡化爲

$$g_{Rj}=g_R+\frac{h}{r}(gy_j-\overline{g_y})-\frac{1-r}{r}(g_{Dj}-\overline{g_D})$$

亦卽，如果準備通貨國家的實質成長率，大於世界的平均成長率，或其國內信用擴張的比率，小於世界信用擴張的平均比率，則其準備的獲得將較準備總額的成長率爲快。反之亦然。

若以簡化所需的兩項相同之假定來討論此一問題，主要在於討論外國對於準備通貨之保有，應以何種比率成長，俾使準備通貨國家之準備與世界準備保持相同的成長速度。其答案爲

$$g_f=\frac{1}{1-h}\left[(1-r)(g_{Dj}-\overline{g_D})-(hg_{yj}-\overline{g_y})\right]$$

亦卽，外國對於準備通貨需要之成長必須較快，如果成長較快，則準備通貨國家的國內信用擴張之比率，相對於國外信用擴張之比率就會增加，如果成長較慢，則其實質成長率相對於世界的實質成長率就會增加。

五、通貨貶值的效果

最後，再以上述國際收支的貨幣模型，討論某一通貨貶值 (devaluation) 的效果問題。這種討論所用的數學是連續變動的概念，但是貶值却是一次卽成的現象，所以這種討論在理論上無法完全令人滿意。

爲了討論這一問題，仍然保留國內價格與國際價格互相一致的假定，但是匯率可以變動，至於貶值則以匯率暫時變動某一比率表示。對

於貨幣的需要現在成爲

$$M_d=\rho p_f f(y,i)$$

其中，p_f 爲外國的物價水準，ρ 爲以本國通貨表示的外國通貨之價格。準備的成長率變爲

$$g_R=\frac{1}{r}(g_p+g_{pf}+\eta_y g_y+\eta_i g_i)-\frac{1-r}{r}g_D$$

（注意，此一公式已再引入利率，並且以此決定對於貨幣的需要；爲便於分析起見，g_i 可以視爲貨幣利率變動的預期變動率。）

關於這一公式，尚有數點值得注意，特別是在引證1967年的英鎊貶值之時更應注意，該次的貶值起先並未達到改善國際收支的目的。

第一、如果規模因素 $(1-r)$ 不予考慮，貶值等於國內信用的收縮。貶值的目的在於緊縮國內的實質餘額，從而促使國內的居民透過國際商品及證券市場的活動而恢復國內的實質餘額。

第二、因爲貶值是一種一次卽成的現象，所以只能視爲改善國際收支的一種移轉因素而已。國際收支的長期改善，只能透過國內信用擴張比率之降低來達成。

第三、貶值在準備及國際收支方面所發生的有利之移轉效果，會被下列任何一種或數種現象所抵銷或中和：(1) 國內信用擴張的比率增加，政府當局不知不覺地或被迫地壓低公債的利率；(2) 成長率的降低（這種討論應該修正模型，俾能考慮失業的因素，失業係由政府的緊縮政策，或生產對需要之調整的落後所引起）；(3) 利率上升引起實質餘額的需要，相對於所得而下降（此處之利率應該視爲持有財貨的預期之貨幣報酬率，這種利率在貶值及預期將會發生膨脹之時就會暫時上升）。

應該注意，貶值的方程式可以轉換爲自由浮動滙率 (freely floating exchange rate) 之變動的方程式，自由浮動滙率是政策變動的函數：

$$g_p = rg_R + (1-r)g_D - g_{pf} - \eta_y g_y - \eta_i g_i$$

本文所討論的國際收支之貨幣模型乃是長期的模型，所以一直假定生產資源的充分就業，而且假定國內的物價水準與世界的物價水準保持一致。至於 Keynes 的模型則是與此相反，乃是短期的模型，所以不需這些假定。Keynes 的模型已經成爲政策考慮及政策制定的基礎，根據本章的貨幣模型可以看出，在許多短期連貫起來以後，依賴 Keynes 模型作爲決策的指導可能是很大的錯誤；只有在每一短期之內，Keynes 模型才能比較合乎現實。

有些教科書上的公式可以用來分析很多問題。如果某一小國處於開放的國際經濟社會之中，想要保持某一數額的國際收支盈餘（準備的成長率），則應根據公式控制國內信用的成長比率

$$g_D = \frac{1}{1-r}(g_p + \eta_y g_y + \eta_i g_i - rg^*_R)$$

其中，g^*_R 爲希望的準備成長率。

同理，如果沒有準備通貨國家存在，而且國際貨幣當局已對世界準備的成長加以控制，且在謀求世界物價的穩定，則其公式應爲（假定利率亦很穩定）

$$g^*_{Ms} = \sum_i w_i \eta_{yi} g_{yi}$$

注意，如果對於貨幣之需要的所得彈性或實質產量的成長率，各國並不相同，則此公式並不意味着世界準備的成長率不變。

如果國內的貨幣供給採取部份準備制度，則此公式更趨複雜：

$$g^*_R = \frac{\sum_i w_i \eta_{yi} g_{yi} - \sum_i w_i (1-r_i) g_{Di}}{\sum_i w_i y_i}$$

注意，如果考慮準備通貨國家在內，則此公式不受影響。但是，却會間接影響此一公式的實證價值，因爲準備通貨國家擴張國內信用以後的通

貨狀況會受影響，其他國家擴張國內信用以避免準備通貨之存量過度累積的希望也會受到影響。

最後，採取浮動滙率的國家，其滙率的移動乃與該國國內信用的擴張有關，亦與該國為改變國際準備而在外滙市場進行干預有關。根據公式

$$g_e = r g_R^* + (1-r) g_D^* - g_{pf} - \eta_y g_y - \eta_i g_i$$

（最後一項應該視為移轉因素加以摒棄。）

第四篇

國際貨幣制度

第二十章　國際貨幣制度的演進

所謂國際貨幣制度，可以說是各國爲了適應國際貿易及國際支付的需要，在貨幣方面所採取的一種安排。戰後的國際貨幣制度，可謂係以國際貨幣基金 (International Monetary Fund; IMF) 爲中心的金匯兌本位制度 (gold exchange standard)。在此制度之下，黃金與國內貨幣脫離兌換關係，但在對外方面，各國則仍保留黃金或外匯做爲國際準備資產 (international reserve assets)，而美元與英鎊因其佔有特殊的重要地位，故被稱爲關鍵通貨 (key currency) [1]。這種以國際貨幣基金爲

---

[1] 作爲「關鍵通貨」(key currency) 的貨幣必須具備下述三種地位:

(一)準備通貨 (reserve currency)：亦即可被外國貨幣當局持有作爲準備資產。

(二)干預通貨 (intervention currency)：亦即可被外國貨幣當局用作干預外匯市場的工具。

(三)媒介通貨 (vehicle currency)：亦即可被各國貨幣當局作爲清算國際貿易及支付的通貨。

中心的國際貨幣制度，過去二十多年以來的運作相當良好。在此制度之下，國際之間商品與勞務的移動，達到空前未有的規模。但是，隨着時間的經過，這種制度的缺點逐漸暴露出來，其間雖經若干改進，國際貨幣危機卻仍層出不窮，尤以近年以來爲烈。在此情況之下，各國貨幣當局以及專家學者，咸認這種制度迫切需要進行長期的改革。

本章擬就當代國際貨幣制度的演進，及其當前的各種特徵與困難作一論述。

一、一九七一年以前的國際貨幣制度

爲了理解當代的國際貨幣制度，以下先將百餘年來國際貨幣制度的發展歷史，分成幾個階段作一簡略的觀察：

國際金本位時期（1870～1914）： 在金本位制之下，匯率的變動範圍極其微小，所以在調整國際收支失衡的情況時，對國內經濟所發生的影響很大。而且，傳統金本位制的本質，乃是藉着自由市場的作用，以自動調節國際間的貨幣關係，也因此而排斥了政府政策在自動調節機能中所能發揮的影響。

在金本位制之下，國際收支失衡的調整，是藉貨幣用黃金（monetary gold）的國際移動達成。一個國家所以損失黃金，是因該國的外匯需要超過外匯供給，迫使匯率趨向黃金輸出點；反之，一國之所以獲得黃金，是因該國的外匯供給超過外匯需要，迫使匯率趨向黃金輸入點。傳統的理論認爲這種調節過程的本質，就是一國損失或獲得黃金之後，所產生的貨幣方面之影響。因爲，一國的貨幣供給與其黃金存量產生直接的聯繫，當黃金輸出，則貨幣減少；反之，黃金輸入，則貨幣增加。進一步，根據貨幣數量學說，古典經濟學者認爲，物價變動是黃金移動的最初結果。一國黃金存量的減少，必然會產生緊縮性的影響，而使物價下跌；反之，黃金存量的增加，也必然導致物價上漲。如果對於貿易數量不加管制，則國內價格必然脫離世界價格水準。如果由於國際貿易結構上的失衡，而使某些國家成爲出超國家，並發生黃金內流及國內物價上升的現象，同時並使其他國家成爲入超國家，而發生黃金外流及國內物價下降的現象，則將促使高物價國家成爲優良的出售市場和惡劣的購買市場。如此一來，前者的對外輸入超過輸出，而後者的對外輸出超過輸入，爲了平衡國際收支起見，黃金遂由高物價國家流向低物價國家。但黃金由高物價國家流出，將迫使該國物價下降，直至各國之間的物價水準重新平衡爲止。這種透過物價變動而引起黃金移動的調整過程，稱爲「黃金與物價流動機能」(gold-specie flow mechanism)。由此可見，通過黃金流出及流入的循環過程，金本位制可使各國物價維持密切的連繫，而使國際收支獲得自動的調整。

由於第一次世界大戰的發生，戰前作爲匯率基礎的物價與成本之關係被迫中斷，國際金本位制的時代隨之結束，代之而起的乃是各國通貨的自由浮動。

浮動匯率時期 (1918～23)：金本位制崩潰之後，重要國家的通貨不再釘住黃金，彼此之間亦無固定匯率存在，此時，匯率係隨市場的供需情況自由波動。這些通貨之間匯率的波動，有的非常劇烈。但是，這種由市場供需情況自由決定的浮動匯率，對於國際貿易與投資的進行發生相當的阻礙，所以若干國家不斷尋求重返金本位制的可能性。

通貨穩定時期 (1923～28)：各國重返金本位制的願望，終於先後實現。例如，重返金本位制後的英鎊，價值釘住於＄5的水準。不過，此種匯率完全係由有關各國自行片面決定，並無國際合作作爲基礎。由於若干國家的通貨在片面決定之時乃是高估，因此播下未來國際貨幣混亂的種子。

貶值循環時期 (1930～35): 由於通貨的高估, 若干國家國際收支的調整發生困難, 在此壓力之下, 原先重返金本位制的國家, 被迫再度放棄金本位制。例如, 英國的英鎊又於1930年成爲自由波動的通貨。但因當時的匯率波動幅度太大, 故於1931年成立一個稱爲「英國外匯平衡帳戶」(British Exchange Equalization Account; BEEA) 的特別機構, 以買賣國外及國內金融資產的方式協助匯率之穩定。例如, 由於投機資金的外流, 英鎊處於弱勢之時, BEEA 便可吸購英鎊, 而在投機資金內流, 英鎊處於强勢之時, BEEA 便可拋售英鎊。此外, BEEA 亦對政府債券實施操作, 故可消除短期資本移動對於國內貨幣供給的影響。另一方面, BEEA 並不干預長期趨勢, 故由市場自由決定的匯率, 便可反映商品貿易及長期資本之移動。BEEA 的目的僅在緩和匯率的波動, 並非消除匯率的波動。

其他國家 (主要爲英鎊地區的國家) 追隨英國之後, 將其通貨釘住浮動的英鎊。由此, 英鎊地區的經濟地位遂告確立。而在當時, 大多數的國家則採貶值的措施, 其目的在於設法消除國際收支的逆轉, 或以出口的增加及進口的減少, 創造國內的就業機會。但因本國出口的增加及進口的減少, 便是外國進口的增加及出口的減少, 故使外國受到犧牲, 終於引起相互之間的報復 (retaliation) 以致競將通貨貶值, 此即所謂「貶值循環」(devaluation cycle)。

但是, 並非所有國家均將通貨貶值, 當時法國領導若干國家, 將其通貨按照過去的匯率釘住黃金, 這些國家成爲「黃金集團」(gold bloc)。法國本身則以進口設限的辦法, 消除國際收支的逆差, 因而開下重要國家以進口設限消除國際收支逆差的先例。另一方面, 德國則以進口的管制, 避免通貨的貶值, 當時的英鎊、法郎及美元均已成爲重要的可兌通貨。

三國協定時期 (1936～39)：1930年代中期，法郎高估，法國所受壓力甚重，只好被迫法郎貶值。但是，法國為了避免受到報復，遂與美國及英國開始進行談判，共商合作之道，特別是請英美兩國不將英鎊及美元隨之貶值，結果訂立三國協定 (Tripartite Agreement)，後來又有四國參加。這是兩次大戰期間國際金融合作相當成功的例子。但是這種合作的好景不常，第二次世界大戰爆發之後，各國相繼實施外匯管制，三國協定也就名存實亡。

布里敦森林時代 (1944年7月以後)：第二次世界大戰甫告結束，44個國家的代表就在美國新罕普夏州 (New Hampshire) 的布里敦森林 (Bretton Woods)，討論戰後的經濟金融問題。此次會中決定設立兩個孿生機構：一為國際復興開發銀行 (International Bankf or Reconstruction and Development; IBRD)，又稱「世界銀行」(World Bank)，其目的在協助歐洲的重建，時至今日，則已成為融通經濟開發的金融機構；一為國際貨幣基金 (International Monetary Fund; IMF)，此一機構乃是當代國際貨幣制度的核心，亦為國際貨幣合作及改革的寄托之處，擬在下節詳作介紹。

歐洲重建與美元缺乏時期 (1945～50)：戰後的1945～50年，是加速歐洲重建的高潮時期，因受馬歇爾計劃 (Marshall Plan) 之惠，美國的援助源源而來，歐洲的戰後重建工作非常順利。至於歐洲各國之間的貿易，亦因雙邊清算協定 (bilateral clearing agreements) 的成立而能迅速擴展。但因當時的美國乃是世界上惟一能够供應生產設備及消費品的主要來源，各國的採購均以美國為主要對象，對於美元極感短絀，因而形成美元缺乏 (dollar shortage) 時期。此一時期的美元缺乏情形，的確相當嚴重，所以當時的若干經濟學家認為此一現象終將成為國際金融的永久難題。遽料二十年後，竟由美元缺乏時期轉變而爲美元過剩(dollar glut)時期。

歐洲支付同盟 (1950~58)：第二次世界大戰之後，歐洲各國爲了實現居民之間的通貨兌換，乃由當時參加歐洲經濟合作組織 (Organization for European Economic Cooperation; OEEC) ❷ 的歐洲國家於1950年發起設立「歐洲支付同盟」(European Payment Union; EPU)。直到1958年，歐洲各國的通貨恢復對外的自由兌換之後才告結束，代之而起的是區域性合作的「歐洲貨幣協定」(European Monetary Agreement; EMA)。

美元過剩時期 (1959~68)：上述歐洲貨幣協定之成立，可以說是美元缺乏時期宣告結束，因爲，此後的大多數貨幣，均在外匯市場自由兌換，這種轉變與美國國際收支自1958年以後之長期出現逆差有關。1958年，美國國際收支的逆差多達30億美元，以後十餘年中的多數年份均有逆差，此亦反映西歐各國及其他國家，美元外匯餘額之顯著增加。

由於美國國際收支的長期逆差，遂使1960年代初期的國際金融，呈現「美元過剩」的特色。由於此種轉變之意義相當深遠，自然成爲學者熱烈討論的主題，各方的學者雖曾提出許多解釋的理由，但是迄今仍難斷言何種原因最爲重要。

---

❷ 另有「國際經濟合作發展組織」係於 1960 年12月14日在巴黎宣告成立，其全名爲 Organization for Economic Cooperation and Development, 簡稱 OECD, 此與 OEEC 不同。該組織之目標：

一達成會員國高度而適當的經濟成長與就業，提高生活水準，並保持金融穩定，以促進全世界的經濟發展。

一在經濟發展過程中促進會員國與非會員國經濟的健全成長。

一遵守國際義務，在多邊、平等與互惠的基礎上促進全世界貿易擴張。

此一組織的會員國爲澳大利亞、奧地利、比利時、加拿大、丹麥、芬蘭、法國、德國、希臘、冰島、愛爾蘭、義大利、日本、盧森堡、荷蘭、挪威、葡萄牙、西班牙、瑞典、瑞士、土耳其、英國及美國。

美國從1958年起，持續出現的國際收支逆差，最初幾年並未引起憂慮，且被認爲是增强國際流動能力，順應世界貿易與經濟成長之可喜現象。可是，西歐各國此種過分縱容美國的態度，竟使美國財經當局不顧國際收支之巨額逆差，任意實施擴張性的經濟政策，既未防止工資與物價上漲所造成之不利出口的情勢，亦未採取限制資本外流的嚴密措施。

到了1971年，美國國際收支逆差的情況更趨嚴重，眼見貿易收支行將發生1894年以來的首次逆差，美國總統乃於8月15日宣布美元停兌黃金，遂使布里敦森林制度的基礎發生動搖。

二、國際貨幣基金的成立與發展

以上已對一百年來國際貨幣制度的發展歷史作一回顧。基於以上所述，當代的國際貨幣制度，可謂係以國際貨幣基金爲核心的金匯兌本位制度，以下先對國際貨幣基金的成立與發展，作一詳細的說明，然後討論當代國際貨幣制度的主要特徵及其困難。

1. 成立的背景

緣自第二次世界大戰爆發以後，各國政府爲了應付戰時經濟之需要，相繼實施嚴格的外匯管制，馴至國際貿易與投資之進行，毫無自由可言。大戰結束以後，聯合國以實現國際間自由貿易與投資爲目的，致力於國際貨幣制度的重建。這一傾向的具體發展，也就促成國際金融會議的召開。這項國際金融會議於1944年7月，在美國新罕普夏州（New Hampshire）的布里敦森林（Bretton Woods）舉行，共有44國參加。由於各國均已飽歷舊創，因此莫不滿懷信心，企圖爲新的世界展開新的局面。與會代表經過共同檢討的結果，認爲：第一、金本位制已證明不合時宜，必須另覓新的制度加以取代；第二、經濟恐慌時期所帶來的外匯管制及經濟國家主義，必須在新的制度之中加以摒除；第三、因爲投機性的短期資本流動，在外匯市場混亂時操縱匯率的漲跌，阻礙國際貿易與投資的進行，因此浮動匯率制度不能再度採用。鑒於這些認識，當時各國對於金本位制、浮動匯率制以及外匯管制可謂深懷戒心，因此力求在新的制度中加以避免。

按在布里敦森林會議召開之前，各種重建國際貨幣制度的建議，曾由美國、英國和加拿大分別提出。其中，美國的懷特方案 (The White Plan) 和英國的凱因斯方案 (The Keynes Plan)，由於代表兩大強國的意見，成爲會議討論的主題。兩種方案的基本立場相同，均以多邊自由貿易及各國政策之相互調整爲目標，且又均擬設置國際性的中樞機構，去推動目標的實現。但其實現的具體方法，兩個方案並不相同。White 方案是以「基金制」(fund system) 爲基礎，各國分攤一定資金，設立共同的外匯基金；Keynes 方案則以清算制 (clearing system) 爲基礎，而以借貸抵銷的方法進行清算。至於匯率變動的調整，White 主張在基金的同意之下才能進行，Keynes 則主張各國可視實際情況機動調整。

上述的兩種方案，經過30多個國家的熱烈討論，於1944年發表「關於設立國際貨幣基金之專家共同聲明 (Joint Statement by Experts on the Establishment of an International Monetary Fund)，此一聲明，大致是以美國的 White 方案爲基礎，可謂採取「基金制」。由於這一聲明的發表，作爲國際貨幣基金之成立基礎的布里敦森林協定 (Bretton Woods Arrangement) 遂於國際金融會議之中順利簽訂，次年12月即告正式生效。

然則，何以國際貨幣基金的成立，大都是根據美國的 White 方案而較少根據英國的 Keynes 方案？這可從美英兩國當時經濟背景方面的差異加以理解。當時的美國，蒙受戰爭之惠，成為世界上最大的債權國，戰後各國對於美國資本需求可能更高。再且，美國一向崇尙企業自由，爲求海外發展，必須打破國際之間貿易與投資的障礙。所以，美國方案的特點乃是匯率固定，攤額較低，且對順差國家沒有懲罰措施。但是當時的英國，苦於英鎊脆弱，國際收支困難，國內失業問題嚴重，因此對於類似金本位下的固定匯率頗感恐懼。而且，英國爲求改善國際收支，勢須採取貿易管制措施。所以英國方案的特點乃是匯率變動彈性較大，攤額較高，對於順差的國家帶有懲罰措施。在此情形之下，當時美國的經濟背景因有絕對優勢的地位，在國際金融會議之中自是擧足輕重，因而現行國際貨幣基金的制度，遂以美國方案爲基礎而告誕生。

2. 任 務

國際貨幣基金成立之時，所揭櫫的主要任務，在於：(1) 建立各會員國通貨之間的平價；(2) 利用各種措施，協助各會員國維持此一平價，主要原則在於融通國際收支短期失衡所需的資金；(3) 如遇會員國國際收支的長期困難，應該加以協助，使其調整工作順利進行。爲了達成第一任務，基金乃以採取固定匯率制度作爲運作基礎。基金協定第 4 條規定：一個會員國的通貨平價，須以黃金或1944年 7 月 1 日實施的重量及成色的美元，表示其共通單位。平價設定後，各國卽應盡力設法穩定其匯率於狹隘的幅度之內，卽實際匯率的變動，不得超出平價上下各 1 %的範圍。換言之，一國的匯率有跌至平價 1 %以下的傾向時，該國的貨幣當局就須在外匯市場，無限制拋售外匯加以支持；反之，則須無限制供給本國貨幣加以平抑。

會員國宣告其通貨與黃金（或美元）的平價之後，雖有義務遵行並且防範平價的改變，但爲矯正該國經濟上的基本失衡時，仍可變更平價。當會員國向基金提議變更匯率時，基金則就過去該會員國對最初平價（即該國加入基金之時所訂的平價）所作的變更作一考慮，如果上述所提議的變更，與過去一切變更的合計：第一、不超過最初平價10%者，基金並不反對；第二、不超過最初平價之其次的10%，基金可以同意或反對；第三、超過以上所述的程度者，基金可經較長時間的考慮而宣布其態度。

上述基金的現行平價制度稱爲「可調整的釘住匯率」(adjustable peg system)；其原來的精神，在於匯率的「定定」，而非在於「剛硬」。所以如上所述，各會員國如發生國際收支的基本失衡，仍可改訂匯率，但是現在各國却均極力避免運用這項規定。亦即，各國大多不願改訂自己的匯率，於是軟弱的通貨要求强勢的通貨升值（如貶值前的法郎)，而强勢的通貨要求軟弱的通貨貶值（如升值前的馬克），如此雙方相持不下，結果釀成國際貨幣的危機。

基金的第二任務，在於協助會員國維持匯率的安定，解除外匯管制。其基本原則是在會員國遭遇國際收支的短期失衡時，予以短期資金的融通，協助該國克服這項困難，避免採用貶值或外匯管制的措施。至於短期資金的融通方式，是賦予各國一項提款權，用以購買該國所需的外國通貨。

上述會員國爲了融通國際收支的短期逆差，而向基金購買該國所需的外國通貨，須受兩項最爲重要的限制：其一爲所購外國通貨必須未被基金宣告爲稀少通貨 (scare currency)，其二爲購買數額有一限度。

有關稀少通貨的規定，是因布里敦森林會議之前，與會各國鑒於將來的美元，可能成爲各國需要最大的通貨，而基金所能供給之美元，勢必相當有限，所以美元缺乏的危機似乎不能避免。爲了未雨綢繆，乃在基金協定之中，特別規定稀少通貨。根據基金協定第7條規定，若基金發現某一種通貨有普遍缺乏的現象時，則應通知各會員國，並發表一項報告，說明其缺少的原因，並建議改進之方法。而且，當某種通貨之需要，顯使基金陷入窮於應付之狀態時，基金有宣告該通貨爲稀少通貨之義務，並應允許其他會員國家，對於盈餘國家採取外匯管制措施，直至通貨稀少現象消失爲止。

至於購買數額的限制，乃是爲了防止某一會員國的通貨迅速趨於稀少狀態而設。其主要規定：第一、在12個月內只能購買攤額的25%；第二、最高累積購買不得超過其攤額的125%；第三、基金所持的該國通貨在攤額的75%以下部份不在限度之內。

由於基金協定條款的規定比較嚴格，在實際執行業務之時不易適應需要，所以1952年執行董事會通過下列決議：即在不違反基金融通資金的基本原則下，可以放寬會員國家資金利用的限制。第一、原來會員國對於基金資金的購買無須預約，也不能預約，現在則可透過預約借款協定(Stand-by Agreement)，對於不擬立即利用，但若想在一定期間內依需要情況利用資金，可請基金給予必要的安排。第二、原來會員國對於基金資金的購買，乃以國際收支發生困難爲條件，這項限制對於國際流動能力的限制很大。現在這項條件已經加以取消，亦即不論會員國是否發生國際收支困難，均可無條件動用其黃金部份(gold tranche)及超黃金部份(super gold tranche)的資金。

基金的第三任務是協助各會員國解決國際收支基本失衡的困難。至其解決辦法，乃是允許該會員國變更其通貨平價，但是何謂「基本失衡」，基金協定之中並無規定。執行董事會的解釋爲：「起因於收支差額的壓力而致的長期及頑强性的失業，會員國爲保護起見所採取的步驟，應屬於矯正基本失衡之必需措施。」由此可知，基本失衡大致有兩項情勢：第一、國內經濟發生長期及頑强性的失業；第二、國際收支的失衡處於長期而持續的狀態。但是，基金所允許的平價變更，在通常的情況雖可改善國際收支，但其是否足以維持長期均衡則難確定。

3. 成　效

國際貨幣基金成立之時所揭櫫的重要任務已如上述，如今歷時20多年，其間隨著業務的進行，曾有許多問題發生，以致引起許多有關的批評與改革的建議。但是一般而言，基金的營運情形尚稱順利。以下玆擬針對前面所述的任務，對其過去的營運結果作一檢討：

首先，就建立各國的通貨平價而言，依照基金的規定，各會員國之通貨平價，必須一律商請基金核定，且為保持國際均衡，必要之時仍可申請修訂。基金是於1946年 3 月正式成立，同年12月18日基金對於當時的39個會員國家，即已核定32個國家的通貨平價。因為平價的核定，乃是匯率制度的根本基礎，所以基金非常審慎。基金在核定平價之前，乃先探討當時匯率對於一國國際地位、戰後重建工作，以及在過渡時期結束以後的影響。儘管基金如此愼重處理，但依戰後各國通貨相繼貶值的事實看來，基金對於各國通貨平價的核定，仍然未臻合理。推其原因，乃以二次大戰期間，各國物價之上漲大約在 100%至1,000%之間，所以當時基金核定之平價，大部份均屬偏高，以致不能適應長期均衡之要求。而且，當初各國無不希望高估本國對外幣值，以謀進口之利，並可避免刺激國內物價水準。因此之故，基金對於平價的核定，大抵遷就各國主觀的請求，遇有變更，也由有關國家主動申請。由於當初平價設定的不合理，以致引起平價的一再變更。在設定平價的97國之中，39國曾經變更平價。即以最近10年而言，以1967年的英鎊升值為契機，1969年相繼發生法郎貶值及馬克升值的事實，1971年12月，主要國家的通貨平價甚且實施多邊調整。

在戰後初期，基金的融資能力極爲有限。卽使到了1957年，其融資總額只有 13.60億元；其中，6.36億美元貸予已開發國家，4.95億美元貸予開發中國家。基金的資金來源則大部份是由美國提供。

但至1960年代，基金的貸放能力大爲提高。計自1948-1968年間，基金貸出146億美元，會員國購回76億美元。

到了1970年代以後，由於許多國家的準備情況顯著改善，而且特別提款權制度開始實施，會員國對基金一般帳戶的借款大爲減少。會員國從基金的借款，在1969-70年間爲30億美元，至1970-71年間減爲12億美元，但會員國却已購回17億美元。1971-72年間會員國從基金借款雖再增爲20億美元，但至1972-73年間則又降爲12億美元。

1973年以後，石油危機爆發，基金開始透過「石油融資辦法」(Oil Facility)提供資金給因石油漲價引起國際收支發生嚴重逆差的會員國。計自1975年至1977年第一季，融資的總額共爲62億美元。而自1978年以後，基金並又創設「補充性融資制度」(Supplementary Financing Facility)，使基金在今後數年內能對遭遇國際收支嚴重逆差的國家，擴大融資的幅度。其融資財源主要爲14個會員國，金額約爲100億美元。

但是，若從上述融通的數字來看，歷年以來基金對於會員國家的協助，仍屬相當有限。至其主要原因，當爲基金本身資金的短絀所致。各國有鑒於此，乃於1959年的年會之中決議增資50%。但以物價水準普遍上漲，雖經增資仍感不敷支應。第二次增資係於1965年實施，增資幅度爲25%。最近一次增資方案，是由執行董事會於1969年12月30日公佈。此次增資總額計達 75.77 億美元，相當於基金目前攤額的35%，故增資後的基金攤額約達 289 億美元。而自基金於 1970 年開始創造特別提款權 (SDR_s) 以後，其攤額亦以 SDR 表示。基金的第六次增資方案，已於

1976年3月22日由理事會通過，攤額增為390億 SDR 增幅為 33.5%。第六次增資已獲各會員國同意，並溯自1978年4月1日生效。為進一步强化基金在國際貨幣制度中的地位，並配合會員國的融資需要，已有第七次增資之議。

最後，就協助各國調整國際收支的長期失衡而言，基金的成就可謂非常有限。因為所謂國際收支長期失衡的調整，根本上是國際之間對於價格與成本的重新安排。可是，在基金的釘住匯率制度之下，各國已經無法藉着匯率的變動，去達成上述的重新安排。於是國際收支失衡的調整，權衡各種可能採取的方式後，只得透過兩種方式：第一、實施國際貿易與外匯管制，以期改善國際收支；第二、放棄國內物價穩定與充份就業的目標，在國際收支逆差之時緊縮通貨，盈餘之時膨脹通貨。當然，後者絕非各國所願，前者又與基金解除外匯管制的一貫理想有所背馳。時至今日，基金成立已經20多年，可是三分之二以上的會員國家，依然處於外匯管制之中。

如上所述，基金協助各會員國解決國際收支基本失衡的唯一方法，乃是允許該會員國變更其通貨平價。但是，平價的改變，能否達到長期均衡的目標，眞有疑問。20多年以來，各國通貨平價的改變此起彼繼。而且，一國變更平價之後，似均未能達成長期均衡，必須一再改變以求適應。例如，基金成立以後，英國已經三度變更平價；即以較近而言，1960年法郎貶值之後，1969年仍再貶值；1961年馬克升值之後，1969年仍再升值，1971年又再升值。至於開發中國家的幣值情況更是不穩，其極端者如智利在1968年1至10月之中，共計貶值20次之多。上述種種均足顯示，基金在協助會員國調整國際收支的長期失衡方面，已感無能為力。

三、美元的關鍵地位

在十九世紀的國際金本位時代，國際貨幣制度完全是以黃金爲中心；但至1944年國際貨幣基金成立之後，國際上所實施的是金滙兌本位制度，美國以外的其他國家均以黃金、美元及英鎊作爲準備資產（reserve assets）。從世界的觀點而言，這種制度的最大好處在於節省黃金的使用，各國中央銀行對於黃金與外滙（美元、英鎊爲主）兩種準備資產的比例，原則上可以自由決定。很多國家之所以願意保有美元作爲準備資產的主要部份，其最重要的理由之一，是因美元可以獲取利息。反之，保有黃金不但沒有利息可得，實際上尙有儲藏成本必須負擔。如果投資於美元不能獲得利息，各國極有可能將其所持有的大部分美元向美國兌成黃金。各國官方持有之美元，過去可向美國財政部依35美元等於一盎司的比例請求兌換黃金，但是自1971年8月15日美國新經濟措施宣布之後，這項兌換已告停止。這種兌換原是美國維持美元價值最確切的保證，且爲維繫當代國際貨幣制度的重要前提之一。過去美國所以有力量維持這種保證，實因美國的生產力在國際上佔有甚大的比重，而且擁有大量的黃金，所以能够應付各國兌換的需要。但至1971年美國新經濟措施宣布的前夕，美國所擁有的黃金僅約100億美元左右，面對500億美元以上的短期負債，當然已無兌換能力。

美國對其外流的美元旣無兌換能力，然則，是否可由其他歐洲國家的强勢通貨加以取代。就理論而言，此種取代並無不可。但就提供這種準備通貨的「中心國家」（central country）來說，資金大量移進移出之時，會使該國的貨幣市場受到擾亂，所以歐洲國家總是儘量避免成爲中心國家，使其通貨如同美元一樣居於中心地位而成關鍵通貨。

在這種以國際貨幣基金爲核心的國際貨幣制度之下，作爲中心國家的美國及作爲關鍵通貨的美元，乃是扮演着下述的重要角色:

第一、由於美元具有相當程度的一般接受性 (general acceptability)，故在國際交易之中廣泛加以使用。一半以上的世界貿易係以美元融通，世界經濟情報的傳遞，普遍是以美元表示。

第二、美元可以自由兌成其他通貨，政府不加任何管制。而且在1971年8月15日之前，外國貨幣機構可將所持美元依35美元等於一盎司的比率，向美國財政部請求兌成黃金。

第三、美元之兌換係以美國强大的經濟力量作爲後盾，一方面國內擁有相當發達的資本市場，另一方面政府對於國外資金的流入及流出並不實施任何管制。

第四、美國與歐洲其他重要國家相比，物價較爲穩定，嚴格說來，美元的價值是以所能買到的財貨與勞務之多寡爲依據，與其背後所能兌換的黃金較少關聯。韓戰之後的1955～57年，美國雖有通貨膨脹現象，但是接着1957～64年則是長期的物價穩定時期。1964～1969年之間，雖亦面臨新的膨脹壓力，而使美元的信心頗受打擊，但在整個1957～68年間，歐洲重要國家的通貨膨脹程度絕對不比美國爲輕。

四、當代國際貨幣制度的特徵

綜合以上所述，可將當代國際貨幣制度的特徵歸納如下:

(一) 以黃金、特別提款權，及美國的短期負債作爲準備資產；這些準備資產的數量並受相當的限制。

黃金　作爲準備資產的黃金，其數量是受開採數量及自由市場交易數量之影響。

特別提款權 這是一種透過國際貨幣基金而發行的無形準備資產，與黃金之間有着固定的平價。其發行的數量，須經基金會員國的絕大多數同意，並經相當複雜的程序才能決定。

美國的短期債券 這種準備資產是由美國的國際收支逆差所造成，所以各國官方保有這種準備資產的數額，乃由美國國際收支的順逆趨勢所決定。此外，又因美元與黃金之間，訂有固定的交換比率，所以美元相對於黃金的升值與貶值，也會影響外國所持這種準備資產的價值變動。

(二) 根據國際貨幣基金協定第4條的規定，一個會員國的通貨平價，須以「黃金或1944年7月1日實施的重量及成色的美元，表示其共通單位」。但在1971年12月18日，主要國家同意其通貨平價實施多邊調整以後，則係稱爲「中心滙率」(central rate) 或「基準滙率」(pivot rate) 的調整。所謂「中心匯率」或「基準滙率」，雖然亦按黃金或特定的黃金價值之美元表示，事實上，其與黃金的關係已是形式的，且爲暫時性質的。各會員國宣告其平價之後，各有義務遵行及防範平價的變更。基金規定，會員國爲了矯正國際收支的基本失衡，可以調整匯率。換句話說，匯率的穩定的，但並非牢不可變。這種折衷制度的用意，顯然是在於取得金本位時代安定性的特點，同時又在於避免其調節機構作用過於强硬的痛苦❸。

(三) 各會員國的通貨設定平價之後，應儘量設法穩定其滙率於狹隘的範圍之內，實際匯率變動高低不得超過平價上下的各1％(重要通貨國家爲0.75％)，亦卽，匯率的波動幅度 (band) 僅爲2％。但自1971年12月18日，主要國家的通貨平價，決定實施多邊調整之同時，各國通

❸ Delbert A. Snider, *International Monetary Relations*, (New York: Random House, 1966), p. 90.

貨對於美元的匯率波動幅度，准予放寬至上下各2.25%的範圍，亦即，合計的波動幅度爲4.5%。

(四) 多年以來，美國經常運用其「勸告的力量」(power of persuasion)，促使其他貨幣當局，不在外匯市場拋售美元以換取其他準備資產。由此看來，美元在事實上的兌換能力，旣屬有限，又不確定。在此情況之下，美國乃是唯一可以本國通貨換取其他準備資產的國家。至於其他國際收支發生盈餘的國家，所能累積的準備資產只是美元而已。又自1971年8月15日，美國已因新經濟措施之實施，正式宣佈美元與黃金脫離兌換關係。

(五) 爲了配合特殊需要及應付各種緊急情況，各國之間尙有其他方式之國際貨幣合作存在：

(1) 巴塞爾協定 (Basel Agreement)：1960年3月，英鎊發生危機時，比、法、義、荷、瑞典、瑞士、英國及西德八國，在國際淸算銀行 (Bank for International Settlements; BIS) 所在地成立巴塞爾協定。共同約定：第一、各國致力於維持安定的匯率；第二、各國中央銀行在外匯市場密切合作；第三、若遭遇困難時，應透過二國間的協議，商討對策。

(2) 貨幣互換協定 (Swap Agreement)：1961年開始，美國即直接介入外匯市場，維持匯率的安定。此項外匯買賣，需要大量能够支持美元的堅強通貨，如西德馬克及瑞士法郎等。美國當局乃於1962年3月，與其他主要國家的中央銀行及國際淸算銀行，分別簽訂貨幣互換協定，規定各國中央銀行在約定期間之內，互相持有對方貨幣，遇有通貨困難，可以彼此動用，以維持匯率的安定。

(3) 盧薩債券 (Roosa Bond)：在1961年10月底，美國財政部根據次長盧薩 (Robert V. Roosa) 之提案，與金匯準備充裕的西歐國家簽訂協定，發行西歐國家中央銀行承購的外幣債券。美國發行此項債券所獲得之外幣，可充作美國之對外準備。

(4) 一般借款協定 (General Agreement to Borrow; GAB)：1962年10月，國際貨幣基金採納柏恩思坦 (Edward M. Bernstein) 之計劃，由十國集團成立一般借款協定，共同出資60億美元，作爲補充資源，以備基金必要時動用。自此以後，基金協助會員國以解決收支逆差的能力，更見增強。

(5) 黃金兩價制 (two-tire system of gold price)：1968年 3 月，美國、英國及西歐各國的中央銀行，爲了防止黃金價格發生不必要之波動，曾於 1960 年12月共同設立「黃金同盟」 (Gold Pool)。各國中央銀行共同出資二億七千萬美元，交由英格蘭銀行代理營運，在金價劇漲時拋售黃金，在金價劇跌時吸購黃金。黃金同盟的操作大致順利。但至1968年 3 月，第三次的國際購金風潮發生之後，美英等七國之中央銀行總裁乃於同月17日在華盛頓擧行會議，決定解散黃金同盟，成立黃金兩價制。亦卽，各國貨幣當局之間的黃金交易，繼續維持一盎司等於35美元的價格，自由市場之黃金價格則由供需情況決定。並且決議各國貨幣當局，停止對市場供給黃金，並不再向市場購買黃金，如此，貨幣用黃金與非貨幣用黃金分開之後，投機者一方面不能再以美國官方的存金作爲投機對象，另一方面却又失去金價不會跌至35美元以下之保障，遂使購金風潮歸於平息。黃金兩價制於1973年11月14日廢除。

五、美國新經濟措施

自從1968年 3 月黃金兩價制實施之後，美國已不負有拋售黃金以抑制投機之責，所以美元地位較前堅强。1969年 5 月之歐洲金融風潮、8

月之法郎貶值及10月之馬克升值，未使美元之地位受到打擊。進入1970年以後，由於法郎與馬克之平價既已先後調整，並無其他通貨可作投機對象，加之特別提款權亦自當年1月開始實施，所以國際貨幣情勢相當穩定。但是進入1971年以後，由於美國國際收支續呈惡化，歐洲又有馬克可能升值或實施浮動匯率的傳聞，所以歐洲美元充斥歐洲金融市場，西德等國的美元外匯迅速增加。4月26日，法國當時財政部長季斯卡(Valery Giscard d'Estaing)在漢堡舉行的歐洲共同市場之財長會議席上主張提高黃金價格，使得馬克的投機轉趨激烈。5月3日，西德經濟研究所協會提出經濟分析報告，建議西德政府採取浮動匯率制度，作為抑制國內物價之緊急措施。此一報告提出之後，據說財經部長亦表支持，因之，國際金融市場立即引發龐大的外匯投機。4-5兩日之內，流入西德的歐洲美元多達22億之多。外匯投機至5月5日達到高潮，局勢十分嚴重，幾至難以控制。一般估計，當日上午歐洲各國中央銀行吸購之美元多達20餘億；其中，西德聯邦銀行在交易開始後之40分鐘之內，即已吸購10億美元左右，西德被迫關閉外匯市場。其他歐洲若干國家的中央銀行立刻效法德國，同時關閉外匯市場。

歐洲共同市場各國為了應付此一風潮，乃於5月8-9兩日在布魯塞爾召開緊急理事會議共商對策，結果決議：西德馬克及荷蘭基爾德採取浮動匯率，上下幅度可以超過先前維持的範圍；瑞士法郎和奧地利先令分別升值7.07%及5.05%；比利時法郎實施雙重匯率制度，亦即自由市場之匯率任由供需決定，官方市場之貨幣兌換仍照原來匯率；法國法郎及義大利里拉則仍維持原有匯率。

上述歐洲國家之中，瑞、奧兩國的通貨據說原來應在1969年西德馬克升值之時追隨，此次升值乃是補行調整。西德與荷蘭貿易關係密切，故在通貨問題方面亦採一致行動。至於比利時因不採取浮動匯率，故為一種匯兌管制，行動近乎法國的主張。由此可見，歐洲國家對於通貨的決策已經形成兩大集團：一爲日耳曼集團，一爲拉丁集團。

這些措施使得外匯市場的高度緊張狀況暫時緩和下來，投機資金的流動趨於減少。但是，不久之後潛在的不安因素逐漸造成壓力。美國當時似乎沒有能力解決通貨膨脹及經濟停滯這兩個同時發生的問題。至於美國的貿易收支，在1971年1-3月仍然略有盈餘，但在4月以後就已出現逆差，一般認爲，該年可能發生1893年以來的首次逆差。與此同時，西德馬克向上浮動的價位日趨高升，相對說來，美元地位降到低點。不久之後，大批資金經由匯兌一湧而來，引起更爲嚴重的危機。1971年，美國官方的對外負債在1-6月共達100億美元，而至7月及8月的前兩星期，又再增加70億美元；同年，美國官方的準備資產在1-6月減少10億美元，而至7月及8月的前兩星期，又再減少15億美元。

上述的情況在8月15日美國總統尼克森 (Richard M. Nixon) 宣布新經濟措施時可謂已經到達高潮。至此，現行國際貨幣制度無法對抗長期國際收支失衡及短期投機資金流動的重大缺陷完全暴露出來。

1971年可以說是國際收支制度發展過程之中一個時代的結束。將近40年來，美國財政部一直以每盎司黃金等於35美元的比率，對於外國官方所持的美元，承擔兌換黃金的義務。而至1971年8月15日，40年來國際貨幣危機最嚴重的時候終於到來，因爲由於美國新經濟措施的宣布，美元不僅停止兌換黃金，而且美國亦對進口課稅商品，加征10%的進口附加稅 (surcharge)。美國採取這些手段的目的，不只是要改善美國的國際收支，同時也是在於激勵其他國家各自改變匯率，並且負擔較大部分的共同防衛支出，放寬對於美國商品所加的限制。

由於美元乃是當代國際貨幣制度的關鍵通貨，所以美國新經濟措施發表之後，舉世爲之震驚。就其課征10%之進口附加稅而言，將對世界貿易發生重大的影響，嚴重打擊其他國家之對美輸出。日本與歐洲共同市場各國，嚴厲指責美國顯已違反「關稅及貿易總協定」的精神與規章；加拿大與印度要求對其商品免征進口附加稅。美國本身則是一再表示：此一措施僅爲暫時性質，並非用以對付任一國家，一俟平價之調整得到解決，此項進口附加稅卽告結束。再就美元停兌黃金以後採取的美元浮動而言，已使現行以固定匯率爲基礎的國際貨幣制度，瀕臨破滅的邊緣。

美國新經濟措施發表之次日開始，歐洲各地的外匯市場關閉長達一週之久。歐洲共同市場貨幣委員會則於8月17日舉行會議，討論可供採行之兩項計劃：(1) 實行「聯合浮動匯率」，亦卽六國貨幣密切聯繫，跟隨美元採取浮動匯率；(2) 各國分別訂定「雙重匯率」，一爲適用於經常交易之固定匯率，一爲適用於資本交易之浮動匯率。8月19日，共同市場舉行部長會議，由於德法兩國意見之對立，未能獲致協議。8月23日，歐洲各地外匯市場在無國際協議之下重新開放；英國及多數國家實施浮動匯率，法國則採雙重匯率。

至於日本當局，起初爲了避免日圓單獨升值，一方面繼續維持對外交易，一方面大量吸購美元藉以維持平價。但因國際短期投機資金大量湧入日本，以致日本外匯準備大幅增加，使得日本當局無法在固定滙率之下繼續吸購美元，終於8月28日開始實施浮動滙率制度。

美國及其他主要國家爲謀國際金融危機之解決，先後舉行一連串的雙邊及多邊國際會議，但因美國及其他主要國家之意見互相對立，故未達成具體協議。

11月下旬開始，美國總統尼克森連續會唔加拿大、法國、英國、西德及日本等國行政元首，表示對於國際貨幣問題謀求協議的決心。11月30日至12月1日，十國財長會議又在羅馬舉行，雖然仍未達成具體協議，但因美國對於美元貶值已經採取較富彈性的立場，所以各國之間的談判漸趨深入。12月13—14日，美國總統與法國總統在亞述爾群島舉行高階層會議，會後發表聯合公報，表示願在各國的合作之下，透過美元貶值與若干其他國家通貨升值的方式，努力促成各國滙率的重訂。此一聲明已經代表美國政策方面的最大轉變與讓步，更使此一危機獲得早日解決的希望大爲提高。

12月17日—18日，十國集團及瑞士各國的財政部長與中央銀行總裁，於華盛頓史密松寧博物館 (Smithsonian Institute) 舉行會議，此次會議係由美國財政部長康納利 (John B. Connally) 擔任主席，會後發表公報，宣布達成解決國際貨幣危機的協議，此一空前混亂的國際貨幣秩序遂告恢復。

此次十國財長會議公報，一般稱爲「史密松寧協議」(Smithsonian Agreement)，要點如下:

第一、重訂各國通貨的滙率: 一方面，美國承諾將其美元對於黃金之平價，由原來之一盎司黃金兌換35美元，調整爲一盎司黃金兌換38美元; 亦卽，若以美元作爲計算標準，美元對於黃金貶值7.89%。另一方面，其他國家之通貨則對美元分別升值: 日圓16.88%; 西德馬克13.57%; 瑞士法郎13.57%; 荷蘭基爾德 11.57%; 比利時法郎 11.57%; 英國英鎊8.57%; 法國法郎8.57%; 義大利里拉7.48%; 瑞典克羅那7.48%; 加拿大元續採浮動滙率。

第二、放寬滙率的波動幅度: 本來，按照國際貨幣基金的規定，各國滙率之波動幅度限於平價上下各1%的範圍; 此次會議結果，各國同意滙率的波動幅度放寬至對美元新訂之「中心滙率」(central rates) 上下各2.25%的範圍。

第三、美國將與歐洲共同市場各國、日本，及加拿大舉行緊急會議，儘速解決若干短期貿易問題。

第四、鑒於通貨平價的多邊調整，美國同意立即取消10%之進口附加稅。

第五、改革長期的國際貨幣制度：十國集團同意將在國際貨幣基金的體制之內，儘速研討國際貨幣制度的長期改革。研討重點在於：（一）應以適當的方法及劃分責任保護匯率之安定，並且維護現行制度下之自由兌換；（二）黃金、準備通貨及特別提款權應該承擔適當任務；（三）保持適量的國際流動能力；（四）重新檢討匯率之波動幅度以及足以提供適當彈性之方法；（五）應付短期資金流動之其他措施。

上述的協議達成之後，主要國家均已陸續宣布各國通貨的中心匯率。國際貨幣基金的執行董事會亦於12月20日召開特別會議，同意各國設定中心匯率，並且允許匯率的波動幅度擴大至中心匯率上下各2.25%的範圍，可見國際貨幣機構對於此一協議之支持。

六、史密松寧協議之後的發展

史密松寧協議達成之後以迄主要國家普遍實施浮動滙率之前的國際貨幣情勢，若以美元匯率變動為中心，則其發展大略可以分為四個階段：第一、1972年1月中旬以前，美元匯價呈現堅定局面；第二、1月中旬至3月中旬，美元匯價轉趨疲軟；第三、3月中旬至6月中旬，美元匯價重呈穩定；第四、6月下旬英鎊實施浮動匯率以後，投機資金轉移目標，美元匯價再趨疲弱；嗣經有關國家吸購及美國重新干預市場，局面漸趨穩定，但是自由市場之黃金價格則呈空前之上升。玆分述如後：

(1) 十國集團協議實行之初期，由於市場預期美元在貶值之後將趨堅強，同時認為投機性的美元將會大量流回美國，致使美元地位頗獲改善。在1972年1月中旬以前，美元對主要通貨之匯率，一直接近中心匯率之上限（即超過中心匯率約2.25%），短暫的一度出現小康之局面。

(2) 自1月中旬起，美元匯率開始軟弱，迨至3月中旬，日、德、法、比、荷及英等國通貨之匯率，均升至或超過其中心滙率上限之邊緣，有關國家中央銀行被迫採行干預措施，以維護史密松寧協議。美元匯價之由堅變軟，其主要原因計有下述兩點：第一、美國對外貿易逆差增加，國際收支續呈惡化：1971年美國基本收支逆差約爲100億美元，1972年前4個月對外貿易的逆差達22億美元，超過上年全年的逆差；而據報導，4—7月，貿易逆差亦將超過5億美元。根據其他國家經驗，匯率向低調整對於國際收支固可產生有利轉變，惟可能需時兩年或兩年以上的時間落後。第二、美元之回流未符理想：由於美國和世界其他國家利率差距、新匯率型態的不穩定性，以及美國膨脹性貨幣和預算政策等之影響，致美元回流不如理想。在史密松寧協議前7、8個月期間，被兌換成外國通貨之150億美元，只有一小部份流回美國。

影響所及，各方對於美元之信心大形減退，於是沉寂不久之國際貨幣危機大有捲土重來之勢。各國中央銀行遂又重新採取去年阻止其通貨升值之措施以資肆應。德國主要偏重貨幣措施，亦即聯邦銀行降低重貼現率，限制工業向海外大量借款（此爲馬克持續强勢的主要來源），並提高各銀行對外負債之準備。比利時及荷蘭亦降低利率，前者並重新限制其商業銀行對外負債，後者則禁止對非居住民荷盾存款支付利息及禁止自非居住民再接受此種存款。日本偏重行政措施，恢復對日圓投機性購買的控制。

(3) 由於主要國家先後採取肆應措施，致美元所受投機的壓力，於3月中旬以後漸告減輕。尤其是美國國會於3月下旬未經修正即通過美元貶値法案，投機者之藉口大爲削弱。自此以後，外匯市場相當穩定，美元對主要通貨之匯率均告上升。3月上旬，美元較8個主要國家中心匯率之加權平均低1.8%，而該月下旬則改善爲低於1.2%以下。同時另有一項減輕美元壓力之因素，卽美國利率之開始回升，至4月初，商業銀行主要放款利率升至年息5%或略低於5%之水準。加之，美國對外貿易亦因碼頭罷工解決而有改善之希望。所以，美元在國際市場漸漸重趨穩定，在6月23日英鎊實施浮動匯率之前，未再發生重大波動。

在此期間，歐洲共同市場各國於4月24日在巴塞爾達成協議，擬自7月起將會員國間通貨之波動幅度予以縮小。會員國通貨對美元繼續維持平價上下合計4.5%之波動幅度，而各會員國通貨之間的波動幅度則縮小爲平價上下合計2.25%。此項協議顯示歐洲共同市場各國積極向經濟及貨幣同盟之途邁進。

(4) 6月中旬，英鎊遭遇嚴重之投機壓力，英國於同月23日宣佈實施英鎊浮動匯率。其後，投機資金轉以美元爲目標，致使美元匯率在歐洲及日本等地外匯市場不斷下跌；嗣經有關國家中央銀行大量吸購，始未打破波動幅度之下限。美國政府鑒於情況之嚴重，於7年19日由聯邦準備銀行出面干預市場，出售所存馬克等强勢通貨，並宣佈恢復實行貨幣互換協定，美元匯率遂又轉趨穩定。上述行動，對於美國總統上年8月所宣布暫時停止美元對一切準備資產之自由兌換以及放任美元匯率自由浮動的聲明，顯示美國在政策上已有轉變，或者至少對於國際貨幣秩序的維持已在加强彈性運用。

最後，關於黃金價格，在史密松寧協議宣佈之前夕，倫敦市場之黃金價格爲每一盎司42.75美元。其後卽在大漲小回之型態下逐漸攀升，於1972年5月初打破50美元大關；6月23日英鎊改採浮動匯率之時升達63.25美元；7月下旬因英鎊及美元匯率轉趨穩定，投機者哄抬金價，7月31日升達68.50美元，8月2日一度打破70美元大關，超過美元貶值前官方金價之一倍。影響所及，各方對於黃金兩價制之前途及提高黃金官價之可能性，紛紛加以猜測。

史密松寧協議實施之後，國際貨幣情勢方面之最大變動，當推英國政府於1972年 6 月23日突然宣佈放棄支持英鎊固定平價（一英鎊等於2. 60571美元），改採浮動匯率，聽任市場供需力量決定英鎊匯價。此爲對於史密松寧協議所建立的中心匯率制度之首次的突破。影響所及，歐洲全部外匯市場、非洲與亞洲之許多外匯市場爲之關閉數日之久。非但黃金市價蒙受刺激，美元匯價亦受沉重壓力，致使勉强維持平靜之國際貨幣局面再度發生危機。

七、二次戰後美元的二度貶值

英鎊於1972年 6 月23日開始實施浮動匯率之後，雖使國際貨幣秩序蒙受困擾，但其範圍尙未大到足以動搖國際貨幣基礎之程度，所以同月28日歐洲各地外匯市場重新開放之後，國際貨幣的緊張局勢暫趨緩和。1972年下半年以來，有關國家爲期鞏固國際貨幣制度之基礎，曾就史密松寧協議的各項長期改革問題，積極進行雙邊與多邊的硏討。但是，由於美國與其他主要國家之間的互相對立與堅持己見，故至1972年結束之時，尙無澈底打開僵局之成就。

進入1973年之初，國際貨幣局面尙稱平靜。不久，義大利在資本外流壓力之下，自 1 月19日開始大量出售所存美元藉以安定里拉，並自次日實施雙重匯率制度。首當其衝的瑞士，不堪承受美元大量流入造成的壓力，亦自23日開始實施浮動匯率制度。次日，美國商務部發表1972年對外貿易之龐大逆差（1972年貿易逆差多達64億美元，約爲上年貿易逆差之 3 倍）；影響所及，美元之國際信用大爲削弱，拋售美元之投機活動有增無已，並且改以歐洲國家及日本之通貨爲對象。

2月開始以後，上述的投機風潮變本加厲，逐漸達到不可控制的階段。其間雖經西德及日本等國中央銀行購入大量美元（西德購入多達69億美元，日本購入10億美元左右），仍難遏止投機之狂潮，美元匯價跌至波動幅度之下限。嗣因西德無力抗拒此項壓力，乃自2月9日停止吸購美元，日本則自2月10日關閉外匯市場。2月12日開始，世界主要國家之外匯市場紛紛停止外匯交易。

2月9—11日，美國乃與歐洲各國及日本進行緊急磋商；至12日，美國、西德及日本三國代表在波昂集會，會後美國的財政部長修玆(George P. Shultz) 宣佈二次大戰後美元的二度貶值；每一盎司黃金的官價由38美元提高爲42.22美元，亦卽，每一美元折合的特別提款權由0.92106單位降低爲0.82895單位。

美元宣佈二度貶值之後，各地外匯市場重新開放，除去日本實施浮動匯率制度之外，其他國家均已先後採取改變匯率之配合措施。計自2月13日起至3月1日止，國際貨幣基金之125個會員國中，已有100個會員國向基金表示調整貨幣平價的態度。以新的美元價值爲準：通貨升值者47國（多數升值幅度爲11.11%，僅有6國在10%以下，我國新臺幣升值5.26%）；匯率不變者35國；其餘14國大多採取浮動匯率；亦有態度尙待澄清者。

此次美元貶值，對於各國經濟的影響不盡相同，尤其是對歐洲各國及日本的影響，卽有重大差異。以西德爲例，其1971年對歐洲各國之貿易佔60%以上，而對美國之輸出僅佔9.7%，自美國之輸入僅佔10.3%；亦卽，其對法國、義大利、荷蘭等歐洲共同市場國家之經濟關係較爲密切。反之，日本對美貿易的比重約在30%以上，遠較歐洲的比重爲高，因此所受美元貶值的影響當較歐洲爲大。至於美元貶值雖以改善美國本身的對外貿易及國際收支爲目的之一，但是究能發揮何種程度的效果，一般對之頗表懷疑。此因：第一、美國企業在技術及經營方面的優勢已漸縮小；第二、美國之產業結構中心已由製造業轉向勞務業；第三、美國因受「能源危機」(energy crisis) 的影響，輸入之中缺乏價格彈性的商品之比重漸趨增大。由此可見，美國國際收支之改善，如果僅賴美元貶值，效果似乎有限。所以，美國財政部長宣布美元貶值之同時，亦曾指出將於最快期間向國會提出新的通商法案，授權總統提高關稅及採取緊急限制輸入的權限。亦卽，美國今後擬將通貨問題與貿易問題謀求同時解決；美國行將要求各國降低關稅及其他貿易障礙，藉以平衡國際收支，否則美國頗有採取保護措施之可能。

以美元二度貶值爲中心之匯率體系大致建立之後，各國外匯市場亦自2月13日起先後開放，初期反應良好，國際貨幣危機似有暫告結束之勢。但因美國並未提出干預外匯市場之承諾，西德馬克並未特別升值，投機之因素仍未消失，所以一週之後，美元匯價開始不穩。2月23日，自由市場的黃金價格曾創每一盎司95美元的空前高峯。2月底，歐洲共同市場國家傳出擬對美元實施「聯合浮動」(joint float; common float) 的消息，以致美元之拋售再度到達高潮。3月1日，西德聯邦銀行被迫吸入之美元高達20億之多，歐洲共同市場九國中央銀行共計購進30億以上之美元。鑒於市場投機力量過於龐大，西德及歐洲各國乃自3月2日開始再度關閉外匯市場；日本及其他國家亦採相同行動。至此，國際貨幣情勢重又陷入混亂局面。

3月8日，歐洲共同市場兩次舉行多邊會議，商定挽救貨幣危機之其他措施。3月9日，十四國財長及中央銀行總裁又在巴黎集會，達成下述各點決議：(一) 馬克先行升值3%以矯正中心匯率的偏低，歐洲共同市場九國之六國（西德、法國、比利時、盧森堡、丹麥及荷蘭）互相之間保持固定匯率（波動幅度合計2.25%），但對美元採取聯合浮動匯率，其餘三國（英國、愛爾蘭、義大利）之通貨單獨浮動；（二）有關國家在適當時機對於市場加以干預；美元在六國浮動集團中之匯率如果太低，美國亦將加以干預；（三）有關國家合作阻遏投機資金的流動，並且研究限制歐洲美元市場的方法；（四）各國加强抑制通貨膨脹的方法。

上述的決議雖非重大之成就，但因馬克已經升值3%，美國又已承諾必要之時干預市場，而且對於阻遏短期資金之流動亦已有所安排，所以外匯市場自3月19日重新開放之後，國際貨幣情勢暫告穩定。但至6月29日，馬克又對歐洲共同浮動貨幣升值5.5%。

至此，經過以上的變革，以固定匯率為中心的當代國際貨幣制度，可謂已經支離破碎。美元雖已兩度貶值，但是短期之內美國國際收支平衡的恢復並無希望。同時，美國今後對於國際收支問題的解決，一方面是對國際貨幣制度謀求長期的改革，另一方面是對其他國家施予壓力，迫其撤消各種貿易障礙。其中應該注意，美國在國際貨幣制度改革的構想中已對各國匯率的調整抱着彈性的態度。美國認為，今後各國匯率的改訂應該趨於頻繁，因此，長期的固定匯率制度似乎已經成為過去。

總之，目前的國際貨幣制度已較過去任何時期更為複雜，也更脆弱。過去的制度是以美元為核心，但是今天的美國已經失去對於世界經濟的支配地位，可是西歐及日本的實力，仍不足以接替美國。在此青黃不接的階段，任何解決危機的安排，僅係過渡時期之應急措施而已，欲求整個制度之長期穩定，仍須進行根本之改革。

第二十一章　當代國際貨幣制度的改革方案

國際貨幣基金是現行國際貨幣制度的核心，就三十餘餘年來的運行觀察，有其輝煌的成就。但是，基金的方案擬議於第二次世界大戰的末期，而正式成立於大戰結束之後。擬議基金方案時所預料的戰後之國際經濟金融情況，與戰後的實際情況之間，却有很大的差異。因而，這種制度一開始就蘊含着許多問題，這些問題的性質且已隨着歲月的推移而發生變化。問題的存在及其嚴重性，不難就最近數年來不斷發生的國際貨幣危機得到理解。然則，當代的國際貨幣制度，究竟存有何種困難？有何改革方案提出？這方面的檢討，乃是改革國際貨幣制度之所需。

一、當代國際貨幣制度的缺陷

事實上，當代國際貨幣制度的基本困難，共有三個:（1）信心的問題(confidence problem)；（2）長期流動能力的問題(long-run liquidity problem)；（3）調整的問題（adjustment problem）。這三個問題之間的關係，息息相關。調整過程越短，對某種貨幣的信心越不致動搖；同時；爲彌補國際收支逆差所需的流動能力亦不須太多。

1. 信心問題

在現行制度中，美元已經取得「關鍵通貨」的地位，與黃金同樣地成爲國際準備資產。過去各國之所以願意持有美元，實以美國官方維持每盎司黃金等於35美元的價格，自由而無限制地能以美元兌成黃金的允諾爲前提。美元所含的黃金量如果降低（即官定黃金的美元價格提高），於是每一美元按照外國通貨計算的價值必然下降，外國之持有美元必然蒙受損失，勢必急於將美元兌成黃金或其他通貨。即以1971年12月美國同意美元對黃金貶值之前數週的情形而論，美元在世界主要外匯市場的兌價，一直低迷不止，曾達二次大戰以來的最低水準，這是對美元失去信心的最佳證明。

美元的危機，開始於1950年代末期，美國對外的短期債務逐漸超過其黃金準備以後。就1970年的情形而論，外國官方機構持有美國短期債務的總額爲420億美元，而美國的黃金存量僅約110億美元。所以國際間對於美國按每盎司黃金等於35美元的比率，維持兌換的能力，發生深刻的疑問，故危機亦越趨嚴重。最後終於迫使美國在1971年8月15日宣佈新經濟措施，斷絕美元與黃金之間的兌換關係，同時採取浮動匯率，致使現行的國際貨幣制度處於崩潰的邊緣。所幸同年12月21日，主要通貨平價的多邊調整達成協議，才使混亂的國際貨幣情勢暫時恢復安定，但對美元的信心仍未完全恢復。

2. 長期流動能力問題

所謂「國際流動能力」(international liquidity)，簡單地說就是國際準備資產的總額。在現行制度下，構成國際流動能力之主要因素，一爲各國貨幣當局所握有之黃金及美元、英鎊等外匯資產，二爲各國在國際貨幣基金的提款權。

大致言之，目前國際流動能力之所以發生問題，其主要癥結在於下列二點：（一）作爲國際貨幣準備的美元與英鎊等關鍵通貨，因其所佔比率顯著增加，以致引起困擾與不安；（二）因爲國際貨幣準備之增加，不能適應世界貿易逐年擴大的需要，乃引起國際流動能力的不足。

首先，如上所述，美元這種關鍵通貨，是今日國際流動能力之主要來源。目前的國際準備資產中，若減去美元這種關鍵通貨，則國際貿易的進展可能陷於癱瘓狀態。但是，這種以特定國家的貨幣作爲國際準備資產，在本質上有一困難，即此種特定國家的貨幣具有一種內在的不安定性。某一國家的貨幣，若被作爲國際準備資產，則該國之債務即依照國際準備資產之需要而增加，且外國所持該國貨幣之增加，又以該國之國際收支發生逆差爲前提。其他國家之國際準備資產，如欲繼續增加，則該特定國之國際收支就要有繼續性的逆差。但是該國之收支逆差如果繼續存在，則其他國家對該特定國家貨幣之信心即會發生動搖。其結果將促使其他國家以該特定國貨幣，兌換成黃金，而該特定國貨幣價值之維持就有極大困難。此乃一再發生「美元危機」的根本原因之一。

其次，由於國際貿易數量不斷的擴張，新採黃金的增加遠不足以應付國際貿易增加的需要，而美元這種關鍵通貨，爲了維持幣值的穩定，實在不宜任意增加，於是乃有國際流動能力不足的困擾。

就自由世界的黃金而論，其來源有二：即新金礦之開採與共產國家存金之出售，過去黃金產量雖年有增加，但是近年以來，世界黃金之產量，每年僅能維持於14億美元之水準。產量之不能大量增加，主要是因爲開採成本日漸上升，而黃金官價30餘年來每盎司均釘住於35美元，以致利潤低微。至於共產國家之出售黃金，則年有不同，甚不可恃。根據估計：1914年以來，世界貨幣用黃金增加率，年僅1.5%-2.0%，而第二次大戰以後，國際貿易的增加每年約在6%-8%之譜。因此，欲以黃金的增加來補充國際準備資產的不足，顯然無能爲力。

由於黃金之增加，不足以適應國際貿易擴充之需要，所以各國才以美元去補充國際準備資產的不足，以加强國際貨幣制度的彈性。但是，這種辦法一方面既不能解決國際流動能力不足的問題，另一方面又增加了美國的困難。就前者言，作爲國際準備資產之關鍵通貨，必須是各國均願接受之貨幣。此類貨幣爲提供國家之國內貨幣，其數量之增加須以國內經濟需要爲主，而不能完全配合國際貿易上的需要。故其彈性雖較黃金爲大，但仍不能根本解決國際流動能力不足之困難。就後者言，美國對於世界各國提供國際貨幣，祇能通過兩種方式之一：（一）對其他國家進行大量放款、投資或援助；（二）本身在國際收支上出現鉅大的逆差。就提供美元的美國而言，這種發展極爲危險：第一、因爲國際需要而增加貨幣負債，容易引起國內通貨膨脹；第二、貨幣負債之大量增加，及國際收支的鉅額逆差均足以削弱美國黃金準備的實力，降低其貨幣在國際間的信譽，甚至發生貨幣貶值的猜測與事實。

1970年以後，雖有特別提款權的發行，藉以補充國際流動能力的不足，但因尚在初創時期，效用未能充分發揮。所以，目前的情形是以美元補充國際流動能力的不足，但是，美元作爲國際貨幣部份的增加，乃是美國國際收支發生鉅額逆差的結果。如今美元的信用低至極點，美國正在積極謀求國際收支的平衡。如果美國的國際收支眞正達成平衡，則國際流動能力又將顯然不足。此即所謂「流動能力的矛盾」(liquidity dilemma)。

3. 調整問題

國際流動能力的基本功能，乃在於籌措並彌補國際收支短絀所需的資金；而調整問題，根本上是國際間對於各種價格與成本的重新安排。不過，在現行釘住匯率下，各國却放棄「藉匯率的變動以達成重新安排」的可能性，穩定的物價、高水準的就業，以及經濟的成長等現代經濟政策所特別重視的目標，又使金本位所依賴的「在逆差國家緊縮通貨，在盈餘國家膨脹通貨」這一調整規律無法進行。於是，在現行制度之下，國際收支的調整只得透過兩種方式：第一、消極地管制國際貿易與收支，以期改善國際收支；第二、放棄國內物價穩定或充分就業的目標，擔負其應盡的責任。前者與自由貿易的理想相反，並不足取；而後者之實行則須犧牲國內之經濟安定或充分就業，顯非易事。由此可見，國際收支的調整問題，確實嚴重。

綜上所述可知，一個理想的國際貨幣制度，必須國際流動能力與國際收支的調整，兩者合併作用，可使國際收支逆差的國家無需採取嚴重的通貨收縮措施，或無需對其國際貿易實施限制仍能矯正國際收支的失衡。此外，須能在長期間內，增加國際流動能力，以配合世界生產、貿易及支付的增加，使其接近世界資源之充分利用水準。

無疑地，當前這種以國際貨幣基金為核心的國際貨幣制度，不僅不是理想的制度，而且上述的困難日趨嚴重。因此，如何改革這種制度的討論，近年以來非常熱烈，各國的專家與學者紛紛提出各種形形色色的改革方案。

二、擴大金滙兌本位方案

當代國際貨幣制度所出現的各種缺陷及其困難，已顯示出此一制度有加以改革的必要。於是，各方乃提出許多改革方案和意見。其中，有的認為現行制度在結構上充滿瑕疵，亟應改弦易轍，以另一種嶄新的制度加以取代；有的則認為現行制度的運作基礎尚稱堅固，只要在若干小節上設法加强，即可無礙。介於這兩種極端之間的尚有各種形形色色的建議。以下主要係根據普林斯頓大學馬賀魯普 (Fritz Machlup) 教授的分類：(一) 擴大金匯兌本位；(二) 各國中央銀行合作；(三) 集中貨幣準備；（四）提高黃金價格；（五）採用伸縮性匯率等五類改革方案略作論述❶，最後並述及「恢復金本位」方案。

在擴大金匯兌本位的意見中，樂觀派人士總是認爲現行制度雖有缺陷，但無須採取其他措施，此種制度依然能够順利運作。其見解認爲：黃金價格的上漲不會趨於嚴重，美國債務的增多，亦不致超過其他國家願意接受作爲準備資產的數額，而且，黃金生產的增加、窖藏黃金的脫手，以及美元餘額的增多，足以適應國際準備資產增加的需要，所以現行國際貨幣制度的前途甚爲樂觀，自然無須多予更張。

擴大金匯兌本位制的第二類主張，是增加新的强勢通貨，如西德馬克、瑞士法郎等，作爲新的「關鍵通貨」，而將現行制度變成「多元通貨準備制度」(multiple-currency-reserve system)。

希臘銀行總裁左路塔斯 (Xenophon Zolotas) 稱這種新制度爲「多元通貨國際本位」(multi-currency international standard)。認爲此一新制應有兩個特點：第一、通貨已被外國中央銀行或貨幣當局用作外匯準備資產的國家，應當提供一項「黃金保證」(gold guarantee)；但這並非履行通貨可以兌換黃金的義務，而是制訂一項黃金條款，保證對外國貨幣當局在關鍵通貨貶值時所受損失給予補償。第二、對於外國官方的短期存款，在利率及租稅方面給予優厚待遇 (preferential treatment)，以鼓勵其以外幣資產代替黃金作爲準備。

曾任美國財政部次長的盧薩 (Robert V. Roosa) 亦曾於1962年5月宣稱，紐約聯邦準備銀行應首先建立多元通貨準備制度。Roosa 的多元通貨方案中，不包括任何黃金保證，因其認爲以美元作爲準備，不應當有所疑慮，亦不必藉黃金保證的支持。如此可以節省黃金準備，而使兩

❶ Fritz Machlup, *Plans for Reform of the International Monetary System* (Princeton, N. J.: Princeton University, 1964).

種關鍵通貨完成的使命得以部份多邊化。

盧滋 (Friedrich A. Lutz) 教授亦曾指出，除了伸縮性的匯率以外，「多元通貨本位」乃是改革國際貨幣制度的最佳方案，因其認爲國際準備分散於數種通貨，能使貨幣制度對於危機的敏感程度降低。Lutz 方案中，並未提及黃金保證或優惠待遇。

多元通貨制度的發展，必須以各國中央銀行所保有的各種準備資產在比率上相互配合爲原則。否則，對於各種通貨的需要，將因國際收支結構的變動而遭受破壞。所以此種方案顯然又牽涉到各國中央銀行的合作問題。

不過，建立多元關鍵通貨計劃的本身，如果缺少各國貨幣當局的合作，在增加國際流動能力中，所能發揮的效果恐極有限。金德柏格 (Charles P. Kindleberger) 教授即曾聲言，雖然贊成多元通貨方案，但是各國貨幣當局的密切合作，實爲此類方案的必要條件，此應注意，而且有人主張增加數種或10餘種乃至20餘種新的關鍵通貨，是否能够順利達成，頗值懷疑。因爲，關鍵通貨雖有資產價值作爲保證，但是，其他國家是否願意接受作爲通貨準備，有其充分的自由意志，所以不能隨著各建議人的構想，任意增加新的關鍵通貨。

三、各國中央銀行合作方案

各國中央銀行的合作是 Zolotas、國際貨幣基金研究處前任處長柏恩斯坦 (Edward M. Bernstein) 及基金前任總經理賈考布遜 (Per Jacobsson) 等的建議。這些人士建議：由國際收支發生盈餘之重要工業國家，貸款給國際貨幣基金。當某一重要工業國家，因短期資本外流而陷於困境時，其貨幣當局即可自基金獲得資金以應需要。各人所提的方案在原則上相同，但在技術細節上略有差異。處於這種安排下的國際貨幣基金，只是中介機構的地位，不是發行的銀行，也不是創造信用的中央銀行。換言之，基金以即期債務的形式，借入流動的國際支付工具，再以之轉借給遭受燙手貨幣（hot money）打擊的國家。

就加强中央銀行合作的方案而言，芝加哥大學的强森（Harry G. Johnson）敎授認爲不可過度寄以信賴。因爲，從比較保守的中央銀行家看來，在謀求收支均衡的過程中，各種行動的採取，如須顧慮其他國家的反應與政策，必使本國的經濟政策與措施受到外在因素若干不必要的束縛。坎能（Peter B. Kenen）敎授也是認爲，建立一種貨幣制度而須以國際間的「密切合作」爲前提，顯然是極其惡劣的前提。而前述的Kindleberger則認爲各國中央銀行的合作，才是國際貨幣制度改革的必要條件。

四、集中貨幣準備方案

鑑於一國的中央銀行既能創造國內貨幣，則同樣地，建立世界性的中央銀行，自然亦可創造國際通貨，並使各國的中央銀行獲得安全的保障。因此，此一方案認爲，集中各國中央銀行的準備資產，係解決當前貨幣問題的最佳方案，而且未來的演進，也極可能遵循此一路線而發展。

早在1959年，美國耶魯大學崔芬（Robert Triffin）敎授發表「黃金與美元危機」（*Gold and the Dollar Crisis*）一書，首先提出改革國際貨幣制度的方案，主張從現行制度之根本改革着手。該書建議國際貨幣基金應由現在「外匯平衡基金」的形態，改組成爲具有「世界中央銀行」機能的機構。基金會員國以其國際準備之20%存入基金，此擴大的

基金 (Expanded International Monetary Fund; XIMF) 即以此爲基礎，創設新的國際通貨❷，而無限制地作爲國際支付之手段，並據以對會員國放款，提供信用，及擴大會員國存款。Triffin 相信，世界對於貨幣準備需要的增大，較貨幣當局增加黃金存量的速度更快。將貨幣準備集中，即可確保貨幣準備能照適當的速率成長。

在 Triffin 的方案之下，每個會員國的貨幣準備，至少須有20%存入基金，其存款餘額可以獲取利息，且能兌換黃金。如此，現行金匯兌本位制下的若干缺點，或可獲得補救。因在金匯兌本位制下，只要一些關鍵通貨能替代黃金準備，關鍵通貨國家就易遭受投機活動的威脅。可是若以超中央銀行的存款作爲貨幣準備，即可逃避這種危險。

自 Triffin 方案提出以後，引起很多補充與修改的計劃，以下提出幾個較具有代表性的加以介紹。

安格爾 (James W. Angell) 教授的計劃，可說是較重要的修正計劃。此計劃是以擴大的國際貨幣基金之存款形式爲準備，不主張作硬性的規定，而採取自動的原則。在此計劃之下，各會員國當然要向擴大的國際貨幣基金存款，作爲相互之間的收支工具，各中央銀行自然也會持有這種存款作爲準備的一部份。按照 Angell 方案，各國並須附帶承認擴大後的國際貨幣基金，是各國中央銀行的中央銀行，黃金在國際貨幣制度中的任務則將根本改變。各國中央銀行相互之間，或與擴大後的國際貨幣基金之間，都不須使用黃金支付。在擴大後的國際貨幣基金中的存款，與黃金維持一定的等價關係，但不須兌換成黃金。擴大後的國際貨幣基金與會員國之間，可以互相買賣黃金，唯限於相互方便爲原則。

---

❷ 建議採用一種國際貨幣的觀念，不是 Triffin 的首創。1943年凱因斯 (John M. Keynes) 在其「國際清算聯盟計劃」(Proposals for the International Clearing Union) 中即有類似的主張。

另一重要的修改建議，則爲基金前任歐洲部主任史坦普 (Maxwell Stamp) 之主張。此一計劃並不主張集中貨幣準備，而只擴大國際貨幣基金，使之成爲創造國際貨幣準備的機構。根據建議，國際貨幣基金應在一年以內發行30億美元的證券，分配給各個開發中國家的政府。開發中國家用以購買外匯時，即可以這種證券支付，願意接受此項證券的國家，可以將其充作貨幣準備。多數國家若都願意接受此項證券，該項證券即不須兌成黃金而成爲國際間的支付工具。

在 1962 年，Stamp 對其原始方案作了若干修正：即將信用總額改爲20億美元，證券只交給國際開發協會 (International Development Association)，以50年期的貸款貸予開發中國家，並由協會酌收利息。故在 Stamp 方案之下，所創造的準備不僅能增加各國中央銀行的流動能力，而且也援助了貧窮國家。

在 Stamp 計劃下，要同時達到兩個目的：即開發中國家可獲得較多的資本，同時又能够增加世界準備，其設計可謂精巧，但採行的機會則很渺茫。因爲援助開發中國家和增加世界準備，並不是相同的事。援助應根據被援助國有無有效使用的能力而定，這和增加世界準備不能混爲一談。而且，一旦開發中國家償還國際開發協會的能力發生問題，那麼存款證券的接受性以及存款證券本身價値的可靠性更可懷疑。由此可見，在 Stamp 計劃下，就基金資產的性質而論，尙不及 Triffin 計劃下之優良。

哈樂德 (Roy F. Harrod) 對於國際貨幣制度的改革，有兩種看法：一爲集中國際準備，一爲提高黃金價格。對於前者，提出A、B、C、D四種方案。這四個方案的目的相同，乃在對各國貨幣當局供給適當的準備資產，使各國可以解除國際收支失衡所受的經常困擾，並且作爲國內信用創造的手段之一。根據 Harrod 的估計，世界每年的輸入總值，當時約爲 1,220 億美元；所以準備資產的總額應該大約與此相等。可是自由世界各國貨幣當局，目前所持有的外匯準備總額（不包括在國際貨幣基金的提款權），僅約 600億美元，所以，所應創造的新準備資產約爲600億美元。

按照 Harrod 的A方案，開始創造的國際準備資產，約有 600億美元，完全依照輸入總額的比例，分攤貸給各會員國。各國對於基金的債權及提款權，即可因而增多，至少對於基金的債務將趨減輕。新增加的貸款，在各會員國的基金帳戶內，其總額每年以30億美元爲限。這些貸款是贈予的性質，不需償還。在國際貨幣基金的存款，不可兌成黃金，但是可在各會員國的中央銀行之間自由收付，並可按照固定的匯率，兌成別種通貨。

Harrod 的B方案，並不創造基金的支付單位，但却指定分配給各會員國銀行的透支權利，此項權利係以各國自己的通貨計算。但是透支是以其他國家通貨計算的支票付給，並且按照固定的匯率折合。各國透支額的分配與按照A方案的贈與分配方式相似。各國中央銀行均可開發國際貨幣基金付款的支票，用以清償債務，或用以購置任何會員國的通貨。各會員國的中央銀行存入支票，即可在基金的帳項內增加餘額。這種餘額不能兌成黃金，也不能孳生利息，其對基金的債務也不付給利息；因爲支付利息及歸還透支，可能限制會員國使用透支權利的自由。至於在各種通貨互相兌換上所需的一切費用，均由基金承擔。

Harrod 的C方案，所創造的新貨幣準備，係假手基金在公開市場上購買各國政府的公債。此與前述方案之經由基金對會員國贈予，及利用不須清償的透支不同，但依此方案，其在基金的餘額，同樣不能孳生利息，也不能兌換黃金。

Harrod 的D方案，是爲初級商品籌集一種緩衝基金，設立國際商

品價格調節機構 (International Buffer Stock Authority)，由此機構按照適當價格，購買初級商品以穩定其價格，而付款則使用基金的支票。如果該調節機構的資金，仍不能創造足夠的貨幣準備，以適應國際流動能力需要的增加，則基金必須利用如同C方案的公開市場之購買，以創造額外準備。

在1962年9月的國際貨幣基金理事年會中，英國前財長莫德林 (Reginald Maudling) 發表演說，提出一項建議，成爲 Maudling 方案。此一方案建議在基金內另行設立「相互通貨帳戶」(Mutual Currency Account)，而由「巴黎俱樂部」的美國、英國、西德、法國、義大利、加拿大、荷蘭、比利時、瑞典與日本等十個會員國參加。此一帳戶之運用，具有多邊抵銷性質。因爲國際收支盈餘的國家，可將獲自收支逆差國家的通貨存入此一帳戶，同時收取基金發行的憑證。這種憑證附有黃金價值的保證，並酌予利息，所以對存款國家頗具吸引力❸。當持有憑證國家的對外收支發生困難時，即可用作清償工具，而付給其他國家的貨幣當局。例如，美元資金大量流入西德，結果西德中央銀行擁有過多的美元資金，此時，西德可將此項美元資金存入「相互通貨帳戶」，將來西德如需美元資金，即可提取使用。

不過，集中貨幣準備的方案，同樣地，如果缺乏國際之間的合作，不僅不能增加國際流動能力，反將促成原有流動能力的減少。於是，流動能力的需要，仍須仰賴關鍵通貨國家的負債。一旦這種債務迅速累積，必致新設存款機構的信用放款機能，完全破壞無餘。

❸ "Mr. Maudling's Initiative", *The Banker*, October, 1962. pp. 61–68.

五、提高黃金價格方案

增加國際流動能力的第四類方案，與前述的三類完全不同。前三類多少都與借款及債務 (borrowing and debt) 有關，而第四類則否。在擴大金匯兌本位的方案，關鍵通貨國家的新債務變成其他國家的新貨幣準備。在各國中央銀行互助的方案下，國際收支盈餘國家的中央銀行，願意接受逆差國家新增的債務；國際貨幣基金擔當中介與兌換的使命，一方面是逆差國的債權人，另一方面是盈餘國的債務人。在集中貨幣準備方案下，情形亦復相同，只是所增加的新貨幣準備，係由擴張信用以創造國際性中央貸放機構的存款債務而來。至於利用黃金價格的提高，以增加貨幣準備的方案，則與上述的各種情況迴然不同。

目前國際間贊成提高黃金價格，以解決國際流動能力不足問題的學者很多。這種主張可以英國的 Harrod 和法國的魯霨夫 (J. Rueff) 爲代表。其較主要的根據有二：第一、國際流動能力之不足，主要係由於貨幣用黃金之不足所引起，而貨幣用黃金之不足，則又緣於黃金的貨幣價值過低。因此，在黃金產量之增加極爲有限的情況下，提高黃金價格，不但可以增加黃金的產量與黃金的貨幣價值，供應足够的流動能力；而且，無論國際準備資產之不足部份如何巨大，在理論上應可藉着不斷提高黃金貨幣價格的方式予以補充。第二、美國國際收支逆差的原因之一，是美元幣值的偏高，因而美元應予貶值，此即提高黃金價格。英國的恩齊格 (Paul Einzig) 亦主張提高黃金官價。Einzig 認爲：1914年以來，美元之所以成爲最强力的通貨，基本上因其具有巨額的黃金準備及雄厚的工業生產能力。目前因美國之不負責任的態度，美元已無資格居於世界準備通貨的地位。Einzig 主張：各種主要通貨，須對外國政府及中央銀行恢復黃金兌換。但是，按照原訂黃金價格恢復兌換，世界貨幣用黃金數量勢必不足以應付，因此必須提高黃金價格。

關於提高金價，大致上可分爲兩類意見：第一類主張提高金價一倍或一倍以上。當時金價每盎司爲35美元，提高一倍爲70美元，這樣就可恢復金本位制。第二類主張設立一個暫時性的自由黃金市場，視金價所定著的水準，然後金價卽凍結於此一水準。第二類雖然主張提高金價，但不主張恢復金本位。提高金價只是爲了增加國際準備資產，並使關鍵通貨之準備更爲充足而已，現行金匯兌本位的性質並不變更。再者，Einzig 鑒於近年以來，通貨膨脹的亢進，黃金價格提高一倍，已經不足應付，所以主張提高兩倍。

倘若黃金價格提高一倍，而貨幣供給、商品數量，和貿易數量都不增加，則貨幣用黃金對它們的比率也就提高一倍，每年新金產量的價格也提高一倍。金價提高之後，採金利潤增加，新金產量必再增加。並且蘇聯方面所售的黃金數量，也會因價格之提高再趨增加。不僅如此，黃金必然發生反窖藏現象，因私人藏金爲了預期金價上漲，而實際果然上漲之後，必然紛紛出售。上述的各種結果，再加上其他非貨幣用黃金因價格上漲而減少，則金價提高之後，黃金的通貨價值可能會增加到三倍。

黃金存量的貨幣價值旣然增加，關鍵通貨國家就可用以淸償其對外負債的全部或一部。這樣，由於外債的減少或消滅，或由於黃金之大量代替外匯，或由於世界總準備的淨增加，貨幣用黃金取代美元目前的準備地位之後，1950年代以來，利用美國的負債以供應大部份國際流動能力的現象可以逐漸消除。Rueff 主張提高金價的現階段目標，是在取消現行的金匯兌本位，以挽救其崩潰的危機，最後的目標，則是在於恢復單獨以黃金爲國際準備資產的純金本位。

Rueff 提高黃金價格的計劃，見於1965月 5月，其在倫敦的演說詞中。Rueff 認爲世界爲實現金本位制，各國必須充實黃金準備。因此，必須將所保有的美元，向美國兌換黃金。其最簡單的方法，莫如提高黃金價格一倍，並且須由各國同時一律調整。

當時美國庫存黃金約計 150 億美元，金價提高以後，即可重行估值達 300 億美元，除償付其短期債務 140 億美元以外，所餘黃金準備仍有160億美元之多，不致引起美國經濟產生收縮的影響。

此外，包括瑞士在內的十一個先進國家，其黃金準備當時爲 180 億美元；提高金價一倍後達360億美元。其重估值的一部份利益，Rueff 主張以20年爲期貸予英國，以清算英鎊。英國可用以償付70億美元的英鎊債務，其餘 100 億美元的重估值利益，甚至可用以償還各金價調整國家中央銀行所保有的公債。如此，金價的提高，不僅清算了美元與英鎊，且亦清算了各國自己的過去，旣不致引起通貨膨脹，亦無發生通貨緊縮的危險。

Harrod 方案並不主張廢除金匯兌本位，因其認爲其他國家放棄英鎊存款作爲貨幣準備，殊爲不必要之犧牲，因此建議仍然保留金匯兌本位，提高黃金價格並不是替代持有的外匯，而只是補充其不足。Harrod 相信在現行制度之下，世界在過去及未來，均將嚴重地缺少流動能力。所以，果能提高黃金的價格，則長期缺乏貨幣與信用供給的情況即可解除。

黃金價格之提高，相對地就是美元幣值之貶低，有人認爲有損美國威信。但是 Harrod 以爲：美元貶值，僅是將過去美元對黃金的價值減跌予以公開追認而已，並不是恥辱的事。

另有一種批評，認爲提高黃金價格後的利益，分配甚不均等。享受此等利益最大者，爲產金國家與擁有黃金最多的國家。這些國家對流動能力原不感到短缺，而需要增加流動能力的多數國家，不僅得不到黃金價格上漲的利益，反而因其所保有之美元及英鎊之貶値，而使流動能力反趨減少。

對於此一問題，Harrod 認爲：享受的利益雖不相等，却不致有任何人因而蒙受損失，故就整個看來，福利仍有增加。而且，提高金價之最初利益，不過是表面上的，以後的利益，更爲顯著。例如，美國可以設立「黃金重估利益基金」(Profit on Gold Revaluation Fund)，藉以積極推動其國內成長政策。卽使由於貿易收支轉趨不利，可以前項基金償付所增加輸入的代價，因而形成其他國家所增加輸出的所得。美國亦可利用上述基金，增加國外投資。此項利益，且能迅速傳播於整個世界。此外，先進國家可將前項基金的一部份，移轉給開發中國家。這樣，調整金價的最初利益，亦能由開發中國家分享。

雖然如此，黃金價格提高以後，國際流動能力究竟是否眞能增進，各方頗表懷疑。雖然 Harrod 等派主張甚爲熱心，但附和者並不踴躍。反之，Machlup 敎授且於 1960 年底，建議定期逐漸地降低黃金價格，以增强國際流動能力，此一主張稱爲 Machlup 方案❹。

Machlup 認爲黃金價格降低之後，其投機的需要將趨減少，而用於交易需要的部份，則可相應增大。故在增强國際流動能力的立場上，降低黃金價格的效果尤勝於提高。至其具體的步驟，Machlup 認爲應在國際貨幣基金之贊助下，由主要國家的政府與中央銀行進行協議。黃金價格的降低比率，各國應該保持一致，但必要時得稍予調整。自由世界具有領導地位的各國貨幣當局，若能在數年之內繼續降低黃金價格，例如每三個月降低0.75％或１％，數十億美元的死藏黃金，可望脫手售予

---

❹ Fritz Machlup, "Comments on the Balance of Payments and a Proposal to Reduce the Price of Gold" *The Journal of Finance*, Vol. XVI, 1961, pp., 186-193.

各國貨幣當局。爲了保證此一方案之有效，各國貨幣當局應當隨時按照降低的價格，無限制地出售其黃金準備。投機者一旦明瞭能在較低的價格隨時購進所要的黃金，遲早會從購買者的身份變爲出售者。這個方案的主要目的之一，是要促使黃金窖藏者完全領悟，再繼續死藏黃金，必然蒙受損失。所以，提高黃金價格的討論，可能刺激投機，而降低黃金價格的討論，却能平抑投機的狂熱。

關於提高黃金價格的方案，雖可增加現有黃金準備的價值，並且新採黃金也能獲得優利；但在黃金價格一再提高之中，投機者勢必乘機活躍，是則國際流動能力的增加未必可恃。何況，新增加的流動能力能否妥善分配頗有問題。

六、採用伸縮性滙率方案

以上所述的各種改革方案，都以增加國際流動能力爲主要目標，而採用伸縮性匯率之主要目的，則是在於解除中央銀行在國際收支制度中的功能，並不必爲國際收支目的而保有準備。採用伸縮性匯率與前述的提高黃金價格，似爲引起批評最多，討論最爲熱烈的兩個方案。因爲當時黃金價格固定於35美元對一盎司，以及採取可調整的釘住匯率，同是戰後以來國際貨幣制度中較爲重要的兩個運作基礎。一旦這種基礎有所變更，現行制度的運作模式（model of operation）必將受到影響。

在1971年12月18日以前的國際貨幣制度下，國際貨幣基金除採取「平價制度」，或稱「可調整的釘住匯率制度」外，且規定各國匯率波動幅度，限於平價上下各1％的範圍之內（各重要國家則不得超過0.75％）。所謂伸縮性匯率，即是將前項所允許的波動幅度（band）予以擴大。

倡導伸縮性匯率的學者，按其主張的內容，可分為三大類：第一、提倡完全自由的伸縮性匯率，例如芝加哥大學的傅利德曼 (Milton Friedman) 教授認為，匯價應在公開市場上，主要由私人交易自由決定。此係指如其他市場的價格一樣，乃每日變動的制度，在這種情形下，平價的訂定及金融當局為維持匯率所作的干預均無需要，匯價完全任由供需關係決定之。這在事實上已是一種「浮動匯率」(floating exchange rate) 制度。第二、主張將現行匯率的波動幅度，擴大至平價上下各5%的範圍，而在匯率有超過上下限的傾向時，即由貨幣當局介入外匯市場，此即所謂「較寬波動幅度」(wider band) 的匯率制度❺。第三、維持現行上下各1%的匯率波動幅度，唯為矯正國際收支的基本失衡，可將平價連續移動，此種方式稱為「徐緩移動的釘住平價」(crawling peg) 或「滑動的釘住平價」(sliding peg)。按照現行的制度，陷於國際收支基本失衡的國家，是在特定的日期，一次變更通貨平價，然在平價變更以前，貶值的謠言早已激起國際巨額投機資金的移動，造成國際金融的混亂。所以，不如將一年之內所擬貶低平價的幅度，每週貶低若干。此種方式，係基於米德 (James E. Meade) 的見解，而由約克大學的魏廉士 (John Burr Williams) 所提出。

上述「較寬波動幅度」的主張，十國集團已在1971年12月18日同意開始暫時實施一段時期。亦即，匯率的波動幅度已由平價上下各1%，放寬為各國通貨對美元之平價的上下各2.25%。主張這種匯率制度的人士認為，基金所訂的1%波動幅度，對於動態的世界經濟而言，顯得頗

---

❺ 關於較寬波動幅度的匯率制度，中國國際商業銀行紐約分行顧問林維英所撰 *Flexilbe Exchange Rates within a Widened Band* 一書，論述頗詳，全文摘譯請閱：
白俊男：「較寬波動幅度的匯率制度」，自由中國之工業，第34卷第1期，民國59年7月。

爲狹窄。如能放寬這一波動幅度，可使市場的供需力量發揮更爲有效的影響，並且可在避免妨害國際貿易與投資的情況下，更輕易地消除許多引起國際收支基本失衡的因素。

如果利率的變動方向與匯率的變動方向一致，短期資本有由收支盈餘國家流向收支逆差國家的傾向，這是因爲逆差國家的資本短缺，通貨價格較低，對於內流的資本相對地有利。這種內流的資本，能够融通逆差國家的資本短缺，有助於國際收支逆差的改善。而在較寬波動幅度的匯率制度下，由收支盈餘國家向收支逆差國家的資本流動，更會受到激勵。反之，由收支逆差國家向收支盈餘國家的資本流動，會使收支逆差國家的國際收支更加惡化，但在較寬波動幅度的匯率制度下，這種資本流動便會受到抑制。所以較寬波動幅度的匯率制度，能够促進國際收支失衡的順利調整。即使利率的變動方向與匯率的變動方向相反，這種匯率制度也能發生中和及抵銷的作用。

又因國際收支失衡的調整過程，與國際流動能力的需要息息相關，甚至在某一限度之內，可以互相取代，所以如果國際收支失衡的調整，能够順利進行，各國對於國際流動能力的依賴程度便可降低。在此意義之下，較寬波動幅度的匯率制度又可使國際流動能力不足的困難，獲得某種程度的解決。

此外，如果採取較寬波動幅度的匯率制度，各國貨幣當局可以擴大對於外匯市場的干預程度及縮減利率差距，且在運用國內貨幣政策時，可以減輕來自國際收支方面的拘束。

批評較寬波動幅度匯率制度的人士指出，這種制度雖然能使國際收支失衡的調整過程順利進行，但其順利程度如何，須視本國對於輸入的需要彈性以及外國對於本國輸出的需要彈性而定。在這種匯率制度之下，如果本國的短期輸入需要彈性以及外國的短期輸出彈性低，則匯率的變動不大。彈性旣低，匯率的變動便會促使國際收支的逆差更趨嚴重。但是，主張較寬波動幅度匯率制度的人士認爲，這點並不值得過度憂慮，因爲就生產相同產品的工業國家而言，國際貿易的長期價格彈性必然是高，所以匯率方面的小小變動，可對貿易收支發生相當的影響。

另有一些反對人士認爲，在較寬波動幅度的匯率制度之下，匯率的波動幅度旣然較寬，必使國際交易產生某種程度的不穩，也使國際貿易與投資因爲增加風險而受影響。對於這一問題，主張較寬波動幅度匯率制度的人士指出，現行制度下的固定匯率，只是暫時性質，就長期而言仍會調整，從而有關匯兌的風險同樣不能完全避免。對於這一觀點，不管是在任何制度之下，國際長期投資所受的影響並無兩樣，因此也就不能據以認定這種匯率制度會使國際貿易與投資的長期成長受到影響。

反對人士也曾指出，在匯率波動幅度較寬的情形下，國內政策的運用雖然較能避免國際收支因素的拘束，但是容易誘使貨幣當局走上採取膨脹政策的途徑，從而破壞貨幣紀律。對於這點，擁護較寬波動幅度匯率的人士認爲，即使現行的制度，對於國際收支的紀律也不發生强制作用。例如，爲了矯正所謂基本失衡，平價可以變更，而且事實上也是經常變更。且在現行制度下，也有外匯管制及限制資本移動的情形發生。旣然在現行制度下，平價的變更與外匯的管制都已存在，則所謂貨幣政策上的紀律作用也將同樣削弱。

不過，採用伸縮性匯率的方案，容易助長投機。不論其危險性大小如何，西歐當局總是最不願意採取。伸縮性匯率若由貨幣當局加以過度的管制或干涉，使匯率的升降動輒受到限制，最後又不免回到目前可調整的釘住匯率制度。而且，在伸縮性匯率之下，市場機能對於貨幣當局的壓力太大，迫使調整的速度遠勝於經濟安定的要求，以致於使這種匯率制度極感動盪。

七、恢復金本位方案

以上所述的五大類改革方案，係依據 Machlup 教授的分類。在此五類方案之外，尙有一種在國際間頗爲有名的恢復金本位方案。主張此一方案者，有上述的 J. Rueff 及海波林 (M. Heilperin) 諸氏，其見解亦互相逈異，而其中以 Rueff 的主張最爲著名。

Rueff 曾任法蘭西銀行副總裁，爲 1958 年法國貨幣制度改革的設計者，過去在戴高樂政府中，具有擧足輕重的影響力。

Rueff 認爲現行的金匯兌本位制，遭遇三個基本的問題：第一、在金本位時代，國際收支逆差的清算，是藉黃金的移動而達成，因此，債務國的購買力將趨減少。而在現行金匯兌本位之下，國際收支的逆差，非但不縮減其購買力，相反地，其國內的通貨膨脹往往抵銷其購買力的收縮作用。第二、現行制度下，美元等關鍵通貨因國際收支逆差流入外國（例如西歐）以後，外國卽以此爲準備，發行其國內貨幣。而且，此一部份成爲發行準備的美元，又形成外國對美國的債權，留在美國的信用機構之內。結果，上述相當於國際收支逆差數額的美元，同時在債權國與債務國雙方的信用機構內，發生創造信用的作用。魯氏認爲此種雙重信用的結構，在資本大量移動的場合，必然引起世界性的通貨膨脹。第三、美國的對外短期債務，早已超過美國的黃金保有數額，而此項所保有的黃金，大部份又成爲美國的法定貨幣準備。爲維持美元的信用，美國可以商由國際貨幣基金融通，並動用巨額的對外債權，然在資本大量移動的情形下，美國的雙重信用機能，不無崩潰的危險。

Rueff 進一步主張：今後世界各國發行銀行的準備，大部份應以黃金抵充。此種制度上的變更，可以解除雙重信用結構，並可預防突發的經濟恐慌與信用崩潰的危機。至於如何脫離現行的金匯兌本位制，Rueff 主張採取漸進的方式，但未提出明確與具體的方案。

金匯兌本位制結束之後，國際流動能力行將陷於不足的狀態。Rueff 認為其救濟的方法，在於提高黃金價格，增加黃金準備的名目價值，以排除金匯兌本位制下，貨幣準備中之外匯部份。另一方面，則應加强現行多邊的國際清算機構，以節省國際流動能力的需要。

主張恢復金本位者，對於應恢復怎樣的金本位，意見頗不一致。有主張恢復百分之百的金本位者，在這一制度之下，黃金是唯一的貨幣，而某一國家的通貨除非保有充分的黃金準備，概在禁止之列。此時，純黃金的貨幣供給緩慢成長，不會有不正常的變動，經濟制度係被動地根據貨幣結構而調整。但是，此種純黃金貨幣的主張究係少數，大多數的金本位主張者，均贊成部份準備制（fractional-reserve system）。這些人士認為，金本位的主要優點，不在於減輕貨幣管理的任務，而是積極地要求黃金功能的發揮，使貨幣能依固定的比率兌換黃金。所以，建議要求國內通貨供給的變動，與黃金同其方向，而中央銀行更不可採取行動，以削弱黃金對於通貨供給的影響。

不過，主張恢復金本位制的人，似乎過於迷戀黃金的往日光輝，而忽視其崩潰的歷史教訓。姑不論黃金的產量是否充足，至少，金本位的實行，犧牲了國內的經濟安定。因為金本位國的貨幣，都有一定的含金量，所以兩國的匯率定於彼此貨幣所含金量大小的比較。國內貨幣的增減，則依存於黃金準備的變動。當一國採取擴張的經濟政策，亟需增加貨幣供給之時，適因黃金外流，遂而被迫改採緊縮政策，其結果必然妨害生產，而犧牲了國內的經濟成長。反之，倘一國已有通貨膨脹存在，正感貨幣供給過多時，而因黃金流入，又再迫使一國採取膨脹政策。其結果，國內膨脹的經濟，勢必更加惡化。由此可知，金本位制的實行，將使國內的貨幣政策受制於外在的因素，無法主動運用。凱因斯 (John. M. Keynes) 對於繼續依賴黃金作爲國際貨幣，稱爲「野蠻的遺跡」(barbarous relic)。爲何國際貨幣制度的改革，又要向古老的歷史去尋覓？

第二十二章　國際貨幣基金的特別提款權制度

在前章所介紹的各種國際貨幣制度之改革方案中，有一派的構想是以國內創造信用的原理爲藍圖，企圖實施於國際之間。亦卽，想以人爲的方式，創造一種新的資產或信用，以補現有的黃金及關鍵通貨的不足。基於這一構想爲核心的改革方案，以後逐漸受到較大的重視，而使實際的改革工作也是朝着這一方向而發展。發展的結果就是「特別提款權」(Special Drawing Rights；SDRs) 的產生。SDRs 在本質上是一種國際新準備資產。其產生的原因，乃是鑒於現行制度之下，準備資產的增加不能適應國際貿易及國際支付擴張的需要，所以必須創造一種新的準備資產以資補充。本章擬對特別提款權制度作一探討。

一、特別提款權的產生背景

當代的國際貨幣制度係以國際貨幣基金爲中心的金匯兌本位制度。在此制度之下，各國主要係以黃金及關鍵通貨（美元）做爲國際準備，並且透過基金的平價制度，使各國通貨與黃金及美元發生聯繫。如此，二十餘年來之國際貿易及國際支付得以順利進行。

但就黃金而言，有三分之二來自南非，極少部份來自蘇俄的出售，近數年來，兩種來源均趨極少。而且，世界黃金的需要，無論投機囤積或醫療、工業及美術用途，莫不迅速增加。因此，今後國際準備用途的黃金，勢必不能配合國際貿易的擴張而增加。

由於黃金增加有限，美元這種關鍵通貨，在國際準備總額中所佔的比重乃告逐漸增加。然而，此種增加乃是美國國際收支長期逆差的結果。1950年代末期以來，巨額的收支逆差明顯惡化，因而美元的危機相繼發生。影響所及，現行制度的缺點，特別是國際流動能力不足與關鍵通貨信心不足的問題，日趨嚴重。

雖然，國際準備資產除了上述的黃金與美元之外，尚有一項國際貨幣基金給予會員國家的信用便利，各國可按規定自基金提取款項。惟此提款限制頗多，且短期之內卽須償還，因此不能視爲準備資產的重要來源。

於是，關心國際貨幣制度的許多學者與專家，先後提出各種形形色色的改革方案。其後由於創造國際新準備資產的需求日趨迫切，乃更集中焦點於此一問題之探討，而十國集團與國際貨幣基金亦自1963年起開始進行積極的集體研究。及至1966年，討論更趨具體，各方認爲此項研究應在基金之內進行，並允許全體會員國均能參加。同年 9 月，決定由基金執行董事會與十國集團之代表，進行非正式之聯席會議。此項聯席會議自1966年11月開始，分次舉行。至1967年 8 月26日，十國集團的財政部長及中央銀行總裁，在倫敦對創立一種新準備制度的「備用計劃」(Contingency Plan) 綱要，獲得一致的意見，並經基金執行董事會的正式批准，而有「國際貨幣基金特別提款權大綱」(Outline of a Facility Based on Special Drawing Rights in the Fund) 的產生。並經決定提交基金第22屆理事年會加以討論。

國際貨幣基金第22屆理事年會，於1967年 9 月在巴西京城里約熱內盧 (Rio de Janeiro) 舉行。會中除了正式通過上述大綱之外，並通過決議，指令基金執行董事會將該項大綱，列入基金協定修正案之內，連同基金現行章則應行改進各點，以報告方式，一併於1968年 3 月底之前向理事會提出。

1968年3月29日、30日兩日，於瑞京斯德哥爾摩 (Stockholm) 舉行的十國財長會議中，在九國的同意之下（法國採取保留態度），決定發動特別提款權的條件。繼於4月16日所召開的基金執行董事會中，通過基金協定的修正草案，並規定於5月底以前，由會員國的代表舉行投票。投票結果，基金理事會已正式通過特別提款權的創造以及基金協定的修正條文。至此，國際貨幣制度的進展，繼國際貨幣基金的成立之後，又邁入一個新的里程❶。

總之，誠如基金前總經理史維玆 (Pierre-Paul Schweitzer) 於1971年9月27日在第26屆理事年會所說：「1960年代中期，國際貨幣制度在創造流動能力方面，欠缺令人滿意的合理方法，已被普遍視爲一個主要的缺點。經過多年的硏究與磋商，特別提款權制度終告建立，並自1970年初開始實施。」

二、特別提款權的主要內容

特別提款權是人爲創造而成，在本質上是基金帳簿的一種紀錄。就其名稱及其程序而言，有人視爲是一種國際「準備資產」(reserve asset)，有人則視爲是一種「信用工具」(credit facility)。西德的央行副總裁艾明格 (Otmar Emminger) 比喩之爲一種斑馬，說是白色動物帶黑色條紋，或黑色動物帶白色條紋，都同樣正確。

準備資產與信用便利，均可使其持有國家隨意取得資源，兩者之效力均係依據有關國家之間有形與無形的協定。但是，準備資產與信用便

❶ 特別提款權產生的經過，可以參閱：Margaret Garritsen de Vries, *The International Monetary Fund 1966—1971: The System Under Stress,* Vol. I: Narrative (Washington, D.C.: IMF, 1976), pp. 11-252.

利二者之間，仍有不同之點，即準備資產所有權之移轉，並不改變其形態，且不因到期償還而歸於消滅，而信用便利的情形則非如此。依此看來，特別提款權係以一項共同會計單位（1944年之美元）表示的一種國際準備資產。

特別提款權在性質上，與普通提款權有其不同之處：第一、特別提款權的獲得，比普通提款權更爲容易。依照原來協定，基金會員須繳足所設攤額（25%用黃金繳納，75%用本國通貨繳納），才能獲得普通提款權。可是，依照修正款項，特別提款權係由基金按參加國家之攤額予以「分配」，參加國家不須繳納任何款項即可獲得。而且，任何參加國家在需要時均可動用特別提款權。此項權利之動用，不受協議或事前審查之拘束。第二、特別提款權的動用，無須按照規定日期償還；而基金本身的融通，却須按期償還。第三、會員國雖然可將自動提款的黃金部份列爲國際準備，但不能將普通提款權全部列入國際準備；可是，特別提款權可以全部列入一國之國際準備。

再且，特別提款權在本質上，旣爲基金帳簿的一種紀錄，這便說明基金對於特別提款權的分配，是沿襲國內銀行創造存款貨幣的原理，並且强調其「計帳貨幣」(money of accounts) 的本質。按基金當初是根據「基金原理」所建立，本身並無顯著的信用創造能力。基金所能運用的資金，原是仰賴會員國家的出資，後來雖自會員國家借入資金，始終缺少信用創造的能力。而特別提款權的功能若能順利發揮，今後之基金即可透過「銀行原理」，具有信用創造能力。換言之，過去的基金，猶如我國民間的合會，參加者攤提出資，互相調劑所需資金。此種合會方式的組織，並無信用創造能力，故可稱基金爲「貨幣的倉庫」。今後，根據銀行原理的基金，將成爲「超國家的中央銀行」。

特別提款權在實際運用之時，可以實現下述兩種目的：第一、國際準備資產發生不足情況時，可透過「分配」的方式，滿足國際流動能力增加的需要，以避免世界經濟的停滯。第二、在國際準備資產發生過剩的情況時，可透過「取消」的方式，適應國際流動能力削減的需要，以避免世界之通貨膨脹。所以，特別提款權爲一具有雙元目的之兩方面活動(two ways operation)。

具體而言，特別提款權普遍分配之後，國際收支遭遇困難的國家，卽可動用其分配數額之全部或一部，向基金所指定之國際收支情況良好，而準備充足之國家，換取等值之可兌通貨。借款國家取得可兌通貨之後，可以使用於任何用途，惟須負擔利息之支出。

據悉，最初特別提款權之設計，係以近年國際收支情況持續盈餘、國際準備資產逐漸充實之西歐諸國，做爲假想可以提供可兌通貨的國家。至其實際運用情形，當時基金總經理 Schweitzer 曾舉下例說明❷：當基金決定參加國家之分配數額以後，卽將各國所獲數額分別記入其「特別提款帳戶」(Special Drawing Account)。各國接到基金通知之後，卽將此項特別提款權視爲準備資產，必要時可以無條件動用。假設某國特別提款權之分配額爲1,000萬美元，因爲實際需要，決定動用一半數額，於是乃向基金商洽，以500萬美元之特別提款權，換爲等值之可兌通貨。基金卽就當時國際準備情況良好之國家中，指定兩國（例如西德及義大利），分別提供所需之半數（各爲250萬美元）。於是基金通知德、義兩國，告知其特別提款權分別增加250萬美元；於是該兩國分別以250萬美元之馬克及里拉，記入某國中央銀行之帳戶；而且基金亦將某國帳下之特別提款權減少500萬美元。此其結果，某國準備資產中，500萬美元之特別提款權，已爲等值之可兌通貨（馬克及里拉）所代替，

---

❷ Press Conference of Pierre-Paul Schweitzer, April 22, 1968.

而該國乃可隨時動用此項通貨。以上過程均係電腦處理❸。

爲使黃金及其他準備通貨，在現行準備資產中，同佔重要之地位，特別提款權具有下述特徵：

(一) 黃金價值保證：

爲使特別提款權能够發揮其國際準備資產之功能，並像黃金及關鍵通貨一樣，被參加國家共同接受，原來規定：「特別提款權之價值單位，等於純金 0.888671 公克。」此項規定，給予特別提款權絕對的黃金價值保證。就使用特別提款權國家而言，不論所兌通貨爲何，不論提供通貨之國家爲何，該國均可獲得同等之價值。就提供通貨之放款國家而言，不論對方國家之匯率發生何種變動，均可收回同等價值。基於此項黃金價值的保證，借款國家不致濫用其特別提款權換成之國際資產，因爲事實上該國債務係以等值黃金表示。另一方面，放款國家可將額外特別提款權之取得，視爲一項安全投資，因爲該國並無匯兌風險。而至1974年7月1日以後，特別提款權的評價方法改以由 16 種通貨組成的「標準籃」(standard basket) 表示。

(二) 利息、手續費及受益費：

國際貨幣基金在特別提款權活動中，處於借款國家與放款國家之中間媒介地位。放款國家對於基金可以請求利息支付，而基金可向借款國家要求支付手續費。此外，基金爲應付辦理特別提款權之帳戶所發生之費用，得向參加國家收取受益費。各項有關規定如下：第一、基金對於每一持有特別提款權之國家，依其持有數額，按照相同利率付予利息。第二、所有參加國家均應按照特別提款權之累積分配淨額，按照同一費率計算手續費。第三、利率應等於手續費率，均爲年率 1.5%，基金雖

---

❸ 白俊男譯：「特別提款權的電腦處理」，台灣經濟金融月刊，第 7 卷第 3 期，民國60年 3 月。

可調整，但不得高於2%，亦不得低於1%。第四、基金對各參加國按特別提款權累積分配淨額以同一費率收取受益費，以抵付特別提款帳戶之開支。第五、參加國家對於利息、手續費及受益費，可以特別提款權支付，並可以黃金或基金接受之通貨，透過基金的一般帳戶，取得特別提款權支付。

其後，鑒於國際金融市場的利率水準大幅上升，特別提款權的利率亦予提高。現行之利率等於五個主要國家短期利率加權平均值的60%，而其利息支付則為每年一次。

三、特別提款權的運作方式

1. 特別提款權的參加與接受

國際貨幣基金之會員國家，均有權利參加特別提款權。此項參加權利，並非自動性質，會員國家必須行使此項權利，才可成為特別提款權的參加國家。其行使方式，係由會員國以正式文件通知基金，表示願意依照本國法律承擔參加國家之各項義務，且已採取一切必要步驟。未作此項表示者卽視為不願參加，但是仍可參加基金「一般帳戶」的交易。卽使參加之後，會員國仍有拒絕接受分配之餘地，並可隨時終止參加，所以，有關參加特別提款權之各項規定，具有相當程度之彈性。但在成為參加國家之後，卽有依照任何分配決定，接受特別提款權之義務❹。

❹ 但是，此種義務在實際方面仍有選擇餘地。依照修正案第24條第2款第5項之規定，參加國的理事，在討論該項決定之時，並未投票贊成，而在正式分配之前，又以書面通知基金表示不願意接受此項分配，卽可選擇拒絕接受。但是，如該參加國家事後改變態度，決定參加之時，則在基金同意之下，亦可選擇重新接受。再者，依修正案第30條之規定，任何參加國均得隨時以書面通知基金，終止參加特別提款權帳戶。該項終止，應於基金接獲通知之日卽告生效。當然，參加國退出基金會籍之時，應視為同時終止特別提款權之參加。

2. 特別提款權的分配與取消

特別提款權的創造，須在基金規定之下進行，初次決定創造特別提款權時，必須考慮下述總體判斷：即全體是否有補充準備的需要？能否改善國際收支的均衡，並增進將來調整過程的運行？

創造特別提款權的建議提出之後，必須經由基金進行審慎的考慮與批准。爲促成建議的順利批准起見，基金總經理應該事先就此建議提出商討，以爭取廣泛的支持。建議經由執行董事會同意，提請基金理事會之後，必須獲得85%的多數票決才能通過❺。

因爲特別提款權的目的，在於謀求準備資產總額的長期適度增加，所以，創造總額不致逐年變動，亦不致受個別國家準備需要的影響。反之，其發行數額仍就某一「基本期間」(basic period) 加以訂定。在此基本期間之內，按照特定的時間間隔，依據預先決定的比例進行分配。茲就有關特別提款權分配之重要事項，擇要分述如次：

第一、決定分配之原則：如上所述，特別提款權之分配，應於必要之時，補充現有準備資產之長期需要爲原則，藉以避免世界發生經濟停滯及通貨緊縮的現象。在決定第一次分配之時，須經集體的判斷，證實當時確有補充準備資產之必要，而且顯示此項分配，確有助於國際收支平衡之實現，並使未來之調整過程順利進行。

第二、決定分配之機構：分配特別提款權之權力，屬於國際貨幣基金。此項分配之決定，先由基金總經理提議，經過執行董事會之同意後，再提請理事會通過。總經理在提出任何建議之前，應確信現有準備

---

❺ U. S. Treasury Department, *Maintaining the Strength of the United States Dollar in a Strong Free World Economy*, January 1968, pp. 42-43.

資產確有補充之必要，並與參加國家進行協商，以確定此項建議可以獲得廣泛之支持。總經理在執行董事會同意之後，即可將其建議提請理事會進行討論。理事會通過分配特別提款權之決定，必須獲得總投票權85%的多數支持。

第三、分配之期間：特別提款權分配之決定，係以基本期間爲階段，每一基本期間爲五年，期滿之後開始另一基本期間。第一個基本期間，應自第一次決定分配特別提款權之當日開始，期間各次分配應間隔一年進行。

第四、分配之比率：依照修正案第24條第2項之規定，分配之比率，應以每次決定分配當日攤額之百分比表示。具體言之，每次分配之時，先由理事會決定該次特別提款權創造之總額，然後依據參加國家當日攤額之比例進行分配。例如，某次決定創造或分配價值10億美元之特別提款權，則就現在美國在基金之攤額而言，美國佔全體攤額之24.6%，可獲價值2.46億美元之特別提款權。同理，英國佔11.7%，可獲1.17億美元；西德佔5.7%，可獲5,700萬美元；法國佔4.7%，可獲4,700萬美元。如果第一個基本期間，共計分配五次，每次總額爲10億美元，則各國所獲數額將達上述之五倍。如果每次分配總額爲20億美元，則各國所獲數額應加倍計算。不過分配總額若干，各次分配數額若干，以及是否連續分配，均視實際需要而定。

3. 特別提款權的使用與移轉

國際收支發生困難之參加國家，有權使用特別提款權以換取等額的可兌通貨。這項通貨是由基金指定國際收支或準備情況良好之參加國家提供。經過相當時期之後，取得可兌通貨之國家，須以可兌通貨收回其特別提款權，此即特別提款權之交易。玆就此類交易之主要形態，說明

參加國家之權利與義務如次:

首先，就使用特別提款權之國家而言：第一、任何參加國家均有權使用特別提款權，向基金指定之參加國家換取所需通貨。第二、基金期望使用特別提款權之國家，僅以應付其國際收支需要，或維持其準備情況爲目的，不得以改善其準備結構爲惟一目標。第三、參加國家在使用特別提款權之時，事前不受上述期望之限制；但基金對於不能履行此項期望之國家，可以提出意見。如該參加國家繼續不能履行此項期望，基金可以停止該國使用特別提款權之權利。第四、參加國家在五年期內，其特別提款權平均持有數額，不得低於同一期間特別提款權累積分配數額之平均數額的30%，如低於此數，應以可兌通貨收回特別提款權，以履行其義務，否則基金可予停止參加之處分。

其次，就提供可兌通貨之國家而言：第一、任何被指定之參加國家，均有對使用特別提款權之參加國家提供所需可兌通貨之義務。第二、提供此類通貨之參加國家，可以獲得等值的特別提款權，並可獲得利息的報酬。第三、被指定提供可兌通貨之國家，以國際收支情況良好及準備資產充足之國家爲主。第四、被指定提供可兌通貨之國家，其提供義務係以其持有之特別提款權超過其累積分配淨額之部份，等於其累積分配淨額之兩倍爲限。

特別提款權的移轉 (transfer) 是指特別提款權的收受國家支付可兌通貨予使用國家而言，其移轉方法是借記 (debiting) 使用國家的特別提款帳戶，而貸記 (crediting) 收受國家的帳戶。基金本身則居於中介的地位，引導特別提款權的流量，從某一國家向另一國家移轉。特別提款權經正常手續移轉之時，規定可以交換自由兌換的通貨，參加國家有義務予以接受，直至該國持有數額達到基金原已分配給予該國之額度三倍爲止。

一般而言，特別提款權的移轉必須接受基金的指導。這些指導有兩項主要目標：一在按照各國持有其他準備情形，力求各國之間特別提款權的分佈狀態之公平；一在幫助各國履行其恢復義務。

4. 特別提款權的恢復

參加國家動用特別提款權之時，視其動用的數額及期間的久暫，在某種程度上，負有恢復（reconstitution）的義務。該項計劃中有關恢復條款的規定：會員國在某一基本期間之內，其平均動用的特別提款權，不得超過其平均累積數額的70％。此一規定，以特別提款權的保有數額表示。上述義務的意義是：在某一平均期間，一國的平均保有數額，不得少於同一期間之內，其平均分配數額的30％。如果在某一時期，其特別提款權的保有數額，跌至上述30％的平均水準以下，則須設法恢復。例如：某國的每年分配數額爲1億美元，五年之間累積分配淨額達15億美元，每年平均累積分配數額爲3億美元，其70％爲2.1億美元，此即特別提款權使用的限度，其超過部分，須以可兌通貨自他國手中購回。

然而，上述恢復的規定，並不妨害一國在遭遇一時的收支困難而動用特別提款權。亦即該國在某一期間的初期，動用全部配額之後，可在後期極力撙節其所累積的分配數額，以便恢復其平均保有數額。否則，直接或經由基金的中介，以其他準備資產自其他國家換入特別提款權。假使一國是在某一基本期間的末期開始動用，則在期初的分配數額保有，就已足以使得該國滿足必須的恢復數額。

四、特別提款權的地位與影響

就目前情況推論，特別提款權的實施，固然可使國際流動能力不足問題，獲得某種程度的解決；但是，對於國際收支失衡的調整，則仍感到無能爲力。例如就提供關鍵通貨的美國而言，在其國際收支情況未能根本改善之前，單靠特別提款權的融通，必然無法達成國際貨幣制度的長期穩定。由此可見，整個國際貨幣問題的解決，基本上乃在於美國國際收支均衡的恢復，自不待言。

特別提款權既然屬於一項國際準備資產，則其取得與動用，必同其他國際準備資產之取得與動用一樣，與國內金融發生某種程度的關聯。參加國家對於特別提款權的處理，可有各種不同的安排方式，從而影響其國內貨幣供給的不同方向。如果參加國家把特別提款權視爲該國中央銀行的資產，則在配額以外所獲的額外特別提款權，對於貨幣供給總額必然產生擴張性的影響；反之，其特別提款權的使用，必然產生緊縮性的影響。參加國家通貨之貶值與升值，則和其他外匯資產一樣，以本國通貨所表示的特別提款權數額，就會產生利得或損失。至於此項利得或損失，在貨幣方面的影響如何，則視對於此項利得或損失的處理方式而定。

再者，任何計劃，如其利益僅限於使已經富裕的國家更富裕一些，而對於大多數的貧窮國家，却缺乏貢獻，必難引起廣泛的支持。

特別提款權的主要目的，在於補充國際準備資產的不足；而開發中國家最爲熱切的願望，則是在於經濟的長期發展。所以，某些人士認爲創造準備資產與援助經濟發展，應在特別提款權方案之中加以聯結。至於聯結的方式，可以分成兩類：第一、建立一種「有機的聯結」(organic links)，即在分配特別提款權時，將一定的數額，直接分配給國際開發協會，或規定已開發國家所分配的特別提款權中，應有一部分移轉給國際開發協會，再由該協會把特別提款權貸給開發中國家，作爲經濟發展的資金，這種有機的聯結，必須修改基金的協定方能達成。第二、建立一種「無機的聯結」(non-organic links)，即由已開發國家基於共同的決定，按照所分配的特別提款權比例，以本國通貨捐獻給國際開發協會，再由該協會把這些通貨貸給開發中國家，作爲經濟發展的資金，這種無機的聯結，不須修改基金的協定即可達成❻。雖然，此種聯結大致沒有技術性的困難，但却遭受已開發國家的普遍反對。已開發國家認爲，援助與創造準備資產，應爲兩種性質不同的行動，如果加以聯結，必有導致流動能力創造過剩的可能，從而發生過度膨脹的後果。

依照目前的基金協定修正案來看，創造準備資產與融通經濟發展資金之間，似乎缺乏一項聯結。但是，特別提款權並不因此意味着對於開發中國家沒有利益。首先，分配新創造的特別提款權，對於已開發國家並無優惠。如前所述，新創造的特別提款權，是以參加國家攤額的比例作爲分配標準。大多數的開發中國家，其本國攤額佔基金總攤額的比例，大於其本國準備佔世界總準備的比例（開發中國家之準備只佔世界準備總額的17%，而其攤額則佔基金會員國家全部攤額的27%）。所以，開發中國家對於特別提款權的分配，似乎顯得更爲有利。

特別提款權之創造，是用以補充現行準備資產中黃金與美元的不足，而非用以取代黃金與美元的地位。

某些人士認爲，當前國際貨幣問題之中，最爲迫切的是國際收支的調整問題，而非流動能力問題，特別是美元與英鎊危機更需早日獲得解決。否則，調整機能的改善如果不與特別提款權的創造齊頭並進，調整問題反將由於調整問題之遲未解決而遭遇阻礙：第一、如果慢性逆差國家與慢性盈餘國家同時存在，則特別提款權對於後者較無誘力，但却爲前者所需要。此其結果，逆差國家急於以所持特別提款權換取盈餘國家

---

❻ Hans-Dieter Handfland. "Special Drawing Rights and Development Aid," *Inter Economics,* January 1971.

之可兌通貨，可是另一方面，盈餘國家對於特別提款權却無太大興趣。第二、如果英美等分配特別提款權較多的國家，仍然處於逆差狀態，則其動用之特別提款權可能超出盈餘國家義務上應行提供的通貨數額。如此，必有某些特別提款權無法按照逆差國家的意願而發揮作用，特別是在盈餘國家選擇退出的情形之下。要之，國際收支調整問題的解決，不僅是問題本身的迫切需要，同前也是特別提款權順利運作的重要條件之一。

特別提款權產生之後，黃金仍為國際收支之最終手段。Keynes 雖然指稱黃金為「野蠻的金屬」，可是黃金有其光輝的歷史背景，有其優越的一般接受性。除非經濟結合由區域之間迅速擴延至整個世界，除非國際之間的合作始終密切無間，否則基於國際信用創造出來的準備資產，在信心方面絕對無法取代黃金的地位。

雖然特別提款權的單位價值，早期曾以特定數量的黃金作為基礎，但是不能兌成黃金。而且，因為特別提款權的接受性是基於一種國際協定，這種協定的維持有賴國際之間的密切合作。但是國際合作並無確切的保證，所以特別提款權的一般接受性遠在黃金之下。基上所述，在現階段之下，特別提款權不能取代黃金，僅能補充黃金的某些機能。

過去的美元，曾經用以補充黃金作為準備資產的不足，今日的特別提款權，又將用以補充黃金及美元作為準備資產的不足。一般預料，除非特別提款權的信心澈底建立，除非特別提款權作為支付手段的便利毫無阻礙，否則在未來的歲月之中，難免遭遇美元所曾經歷的某些困難。

但是，就特別提款權與美元的關係加以探討，可以看出有其顯著不同之處。在美元方面，1950 年代的地位與黃金不相上下，但在 1960 年代，相對於黃金的價值，屢有貶值的危機，最近，兌換黃金的聯繫又告中斷。在特別提款權方面，雖然不能兌換黃金，但其價值受到國際協定的保證，所以，只要國際合作始終維持，可以說是一種較之美元更爲安全的準備資產❼。

五、特別提款權的批評與現狀

有關特別提款權的主要精神及其運作方式已如上述。一般認爲，特別提款權的產生是國際貨幣制度自基金成立以來的一項偉大進展。可是，從另一意義而言，特別提款權亦有下述各項困難，有待進一步的解決:

第一、特別提款權的分配與取消均係基於「長期與總體需要」(long-run and overall necessity) 而作決定。但是，如上所述，國際準備資產的適當數額究爲若干，尚無客觀的判斷標準。因而，何時、何種數額才能符合長期與整體需要的條件，亦無客觀的標準可言。在這種情況之下，特別提款權機能的運作，似乎處於一種不够明確的狀態，難免成爲少數國家明爭暗鬥的手段。

第二、參加特別提款權的國家，不須另行付出其他代價即可接受分配，進行移轉。因此，一些流動能力較感短缺的國家，特別是國際收支處於逆差狀態的國家，必然不斷地對於特別提款權有所企圖，可是，基金本身又無明確而堅强的理由加以拒絕。在此情況之下，如果允許特別提款權的大量使用，則世界經濟難免陷於慢性膨脹的恐懼。另一方面，由於特別提款權的一般接受性及流動性不及黃金及美元，所以，國際收支及準備情況良好的參加國家，必不歡迎特別提款權的無限累積。從而，這些國家可以運用各種方法以阻止特別提款權機能的順利運作。例

❼ Taro Watanabe, "The Economics of SDRs", *Osaka Economic Papers*, Vol, XVII, March 1969, pp. 16-18.

如，這些國家在理事會中若有15%以上的表決權，則可運用票決而使特別提款權的分配不能通過。或者，這些參加國家可以採取「選擇的退出」，而不接受分配計劃。目前，歐洲共同市場國家在基金理事會擁有15%以上的表決權，有關特別提款權分配的決定，必須獲得歐洲共同市場國家的完全同意才能通過。所以，歐洲共同市場國家如果一直處於國際收支順差的地位，而特別提款權的創造數額定得太高，必然無法順利通過。但是，如果定得太低，則特別提款權所能發揮的效果恐極有限。

第三、特別提款權的創造乃是按照參加國家的攤額予以分配。但是，此種分配標準是否適當，引起頗多的爭論。既然特別提款權的創造，是以具有長期和總體需要爲前提，當然特別提款權的分配也應基於長期和總體的需要作爲考慮。可是，當初國際貨幣基金成立之時，各國攤額的決定是以各國準備資產總額、對外貿易總額、國民所得，及其他政治因素的考慮作爲標準。因此，如此決定的攤額顯然不足以反映長期與總體的需要。而且，依照基金過去的經驗觀察，各國攤額必然不斷增加，如此，對於特別提款權的需要必然隨而增加。此其結果，恐有引起世界性通貨膨脹的隱憂。

第四、在普通提款權中，只有「黃金部份」具有無條件的自動性質，至於「信用部份」的動用，必須以改善國際收支爲前提，借出的通貨，必須在三至五年之內予以淸償，此種規定可以迫使有關國家努力改善其國際收支。可是，特別提款權的產生，主要是在於補充準備資產的不足，與國際收支調整問題的考慮較無牽涉。而且基金當局亦無權力要求參加國家進行國際收支的改善。參加國家在前述的限度之內，不負恢復的義務，如此一來，對於國際收支的調整可能不會積極。

不過，如前所述，創造特別提款權的目的，在於適時補充當前國際準備資產之不足。此項新資產一經創造之後，就會促使國際準備資產呈現永久性的增加。而且，此項新資產係採分年創造的方式，最初的創造數量可能不會很大，但經多年累積之後，其在國際貨幣制度中之地位，勢必日漸重要。所以，可以預料，特別提款權之創造將有助於國際流動能力之擴充，同時並使參加國家在應付國際收支困境之時，增加一種運用工具，不必被迫採取貿易及匯兌管制的政策。此外，尙可從下述各方面展望其可能發揮的效果：

第一、國際貨幣基金自1944年創立以來，會員國日漸增多，攤額逐漸擴充，但因戰後世界經濟及貿易不斷擴展，以致時感資力不足，所以過去曾經多次提高攤額，以應實際需要。可是由於各國新增攤額之某一部分，須以黃金繳納，以致每次增加攤額均經相當長期之折衝與幕後磋商，過程至爲悠長而艱困。今後如能透過特別提款權的實施以增加國際流動能力，其結果與基金之增加攤額相同，但其過程非常簡單，同時參加國家不負繳納黃金之義務。所以，此項計劃實爲一種比較進步的安排，從長期看來，更能適應世界經濟與貿易擴張的需要。

第二、國際貨幣基金過去20餘年之匯兌交易中，實際被借用之通貨，均以主要國家之通貨爲主。今後特別提款權活動之後，此種情況亦將繼續存在。由於特別提款權方案規定，參加國家提供通貨之義務爲其分配淨額之兩倍，故對主要國家收支困難的融通，具有更大的彈性。例如，假定每年分配特別提款權10億美元，則在第五年之末，美國之分配額爲12.5億美元（依總額25%計算），其提供通貨之義務將達37.5億美元。歐洲共同市場國家之分配額爲8.5億美元（依總額17%計算），其提供通貨之義務將達25.5億美元。在此情況之下，歐洲共同市場國家如果發生國際收支困難，可由美國提供通貨予以融通，其彈性之大，較之過去基金的匯兌交易，可以超出一倍以上。

第三、特別提款權計劃對於特別提款權之運用，訂有種種限制。例如: 使用之目的規定, 持有國家不可因欲改變握存資產之形式, 而移轉特別提款權。提供通貨之對象, 限於國際準備充實, 而且收支情況良好之國家。利用之最高限度, 就五年爲期之每年平均數額而言, 不得超過參加國家同期平均分配淨額之70%。這些規定與限制之目的, 在使此項新準備資產之所有權, 繼續流轉於各個會員國家之間, 不致集中少數國家, 以避免利害衝突的不良後果。

1970年1月1日, 基金根據1969年理事年會的決議, 在1970年至1972年之第一基本期間之內, 發行特別提款權95億美元。首次將其中之35億美元分配給104個參加國家, 實際分配額爲3,414百萬美元, 相當於該年年底, 基金全體會員國家攤額的16.8%。基金會員國中, 未參加分配者爲中華民國、葡萄牙、新加坡及中、近東各國。

1971年1月1日, 基金再將特別提款權30億美元分配給110個參加國家, 我國仍爲選擇性的不接受分配; 實際分配額爲2,949百萬美元。連同前次的分配, 總額已達6,363百萬美元。1972年1月1日, 2,952百萬美元的特別提款權也已按照原訂計劃分配給113個國家, 我國仍未接受分配。所以, 第一基本期間的分配數額確已接近計劃目標的95億美元。

1970年、1971年及1972年的特別提款權已經分配竣事, 經過一、二年間的觀察, 由於美元向西歐國家的大量外流, 若干國家準備不足的情況非但已獲解除, 特別提款權如再分配可能形成準備資產的過度膨脹。而且, 德、日等經濟大國, 外匯準備的累積仍然方興未艾, 所以第一基本期間於1972年結束以後, 基金及主要國家的貨幣當局, 重行檢討特別提款權制度之後, 已經決定第二基本期間延後開始。

自1973年1月1日至1977年12月31日止的五年期間, 爲分配特別提款權的第二「基本期間」。在此期間, 基金總經理鑑於世界流動能力已有相當增加, 無須再進一步地擴充特別提款權之供給, 因此未對理事會提出增加分配之建議，以致成爲一個「眞空期間」(empty period)。

最近一次的特別提款權分配是在1979年1月1日，共對137個會員國分配4,032.7百萬單位。結果，現有的特別提款權總額共達13,347.5單位。預計1980及1981年將各分配40億單位[8]。

六、特別提款權評價方式之改變

關於特別提款權的價值如何評定的問題，國際貨幣基金的執行董事會自1974年7月1日起建立了一套以標準通貨籃去評價的臨時性制度，也就是以多種主要通貨的平均價值來決定特別提款權的價值。以具有代表性的多種主要通貨組成通貨籃不會遭遇太大問題。在過渡時期，必須以平均多種主要通貨的方法評估特別提款權的價值，因爲在各國普遍採行浮動匯率的情況下，各國通貨沒有平價，難以與特別提款權的價值互相換算，這種估值方法乃是唯一可行之道。

執行董事會對特別提款權的價值作成決定之後立即付諸實施。特別提款權的價值隨市場匯率的變動而變動，執行董事會將注意市場情況的變動，經常改變特別提款權的利率，因此特別提款權的利率將不是任何特定的利率。假如一般利率水準顯著下降，則特別提款權的利率亦應下降，假如一般利率水準顯着上升，則特別提款權的利率亦應上升，但特別提款權利率的升降幅度乃是由執行董事會裁決，並非由某一固定的自動公式決定。

按特別提款權自1970年1月首次分配起至1974年6月，其價值皆以美元之平價表示；而對其他通貨之匯率則透過其他通貨對美元之主要市場匯率決定。如1970年1月，一美元相當於一單位之特別提款權，此因

---

[8] *IMF Survey*, Vol. 8, No. 1, January 8, 1979.

兩者黃金含量相同，均爲0.888671公克，因此特別提款權對馬克、法郎、英鎊之匯率亦恰等於這些通貨對美元之市場匯率。但美元平價經兩次貶值後，以美元表示之特別提款權的匯率變爲一單位特別提款權等於1.20635美元，或一美元等於0.82848單位之特別提款權，因此其他通貨對特別提款權之匯率卽與其對美元之匯率不同。

這種評價方法的涵義是美元價值固定不變，其他通貨的價值隨美元而波動。1971年8月美國宣佈美元停兌黃金，隨後若干國家紛採浮動匯率後，對採用不同評價方法的支持日漸增强。

經過基金執行董事會廣泛之研究與討論後，決定自1974年7月1日開始採用一種新的特別提款權價值之決定方法，稱爲「標準籃」(Standard Basket)。1974年7月13日，執行董事會決定國際貨幣制度完成改革以前之過渡時期，採用此種價值決定方法。其決定包括確定籃中所包括之通貨以及各種通貨所佔的權數。以下爲包括之國家及其權數(百分比)：

表 22-1　1974年所訂標準籃內各種通貨之權數　　單位：%

美國	33.0	比利時	3.5
西德	12.5	瑞典	2.5
英國	9.0	澳洲	1.5
法國	7.5	西班牙	1.5
日本	7.5	挪威	1.5
加拿大	6.0	丹麥	1.5
義大利	6.0	奧地利	1.0
荷蘭	4.5	南非	1.0

資料來源：*IMF Survey.*

籃中的通貨係1968-1972其出口值平均佔世界商品與勞務之出口達1%以上之國家的通貨。至於各種通貨所佔的權數，主要係與該國之出口成比例，但如貿易不能適當地衡量一種通貨在世界經濟中的權數時，則酌予修正。

在將「標準籃」付諸實施前所需做的最後步驟，爲將這些百分比的權數轉換爲每一個籃中所包括的16種貨幣之數量。在轉換方面，重要的是必須保持基金操作與交易之評價的連續性。故這些通貨以1974年6月28日之市場匯率計算的價值必須等於以舊方法算出的以美元表示之特別提款權的價值。但自7月1日以後，以美元表示的特別提款權之價值，却是隨著每日市場匯率之變動而變動。

1974年6月28日算出每一單位特別提款權所含的每一種的通貨數量（稱爲通貨成份）如下：

表 22-2　通　貨　成　分

通　　貨	每一單位特別提款權所含的通貨數量	通　　貨	每一單位特別提款權所含的通貨數量
美元	0.40	比利時法郎	1.6
馬克	0.38	瑞典克羅那	0.13
英鎊	0.045	澳元	0.012
法郎	0.44	丹麥克羅諾	0.11
日圓	26	挪威克郎	0.099
加拿大元	0.071	西班牙皮士塔	1.1
義大利里拉	47	奧國先令	0.22
荷蘭基爾德	0.14	南非蘭德	0.0082

資料來源：*IMF Survey.*

因此，從1974年7月1日以後，以某一已知通貨表示的特別提款權之匯率，相當於以該貨幣表示之籃中16種通貨的成份之總和。基金的工作之一，即須每天計算以個別通貨表示的特別提款權之匯率。

就某一通貨（如法郎）而言，其對特別提款權的匯率可透過每一種通貨成份對法郎的市場匯率決定。每一通貨成份所相當的法郎之總和就是以法郎表示之特別提款權的匯率。基金爲了計算各種通貨對特別提款權的匯率，必須蒐集這些通貨對籃中16種通貨的市場匯率，實在非常不便。故爲方便起見，基金利用美元之市場匯率（因其對籃中所有通貨均可適用），首先計算以美元表示的特別提款權之匯率，然後再換爲其他通貨表示的特別提款權之匯率。這種方法，僅爲方便而已，並非給予美元特殊的地位。事實上，在已知的完全一致之交叉匯率下，以法郎表示的特別提款權之價值與以法郎表示的每一種通貨成份之價值總和相同。

下表爲計算 1974 年12月11日 以美元表示的特別提款權匯率之計算表：

表 22-3　特別提款權匯率之計算

通貨名稱 (1)	通貨成份 (2)	滙率 1974.12.11 (3)	美元之對等值 (4)	通貨名稱 (1)	通貨成份 (2)	滙率 1974.12.11 (3)	美元之對等值 (4)
美元	0.4000	1.000000	0.400000	比利時法郎	1.6000	37.029988	0.043208
馬克	0.3800	2.465998	0.154096	瑞典克郎	0.1300	4.215501	0.030839
英鎊	0.0450	2.322500	0104513	澳元	0.0120	0.758437	0.015822
法郎	0.4400	4.492497	0.097941	丹麥克羅諾	1.1100	5.786000	0.019011
日圓	26.0000	299.900177	0.086696	挪威克郎	0.0990	5.352498	0.018496
加拿大元	0.0710	0.991122	0.071636	西班牙皮斯塔	1.1000	56.575729	0.019443
義大利里拉	47.0000	660.150146	0.071196	奧地利先令	0.2200	17.610032	0.012493
荷蘭基爾德	0.1400	2.553999	0.054816	南非蘭德	0.0082	0.689656	0.011944

資料來源：*IMF Survey.*

表中第二欄的通貨成份透過計算日各通貨對美元之市場滙率卽可得到第四欄以美元表示的對等値。

對等値之總和卽得 1 SDR 所相當之美元，卽 1 SDR＝1.212150 美元

表 22-4　1974年12月11日各主要通貨兌特別提款權的匯率

通貨名稱	1SDR 相當之貨幣單位	通貨名稱	1SDR相當之貨幣單位
美元	1.212150	比利時法郎	44.88590
馬克	2.989160	瑞典克郞	5.109820
英鎊	0.521916	澳元	0.919340
法國法郎	5.445580	丹麥克羅諾	7.01350
日圓	363.5240	挪威克郞	6.488030
里拉	800.20100	西班牙皮斯塔	68.57827
加拿大元	1.20139	奧地利先令	21.34600
荷蘭基爾德	3.095830	南非蘭德	0.835966

資料來源：1974年12月13日經濟日報

自「標準籃」制度實施以來，迅速屆滿四年。在此期間，國際經濟金融情勢變化很大，尤其是經歷石油危機以後，中東主要產油國家的經濟力量，頗隨油價的上漲而日益提高。基金有鑑於此，乃對標準籃的構造酌加修改，俾使特別提款權價值的計算，不因國際經濟金融情勢的變化而有偏差。

新的「標準籃」係根據 1972-1976 年間，各國出口數量的多寡以決定籃內通貨之種類及各種通貨之權數。新籃仍然包括16種通貨，但在新籃中增加沙烏地阿拉伯及伊朗等兩國的通貨，而剔除舊藍中的丹麥及南非等兩國的通貨。此外，標準籃內部份國家通貨之權數，亦隨貿易之消長而略有增減。

新標準籃已自 1978 年 7 月 1 日開始生效，原則上之有效期間爲五年，五年之後，將再根據 1978-1981 年間出口數量之實際情形調整籃內通貨之權數。

表 22-5　1978年所訂標準籃內各種通貨之權數

美　國	33.0	比利時	4.0
西　德	12.5	沙烏地阿拉伯	3.0
英　國	19.5	瑞　典	2.0
法　國	7.5	伊　朗	2.0
日　本	7.5	澳　洲	1.5
加拿大	5.0	西班牙	1.0
義大利	5.0	挪　威	1.0
荷　蘭	5.0	奧地利	1.0

爲求籃中各種通貨市場匯率報導的快速與方便起見，基金是從倫敦、紐約或法蘭克福外匯市場接受這些通貨的匯率（日圓除外）；日圓則由東京報導。

一旦美元對特別提款權之匯率依上述方法計算而得，基金即能根據其他通貨對美元之匯率，算出其他通貨對特別提款權之匯率。計算方法與過去使用者相同。例如，若一單位之特別提款權等於1.206375美元，而法郎的代表市場匯率爲4.81法郎等於1美元，則以法郎表示特別提款權之匯率等於 4.81 乘 1.206375， 即一單位特別提款權等於 5.80266 法郎，爲了計算，基金通常用一單位通貨相當於多少單位特別提款權表示，如1法郎等於0.172335單位的特別提款權。

在計算特別提款權對美元以外之其他通貨的匯率時，基金並不採用上述計算特別提款權對美元匯率時之匯率，而是採用從個別外匯市場所得的匯率。除日圓以外，計算特別提權對美元滙率所採用之其他通貨的匯率，通常係根據某一外匯市場的報導。該匯率係該日某一特定時刻的「主要匯率」。而用來計算各種通貨對特別提款權之匯率所採用的個別通貨對美元之匯率則係所謂「代表滙率」，它是根據個別中央銀行的報導。這些匯率的基礎，在基金與會員國間已經獲致協議。例如，英鎊的代表匯率爲倫敦市場正午時間的匯率。目前已有將近二十個會員國與基金取得「代表匯率」的協議，這些通貨已經或即將用在特別提款權交易或一般交易方面。預料不久以後，與基金議定「代表匯率」的國家將會日漸增多。

第二十三章　美國國際收支的問題

自第二次世界大戰結束迄今，國際貨幣問題可謂層出不窮。就最近幾年的情況而言，乃以1967年的英鎊貶值爲契機，1968年發生黃金搶購風潮，而有黃金兩價制的建立，1969年則有法郎貶值與馬克升值先後發生，至1971年的美國新經濟措施，更可說是國際貨幣問題的高潮。就最近的情況而言，自1977年9月以後，美元兌日圓、馬克及瑞士法郎等主要通貨的匯價節節下跌。截至1978年7月16—17日七大工業國家第四次的經濟高峯會議在西德波昂舉行過後，美元的跌勢仍然未見緩和。對於以上的種種發展，主要原因可以說是在於美國國際收支問題的遲未解決。本章擬就此一問題加以論述。

一、美國國際收支的發展及其原因

美國的國際收支自1945年迄今，可以分成三個演進階段：(一) 1946年至1949年爲第一階段，其特徵爲國際收支的巨額盈餘，此爲「美元缺乏」時期；(二) 1950年至1957年爲第二階段，其特徵爲國際收支發生有計劃的逆差，此爲過渡時期；(三) 1958年以後爲第三階段，其特徵爲國際收支發生無計劃的逆差，此爲「美元過剩」時期。

第二次世界大戰結束之初，歐洲各國的經濟結構破碎，美國爲了協助歐洲的戰後重建，採取許多經濟援外的方案，其中最重要的是「歐洲復興計劃」(European Recovery Program)，亦稱「馬歇爾計劃」(Marshall Plan)。藉着這些援助，歐洲歷經幾年的轉變之後，不僅恢復昔日的舊觀，而且變成空前繁榮，其國際收支出現巨額的美元盈餘。自1946年至1949年，美國在商品與勞務收支方面累積的盈餘多達 320 億美元，但至1950年以後，其國際收支開始走上逆差的時代。

美國國際收支的逆差所反映的是其他國家國際收支的盈餘。自1950年至1957年的 8 年之間，其他國家從美國獲得的黃金準備及美元餘額，總計超過 100 億美元以上。此一事實一方面代表着美元缺乏的現象已經消失，另一方面代表着美元過剩的情形已經開始發展。但在此一時期，美國仍與往年一樣，經常帳戶的盈餘超過私人資本的外流，所以須以政府的對外貸款及贈予加以抵銷。這顯然是美國政府鑒於其他各國在戰爭期中及戰後幾年國際準備嚴重枯竭，乃有計劃地讓其重建國際準備的結果。所以此一時期世界的國際收支形勢與前一時期的美元缺乏及後一時期的美元過剩，有着顯著的差異。

美國自1950年開始迄今，除去1957年之外，一直都是處於國際收支逆差的情況之下。不過，1957年以後的逆差情形與過去幾年的情形不甚相同，主要就是逆差數額變得更大，而且不再是有計劃的性質。美國國際收支逆差的龐大數字來自資本流出淨額加上單方移轉的和與經常帳戶之間的差額。但是，外國短期資本之流入美國並不列入資本移動的數字之內，係以對於國內機構的債權形式出現，諸如在美國銀行的存款及對美國政府的債權等等。對美國而言，此類資本之內流既不列入正規的資本帳戶之內，自然不能用以抵銷美國資本的外流。此因外國資本之流入美國，乃是屬於一種「調節性的項目」，而非「自主性的項目」，換句話說，這種資本的內流乃被視爲國際收支逆差的結果，並且作爲一種替代黃金外流的手段。

美國國際收支由「美元缺乏」轉變爲「美元過剩」，意義極爲深遠，故亦成爲學者熱烈討論的主題。這些學者提出許多解釋理由，但是迄今仍難斷言何種原因最爲重要。大體言之，美國自1950年代下半期起，國際收支的巨額逆差係在資本帳戶項下出現。經常帳戶的貿易出超被大量的政府外援及民間海外投資抵銷之後，總合收支發生逆差。所以，有人認爲美國資本帳戶的逆差，乃以外援過多爲主要原因。但亦有人認爲，美國的外援常常附有採購地區之限制，外援之增加勢必引起美國出口之擴張，所以眞正造成逆差的原因應該在於民間資本的大量外流。如欲分析民間資本大量外流的原因，則須探討美國相對於其他國家之經濟成長、租稅制度，及投資環境等等因素。此外，另有許多學者强調，美國貿易項目的出超太小才是問題的關鍵，假如出超極爲龐大，資本帳戶的逆差根本不必憂慮，故應重視美國輸出競爭能力減弱之事實。

解釋美國國際收支轉爲逆差，特別是輸出競爭能力減弱之觀點很多，重要者爲❶：

(1) 通貨貶值與生產設備限量說：此說認爲1949年秋歐洲各國通貨相對美元貶值30%左右，使美國的輸出競爭能力相對減弱，此爲美國國際收支的重要轉捩點。而在1950年代前半期，西歐及日本等地生產設備尙未擴充，並無大量輸出能力。及至1950年代下半期及1960年代，這些地區的生產設備已見大量擴充，立即成爲國際市場上美國之勁敵，因之美國貿易收支的盈餘在1950年代後期相對減少，而在1960年代，國際收支的逆差持續擴大。

(2) 生產力偏向變化說：此說的理論基礎在於技術進步引起生產成本降低以後，會使各種貿易條件及實質所得受到影響，而且，透過價格彈性及所得彈性，一國的貿易收支也會發生變化。假定A國因技術進步以致生產力提高，B國的生產力不變，則A國的純貿易條件將趨不

---

❶ 柳復起：「由國際金融制度的演變與收支失衡的調整政策論美元危機」，中央研究院經濟研究所經濟論文「評介」選刊之九，民國60年9月，頁6~9。

利，但其因素貿易條件則趨有利。A國所得隨生產力之提高而增加之程度及A、B兩國的需要彈性對於兩國的國際收支均有重大影響。價格效果雖對A國的貿易順差有利，但是所得效果則有抵銷作用，如果A國所得增加程度不大，且其需要之所得彈性甚低，而B國需要之價格彈性很大，則A國的貿易順差將趨增加。反之，如果A國所得隨生產力之提高而比例上升，且其所得效果甚强，而B國需要之價格彈性很小，則A國的貿易收支將趨惡化。其次，技術進步可能只在出口部門發生，或者可能只在進口替代部門發生，或者顯然偏向某一部門。如果技術的進步爲進口替代偏向，則A國的進口有減少之趨勢，但其所得之擴張亦可能促成出口產品價格的上升。這種出口的價格效果及一般的所得增加效果會抵銷原先進口減少對貿易收支的有利影響。同理，如果出口部門生產力的提高較多，也會透過所得的上升及進口替代產品價格的上漲而抵銷原先出口擴張的有利影響。根據這一理論推斷，美國生產力的進步相當快速，可能在1950年代中期以前技術進步的價格效果很强而所得效果不顯著，或對進口商品需要的所得彈性很低，所以貿易的出超極大。但至1960年代，可能因爲技術進步之所得效果加强及原有接近某種轉捩點的彈性發生變化，所以技術進步以後反而導致貿易收支趨於不利，造成國際收支的龐大逆差。

(3) 技術逆差改變說：此說認爲，美國的生產技術原係領先西歐各國及日本甚多，故其出口產品佔盡世界優勢。但自 1955 年以後，歐洲及日本的產業由急起直追而迎頭趕上，使美國在技術方面的領先差距縮小，於是美國逐漸喪失比較利益，歐洲各國從美國進口的傾向大爲降低。

(4) 經濟成長基礎說：此說認爲，推動經濟成長之原動力，有些國家係以國內投資爲主，有些國家依賴技術革新，有些國家憑藉外銷市場的爭取與開拓。以國內投資爲動力的經濟成長容易透過所得效果而引起進口的增加，且會抵銷原先擴充設備導致之出口成長，終使貿易收支出現逆差。美國及英國的經濟成長屬於此一類型。西德、法國、義大利及日本近十年來的經濟成長，主要就是憑藉技術進步，而且技術進步最快的產業又是外銷產業。1950年代初期，上述各國之經濟成長主要以戰後之重建投資爲動力，所以進口傾向極高，因而形成美元缺乏現象。及至1960年代，隨着成長基礎之改變，這些國家的出口極富競爭能力，美國之出口競爭能力則告相對低落。

(5) 相對價格變化說：此說是從美國與西歐物價指數的相對變化說明晚近美元過剩的原因。即在美國國際收支惡化期間，美國出口部門所受國內需要的壓力很大，出口成本及物價均有高漲現象。影響所及，國內其他部門雖然沒有需要激增之壓力，但亦難保價格之穩定，所以美國之物價變化可用需要改變之通貨膨脹學說加以解釋。歐洲國家則非如此，即其出口價格之上漲程度不及一般物價水準，故從歐美兩地出口價格之相對變化趨勢，亦可理解美國國際收支惡化之原因。

(6) 示範作用說：所謂示範作用原指開發中國家的人們模仿享受已開發國家人們的高等生活方式及消費水準而言。此說認爲近十餘年來，美國企業家及消費者的眼界擴及整個世界；一方面企業家在海外發掘有利機會，大量進行直接投資，造成資本收支的巨額逆差，另一方面消費者熱心追求新鮮享樂，遠從世界各地大量引進奢侈性消費品，或作豪華出國旅行與環球遨遊。大凡美國進口之消費品，多屬所得需要彈性較大者；美國進口總値佔其國民生產毛額之比率本屬甚低，故其國民支出總額之極小部份用於進口已能形成爲數可觀之貿易逆差。

二、美國國際收支的對策

1958及1959兩年，美國國際收支的逆差相當龐大，且其黃金的外流相當可觀。但在當時，其所採取的對策因須優先考慮下述各點，所以頗受限制。第一、美國在1958～65年之時，經濟狀況一般而言未達充分就業，所以不能實施緊縮的財政政策及貨幣政策。第二、美國政府當局仍擬遵守自由貿易的原則，反對採取限制進口的辦法。在該時期之內，限制進口的主要目的在於保護國內產業，而非在於平衡國際收支。第三、美國不願爲了改善國際收支以致削減海外的軍事支出。第四、美國對於調整美元平價一向堅決拒絕。所以，這一時期，美國政府當局所採取的是所謂「等閒視之」(beneign neglect) 的政策。

如此一來，美國政府當局所能採取的措施限於：（一）國防費用中外匯部份的節約；（二）外國政府在美國之國防支出（例如購買軍火）的增加；（三）對外經濟援助的減少；（四）美國對外援助限購美國商品的規定；（五）資本輸出的管制。此外，尙有促進輸出、優待輸出金融，及鼓勵外人赴美觀光等的措施。上述的對外援助限購美國商品的規定，最初係由艾森豪 (Dwight D. Eisenhower) 政府所發動，同時採取若干步驟，將在海外的軍事採購移至美國。當時美國並與有關國家談判，使其取銷自美輸入的殘餘限制，增加開發援助，並且負擔美國在歐洲的部份軍事費用之外匯支出。1960年初，首先推行促進輸出的運動。

1961年初，甘廼迪 (John F. Kennedy) 政府亦曾採取若干新的措施：例如，美國在海外的駐軍採購，即使美國商品的價格昂貴，但在高出25%（其後提高至50%）的範圍之內，仍須優先購買美國商品。其他辦法包括：規定大部份的美國雙邊開發援助，限於購買美國商品；談判在歐駐軍外匯支出的補償辦法等等。此外，美國人民赴國外觀光回國之時，攜帶免稅物品的價值由500美元減爲100美元；若干對國外投資的租稅獎勵辦法予以廢除。

當時，因爲歐洲的利率水準較高，引起美國資金的外流，爲了防止起見，美國貨幣當局曾經進行政府證券的買賣操作，以促使短期利率的上升。1961年底，曾經提高美國各銀行定期存款利率的最高水準。後因上述政策收效有限，乃於1963年中，對於美國人民購買已開發國家所發行的證券課以利息平衡稅 (interest-equalization tax)。

上述限制私人資本移動的辦法，以後續予加强。1965年初，又再公布有關銀行的國外貸款及大企業對外直接投資的自願限制辦法。而且，利息平衡稅的適用範圍亦擴大至銀行及非銀行之對外國的中長期貸款。此外，也將削減政府在國外人員與軍事援助的辦法包括在內。至於阻止資本的外流方面，1966及1967兩年，並曾規定更爲嚴格的最高限額。但對政府帳戶而言，其按上述辦法所節省的部份，却因越戰軍事支出的增加以致效果不大。

1968年，美國宣佈各項嚴格的措施，俾將該年的國際收支逆差減至25億美元。其中半數擬藉私人資本外流的加强管制以求實現。此次所採各項限制辦法，對於企業具有强制力量，非由企業自願實施。並在1968年不准對歐直接投資，嚴格限制該處投資收益的再投資。對其他已開發國家的直接投資亦遭削減，國外短期資產不准增加。但是美國企業如在國外借入資金進行投資，則因不在限制之內，結果增加頗爲顯著。美國各銀行對外債權的最高限額亦經減少；對歐的中長期貸款不准提供，並且不得展期；在同年內，對歐短期信用亦被削減40%。

尼克森 (Richard M. Nixon) 主政之後，在原則上承諾放寬對於直接投資的管制。過去凡是對外直接投資金額在 20 萬美元以上即須受到管制； 1969年4月， 此一最低限額改爲100萬美元。此一最低限額至1971年又再改爲200萬美元。其他有關國外投資收益再投資及銀行對國外貸款等的規定亦予放寬。尤其有關輸出金融的部份，1971年8月起決定完全不再管制。

美國過去曾與有關國家達成協議，限制各國牛肉、鋼鐵及棉紡織品的對美輸出；1971年，復就毛紡織品及人造纖維紡織品取得協議予以實施。1971年8月，美國國會通過法案，增加進出口銀行 (Export-Import Bank; Eximbank) 所能運用的資金； 並對美國企業在國內設立經營出口業務的子公司給予延期繳稅的優待。

以上各項措施，目的均在改善美國的國際收支，增强美元的地位。但是，事實並未發生效果。當時美國若干人士主張透過國內通貨膨脹的壓制，籲請各國降低關稅以外的障礙，或由其他國家實施通貨升値，甚至停止越戰等等以改善美國國際收支的逆差，但均未獲實現。

關於美國的國際收支逆差問題，1966年之時，若干諸如廸斯普利士 (E. Despres)、金德柏格 (Charles P. Kindleberger)，及沙蘭特 (Walter S. Salant) 等的學者認爲只是統計方面的一種錯覺 (optical llusion)。亦卽，大家眼見的是美國與歐洲之間以長期負債交換短期負債的問題；歐洲偏好短期流動資產，但其經濟社會需要長期投資資本，至於美國偏好的方向則正相反。結果，美國輸出長期資本，並且累積短期資產，另一方面，美國却又輸入短期資本，累積短期債務。至於歐洲，則在累積長期債務及短期資產。爲了證明此點，這些學者以美歐利率結構的差異作爲論據 ⓬；即就短期利息對長期利息的比率而言，美國比之歐洲爲高。

⓬ "The Dollar and World Liquidity: A Minority View," *The Economist*, February 5, 1966, pp. 526-29.

根據上述的觀點，美國的國際收支實際並未出現逆差，因之美國庫存黃金的減少，也是由於若干國家的中央銀行沒有認清事實眞相所致。而且，美國商務部以流動能力爲基礎報導國際收支，結果帳上出現逆差，引起美元信心的降低，美國商務部本身實在難辭其咎。

1960年代早期，關於美國的國際收支問題另有一種看法提出，頗值重視。這派看法認爲，美國國際收支的逆差的確存在，但是可用其他方法使其消失，甚至轉爲盈餘。此一論點是由布魯金斯研究所 (Brookings Institution) 對總統經濟顧問委員會 (President's Council of Economic Advisors) 提出。

但在當時，上述的見解並未受到美國政府當局的重視與採納。

三、美國國際收支逆差與歐洲美元市場的興起

如上所述，第二次世界大戰結束以後的最初十年之內，美國的資本外流，絕大部份係由政府的對外經濟援助及軍事援助所引起，民間資本的外流非常有限。但至1955年以後，情況已有改變，民間對外投資轉趨活躍。1950年代後半期，民間資本的外流每年約達30億美元，1960年代以後，此一數額增至60億美元。單就民間海外的直接投資而言，1960年代爲1950年代的三倍，而在歐洲地區的投資則更增爲十倍[3]。長期大量對外投資的結果，美國許多大的企業均有分支機構散佈全球，故其經營政策漸可不受美國政府法令的限制及財經政策的影響。例如，這些企業如因受到國內緊縮政策的影響，不能按照合適條件取得資金，便可透過海外的分支機構吸收資金，而在國內資金充裕之時，則將這些資金調往

[3] Richard N. Cooper, *The Economics of Interdependence: Economic Policy in the Atlantic Community*, (New York: McGraw-Hill, 1968), chap. 4, p. 82.

利率較高的外國。這種資金就是所謂「歐洲美元」(Eurodollar)，其流進流出使美國的國際收支問題更形錯綜複雜。簡而言之，歐洲美元市場的發展乃與美國國際收支逆差的增加相輔相成。

歐洲美元早在1957年就已出現。當時，英國政府感到英鎊貶值之壓力甚强，於是英國政府禁止英國銀行以英鎊融通第三國間的貿易。但因倫敦之銀行不欲中斷其已建立之往來關係，因而改以短期存款方式吸收之美元融通此類貿易。歐洲美元即是濫觴於此。1958年，西歐國家的通貨恢復對外的自由兌換以後，刺激國際金融市場的蓬勃發展，敏銳的銀行家即以美國存款利率的法定限制吸收美元資金牟利。在1963年以前，美國聯邦準備理事會頒有「Q號規則」(Regulation Q)，限定銀行對六個月期之定期存款所付利息每年不得超過2.5%，三個月期以下者爲1%。但是，美國銀行透過海外分行借入的資金（歐洲美元）却不受此一限制。

其次，蘇俄及其附庸國家的人民持有之美元資產，常不存入紐約的銀行，而改存入歐洲的銀行。

此外，美國各家商業銀行之短期存款，西歐、日本及加拿大中央銀行之美元資產，以及國際清算銀行 (Bank for International Settlements; BIS) 之美元資產皆曾流入歐洲美元市場。

以上爲歐洲美元市場的主要資金來源。

美國國際收支逆差與歐洲美元發展之關係，近年以來頗受注意。這種關係大概可從三個方面觀察。第一、美國國際收支逆差對於世界流動資產總額的增加貢獻很大，而有助於世界貿易之擴張。第二、美國國際收支之逆差，削減人們對於美元的信心，因而降低以美元持有其資產之比重；但是另一方面，美國國際收支之逆差，促使美國採取提高利率的緊縮政策，誘使人們提高以美元持有其資產之比重。第三、美國國際收支的逆差愈大，放款利率也就愈高，歐洲銀行有效運用利率差距牟利的機會愈大，歐洲美元市場的成長也愈迅速；但是另一方面，美國國際收支的逆差愈大，對外投資與貸款的限制也就愈嚴，故將阻礙歐洲美元市場之發展。上述三點合併考慮，大致可以看出美國國際收支逆差的增大，能够助長歐洲美元市場的發展。

最近十年之內，歐洲美元的增加極爲迅速：1958年時不到10億美元，1960年約爲40億美元；1966年增爲130億美元；1968年增爲250億美元；1970年增爲480億美元[4]。到了1972年底，歐洲美元市場的規模則已超過1,000億美元。此種十年之內增加約達十倍的歐洲美元，對於當前的國際貨幣制度產生下列的影響：(一)美元乃是國際準備資產之一，歐洲美元的增加能够減輕國際流動能力不足的困難；(二)歐洲美元的龐大使美國的存金相對不足，因之美元的信心問題格外嚴重；(三)歐洲美元促成世界各大金融中心之間的密切聯繫，也使國際金融市場對於利率的反應特別敏感；(四)歐洲美元不僅流動性高，且其數額很大，由其匯集而成的投機風潮極爲險惡，事先旣難防患，事後亦難收拾，近年以來的國際金融危機與此頗有關聯。

在1968年以前，歐洲國家之國際收支盈餘不斷增加，成爲歐洲美元市場的主要資金來源。1968年以後，美國公司在歐洲債券市場(Euro-bond market)籌措長期資金，而將投資收益轉入歐洲美元市場。同時，拉丁美洲及中東國家的政府機構與中央銀行因受歐洲通貨市場利率的吸引，也將美元準備存入歐洲美元市場，因而構成資金的主要供給來源。但自1974年以來，石油輸出國家之售油收益乃是歐洲美元市場資金的主

---

[4] Alexander K. Swoboda, *The Euro-Dollar Market: An Interpretation.* (*Princeton: Essays in International Finance*, No. 64, Princeton University, February 1968).

要來源。

1970年以前，美國一直是市場上的主要資金需求者。1966年起由於美國國內的貨幣緊縮政策，美國的銀行大量至歐洲通貨市場借款，而於1969年達到最高峯，美國因而成爲歐洲通貨市場資金的「淨」需求者。其間，美國的銀行亦相繼在歐洲設立分行，參與經營歐洲通貨業務。1970年下半年美國開始償還一些借款，其對於資金之「淨」需求的情況才逐漸趨降，而歐洲各國亦開始成爲主要的資金需求者。

四、一九六〇年代美國的國際收支問題與西德及日本的關係

如上所述，美國國際收支的逆差，乃是1960年代以來國際貨幣危機產生的根源之一。美國本身雖曾陸續採取若干措施，但是均未奏效。處此情況之下，當年有些學者認爲，如果能將整個世界的匯率作一全面調整，必有助於美國國際收支的改善及國際貨幣危機的消除。但因所有其他國家的通貨均與美元釘住，亦即美元已成「價值的標準」(standard of value)，故在當年，美元之貶值有着事實上的困難。即使美元能够貶值，亦非代表一種最佳的解決辦法，因爲世界仍有許多國家發生國際收支的逆差，而且密切依賴美元，美元一旦貶值，不但會使美國的競爭地位相對於少數盈餘國家獲得改善，而且相對於逆差的國家也是如此，所以，美元的貶值會使對美國國際收支發生逆差的國家受到傷害。

另一方面，對美國國際收支發生盈餘的國家只是限於西德及日本等少數國家，所以如能促成馬克及日圓等通貨的升值，也就可使美國及其他逆差國家產品的國際競爭能力增强，這有助於美國國際收支的改善，且不傷害對美國國際收支發生逆差的國家。美國近年以來努力的方向之一也

是在此。

以下針對馬克及日圓的升值問題作一論述，從而觀察其與美國國際收支問題的關係。

1. 馬克升值問題

西德在二次大戰之後，境況頗爲艱困，領土僅及戰前的一半，並且飽受通貨膨脹的威脅。可是時至今日，西德的經濟已經處於一枝獨秀的地位，即在國際政治舞台上亦有扮演重要角色的潛力。過去十餘年，每次國際貨幣危機發生之時，各國總是極力迫使西德馬克升值，短期資金的流動也以馬克作爲主要對象。例如，1967年11月的英鎊危機、1968年3月的黃金風潮，以及1969年8月的法郎危機，情形就是如此。無疑地，西德馬克已經成爲世界罕有的强勢通貨。西德馬克之能成爲强勢通貨而非屢次被迫升值不可的原因，主要在於西德國際競爭能力之强大，其出口所佔世界出口總額的比率顯著增加。

西德產品的國際競爭能力何以特別强大？理由可分下列各點:

第一、西德物價較爲穩定，所以馬克幣值相對偏低。自1962年至1969年，其他重要工業國家的躉售物價指數平均上漲14.6%，但是西德僅漲6.6%。再以1968年爲例，其他重要工業國家物價上漲4—6%，但是西德僅漲2%。西德物價之穩定，係因該國生產設備投資甚大，生產力增加迅速，又因東德難民大批湧入，勞動力獲得補充，所以工資成本的增加極爲緩慢。而且，西德過去在兩次大戰期間及戰後初期，飽受惡性通貨膨脹之苦，以致全國朝野對於物價的安定均甚關心，故能通力合作謀求物價之穩定。

第二、近年來世界貿易的擴充係以西德所專長的重化工業爲中心，故其輸出特別有利。1960年代以來，西德的輸出總額之中，約有70%以上就是所謂重化工業產品。尤其是在歐洲共同市場地區之內的關稅逐漸廢止之後，其對共同市場地區的輸出更爲有利。

第三、西德經濟依賴輸出的程度原較其他工業國家爲高，尤以運輸機器及一般機器仰賴輸出的程度高達 40～50%。一方面西德政府積極鼓勵企業加速折舊及保留利潤，另一方面企業本身對於研究創新不遺餘力，結果輸出大爲擴充。

上述的種種原因使西德產品的國際競爭能力大爲提高，導致國際收支的持續盈餘，並且在 1951～1960 年間累積好幾十億美元的準備。1961年初，其黃金及外匯準備在國際上僅次於美國，而爲英國的兩倍；至1968年中，累積的準備已經超過90億美元，其中的一半爲黃金。在此期間，西德已經感受國際收支巨額盈餘及外國資本流入所造成的「輸入型通貨膨脹」(imported inflation)，所以除 1959 年外，不斷採取減少國際收支盈餘及限制外資流入的措施，但無顯著效果。至於馬克升值的謠傳，數年之前早已發生，不過西德政府屢加否認。本來，馬克的升值就西德本身及其他有關國家而言有其經濟方面的必要性，但是西德國內却有兩個集團强烈反對，一爲出口企業，一爲小農，前者已獲旣得利益，後者深怕廉價農產品進口之後受到犧牲。

及至1968年底，西德已有景氣過熱的傾向，物價的上漲漸趨顯著，而且國際收支的巨額盈餘，迫使國內的流動能力不斷增大。其間，雖經西德政府採取促進長期資本輸出、徵收貿易調整稅及其他財政金融措施，但是西德經濟對內對外的均衡終難恢復，而且西德巨額貿易收支的存在又使美元及英鎊飽受壓力，作爲盈餘國家的西德頗受其他國家的指責。

1969年 5 月，法國發生社會動亂，由於經濟受到打擊，資本大量外流，法郎信用達到低點。延至 8 月 8 日，法國政府終於宣佈法郎貶値

11.11%。法郎貶值之後，西德馬克將在何時升值遂爲各方注意的焦點。9月25日，西德由於大選，採取封閉外匯市場的非常措施。同月29日，大選過後重新開放外匯市場，數小時內，投機資金的流入高達2.5億美元以上，西德當局被迫中止對於外匯市場的干預，採取浮動匯率。10月24日，西德政府終於決定馬克升值8.5%。至此，英鎊貶值、法郎貶值以及馬克升值均已先後實現，但因重要工業國家的通貨膨脹程度仍極懸殊，故在當時的固定匯率制度下，國際貨幣情勢只能說是處於小康局面，並未達成長期的穩定。

2. 日圓升值問題

1969年10月24日馬克升值之後，日圓是否不久也將升值的問題，成爲國際金融討論的焦點。

日本的國際收支在1964年曾出現4億美元的逆差，但至1965年以後，由於1950年代的設備更新開始發生顯著效果，故其產品的國際競爭能力大爲提高。同時，越戰的延續，亦使美軍的採購對於日本的輸出相當有利。所以，日本的國際收支開始發生盈餘。1969年的基本收支盈餘20億美元，1971年增爲42億美元。這種盈餘趨勢的造成，輸出之大量擴張固爲主要原因，但其輸入傾向之下降也有相當影響。

如就長期資本的移動而言，亦自1965年開始發生變化；即以對外貸款及分期付款方式輸出的外流資本，每年均告增加，且因對外投資的大幅擴張（由1965年的1.5億美元增爲1969年的6.6億美元），這種長期資本的外流趨勢仍在增强之中。另一方面，外國以貸款、投資日本證券等方式流入的資本亦頗可觀。1966及1967兩年，長期資本的外流均爲8億美元，但在1968及1969兩年，由於外人大量吸購日本股票，長期資本的外流減爲2億美元。

1960年代後半期，日本國際收支的盈餘雖然不算太大，外匯準備也不算高，時至1967年僅有20億美元。但是累積的速度很快，1968年增爲29億美元，1969年增爲35億美元，1970年增爲44億美元，1971年竟達152億美元，超過美國（121億美元）而僅次於西德（186億美元）。如此一來，歐美方面也就開始迫使日圓升值。這些年來，國際之間對於日本國際收支盈餘的態度正是如此；同時，日本自己對於國際收支的調整問題也就賦予高度的重視。

日本對於日圓升值的國際要求，一向堅予拒絕，此因日圓升值之後，已獲既得利益的出口產業必將受到影響，故在政治立場有其困難之處。1968年起，日本政府迫於國際壓力，開始廢除進口數量管制，降低關稅，削減出口補貼。1971年曾經宣佈所謂「避免日圓升值八點計劃」(Eightpoint Program for Avoiding Yen Revaluation)，內容包括：(一) 1971年10月以前，設有進口限額之商品減至20種；（二）對於開發中國家的產品提供優惠稅率；（三）再度降低一般關稅稅率；（四）放寬資本移動的自由，准許人民大量購買外國股票；（五）降低若干產品的非關稅壁壘；（六）加强對於開發中國家的援助；（七）廢止出口優惠融資辦法及對出口的租稅獎勵；（八）調整貨幣及財政政策藉以促進經濟發展。

但是，上述各項措施並無實際效果。因據估計，各種進口限制即使全部撤銷，因而增加的進口僅在10億美元至20億美元之間。再且，降低關稅本可促進輸入，但是日本的關稅稅率原較歐美各國爲高，且屬累進性質，即使再度降低，效果亦不顯著。一般認爲，比較可行的途徑是在資本收支方面抵銷貿易的順差，諸如加强對外的直接投資及間接投資。直接投資的實績每年均有增加，但是欲在短短數年之內達成10億美元，乃至10億美元以上之目標殊無可能。而且，隨着對外投資的增加，輸出亦必擴張，故無補於國際收支盈餘之削減。至於日本對外的間接投資，實績也是相當有限。要之，大規模的資本輸出，對於經濟成長迅速、國內投資機會甚多、金融處於緊迫狀態的日本，客觀情勢方面殊無可能。

基上所述，日本國際收支的盈餘旣然難以削減，只得讓其繼續發展，結果，外匯準備急遽增加，日圓被迫逐漸走上升值之路。當時，國際著名的經濟刊物，就已認爲日圓升值只是時間遲早問題。不過，日本政府對於日圓的升值總是採取拖延的政策。因爲日本認爲，美國國際收支的逆差與日本之收支的盈餘並非日本一國的責任。不過，日本國際收支的盈餘乃是導致美國國際收支逆差的重要原因之一，以往的1960年代中期，英國國際收支出現巨額逆差，由於其他國家密切合作，倖免於難，1970年代初期的日本，實在亦應負起道義責任。再者，美日兩國意見方面的距離，本應心平氣和坦誠協商，但因雙方固執己見，以致陷入僵局。最後，美國終於1971年 8 月15日切斷美元與黃金的聯繫，引起國際貨幣情勢的混亂，而至12月18日，日本才在美元貶值7.89%的條件之下同意日圓升值16.88%。

五、一九七〇年代美日貿易的不平衡問題

從1977年 9 月以後，美元相對於日圓及馬克等主要通貨的不斷貶值，已使有關的各國俱受傷害。如非工業先進國家已經普遍實施浮動匯率制度，大規模的國際金融危機恐怕早已發生，而在 1970 年代中期以後，由於美日之間的貿易有着太大的不平衡，美元與日圓的關係，遂成整個通貨穩定問題的核心。

本來，在浮動匯率制度之下，應讓匯率忠實地反映有關國家客觀的經濟情況。但是，美日兩國的政府當局，却都幾乎沒有這種想法，總企

圖以談判及干預來影響匯率的動向。結果，美日兩國所付出的代價都很慘痛。

在第二次世界大戰後的初期，日本的經濟規模仍小，且在廢墟之中掙扎求生。當時，美國曾以各種方法加以幫助，其中之一，就是幫助日本維持一個「低估」的日圓。隨着時間的經過，日本的經濟開始脫胎換骨，加速成長，但是日圓並未隨其購買力的上升而調整。貨幣對外價值的低估，對於該國及關係密切國家的經濟，必然產生普遍扭曲的後果。至少，低估的貨幣對於該國的出口產業，是一種實質而變相的補貼。由於日圓的長期低估，已使日本發展成爲一種「出口導向型」的經濟體系。如今，日圓兌美元的匯率雖在升值，但是欲在短期之內，就把這種出口導向型的經濟體系調整過來，確實並不容易。在日圓升值而美元貶值的同時，日本的進口成本下降，而美國的進口成本上升，故其加諸美日貿易的影響，是使不平衡擴大，而非縮小。在這種情勢下欲維持美元與日圓關係的穩定，則在基本上爲不可能。美元與日圓關係的穩定，在長期有賴於美日兩國經濟結構的調整，在短期則須求諸美日兩國政策措施方面的協調。

所謂美日兩國經濟結構之調整，就美國方面來說，最重要的是生產力之提高。美國生產力上升率之降低，被認爲是美國產品競爭力降低的基本原因，至於通貨膨脹率之高於日本，則被認爲只是促成因素而已。根據美國國家科學委員會的統計，如以製造業中每一工人產量，作爲生產力之指標，則在1960至1976年間，美國生產力之上升率小於日本、西德、法國及英國。以1976年而論，美國之生產力較上年上升 7%，日本則爲13%，西德及法國分別爲 8 %及10%。美國生產力之上升較慢，與美國資本投資之落後及研究發展支出佔國民生產毛額比率之下降有關。故在今後，美國之生產力能否大幅提高，乃是美國能否有效改善其貿易逆差的關鍵所在。

至於日本經濟結構之調整，事實上是指上述日本出口導向型的經濟體系之改變。如上所述，日本所進口的，約有五分之四是燃料及原料，只有五分之一是半製成品及製成品，而歐洲國家所進口的，約有五分之三是半製成品及製成品。故在日本，生產的增加雖然引起進口的增加，但更引起出口的增加；因爲日本的製造業產品有一半是出口的。日圓升值以後，日本的進口成本下降，其出口成本隨之下降，故有餘力吸收日圓升值的不利影響。匯率的變動屬於貨幣現象，僅以貨幣因素的變動去調整實質的經濟結構，顯然無能爲力。美國一再要求日本提高經濟成長率，日本也把1978年度的實質成長目標訂爲7％，並在波昂的經濟高峯會議之中聲稱，將以全力達成。事實上，日本的高成長率可以說很重要，但也可以說很不重要。因在日本，成長率高，雖使進口增加，但在同時，也使出口增加，此對日本貿易順差之緩和並無太大的貢獻。故就日本之經濟體系而言，減少貿易順差之關鍵，應是修改貿易政策，俾能擴大國內需求。日本當局對於這個關鍵，內心頗爲明白，福田赳夫首相也在波昂的經濟高峯會議中表露出來。

爲了緩和國際壓力，日本已在採取各種擴大進口的措施，包括降低進口融資利率、設立進口中心、放寬外匯管制及取消進口限制等。不過，這些只能視爲短期的治標措施而已，長期的政策還是在於調整經濟結構。日本當然知道如何調整，只是需要一段較長的時間才能完成而已。在25年前，日本勞動密集產品的出口，佔出口總值的四分之一，如今只佔十分之一。而在目前，最具出口競爭力的汽車及電機設備等資本密集產品的出口，不久的將來可能會被高度知識密集的產品所替代。不過，鑑於日本的失業率仍高，而且圍繞着資本密集產業的中小企業很多，所以，上述經濟結構的調整，只能採取緩慢前進的策略。

再就美國方面而言，1977年9月以來，美元相對於日圓及馬克等主要通貨的大幅貶值，有人預料，將有助於美國貿易逆差的改善。當然，這顯然是假定價格機能發生作用之故。價格機能發生作用之前提，在於價格彈性的存在。在過去，美國最主要的進口品是價格彈性低的原油。但自1978年以來，美國最主要的進口品已轉變爲機械與運輸設備及製造品兩項；這兩項比之原油，價格彈性較高，因此預料可因美元貶值而減少進口。

不過，美國的進口基本上是多樣化的，決定其貿易逆差能否改善的因素，事實上也是相當複雜的。至少，美國通貨膨脹率之居高不下本身，就是一項很大的阻力。例如，日圓升值以後，日本汽車在美國的售價大幅上升，但是，美國各大汽車公司亦在同時將其汽車價格提高以減少通貨膨脹的損失。如此一來，美國汽車工業得自日圓升值的比較利益，亦告化爲烏有。鋼鐵的進口，在1977年1至5月總計爲620萬噸，1978年同期，則已增爲940萬噸；可見美國的鋼鐵工業，也未得到日圓升值所帶來的比較利益。

如果美國的貿易逆差，只要減少石油的進口就可解決，問題也就比較簡單。但事實上，石油進口也不能輕易的減少。1977年美國貿易逆差遽增，主要就正因1977年年初，美國天氣嚴寒，其他燃料有限，以致石油消費數量較上年增加5%，故而石油進口多達421億美元，較上年增加31%之故。到了1978年，美國的石油進口竟再增爲450億美元。年底，伊朗動亂再度引發新的石油危機，至1979年4月以後，國際油價乘機再漲，每桶高達 18-20 美元之譜，故在短期之內，美國如欲減少石油進口，顯非易事。

六、一九八〇年代美國的鉅額貿易逆差問題

雖然自一九七〇年起，美國的對外貿易已出現入超（僅一九七三年及一九七五年有小額出超），但一九八〇年代以後，入超不但未見縮小，反而逐年擴大，因而引起美國政府與民間的嚴重關切，急於謀求解決之道。美國的貿易入超在一九八二年爲427億美元，一九八四年突破一千億美元而爲 1,233 億美元，一九八七年更創下 1,736 億美元之歷史紀錄。卽使以較廣義的經常收支來計算，美國的對外收支地位也因貿易收支之惡化而逆轉，且逆差逐年擴大中。自第一次世界大戰以來，美國一向居於債權國地位，然而，經歷連續幾年的連年逆差後，美國終於在一九八五年淪爲債務國。

美國的鉅額貿易逆差究竟因何而起？對這個問題，各方爭論頗多，不過，一般同意，美國的貿易逆差與下列因素有關：

1.美元的高估

一九八〇年起，美國爲對抗通貨膨脹而提高利率水準，導致美元滙價呈現上升趨勢，並維持四、五年之久而於一九八五年二月底創下一九七一年年中以來最高水準，該五年期間美元對其他主要國家通貨平均升值達80%，故對美國出口產品的競爭力影響甚大。至一九八五年九月二十二日，五大工業國家的財政部長和中央銀行總裁在紐約的緊急會議中，討論全球債務、貿易和金融情勢後，一致認爲美元價位已被過份高估，因而決議共同干預外滙市場以降低美元的價位。嗣後，美元雖然轉趨下跌，但貶值的效果並未立刻顯現，故美國的貿易赤字仍繼續擴大。

2.開發中國家的債務危機

從一九七〇年代初期至一九八〇年代初期，開發中國家平均貿易的

成長高於工業國家，因而提高其在國際貿易中的角色。但在同一期間，非石油出口開發中國家的外債亦迅速累積，增加達五倍之多。一九八二年，墨西哥率先宣佈無力償還外債，乃引發一連串的債務危機。

開發中國家爲解決自身的外債問題，必需降低消費水準，同時限制進口、增加出口。此種開源節流的政策對美國經濟造成相當大的衝擊，因爲最大的幾個債務國家大都是拉丁美洲國家，而傳統上，拉丁美洲國家與美國的經貿關係十分密切，而且美國對拉丁美洲一向享有出超。但在一九八一至一九八四年間，拉丁美洲六大債務國自美進口減少36%，對美出口則增加32%，故在一九八四年美國對該六國的貿易乃由出超轉爲入超。

3.美國經濟復甦較爲快速

一九八〇年代初期，世界經濟轉趨復甦，但美國的經濟復甦較其他國家稍早，且復甦力量也較強勁。美國由於經濟快速成長，使得吸收進口的能力大增，而美國的貿易夥伴經濟復甦的步調跟不上美國，以致美國的出口成長率遠較進口成長率爲低。例如一九八四年，歐洲大陸經濟成長率只有2.3%，日本爲 5.8%，而美國則高達 6.6%，因此，美國的進口增加率勢必大於其他國家的進口增加率，貿易入超亦不斷擴大。

4.農產品外銷情況欠佳

美國向爲農產品輸出國家，但近年來由於各國採取保護農業政策，加上消費國家本身之豐收，乃使美元貶值之價格競爭能力無法充分反映，糧食及林產等農產品之輸出亦受限制。

貿易逆差對美國經濟造成的衝擊相當大，其中最大的傷害，就是美國淨資產地位惡化，以及若干產業受到嚴重打擊。在淨資產地位方面，美國在一九八五年第一季已成爲一個淨債務國，一九八六年底外債淨額爲二千零九十億美元，高居世界首位，而且逐年增加中。外債日增，負擔益重，長期若不改善，終將傷害美國人民的生活水準，且將減弱美國在世界上的領導地位。

貿易逆差所帶來的問題並非平均分配於整體的美國經濟，有些產業因進口大幅增加及出口成長減緩所受打擊較其他產業爲大，貿易逆差對該等產業所造成的傷害，便成爲很重要的問題。由於進口的競爭，美國的鋼鐵、紡織、成衣等產業始終未能恢復經濟衰退前的生產水準。更嚴重的是，美國的出口產業，包括農業、高科技產業、營建及農業設備製造業，都因美元價位太高，以致外銷困難，生產不振。美國國內於是形成一股強大的保護主義壓力，遂有愈來愈多的美國人主張放棄傳統的自由貿易政策，採行嚴厲的限制進口措施。

美國的貿易逆差延宕至今，已非短期內可以解決之問題，故顯將繼續困擾美國及整個世界。上述鉅額貿易逆差問題的解決除有賴美國本身的努力（如削減聯邦政府預算赤字、獎勵國民提高儲蓄、及提高美國產品競爭能力等）外，尚須世界各國共同攜手合作，維持開放、自由的國際貿易體系。否則，倘因新保護主義的崛起而掀起一場貿易壁壘的戰爭，對美國及全世界經濟而言，均非福祉。

第二十四章　國際貨幣制度的長期改革及其展望

當代的國際貨幣制度歷經1960年代末期以來的各項危機之後，基本的缺點已是暴露無遺。1971年８月美國總統所宣佈的美元停兌黃金，更使現行的制度趨於破滅，同年12月的史密松寧協議雖使國際貨幣危機暫獲解除，但是國際貨幣制度的前途則仍繫於整個制度的長期改革，本章擬就有關問題加以論列。

一、國際貨幣改革的進展

1971年12月17至18日，十國集團財政部長在華盛頓達成史密松寧協議 (Smithsonian Agreement)，結束自該年８月15日以來的國際貨幣危機。根據此一協議，各國同意先就平價進行多邊調整，並在完成長期改革以前，暫時擴大各國匯率的波動幅度。公報的最後一節並曾列舉六項應該迅速商討的問題：（一）匯率安定的維持；（二）美元之適度的兌換保證；（三）黃金、準備通貨與特別提款權在整個制度中的運用功能；（四）流動能力的適當數量；（五）匯率的波動幅度及其他適度伸縮的辦法；（六）短期資金移動的對策。這些問題事實上乃是互相關聯：匯率安定的維持與美元之適度的兌換保證屬於信心 (confidence) 的問題；黃金、準備通貨與特別提款權的功能及適當數量的流動能力屬於流動能力 (liquidity) 的問題；匯率的波動幅度及其他適度伸縮的辦法屬於調整 (adjustment) 的問題。而且，適度伸縮的目的，也是在於應付短期資金的移動，所以兩者的關係相當密切。

史密松寧協議成立以後，對於上述各項問題不僅未獲解決，且在主要國家之間亦未認眞開始談判。但因上述協議曾經表明，國際貨幣制度之長期改革應在國際貨幣基金的體制之內進行，故在1971年國際貨幣基金的理事年會就已通過決議，要求執行董事會 (Executive Directors) 向理事會 (Board of Governors) 就國際貨幣制度改革所應採取的措施提出報告。約在一年之後的1972年9月6日，執行董事會已經提出一份長達57頁的報告，題爲「國際貨幣制度的改革」(*Reform of the International Monetary System-A Report by the Executive Directors to the Board of Governors*)。此一報告引言聲稱：在現階段內很難指出今後的國際貨幣制度究以何種長期的可能發展途徑，一方面最能調和各國不同的情況與利害關係，另一方面又能保障此一制度之整體性格。由此看來，此一報告僅具初步的性質。

此外，1972年7月，基金的理事會也已批准在基金之內設立「二十國委員會」(Committee of Twenty)，仿效執行董事會的組織，由二十個國家各推一位代表組成，專門研究國際貨幣制度的改革及其有關問題。此一委員會已於1972年9月利用國際貨幣基金年會期間舉行首次會議，其後並曾舉行多次副代表級會議，而於1973年基金年會召開之前提出一份重要改革草案的大綱。

上面指出，有關國際貨幣制度長期改革之談判，進行並不積極，此因美國所持的立場與其他國家之見解仍有相當距離之故。因此，美國當前的國際貨幣政策，對於國際貨幣制度的長期改革影響至爲重大；換句話說，國際貨幣制度的前途究將如何發展，乃與美國當前的國際貨幣政策息息相關⓫。

以上所述，可以代表有關國際貨幣制度長期改革的若干進展。然則，經過改革之後的國際貨幣制度，究竟應以何種形態出現，或者，應該符合那些要求，才能促成國際貿易與國際投資的順利進行？

第一、應該具有市場導向 (market-oriented) 的性質，俾在效率與公平的基礎上，發揮平衡各國國際收支的機能，儘量減少政府對於私人市場交易的干預。

第二、應該具有多邊 (multilateral) 的性質，俾使各國在清算國際收支之時，能以對於某些國家的盈餘抵銷對於其他國家的逆差。

第三、應該具有穩定 (stable) 的性質，俾使長期的國際交易能在確定的基礎上順利進行。

爲了符合上述的要求，國際貨幣制度必須能够發揮若干特定的功能：(一) 增强對於制度本身以及對於國際準備資產之價值長久不變的

⓫ 美國當前之國際貨幣政策，可由下列文獻加以理解：

(一)1972年1月布魯金斯研究所 (Brookings Institute) 的國際貨幣專家巴格斯坦 (C. Fred Bergsten) 在美國外交季刊 (*Foreign Affairs*) 所發表的「新經濟理論與美國外交政策」(New Economics and U. S. Foreign Policy) 一文。

(二)1972年2月美國國際法律協會所發表的「長期國際貨幣改革—改進國際調整過程的建議」(Long-term International Monetary Reform-A Proposal for an Improved International Adjustment Process) 小册。

(三)1972年3月15日美國財政部長康納利 (John B. Connally) 在紐約外交協會的演說，以及同月20日美國財政部次長伏爾克 (Paul A. Volcker) 招待新聞記者的談話。

(四)1972年9月26日美國財政部長舒爾玆 (George P. Shultz) 在國際貨幣基金年會的演說。

(五)1973年1月美國總統向國會提出的經濟報告。

信心 (confidence)；（二）促使國際收支進行有效而公平的調整 (adjustment)，避免對外收支失衡之持續與累積；（三）提供適當數量及適當種類的國際流動能力 (liquidity)，不宜過多，以免造成通貨膨脹的壓力，但亦不宜太少，以免導致景氣蕭條。

二十國委員會於1972年9月在華盛頓召開第一次會議，開始研究有關國際貨幣制度的改革問題。歷經將近兩年的努力，二十國委員會的工作已在1974年6月完成。在此期間，由於物資短缺及能源危機所引起的世界性通貨膨脹襲捲而至，致使國際貨幣改革的目標、處理方式以及時間的安排有所改變。

1973年9月，二十國委員會在肯亞首都乃洛比 (Nairobi) 召開第四次財長會議，提出「第一次改革草案大綱」。

1973年10月以後，世界各地普遍受到石油價格高漲及通貨膨脹亢進的衝擊，因此，二十國委員會自1974年1月在羅馬召開第五次財長會議以後，已開始顧及世界經濟情勢的實際變動。針對此一工作方向的改變，國際貨幣制度的改革乃比二十國委員會在1972年9月開始進行之初更有進展。

二十國委員會在羅馬會議中修正了「改革草案大綱」，爲考慮經濟情勢的變動，此一修正的改革草案大綱分爲兩大部份，第一部份與1973年9月在乃洛比發表的「第一次改革草案大綱」極爲類似，旨在闡明國際貨幣改革的概念，雖較「第一次改革草案大綱」略爲詳盡，但基本上並無不同。修正改革草案大綱的第二部份，則包括各種在國際貨幣制度完全改革之前的過渡時期應當立即採行的權宜措施。

1974年6月12至13日，二十國委員會又在華盛頓召開第六次財長會議，這是最後一次會議。目的在於討論「改革草案大綱」，提交理事會通過之後，即可採行過渡時期的各種臨時性之權宜措施。

1975年11月，美國、法國、英國、西德、義大利及日本等六個工業國家的領袖在法國的蘭布葉堡 (Rambouillet) 集會。此次集會最大的成就是疏解了美法之間在滙率方面長期存在的歧見。亦即，長久以來，法國堅持繼續維持固定滙率，美國則一向偏好彈性滙率。而至1976年1月，基金的會員國又在牙買加的首都京斯頓 (Kingston) 集會，終於正式承認了1973年以來已經實際存在的浮動滙率制度。

在牙買加京斯頓舉行的二十國臨時委員會，已決定接受蘭布葉堡會議及十國財長會議有關修改基金協定條款的建議，允許各國得依其客觀環境的需要自由選擇其滙率制度，亦即採行浮動滙率或其他與基金原來之規定不符合之滙率均屬合法，且授權基金在國際經濟情況合適時，經85%多數票的國家同意後，得恢復穩定而可調整的滙率制度。

在法國的蘭布葉堡，各國領袖重申在彈性滙率制度之下維持外滙市場穩定的決心。各國同意，中央銀行之間應該透過協調、諮商與合作，在外滙管理方面發揮更大的功能。1976年6月27至29日，各國在波多黎各 (Pureto Rico) 的會議中又再强調中央銀行在干預外滙市場方面密切合作的精神，所以稱爲「蘭布葉堡第二」。而且，此次會中建議在基金的體制之內設立新的融資機能，以協助國際收支嚴重逆差的國家渡過難關。

二、國際貨幣改革的重點

就最近幾年的改革內容來看，重點有三：(1) 設立新的機構以取代二十國委員會；(2) 制定浮動滙率的管理規則；(3) 設定特別提款權的價值標準。

上述三者僅係完成長期改革之前的若干重大措施。特別提款權計值方式之改變已如前述，玆將其他兩項分別說明如下：

1. 設立新的機構

關於設立新的機構，國際貨幣基金的執行董事會同意二十國委員會所提出的羅馬會議之決議，設立過渡時期臨時委員會（Interim Committee），此一臨時委員會接管下一階段的國際貨幣改革工作，直到國際貨幣基金協定經過修正，設立一個永久性的審議委員會為止。此一臨時委員會並無永久性的理事委員會之決策權力，但是可對理事會提出國際貨幣制度之管理及應採措施方面之建議，包括調整過程的繼續運作，並且檢討國際流動能力之發展，以及實際資源之向開發中國家移轉等等。臨時委員會並可建議理事會考慮執行董事會所提關於修訂基金協定條款之提案，以及處理可能威脅國際貨幣制度上突發的擾亂事件。臨時委員會由 20 位委員組成，包括基金的理事、部長代表及其他相同階級的人員。基金會員國中指派執行董事者，均可指派一位委員以及 7 位以下的候補委員。基金的20位執行董事亦將參加臨時委員會的開會。基金的總經理有權參加臨時委員會的會議。

2. 制定浮動滙率的管理規則

固定滙率的時代可說已經成為過去。在固定滙率下，人們猜準一種通貨升值或貶值的時間，就可伺機投機。過去二十多年來所採用的「穩定但可調整的平價」缺乏明確的指標，所以應對「穩定」下個定義。所謂穩定，應該是指滙率可以每天波動，每週波動，但在一段長時期中，仍保持相當的穩定，而不是指一個滙率既經固定，便行之數年不能變動。假如一個平價歷經兩三年不變動，則一旦必須變動，幅度必然很大，這樣實在稱不上「穩定」。假如穩定意指在長期內滙率變動幅度小，也就是說，以一段長時期的開始和結束時的滙率相比較，則固定平價通常導致滙率不穩定的程度遠大於經常以小幅度調整滙率之平價的程度。

每個國家應該各自建立合適的調整過程。有時，一個小國喜歡將其通貨釘住佔其主要貿易對象的國家之通貨，一種通貨若是釘住另外一種浮動的通貨，則該通貨也是具有浮動的性質。譬如：某國通貨釘住馬克，則這種通貨和馬克一樣，對其他的通貨具有浮動的性質，這是間接的浮動。所以，浮動滙率可分爲直接與間接兩種。

不過，由於滙率經常作大幅度的波動，進出口商很難對成本與收益作正確的計算。進口商在考慮對方的報價時，必須考慮到因滙率不確定所須負擔的風險，出口商在報價時，也必須考慮到滙率變動的風險。因此，向本國供應商的出價或採行固定滙率國家的供應商的出價，其競爭地位亦發生改變。

滙率變動的風險究竟應該承擔多少成本？要保證不因平價變動受到損失的方法之一，是在遠期外滙市場買賣外滙。自從各國採行浮動滙率之後，買賣期貨的成本亦隨之大增。例如，在1973年下半年，賣出美元期貨的成本高達年率 7 %。當然，外滙的保險成本是隨着預期滙率的不確定性而變動，不確定性愈大，成本愈高。

關於投資財的出口，由於多爲交貨後分兩、三年付款，這種長期的期貨外滙交易極難進行，即使能够成交，保證滙率的成本勢必很高，可能超過賣價的10%。

對於出口業而言，浮動滙率可能會使訂單減少，亦可能使訂單增加。這是在世界大部份地區一般經濟情況頗爲順利，同時出口業所屬的大多數分支行業的經濟情況也很順利時的情況。爲了怕貶值，許多客戶提前進行投資計劃。但是一旦一般經濟活動情勢惡化，國際貿易必將由於通貨浮動而倍加困難。

如上所述，浮動滙率會使出口業者的風險難以預計，同時提高直接及間接的保險滙率的成本。由於浮動滙率有較大的不確定性，國際貿易將會深受影響。

因此，國際貨幣制度改革的主要目標之一，就是要保證儘可能維持滙率的穩定。現在，國際金融既不可能回復布里敦森林時代的固定滙率制度，則要促進國際貿易，最好的方法之一就是減低浮動滙率的波動幅度，故在此次所提的改革方案中就是制定若干規則加以管理。

關於制定浮動滙率的管理規則，在過渡期間，新的臨時委員會與執行董事會將遵循「第一次改革方案大綱」中所制定的原則加以討論，以確保各國所採取的調整活動能够符合全體的利益。因爲値此全世界普遍採行浮動滙率的時期，調整過程的性質將視浮動滙率的管理程度及各國採取干預及管制行動所發生的作用之大小而定，這其中必定有許多非常重要而又複雜的問題。採用自由浮動滙率制度的國家愈多，經由滙率的調整也就愈多，但事實上，各國目前多採行管理浮動滙率制度，管理程度大小雖不相同，但多少容有其他的調整措施在內。

二十國委員會的次長委員會認爲，如欲管理浮動滙率，國際貨幣基金應該對準備指標作有效的運用，才能制定浮動滙率的指導原則。

制訂浮動滙率的指導原則頗不簡單，國際貨幣基金的執行董事會與二十國委員會的次長委員會都曾對這個問題深入研究，預計將來能够完成規劃，付諸實施。

浮動滙率的指導原則範圍甚廣，從制定有秩序的市場實務之規則，譬如：有關浮動滙率之平穩運用，至調和各國滙率政策的根本問題之商榷，譬如：決定各國實際滙率是否適合爲國際滙率之型式，以及規定各國依照其國際準備的多寡，所應該採取的干預政策或其他政策等等。

指導原則將不以確定數字表示各國通貨之關係，而是將目標範圍

(target zones) 提出來公開討論、研究，而目標範圍可能不包含精確的數字。但在一段時期之後，主管國際貨幣制度的機構將考慮以確定的數字表示各國通貨的關係。浮動滙率的指導原則在進行討論之時，業已對市場實務發生若干程度的影響，如果繼續下去，將可防止各國貨幣競相貶值。

再者，浮動滙率的指導原則，牽涉到如何判斷各國國際準備之數量，故對流動能力亦須設法管理。

爲了對流動能力與準備通貨餘額能作更好的管理與控制，在過渡時期，國際貨幣基金必須擔負起監督流動能力的工作，按照全世界的需要，定期檢查準備通貨餘額的水準。假如世界各國準備通貨餘額的增加速度超過適當水準，則應設法以其他準備通貨取代此種準備通貨，或以基本準備資產收回此種準備通貨，以減低此種準備通貨的增加速度。這是在此一階段所能做的工作，目的是要預先播下種子，以待日後國際貨幣制度進行新的改革之時，能夠妥善控制流動能力。

三、滙率制度與黃金問題的發展

1. 滙率制度的發展

史密松寧協議自1971年12月簽訂至1973年3月主要工業國家普遍採取浮動滙率制度爲止，只維持了15個月。自那時起，各國開始依照其特殊環境的需要，採行各種不同的滙率制度。截至1975年底爲止，各國採行的滙率制度大致可歸納爲以下五類：(1) 獨立浮動；(2) 釘住某一種貨幣；(3) 釘住某一組貨幣（包括特別提款權）；(4) 釘住某一種貨幣，但釘住滙率依照某特定公式經常調整；(5) 聯合浮動。

在這段期間，若干貨幣原先仍採釘住政策，後來則改爲獨立浮動，若干貨幣則由釘住一種貨幣改爲釘住一組貨幣，而若干通貨膨脹率較高的國家，則仍採1973年前的釘住滙率政策，但經常隨著國內物價相對國外物價的變動而調整釘住水準。法國則先參加歐洲通貨聯合浮動，其後退出改採獨立浮動，後又重新加入聯合浮動。(按法郎於1976年 3月15日又退出聯合浮動)。

表 24-1　各國所採取的各種滙率制度

滙　率　制　度	採取的國家個數*
一、獨立浮動	11
二、釘住一種貨幣	81
其中: (1) 釘住美元者	54
(2) 釘住法郎者	13
(3) 釘住英鎊者	10
(4) 釘住西班牙皮斯塔者	1
(5) 釘住南非蘭德者	3
二、釘住一組貨幣	19
其中: (1) 釘住 SDR 者	5
(2) 釘住其他貨幣組合者	14
四、釘住其他貨幣但按某種公式隨時調整釘住水準	4
五、聯合浮動	8

資料來源: *IMF*, *Annual Report* 1975

註: *係 1975 年12月之統計

一般言之，經濟部門較爲多元化，且對貿易依賴程度較低的大國家，較傾向於採行浮動滙率制度，而國外部門大且生產結構較集中的小國家，則偏向於採取釘住滙率制度。目前所有工業國家非採行獨立浮動卽採行聯合浮動制度，卽屬於上述的第(1)及第(5)類；而大多數非工業國家則採屬於第(2)、第(3)及第(4)類之釘住滙率制度。由表 24-1 中可看出，採釘住一種貨幣之國家最多，達81國，其中以釘住美元的國家佔大多數（54國），釘住法郎及英鎊者次之。採行此種制度的國家，最大好處是行政上非常簡便，且由於釘住的貨幣大致為主要貿易對象國家的貨幣，因此進出口貿易能以較穩定的滙率計算。但釘住一種貨幣亦會產生若干不良後果，其中最明顯者為對外滙率隨著釘住貨幣升降，不一定能符合其國際收支調整的需要，且亦時常與國內需求管理的要求背道而馳。此即若干國家所以會放棄釘住一種貨幣的原因。

同時釘住數種貨幣，係減少上述釘住一種貨幣的缺點的可行方法之一，目前採行此種制度的國家有19個，其中有五個國家（緬甸、伊朗、馬拉威、卡達、沙烏地阿拉伯）係釘住特別提款權（SDR）。釘住 SDR 較釘住其他貨幣組合最大的方便之處為 SDR 兌16種主要貨幣（即標準籃）的價格，每天均由國際貨幣基金發表，其價值較為具體，不必再自行從事複雜的計算。

至於通貨膨脹率高於世界平均水準的國家，則大多採行傳統的釘住滙率制度，配合釘住水準的經常調整。這些國家大部份在拉丁美洲，其滙率均釘住美元，所以這些國家的滙率當局需做的主要決策，不是應該釘住那一種或那一組貨幣？而是釘住滙率何時應作何種幅度的調整？一般言之，這些國家大多根據國內外物價的變動設定一個公式，做為滙率調整的準則。

新的國際貨幣制度中，應採何種滙率制度為爭論多時的問題，而主要爭論點則在於固定滙率與浮動滙率的抉擇。按1973年２月美元二度對黃金貶值後，各主要貨幣即由固定滙率制度步向浮動，其中歐洲主要貨幣則採聯合浮動。浮動滙率實施多年以來，運作情況尚稱良好，尤其是在固定滙率制度下處於被動的美元，更因浮動滙率的採行，使其對外滙率關係得以從事適當的調整，而能提高出口的競爭能力與改善國際收支；

而一直處於强勢地位的馬克及瑞士法郎，則藉不斷向上浮動，阻止大量資金流入，而得以提高其貨幣政策的效果。一般言之，這些國家對浮動滙率的運作情況均相當滿意。主要國家中只有法國受浮動之利較少，且對浮動滙率制度也是最不滿意；因爲參加歐洲聯合浮動的各種貨幣中，法郎自開始卽處於弱勢，其一方面須維持聯合浮動的上下浮動範圍，另一方面又無法忍受馬克兌美元之滙率一直升高的壓力，爲免因爲支持法郎而耗竭外滙準備，迫不得已乃於1974年1月退出歐洲聯合浮動，而採獨立浮動，但當時法郎雖較馬克弱勢，而對美元滙價却仍趨上升，此不利於法國對美國的輸出。故在討論滙率制度問題時，法國乃極力主張恢復固定滙率制度，美國因爲享受浮動滙率之利，堅持實施浮動滙率，而與法國的主張形成對立之勢。1975年6月10日及11日在巴黎召開的臨時委員會中，美法兩國對滙率問題乃發生激烈的爭辯。

但至1975年年中以後，由於各主要貨幣强弱情勢的轉變，美法兩國對滙率制度的距離已經逐漸縮小。6月中旬以後，美元兌各主要貨幣的滙價均顯著上升，其中以對馬克、瑞士法郎等所謂「强勢貨幣」的上升幅度最大，而對一直處於相對弱勢的法郎升值幅度則較小，此表示法郎對馬克、瑞士法郎等亦相對升值若干，由於此種轉變，法郎始能於7月10日再度加入聯合浮動。另一方面，若外滙市場趨於穩定，則實際情況亦將與固定滙率的理想逐漸接近，因此11月中旬美、法、德、日、英、義六國在巴黎蘭布葉堡擧行高階層會議時，美法兩國對滙率問題也已大致達成協議。美法兩國有關滙率制度的協定內容在12月11日擧行的十國財長代表會議及同月19日的十國財長會議中，已獲得其他八個國家代表的支持，決定提報1976年1月在牙買加擧行的基金臨時委員會。牙買加會議接受該項協定，並且據以修改基金協定有關條款。

根據美法兩國有關滙率的協定內容，各國可以依其客觀環境的需要，自由選擇其滙率制度，亦即採行浮動滙率或其他與基金原來之規定不符合的滙率制度均屬合法。協定中並授權基金在國際經濟情況合適時，於經85％多數票的國家同意後，得恢復穩定而可調整的固定滙率制度。但由偏好浮動滙率的美國擁有20％左右的投票權看來，回復固定滙率的希望似乎甚爲遙遠，故在可見的未來，滙率仍將普遍趨於浮動。在此情況之下，爲求滙率的相對穩定，各國答應採取適當的經濟及金融政策，以求經濟情況的安定，而且決定避免以滙率的管理來獲得不當的競爭優勢及國際收支的調整。中央銀行對滙率的干預活動，限於消弭非經濟因素造成的擾亂性及反覆無常的變動，爲達到此目的，各國在外滙市場的行動方面加强合作是必要的。

關於國際合作方面，英法兩國建議加强主要國家政府間及中央銀行間的諮詢工作，方法爲各國中央銀行的官員每天交換有關外滙市場動態及各種干預活動的資料；財政部及中央銀行的官員們則定期檢討滙率的變動情況及干預活動，並討論主要的經濟與金融情況及政策對這些情況的影響。在這些安排下，干預活動可能較過去頻繁，但干預行動將可根據較佳的情報而作決定，且各國在重覆上述的各種作業中，將可逐漸體認到只管理滙率而不管理經濟，可能只會導致不均衡並且使資源分配錯誤，而不至於將過多的調整責任交由滙率來擔負，此對未來國際貨幣秩序的安定甚爲重要。

2. 黃金問題的發展

在近年以來所擧行的各種國際貨幣制度改革會議中，黃金問題亦爲討論的重點之一，其中主要可分爲黃金的貨幣地位問題與黃金準備的處理問題兩大部份。

在黃金準備的處理問題方面，有關各國中央銀行間如何運用黃金準備的問題，各國的意見較為接近。事實上，早在1973年11月14日，十國集團宣佈廢除黃金兩價制，而允許中央銀行在自由市場按市價出售黃金以後，各主要國家對此問題已有初步的協議。但是對於如何處理基金存金的問題，各國則有很大的距離，直到 1975 年 9 月基金擧行理事年會時，才獲得若干具體的進展。該年會中，已決定出售基金存金的六分之一，約 2 千 5 百萬盎司，以所得之利潤（即市價與官價之差額）成立一項專門援助貧窮國家的「信託基金」(Trust Fund)。而售金活動則在四年內分批擧行，以免一次出售大量黃金，引起金價暴跌。1976年 1 月在牙買加擧行的基金臨時委員會又達成另外一項協議，決定以另外六分之一的存金，按各國在基金的攤額歸還各國。

關於黃金的貨幣地位問題，目前已達成的協議有：(1) 黃金不再作為基金交易的清算媒介，亦即取消官價及基金與會員國間以黃金支付的規定；(2) 十國集團達成協議，將在今後禁止任何欲使金價釘住於某一水準的行動，且這些國家的貨幣當局及國際貨幣基金所握有的黃金存量將不增加。其他國家亦有可能遵行此一協議。

上述這些協議的達成，顯示一般皆已接受黃金在國際貨幣制度中的地位應予降低的看法，且在支持「信託基金」的那一部份黃金開始按時出售以後，黃金可望逐漸由貨幣體系轉至私人手中。當然，這些有關黃金的新協議究竟能使黃金的貨幣地位降低多少，目前仍然不可斷言。若干人士甚至認為，這些新協議可能導致各國以市價重估其庫存黃金的價值，或鼓勵中央銀行間更常使用黃金作為清算工具，反使黃金的貨幣地位提高。事實上，此種顧慮可能是多餘的，因為自從1974年12月中旬美法兩國總統在馬丁尼克島就黃金問題達成協議後，各國已經可按市價重估庫存黃金價值，而且早自1973年11月黃金兩價制廢除後，各國中央銀行即可在自由市場出售黃金，但除法國重估黃金價值外，並無其他國家有意重估，且除美國兩次拍賣小額庫存黃金外，其他國家的中央銀行很少出售黃金，因此似乎沒有理由認為這些黃金新協議將會導致各國貨幣當局間黃金交易的增加。再者，黃金官價廢除及基金在自由市場拍賣黃金，並且加上不准採取行動使金價釘住的規定，各國重估庫存黃金價值的興趣應會降低而不會提高。

四、國際貨幣基金的增資與協定條款的修訂

1. 增　資

在1960年代，國際流動能力每年平均增加率僅為 3 %左右，1970年以來，國際流動能力的增加轉趨快速，1969 年底，國際流動能力僅為780億美元，至1975年 6 月底已增達2,290億美元，每年平均增加率高達20%。此項官方準備資產史無前例的創造，主要集中在 1971 及 1974 兩年，該兩年官方準備資產均增加約360億美元，增加率 1971 年高達40.8%，1974年則為19.7%。由於美元在這段期間曾經兩度貶值，因此以美元表示的國際準備之增加有部份係美元貶值的結果，若以 SDR 表示，1969年底到1975年 6 月底間，國際準備資產由780億 SDR 增加為1,850億 SDR，增加率為16%，亦遠較 1960 年代的 3 %為高。增加情況與以美元表示者沒有基本上的不同。

除了準備資產快速增加外，準備結構亦發生顯著的變化。1969年黃金及各國在基金的準備地位佔國際準備資產總額的58.4%，但進入1970年代後，此等由國家或國際雙邊或多邊的決定所創造的所謂「控制性」(controlled) 流動能力（包括 SDR 的分配及官方支持活動），在國際準備總額中所佔的比重不斷降低，至 1975 年 6 月底已降為 29.6%。雖然，在1970、1971及1972年，基金曾三次分配特別提款權，且近年來基

金的信用大量被動用，官方的支持亦在增加（例如西德對義大利的20億美元貸款），但此被 1970—73 年間基金信用的大量償還及官方支持活動的顯著減少所抵銷，因此 1969—1975 年 6 月底間，平均而言，「控制性」準備資產對國際流動能力的鉅幅增加貢獻極小。

1970年以後，新創造的國際流動能力主要是通貨外匯準備，約佔85%，其中以美元資產的方式持有者居多。這些美元準備在1970—73三年間，有三分之二係官方對美國政府及美國銀行的債權，其餘三分之一則爲官方握有的歐洲美元，但1974年後，隨著產油國對歐洲美元市場的偏好，以官方對歐洲銀行的債權握有的美元資產漸趨重要，目前已經約佔創造的美元準備總額的三分之二。歐洲美元市場實可謂逐漸替代美國的部份國際收支赤字，成爲創造國際流動能力的主要來源。至1977年底，53個國家官方持有的美元準備多達1,601.36億美元。

過去幾年，由於國際流動能力迅速增加，所以基金一直沒有增資，特別提款權於1972年第三次分配後也沒有再分配。石油危機爆發後，由於許多國際收支發生嚴重逆差的國家，對於基金融資的需求日益殷切，因此有關基金應增資（卽提高攤額）的建議卽時有所聞。1975年後，由於國際流動能力的增加速度大爲減緩（上半年增加年率僅爲9%），且潛在資金的需求仍然有增無減，有關增資問題的討論更甚囂塵上。經過多次的諮商，1976年 1 月的基金臨時委員會已決定增資33.6%，而使基金的攤額由292億 SDR 增加爲390億 SDR。此項決議需再經過基金理事會85%的多數票同意，及佔攤額75%之會員國贊成增資後，才能正式生效。截至 1978年 3 月底止，第六次增資案已接獲85個國家（持有 IMF 總攤額數的78.52%）的通知，對該項增加基金攤額之議案表示同意，故已接近全面生效實施的階段❷。

❷ IMF, *Survey*, April 3, 1978.

2. 協定條款的修訂

基金協定條款第二次修正案，已於 1978 年 4 月 1 日完成立法程序，即由五分之三的會員國，其投票權佔總投票權的五分之四，表示願意接受修正案，故已正式對基金的133個會員國生效。

基金協定條款曾於1969年作第一次修訂，主要在於配合特別提款權制度的建立。

目前生效之第二次修正案，其早期工作應回溯到1971年10月 1 日，當時，理事會通過一項決議案，要求執行董事會就國際貨幣制度改革的有關問題加以研究。1972年，執行董事會提出一份改革報告。其後，有關的改革工作，改由「二十國委員會」研商。至1974年 6 月，二十國委員會已就改革的許多問題達成協議，執行董事會乃據以開始進行修正案的草擬工作。1976 年 3 月24日，執行董事會完成修正案之草擬工作。1976年 4 月30日，理事會通過這項草案，其後即分送各會員國，以完成最後立法程序；至1978年 4 月 1 日始達生效標準，第二次修正案終告正式生效實施。

國際貨幣基金協定條款第二次修正案之內容至爲廣泛，主要包括以下幾點：

(1) 制定有關外匯安排方面的彈性規定。

(2) 逐步降低黃金在國際貨幣制度中的貨幣功能。

(3) 修改特別提款權的性質及擴大其使用範圍，以加强其作爲國際準備資產之地位。

(4) 簡化及擴充國際貨幣基金之融資作業。

(5) 建立一個審議會 (Council)，其性質類似目前之臨時委員會 (Interim Committee)，惟其功能將不僅爲一諮詢機構，而在實際上擁有決定之權。

(6) 其他有關國際貨幣基金組織及行政方面的改進意見。

五、國際貨幣制度長期改革的展望

這些年來，國際貨幣制度的改革雖然已有若干實際進展，特別提款權的計值方式雖以標準籃替代黃金價值保證，但是仍爲臨時措施，國際貨幣基金協定條款的第二次修訂雖已正式生效，但是長期的國際貨幣制度之改革，尙不能謂爲已達完成階段，至少，當代國際貨幣制度的三大基本缺陷，卽信心問題、國際流動能力問題及調整問題仍未獲得根本的解決。玆以上述三大問題爲中心，展望國際貨幣制度長期改革之前途。

1. 信心問題

(1) 滙率的安定問題

匯率的主要作用在於促成國際收支調整過程的順利進行。國際貨幣基金的執行董事會曾在 1970 年提出一項報告，題爲:「匯率在國際收支調整過程中的作用」(*The Role of Exchange Rates in the Adjustment of International Payments*)。此一報告認爲，平價制度 (par value system) 是最妥適的一種匯率制度。按照國際貨幣基金協定，各會員國須向基金登記其通貨的平價，此一平價乃以1944年 7 月 1 日之成色與重量的美元表示。遠在1930年代，各國爲了恢復國內景氣，提高就業水準，競將通貨貶值，結果造成國際經濟的緊張局面。基金根據此一經驗，規定各國平價一經訂定，除非國際收支發生「基本失衡」(fundamental disequilibrium)，不得任意調整平價。這種制度稱爲「可調整的固定匯率」(adjustable peg) 制度。各國政府當局願意採取這種「固定」

匯率制度的理由約有兩點：第一、匯率既然固定，商品輸出輸入的價格與損益容易計算，故能擴大各國之間的貿易；第二、匯率如果固定，對於海外投資的收益與風險容易計算，故能促進國際私人資本的移動。

但在固定匯率制度之下，多數國家政府所決定的平價，往往不是偏高就是偏低，很不容易訂出均衡的水準。如果一國的平價偏低，國際收支將會持續盈餘，造成外滙存量的過度累積，不僅浪費資源，而且容易引起通貨膨脹。另一方面，如果一國的平價偏高，國際收支則會持續逆差，只好被迫採取外匯管制，緊縮經濟，甚至直接管制工資與物價。上述兩種情形趨於嚴重之後，最後均將改訂平價（升值或貶值）；若為重要國家的通貨平價改訂，往往伴以緊張的國際貨幣危機。

著名的國際貨幣學者馬賀魯普 (Fritz Machlup) 認為：固定匯率制度此一名詞並不適當。據其分類，匯率制度共有四種：（一）不變的平價 (unchangeable parities)；（二）突然調整的平價 (abruptly adjustable parities)；（三）逐漸調整的平價 (gradually adjustable parities)；（四）無平價 (no parities) [3]。國際貨幣基金規定的平價制度實際乃是突然間斷 (discretely) 或跳躍 (jumping) 調整的平價。根據這些名詞觀察，表示一旦發生基本失衡，平價調整的反應總是過於落後，結果失衡情況越拖越重，容易發生投機，故有不少學者主張應該擴大匯率的伸縮程度。

(2) 美元的兌換問題

按照國際貨幣基金協定，所謂通貨的「兌換」(convertibility) 是指履行下述三種義務：（一）對於經常交易的收支與移轉不加限制；（二）

---

[3] Fritz Machlup, "On Terms, Concepts, Theories and Strategies in the Discussion of Greater Flexibility of Exchange Rates," *Banca Nazionale del Lavoro Quarterly Review*, no. 92 (March 1970).

對於各種通貨並無差別規定；(三) 對於外國保有之本國通貨准予兌成黃金或其他國家的通貨。哈伯勒 (Gottfried Haberler) 把前面兩種兌換稱爲「市場的兌換」(market convertibility)，而把最後一種兌換稱爲「資產的兌換」(asset convertibility)。就美元的情形而言，外國官方及人民持有的美元不僅可以用來購買美國商品，而且可向美國投資，亦可將其換成其他通貨。但至1971年8月15日以後，美元已被正式宣佈不能兌成其他準備資產。換句話說，美元的「資產的兌換」已經停止，但其「市場的兌換」則仍繼續。

但是，市場的兌換不能代替資產的兌換。資產的兌換相當於貨幣的價值儲藏 (store of value) 功能；市場的兌換相當於貨幣的交易媒介 (medium of exchange) 功能。一國選擇價值儲藏的手段時，所選擇的是一種可以充分信賴，本身價值又極穩定的物品，例如黃金。美元既已停兌黃金，顯然已非一種理想的價值儲藏之工具。

過去這種以黃金及美元爲主要準備資產的國際貨幣制度稱爲「黃金一美元本位制」(gold-dollar standard)，而在美元停兌黃金之後，各國乃以不能兌換的美元作爲干預市場的工具，所以可謂已經走上「美元本位制」(dollar standard) 的時代。然則，美元有無恢復其與黃金的兌換，重又回到「黃金一美元本位制」的可能？根據一般的判斷，美元之重新恢復其與黃金之兌換，既無可能，亦無必要。

首先，美國目前的黃金存量已經不足100億美元，但由外國官方持有的美元餘額在1977年底却有1,300億美元之譜，顯然美國已無能力維持美元與黃金的兌換義務。當然，美元兩度貶值之後，對於美國國際收支逆差的改善頗有裨益，但應注意，美國國際收支逆差之改善，乃至國際收支之盈餘，僅能減少外國持有的美元餘額，並非增加美國的黃金存量，所以不能期待透過美國國際收支之改善，而使美元恢復兌換黃金的能力。

其次，在過去的「黃金一美元本位制」時代；黃金與美元同爲準備資產，所以一有危機發生，總是抛售美元搶購黃金，亦即造成資產之間的轉換。美元與黃金的兌換關係切斷之後，因爲這種資產轉換的壓力可獲減輕，所以爲謀國際貨幣制度之安全，美元實無恢復兌換黃金的必要。

不過，美元雖無恢復兌換黃金之能力與必要，但是外國官方持有龐大的美元餘額，已經形成一種「過剩」(overhang)，亦應加以處理。關於此點，崔芬 (Robert Triffin) 在盧森堡舉行的一項研討會中建議：各國貨幣當局持有作爲干預通貨的美元，應僅限於每日干預市場所需的「營運餘額」(working balances) 的限度之內，如果超過此一限度，應即兌成存款，存在國際貨幣基金的準備帳戶之內。反之，各國貨幣當局如在市場出售外匯，以致所持的干預通貨少於營運餘額之時，則可提取上述準備帳戶的存款加以補充。

2. 國際流動能力問題

(1) 各種準備資產的地位

首先，關於黃金的貨幣地位，傅利德曼 (Milton Friedman) 等人一向認爲，1968年的黃金兩價制實施以來，國際貨幣制度已是走上美元本位制的時代，而黃金在貨幣上的用途終將完全廢止。然則，美元本位制的成立，須以下述各點爲前提：第一、廢止黃金的貨幣地位；第二、美元停止兌換黃金；第三、各國之通貨平價均以美元表示；第四、此種美元須由各國無條件及無限制地予以兌換；第五、各國國際收支失衡以後，均以美元爲對象改訂匯率。顯然，這種美元本位制的長期實施並無可能。因爲：第一、美國目前仍然十分重視黃金，如果眞欲實施美元本位，就不應該停止黃金的兌換，而是應以最後的一盎司黃金兌換美元，一至黃金全部枯竭之後，立即宣佈長期實施美元本位制。第二、萬一貿的實施美元本位制，各國必將喪失金融自主權，而須追隨美國的金融政策；如果美國發生嚴重的通貨膨脹，各國只得與美國保持同一步調，隨而容忍通貨膨脹的發生。第三、各國的經濟景氣如果不能與美國的景氣亦步亦趨，則須頻頻變更匯率以求適應。總之，處於美元本位制之下的美國，就可憑其類似國際通貨的發行特權，隨心所欲，而使他國的利益遭受損害。由此看來，西歐各國以及日本，必然不會長期接受美元本位制。

黃金在國際貨幣制度上的地位既然無法完全廢除，然則，今後究竟如何發展？照當前的情況看來，今後的國際貨幣制度仍將與黃金保持某種聯繫。

不過，迄今爲止，各國對於未來的黃金地位，在看法上仍有頗大的距離。就美國的立場而言，其所構想的乃是國際貨幣制度之基本而長期的改革。經此改革之後，美國擬將其所持有的黃金準備加以出售，使其轉入工業用途，而使黃金的貨幣地位漸次降低。在國際貨幣基金所發表的一項秘密文件中，亦曾透露擬藉貨幣用黃金的抛售以壓制自由市場的黃金價格。上述美國及基金的構想，正可顯示其擬降低黃金之貨幣地位的意向。另一方面，法國主張重視黃金在國際準備資產中所扮演的角色，並且建議大幅提高黃金價格，這與美國所倡增加特別提款權的發行，廢除黃金作爲準備資產的論點，可謂互相對立，所以美國表示强烈的反對。

不過，由於自由市場的黃金價格節節上升，至1973年5月中旬，黃金價格竟創每一盎司128美元的高峯，到達黃金官價三倍的水準，而使1968年3月中旬以來所實施的「黃金兩價制」岌岌可危。因此，美國對於黃金的態度開始有所改變。早在1972年5月，當時美國聯邦準備理事會主席柏恩斯 (Arthur F. Burns) 就曾指出，黃金作爲國際準備資產的角色，在某種程度之內可能還要保留。

雖然如此，黃金地位的重視與美國一貫主張的「黃金廢位」仍是根本抵觸。在美國與歐洲之間基於黃金地位的强烈對立之下，爲了取得彼此的協調與讓步，乃有所謂「金價浮動制」的建議之提出。

瑞士銀行經濟顧問亞辛格 (Aschinger) 於1972年8月15日在瑞士新蘇黎世報發表一篇論文，建議以黃金作爲各國國際收支的清算工具，但須廢止黃金的官價，正式的清算槪依自由市場的價格爲準。這種廢止黃金的官價，採取自由市場價格的做法，實質上就是提高黃金價格，所以等於歐洲的主張獲得局部的公認，但對美國來說，因未重新確定黃金的貨幣地位，故與美國的一貫主張並不相背。又因黃金價格每日變動，已經失去作爲計帳單位的標準，所以必須找尋新的計帳單位，俾能取代黃金，這在目前只有特別提款權一種而已，如此一來，特別提款權勢必擴大發行，黃金所扮演的角色也就相對減輕，故就此點而言，亦使美國的主張獲得部份的實現。從比較客觀的立場評斷，此種「金價浮動制」確可消除「黃金兩價制」的困難，可謂係在美國與歐洲的對立之中尋求一種比較折衷的解決途徑。

其次，關於美元的未來前途，一般認爲，自從1971年8月15日美國宣佈美元停兌黃金之後，其在國際貨幣制度中的重要地位大大下降，但因當年12月18日主要國家通貨平價的多邊調整，係以美元爲基準而訂定「中心匯率」，故使美元再度挽回中心地位。

過去美元之能居於國際貨幣制度的中心地位，乃因美國有其强大的經濟實力作爲後盾。雖然美國的國際收支長期出現逆差，且其外流的美元極其龐大，國內的存金早已無法兌換如此龐大的外流美元，但因當前尙無其他重要通貨可以取代美元作爲媒介通貨、干預通貨及準備通貨的地位，故在相當時期之內，美元的關鍵地位仍將保持。

但是，美元雖仍保持作爲關鍵通貨的地位，並非表示國際貨幣制度的前途已趨光明，因爲，美國的經濟如不恢復健康，或更直接地說，美國國際收支的逆差，如果不能獲致有效的改善，國際貨幣危機隨時仍有爆發的可能。1970年代以後，美元雖已兩度貶値，但是今後美國的國際收支能否眞正改善，仍有相當的疑問，此因：第一、通貨升值的國家對其產品可能採取傾銷的方法，來與美國的產品競爭；第二、美國國內的通貨膨脹如果不能有效遏止，美國產品來自美元貶値的競爭優勢將被抵銷；第三、所有開發中國家的通貨均未升値，故其產品仍具强烈競爭能力；第四、美國資本帳戶的逆差難在短期之內獲得改善。由此可見，美元的兩度貶値以及若干其他通貨的相對升値，不能保證美國改善國際收支的努力一定成功，只是這種努力比之過去更有希望而已。要之，美元的未來地位如何，乃與美國國際收支逆差的改善能否成功息息相關。

再次，關於特別提款權的可能發展，各國財政部長的看法如下：

日本一「今後應該認眞考慮新國際貨幣制度的創造，在此新制度中，特別提款權可以發揮關鍵的作用。例如：各國通貨的平價，可以特別提款權表示。」

法國一「將來構成國際流動能力者除黃金之外，尙有準備通貨（惟其功能將日趨降低）與特別提款權，其功能將日益增加。」

義大利一「(一) 爲了建立不受任何通貨支配的新國際貨幣制度，應該逐漸免除以美元作爲準備通貨，而由特別提款權加以取代；但在外匯市場上，仍以美元作爲干預通貨。(二) 過去累積下來的準備資產中，超過週轉資金餘額的部份，可按當前的平價，兌換爲經由特別發行辦法創造出來的特別提款權。(三) 以特別提款權表示各國通貨的平價。」

英國—「國際貨幣制度的改革計劃，可以下述三項爲主：（一）以特別提款權作爲標準，用以表示各國通貨的平價，至於各國通貨的升值或貶值，亦係與特別提款權相對而言。（二）以特別提款權作爲各國的主要準備資產，至於通貨的保有，主要限於週轉資金餘額。」

以上可以說是各國貨幣當局對於新國際貨幣制度的構想，其中，有關特別提款權未來擔任的角色，各國頗有出入。日英義等國認爲各國通貨平價應以特別提款權表示，義英兩國認爲可以特別提款權作爲主要的準備資產。法國在述及特別提款權之未來地位時，則與黃金相提並論，強調黃金之貨幣功能。例如，當年法國總統龐畢度(George Pampidou)表示：特別提款權須在某種形式上可以兌換黃金，才能成爲準備通貨。這種態度恰與美國想要降低黃金之貨幣功能的態度相反。義大利財長在申述特別提款權之未來功能時，其所以主張各國可將剩餘的美元兌換爲特別提款權，其目的是在將來淸算剩餘的美元時，可以特別提款權吸收過剩的美元餘額。

如上所述，各國對於特別提款權將來所能發揮的功能，大多寄予甚高的期望。但依現行有關規定看來，短期之內甚難建立以特別提款權爲主的國際貨幣制度。第一、特別提款權的價值過去雖以等量黃金（每單位爲0.888671公克）表示，但是不能兌換黃金，目前改以「標準籃」表示，已經根本不與黃金聯繫；第二、特別提款權限在各國貨幣當局及國際金融機構之間流通，私人不准保有與使用。就前者言，即使眞正的黃金保證，仍然有待某種形式的黃金兌換；就後者言，各國私人既然不能保有與使用特別提款權，則特別提款權事實上不能成爲外匯市場的媒介通貨與干預通貨。回顧特別提款權制度的產生，歷時五年之久始克訂定有關的各項規定，今後如擬變更特別提款權的地位，勢必修改有關規定，故非短期所能解決。何況，特別提款權的分配，是依各會員國對於基金的攤額比率決定。經濟力量薄弱的開發中國家在基金的攤額，自然不能與已開發國家在基金的攤額相比，所以特別提款權的分配當然少得很多。過去，工業先進國家把持基金，無視其他國家的利益，早就引起開發中國家的不滿，故在討論國際貨幣制度的長期改革時，開發中國家爲了爭取本身權益，也就據理力爭，强調未來新的國際貨幣制度，必須考慮開發中國家的利益和處境。因此，擬以特別提款權作爲新國際貨幣制度的骨幹這一構想，在實現之前，已開發國家與開發中國家之間，尚須經過相當的折衝。

(2) 流動能力的適當數量

在國際貨幣制度的長期改革中，國際流動能力的擴張速度亦應加以調整，使其配合世界經濟在無膨脹之下成長所需的準備之增加。至其原則共有三點：第一、不應受到私人黃金市場波動的影響；第二、不應受到準備中心國家（過去爲英國，現在爲美國）國際收支變化的影響；第三、不應受到準備中心國家維持其通貨信心之能力的影響。

國際流動能力的增加，在1950年至1969年的20年間，平均增加僅約3%，但至1970年增加18%，而至1971年增加41%。1970年及1971年兩年之間，增加數額就有539億美元之多，而在1938年至1969年的32年之間，增加數額僅有516億美元。再就國際流動能力的結構而言，黃金在1960年代之增加只佔增加總額的4%，這一比率至1970年至1971年降爲0.5%以下。近年以來，國際流動能力雖呈膨脹性之擴張，但絕大多數是受國家通貨之發行（主要爲美元）增加甚多的影響。例如，在1950年至1971年，國際流動能力的增加，90%以上是由美元、歐洲國家通貨及少數英鎊共同構成，數額約爲690億美元。在1977年底，53個國家官方的外滙準備共有1,601億美元，其中美元佔81.2%，馬克佔6.9%，英鎊佔1.5%，法郎佔0.3%。

未來國際流動能力的增加，應與國際貨幣基金的準備帳戶（reserve accounts）保持一致，其情形與當前的特別提款權相同。亦即，隨着特別提款權之功能的發揮，今後國際流動能力的增加是以存在國際貨幣基金準備帳戶之內特別提款權的累積表現出來。目前的特別提款權是以各國在基金之「攤額比率」作爲分配的根據，而與各國所採之政策及實際所需之融通需要無關。以「攤額比率」作爲分配標準的結果，是富有國家對於特別提款權的需要並不迫切，但却分配較大比例的特別提款權；反之，對於特別提款權的需要比較迫切的貧窮國家，却只分配一小部份的特別提款權。此種矛盾的解決辦法，就是在特別提款權與開發援助之間進行適當的聯結，俾使國際流動能力的增加及使用，能够達到各國所需的適當數量。

3. 調整問題

(1) 滙率的波動幅度及其他適度伸縮辦法

最近幾年以來，國際貨幣問題的根源，乃在所謂「調整過程」（adjustment process）未能按照當初的預期順利運作之事實。在通貨的固定匯率理論中，通常是假定別的國家將採取適當的限制性或擴張性的國內政策，以維持本國通貨價值與其他國家通貨價值相互關聯的穩定狀態，並且假定這些政策能够產生效果。但事實上，最近數十年來，由於世界各國普遍追求快速的成長及高的就業水準，以致若干必需採取的政策，常因政治上之不能接受而放棄。又因各國通貨膨脹的傾向不斷改變，所以若干既定的政策，在一國之內比在其他國家更能有效地達成目標。結果，各國已經普遍認識，必須經常調整平價（adjustment of parities），以補救調整過程的缺陷。

許多人士，特別是職業性的經濟學家，認爲使通貨價值的調整更具伸縮性的方法，就是建立一種可使通貨價值與其他通貨價值相對更能自由波動的制度。在理論上，一國的通貨價值如果可以在自由市場上自行尋求適當的水準，則該國的經濟政策就可不必太過遷就國際收支的考慮。但是，在當前的先進國家，國內的充分就業與經濟成長目標均較國際收支居於優先的地位，所以對於浮動匯率制度的接受只不過是對於一種無可避免的事實之接受而已。

僅從1971年8月15日至12月20日實施浮動匯率的經驗，已可顯出這種制度有着先天上的缺陷。當所有的重要通貨幾乎全部採取名義上的浮動之時，事實上其價值是由各國中央銀行在外匯市場的干預所操縱。但是究在何時加以干預，事先却無法預測。這種不穩定的結果已使正常的貿易與金融資金之流通陷於混亂狀態。贊成自由浮動匯率的人士認爲，如果各國的財政當局及中央銀行不加以干預，亦卽，這些機構如果不對通貨的價值負有政治上的責任，則這種匯率制度仍然可以順利地運作。但是，如果情形眞是那麼理想，貨幣當局可以不受任何壓力，則不管「制度」如何，通貨價值迅速調整的問題就會消失。然而，變動一國的通貨價值，特別是升值，在政治上有着重要的意義；亦卽，現在及可預見的將來，也許就會發現貨幣當局對於通貨價值的變動難以推卸責任。

另有一種「緩慢移動的釘住」(crawling peg) 匯率，以及其他自動調整通貨關係以消除政治考慮的方法，同樣有着先天上的缺陷。在一般的情況下，各國政府總是不願意讓自由市場的力量自動決定本國通貨的價值。如果這種推論正確，則可看出，各國政府之所以採取名目上或「管制的浮動」(controlled float) 措施，乃是避免通貨價值連續變動的一種良好設計。反之，在此情況之下，眞正的浮動匯率制度並不是使各種通貨價值維持適當關係的有效安排。

如果不依賴通貨價值浮動的制度，促使自由市場維持各種競爭性產品價格之間的平衡，從而維持通貨之間的均衡，那麼究竟應該如何安排，才能確保未來的通貨平價可以迅速變動，藉以避免近年來不斷發生的投機方面之困擾？簡單的回答就是：在當前的情況下，沒有任何安排可以確保平價的調整能够順利進行。如要獲得這種保證，應由擁有權力的超國家機構强制各主權國家變動其通貨的價值。目前世界各國還不願意把這種權力賦予國際貨幣基金或其他的國際機構。

假定這種通貨迅速調整的需要，在可預見的將來，無法透過若干諸如浮動匯率等的「自動」機能加以解決，或透過基金協定條款的重訂俾能賦予基金更大的權力加以解決，則仍有樂觀的理由可以相信，通貨平價將可獲得更爲迅速的調整，而近年來混亂的通貨流動亦可予以避免。因爲國際問題的本質，蘊含着各國的政治利益，所以簡易單純的解決方案並不適用。但是，鑒於此一問題與所有國家均有關係，所以需有一種「複雜」的方案加以解決。

由於下列兩種情況的存在，所以一旦某種通貨的平價與他國通貨的平價相去太遠時，該國的貨幣當局也就無法維持本國通貨的平價。該兩種情況一爲自第二次大戰以來，世界貿易的數量擴張很快；一爲由於國際貨幣市場發展成爲中介地位，致使相當龐大的貨幣可由某種通貨轉爲另一種通貨。貿易的進行，對强勢通貨的需要自必增加，從而逃避軟弱通貨將來趨於貶值所引起的損失。同時，由於當前的外匯市場規模極大，固有助於國際貿易的迅速成長，但因國際信用市場的規模亦大，又可提供逃避之用的信用資金，且其對於貿易成長本身有所貢獻，所以近年以來國際之間已經發生巨額貨幣移動的現象。但是，主要通貨國家的金融官員，並無採取行動藉以削弱市場能力的傾向。如此一來，將使未來的國際貿易發生極大的障礙。

目前存在着一種無法逃避的事實，此即爲了應付成長中的世界貿易之需要，須有進行期貨交易之場所，而且，爲了國際貨幣制度的有效運作，主要通貨的價值不應再像最近幾年一樣處於混亂狀態。而且尤須認清，通貨調整的重大錯誤，將會無可避免地導致大量資金的移動。由於各國的貿易水準已經大幅上升，特別是歐洲、北美洲及亞洲的已開發國家的貿易水準更高，所以一旦通貨的平價顯著地脫離常軌之時，則國際準備的實際水準必然難以配合各種通貨之間大量移動的潛力。因此，過去幾年之所以發生通貨的大量移動問題，主要是因各重要國家允許其本國通貨脫離常軌，至於融通這種通貨移動的市場並未存在。由此看來，將來如欲阻止通貨的不當移動，第一步工作就是防止各種通貨過度脫離常軌。

最近幾年以來，已經形成一種共通的看法，認爲第一步，也是最簡單的辦法，就是擴大所能允許通貨在平價上下波動的幅度，俾能壓制通貨在各國之間的不當移動。十國集團在1971年12月達成的史密松寧協議，決定把平價上下的波動幅度由過去的各１％放寬爲現在的各2.25％。不過，現在的問題就是，較寬的通貨波動幅度究係始終有其必要，抑或僅爲解決現實困難的一種措施而已。通貨在名義平價上下的波動幅度越大，在外匯市場上進行現貨與期貨交易的風險也就越大，所以，由此產生的匯兌溢價當然越大。而且，波動的幅度越大，進口商或出口商可能負擔的直接成本也就越大。由此看來，此一附加的成本將使國際貿易受到某種程度的限制。對於這點，最近以來已有事實證明，特別是對規模較小或業務比較單純的進口商及出口商而言，購買外匯期貨或現貨的成本，已經成爲一項重大的負擔。

今後的問題是，應該建立一種制度，能使通貨在大多數的情況下，沿着平價上下的最狹窄之幅度內波動，而同時又能避免破壞性的通貨流動。最主要的解決辦法之一，就是迅速小幅地改訂各種通貨所需的平價，如此才能避免平價大幅改訂所導致的錯誤。如果在外匯市場上，各種通貨價值之間所允許的最大失衡幅度相當小的話，則投機貨幣的流動當會自動趨於縮小，至少比起最近所發生的情況還小。

今後的匯率制度，是否會採取上述的急促調整的平價方案？這種可能性不會太大。因爲如果允許平價在短時間之內進行小幅的調整（例如，按季調整，每年 2 %），則一旦發生「基本失衡」，匯率的變動便將成爲惟一的最後憑藉。現在的問題是：如果遇到特殊情況，究竟採取國內的調整措施即可？抑應變動平價？若匯率可以在短期內常作小幅度調整，匯率的變動不將成爲經常運用的調整方法而疏於作國內的調整嗎？所以，這種平價的連續移動，可能與期望的目的相反，不僅不能壓制投機，反將引發投機。如就美國的情況而言，這種制度實施的可能性更小，這是因爲美元是一般用以干預外匯市場的通貨，處於這一制度之下，美元必須作爲其他通貨向上或向下「連續移動」的固定標準，所以美國必須保有一個時時運轉的手錶，俾供其他國家校正。這樣一來，必然引起很多國家定期地降低其通貨對美元的平價，故對美國有害。除非這種制度由基金加以嚴密控制，以避免錯誤的運用，否則美國難以接受。

(2) 短期資金移動的對策

近年以來，短期資金移動之規模很大，且其動向難以捉摸，考其原因，約有下列數點：（一）1958年各種重要通貨恢復對外兌換以後，區域結合的進展頗爲積極，短期資金的數量隨之大量增加。尤其是在歐洲美元市場興起以後，短期資金的移動更爲頻繁，更趨複雜。（二）各國經濟景氣的階段並不一致，且因各國國內貨幣政策的運用甚廣，以致各大國際金融中心之間利率的差距頗大。（三）1960年代及1970年代之間，重要國家的國際收支發生基本失衡，因而刺激短期資金的移動。

事實上，短期資金的移動利弊互見，很難加以判斷。例如：歐洲美元市場及歐洲債券市場能够提供投資資金（若干開發中國家亦蒙其利）；若干短期資金的移動有時雖在獲取利息及匯兌差益，但對國際收支均衡的恢復頗有貢獻；甚至干擾性的短期資金之移動，能够促使貨幣當局迅速採取行動（包括平價的調整），避免貽誤時機。但是，另一方面，巨額資金的移動對於國內經濟常會造成困擾，且對通貨平價亦有不良影響。

如果短期資金的移動對國內貨幣經濟的影響與貨幣當局的政策目標互相衝突，究應如何加以抵銷？各種可能採取的措施之中，自以公開市場的操作及存款準備率的調整最為有利。此外，中央銀行重貼現率及其他貸放額度及條件的改訂亦頗有效。上述各種抵銷措施，雖然可能受到技術上、制度上及政治上的限制，但是，一般而言，能使有關國家在貨幣政策及國內需要政策方面達成某些預定的目標。

雖然如此，上述各種金融方面的抵銷措施對於干擾性的巨額短期資金之移動，並無予以緩和之可能。過去美國與其他國家之間發生此種巨額資金之移動時，係由其他國家在外匯市場買進或售出美元，或以通貨互換（swap）等的辦法予以處理。至於其他國家相互之間，如果發生巨額資金的移動，則除動用外匯準備之外，就是使用互相存放的通貨或向基金提款及借款予以融通。

以下擬就應付短期資金移動的各種對策加以檢討❹：

(一)擴大上述的滙率之波動幅度。

(二)協調各國的利率水準：如上所述，各國利率水準（尤其短期利率水準）的差距，往往引起干擾性短期資金的移動。所以，各國如能有效運用彈性的財政政策，使總體需要的調節更具效果，各國也就更能協

❹ 潘志奇：「國際貨幣制度之改革」，企業與經濟，第1卷第12期，民國61年9月。

調貨幣政策及利率政策。

(三)管制資金的移動：管制資金移動的行政技術很多，若干國家實施的成效亦頗顯著。但有若干國家基於原理與實際，對於應否實施管制仍然採取相當保留的態度。

(四)建立雙重外匯市場：這是一種透過價格的作用以阻止（或鼓勵）短期資金移動的措施；亦即，經常交易的外匯市場採用固定匯率，資本交易的外匯市場則採浮動匯率。此種雙重市場亦須實施外匯管制，但是較爲簡單。不過，貨幣當局的干預如果十分頻繁，或者匯率的差距太大，則此雙重市場的效果將趨減少，甚或抵銷。

(五)改變準備結構：這種方法是將官方保有的外匯準備，由某種通貨轉爲他種通貨。

第二十五章　歐洲共同市場的貨幣結合

歐洲共同市場的最終目的之一，乃是在於達成貨幣同盟(monetary union)。在貨幣同盟之下，會員國間採用一種共同的通貨，或者，會員國間通貨的滙率波動幅度縮至最小。關於推動貨幣同盟的具體建議，早在1962年就由歐洲共同市場委員會提出，但其進展緩慢，毫無成就可言❶。及至1968年，由於共同市場最基本的階段之關稅同盟（customs union）已告實現，會員國間數量限制及關稅障礙全部撤除，故在1969年12月於海牙舉行部長委員會時，咸認亟應着手籌劃經濟及貨幣同盟成立之方案。1970年10月及1971年2月，代表官方意見的魏納報告（Werner Report）及決議案（Resolution and Decisions）先後發表。此爲探討有關歐洲貨幣同盟的主要依據❷。

根據共同市場官方的意見，貨幣同盟原訂於1970年代結束之前完成。屆時，會員國間滙率固定，勞力及資本可以完全自由移動，重要經濟政策的決定由各國政府完全移轉至共同市場當局。在1971年1月1日開始的最初三年之間，會員國間必須：（一）加強短期經濟政策的協調與合作；（二)允許勞力與資本在會員國間更大的移動自由；（三)縮小會員國間通貨的波動幅度；（四)統一租稅制度；（五)協調經濟政策。

---

❶EEC Commission, *Memorandum of the Commission on the Action Program of the Community for the Second Stage,* (Brussels, October 1962).

❷魏納報告之全名爲 *Report to the Council and the Commission on the **Realization** by Stages of Economic and Monetary Union in the European Communities.*

貨幣同盟之達成對於歐洲共同市場之利弊如何，經濟學家之間見仁見智。鑒於世界强權均勢已有改變，歐洲國家之間的强化與統一已是必然的趨向，而貨幣同盟的實現更是歐洲共同市場國家當前努力的目標，其對整個世界的影響將是深遠而重大的。本章擬就學理及實際發展方面分別加以探討。

一、貨幣結合的意義

根據 Werner Report:「在貨幣同盟的範圍之內，各種通貨之間的兌換性不能取銷，滙率波動的幅度必須縮小，固定滙率制度應該維持，資本之移動則有完全之自由❸。」這一定義已經成爲共同市場部長委員會決議在十年之內（1971年 1 月 1 日開始）達成的一項目標。屆時，共同市場之內商品、勞務、勞力與資本之移動完全自由。

以貨幣同盟爲目標的貨幣結合之實現，須由各國在貨幣政策及對外滙率政策方面謀求統一，並且共同管理。Werner Report 對於上述的目標雖未提出細部計劃，但建議各國在貨幣決策方面應該集中事權，即由各國中央銀行授權共同市場當局權衡通盤情勢決定政策。如此，貨幣供給的增加率必須基於共同的決定，不再由各國的貨幣當局逕行主張，至於信用擴張的幅度先由共同市場當局決定之後，再由各國中央銀行按照本國分配的額度執行擴張的政策。這種統一的貨幣政策，可以避免會員國間物價水準之變動發生重大差異，並抵銷會員國間國際收支的不平

❸ "Report to the Council and the Commission on the Realization by Stages of Economic and Monetary Union in the Commanity," *Bulletin of the European Communities.* ll (1970), Supplement 〔the "Werner Report"〕.

衡。當然，會員國間物價水準變動的步調仍難一致，不過，其差異的情況與美國國內各州之間物價水準差異的情況相同。

在貨幣同盟成立以後，整個共同市場的國際收支亦由共同市場當局統一管理，各國無須個別計算其與外國的國際收支。當然，在此情況之下的歐洲共同市場，必須設立外滙準備的儲庫，而且，會員國通貨與非會員國通貨之間的滙率，亦由共同市場當局基於通盤的考慮而作決定。歐洲共同市場通貨（簡稱 Europa）與美元之間的滙率如果固定，則「共同準備基金」(Community Reserve Fund) 的經理，可在授權範圍之內負責維持這一滙率。至於 Europa 平價的變動或有關滙率制度的採用，則由各會員國共同決定。

美元與 Europa 之間的滙率雖然固定，但因仍可變更，所以外滙市場上的不穩定、投機、流動能力不足以及燙手貨幣 (hot money) 大量移動的情形仍將發生。共同準備基金很難大到足以防止燙手貨幣惡化所引起的信心下降之嚴重危機，而且外滙管理亦有窒礙難行之處。此其結果，美元與 Europa 之滙率亦有被迫浮動之可能。所以，另有一項建議雖然不切實際，但却主張所謂不可撤銷的固定滙率應該包括美元在內。因爲美元相對於歐洲各國通貨的價值如能永久固定，則資本移動的均衡範圍及效果必然大增，而且準備不足及燙手貨幣大量移動的嚴重性亦將減輕許多。

歐洲共同市場國家之通貨與美元及其他國家通貨之間的滙率之選擇，牽涉到國際貨幣制度進行長期改革時，究將採取固定滙率制度或浮動滙率制度的問題。不管其最後的動向如何，有一個基本的原則：歐洲共同市場必須視爲一個整體單位，各國採取共同的政策。

但在事實上，會員國間貨幣政策與滙率政策的統一，可能嚴重地侵犯到國家的權力。卽使在國內，政府當局對於中央銀行創造信用的範圍以及干預外滙市場的限度仍然時加牽制。所以，把各國的貨幣政策與滙率政策，由各國政府當局的決定，移轉爲共同市場當局的統一決定，所面臨的也是一項政治上的選擇問題。

基於經濟觀點的分析，暫不考慮政治上的選擇問題，以下就可假定各國均願全力促成貨幣同盟之實現。

在走向貨幣同盟的過程中，却有許多實際的困難存在。關於貨幣結合的步驟，可以分成兩派的看法：㈠貨幣學派認爲貨幣結合的本身就可加强及加速經濟結合的進展，因爲貨幣結合的過程一經開始，會員國間就須被迫對經濟政策及金融政策進行協調，使工資與物價水準的差距縮小，並使滙率保持穩定。㈡經濟學派認爲應先進行政策的協調及實質的經濟結合，而在工資與物價水準的差距確已縮小，區內自由貿易的障礙確已消除以前，貨幣結合的過程不應開始。

至於滙率方面，一旦各會員國把現行加諸於資本、商品與勞務的各種障礙撤除之後，就會發現現行的滙率並非均衡滙率 (equilibrium rates)，所以提早固定會員國間的滙率，反將造成貿易與資本自由化的重大障礙。事實上，1971及1972年間，歐洲國家爲了壓制投機性資金的流動及維持「中心滙率」(central rates)，已經恢復外滙管制的制度，這與資本移動自由化的趨勢乃是相反的。不過，另有一種看法認爲，在滙率固定且可調整 (pegged but adjustable) 之時，資本的交易更爲自由，平價變動的謠傳將引起投機性資本的大量移動，滙率只得被迫按照預定的方向變動。此時，政府的外滙準備既不足以抑制投機性資本的移動，解決之道就是實施一種固定且不能變更的滙率制度，藉以消除投機性資本移動的誘因。

1971年春天，共同市場部長級會議決定：各會員國中央銀行應自該年 6 月15日開始，把其通貨相對於美元的滙率之波動幅度，縮小至「共同市場的水準」(Community Level)；當時是由原先的 0.75 %縮小至0.60%。此一「共同市場的水準」須由各會員國隨時共同檢討決定。至於兩種會員國通貨之間的最大波動幅度，亦由原先的1.5%縮小至1.2%。但是，1971年中期以後外滙市場的發展却使上述縮小滙率波動幅度的計劃無法實現。

二、調整過程的分析

1. 短期分析

歐洲共同市場的貨幣結合之基本目標雖然不變，但在貨幣同盟方面，最引起爭論的問題之一，就是受到外在因素擾亂之後所引起的「調整過程」(process of adjustment) 問題。有一派認爲：完全的貨幣同盟達成之後，各國必須放棄各自的主權，如此，一旦該國受到外在因素的擾亂，其調整過程必極艱難而痛苦。另有一派認爲：不管制度如何不同，基本的調整總是相同，而在貨幣同盟之下，由於滙率的不穩定性已經消除，會員國間商品與資本的市場已有確切的聯繫，故能促成同盟之內資源的有效分配。再者，通貨統一 (currency unification) 的本身，亦能鼓勵資本與勞力的移動，此不僅有助於資源的有效分配，而且構成調整過程的一部分。

完全的貨幣同盟實現之後，會員國間的收支發生不平衡以後，可以透過金融市場進行短期融通，無須貨幣當局介入干預。亦卽，今後的「共同體內收支」(Intracommunity payments) 與過去的「區際收支」(interregional payments) 合而爲一。

一旦大衆對於永不變更的固定匯率之信心建立之後，則在金融市場上政府證券的利率、面值及到期日如果相同，則其面值按固定匯率兌換之後也是一致。會員國間利率的若干差距雖仍存在，但各國的利率結構則是保持一致。

貨幣同盟的清算過程說明如下：

假設某會員國（例如法國），發生資金外流的現象（例如流向西德），法國銀行爲了抵銷資金外流的影響，可在共同市場的資本市場或歐洲通貨市場出售市場性高的證券（特別是國庫券及優良的商業票據）。出售這些證券的所得則可轉往西德的銀行。至於西德銀行則把這些增加的歐洲通貨餘額轉成短期資產。此時的歐洲通貨市場或共同市場的資本市場本身，並不構成對於資金的供給或需要，僅是發揮單純的清算機能而已。

上述的交易列帳如下（假定一馬克等於一・五法郎）：

西德商業銀行

資產		負債	
歐洲通貨餘額	(1) DM＋100	活期存款	(1)DM＋100
（聯行帳戶）	(2)DM－100		
短期資產	(2)DM＋100		
（國庫券等）			

法國商業銀行

資產		負債	
歐洲通貨餘額	(1)Fr.－150	活期存款	(1)Fr.－150
（聯行帳戶）	(2)Fr.＋150		
短期資產	(2)Fr.－150		
（國庫券等）			

第一筆交易表示西德銀行收到法國銀行開出的存款支票，兩行均以這些支票去增加通貨形式的請求權；而第二筆交易表示這些資金轉成貨

幣市場的資產。其結果，西德銀行的短期資產增加，以適應存款負債的增加。在法國銀行方面，第一筆交易表示存款人提出餘額，故以第二筆交易的出售證券加以彌補。

資金之由法國流向西德,是透過許多「收支週流」(payment circuits)而完成。在此週流過程中，貨幣同盟最大的貢獻，是能在極短的時間內使大量的資金順利地在會員國內移轉，而不致於造成對官方外匯準備的重大壓力。既然資本的交易完全自由，匯率又已永久固定，則品質與到期日相同的證券，不管是以那種通貨表示，在共同市場之內出售的價格與收益當然一致。此時，某國的收益結構如有些微的變動，必然促成大量資本的內流。在短期內。對於國際間共同接受的證券之需要彈性極大，近乎無限大，而且歐洲國家的商業銀行盛行分支行制，所以資金的流通幾乎毫無阻礙。

在此階段，必須强調一點：中央銀行不必爲了矯正國際收支的不平衡而介入外匯市場「支持」匯率。因爲該國對其他會員國雖有國際收支的不平衡，但其外匯準備不會遭受壓力。反之，該國全部的金融資產則已成爲一種對外準備資產。這些資產可在共同市場的資本市場出售，以彌補原先國際收支的不平衡。如果資產的出售所得，能把國際收支的不平衡完全彌補過來，則共同體內的清算過程對於外匯市場的依賴程度便可降低。這是一種證券套匯的機能，可以全部或部分取代官方的融通。

上述這些制度上的安排，對於共同市場的最大利益，是其可以避免短期國際收支危機所造成的投機性資金大量移動對於特定通貨之打擊，而且政府當局亦無須介入市場採取防衞及支持通貨的措施。投機性資金移動的主要原因，在於防止匯率變動所引起的風險。例如，法郎的外匯滙價如果行將變動，人們必定急於清算其以法郎表示的各種證券，然後將其所得之法郎存款及法郎兌換爲馬克等其他通貨。因爲一國之內，這種金融資產的數額總是遠較該國的外匯準備爲多，所以該國除非採取廣泛的外匯管制，很難免於通貨信心喪失所引起的實質危機。而且，一旦危機形成，傳統的信用緊縮措施已難奏效。但在完全的貨幣統合實現之後，匯率因已確定永久不變，所以資金逃避的基礎並不存在。

爲使共同市場之間的收支機能順利發揮，基本的先決條件就是對於永久不變的匯率具有充分的信心，當然，其他若干制度上的特徵亦須存在。例如，須有市場性高的金融工具、健全有效的資本市場、合乎標準的市場操作程序，並且消除關稅方面的任何障礙，俾使市場之間的資金易於流通。對於這些制度上的特徵，歐洲共同市場國家並不缺乏，尤其是近年以來，若干事實的發展已使金融結合的程度大爲提高。這些發展包括：歐洲債券市場與歐洲通貨市場的推進及歐洲商業銀行之間的加強合作等等。

在貨幣結合實現以後，各會員國國際收支方面傳統的逆差或盈餘之概念，變得並不重要。因爲，資金從義大利移至法國，從比利時移至西德，或者歐洲美元市場內資金的進出並無經濟上的意義。雖從傳統的觀點，這些都是引起國際收支不平衡的主要因素，但在美國國內，某一企業若將資金由紐約的銀行滙往聖路易的銀行，經濟學家並不認爲須有調整過程發生，包括實質所得、相對價格以及就業水準等的變動在內。貨幣同盟之內的情況何嘗不是如此。

假設某一會員國一例如比利時原係處於對內均衡與對外均衡的情況，現因某種諸如嗜好改變等的原因，其對其他會員國的出口開始減少。出口減少以後，貿易收支發生逆差，所以比利時的銀行須在共同市場的資本市場，出售金融資產俾爲挹注。這種資產的出售以及資本的內流，在某種意義上是一種自願性或融通性的交易。此時，比利時的貨幣供給將趨減少，減少金額與收支逆差之大小相當，但不會引起貨幣供給的倍數收縮。這種情況與一般固定滙率的情況不同，而與百分之百準備的制度類似。在上述的情況下，比利時的所得將趨減少，所得之減少爲出口之減少的乘數。但因經濟的開放（邊際進口傾向高）以及出口的增加，以致所得乘數不高（爲一或一以下)。比利時的所得減少以後，若干抵銷物價上漲的因素將會發生，但若貨幣價格或工資實際下降，抵銷的作用便小。

上述的地方性或區域性的經濟問題，有着幾方面的意義：第一、某一會員國如果出口減少，其資本、勞動及其他資源便可轉入別的用途；第二、未就業的勞動可以吸引其他會員國的資金前來投資；第三、如果仍有未就業的勞動存在，可以促其移向其他會員國；第四、各會員國均可運用財政政策（例如進行社會間接投資）以促成資本、勞力及其他資源的移動。由此可見，各會員國仍然保有相當的財政主權，俾在遭遇國際收支壓力時促成調整過程的進行。而且，貨幣結合實現之後，各會員國的資本市場已有密切的聯結，所以政府可在共同市場的資本市場發行債券，籌措融通各種方案所需的資金。如此引致的資金內流，有助於融通經常帳戶的逆差，抵銷原先出口減少所造成的收支赤字。這種以特殊目的的借款來抵銷逆差的方式，不同於上述以銀行出售短期資產來抵銷逆差的方式。

如上所述的兩種政策之組合是以曼岱爾 (Robert Mundell) 模型爲基礎，完成貨幣政策與財政政策的「搭配」(mix)；即以貨幣政策去維持對外均衡，而以財政政策來維持對內均衡❹。在貨幣同盟之內，任何會員國均不能保持獨立的貨幣政策，但可採取財政措施，在某一區內

❹Robert Mundell, "The Appropriate Use of Monetary and Fiscal Policy for Internal and External Stability." *IMF Staff Papers*, March 1962.

刺激投資，而且可按市場利率在歐洲共同市場的資本市場籌措資金，藉以融通預算赤字。

另一方面，有人（例如 W. M. Corden）認爲，某一會員國的貨幣工資及其他成本的一般水準如已上升，或者假設法國工人所要求的工資之提高遠較生產力的提高爲快，則其對內均衡將被破壞。的確，法國的成本與物價上升之後，法國產品的競爭能力將會降低，因而引起貿易收支的逆差及國際收支的調整問題。此時，如採維持總需要的措施，反將促成收支壓力的惡化。因無誘因存在，無法將私人資本的內流導入生產投資的途徑，而政府以借款方式維持消費水準，只能視爲是短期的解決辦法，因爲負債相對於所得或財富的比率將會穩定上升。而且，除非滙率能够變更，俾使法國產品更具競爭力量，否則失業在所難免。

關於上述的情況，有兩點特別值得注意：首先，從需求方面來說，在貨幣結合以後，不會有某一會員國的貨幣成本及物價上升較快的現象。例如，法國如有預算方面的赤字，不必經由中央銀行以創造信用方式增加貨幣供給的途徑，而可透過在資本市場發行債券的方式籌措融通資金。如果這種預算赤字造成法國物價上升的壓力，則因貿易收支轉爲逆差，必然促成資金的外流，可以減輕膨脹的壓力。再就供給方面來說，這是所謂「成本推動型的通貨膨脹」(cost-push inflation)。因爲某地或某一產業工資提高之幅度，如果超過生產力上升的程度，將使該地區或該產業之競爭能力受到打擊。但因產業可自某一地區移向另一地區，所以競用生產資源的結果，生產因素的價格又將趨於均等。在此情況之下，會員國間所受因素價格上升的壓力可說完全相同。

2. 長期分析

關於長期調整的後果，因爲牽涉到各會員國經濟成長及世界經濟變遷的問題，不易提出明確的分析。以下是長期調整過程中比較重要的若

干因素:

資本移動

在貨幣同盟之下，某一會員國如有失業現象，可以透過財政政策的運用，藉以達成對內平衡。而且，爲了融通經常帳戶的逆差，可在資本市場出售短期資產，透過資本的內流加以彌補。反對貨幣同盟的人認爲，這種資本的內流固可作爲短期的措施，但在長期，逆差國家不能無限制地出售短期資產。當然，這種看法顯然是認爲逆差國家在資本市場籌得的資金乃是用於非生產性的途徑（例如用於維持失業人民的消費水準）。在此情況之下，外債水準的提高表示負債對財富的比率上升，此將削弱資本內流國家的金融地位。但是若以出售短期資產方式借入的資金，用於生產的途徑，則將增加該國財富的生產力，所以負債比率的上升並無不良影響。

上述逆差國家的資本內流，並不限於政府部門的借款。因爲逆差國家通常乃是採取緊縮的貨幣政策，此將促成邊際利率的上升，所以私人金融機構可能在資本市場出售若干金融資產，此亦促成資本的內流。再者，逆差國家因有失業存在，故與其他會員國相比，工資與物價的上升較慢，此就長期而言，可以透過較低的工資與物價，完成所需的調整過程，達到改善貿易收支的目的。

勞力移動

如果某一地區因爲技術相對落後，地理位置不當或因素稟賦 (factors endowment) 不佳，致有慢性失業存在，則可透過勞力的移動解決失業問題。尤其是在貨幣同盟之下，勞力的移動既已完全自由，物價與工資水準又易於比較，更可促成勞力之移動，而使資源之利用趨於合理有效之水準。反對貨幣結合的人認爲，萬一某一會員國成爲「蕭條地區」(depressed area)，則將發生廣泛的失業。但事實上，失業的存在可以壓抑工資水準的上升，一旦新的投資開始進行，該國將因工資的相對廉宜，而使具有比較利益的產業迅速擴展，如此，蕭條地區很快就會成爲過去。

財富效果

遭遇收支壓力的會員國，可能將其金融資產移轉給其他會員國。如此，由於資產存量的降低，所得及經常支出相對於財富的比率可能很高，以致影響資產的平衡 (portfolio balance)。爲使此一比率恢復至過去的均衡水準，家庭可能減少經常支出而增加儲蓄。透過這種支出方面的變動，可以矯正經常帳戶原先發生的逆差。這是所謂「皮古效果」(Pigou effect)，其發展的過程相當緩慢，且在實際方面尙有許多爭論存在。不過，一般而言，該國經濟的開放程度越高，皮古效果越大，其對經常帳戶的影響也是越大。

三、歐洲共同市場的滙率制度

前已提出，在貨幣同盟之下，會員國間乃是採用一種共同的通貨，或者，會員國間通貨的滙率波動幅度縮至最小。但是史密松寧協議所規定的放寬滙率之波動幅度，却與貨幣同盟之目標互相衝突。因之，歐洲共同市場已自1972年7月1日開始，將會員間的滙率波動幅度縮小爲2.25%。

在作成上述的決定之同時，有關各會員國在收支餘額的清算方面，亦已取得相當的協議。歐洲共同市場委員會認爲，各會員國中央銀行之間的債務應在一個月之內清算完畢。其方法是由A國的中央銀行在本國的外滙市場購買B國的通貨，這等於是把這些餘額轉至B國的中央銀行，其到期日則係下月之最後一日。但在該時，B國中央銀行所持的A國通貨如果無法滿足需要，則可透過「通貨互換交易」(swap transaction)，自A國獲得A國之通貨。接着，餘額的清算就以債務國的貨幣準備之結構作爲基礎。因之，貨幣準備分爲兩類：一爲黃金及特別提款權，一爲外滙。除以債權國國內通貨清算債務之外，債務國亦可按照其所持有的兩種資產之比率兌回流通在外的本國通貨，此亦有助於會員國間準備結構之調和。

降低會員國間通貨的波動幅度，事實上是降低兩種會員國通貨以美元報價 (dollar quotations) 的最大波動幅度，此稱爲「管內的蛇」(the snake in the tunnel)。管的「牆壁」是由以干預通貨（美元）表示的平價爲基準的最大差距構成；至於蛇的「皮膚」則是以美元表示的最强通貨及最弱通貨之報價構成。美元如不受到干預，蛇在管內的位置及其體積，在允許的範圍內是由市場力量決定。最强通貨與最弱通貨之間的波動幅度可寬可狹，乃視對於個別通貨之需求的强弱而定。至於蛇在管內的位置則不固定。有時，雖可允許的最大波動幅度已經十分接近，但是只要市場供需以相等的力量發生相反方向的作用，蛇的位置仍然不須改變，因爲此時的市場力量乃是迫使最强的通貨向上波動，而使最弱的通貨向下波動，且其力量相等。但如市場力量在某一方向的作用較大，蛇便朝那方向游動。

1972年10月19-20日，各會員國首長集會巴黎，擬議設立「歐洲貨幣合作基金」(European Monetary Cooperation Fund)，俾有助於會員國通貨之間建立固定而可調整的平價。與此同時提出的構想計有：設立干預之用的「共同準備基金」(Common Reserve Fund) 以及清算會員國債務的「中央淸算帳戶」(Central Clearing Account)。上述的歐洲貨幣合作基金是由各國中央銀行總裁組成委員會，按照部長委員會擬定的經濟政策方針策劃執行。在初期階段，其目標爲：㈠加强各國中央銀行之聯繫，藉以降低會員國通貨間的波動幅度；㈡推動會員國清算的多邊化；㈢創設歐洲貨幣記帳單位；㈣協調中央銀行之間的短期約定；㈤融通縮小波動幅度所需的資金。

歐洲共同市場各國對於滙率波動幅度已經累積不少經驗，而且關於會員國間的滙率制度可謂無時不在討論及修正之中。再者，外滙市場的干預、國際收支餘額的淸算、黃金的貨幣地位乃至於國際貨幣制度的改革等等，均與歐洲貨幣結合的前途息息相關，所以歐洲共同市場當局一直寄以高度之注意。

過去在黃金價格高漲，美元兌價急降時期，歐洲共同市場國家因以美元為干預通貨，故滙率之波動所受影響甚大。如今，由於歐洲共同市場自1974年1月開始，會員國間之黃金淸算逐步實現，故已促成美歐之間達成協議，且在1973年11月14日開始廢除黃金兩價制，此有助於國際貨幣制度之長期改革。

四、歐洲貨幣同盟的發展

歐洲共同市場九國領袖於1978年7月6、7兩日在西德不來梅（Bremen）舉行高峯會議，由法國總統季斯卡（Valery Giscard d'Estaing）與西德總理施密特（Helmut Schmidt）所擬定的歐洲貨幣制度（European Monetary System; EMS），已在會中獲得原則上的同意，有關細節問題並即逐步商訂。

1. 歐洲通貨穩定區

上述 EEC 新貨幣制度的初步構想，係源於1978年4月7～8日在哥本哈根舉行的 EEC 理事會之協議。在哥本哈根會議中，已就創設「歐洲通貨穩定區」(a zone of monetary stability in Europe) 達成初步協議。

一般說來,「歐洲通貨穩定區」之創設, 很容易被視為僅以促進 EEC 匯率制度穩定為目標的區域性問題, 但實際上它却具有雙重意義, 這不僅是為了穩定 EEC 內部的匯率, 同時也以穩定美元為目標。

歐洲貨幣同盟自 1973 年起即已開始積極醞釀, 1978 年以後由於英國、法國及義大利之通貨膨脹與國際收支情況均獲改善, 而且法國大選, 左派已告失敗, 使歐洲通貨幣同盟之實現獲得轉機。而歐洲通貨穩定區的構想, 則是基於英國對於當時的 EEC 通貨制度多所指責, 西德亦對 EEC 通貨聯合浮動表示懷疑而發展出來的。因此, 哥本哈根會議中對歐洲通貨穩定區的構想, 達成基本上的協議, 已使穩定歐洲匯率與改善國際貨幣情勢創下新的紀元。其後, 在1978年 4 月24日, 英國與西德領袖之會談, 在經濟與貨幣問題上達成協議, 更使施密特之「歐洲主義」與賈拉漢 (James Callaghan) 之「大西洋同盟主義」孕育成一個新的理想, 使歐洲貨幣結合運動日漸步上成功之途。

EEC 主席任金斯 (Roy Jenkins) 曾就「歐洲通貨穩定區」的三個基本方針聲明指出: (1) 將 EEC 外匯制度擴大至聯合浮動範圍之外; (2) 使用歐洲計帳單位 (European Unit of Account, 簡稱 EUA), 其一單位價值等於 0.888671 公克的純金; (3) 擴大「歐洲貨幣合作基金」(European Monetary Cooperation Fund , 簡稱 EECOM) 資金。其具體辦法為:

(1) 一方面維持 EEC 會員國通貨聯合浮動幅度 2.25% , 另一方面並吸收脫離聯合浮動的會員國通貨, 藉著逐步縮小浮動幅度, 來創造歐洲統一通貨, 以便達成 EEC 金融政策之一元化。

(2) 對聯合浮動以外國家之通貨使用參考匯率(reference rate), 甚至擴大浮動幅度。在此情況下, 將使 EEC 匯率制度形成蛇形浮動,以及與之相連結的其他通貨群之雙軌制。在比利時籍丁德曼 (Tindemans) 氏之報告中指出：在此種通貨聯合下，聯合浮動以外的各通貨，將因設定較蛇形浮動幅度更為寬大的浮動幅度，而與蛇形浮動建立協調關係，可使這些通貨達成穩定，而逐步恢復蛇形浮動。這一構想係基於1974年11月當時的西德總理布朗德 (Willy Brandt) 所提倡的 EEC 通貨二分方案發展出來的。而馬尼飛可所提倡的孿生區域政策 (twin regional policies)，將歐洲共同市場分成高活動區域集團 (high-activity regional grouping) 與低活動區域集團 (low-activity regional grouping) 兩個集團，再實施歐洲通貨聯合的差別性適用政策亦屬相同性質。1976年2月，法國總統季斯卡修正了戴高樂計劃，將之發表於 EEC 理事會，亦是雙軌制的翻版。至於哥本哈根歐洲理事會中，施密特的提案別稱「肥蛇」(fatter snake)，據說也是經由季斯卡的遊說而成的。

關於哥本哈根會議對穩定歐洲通貨的計劃內容如下：

(1) EEC 應致力於創設「歐洲通貨穩定區」，而將英鎊、里拉及法國法郎包括在擴大的蛇形浮動內。原有之蛇形浮動幅度仍為2.25%，英國、法國及義大利通貨的浮動幅度則較2.25%為大。

(2) 擴大歐洲貨幣合作基金，充裕 EEC 的準備中心。

(3) 將來以 EUA 代替美元進行干預。

(4) 會員國中央銀行間之清算使用 EUA，並由歐洲貨幣合作基金發行 EUA 做為準備通貨。

在1978年6月9日的倫敦金融時報中亦報導：EEC 通貨評議會已完成三項穩定歐洲通貨的具體方案。第一個方案是蛇形浮動通貨的浮動幅度仍為2.25%，但聯合浮動制以外之通貨的浮動幅度則高達4.5%。此一方案即與施密特的提案相似。第二個方案是歐洲共同市場通貨波動應限於「目標區」(target zones) 內。但初期聯合浮動制以外通貨，只須避免競爭性貶値，而當其通貨匯價欲脫離目標區時，須與其他 EEC 會員國諮商。至於第三案則爲混合方案。比利時財政部高級官員葉柏西里(Jacques van Ypersele) 也是歐洲共同市場貨幣委員會主席，認爲第三案具有許多優點，其內容爲將蛇形浮動通貨與美元分別佔50%，做爲複合通貨單位，並以之做爲目標滙率之基準。其優點爲: ⑴異於以有效滙率 (effective rate of exchange) 爲基準的辦法，而能統一會員國之滙率基準；⑵使聯合浮動制以外通貨對美元之升值率止於蛇形浮動通貨之一半；⑶藉著將來美元比重之降低，使聯合浮動制以外之歐洲通貨恢復聯合浮動；⑷降低美元做爲價值之標準的功能。如果沒有上述優點，則第三案與目前的「迷你蛇形浮動」甚爲接近，且第一案與第二案均顯得較爲切合實際。

2.統一通貨

關於歐洲貨幣同盟的要件是否必須包括統一資本市場在內，迄仍議論紛紜。不過，爲了達成貨幣同盟，至少必須發行統一通貨，設立對外準備中心，以及創設歐洲中央銀行，以完成歐洲內外金融政策之一元化。

EEC 統一通貨之構想，實際上是萌芽於 1959 年當時的比利時財長溫玆尼 (Pierre Wizny) 所提倡之EUA創設案，該構想當時並未獲得各國之支持。1960年代初期，古爾斯托拉則提出統一通貨的構想，1963年法國國會頗表支持，1968年，當時任法國財長的季斯卡亦提出同樣的提案。進入 1970 年代之後，可倫布與卡爾利亦加以提倡，連魏納報告(the Werner Report) 中亦做此建議，認爲與其等待利用完全固定滙率制度來實現眞正的通貨統一，倒不如發行統一通貨比較切合實際。

於1972年發表的馬尼菲可(Giovanni Magnifico)與威廉遜(John

H. Williamson)之統一通貨構想❺，引發了國際金融專家崔芬 (Robert Triffen) 的世界中央銀行方案，這可說是歐洲共同市場統一通貨構想的具體方案。

翌年，EEC 委員會完成了以「歐洲經濟結合與通貨統一」(European Economic Integration and Monetary Unification) 爲題的報告，建議創設以會員國通貨籃爲價值基準的歐洲統一通貨，稱爲 Europa。而爲了提高 Europa 之穩定性，該報告建議應提高通貨膨脹傾向較小的通貨之比重，以及採行商品籃方式。但在當時的情況下，歐洲財長理事會未能接受。其後，1975年11月，九大經濟學家在英國經濟學人雜誌上，以及1977年7月由前英格蘭銀行總裁克羅馬斯主持的學者專家集團，在泰晤士報 (the Times) 上分別發表了有關 Europa 的構想。同時，至1977年10月，歐洲共同市場委員會主席任金斯更大力提倡創設 Europa，於是，Europa 問題遂成爲熱門的課題。

關於 Europa 與 EEC 會員國各別通貨間的滙率，將決定於各參加國通貨的加權平均數，正如目前的 EUA 一般。而 Europa 做爲一種平行通貨 (parallel currency) 的功能，使流通中的 Europa 數量將僅決定於民衆對 Europa 的需要量。又 Europa 僅能以現有的各國通貨交

❺馬尼飛可與威廉遜的統一通貨構想內容如下：(1)將 FECOM 改組爲歐洲中央銀行，發行 Europa；(2)各國中央銀行以干預手段來維持其通貨與 Europa 間的滙率關係；(3)歐洲共同市場中央銀行可以爲維持 Europa 與美元的滙率進行干預；(4)會員國基於攤額向歐洲共同市場中央銀行提繳基金，取得以 Europa 計價的債權；(5)歐洲共同市場中央銀行可進行公開市場操作，以控制會員國的金融政策；(6)歐洲共同市場中央銀行成爲會員國的最後貸放者；(7)會員國內之商業銀行可持有 Europa，並在市場上交易；(8)爲使 Europa 的使用更爲普及，將由歐洲投資銀行①發行以 Europa 計價的債券，並進行融資，②發行以 Europa 計價的政府公債，③允許用 Europa 納稅。Giovanni Magnifico and John H. Williamson, *European Monetary Unification*, (London: Federal Trust, 1972).

換，故對 EEC 貨幣供給總量不會發生影響。

Europa 最初的通貨機能，先係作爲 EEC 交易計算單位的價值尺度，次一階段卽以之作爲 EEC 與會員國政府間之淸算與準備通貨。第三階段則以 Europa 擴大爲 EEC 與民間交易的法定通貨。第四階段卽在作爲平行通貨，建立其與 EEC 各通貨間的平行流通關係。最終的理想是 Europa 將替代 EEC 各國的通貨，成爲眞正的歐洲共同市場統一通貨。

EEC 當初係預定在1980年創設出統一通貨。而在1975年 3 月創設的 EUA，係以目前分爲16種國家通貨的各種計算單位加以統一爲其目標。目前 EUA 之機能，是否能成爲 EEC 眞正之計算單位還很難說，不過，由於 1978 年的不來梅高峯會議中已給 EUA 帶來新的局面，卽創造「歐洲通貨單位」(European Currency Unit, 簡稱 ECU)，等於 EUA，以提高歐洲國家在外滙市場干預並協助維持各國通貨之間以及對美元的滙率穩定的能力，使 Europa 的實現已更向前邁進一步。

在1978年 4 月哥本哈根 EEC 理事會中，EEC 通貨評議會曾提出一份報告，建議爲使 EUA 逐漸擴大成爲政府間交易及歐洲美元市場交易的媒介，將來更成爲準備資產，應由 FECOM 發行 EUA，而於淸算債權債務時使用之。

此一構想卽1978年 6 月 6 日 EEC 通貨評議會完成三項穩定歐洲通貨的具體方案中之第一案，亦卽施密特方案的具體內容。爲使 EUA 成爲干預通貨，不僅須將 EUA 用於 EEC 本身及 EEC 各國政府部門，而且在民間也要促使 EUA 成爲保値與淸算的手段。在此大前提下，EUA 必須從觀念性的記帳單位轉爲 Europa，亦卽馬尼菲可所建議的必須擬具 Europa 輔導政策，以及法定準備率等之管理政策。

換言之，使用 EUA 作爲干預手段與平行通貨具有相同意義。但是，在 EEC 採用平行通貨的初期，歐洲專家們的批評頗多，這是因爲平行通貨的作用與效果決定於價值標準的選擇。依照此一方式，貨幣同盟的進度容易發生突然的變化，如何選擇價值標準與其說是技術問題，倒不如說是需要高度的政治判斷力。有些專家建議以 EEC 的通貨籃作爲價值標準，這種標準可以保持調整過程的整齊性，同時可以避免滙率變動的風險。然而，以此方式所保證之通貨價值的穩定，僅具平均性質而已，難以根絕 Europa 兌 EEC 强勢通貨之轉換。所以專家們擔憂，爲了追求最終的理想，必須與 EEC 最强勢的通貨互相連結，結果與目前的 EEC 通貨聯合浮動制實際上並無不同。

另一種方式係以代表 EEC 會員國消費者物價的商品籃爲計價標準。這種方式的特點是可避免通貨膨脹的困擾，不過，其最大缺點是效果太偏激，卽由於保證購買力不變的 Europa 出現後，使美元、歐洲美元，以及具有通貨膨脹傾向的會員國通貨遭受排斥。

3. 邁向牙買加會議的理想

對於歐洲通貨聯盟之重現，歐洲銀行團體及歐洲總工會均予支持，且美國的高級政府官員亦發表聲明，全面支持歐洲貨幣同盟之建立，以及穩定外滙制度的努力。當初施密特對「歐洲通貨穩定區」之構想，曾表示反對美國的意見，而英國財長奚禮對歐洲通貨聯盟浮動制在穩定美元方面的效果頗表懷疑等態度，至今均已轉變，顯然是受到美國的壓力而達成妥協。英國首相賈拉漢於1978年 3 月下旬匆匆赴美，其理由雖說是爲了穩定五大通貨間的滙率，向美國總統卡特 (Jimmy Carter) 提出建議，但 3 月17日的華盛頓郵報上卻傳出：賈拉漢期望能將五大通貨聯合浮動的責任移給卡特。總之，賈拉漢之構想，是將 EEC 理事會努力完成的通貨與景氣刺激方案擴大到大西洋同盟主義的基礎上。不過，西德中央銀行總裁艾明傑 (Otmar Emminger) 之所以同意擴大

EUA，也是由於他對「歐洲通貨聯合浮動制之內部固定滙率」心存懷疑所致。滙率政策之所以成爲國際間政治性爭議的問題，係由於參考滙率或目標滙率之調整所致。如果管理的浮動滙率制，能成爲布里敦森林體制的繼承者，其首先應卽解決的問題就在於此，這正是牙買加會議所留待解決的當務之急。

值得注意的是，「歐洲通貨穩定區」之構想，除了以穩定滙率爲目標之外，同時也是爲了脫離美元。卽使平行通貨難以立卽實現，但由於 EEC 會員國將藉 EUA 進行外滙市場干預，及各中央銀行間之清算，在此構想實施後，將使美元作爲干預、清算、準備通貨等功能減退。1978年4月間，國際貨幣基金臨時委員會所提到的「替代帳戶創設案」，其目的亦在於此。

「替代帳戶」之創設，將使美元做爲國際貨幣的機能減退，這是前 IMF 總經理魏特文（H. Johannes Witteveen）的悲觀看法。但美國參議員賈匹茲卻已提出按特別提款權（SDRs）及其他準備資產構成新準備制度的構想，據說此一構想已經得到以洛克斐勒爲主的團體之支持，顯示國際貨幣制度正逐漸邁向牙買加會議的理想，亦卽採取避免容易遭致貿易保護主義擡頭的外滙政策。

4.擬議中的歐洲貨幣制度

如上所述，在1978年7月初不來梅 EEC 高峯會議中，法國總統季斯卡與西德總理施密特，已就歐洲貨幣制度擬定初步計劃，創設一個「歐洲通貨穩定區」，獲得EEC領袖們原則上的同意。新計劃的目標，是在避免美元滙率劇烈波動的不利影響。歐洲通貨兌美元滙率劇烈波動，阻礙了歐洲國家的對外貿易，如能減輕或消除這些阻礙，商業可趨繁榮，工業投資將會增加，同時亦可確保經濟的穩定成長。

當時，此項歐洲貨幣制度的初步計劃包括四個要點:

⑴滙率由政府管理，波動幅度將更形嚴格，甚至少於2.25%，據悉可能是1%，但是弱勢通貨在過渡時期可能有較大的浮動幅度。

⑵制度的中心是歐洲通貨單位，即以 ECU 用做歐洲國家中央銀行間的清算工具，而由歐洲共同市場各國以黃金或美元等外滙準備的20%提存於歐洲貨幣基金 (European Monetary Fund)，共計250億美元，另以各國通貨形式認繳 250 億美元的攤額，使歐洲貨幣基金之數額達到500億美元，儼然是一個小型的國際貨幣基金。

⑶參加國家的外滙交易必須協調一致，特別是對美元的交易爲然。各國中央銀行涉及美元的交易時，須以 ECU 爲之，而且歐洲中央銀行間的交易亦將以 ECU 計算，不再以美元計算。

⑷爲了更緊密的經濟與貨幣結合，各會員國使用 ECU 時，得依情況而定。歐洲貨幣基金亦將給予會員國一年期的短期融資，並辦理中長期貸款，以協助會員國通貨滙率的協調一致。此外，這項融資安排也將適用於和 EEC 有密切金融連繫的非會員國，例如瑞士及北歐國家。

法國及西德兩國領袖提出上述計劃，各有其政治、經濟背景。就西德而言，當馬克升值，美元大量流入法蘭克福外滙市場時，西德中央銀行若進行干預，買入美元，固然可以保持馬克滙率的穩定，但是賣出馬克却是一種冒險，因爲貨幣供給無計劃的擴張，將導致通貨膨脹的威脅。但是如果西德中央銀行不去干預，則馬克兌其他歐洲通貨（法郎、英鎊及里拉）的滙率不斷上升，可能危及西德對其主要貿易夥伴的商品輸出，所以西德的目的是在降低馬克不斷升值的影響，分散成本。

至於法國的目的，則爲表現其政策自由化的趨勢。最近法國政府已宣稱逐步放棄價格管制，減少政府對企業的津貼，俾使法國的基本政策與西德相一致。此外，任由法國法郎隨馬克升值的另一好處，是可降低原料進口成本，因爲進口原料大多是以美元計算，如此可以減低法國國內的通貨膨脹壓力。但有許多經濟學家認爲，當法國必須加速經濟成長，以解決日增的失業人數時，爲了要保持法郞兌馬克滙率的穩定，而維持非膨脹性政策，其代價是相當大的。

在 EEC 中，屬於弱勢會員國的英國和義大利，可能只有在暫時較大的波動幅度，和其工業獲得 EEC 較多的援助後，才允參加擬議中的歐洲貨幣制度。不過，最近法國與西德正在採取極富彈性的態度，故已消弭了英國對法德兩國堅强聯合的恐懼。

在布魯塞爾擧行的 EEC 會談之討論焦點是在訂定滙率制度的選擇，以及政府對他們向擬議之歐洲貨幣基金所作捐款的控制程度。各國專家已就下列七項問題進行討論，以便向 EEC 財政部長會議提出報告。這些問題包括：⑴如何訂定滙率與擬議的歐洲通貨單位 ECU；⑵可容許的波動幅度；⑶歐洲貨幣基金的融資在準備資產方面，是否眞正滙合或僅以保證爲之；⑷確保九國經濟更加密切結合的方法；⑸歐洲貨幣制度與國際貨幣基金之間的關係；⑹新制度內平價能够改變的方式；⑺這種調整發生的頻率應該是多少等。

五、歐洲貨幣制度的成立❻

自1979年3月13日起，歐洲貨幣制度終於宣告成立。這在國際貨幣史上，乃是新的一頁，歐洲共同市場的目的，在於先建立關稅同盟，此在目前已經實現。其次一步驟，卽爲歐洲貨幣的統一。1972年4月起，歐洲共同市場各國，曾嘗試過各國匯率互相間波動幅度的縮小，當時將前項波動幅度，減縮至對美元中心匯率上下各1.125%的差距。1973年3月19日，共同市場聯合浮動開始。上述聯合浮動的參加國家，前後雖

❻潘志奇：「歐洲貨幣制度的成立」，中國時報，民國68年3月14日。

有變動，但却維持至目前。以上皆為歐洲貨幣同盟的發展，然收效並不顯著。

此次開始實施的歐洲貨幣制度，可分為三個主要部分：㈠歐洲通貨單位（ECU）的發行；㈡各參加國家間固定匯率的維持；㈢歐洲貨幣基金（EMF）的創設。

1.歐洲通貨單位的發行

先就歐洲通貨單位而言，此為由歐洲貨幣合作基金所發行的準備資產（二年後歐洲貨幣基金成立，其發行由該基金接辦），用以表示歐洲各國通貨的價值，故乃是一種價值標準。同時亦為各國間債權、債務的結算工具。事實上，歐洲貨幣單位，甚似當前國際貨幣基金所發行的特別提款權。但兩者亦有相異之處：即歐洲通貨單位有發行準備，此為各參加國家所繳付之20％的黃金與外匯準備。相反的，特別提款權則無任何發行準備，至於歐洲通貨單位的價值，將來由歐洲共同市場九國通貨價值的加權平均表示，故其對美元等的價值，乃至對共同市場內各種通貨的價值，每日變動不定。又用以表示歐洲通貨單位價值之各種通貨的加權數，今後每三一五年檢討一次。

就匯率制度而言，各參加國家的通貨，以歐洲通貨單位表示其基準匯率，並互相維持固定匯率關係。各種通貨匯率的波動幅度，限制於上述基準匯率上下的各2.25％範圍內。然以如此狹小的波動幅度，要求所有參加國家，均須嚴格遵守，對若干國家而言，甚為困難。因此，目前在單獨浮動中的通貨，在參加新制度後，得在一定的過渡期間內，將其匯率的波動幅度，擴大至基準匯率上下的各６％。此次義大利亦參加歐洲貨幣制度。但義大利迄今仍是獨立浮動的國家，其里拉的實力較差，若亦使其在狹小的波動幅度內，與其他參加國家，保持固定的匯率關係，當極難保持穩定，故此次特准義大利里拉的波動幅度，達基準匯率上下的各 6 %。

2. 固定匯率的維持

各參加國家為維持其通貨的固定匯率起見，自須買賣外匯，以干預市場。至於干預的方式，各方的意見頗有不同，可分為下述兩種:

第一、各種通貨分別由其歐洲通貨單位所表示的價值，先算出互相間的交換比率，並以對手國家的貨幣單位表示此種基準匯率。同時，其所准許的波動幅度，亦以對手國家的貨幣單位表示。而兩國通貨的匯率關係，必須限制於一定的波動幅度以內，此項波動的最大幅度，如上所述，即為基準匯率上下的各2.25%。

第二、各國通貨互相間的交換比率（基準匯率），固然由歐洲通貨單位表示，而各國通貨所准許波動的幅度，亦由歐洲通貨單位，予以表示。各國通貨可在歐洲通貨單位所規定的波動幅度內，自由波動。

上述兩種方式，在去年討論當時，各方爭論頗為熱烈，事實上優劣互見，未可斷言何者為理想。以第一種方式而言，其優點在於一國通貨對其他通貨的變動範圍，具體表明，故從當日的匯率變動情況，可知一國通貨究竟對何種通貨為强（或為弱），一目了然。而强勢通貨國家出售本國通貨，購進弱勢通貨；弱勢通貨的國家，則其干預方向相反。又第二種方式則係以歐洲通貨單位表示匯率的變動，故可了解究竟何種通貨，與「平均」差距最大（因歐洲通貨單位實際上乃是各種通貨價值的加權平均），然後決定應由何種通貨進行干預。今後在市場干預上實際恐將採取折衷的方式。

又為彌補各國短期外匯資金的短絀，並矯正中期的國際收支不均衡起見，特訂定資金融通辦法，其資金總額，共達 250 億歐洲通貨單位。

以上乃是歐洲貨幣制度的大概，該項制度在法國與西德的積極推動之下，始告成立。歐洲共同市場各國間的貿易關係向來十分密切，各國輸出入仰賴於地區內的貿易者，約占其總額的50%。各貿易對手國家的通貨，若能互相維持固定的匯率關係，並逐漸使用統一的貨幣，地區內貿易的擴充，乃當然的趨勢。屆時歐洲共同市場，當由關稅聯盟，進而實現歐洲經濟與貨幣的統一。這是歐洲國家多年來的願望，此次歐洲國家積極推動歐洲貨幣制度，就在於擬實現此種願望。

3.歐洲貨幣基金的創設

但此次歐洲貨幣制度的建立，亦可以視爲過去歐洲聯合浮動規模的擴大。1973年3月以來，聯合浮動開始，迄今歐洲各國參加聯合浮動的，有西德、荷蘭、比利時、盧森堡、丹麥、挪威六國。今後預定參加歐洲貨幣制度的，則有西德、法、義、荷、比、盧、丹、愛爾蘭等國。然過去聯合浮動的情形，並不完全順利。若干弱勢通貨的國家，難以維持對地區內各國通貨的固定匯率關係，不得不退出聯合浮動。此次與西德共同領導各國，建立歐洲貨幣制度的法國，於1973年3月19日，最初加入聯合浮動，而於翌年1月19日退出，1975年7月10日，重行參加，而繼於1976年3月15日，再度退出，故今後歐洲貨幣制度的能否順利發展，甚難逆料。在歐洲各國通貨膨脹率及經濟成長率參差不齊的情況下，聯合浮動的擴大，將會隨時遭遇困難。

1978年10月18日英國泰晤士報曾稱：「單一的歐洲通貨，需要單一的歐洲金融政策；而單一的歐洲金融政策，則需要單一的歐洲貨幣機構。亦卽應由類似美國的聯邦準備制度，以發行整個歐洲共同市場的通貨」云。但在歐洲各國的主權未統一以前，此種辦法，顯然無法實現。

因此，在歐洲貨幣制度成立以前，卽有預言其必然失敗的。例如國際上著名的沙苗生（Paul A. Samuelson）教授卽稱：「過去的聯合浮動並不順利。我對歐洲貨幣制度亦抱懷疑的態度。各參加國家互相間，貧富的差距旣大，西德那樣的强國，犧牲必多。且此等國家，並無共同的中央銀行，各國的金融情勢亦迥異。……在法國人之間，頗有人以為：國際貨幣基金體制業已崩潰，而美國亦不可靠，故須自行建立新的秩序。此種新秩序若順利發展，美國與其他國家，當相繼參加云云，這是拿破崙式的誇大妄想症。正如在精神病醫院內，自稱為耶穌，自稱為拿破崙的神經病患者相似」云。

以上沙苗生教授所稱，雖不免雜有美國人對法國的偏見，但亦可知：歐洲貨幣制度的前途，並不是一條坦道。

六、歐洲通貨單位的前景

1985年歐洲共同市場國家簽署了「單一歐洲法」，旨在 1992 年以前將歐市十二個會員國結合成為單一的歐洲市場，使原以各國疆界為限的內部市場延伸到國境以外的廣大領域。在這廣大的領域中，各國的財貨、勞務、資本和人力皆能自由流通，恰如其在國內市場般之暢通無阻。為配合此一目標，共同市場多年來所建立之歐洲貨幣制度（EMS）及其發行之歐洲通貨單位（ECU）乃益受重視。

為了統一歐洲貨幣及協調各國金融政策，究竟有無必要籌設歐洲中央銀行，各國主張不一。法國雖未提出具體方案，但多少矚意於類似美國聯邦準備制度的體制；西德與荷蘭則一再重申設立超乎各國政權以外的金融機構之必要性，且但求體制完善，不求速成；英國迄未加入歐洲貨幣制度，亦未作任何評論。由此顯見設立歐洲中央銀行的時機尚未成熟。

然而，在現行歐洲貨幣制度下發行的通貨單位經多年來努力結果，卻已局部通行於共同市場，不但成為官方清算之工具，且在民間商業及金融之用途上亦漸趨廣泛。歐洲通貨單位在理論上及實際上均告存在之事實，顯示其未來替代各國通貨似非不可能。以下擬就歐洲貨幣單位近年之發展及其前景作一說明。

1.官方運用 ECU 之範圍

歐洲貨幣制度於1979年 3 月設立，其目的在於維持共同市場滙率的穩定，進而穩定價格水滙，助益經濟成長。目前參加歐洲貨幣制度的若干歐洲中央銀行，已將 ECU 視爲銀行間部份相互清償的工具。此一官方ECU市場與私人 ECU 市場完全分開，其所使用的滙率由委員會計算，而所適用的利率亦按月計算，以會員國國內某些具代表性的本國貨幣市場上之交易工具的利率加權平均而得之。

民間 ECU 由商業銀行體系所創造，具有「貨幣」的功能性特徵，例如，可做爲支付工具、以及價値儲藏等，目前歐洲各國人民已逐漸將 ECU 推廣運用於國際商業及財務的往來交易上，類似傳統國際貨幣（例如美元）扮演的角色。

2.民間 ECU 在歐洲地區的發展

以歐洲人的觀點而言，將 ECU 發展成國際貨幣使用在共同市場國家或第三國家的商業及財務用途上，具有下列主要優點:

首先，在商業方面。(歐市預定在 1992 年完成）一個眞正的歐市內部統合市場，其商品與勞務進出共同體就像本國市場般的自由。如果 ECU 被用做共同體體內交易行爲的價格單位，便能促進市場的一致性。如果歐洲共同體國家內的出口商都能以ECU 爲其價格表上之價格單位，這個目的便能達成。而以 ECU 爲開發票以及付款的貨幣單位，也就是很合邏輯的後續行爲。同時，以 ECU 爲開具發票的貨幣單位，便可將滙率風險分散由出口商與進口商共同分擔；另外，以 ECU 來支付一般性貨款，則可減少交易的複雜性，避免處理許多不同種類的貨幣。

其次，在金融方面。歐洲共同體目前是處於解除外滙管制及取消資金自由流通壁障的轉型期。而這一自由化的過程終將使得不同規模的公開化國家資本市場互相存在，而且每一個市場有其自己的滙率風險、利率的成本。而如果歐洲經紀商以 ECU 爲資本交易的貨幣單位，便可促進這許多國家市場的整合，使之成爲一個單一但具相當規模的歐洲資本市場。

第三個優點在於 ECU 若能和其它歐洲外幣一樣被廣泛地使用，便可促進歐洲貨幣制度的聯結，並將成爲一個介於美元與歐洲貨幣之間的緩衝者。而由於 ECU 的「通籃」性質，將使其在共同體外所造成的波動影響分散至所有會員國貨幣上。

雖然歐洲貨幣制度建立之初，沒有人能夠預知 ECU 會逐漸在私人市場上發展，但由於 ECU 在私人市場的運用與發展可以強化共同市場的結合，而且能夠成爲未來歐洲貨幣統一的先驅，因此委員會不但樂見其成，而且興趣也越來越高。

3.採用 ECU 的障礙:

私人商業交易採用 ECU 可能遭遇的障礙，不外是制度上的問題和傳統習慣上的問題。事實上，由於共同市場內多數國家紛紛承認 ECU 爲一種外幣，制度上的障礙已逐漸消失。例如，比利時國庫曾發行 ECU 債券，並承認其具有貨幣上之法律與效率。惟不論在國內或國際交易上，若要 ECU 具備應有效力仍需經交易雙方承認與接受爲要件，不能強制對方接受 ECU 作爲支付工具。

ECU 以貨幣身份活躍於市場時間尚短，故一時與傳統習俗尚難相容。特別是美元通行已久，雖然出現不少弊端，但各國多習以爲常，故在國際商業活動上由 ECU 完全取代美元絕非一蹴可及。不過，自從美元價値滑落後，石油輸出國家組織常要求石油價格應以其他外滙取代美元表示。此外，在市場上推出新產品和新服務業時，採用 ECU 報價的機會將大爲增加，理由是與傳統習俗無關聯的新事物較易於以新方式處理。

4.ECU 的未來發展

ECU 未來發展的潛能可望集中在商業用途上，包括進出口交易之報價、開立發票和債務清算等方面。不僅在共同市場國家間流通，更可擴及第三國，與日幣、美元併立於國際金融市場。擴展 ECU 的商業用途需要:

——歐洲貿易商增加 ECU 的使用機會;

——歐洲地區的跨國公司採用 ECU 作爲公司內部會計、定價、開立發票及付款工具。

——商品交易、製造、及消費於歐洲區域內者，應以 ECU 計值。

——歐洲公共服務網路，諸如電信、航空鐵道、油管等，可考慮改依 ECU 作爲記帳及清算單位。

此外，隨著共同市場結合程度的增強及影響地區的擴大，ECU 將獲得共同市場以外國家之重視。例如，北歐國家、瑞士以及奧地利已開始採用 ECU 報價，因此，ECU 之使用大衆化趨勢十分明顯，其未來在國際金融市場上所扮演的角色及重要性亦逐漸增強。

由於 ECU 之幣值是根據歐市會員國貨幣在貨幣、金融、貿易等市場上之重要性加權計值而來，故其受到國際滙率波動的影響相對降低。更由於目前世界上最重要的國際貨幣——美元，已呈現極端不穩之狀況，以 ECU 來取代美元爲報價單位，則可避免因外滙市場滙率波動而遭致之無謂損失。

我國近年來因受美元在世界外滙市場波動之影響，有關方面似正擬議將 ECU 作爲日後對歐市貿易往來之計價單位，加以政府有強化對歐貿易之決策性指示，我金融、貨幣市場近亦加快自由化及國際化之腳步，因而以 ECU 爲計價單位取代美元自有其必要。

參考書籍

教材

Caves, R. E., and R. W. Jones (1973). *World Trade and Payments.* Little, Brown and Company, Boston, Mass.

Chacholiades, M. (1978). *International Trade Theory and Policy.* McGraw-Hill Book Company, New York.

——— (1978). *International Monetary Theory and Policy.* McGraw-Hill Book Company, New York.

——— (1973). *The Pure Theory of International Trade.* Aldine Publishing Company, Chicago, Ill.

Ellsworth, P. T., and J. C. Leith (1975). *The International Economy,* 5th ed. The Macmillan Company, New York.

Enke, S., and V. Salera (1957). *International Economics.* Prentice-Hall, Inc., Englewood Cliffs, N. J.

Freeman III, A. M. (1971). *International Trade.* Harper and Row, Publishers, New York.

Friedrick, K. (1974). *International Economics: Concepts & Issues.* McGraw-Hill Book Company, New York.

Grubel, H. G. (1977). *International Economics.* Richard D. Irwin, Inc., Homewood, Ill.

Heller, H. R. (1973). *International Trade: Theory and Empirical Evidence,* 2nd ed. Prentice-Hall, Inc., Englewood Cliffs, N. J.

——— (1974) *International Monetary Economics.* PrenticeHall, Inc.,

Englewood Cliffs, N. J.

Kindleberger, C. P. (1973). *International Economics*, 5th ed. Richard D. Irwin, Inc., Homewood, Ill.

Kreinin, M. (1974). *International Economics: A Policy Approach*, 2nd ed. Harcourt Brace Jovanovich, New York.

Root, F. R. (1978). *International Trade and Investment*, 4th ed. South-Western Publishing Co., New York.

Scammell, W. M. (1974). *International Trade and Payments*. St. Martins Press, New York.

Shepherd, A. R. (1978). *International Economics: A Micro-Macro Approach*. Charles E. Merrill Publishing Co., Columbus, Ohio.

Snider, D. A. (1975). *Introduction to International Economics*, 6th ed. Richard D. Irwin, Inc., Homewood, Ill.

Sodersten, Bo, (1970). *International Economics*. Harper & Row, New York.

Staley, C. E. (1970). *International Economics: Analysis and Issues*. Prentice-Hall, Inc., Englewood Cliffs, N. J.

Walter, I. (1968). *International Economics: Theory and Policy*. Ronald Press, New York.

Young, D. (1970). *International Economics*. Intext Educational Publishers, Scranton, Pa.

論 著

Balassa, B. (1961). *The Theory of Economic Integration*. Richard D. Irwin, Inc., Homewood, Ill.

Caves, R. E. (1960). *Trade and Economic Structure*. Harvard University Press, Cambridge, Mass.

Clement, M. O., R. L. Pfister, and K. J. Rothwell (1967). *Theoretical Issues in International Economics.* Houghton-Mifflin Company, Boston, Mass.

Cooper, R.N. (1968). *The Economics of Interdependence.* McGraw-Hill Book Company, New York.

Corden, W. M. (1965). *Recent Development in the Theory of International Trade.* Princeton University Special Papers in International Economics, no. 7, Princeton, N. J.

———— (1971). *The Theory of Protection.* Oxford University Press, London.

Grubel, H. G. and P. J. Lloyd (1975). *Intra-Industry Trade: The Theory and Measurement of International Trade in Differentiated Products.* Halsted Press, New York.

Haberler, G. (1936), *The Theory of International Trade.* William Hodge and Company. London.

———— (1961). *A Survey of International Trade Theory.* Princeton University Special Papers in International Economics, no. 1, 2nd. ed., Princeton, N. J.

Harrod, R. (1973). *International Economics.* Cambridge University Press, Cambridge.

Johnson, H. G. (1958). *International Trade and Economic Growth.* George Aellen and Unwin, Ltd., London.

———— (1962). *Money, Trade and Economic Growth.* Harvard University Press, Cambridge, Mass.

———— (1972). *Aspects of the Theory of Tariffs.* Harvard University Press, Cambridge, Mass.

Kemp, M. C. (1964). *The Pure Theory of International Trade.* Prentice-

Hall, Inc., Englewood Cliffs, N. J.

Kemp, M. C. (1969). *The Pure Theory of International Trade and Investment.* Prentice-Hall, Inc., Englewood Cliffs, N. J.

Leamer, E. E., and R. Stern (1970). *Quantitative International Economics.* Allyn & Bacon, Boston, Mass.

Magee, S. P. (1976). *International Trade and Distortions in Factor Markets.* Marcel Dekker, Inc., New York.

Meade, J. E. (1952). *A Geometry of International Trade.* George Allen and Unwin, Ltd., London.

———— (1955). *The Theory of International Economic Policy, Vol. 2: Trade and Welfare.* Oxford University Press, Oxford.

Meier, G. M. (1963). *International Trade and Development.* Harper and Row, New York.

Mundell, R. A. (1968). *International Economics.* The Macmillan Company, New York.

Ohlin, B. (1933). *Interregional and International Trade.* Harvard University Press, Cambridge, Mass.

Pearce, I. F. (1970). *International Trade.* Norton, New York.

Takayama, A. C. (1972). *International Economics.* Holt, Rinehart & Winston, New York.

Vanek, J. (1962). *International Trade: Theory and Economic Policy.* Richard D. Irwin, Inc., Homewood, Ill.

Viner, J. (1965). *Studies in the Theory of International Trade.* Augustus M. Kelly, Publishers, New York.

Yeager, L. B. (1975). *International Monetary Relations: Theory, History and Policy.* 2nd ed., Harper & Row, New York.

論文選集

Allen, W. (ed.). (1965). *International Trade Theory: Hume to Ohlin.* Random House, New York.

Baldwin, R. E., and J. D. Richardson (1974). *International Trade and Finance: Readings.* Little, Brown and Company, Boston, Mass.

Bhagwati, J. (ed.) (1969). *International Trade: Selected Readings.* Penguin Books. Baltimore.

———— (ed.) R. W. Jones, R. A. Mundell and J. Vanek (eds.). (1971). *Trade, Balance of Payments and Growth.* North-Holland, Amsterdam.

Caves, R. E., and H. G. Johnson (eds.) (1968). *Readings in International Economics.* Richard D. Irwin, Homewood, Ill.

Cooper, C. A. (ed.) (1969.) *International Finance.* Penguin Books, Baltimore.

Dunning, J. H. (ed.) (1972.) *International Investment.* Penguin Books, Baltimore.

Ellis, H. S., and L. A. Metzler (eds.) (1949). *Readings in the Theory of International Trade.* Richard D. Irwin, Homewood, Ill.

Horwich, G., and P. A. Samuelson (eds.) (1974). *Trade, Stability and Macroeconomics.* Academic Press, New York.

Robson, P. (ed.) (1971). *International Economic Integration.* Penguin Books, Baltimore.

大眾傳播與社會變遷	陳世敏	著	政治大學
組織傳播	鄭瑞城	著	政治大學
政治傳播學	祝基瀅	著	
文化與傳播	汪　琪	著	政治大學

歷史・地理

中國通史（上）（下）	林瑞翰	著	臺灣大學
中國現代史	李守孔	著	臺灣大學
中國近代史	李守孔	著	臺灣大學
中國近代史	李雲漢	著	政治大學
中國近代史（簡史）	李雲漢	著	政治大學
中國近代史	古鴻廷	著	東海大學
隋唐史	王壽南	著	政治大學
明清史	陳捷先	著	臺灣大學
黃河文明之光	姚大中	著	東吳大學
古代北西中國	姚大中	著	東吳大學
南方的奮起	姚大中	著	東吳大學
中國世界的全盛	姚大中	著	東吳大學
近代中國的成立	姚大中	著	東吳大學
西洋現代史	李邁先	著	臺灣大學
東歐諸國史	李邁先	著	臺灣大學
英國史綱	許介鱗	著	臺灣大學
印度史	吳俊才	著	政治大學
日本史	林明德	著	臺灣師大
日本現代史	許介鱗	著	臺灣大學
近代中日關係史	林明德	著	臺灣師大
美洲地理	林鈞祥	著	臺灣師大
非洲地理	劉鴻喜	著	臺灣師大
自然地理學	劉鴻喜	著	臺灣師大
地形學綱要	劉鴻喜	著	臺灣師大
聚落地理學	胡振洲	著	中興大學
海事地理學	胡振洲	著	中興大學
經濟地理	陳伯中	著	前臺灣大學
都市地理學	陳伯中	著	前臺灣大學

書名	作者	單位
機率導論	戴久永 著	交通大學

新聞

書名	作者	單位
傳播研究方法總論	楊孝濚 著	東吳大學
傳播研究調查法	蘇蘅 著	輔仁大學
傳播原理	方蘭生 著	文化大學
行銷傳播學	羅文坤 著	政治大學
國際傳播	李瞻 著	政治大學
國際傳播與科技	彭芸 著	政治大學
廣播與電視	何貽謀 著	輔仁大學
廣播原理與製作	于洪海 著	中廣
電影原理與製作	梅長齡 著	前文化大學
新聞學與大衆傳播學	鄭貞銘 著	文化大學
新聞採訪與編輯	鄭貞銘 著	文化大學
新聞編輯學	徐旭 著	新生報
採訪寫作	歐陽醇 著	臺灣師大
評論寫作	程之行 著	紐約日報
新聞英文寫作	朱耀龍 著	前文化大學
小型報刊實務	彭家發 著	政治大學
廣告學	顏伯勤 著	輔仁大學
媒介實務	趙俊邁 著	東吳大學
中國新聞傳播史	賴光臨 著	政治大學
中國新聞史	曾虛白 主編	
世界新聞史	李瞻 著	政治大學
新聞學	李瞻 著	政治大學
新聞採訪學	李瞻 著	政治大學
新聞道德	李瞻 著	政治大學
電視制度	李瞻 著	政治大學
電視新聞	張勤 著	中視文化公司
電視與觀眾	曠湘霞 著	政治大學
大衆傳播理論	李金銓 著	明尼西達大學
大衆傳播新論	李茂政 著	政治大學

書名	作者		單位
會計辭典	龍毓耼	譯	
會計學（上）（下）	幸世間	著	臺灣大學
會計學題解	幸世間	著	臺灣大學
成本會計（上）（下）	洪國賜	著	淡水工商
成本會計	盛禮約	著	淡水工商
政府會計	李增榮	著	政治大學
政府會計	張鴻春	著	臺灣大學
稅務會計	卓敏枝	等著	臺灣大學等
財務報表分析	洪國賜	等著	淡水工商等
財務報表分析	李祖培	著	中興大學
財務管理	張春雄	著	政治大學
財務管理（增訂新版）	黃柱權	著	政治大學
商用統計學（修訂版）	顏月珠	著	臺灣大學
商用統計學	劉一忠	著	舊金山州立大學
統計學（修訂版）	柴松林	著	政治大學
統計學	劉南溟	著	前臺灣大學
統計學	張浩鈞	著	臺灣大學
統計學	楊維哲	著	臺灣大學
統計學	顏月珠	著	臺灣大學
統計學題解	顏月珠	著	臺灣大學
推理統計學	張碧波	著	銘傳管理學院
應用數理統計學	顏月珠	著	臺灣大學
統計製圖學	宋汝濬	著	臺中商專
統計概念與方法	戴久永	著	交通大學
審計學	殷文俊	等著	政治大學
商用數學	薛昭雄	著	政治大學
商用數學（含商用微積分）	楊維哲	著	臺灣大學
線性代數（修訂版）	謝志雄	著	東吳大學
商用微積分	何典恭	著	淡水工商
微積分	楊維哲	著	臺灣大學
微積分（上）（下）	楊維哲	著	臺灣大學
大二微積分	楊維哲	著	臺灣大學

國際貿易理論與政策（修訂版）	歐陽勛等編著	政治大學
國際貿易政策概論	余德培 著	東吳大學
國際貿易論	李厚高 著	逢甲大學
國際商品買賣契約法	鄧越今 編著	外貿協會
國際貿易法概要	于政長 著	東吳大學
國際貿易法	張錦源 著	政治大學
外匯投資理財與風險	李麗 著	中央銀行
外匯、貿易辭典	于政長 編著 張錦源 校訂	東吳大學 政治大學
貿易實務辭典	張錦源 編著	政治大學
貿易貨物保險（修訂版）	周詠棠 著	中央信託局
貿易慣例	張錦源 著	政治大學
國際匯兌	林邦充 著	政治大學
國際行銷管理	許士軍 著	新加坡大學
國際行銷	郭崑謨 著	中興大學
行銷管理	郭崑謨 著	中興大學
海關實務（修訂版）	張俊雄 著	淡江大學
美國之外匯市場	于政長 譯	東吳大學
保險學（增訂版）	湯俊湘 著	中興大學
人壽保險學（增訂版）	宋明哲 著	德明商專
人壽保險的理論與實務	陳雲中 編著	臺灣大學
火災保險及海上保險	吳榮清 著	文化大學
市場學	王德馨 等著	中興大學
行銷學	江顯新 著	中興大學
投資學	龔平邦 著	前逢甲大學
投資學	白俊男 等著	東吳大學
海外投資的知識	葉雲鎮 等譯	
國際投資之技術移轉	鍾瑞江 著	東吳大學

會計・統計・審計

銀行會計（上）（下）	李兆萱 等著	臺灣大學等
初級會計學（上）（下）	洪國賜 著	淡水工商
中級會計學（上）（下）	洪國賜 著	淡水工商
中等會計（上）（下）	薛光圻 等著	西東大學等

數理經濟分析　林大侯 著　臺灣大學
計量經濟學導論　林華德 著　臺灣大學
計量經濟學　陳正澄 著　臺灣大學
經濟政策　湯俊湘 著　中興大學
合作經濟概論　尹樹生 著　中興大學
農業經濟學　尹樹生 著　中興大學
工程經濟　陳寬仁 著　中正理工學院
銀行法　金桐林 著　華南銀行
銀行法釋義　楊承厚 著　銘傳管理學院
商業銀行實務　解宏賓 編著　中興大學
貨幣銀行學　何偉成 著　中正理工學院
貨幣銀行學　白俊男 著　東吳大學
貨幣銀行學　楊樹森 著　文化大學
貨幣銀行學　李穎吾 著　臺灣大學
貨幣銀行學　趙鳳培 著　政治大學
現代貨幣銀行學　柳復起 著　新南威爾斯大學
現代國際金融　柳復起 著　新南威爾斯大學
國際金融理論與制度（修訂版）　歐陽勛等編著　政治大學
金融交換實務　李麗 著　中央銀行
財政學　李厚高 著　逢甲大學
財政學（修訂版）　林華德 著　臺灣大學
財政學原理　魏萼 著　臺灣大學
商用英文　張錦源 著　政治大學
商用英文　程振粵 著　臺灣大學
貿易契約理論與實務　張錦源 著　政治大學
貿易英文實務　張錦源 著　政治大學
信用狀理論與實務　蕭啟賢 著　輔仁大學
信用狀理論與實務　張錦源 著　政治大學
國際貿易　李穎吾 著　臺灣大學
國際貿易實務詳論　張錦源 著　政治大學
國際貿易實務　羅慶龍 著　逢甲大學

書名	作者	單位
中國現代教育史	鄭世興 著	臺灣師大
中國大學教育發展史	伍振鷟 著	臺灣師大
中國職業教育發展史	周談輝 著	臺灣師大
社會教育新論	李建興 著	臺灣師大
中國社會教育發展史	李建興 著	臺灣師大
中國國民教育發展史	司琦 著	政治大學
中國體育發展史	吳文忠 著	臺灣師大
如何寫學術論文	宋楚瑜 著	臺灣大學
論文寫作研究	段家鋒 等著	政戰學校等

心理學

書名	作者	單位
心理學	劉安彥 著	傑克遜州立大學
心理學	張春興 等著	臺灣師大等
人事心理學	黃天中 著	淡江大學
人事心理學	傅肅良 著	中興大學

經濟・財政

書名	作者	單位
西洋經濟思想史	林鐘雄 著	臺灣大學
歐洲經濟發展史	林鐘雄 著	臺灣大學
比較經濟制度	孫殿柏 著	政治大學
經濟學原理（增訂新版）	歐陽勛 著	政治大學
經濟學導論	徐育珠 著	南康涅狄克州立大學
經濟學概要	歐陽勛 等著	政治大學
通俗經濟講話	邢慕寰 著	前香港大學
經濟學（增訂版）	陸民仁 著	政治大學
經濟學概論	陸民仁 著	政治大學
國際經濟學	白俊男 著	東吳大學
國際經濟學	黃智輝 著	東吳大學
個體經濟學	劉盛男 著	臺北商專
總體經濟分析	趙鳳培 著	政治大學
總體經濟學	鍾甦生 著	西雅圖銀行
總體經濟學	張慶輝 著	政治大學
總體經濟理論	孫震 著	臺灣大學

勞工問題	陳國鈞	著	中興大學
少年犯罪心理學	張華葆	著	東海大學
少年犯罪預防及矯治	張華葆	著	東海大學

教　育

教育哲學	賈馥茗	著	臺灣師大
教育哲學	葉學志	著	彰化教院
普通教學法	方炳林	著	前臺灣師大
各國教育制度	雷國鼎	著	臺灣師大
教育心理學	溫世頌	著	傑克遜州立大學
教育心理學	胡秉正	著	政治大學
教育社會學	陳奎憙	著	臺灣師大
教育行政學	林文達	著	政治大學
教育行政原理	黃文輝	主譯	臺灣師大
教育經濟學	蓋浙生	著	臺灣師大
教育經濟學	林文達	著	政治大學
工業教育學	袁立錕	著	彰化教院
技術職業教育行政與視導	張天津	著	臺灣師大
技職教育測量與評鑑	李大偉	著	臺灣師大
高科技與技職教育	楊啟棟	著	臺灣師大
工業職業技術教育	陳昭雄	著	臺灣師大
技術職業教育教學法	陳昭雄	著	臺灣師大
技術職業教育辭典	楊朝祥	編著	臺灣師大
技術職業教育理論與實務	楊朝祥	著	臺灣師大
工業安全衛生	羅文基	著	
人力發展理論與實施	彭台臨	著	臺灣師大
職業教育師資培育	周談輝	著	臺灣師大
家庭教育	張振宇	著	淡江大學
教育與人生	李建興	著	臺灣師大
當代教育思潮	徐南號	著	臺灣師大
比較國民教育	雷國鼎	著	臺灣師大
中等教育	司琦	著	政治大學
中國教育史	胡美琦	著	文化大學

書名	作者		服務單位
系統分析	陳進	著	前聖瑪麗大學

社　會

書名	作者		服務單位
社會學	蔡文輝	著	印第安那大學
社會學	龍冠海	著	前臺灣大學
社會學	張華葆	主編	東海大學
社會學理論	蔡文輝	著	印第安那大學
社會學理論	陳秉璋	著	政治大學
社會心理學	劉安彥	著	傑克遜州立大學
社會心理學	張華葆	著	東海大學
社會心理學	趙淑賢	著	安柏拉校區
社會心理學理論	張華葆	著	東海大學
政治社會學	陳秉璋	著	政治大學
醫療社會學	廖榮利	等著	臺灣大學
組織社會學	張笠雲	著	臺灣大學
人口遷移	廖正宏	著	臺灣大學
社區原理	蔡宏進	著	臺灣大學
人口教育	孫得雄	編著	東海大學
社會階層化與社會流動	許嘉猷	著	臺灣大學
社會階層	張華葆	著	東海大學
西洋社會思想史	張承漢	等著	臺灣大學
中國社會思想史（上）（下）	張承漢	著	臺灣大學
社會變遷	蔡文輝	著	印第安那大學
社會政策與社會行政	陳國鈞	著	中興大學
社會福利行政（修訂版）	白秀雄	著	臺灣大學
社會工作	白秀雄	著	臺灣大學
社會工作管理	廖榮利	著	臺灣大學
團體工作：理論與技術	林萬億	著	臺灣大學
都市社會學理論與應用	龍冠海	著	前臺灣大學
社會科學概論	薩孟武	著	前臺灣大學
文化人類學	陳國鈞	著	中興大學